Schriftenreihe

Schriften zum ausländischen Recht

Band 32

ISSN 1868-2766 (Print)

Verlag Dr. Kovač

Ruprecht-Karl-Universität Heidelberg

DISSERTATION

Verfassungsgerichtsbarkeit in Ungarn im Spiegel europäischer Modelle
Analyse der Verfassungsgerichtsbarkeit in Ungarn nach dem Inkrafttreten des
neuen Grundgesetzes und des neuen Organgesetzes für das Verfassungsgericht
unter Berücksichtigung der europäischen Modelle

verfasst von
ANNA ZSENI

angestrebter akademischer Grad
Doktorin der Rechtswissenschaften (Dr. jur.)

Heidelberg, 01. Mai 2016.

Betreut von: Prof. Dr. Ute Mager, Professorin für Öffentliches Recht, Institut
für deutsches und europäisches Verwaltungsrecht, Ruprecht-Karls-Universität
Heidelberg

Anna Zseni

Verfassungsgerichtsbarkeit in Ungarn im Spiegel europäischer Modelle

Analyse der Verfassungsgerichtsbarkeit in Ungarn nach dem Inkrafttreten des neuen Grundgesetzes und des neuen Organgesetzes für das Verfassungsgericht unter Berücksichtigung der europäischen Modelle

Verlag Dr. Kovač

Hamburg 2022

Verlag Dr. Kovač GmbH
Fachverlag für wissenschaftliche Literatur

Leverkusenstr. 13 · 22761 Hamburg · Tel. 040 - 39 88 80-0 · Fax 040 - 39 88 80-55

E-Mail info@verlagdrkovac.de · Internet www.verlagdrkovac.de

Bibliografische Information der Deutschen Nationalbibliothek
Die Deutsche Nationalbibliothek verzeichnet diese Publikation
in der Deutschen Nationalbibliografie;
detaillierte bibliografische Daten sind im Internet
über http://dnb.d-nb.de abrufbar.

ISSN: 1868-2766 (Print)

ISBN: 978-3-339-12530-9
eISBN: 978-3-339-12531-6

Zugl.: Dissertation, Ruprecht-Karls-Universität Heidelberg, 2017

Inhaltsverzeichnis

Anhangsverzeichnis 11
Abkürzungsverzeichnis 13

Einleitung 15
A. Anlass und Gegenstand der Untersuchung 15
   I. Der Hintergrund der neuen verfassungsrechtlichen
     Lage in Ungarn 15
   II. Gegenstand der Untersuchung 23
   III. Überblick zum Aufbau der Arbeit 24
   IV. Auswahl der zu untersuchenden Länder 25
B. Methodisches Vorgehen 25

Erstes Kapitel: Die Merkmale des ungarischen Verfassungsgerichts 27
A. Die Entstehung des Verfassungsgerichts der Republik Ungarn 27
B. Aufgaben und Zuständigkeiten des Verfassungsgerichts 28
C. Die Unabhängigkeit des Verfassungsgerichts 30
D. Das Verhältnis des Verfassungsgerichts zu den Staatsgewalten 32
E. Typologische Einordnung des ungarischen Verfassungsgerichts 33

**Zweites Kapitel: Zusammensetzung des ungarischen
Verfassungsgerichts** 35
A. Richter am Verfassungsgericht 35
   I. Verfassungsrichterwahl in Ungarn nach 1990 35
   II. Verfassungsrichterwahl in Ungarn nach 2010 37
B. Der Verfassungsgerichtspräsident 39
   I. Wahl und Aufgabe der Verfassungsgerichtspräsidenten
     in Ungarn nach 1990 39
   II. Wahl und Aufgabe der Verfassungsgerichtspräsidenten
     in Ungarn nach 2010 40
C. Die Wahl der Verfassungsrichter im Rechtsvergleich 41
   I. Das gespaltene Modell („split model") 42
   II. Das kollaborative Modell („collaborative model ") 47
   III. Das parlamentarische Modell („parliamentary model ") 50
D. Bewertung der Regelungen bezüglich des Verfassungsrichteramts
   und der Verfassungsgerichtspräsidentenwahl im europäischen
   Rechtsvergleich 56
   I. Zahl der Richter und ihre Amtszeit 56
   II. Wiederwahl oder Verlängerung der Amtszeit
     der Verfassungsrichter 57

III. Die Auswahl der Verfassungsrichter 59
IV. Wahl des Verfassungsgerichtspräsidenten 62
Drittes Kapitel: Die Rechtsmittel der objektiven Kontrolle 65
A. Präventive Normenkontrolle 65
  I. Die präventive Normenkontrolle in Ungarn nach 1990 65
  II. Die präventive Normenkontrolle in Ungarn nach 2010 71
  III. Die präventive Normenkontrolle im europäischen
    Rechtsraum 78
  IV. Bewertung der präventiven Normenkontrolle
    im europäischen Rechtsvergleich 89
B. Nachträgliche abstrakte Normenkontrolle 92
  I. Die nachträgliche abstrakte Normenkontrolle
    in Ungarn nach 1990 92
  II. Die nachträgliche abstrakte Normenkontrolle
    in Ungarn nach 2010 96
C. Die konkrete Normenkontrolle 104
  I. Die konkrete Normenkontrolle in Ungarn nach 1990 104
  II. Die konkrete Normenkontrolle in Ungarn nach 2010 106
  III. Zwischenergebnis 108
  IV. Die konkrete Normenkontrolle im europäischer
    Rechtsraum 108
  IV. Bewertung der konkreten Normenkontrollen
    im europäischen Rechtsvergleich 131

Viertes Kapitel: Verfassungsbeschwerdeverfahren 137
A. Die „unechte" Verfassungsbeschwerde in Ungarn nach 1990 137
  I. Entwicklungsgeschichte 137
  II. Rechtliche Einordnung und Funktionen
    der Verfassungsbeschwerde 138
  III. Beschwerdeführer und Prüfungsmaßstab 140
  IV. Beschwerdegegenstand 141
  V. Beschwerdebefugnis 143
  VI. Rechtswegerschöpfung und Subsidiaritätsprinzip 143
  VII. Entscheidungswirkung 143
  VIII. Praxis 144
  IX. Zusammenfassung 144
B. Verfassungsbeschwerde in Ungarn nach 2010 144
  I. „Unechte" Verfassungsbeschwerde 145
  II. „Unmittelbare" Verfassungsbeschwerde 147
  III. „Echte" Verfassungsbeschwerde 149

IV. Weitere gemeinsame Voraussetzungen 151
V. Entscheidungswirkung 158
VI. Praxis 159
VII. Zusammenfassung 159
C. Deutsche Individualverfassungsbeschwerde 161
I. Entwicklungsgeschichte 161
II. Rechtliche Einordnung und Funktionen
der Verfassungsbeschwerde 161
III. Beschwerdeführer 162
IV. Beschwerdegegenstand 163
V. Beschwerdebefugnis 167
VI. Rechtswegerschöpfung und Subsidiarität
der Verfassungsbeschwerde 170
VII. Frist und ordnungsgemäßer Antrag 173
VIII. Prüfungsmaßstab 174
IX. Inhalt und Wirkungen der Entscheidungen 175
X. Praxis 176
D. Amparo-Verfahren in Spanien 176
I. Rechtliche Einordnung und Funktion
des Amparo-Verfahrens 176
II. Beschwerdeführer 177
III. Beschwerdebefugnis 178
IV. Prüfungsgegenstand 180
V. Prüfungsmaßstab 185
VI. Rechtswegerschöpfung und Subsidiarität 186
VII. Frist und ordnungsgemäßer Antrag 187
VIII. Inhalt und Wirkungen der Entscheidungen 187
X. Praxis 189
E. Polnische „unechte" Verfassungsbeschwerde 189
I. Entwicklungsgeschichte 189
II. Beschwerdeführer 189
III. Beschwerdebefugnis 190
IV. Prüfungsgegenstand 191
V. Prüfungsmaßstab 192
VI. Rechtswegerschöpfung und Subsidiarität 192
VII. Frist 193
VIII. Inhalt und Wirkungen der Entscheidungen 193
X. Praxis 194

F. Bewertung der Verfassungsbeschwerde im europäischen
  Rechtsvergleich.. 194
  I. Beschwerdeführer.. 195
  II. Beschwerdebefugnis.. 195
  III. Beschwerdegegenstand... 196
  IV. Prüfungsmaßstab... 196
  V. Rechtswegerschöpfung und Subsidiarität........................... 197
  VI. Entscheidung und Entscheidungswirkung.......................... 198
  VII. Praxis.. 198
  VIII. Zwischenergebnis.. 199

Fünftes Kapitel: Sonstige Zuständigkeiten............................. 201
  A. Präsidentenanklage.. 201
    I. Präsidentenanklage in Ungarn nach 1990......................... 202
    II. Präsidentenanklage in Ungarn nach 2010........................ 204
    III. Präsidentenklage im europäischen Rechtsraum............... 206
    IV. Bewertung der Formen der Präsidentenanklagen
      im europäischen Rechtsvergleich...................................... 211
  B. Kontrolle der Volksabstimmungen...................................... 213
    I. Zuständigkeiten im Zusammenhang mit einem
      Referendum und mit einer Gesetzesinitiative von
      Staatsbürgern in Ungarn nach 1990................................. 214
    II. Kontrolle der Referenden in Ungarn nach 2010............... 217
    III. Kontrolle der Volksabstimmung in europäischen
      Rechtsvergleich... 218
    IV. Bewertung der Kontrolle der Volksabstimmung
      im europäischen Rechtsvergleich...................................... 220
  C. Organstreitigkeiten.. 222
    I. Abgrenzung zwischen Kompetenzkonflikten
      und Organstreitigkeiten... 222
    II. Horizontale und vertikale Organstreitigkeit
      in Ungarn nach 1990... 224
    III. Horizontale und vertikale Organstreitigkeiten
      in Ungarn nach 2010... 226
    IV. Organstreitverfahren im europäischen Rechtsraum......... 227
    V. Bewertung der Organstreitigkeiten im
      europäischen Rechtsvergleich... 236
  D. Mit den örtlichen Selbstverwaltungskörperschaften
    zusammenhängende Verfahrensarten.................................... 240
    I. Regelungen in Ungarn nach 1990.................................... 240

9

II. Regelungen in Ungarn nach 2010 254
III. Mit den örtlichen Selbstverwaltungskörperschaften
zusammenhängende Verfahrensarten im europäischen
Rechtsvergleich 255
IV. Bewertung der mit den örtlichen
Selbstverwaltungskörperschaften zusammenhängenden
Verfahrensarten im europäischen Rechtsvergleich 260

**Sechstes Kapitel: Einzigartige Zuständigkeiten des
ungarischen Verfassungsgerichts 263**
A. Verstoß gegen einen völkerrechtlichen Vertrag 263
I. Regelungen in Ungarn nach 1990 263
II. Regelungen in Ungarn nach 2010 266
III. Bewertung der Regelungen eines Verstoßes gegen
einen völkerrechtlichen Vertrag 268
B. Abstrakte Verfassungsauslegung in Ungarn 269
I. Konkrete Verfassungsauslegung 269
II. Abstrakte Verfassungsauslegung 270
C. Aufgabe des ungarischen Verfassungsgerichts in Bezug
auf die Religionsgemeinschaften 282
I. Überprüfung eines parlamentarischen Beschlusses
bezüglich der Anerkennung einer Religionsgemeinschaft
durch das Parlament 282
II. Aufgabe des Verfassungsgerichts im Rahmen
der Anerkennung einer Kirche 288
III. Bewertung der ungarischen Regelungen 288
IV. Verfassungsrechtliche Lage in Deutschland –
Erwerb des Körperschaftsstatus der Religionsgemeinschaften ... 290
V. Bewertung der Regelungen der Verleihung des
Körperschaftsstatus für eine Religionsgemeinschaft
in europäischen Rechtsvergleich 296

Siebtes Kapitel: Zusammenfassung 298
A. Zusammensetzung des ungarischen Verfassungsgerichts 298
B. Gegenstand der verfassungsmäßigen Kontrolle in Ungarn 300
C. Einzelne Zuständigkeiten des ungarischen Verfassungsgerichts 301
D. Bewertung der ungarischen Verfassungsgerichtsbarkeit 312

Literaturverzeichnis 315
Internetseiten 327
Entscheidungssammlung 339

Anhangsverzeichnis

Anhang 1   Die Verfassungsrichterwahl in Ungarn

Anhang 2   Multi-Channel Nominierung der Verfassungsrichter

Anhang 3   Multi-Channel Ernennung oder Wahl der Verfassungsrichter

Anhang 4   Das kollaborative Modell der Verfassungsrichterwahl

Anhang 5   Das parlamentarische Modell der Verfassungsrichterwahl

Anhang 6   Verfassungsrichterzahl und die Amtszeit der Richter in Europa

Anhang 7   Präventive Normenkontrolle

Anhang 8   Nachträgliche, abstrakte Normenkontrolle

Anhang 9   Konkrete Normenkontrolle

Anhang 10   Verfassungsbeschwerde

Anhang 11   Präsidentenanklage

Anhang 12   Kontrolle der Volksabstimmung

Anhang 13   Organstreitigkeiten

Anhang 14   Mit den örtlichen Selbstverwaltungskörperschaften zusammenhängende Verfahrensarten

Anhang 15   Verstoß gegen einen völkerrechtlichen Vertrag

Anhang 16   Abstrakte Verfassungsauslegung

Anhang 17   Zuständigkeiten in Bezug auf eine Religionsgemeinschaft

13

Abkürzungsverzeichnis

AB Beschluss	Entscheidung des ungarischen Verfassungsgerichts
AB Urteil	Entscheidung des ungarischen Verfassungsgerichts
ABH	Entscheidung des ungarischen Verfassungsgerichts („alkotmánybírósági határozat")
BulgVerf	Die Verfassung von Bulgarien vom 12. Juli 1991
B-VG	Österreichisches Bundesverfassungsgesetz vom 19. Dezember 1945
BVerfGG	Bundesverfassungsgerichtsgesetz vom 12. März 1951
CC Urteil	Entscheidung des rumänischen Verfassungsgerichtshofs
CE	Die Verfassung des Königreichs Spanien vom 9. Dezember 1931
FraVerf	Die Verfassung der Republik Frankreich vom 8. Oktober 1958
GO UngVerfG	Geschäftsordnung des ungarischen Verfassungsgerichts
GrOSGhofG	Das Gesetz Nr. 345/1976 über die Ratifizierung des Gesetzes, betreffend den Obersten Sondergerichtshof nach Art. 111 der griechischen Verfassung
GrVerf	Die Verfassung von Griechenland vom 9. Juni 1975
ItalVerf	Die Verfassung von Italien vom 27. Dezember 1947
KirRVO	Ungarische Regierungsverordnung Nr. 295/2013 (VII.29.) über die Anerkennung der Kirche und über den Rechtsstatuts und besondere Regelung über die Tätigkeit einer kirchlichen juristischen Person
KroVerf	Die Verfassung von Kroatien vom 21. Dezember 1991
KroVerfGG	Das Organgesetz über das kroatische Verfassungsgericht vom 2. Mai 2002
LettVfGG	Das lettisches Verfassungsgerichtshofgesetz vom 11. September 1997
LitVerf	Die Verfassung von Litauen vom 25. Oktober 1992
LOTC	Das Organgesetz Nr. 2/1979 über das spanische Verfassungsgericht vom 3. Oktober 1979
L.O.	Das Wahlgesetz der Französischen Republik vom 27. Oktober 1964
LuxVerf	Die Verfassung von Luxemburg vom 1. August 2013
LuxVerfGG	Das Verfassungsgerichtshofgesetz von Luxemburg vom 13. August 1997

LWA	Landeswahlausschuss
OSG	Griechischer Oberster Sondergerichtshof
ÖSVwKG	Das Gesetz über die örtlichen Selbstverwaltungen in Ungarn
PolVerf	Die Verfassung von Polen vom 2. April 1997
PolVerfGG	Das Gesetz über den polnischen Verfassungsgerichtshof vom 1. August 1997
PortVerf	Die Verfassung von Portugal vom 2. April 1976
ReligG	Das Gesetz Nr. 206/2011 über die Gewissens- und Religionsfreiheit sowie über den Rechtsstatus der Kirchen, der Konfessionen und der Religionsgemeinschaften in Ungarn
RumVerf	Die Verfassung von Rumänien vom 21. November 1991
SENT	Entscheidung des italienischen Verfassungsgerichtshofs
SloVerf	Die Verfassung von Slowenien vom 23. Dezember 1991
SloVerfGG	Das Organgesetz Nr. 64/07 über das slowenische Verfassungsgericht vom 15. Juli 2007
TschVerf	Die Verfassung der Tschechischen Republik vom 16. Dezember 1992
Ung.	auf Ungarisch
UGG	Das ungarische Grundgesetz vom 25. April 2011
UngVerf	Die ungarische Verfassung vom 23. August 1990
UngVerfGG	Das Organgesetz über das ungarische Verfassungsgericht
VerfRatG	Ordonnance Nr. 58-1067 vom 7. November 1958 betreffend das verfassungsändernde Gesetz über den Verfassungsrat der Französischen Republik
VfGG	Das Gesetz Nr. 85/1963 über den österreichischen Verfassungsgerichtshof
VfGH	Österreichischer Verfassungsgerichtshof
VerfGHG	Das Gesetz Nr. 47/1992 über die Organisation und Funktionsweise des rumänischen Verfassungsgerichtshofes vom 18. Mai 1992
WahlG	Das Gesetz über das Wahlverfahren in Ungarn

Die sonstigen Abkürzungen entsprechen dem Verzeichnis *Böttchner/Kirchner*, Abkürzungsverzeichnis der Rechtsprache, 8. Auflage 2015.

Einleitung
A. Anlass und Gegenstand der Untersuchung
I. Der Hintergrund der neuen verfassungsrechtlichen Lage in Ungarn

Am 11. April 2010 haben der Fidesz – der Ungarische Bürgerbund[1] – und die Christdemokratische Volkspartei[2] die parlamentarische Wahl in Ungarn mit Zweidrittel-Mehrheit gewonnen. Das neue Parlament hat seine gesetzgebende Arbeit zügig aufgenommen. Im Rahmen der legislativen Arbeit sind zuerst zahlreiche „Kardinalgesetze"[3], d.h. Gesetze, die ausschließlich mit der Zweidrittel-Mehrheit des Parlaments verändert werden können, in Kraft getreten.[4] Diese „Kardinalgesetze" wurden heftig kritisiert, weil sie es dem Fidesz – dem Ungarische Bürgerbund – ermöglichten, seine Macht zu zementieren.[5]

Die Venedig-Kommission hat seit der Machtübernahme der neuen Regierung bis dato insgesamt 11 überwiegend kritische Stellungnahmen bezüglich der neuen Staatsorganisation abgegeben, darunter über den *Verfassungsgebungsprozess*[6], über das neue Grundgesetz[7], über das Organgesetz, über das Verfassungsgericht[8], über das Wahlgesetz[9], über das Kirchengesetz[10], über das Gesetz der Staatsanwalt-

---

[1] Ung. Fidesz – Magyar Polgári Szövetség, FIDESZ.
[2] Ung. Kereszténydemokrata Néppárt, KDNP.
[3] Ung. „sarkalatos törvények".
[4] Gemäß Art. T) Abs. 4 des ungarischen Grundgesetzes 2011 (UGG) ist unter einem „Kardinalgesetz" ein Gesetz zu verstehen, zu dessen Verabschiedung oder Änderung zwei Drittel der Stimmen der anwesenden Abgeordneten der Nationalversammlung erforderlich ist.
[5] Der Bericht des Europäischen Parlaments vom 25. Juni 2013 zur Lage der Grundrechte in Ungarn: Standards und Praktiken in Ungarn (gemäß dem Entschluss des Europäischen Parlaments vom 16. Februar 2012) (2012/2130 (INI) ist abrufbar unter: http://www.europarl.europa.eu/sides/getDoc.do?pubRef=//EP//TEXT+REPORT+A720130229+0+DOC+XML+V0//DE (aufgerufen am 01.05.2016).
[6] 614/2011 Opinion on the three legal questions arising in the process of drafting in the New Constitution.
[7] 621/2011 Opinion on the New Constitution of Hungary.
[8] 665/2012 Opinion on the CLI of 2011 on the Constitution Court of Hungary.
[9] 662/2012 Opinion on the Act on the Elections of the Members of the Parliament of Hungary.
[10] 664/2012 Opinion on the Act on CCVI of 2011 on the right to freedom of conscience and religion and the legal status of churches, denominations and religious communities of Hungary.

schaft[11], über das Gesetz der Minderheitsrechte[12] sowie über das Gesetz der rechtsprechenden Gewalt[13].

In der Stellungnahme über den *Verfassungsgebungsprozess* kritisierte die Venedig-Kommission, dass es nicht nur an einer öffentlichen Debatte, sondern auch an einem Dialog zwischen der parlamentarischen Mehrheit und der Opposition gefehlt habe. Es solle ein legitimes und nachhaltiges Grundgesetz erlassen werden, das mit demokratischen Standards in Einklang stehe und von der ungarischen Gesellschaft akzeptiert werde.[14]

In der Stellungnahme über das neue Grundgesetz äußerte die Venedig-Kommission, dass ein neues Grundgesetz mit dem Ziel, Ungarn als demokratischen Staat zu konsolidieren, zwar begrüßenswert sei, der Verfassungsprozess und die Ausarbeitung der Texte, einschließlich der endgültigen Verabschiedung, jedoch unter mangelnder Transparenz gelitten habe. Darüber hinaus vertrat die Venedig-Kommission die Auffassung, dass die kulturelle, religiöse, moralische, sozioökonomische und finanzielle Politik nicht in einem Kardinalgesetz zementiert werden sollte. Außerdem hielt sie die Beschränkung der Kontrolle des Verfassungsgerichts im Bereich der nachträglichen konkreten und abstrakten Normenkontrolle sowie der Verfassungsbeschwerde in Bezug auf Haushaltsgesetze und Finanzangelegenheiten für besorgniserregend.[15]

In der Stellungnahme zum Organgesetz über das Verfassungsgericht[16] stellte die Kommission fest, dass das Organgesetz grundsätzlich gut ausgearbeitet und kohärent sei, hielt jedoch mehrere Bestimmungen für kritikwürdig und änderungs-

---

[11]   668/2012 Opinion on the Act CLXII of 2011 on the Prosecutor Service and Act CLXIV of 211 on the Statute of the Prosecutor General, Prosecutors and other Prosecutor Employees and the Prosecution Career of Hungary.

[12]   671/2012 Opinion on the Act on the Rights of the Nationalities of Hungary.

[13]   683/2012 Opinion on the Cardinal Acts on the Judiciary that were amended following the adaption of CDL-A (2012)01 sur la Hongrie.

[14]   614/2011 Opinion on the three legal questions arising in the process of drafting in the New Constitution, Punkt 72, 73; Der Bericht der Venedig-Kommission ist unter: http://www.europarl.europa.eu/meetdocs/2009_2014/documents/libe/dv/venice_commission_opinion_61411/venice_commission_opinion_61411en.pdf (aufgerufen am 01. 05. 2016).

[15]   621/2011 Opinion on the New Constitution of Hungary; Punkt 141, 144, 145, 146; Der Bericht der Venedig-Kommission is unter: http://www.venice.coe.int/webforms/documents/default.aspx?pdffile=CDLAD(2011)016e (aufgerufen am 01. 05. 2016).

[16]   Das Organgesetz Nr. 151/2011 über das Verfassungsgericht.

bedürftig. Dies betraf etwa die Vorschriften zur Garantie der richterlichen Unabhängigkeit, den unbestimmten Begriff der „Unwürdigkeit" bei dem Ausschluss eines Verfassungsrichters, die persönlichen Privilegien des Verfassungsgerichtspräsidenten, Vorschriften der Prozesskostenhilfe, die Beschränkung der Kontrollbefugnisse des Verfassungsgerichts im Haushaltsbereich.[17]
Die Venedig-Kommission sieht in ihrer Stellungnahme über das neue Wahlgesetz[18] zwar auch positive Entwicklungen, wie die Verbesserung der Beteiligung der nationalen Minderheiten im Parlament. Sie kritisiert dennoch, dass die neuen Vorschriften, etwa die über grundlegende Aspekte des Wahlprozesses sowie des Wahlsystems und die Methode der Sitzverteilung oder die Abgrenzung der Wahlkreise, vor der Annahme nicht zwischen allen Beteiligten, insbesondere den politischen Parteien diskutiert wurden.[19]
Hinsichtlich des Kirchengesetzes ist die Venedig-Kommission[20] der Meinung, dass es einen liberalen und großzügigen Rahmen für die Freiheit der Religion setze, einige Punkte seien jedoch problematisch. Beispielsweise seien die Kriterien, die eine Religionsgemeinschaft erfüllen müssen, um als Kirche anerkannt zu werden, völlig beliebig. Auch stehe es nicht im Einklang mit internationalen Standards, wenn die Vielzahl an bereits durch den Staat in der Vergangenheit anerkannten Kirchen erneut registriert werden müssten. Das Kirchengesetz verursache außerdem Ungleichheiten und diskriminiere Religionen und Gemeinschaften abhängig davon, ob sie anerkannt seien oder nicht.[21]

---

[17] 665/2012 Opinion on the CLI of 2011 on the Constitution Court of Hungary; Punkt 53, 54; Der Bericht der Venedig-Kommission ist abrufbar unter: http://www.venice.coe.int/ webforms/documents/default.aspx?pdffile=CDL-AD(2012)009-e (aufgerufen am 01. 05. 2016).

[18] Das Gesetz Nr. 102/2014 über die Wahl.

[19] 665/2012 Opinion on the CLI of 2011 on the Constitution Court of Hungary; Punkt 53, 54; Der Bericht der Venedig-Kommission ist abrufbar unter: http://www.venice.coe.int/ webforms/documents/default.aspx?pdffile=CDL-AD(2012)009-e (aufgerufen am 01. 05. 2016).

[20] Das Gesetz Nr. 206/2011 über die Gewissens- und Religionsfreiheit sowie über den Rechtsstatus der Kirchen, der Konfessionen und der Religionsgemeinschaften (ReligG).

[21] 664/2012 Opinion on the Act on CCVI of 2011 on the right to freedom of conscience and religion and the legal status of churches, denominations and religious communities of Hungary; Punkt 107, 108, 109, 110; Der Bericht der Venedig-Kommission ist abrufbar unter: http://www.venice.coe.int/webforms/documents/default. aspx?pdffile=CDL-AD(2012)004e (aufgerufen am 01. 05. 2016).

In der weiteren Stellungnahme zum Gesetz über die Minderheitsrechte[22] vertritt die Venedig-Kommission die Ansicht, dass Ungarn Minderheitsrechte fördere, schütze und besonders beachtet. Das Nationalitätengesetz erkennt und gewährleistet die Rechte der dreizehn anerkannten Nationalitäten und ihrer Mitglieder zum Schutz derer Identität in wichtigen Bereichen an, wie etwa Bildung, Kultur, privater und öffentlicher Gebrauch der Muttersprache, Zugang zu Medien und Teilnahme, und bezweckt außerdem die Verbesserung und Stärkung der institutionellen Regelungen zur nationalen Selbstverwaltung in diesen Bereichen. Die Venedig-Kommission betrachtet aber kritisch, dass das Gesetz ein „Kardinalgesetz" ist, das lediglich mit der parlamentarischen Zwei-Drittel-Mehrheit verändert werden kann.[23]

Besonders kritisch äußerte sich die Venedig-Kommission in ihrer Stellungnahme über die Gesetze über die rechtsprechende Gewalt.[24] Sie ist der Ansicht, dass die Reform ein Justizverwaltungssystem etabliert habe, welches die Unabhängigkeit der Justiz in einer bis dato in Europa noch nie da gewesenen Weise bedrohe. Begrüßenswert seien zwar Änderungen, die den Präsidenten der ungarischen Justizbehörde betreffen. Durch die Verringerung seiner Entscheidungsbefugnisse und die Möglichkeit, seine Entscheidungen gegebenenfalls gerichtlich überprüfen zu lassen, werde dessen starke Machtposition geschwächt.[25] Jedoch sei etwa das gerichtsinterne Verfahren bei der Zuweisung von Gerichtsverfahren auf die jeweils zuständigen Richter durch den Gerichtspräsidenten kritikwürdig. Insbesondere fehle es an objektiven Kriterien die eine willkürliche Zuweisung verhinderten. Das Recht auf ein faires Verfahren könne auf diese Weise nur unzureichend gewährleistet werden.[26]

Neben der Justizreform haben die Wahlsieger aber auch noch weitere kritikwürdige Maßnahmen erlassen. Das neu zusammengetretene Parlament nahm seine Arbeit zügig mit auf und verlasst eine Vielzahl von Änderungen der Staatsorga-

---

[22] Das Gesetz Nr. 179/2011 über die Minderheitsrechte.

[23] 671/2012 Opinion on the Act on the Rights of the Nationalities of Hungary, Punkt 81, 83, 85; Der Bericht der Venedig-Kommission ist abrufbar unter: http://www.venice.coe. int/webforms/documents/default.aspx?pdffile=CDL-AD(2012)011-e (aufgerufen am 01. 05. 2016).

[24] Das Gesetz Nr. 161/2010 über die Organisation und Verwaltung der Gerichte; das Gesetz Nr. 162/2012 über die Rechtstellung und Vergütung der Richter.

[25] 683/2012 Opinion on the Cardinal Acts on the Judiciary that were amended following the adaption of CDL-AD (2012)01 sur la Hongrie, Punkt 84, 86, 87; Der Bericht der Venedig-Kommission ist abrufbar unter: http://www.venice.coe.int/ webforms/documents/default.aspx?pdffile=CDL-AD(2012)020-e (aufgerufen am 01. 05. 2016).

[26] 683/2012 Opinion on the Cardinal Acts on the Judiciary that were amended following the adaption of CDL-AD (2012)01 sur la Hongrie, Punkt 90, 92.

nisation. So wurde die ungarische Verfassung seit Zusammentritt des Parlaments am 29. Mai 2010 bis zum 31. Dezember 2011 – also während gerade einmal anderthalb Jahren – insgesamt elf Mal geändert.[27] Zunächst soll die am 5. Juli 2010 vorgenommene zweite Änderung der alten Fassung der Verfassung erwähnt werden. Darin wurde die Wahl der Verfassungsrichter stark modifiziert. Früher wählten jede Fraktion ein Mitglied für den Nominierungsausschuss aus. Nach der Neuregelung bestimmt sich Zusammensetzung des Nominierungsausschusses für die Verfassungsrichter nunmehr proportional nach dem Stimmenanteil der Fraktionen im Parlament bestimmt.[28] Damit kann sich die Zweidrittel-Mehrheit der Regierungsparteien auch im Nominierungsausschuss durchsetzen.[29] Die alte Fassung der Verfassung wurde außerdem am 19. November 2010 mit der achten Verfassungsänderung dahin veranlasst, dass Gesetze bezüglich Haushalts- und Finanzangelegenheiten nicht mehr der Kontrolle durch das Verfassungsgericht unterliegen, sie also nicht mehr auf ihre Verfassungsmäßigkeit hin überprüft werden können.[30] Vielmehr ist das Verfassungsgericht für die Überprüfung der formellen und materiellen Verfassungsmäßigkeit dieser Gesetze nur noch dann zuständig, wenn sich aus dem Antrag ergibt, dass das Recht auf Leben, die Menschenwürde, das Recht auf Schutz persönlicher Daten, das Recht auf Meinungs-, Gewissens- und Glaubensfreiheit sowie auf Rechte, die sich unmittelbar aus der ungarischen Staatsangehörigkeit fließen, betroffen sind.[31]

Schließlich muss noch neunte Verfassungsänderung vom 14. Juni 2011 erwähnt werden. Darin wurde die Anzahl der Verfassungsrichter von 11 auf 15 erhöht und die Amtszeit der Richter von 9 auf 12 Jahre verlängert.[32]

---

[27]   Die Texte der einzelnen Änderungen der UngVerf sind abrufbar unter: http://www.parlament.hu/fotitkar/alkotmany/modositasok.htm (aufgerufen am 01.05.2016); Dort sieht man die erste Verfassungsänderung vom 25.05.2010 (Vertretung der Minderheiten, 200 Abgeordnete des Parlaments), die zweite Verfassungsänderung von 05.07.2010 (Zusammensetzung des Nominierungsausschusses der Verfassungsrichter), die dritte und vierte Verfassungsänderung vom 06.07.2010 (Selbstverwaltung, Bürgermeister, Medienverfassung), die fünfte und sechste Verfassungsänderung vom 11.08.2010 („lex Bórkai"), die siebte Verfassungsänderung vom 16.11.2010 (Regelungen der Gesetzgebung), die achte Verfassungsänderung vom 18.11.2010 (Zuständigkeit des Verfassungsgerichts, ex-tunc wirkende Sondersteuer), die neunte Verfassungsänderung vom 13.12.2010 (Staatliche Behörde für Medien und Nachrichtenübermittlung), die zehnte Verfassungsänderung vom 14.11.2011 (Eigentum der örtlichen Selbstverwaltungskörperschaften) sowie die elfte Verfassungsänderung vom 01.12.2011 (Wahl des Präsidenten der Kurie).
[28]   Art. 32/A Abs. 4 UGG.
[29]   Die zweite Verfassungsänderung vom 05.07.2010, in „Magyar Közlöny" Nr. 113/2010 S. 21770.
[30]   Art. 32/A Abs. 3 UngVerf.
[31]   Die achte Verfassungsänderung vom 18.11.2010, in: „Magyar Közlöny" Nr. 117/2010 S. 25225.
[32]   Die neunte Verfassungsänderung vom 14.06.2011, in: „Magyar Közlöny" Nr. 63/2011 S. 13878.

Bereits allein diese drei Verfassungsänderungen offenbaren die Bestrebung der neuen Regierungsparteien, die Befugnisse des Verfassungsgerichts beschränken zu wollen. Zu einer weiteren Intensivierung dieser Bestrebung kam es mit dem Erlass des neuen Grundgesetzes Ungarns[33], des neuen Organgesetzes für das Verfassungsgericht[34] sowie einer neuen Geschäftsordnung des Verfassungsgerichts[35] erreicht.

Die neuen Regierungsparteien änderten aber nicht nur die ungarische Verfassung, sondern auch das ungarische Grundgesetz, welches die ungarische Verfassung im Jahr 2012 ablöste. Obwohl dieses neue ungarische Grundgesetz als „granitfest[36]" galt, wurde es seit seinem Inkrafttreten am 1. Januar 2012 bis dato insgesamt 5-mal verändert.[37] Das neue Grundgesetz Ungarns stößt sowohl wegen der Art seiner Verabschiedung als auch wegen seines Inhalts auf heftige Kritik im In- und Ausland. Die Form der Verabschiedung wurde kritisiert, weil der Text hinter verschlossenen Türen unter Ausschluss von Fachleuten, der Opposition sowie der Bevölkerung ausgearbeitet wurde, obwohl die Fidesz-KDNP-Regierung betonte, dass sie den Erlass eines neuen Grundgesetzes als „Wählerauftrages" verstehe und für die Wähler ausgearbeitet. In Anbetracht der Tatsache, dass von einem neuen Grundgesetz im Wahlkampf nie die Rede war, kann das neue Grundgesetz kaum als Konsequenz der Wahlen bzw. als durch den Wählerwillen legitimiert gelten, zumal es auch ohne ein Referendum, verabschiedet wurde. Der Entwurf des neuen Grundgesetztextes wurde Mitte März 2011 dem Parlament vorgestellt und dann innerhalb nur eines Monats, am 18. April 2011, zur Schlussabstimmung ins Plenum gebracht. Am 25. April 2011 wurde es verabschiedet im Gesetzblatt „Magyar Közlöny" veröffentlicht und trat schließlich am 1. Januar

---

[33] Das neue Grundgesetz Ungarns wurde am 25. April 2011 verkündet. Dementsprechend wird das neue Grundgesetz Ungarns „Osterverfassung" genannt. Während die bisherige Verfassung in Ungarn als „Verfassung" („alkotmány") bezeichnet wurde, trägt die neue Fassung den Titel „Grundgesetz" („alaptörvény"). In den folgenden Ausführungen wird die Verfassung Ungarns nach 1990 als „UngVerf" bezeichnet, das neue Grundgesetz Ungarns hingegen mit „UGG" abgekürzt.

[34] Das Gesetz Nr. 151/2011 über das ungarische Verfassungsgericht (neues UngVerfGG).

[35] Beschluss des Verfassungsgerichts Nr. 1001/2013. (II. 27.) über die Geschäftsordnung des Verfassungsgerichts (neue GO des VerfG Ungarns).

[36] Ung. „gránitszilárdságú"; Das neue Grundgesetz Ungarns wurde durch den Ministerpräsidenten *Viktor Orbán* in seiner Rede in der Nationalen Galerie am 2. Januar 2012 als „granitfest" bezeichnet. Die Rede des Ministerpräsidenten Viktor Orbán ist auf der folgenden Internetseite auf Ungarisch einsehbar: http://www.miniszterelnok.hu/beszed/kiallitas_koszonti_a_hatalybalepest (aufgerufen am 01.05.2016).

[37] Die Texte über die einzelnen Änderungen des neuen UGG sind abrufbar unter: http://www-archiv.parlament.hu/fotitkar/alkotmany/alaptv_modositasai.htm (aufgerufen am 01. 05. 2016).

2012 in Kraft.[38] Dieses zügige Verfahren rief ebenso Kritik hervor, wie der Inhalt des neuen Grundgesetzes. Gegenstand weiterer Kritik waren aber auch ständigen neue inhaltliche Änderungen. Wie schon erwähnt, wurde das neue Grundgesetz bis dato insgesamt fünf Mal modifiziert. Mit der erste Grundgesetzänderung am 18. Juni 2012 bezog wurden Übergangsbestimmungen bezüglich des Grundgesetzes in selbiges Grundgesetzes inkorporiert wodurch sie der verfassungsgerichtlichen Kontrolle entzogen wurden, da nach der ungarischen Rechtsordnung weder die Vorschriften der alten Verfassung noch die des neuen Grundgesetzes tauglicher Gegenstand der Prüfung der materiellen Verfassungsmäßigkeit sein können.[39] Die zweite Grundgesetzänderung veränderte lediglich die Übergangsbestimmungen.[40] Die dritte Grundgesetzänderung am 29. November 2012 bestimmte, dass das Gesetze, die einen landwirtschaftlichen Regelungsgegenstand haben, als „Kardinalgesetz" erlassen werden müssen.[41] Die vierte Änderung des Grundgesetzes erfolgte am 25. März 2013.[42] Sie bewirkte, dass ein Kardinalgesetz darüber zu erlassen ist, welche Religionsgemeinschaften als Kirche durch das Parlament anerkannt werden und über welche Rechte Minderheiten verfügen.[43] Darüber hinaus wurde ein befristetes Stipendium an den Hochschulen sowie an den Universitäten eingeführt, und festgelegt, dass nur jenigen ein Stipendium bekommen, die eine bestimmte Zeit nach dem Hochschulabschluss in Ungarn arbeiten.[44] Außerdem ist der Präsident des ungarischen Justizbehörde[45] mit dem Inkrafttreten des neuen Grundgesetzes ermächtigt worden, auf Vorschlag des Präsidenten des Obersten Gerichts Ungarns oder der Generalstaatsanwaltschaft, abweichend von dem allgemeinen zuständigen Gericht ein anderes Gericht zu bestimmen.[46] Diese „Gummiregel" wurde da-

---

[38]   *Küpper,* Ungarns neues Grundgesetz von 2011 und seine Änderungen, 12/2013 WiRO S. 353 (354).
[39]   Nr. T/6817. Gesetzentwurf zu der ersten Änderung des neuen Grundgesetzes.
[40]   Nr. T/8288. Gesetzentwurf zu der zweiten Änderung des neuen Grundgesetzes, 45/2012 (XII.29.) AB-Urteil.
[41]   Nr. T/8404. Gesetzentwurf zu der dritten Änderung des neuen Grundgesetzes.
[42]   Nr. T/9929/ 55. Gesetzentwurf zu der vierten Änderung des neuen Grundgesetzes.
[43]   Art. 4 und 9 der vierten Grundgesetzänderung.
[44]   Art. 7 der vierten Grundgesetzänderung
[45]   Ung. „Országos Bírósági Hivatal elnöke"
[46]   Diese Möglichkeit wurde mit dem Art. 11 Abs. 3 und 4 der Übergangbestimmungen, mit dem Art. 62-64 des Gesetzes Nr. 161/2011, mit dem Art. 20/A des Gesetzes Nr. 19/1998 über das Strafprozessrecht und mit dem Art. 47 Abs. 1 und 2 des Gesetzes Nr. 3/1952 über das Zivilprozessrecht gegeben und die Vorschriften waren zwischen 01. Januar 2012 und 17. Juli 2012 in Kraft.

mit begründet, dass die Entscheidung der Gerichte in einem angemessenen Zeitraum getroffen und die Arbeitsbelastung der Gerichte verringert werden müsse.[47] Später wurde diese Regelung dahingehend verändert, dass der Präsident der ungarischen Justizbehörde nur noch unter Berücksichtigung der vom Landesrat für Richter[48] festgelegten Grundsätze abweichend von dem allgemeinen zuständigen Gericht ein anderes Gericht bestimmen kann.[49]

Des Weiteren wurde festgelegt, dass der Präsident der Republik die präventive Normenkontrolle eines Verfassungsänderungsgesetzes ausschließlich aus Gründen einer formellen, nicht aber aus einer materiellen Verfassungswidrigkeit beantragen kann.[50] Weiterhin wurde eine strikte Antragsgebundenheit eingeführt, sodass das Verfassungsgericht lediglich solche Vorschriften überprüfen kann, welche im „engen" Zusammenhang mit dem Antrag stehen.[51] Des Weiteren wurde in dem neuen Grundgesetz eine Sondersteuer verankert, welche entrichtet werden muss, wenn Ungarn aufgrund der Entscheidung des ungarischen Verfassungsgerichts oder des Europäischen Gerichtshofs (EuGH) zu Zahlungen verurteilt wurde und die Staatsverschuldung zum Zeitpunkt der Entscheidung die Hälfte der Bruttoinhaltprodukt übersteigt.[52] Abschließend wurde im neuen Grundgesetz durch die vierte Änderung verankert, dass die Entscheidungen des ungarischen Verfassungsgerichts, die vor dem 1. Januar 2011 getroffen wurden, außer Kraft treten, obwohl sie bereits rechtskräftig waren. Die bereits aufgehobenen Vorschriften wurden hierdurch jedoch nicht wieder in Kraft treten.[53]

Die fünfte Grundgesetzänderung wurde am 1. Oktober 2013 vorgenommen.[54] Vorab ist festzustellen, dass die Bestimmungen über die Einführung der Sondersteuer nicht mehr im UGG geregelt, sondern in einem „Kardinalgesetz" oder in einem einfachen Gesetz festzulegen sind. Diese Änderung wurde damit gerechtfertigt, dass die steuerlichen Bestimmungen in einem „Kardinalgesetz" oder in einem einfachen Gesetz flexibler, als im UGG auszugestalten werden können.[55] Die entscheidende Modifikation betraf jedoch die Ungarische Nationalbank.[56] Demgemäß führt die Nationalbank die Aufsicht über die Finanzvermittler.[57]

---

[47] Vgl. Art. 14 der vierten Grundgesetzänderung
[48] Ung. „Országos Bírói Tanács" hat seine Arbeit am 15. März 2012 angefangen.
[49] Ung. „az OBT által meghatározott elvek figyelembevételével" laut Art. 32 Abs. 1 des Gesetzes Nr. 156/2011 über die Gerichtsorganisation
[50] Art. 11 der vierten Grundgesetzänderung
[51] Art. 12 der vierten Grundgesetzänderung
[52] Art. 17 der vierten Grundgesetzänderung
[53] Art. 19 der vierten Grundgesetzänderung
[54] Nr. T/11545. Gesetzentwurf zu der fünften Änderung des neuen Grundgesetzes
[55] Art. 1 und 4 Abs. 2 der fünften Grundgesetzänderung.
[56] Ung. „Magyar Nemzeti Bank" ist die Zentralbank Ungarns.
[57] Ung. „pénzügyi közvetítőrendszer"; Art. 2 der fünften Grundgesetzänderung.

II. Gegenstand der Untersuchung

Aus der dargestellten neuen Rechtslage ergeben sich zahlreiche Fragen, die die Funktionalität des ungarischen Verfassungsgerichts betreffen und die in der vorliegenden Arbeit beantwortet werden sollen.

Welche Konsequenzen hat es, dass das Verfassungsgericht nicht für die materielle, sondern nur die formelle verfassungsmäßige Kontrolle der Vorschriften des neuen Grundgesetzes und der verfassungsändernden Gesetze zuständig ist? Wozu kann es führen, dass das Verfassungsgericht bestimmte Gesetze nur eingeschränkt auf ihre materielle Verfassungsmäßigkeit hin prüfen kann?

Welche Folge hat es, dass die Amtszeit der Verfassungsrichter von 9 auf 12 Jahre erhöht wurde? Wird die gesteigerte Verfassungsrichteranzahl tatsächlich die Arbeitsbelastung des ungarischen Verfassungsgerichts verringern? Werden die Verfassungsrichter nicht mittelbar durch die Regierung, und nicht zuletzt mittelbar durch den Regierungschef ernannt, wenn sie durch einen parlamentarischen Ausschuss – in dem die Zweidrittel-Mehrheit der Regierungskoalition dominiert – nominiert und danach durch das Parlament mit Zweidrittel-Mehrheit gewählt werden? Lässt sich die Unabhängigkeit solcher Verfassungsrichter garantieren? Sind die Akzeptanz und die Unabhängigkeit des Verfassungsgerichtspräsidenten gewährleistet, wenn er durch das Parlament und nicht durch die anderen Verfassungsrichter gewählt wird?

Bringt die präventive Normenkontrolle eine Dysfunktionalität mit sich, wenn ein Antrag durch ein Organ gestellt wird, das an dem Gesetzgebungsprozess teilnimmt? Wie wirkt es sich aus, dass die actio popularis im Rahmen der nachträglichen, abstrakten Normenkontrolle abgeschafft wurde? Zu welchen Konsequenzen führt die neu eingeführte Fristsetzung im Rahmen der konkreten Normenkontrolle?

Welche Folge hat es, dass neben der „unechten" Verfassungsbeschwerde eine „echte" Verfassungsbeschwerde sowie eine „unmittelbare" Verfassungsbeschwerde in die Zuständigkeit des Verfassungsgerichts fallen? Inwieweit wurde der Charakter der Präsidentenanklage verändert? Was prüft das Verfassungsgericht im Rahmen der Kontrolle der Volksabstimmung? Worüber entscheidet das Verfassungsgericht in einem Organstreit? Welche Zuständigkeit hat das Verfassungsgericht bezüglich der örtlichen Selbstverwaltungskörperschaften? Was genau macht das Verfassungsgericht im Rahmen einzigartiger Zuständigkeiten, wie im Verfahren der abstrakten Verfassungsauslegung, in der Prüfung des Verstoßes gegen einen völkerrechtlichen Vertrag sowie in Bezug auf die Anerkennung einer Religionsgemeinschaft?

Zu welchen Konsequenzen führen die neuen Regelungen in der Praxis des ungarischen Verfassungsgerichts?

Die Welle massiver in- und ausländischer Kritik gegen die Vorschriften des neuen Grundgesetzes und des neuen Organgesetzes für das Verfassungsgericht verdeutlicht, wie problematisch die beschriebenen Änderungen sind. Die kritische Beurteilung der neuen Bestimmungen gab den Anstoß dazu, die neu in Kraft gesetzten Regelungen mit den europäischen Vorbildern zu vergleichen und schließlich eine Antwort darauf zu geben, inwieweit die gegenwärtig ausgestaltete ungarische Verfassungsgerichtsbarkeit funktioniert.

III. Überblick zum Aufbau der Arbeit

Im ersten Kapitel werden die historische Entwicklung und der Charakter des ungarischen Verfassungsgerichts, darunter die Unabhängigkeit des Gerichts sowie das Verhältnis des Gerichts zu den anderen Staatsgewalten, vorgestellt. Im zweiten Kapitel wird zuerst die Wahl der Verfassungsrichter sowie die Wahl des Verfassungsgerichtspräsidenten in Ungarn näher betrachtet. Hierbei wird die Wahl der Richter sowie des Verfassungsgerichtspräsidenten im europäischen Rechtsvergleich bewertet. Im dritten Kapitel werden die objektiven Rechtsschutzmittel zwecks Bewahrung der Rechtsordnung, darunter die präventive, die nachträgliche abstrakte Normenkontrolle sowie die konkrete Normenkontrolle im europäischen Rechtsvergleich, dargestellt. Im vierten Kapitel werden die Formen der Verfassungsbeschwerde und ihre Varianten in Europa vorgestellt. Im fünften Kapitel werden die Präsidentenanklage, der Organstreit, die Kontrolle der Volksabstimmung und die Aufgabe des Verfassungsgerichts in Zusammenhang mit den örtlichen Selbstverwaltungen bewertet. Danach werden im sechsten Kapitel die sonstigen Zuständigkeiten des ungarischen Verfassungsgerichts präsentiert, insofern sie im Vergleich zu anderen europäischen Rechtsordnungen einzigartig sind. Hier werden als Beispiele der Verstoß gegen einen völkerrechtlichen Vertrag, die abstrakte Verfassungsauslegung sowie die Stellungnahme des Verfassungsgerichts in Bezug auf einen parlamentarischen Beschluss über die Anerkennung einer Religionsgemeinschaft als eine Kirche angeführt. Im Anschluss an die Analyse werden die Verfassungsrichter- und Verfassungsgerichtspräsidentenwahl, die Gegenstände der Verfahren sowie die jeweils untersuchten Zuständigkeiten des ungarischen Verfassungsgerichts kritisch bewertet und Vorschläge für Verbesserungen macht. Hiermit wird die Forschungsfrage beantwortet, welche Bedeutung die ungarische Verfassungsgerichtsbarkeit in ihrer heutigen Gestalt für die Rechtsstaatlichkeit Ungarns hat.

IV. Auswahl der zu untersuchenden Länder

Für den Verfassungsvergleich werden die Rechtsordnungen von Deutschland, Österreich, Frankreich, Spanien, Italien, Portugal, Griechenland, Polen sowie Rumänien herangezogen. Sie sind abgesehen von Portugal und Griechenland durch das Trennungsmodell der Verfassungsgerichtsbarkeit geprägt. Obwohl die Verfassungsgerichtsbarkeit dieser Länder grundsätzlich ähnlich ist, weisen die Rechtsordnungen in den Regelungen der jeweiligen Verfassungsgerichte – darunter im Richterwahlverfahren und in den einzelnen Zuständigkeiten – Besonderheiten auf. Somit dient die Darstellung als Maßstab für die der Bewertung der neuen ungarischen Regelungen.

B. Methodisches Vorgehen

Ausgangspunkt des Vergleichs der Richterwahl sowie der einzelnen Zuständigkeiten ist die ungarische Regelung nach dem Systemwechsel von 1990. Daraufhin werden die ungarischen Regelungen nach der Machtübernahme der neuen Regierung im Jahr 2010 sowie die gegenwärtig geltenden Vorschriften im europäischen Rechtsraum einbezogen. Es ist jedoch darauf hinzuweisen, dass nicht alle Verfassungsgerichte in Europa über ähnliche Zuständigkeiten wie das ungarische Verfassungsgericht verfügen. Demzufolge werden die einzelnen ungarischen Zuständigkeiten ausschließlich solcher Zuständigkeiten ausgewählter Verfassungsgerichtsbarkeiten gegenübergestellt, die das Wesensmerkmal der ungarischen Regelungen klar herausstellen.

In Form eines Mikrovergleichs, verstanden als Betrachtung eines Teils des Rechtssystems, werden mit der vorliegenden Arbeit die Änderungen in der ungarischen Regelung bezüglich der Verfassungsrichterwahl sowie der einzelnen Zuständigkeiten des ungarischen Verfassungsgerichts untersucht, um beurteilen zu können, inwieweit die Normen des ausländischen Rechts ähnliche Funktionen erfüllen wie im ungarischen Recht. Hierzu werden die gegenwärtigen Fassungen der jeweiligen Verfassungstexte sowie die Organgesetze für die einzelnen Verfassungsgerichte und Verfassungsgerichtshöfe sowohl in deutscher als auch in englischer Sprache herangezogen. Durch diese Fokussierung kann eine kritische Würdigung der gegenwärtigen ungarischen Vorschriften im Spiegel der unterschiedlichen Rechtssysteme erfolgen.

Erstes Kapitel: Die Merkmale des ungarischen Verfassungsgerichts
A. Die Entstehung des Verfassungsgerichts der Republik Ungarn

Nach dem Zerfall des Ost-Block-Systems setzte sich der sog. Nationale Runde Tisch[58] im Sommer 1989 zusammen. Der Nationale Runde Tisch bestand aus der Einheitspartei, dem Oppositionellen Runden Tisch[59] und schließlich aus der dritten Seite, die sieben gesellschaftliche Organisationen umfasste.[60] Die Aufgabe des Nationalen Runden Tisches bezog sich auf „die Vorbereitung des Überganges zu einer demokratisch-rechtsstaatlichen Struktur", darunter die Errichtung eines Verfassungsgerichts.[61] Das Parlament verabschiedete am 18. Oktober 1989 das Gesetz Nr. 31/1989 über die Verfassungsänderung, das mit Art. 32/A das ungarische Verfassungsgericht einrichtete. Dieses Gesetz enthielt eine ganz neue Verfassung und war bei der Ausgestaltung der Werte des ungarischen Rechtsstaats von zentraler Bedeutung.[62] Die detaillierten Bestimmungen über ein Verfassungsgericht wurden mit dem Gesetz Nr. 32/1989 (altes UngVerfGG) am 19. Oktober 1989 ohne besonderen Streit erlassen.[63] Die Zuständigkeit des Verfassungsgerichts erstreckte sich auf die Prüfung von Rechtsnormen und sog. Anleitungen[64] auf ihrer Verfassungsmäßigkeit.[65] Bei letzteren handelt es sich um vorbereitende, strategische Konzepte des Parlaments, der Regierung oder des Präsidenten der Republik, die allgemeine Ziele und Programme enthalten, aber keine Rechtswirkung entfalten. Der bemerkenswerte Fortschritt der neuen Bestimmungen bestand darin, dass das Verfassungsgericht nicht nur die Aussetzung der Anwendbarkeit der verfassungswidrigen Gesetze aussprechen konnte, sondern das Gericht selbst zur Aufhebung der verfassungswidrigen Rechtsnormen – ausgenommen der Gesetze – berechtigt war. Andere Änderungen betrafen die Wahl des

---

[58] Ung. „Nemzeti Kerekasztal".
[59] Ung. „Ellenzéki Kerekasztal - EKA"; Der Oppositionelle Runde Tisch wurde am 22. März 1989 ins Leben gerufen und bestand aus den wichtigsten oppositionellen Vereinigungen.
[60] Kommentar zur UngVerf, Gesetz Nr. 20/1949 Nr. 159.
[61] Kerek, Verfassungsgerichtsbarkeit in Ungarn und Rumänien, - Ein Vergleich der Verfassungsgerichtsbarkeiten zweier osteuropäischer Transformationsstaaten auf ihrem Weg zum konsolidierten Rechtsstaat; Berlin: BWV Berliner Wissenschafts-Verlag, Schriftenreihe zum osteuropäischen Recht; Bd. 14 (im Folgenden: „Verfassungsgerichtsbarkeit in Ungarn und Rumänien") 2010, S. 54.
[62] Kommentar zur UngVerf, Gesetz Nr. 20/1949 Nr. 160-161.
[63] Ung. „Az Alkotmánybíróságról szóló törvény" (Abtv.).
[64] In Ungarn kann das Parlament, die Regierung und der Präsident der Republik Anleitungen erstellen. Die Anleitung verfügen über allgemeines Ziel und Programme, aber haben keine obligatorische Rechtswirkung.
[65] Art. 32/A Abs. 1 UGG.

Verfassungsgerichtspräsidenten, die nun die durchzehn Verfassungsrichter selbst vorgenommen wurde, und das Antragsrecht, das durch eine Popularklage[66] erweitert wurde.[67] Die Popularklage wurde nur auf Drängen der Opposition eingeführt. Die Opposition forderte, dass erstens jedermann einen Antrag nicht nur auf nachträgliche Normenkontrolle, sondern auch auf Feststellung einer legislativen Unterlassung stellen oder eine Verfassungsbeschwerde erheben können sollte. Zweitens forderte die Opposition, die Verwerfungskompetenz des Gerichts, was Rechtsnormen angeht, darunter auch Gesetze, zu erweitern. Ursprünglich sollte sich die Aufhebungskompetenz des Gerichts lediglich auf unter dem Gesetz stehende Rechtsnormen beziehen. Die dritte Forderung der Opposition umfasste die Richterwahl; diesbezüglich verlangte die Opposition, dass 15 Richter für das Verfassungsgericht ernannt werden. Schließlich wurden alle drei Forderungen in das Gesetz Nr.31/1989 über die Verfassungsänderung aufgenommen.[68] Das neu ausgestaltete Verfassungsgericht nahm die Arbeit am 1. Januar 1990 auf. Sein Sitz befand sich nicht in der Hauptstadt, sondern in Esztergom.[69]

B. Aufgaben und Zuständigkeiten des Verfassungsgerichts

Schon in der Präambel des Gesetzes Nr. 32/1989 über das Verfassungsgericht wurden die Notwendigkeit und die Funktion eines Verfassungsgerichts festgelegt: „Das Parlament hat das Verfassungsgericht zum Ausbau der Rechtsstaatlichkeit, zum Schutze der in der Verfassung gewährleisteten Grundrechte, sowie zur Sicherung der Gewaltenteilung – gemäß dem Art. 32/A Abs. 6 UngVerf – eingerichtet."[70]

In Anbetracht der Tatsache, dass die Vorschriften über das Verfassungsgericht in drei Stufen der Normenhierarchie, also in der Verfassung, in dem Organgesetz über das Verfassungsgericht und schließlich in der Geschäftsordnung des Verfassungsgerichts, welche sich das Gericht selbst gibt, vorhanden waren, kann von einer gesetzgeberischen Dominanz bezüglich der Ausgestaltung des Zuständigkeitsbereichs des Verfassungsgerichts gesprochen werden. Obgleich im Art. 32/A

---

[66] Als *Popularklage* bezeichnet man eine Klage, die von jemandem erhoben werden kann, der durch die angegriffene Handlung nicht in eigenen Rechten verletzt wird. Der Begriff von „Popularklage" ist abrufbar unter: http://www.rechtslexikon.net/ (aufgerufen am 01. 05. 2016).

[67] Sólyom, Die Verfassungsgerichtsbarkeit in Ungarn, in: *Weber/Luchterhandt* (Hrsg.) Verfassungsgerichtsbarkeit in Mittel- und Osteuropa, 2007, S. 240.

[68] *Kerek,* Verfassungsgerichtsbarkeit in Ungarn und Rumänien, 2010, S. 56.

[69] *Kerek,* Verfassungsgerichtsbarkeit in Ungarn und Rumänien, 2010, S. 57; *Kukorelli, Az* Alkotmánytan (2007), S. 448.

[70] Die Präambel des alten UngVerfGG.

UngVerf die Kompetenzen des Verfassungsgerichts geregelt wurden, war diese Vorschrift nur als eine Rahmenbestimmung zu betrachten. Die detaillierten Regelungen befanden sich in der UngVerfGG und in der Geschäftsordnung des Verfassungsgerichts.[71]

In Bezug auf die Zuständigkeit des Verfassungsgerichts lässt sich feststellen, dass die abstrakte Normenkontrolle gegenüber dem individuellen Rechtsschutz eine hervorgehobene Bedeutung hat. Das Verfassungsgericht hat seine wichtigsten Entscheidungen, wie sein Urteil über die Todesstrafe oder das Urteil über die Abtreibung und Euthanasie, im Rahmen der nachträglichen abstrakten Normenkontrolle getroffen.[72] Neu war, dass jedermann ein Verfahren vor dem Verfassungsgericht initiieren konnte. Eine Popularklage war bei der nachträglichen Normenkontrolle, bei der Verfassungsbeschwerde und schließlich bei der legislativen Unterlassung möglich. Die Normenkontrolle konnte ebenso präventiv durchgeführt werden. Das Verfassungsgericht konnte ausnahmsweise von Amts wegen sowohl bei der Prüfung der Vereinbarkeit mit völkerrechtlichen Verträgen als auch bei einer gesetzgeberischen Unterlassung herangezogen werden.[73] Es ist allerdings darauf hinzuweisen, dass das Verfassungsgericht keine Kompetenz für die Überprüfung der Wahlen oder der Verfassungsmäßigkeit der Tätigkeit einer Partei hatte. Weiterhin war es dem Verfassungsgericht verwehrt, die Rechtsnormen des einfachen Rechts auszulegen, weil diese Aufgabe den ordentlichen Gerichten oblag. Demgegenüber war das Verfassungsgericht nur dazu berechtigt, die Vorschriften der Verfassung selbst auszulegen.[74]

Im Laufe der Zeit wurden drei Änderungen vorgenommen, welche aber im Wesentlichen die Ausgestaltung der Aufgaben und Zuständigkeiten des Verfassungsgerichts nicht berührt haben. Erstens wurde ein parlamentarischer Ausschuss, der die Verfassungsrichter nominiert, mit dem Gesetz Nr. 40/1990 ins Leben gerufen. Zweitens wurde die Zahl der Richter des Verfassungsgerichts von 15 auf 11 mit dem Gesetz Nr. 74/1994 reduziert. Drittens wurde durch das Gesetz Nr. 1/1998 der Kreis der Antragsteller bei der präventiven Normenkontrolle auf den Präsidenten der Republik reduziert.[75]

---

[71]   *Kukorelli,* Alkotmánytan (2007), S. 449.
[72]   3/1990 (X.31.) AB-Urteil, ABH 1990, 88 und 48/1998 (XI.23.) AB-Urteil, ABH 1998, 333.
[73]   *Kukorelli,* Alkotmánytan (2007), S. 449-450.
[74]   *Kerek,* Verfassungsgerichtsbarkeit in Ungarn und Rumänien, 2010, S. 72-73.
[75]   *Kukorelli,* Alkotmánytan (2007), S. 450.

C. Die Unabhängigkeit des Verfassungsgerichts

Gemäß der Präambel des Gesetzes Nr. 32/1989 ist das Verfassungsgericht ein unabhängiges, staatliches Organ.[76] Die Unabhängigkeit des Verfassungsgerichts ist durch zahlreiche organisatorische und persönliche Garantien gesichert. Zu Beginn ist das Gericht berechtigt, über seinen eigenen Haushalt zu entscheiden.[77] Darüber hinaus obliegt dem Verfassungsgericht selbst das Recht, den Präsidenten des Verfassungsgerichts und den Vizepräsidenten zu wählen.[78] Ein weiteres wesentliches Merkmal ist die richterliche Unabhängigkeit, die auf vier Säulen basiert: Die institutionelle, die persönliche, die finanzielle und schließlich die funktionelle Unabhängigkeit.[79]

Die Essenz des Charakters des Verfassungsgerichts wurde durch Richter Sólyom in dem 23/1990 (X.31.) AB-Urteil in einem Sondervotum wie folgt zusammengefasst:

Im Gegensatz zum Gesetzgeber, der sich politischer Gründe bedienen kann, „muss das Verfassungsgericht seine Entscheidungen ausschließlich mit verfassungsrechtlichen Argumenten begründen. (…) Das Verfassungsgericht wird durch den Willen des Gesetzgebers nicht gebunden. (…) Die Entscheidungen des Verfassungsgerichts sind endgültig. Es ist weder durch den Mehrheitswillen noch durch die öffentlichen Meinungen gebunden. Es ist auch nicht durch moralische oder wissenschaftliche Anschauungen gebunden. (…) Das Verfassungsgericht ist von den Motiven des Gesetzgebers unabhängig, es wäre auch sonst bedenklich, sich darauf berufen zu können, dass sich im Laufe eines Jahres gesellschaftliche Veränderungen abgespielt hätten, durch die die ursprüngliche Konzeption des Gesetzgebers überholt worden sei. Dies würde nämlich bedeuten, dass das Verfassungsgericht gezwungen wäre, den Sinn der Verfassung zu ändern. Das Verfassungsgericht hat hierzu keine Kompetenzen. Die Verfassungsauslegung hat von dem Begriff des auszulegenden Rechts als einer neutralen Kategorie aus-zugehen, über dessen Grenzen ein weitgehender Konsens feststellbar ist, für dessen Inhalt jedoch mehrere Konzeptionen mit verschiedenen Wertinhalten vorstellbar sind. Verfahren wir so, dann enthalten die weitgefassten Begriffe der Verfassung (auch) moralische Fragestellungen. (…) Das Verfassungsgericht hat sich in Grenzfälle einzumischen, es muss die Linie ziehen, bei deren Überschreitung eine bestimmte inhaltliche Konzeption („Antwort") mit dem gesamten System (mit den Grund-

---

[76] Siehe dazu ausführlich „Das Zustandekommen des ungarischen Verfassungsgerichts" im ersten Kapitel.
[77] Art. 2 altes UngVerfGG.
[78] Art. 4 Abs. 2 altes UngVerfGG.
[79] Dieses Thema wird im zweiten Kapitel im Zusammenhang mit der Verfassungsrichterwahl ausführlich dargestellt.

sätzen) der Verfassung nicht mehr in Einklang gebracht werden kann. (…) Das Verfassungsgericht ist (…) ermächtigt (…) im Interesse der Aufrechterhaltung der Verfassung seine eigene Konzeption zur Geltung zu bringen. In Grenzfällen und bei Widersprüchen zwischen unvereinbaren Konzeptionen hat das Verfassungsgericht die Wahl. (…) Diese Entscheidungsfreiheit und diese Pflicht bürden dem Verfassungsgericht eine riesige Verantwortung auf. Obwohl das Gericht von der Gesamtheit der Verfassung ausgeht, entwickelt es den Maßstab der Verfassungsauslegung im Ergebnis seiner kontinuierlichen Auslegungspraxis selbst. Da die Entscheidung endgültig ist, ist der Verfassungsrichter vor seinem Gewissen und vor der öffentlichen Meinung, (…) bewusst subjektiv und historisch gebunden. Sogar dann, wenn das Verfassungsgericht absolute Werte verkündet, entdeckt es lediglich deren Sinn für sein Zeitalter (…). Sein Menschenbild, seine philosophischen Präferenzen, seine Auffassung über die Aufgabe des Richters sind subjektive Gegebenheiten."[80]

Die Unabhängigkeit des Verfassungsgerichts besteht nach wie vor aus vier Elementen: die institutionelle, die personelle, die funktionelle und schließlich die finanzielle Unabhängigkeit. Die institutionelle Unabhängigkeit des Verfassungsgerichts ist dadurch garantiert, dass das Verfassungsgericht ein aus 15 Mitgliedern bestehendes, von der ordentlichen Gerichtsbarkeit getrenntes sui-generis-Organ ist.[81] Die personelle Unabhängigkeit ist gewährleistet, wenn ein Verfassungsrichter unabhängig ist und seine Entscheidungen ausschließlich auf dem Grundgesetz und auf den förmlichen Gesetzen basieren.[82] Diese personelle Unabhängigkeit besteht aus mehreren Elementen. Zuerst soll die politische Unabhängigkeit näher betrachtet werden. Ein Richter darf kein Mitglied oder kein leitender Amtsinhaber einer politischen Partei sowie kein leitender staatlicher Amtsinhaber innerhalb der letzten vier Jahre vor seiner Wahl sein.[83] Darüber hinaus darf ein Verfassungsrichter kein Parlamentsabgeordneter oder Ratsmitglied sein; der Richter darf bei anderen staatlichen Organen kein Amt besitzen oder eine führende Stelle bei einem Interessenvertretungsorgan innehaben. Beruflich ist das Amt eines Verfassungsrichters mit jeder anderen Erwerbstätigkeit unvereinbar, es sei denn, der Richter ist wissenschaftlich, pädagogisch, literarisch oder künstlerisch tätig (Inkompatibilität).[84] Die Inkompatibilität muss nach Eintritt in das Amt innerhalb von 10 Tagen besei-

---

[80]   Sondervotum des Richters Sólyom, 23/1990 (X.31.) AB-Urteil; Die deutsche Übersetzung des hervorgehobenen Teiles der Entscheidung des Verfassungsgerichts in: Kerek, Verfassungsgerichtsbarkeit in Ungarn und in Rumänien, 2010, S. 80.

[81]   Siehe dazu ausführlich „Das Verhältnis des Verfassungsgerichts zu den anderen Staatsgewalten" in diesem Kapitel.

[82]   Art. 5 neues UngVerfGG.

[83]   Art. 6 Abs. 4 neues UngVerfGG.

[84]   Art. 10 Abs. 1 neues UngVerfGG.

tigt werden. Falls die Inkompatibilität während der Amtszeit an die Öffentlichkeit gebracht wird, muss der betroffene Richter den vorliegenden Grund unverzüglich beheben. Wenn der Verfassungsrichter seine Pflicht hinsichtlich der Aufhebung der Inkompatibilität nicht erfüllt, entzieht das Plenum des Verfassungsgerichts ihm das Richteramt.[85] Das Plenum kann außerdem die Immunität eines Richters mit der Wirkung entziehen, dass er strafrechtlich verfolgt werden kann. Jedoch kann er wegen einer dienstlichen Meinungsäußerung oder einer dienstlichen Tätigkeit nicht verfolgt werden.[86] Die Vergütung des Richters richtet sich nach der Vergütung eines Ministers.[87] Die funktionelle Unabhängigkeit des Verfassungsgerichts bedeutet, dass das Gericht ohne äußere Einflüsse seine Entscheidungen bezüglich der Verfassungsmäßigkeit der Rechtsnormen treffen kann.[88] Schließlich ist noch die finanzielle Unabhängigkeit des Verfassungsgerichts zu erwähnen die garantiert, dass das Gericht hinsichtlich seines eigenen Haushalts Vorschläge macht kann, die durch die Regierung dem Parlament zwecks seiner Zustimmung weitergeleitet werden.[89]

D. Das Verhältnis des Verfassungsgerichts zu den Staatsgewalten

Das ungarische Verfassungsgericht ist ein Verfassungsorgan. Es betont seine Unabhängigkeit von Parlament, Regierung und der ordentlichen Gerichtsbarkeit sowie die allgemeine Bindungskraft seiner Entscheidungen – darunter die Aufhebung von Gesetzen – und sein Monopol der letzverbindlichen Verfassungsauslegung.[90] Seine Stellung lässt sich treffend damit beschreiben, dass das Gericht „nicht Ratgeber, sondern Richter des Parlaments" ist.[91] Dies zeigt sich insbesondere an seinen umfassenden Kompetenzen hinsichtlich der Normenkontrolle, sowie der actio popularis und sein Recht auf Aufhebung der verfassungswidrigen Gesetze verankert. Die von dem Verfassungsgericht angewendete abstrakte Verfassungsauslegung dient ebenfalls der Stärkung seiner Stellung in der Staatsgewalt und das Gegengewicht zu den anderen Staatsgewalten.[92]
Das Verfassungsgericht unterscheidet sich von den ordentlichen Gerichten dadurch, dass sein Verfahren abstrakt und grundsätzlich nicht kontradiktorisch ist.

---

[85]   Art. 10 Abs. 2 und 3; Art. 50 Abs. 2 lit. db) neues UngVerfGG.
[86]   Art. 14 Abs. 1 und Art. 50 Abs. 2 lit. da) neues UngVerfGG.
[87]   Art. 13 Abs. 1 neues UngVerfGG.
[88]   Art. 24 Abs. 3 des UGG i.V.m. Art. 39 Abs. 3 neues UngVerfGG.
[89]   Art. 4 neues UngVerfGG.
[90]   38/1993 (VI.11.) AB-Urteil und 1350/B/1992 AB-Urteil.
[91]   16/1991 (IV.20.) AB-Urteil.
[92]   *Kerek,* Verfassungsgerichtsbarkeit in Ungarn und Rumänien, 2010, S. 72.

Das Plenum des Verfassungsgerichts ist prinzipiell nicht öffentlich. Gegenüber den ordentlichen Gerichten ist das Verfassungsgericht prinzipiell an eine Frist von Gesetzes wegen nicht gebunden, wenn diese dem Verfassungsgericht eine Frage hinsichtlich der Auslegung von Verfassungsrecht vorlegen. Das Verfahren vor dem Verfassungsgericht ist einstufig. Eine Berufung gegen seine Entscheidungen ist folglich nicht gestattet. Während die ordentlichen Gerichte nur inter partes entscheiden, haben die Entscheidungen des Verfassungsgerichts prinzipiell eine erga-omnes-Wirkung. Seine Entscheidungen sind demzufolge grundsätzlich allgemeinverbindlich. Infolgedessen lässt sich die Schlussforderung ziehen, dass das ungarische Verfassungsgericht nicht der ordentlichen Gerichtsbarkeit zuzuordnen.[93]

E. Typologische Einordnung des ungarischen Verfassungsgerichts

Das ungarische Verfassungsgericht entspricht dem Trennungsmodell der Verfassungsgerichtsbarkeit. Der Gesetzgeber hatte bei der methodischen und institutionellen Ausgestaltung des Gerichts sowohl das deutsche als auch das österreichische Modell vor Augen. Es entspricht sowohl dem deutschen als auch dem österreichischen Modell, dass das ungarische Verfassungsgericht als eine eigenständige Institution eingerichtet und ihm neben der umfangreichen Zuständigkeit auch die Kompetenz zur Kontrolle der Verfassungsmäßigkeit der Urteile der ordentlichen Gerichtsbarkeit übertragen wurde.[94] Im Vergleich zu dem französischen Mischmodell, in dem die Hauptaufgabe des Conseil d'Etat. Die Kontrolle der Parlamentswahlen und Referenden ist, gehört die Kompetenz zu einer Überprüfung der Wahlen oder der Verfassungsmäßigkeit der Tätigkeit einer Partei nicht zu den Aufgaben des ungarischen Verfassungsgerichts.[95] Hinsichtlich der Wirkungen der Entscheidungen des ungarischen Verfassungsgerichts lässt sich feststellen, dass – wie bei den anderen Ländern, die das Trennungsmodells haben – einzelfallbezogen zu prüfen ist, ob eine Entscheidung über inter-partes- – wie beim Organstreit – oder prinzipiell erga-omnes- – wie bei den unterschiedlichen Formen der Normenkontrolle oder der Verfassungsbeschwerde – sowie über ex-nunc- oder ex-tunc-Wirkung verfügt.[96]

---

[93] *Kerek*, Verfassungsgerichtsbarkeit in Ungarn und Rumänien, 2010, S. 75-76.
[94] Vgl. Art. 137-148 B-VG.
[95] Diese Verfahren sind im Art. 32-45 VerfRatG und im Art. 179-189, 325 des Wahlgesetzes (L.O.) vom 27. Oktober 1964 geregelt.
[96] Vgl. Art. 140 Abs. 5 B-VG

Zweites Kapitel: Zusammensetzung des ungarischen Verfassungsgerichts

Bestellung und Zusammensetzung des Verfassungsgerichts sind von wesentlicher Bedeutung für die Qualität und die Akzeptanz verfassungsgerichtlicher Entscheidungen. Auch sie ist daher ein besonderes Augenmerk zu richten.[97]

A. Richter am Verfassungsgericht
I. Verfassungsrichterwahl in Ungarn nach 1990

Als das Verfassungsgericht seine Tätigkeit nach dem Systemwechsel am 1. Januar 1990 in Budapest aufnahm, bestand das Verfassungsgericht aus vom Parlament gewählten elf Richtern.[98] Wie schon im vorherigen Kapitel erwähnt wurde, sollten nach der ursprünglichen Vorstellung 15 Richter an das Verfassungsgericht berufen werden, jedoch wurde hiervon aufgrund des Drängens der Opposition Abstand genommen. Dementsprechend sind nach dem Gesetz Nr. 74/1994 nur elf Richter vorgesehen. Für Verfassungsrichter gelten die folgenden Wählbarkeitsvoraussetzungen: Ein zukünftiger Verfassungsrichter muss zum einen ein ungarischer Staatsbürger und darf nicht vorbestraft sein. Er oder sie muss eine juristische Ausbildung absolviert und das 45. Lebensjahr bereits vollendet haben. Zum anderen muss der Kandidat entweder ein hervorragender Rechtswissenschaftler sein oder über 20 Jahre juristische Berufspraxis verfügen. Die Wahl zum Richter ist ausgeschlossen, wenn die Person in den vorangehenden vier Jahren ein Mitglied der Regierung oder Angestellter irgendeiner Partei in einem Verfahren vor dem Verfassungsgericht war oder ein leitendes Amt in der Staatsverwaltung bekleidet hat.[99] Die alte Fassung des UngVerfGG regelte nicht, was genau unter einem lei-tenden Amt in der Staatsverwaltung zu verstehen ist. Dies eröffnete einen weiten Interpretationsspielraum hinsichtlich der Auslegung dieses Begriffs.[100] Die Kandidaten wurden von einem ad-hoc-Nominierungsausschuss, in dem jede Fraktion des Parlaments mit einem Mitglied vertreten war, berufen.[101] Die vorgeschlagenen Kandidaten wurden danach durch den parlamentarischen Ausschuss für Verfassung, Kodifikation und Justizwesen angehört. Bei dieser Anhörung sollte jeder Kandidat zu gegenwärtige grundrechtliche oder staatsorganisationsrechtliche Fragen Stellung beziehen. Dann teilte der Justizausschuss in einer schrift-

---

[97] Zum Rechtsvergleich siehe dazu den Anhang 1 über die Verfassungsrichterwahl in Ungarn.

[98] Art. 32/A Abs. 4 S. 1 UngVerf i.V.m. Art. 4 Abs. 1 altes UngVerfGG.

[99] Art. 5 altes UngVerfGG.

[100] Kommentar zur UngVerf, Gesetz Nr. 20/1949 Nr. 238.

[101] Art. 32/A Abs. 4 S. 2 und S. 3 UngVerf; Kommentar zur UngVerf, Gesetz Nr. 20/1949 Nr. 239 (ad hoc).

lichen Erklärung dem Parlament mit, dass die Kandidaten angehört wurden.[102] Abschließend wurden die Richter vom Parlament mit einer Zweidrittel-Mehrheit, unter Berücksichtigung der Stellungnahme des Normierungsausschusses und des Protokolls des parlamentarischen Ausschusses gewählt.[103] Aufgrund der Tatsache, dass das Parlament die Richter mit Zweidrittel-Mehrheit wählte, ereignete es sich mehrmals, dass ein vakanter Sitz an dem Verfassungsgericht bis zu 1-2 Jahren nicht besetzt werden konnte.[104]

Für eine erfolgreiche Wahl eines Verfassungsrichters waren die Stimmen der Zweidrittel-Mehrheit der Abgeordneten des Parlaments, also mindestens 258 Stimmen nötig.[105] Gesetzt den Fall, dass das Parlament den Kandidaten oder die Kandidatin nicht wählen konnte, sollte der Nominierungsausschuss innerhalb von 15 Tagen dem Parlament einen neuen Vorschlag präsentieren. Dies schloss jedoch nicht aus, dass der Nominierungsausschuss den zuvor nicht gewählten Kandidaten wieder vorschlagen konnte.[106] Der ernannte Richter musste einen Eid vor dem Parlament in Bezug auf die bedingungslose Wahrung der Verfassung und die gewissenhafte Erfüllung seiner Pflichten leisten.[107] Die Richter wurden für neun Jahre ernannt und konnten einmal wiedergewählt werden.[108] Die Amtszeit endete automatisch, wenn a) der Richter das 70. Lebensjahr vollendet hatte, b) wenn seine neun Jahre lange Amtsperiode vollendet war, c) mit dem Tod des Richters, d) mit einem Verzicht auf das Amt, e) mit der Feststellung der Inkompatibilität, f) mit der Entlassung und schlussendlich g) mit seinem Ausschluss.[109] Ein Richter konnte außerdem auf sein Amt mit einer einseitigen Rücktrittserklärung verzichten. Er musste diese Rücktrittserklärung an den Präsidenten des Verfassungsgerichts adressieren, der dann den Verzicht des Verfassungsrichters anzunehmen hatte.[110] Gesetzt den Fall, dass eine Inkompatibilität zwischen dem Amt und der Tätigkeit des Richters bestand, musste diese Unvereinbarkeit innerhalb von 10 Tagen nach deren Feststellung aufgehoben werden. Wenn dies nicht geschah, entschied das

---

[102]   Art. 7 altes UngVerfGG; Kommentar zur UngVerf, Gesetz Nr. 20/1949 Nr. 240.
[103]   Art. 32/A Abs. 4 S. 4 UngVerf i.V.m. Art. 8 Abs. 1 altes UngVerfGG.
[104]   *Tilk*, A Magyar Alkotmánybíróság 2008, S. 26.
[105]   Kommentar zur UngVerf, Gesetz Nr. 20/1949 Nr. 241.
[106]   Art. 8 Abs. 2 altes UngVerfGG; *Tilk*, A Magyar Alkotmánybíróság 2008, S. 30.
[107]   Art. 11 altes UngVerfGG.
[108]   Art. 8 Abs. 3 altes UngVerfGG; Es ist jedoch anzumerken, dass in mehreren Fällen Verfassungsrichter ein zweites Mal gewählt wurden, die dann während ihrer zweiten Amtszeit das 70. Lebensjahr vollendet haben. In einem solchen Fall endete allerdings das Amt eines Verfassungsrichters mit der Vollendung des 70. Lebensjahres.
[109]   Art. 15 Abs. 1 altes UngVerfGG.
[110]   Art. 15 Abs. 4 altes UngVerfGG.

Plenum des Verfassungsgerichts über das Ende der Mitgliedschaft.[111] Mit der Entlassung konnte die Amtszeit des Verfassungsrichters auch enden, wenn er seine Aufgaben nicht erledigen konnte, ohne dass er den Grund zu vertreten hatte.[112] Ein Verfassungsrichter musste ausgeschlossen werden, wenn er aufgrund eines ihm vorzuwerfenden Verhaltens seine Arbeit nicht erledigte, oder seine Pflicht bezüglich der Erklärung seiner finanziellen Interessen nicht erfüllt hatte oder er durch rechtskräftiges Urteil wegen des Begehens einer Straftat verurteilt wurde.[113] Das Verfassungsgericht entschied über die Unvereinbarkeit, über die Entlassung und den Ausschluss mit einfacher Mehrheit des Plenums, also mit sechs Stimmen, es sei denn, ein Richter konnte aufgrund eines ihm nicht vorwerfbaren Grunds seine Aufgabe nicht erfüllen. Dann mussten mindestens acht Verfassungsrichter die Amtsentziehung bejahen.[114]

II. Verfassungsrichterwahl in Ungarn nach 2010

Auffallend ist, dass die Zahl der Verfassungsrichter von 11 auf 15 erhöht wurde.[115] Darüber hinaus wurde die Amtszeit der Verfassungsrichter von 9 auf 12 Jahre erhöht.[116] Es ist jedoch fraglich, ob aufgrund der Erhöhung der Anzahl der Verfassungsrichter eine schnellere und effektivere Arbeit geleistet werden kann. Das Verfassungsgericht dürfte nur dann effektiver arbeiten, wenn die Arbeitsbelastung des Plenums dadurch verringert würde, dass den Kammern mehr Kompetenzen und damit verbunden mehr Arbeit übertragen würde. Die Verlängerung der Amtszeit der Verfassungsrichter kann sowohl Vorteile als auch Nachteile mit sich bringen. Zum einen wird ein Sitz im Verfassungsgericht seltener vakant. Zum anderen aber können beim Verfassungsgericht nur mit Schwierigkeiten Änderungen vorgenommen werden, wenn die Richter zwölf Jahre in ihrem Amt bleiben.[117] Hinsichtlich der Voraussetzungen der Wählbarkeit wurden keine gravierenden Änderungen vorgenommen. Ein Kandidat muss nach wie vor ungarischer Staatsbürger sein, über einen juristischen Abschluss verfügen, bereits das 45. Lebensjahr, aber noch nicht das 70. Lebensjahr vollendet haben, entweder hervorragender Rechtswissenschaftler sein oder über mehr als 20 Jahre juristische Berufspraxis verfügen und schließlich darf der Kandidat nicht vorbestraft sein.[118] Außerdem dürfen die

---

111	Art. 15 Abs. 5 altes UngVerfGG.
112	Art. 15 Abs. 6 altes UngVerfGG.
113	Art. 15 Abs. 7 altes UngVerfGG.
114	*Tilk*, A Magyar Alkotmánybíróság 2008, S. 38.
115	Art. 24 Abs. 8 S. 1 des UGG.
116	Art. 6 Abs. 3 S. 1 neues UngVerfGG.
117	*Tilk*, Az Alkotmánybíróság az Alaptörvényben, in: Közjogi Szemle 2/2011 S. 5.
118	Art. 6 Abs. 3 S. 2 neues UngVerfGG.

Kandidaten nach wie vor in den vier Jahren vor ihrer Ernennung zum Richter kein Mitglied einer Regierung, kein leitender Amtsinhaber einer politischen Partei und kein leitender Amtsinhaber eines Staatsorgans gewesen sein.[119] Im Gegensatz zu den alten Vorschriften ist eine Wiederwahl der Richter ausgeschlossen.[120] Obwohl die Möglichkeit einer Verlängerung der Amtszeit unter bestimmten Umständen mit dem Inkrafttreten des neuen UngVerfGG eingeführt wurde, wurde diese Vorschrift in 2013 außer Kraft gesetzt. Diese Regelung ermöglichte, dass die Amtszeit des verabschiedeten Verfassungsrichters automatisch verlängert wurde, wenn das Parlament den Nachfolger eines Verfassungsrichters bis zum dem im Gesetz festgelegten Zeitpunkt nicht wählen konnte.[121]

Eine bedeutende Änderung wurde hingegen in der Zusammensetzung des Nominierungsausschusses vorgenommen. Der Nominierungsausschuss, der einen Kandidaten vorschlägt, ist proportional besetzt. Also verfügt eine mit Zweidrittel-Mehrheit herrschende Regierungskoalition im Parlament ebenfalls über eine Zweidrittelmehrheit im Nominierungsausschuss. Der Nominierungsausschuss setzt sich aus bis 15 Mitgliedern zusammen. Im Nominierungsausschuss muss jede parlamentarische Partei mindestens ein Mitglied stellen.[122] Aufgrund der Neuregelung hinsichtlich der Zusammensetzung des Nominierungsausschusses kann ausschließlich eine Regierung mit Zweidrittel-Mehrheit alle unbesetzten Stellen des Verfassungsgerichts besetzen.[123] Des Weiteren werden die Verfassungsrichter nach wie vor nach Anhörung der Kandidaten durch einen ständigen Verfassungsausschuss des Parlaments durch das Parlament mit Zweidrittel-Mehrheit aller Abgeordneten gewählt.[124] Der gewählte Verfassungsrichter hat einen Eid zu leisten.[125] Kann ein Kandidat die erforderliche Anzahl an Stimmen nicht auf sich vereinigen, soll der Nominierungsausschuss dem Parlament innerhalb von 15 Tagen einen neuen Vorschlag unterbreiten.[126] Bezüglich der Beendigung des Amtes eines

---

[119]   Art. 6 Abs. 4 neues UngVerfGG.
[120]   Art. 6 Abs. 3 S. 2 neues UngVerfGG.
[121]   Art. 15 Abs. 3 neues UngVerfGG; Diese Vorschrift wurde mit dem Art. 42 Abs. 2 des Gesetzes Nr. 207/2013 außer Kraft gesetzt.
[122]   Art. 7 Abs. 1 neues UngVerfGG; Der Nominierungsausschuss ist ein ad-hoc-Ausschuss, dessen Zusammensetzung sich nach der Zusammensetzung des Parlaments richtet. Der aus neun Mitgliedern bestehende Nominierungsausschuss setzt sich gegenwärtig zusammen aus fünf Mitgliedern des Fidesz und jeweils einem Mitglied aus KDNP, MSZP, Jobbik und LMP. Dementsprechend kann die Regierungsmehrheit mit insgesamt sechs Stimmen die Zweidrittelmehrheit in dem Nominierungsausschuss sichern.
[123]   *Küpper,* IOR-Chronik: Ungarn WiRO 3/2012 S. 90.
[124]   Art. 24 Abs. 8 S. 1 UGG, Art. 7 Abs. 2 und Art. 8 Abs. 1 neues UngVerfGG.
[125]   Art. 9 neues UngVerfGG.
[126]   Art. 8 Abs. 2 neues UngVerfGG.

Verfassungsrichters wurden keine wesentlichen Veränderungen vorgenommen. Zusammenfassend lässt sich feststellen, dass das Amt endet a) mit der Vollendung des 70. Lebensjahres, b) mit dem Ablauf der 12 Jahre dauernden Amtsperiode, c) mit dem Tod des Richters, d) mit dem Rücktritt, e) mit der Feststellung der Inkompatibilität, f) mit der Entlassung oder g) mit dem Ausschluss. Die einzige Änderung im Vergleich zur Regelungen nach 1990 besteht darin, dass das Amt eines Verfassungsrichters ebenfalls dann endet, wenn der betroffene Richter seine Wählbarkeit hinsichtlich der Wahl zum Parlamentsabgeordneten verliert. [127] Der erste Präsident des Verfassungsgerichts *Sólyom*[128] warnte davor, dass die genannten Regelungen es der Regierung ermögliche, allein über die Besetzung des Gerichts zu entscheiden. Sólyom betonte, dass es im Richterwahlverfahren immer das Ziel sein muss, dass weder die Regierung allein noch die Opposition allein über die Auswahl der Verfassungsrichter entscheiden kann. Könnte ausschließlich der Regierung oder ausschließlich die Opposition über die Auswahl der Verfassungsrichter entscheiden, wäre dies nicht mit dem Prinzip der Unabhängigkeit eines Verfassungsrichters vereinbar.[129]

B. Der Verfassungsgerichtspräsident
I. Wahl und Aufgabe der Verfassungsgerichtspräsidenten in Ungarn nach 1990
1. Wahl der Verfassungsgerichtspräsidenten

Sowohl der Präsident als auch der Vizepräsident des Verfassungsgerichts wurde nach dem UngVerfGG von 1990 für drei Jahre von den elf Verfassungsrichtern selbst, geheim und mit einfacher Mehrheit gewählt; der Präsident war wiederwählbar.[130] Während der Präsident in finanzieller Hinsicht über die gleiche rechtliche Stellung verfügt wie er Ministerpräsident, erhielt der Vizepräsident die gleichen Dienstbezüge wie ein Minister und damit eben so viel wie die übrigen Verfassungsrichter.[131]

2. Aufgabe der Verfassungsgerichtspräsidenten

Dem Verfassungsgerichtspräsidenten oblagen kooperative und repräsentative Aufgaben. Zum einen war der Präsident kooperativtätig, wenn er das Plenum

[127] Art. 15 Abs. 1 und 2 neues UngVerfGG.
[128] *Sólyom* war der erste Präsident des ungarischen Verfassungsgerichts 1990. Später war er vom 5. August 2005 bis zum 5. August 2010 auch Präsident der Republik.
[129] *Sólyom,* Ein Brief vom 21.06.2010 für den damaligen Staatspräsidenten *Pál Schmitt* S. 3, Die ungarische Fassung des Briefes des ersten Verfassungsgerichtspräsidenten *Sólyom* ist abrufbar unter: http://www.parlament.hu/irom39/00189/00189-0005.pdf (aufgerufen am 01.05.2016).
[130] Art. 4 Abs. 2 altes UngVerfGG.
[131] Art. 13 altes UngVerfGG.

einberief, oder die Sitzungen leitete oder die Arbeitsverhältnisse der Mitarbeiter des Verfassungsgerichts festlegte.[132] Zum anderen repräsentierte der Verfassungsgerichtspräsident das Verfassungsgericht vor dem Parlament, vor anderen Organen und vor der Öffentlichkeit.[133] Die Anwesenheit des Präsidenten im Plenum war eine Voraussetzung für die Beschlussfähigkeit des Gerichts. Seine Stimme war im Fall einer Stimmengleichheit entscheidend.[134] Bemerkenswert ist, dass dem Präsidenten des Verfassungsgerichts die Aufgabe oblag, zusammen mit dem Präsidenten des Parlaments und dem Ministerpräsidenten den Kriegszustand, den Ausnahmezustand sowie den Notstand festzustellen.[135] Darüber hinaus war der Verfassungsgerichtspräsident dafür zuständig, offensichtlich unbegründete Anträge abzuweisen und fälschlicherweise beim Verfassungsgericht eingereichte Anträge an das hierfür zuständige Organ weiterzuleiten.[136] Diese Entscheidungen waren bindende Eine-Person-Entscheidungen. In Anbetracht der Tatsache, dass der Präsident bei der Zurückweisung eines offensichtlich unbegründeten Antrags expressis verbis an gesetzliche Regelungen nicht gebunden war, unterstand er ausschließlich seiner Selbstkontrolle.[137]

II. Wahl und Aufgabe der Verfassungsgerichtspräsidenten in Ungarn nach 2010
1. Wahl der Verfassungsgerichtspräsidenten

Eine relevante Änderung wurde hinsichtlich der Wahl des Verfassungsgerichtspräsidenten vorgenommen. Gegenüber den bisherigen Regelungen wird der Präsident nicht mehr durch die anderen Verfassungsrichter, sondern durch das Parlament mit Zweidrittel-Mehrheit und nicht für drei Jahre, sondern bis zum Ende seiner Amtszeit gewählt.[138] Der Vizepräsident wird nach wie vor durch das Plenum des Verfassungsgerichts auf Vorschlag des Präsidenten gewählt.[139] Diese Modifikation ist besorgniserregend. Wenn der Verfassungsgerichtspräsident unmittelbar durch das Parlament gewählt wird, kann er unter einem politischen Einfluss stehen.[140] Außerdem könnte sich die Wahl des Präsidenten durch das Parlament negativ auf dessen Akzeptanz unter den übrigen Verfassungsrichter auswirken. Schließlich können sie nicht mehr über die Leitung des Verfassungsge-

---

[132] Art. 17 Abs. 1 lit. a)-f) und lit. h)-l) altes UngVerfGG.
[133] Art. 17 Abs. 1 lit. g) altes UngVerfGG.
[134] Art. 30 Abs. 3 altes UngVerfGG.
[135] Art. 19/A Abs. 3 UngVerf.
[136] Art. 23 Abs. 1 altes UngVerfGG.
[137] *Tilk*, A Magyar Alkotmánybíróság 2008, S. 53.
[138] Art. 1 Abs. 2 lit. e) UGG i.V.m. Art. 18 Abs. 1 lit. a) neues UngVerfGG.
[139] Art. 21 Abs. 2 neues UngVerfGG.
[140] *Küpper,* IOR-Chronik: Ungarn WiRO 3/2012 S. 90.

richts mitbestimmen und müssen die Entscheidung des Parlaments hinnehmen. Die Regelung könnte sich auch als bedenklich erweisen, wenn dem Präsidenten in der Zukunft eine spezifische Aufgabe zugeordnet wird.[141]

2. Aufgabe der Verfassungsgerichtspräsidenten

In Hinblick auf die Aufgabe des Präsidenten lässt sich deren Erweiterung feststellen. Der Präsident ist für folgende Tätigkeiten verantwortlich: Koordinierung der Tätigkeit des Verfassungsgerichts, Einberufung des Plenums und Leitung von dessen Sitzungen sowie Vertretung des Verfassungsgerichts vor dem Parlament, vor den anderen Organen und vor der Öffentlichkeit und schließlich Wahrnehmung solcher Aufgaben, die durch das Gesetz oder die Geschäftsordnung des Verfassungsgerichts für ihn bestimmt sind.[142]

C. Die Wahl der Verfassungsrichter im Rechtsvergleich

Während sich die Wahl der Verfassungsrichter in Österreich, Spanien, Lettland, Litauen, Frankreich, Italien, Rumänien und in Bulgarien nach einem gespaltenen Modell („split model") richtet, bei dem die unterschiedlichen Staatsgewalten – die gesetzgebende, die vollziehende sowie die rechtsprechende Gewalt – eine bestimmten Anzahl von Richtern bestimmen, gilt in der Tschechischen Republik, Slowenien sowie Albanien das sog. kollaborative Modell („collaborative model"), bei dem das Parlament und die Regierung bei der Wahl der Verfassungsrichter zusammenarbeiten. Demgegenüber kommt das sog. parlamentarische Modell („parliamentary model") sowohl in Ungarn, als auch in Polen und Kroatien zur Anwendung. In diesen Ländern kann ausschließlich das Parlament die Verfassungsrichter wählen. Eine Besonderheit besteht hinsichtlich der deutsche Verfassungsrichterwahl. Hier werden je die Hälfte der Richter von Bundestag und von Bundesrat gewählt. Da der Bundesrat die Vertretung der Bundesländer auf Bundesebene wahrnimmt und kein Teil eines Parlaments im Sinne einer zweiten Kammer ist, werden in Deutschland die Richter also nicht nur Parlament gewählt. Allerdings weist dieses Modell große Nähe zum parlamentarischen Modell auf, weil die eine Hälfte vom Bundestag, also einem Parlament gewählt wird.[143]
In diesem Kapitel bezeichnet „Bestimmung" ganz allgemein den gesamten Prozess der Verfassungsrichterwahl von der Nominierung bis über den Empfehlun-

---

[141] *Tilk,* Az Alkotmánybíróság az Alaptörvényben, in: Közjogi Szemle 2/2011 S. 5-6.
[142] Art. 17 Abs. 1 lit. a), b) g) und l) neues UngVerfGG.
[143] Siehe dazu ausführlich *Kelemen,* Az alkotmánybírák újra választhatósága és hivatalviselési ideje, in: *Pázmány Law Working Papers* 2011/5. http://d18wh0wf8v71m4. cloudfront.net/docs/wp/2012/2011-05.pdf (aufgerufen am 01.05. 2016).

gen bis hin zur Wahl und Ernennung. Der Begriff „Nominierung" wird für die Auswahl von Personen, die als Verfassungsrichter in Frage kommen, verwendet. Hier handelt es sich bereits um eine inhaltliche Entscheidung, wer überhaupt zur Wahl zugelassen werden soll. Ist eine Person nominiert, so ist sie Kandidat für das Amt des Verfassungsrichters. Demgegenüber bedeutet die „Wahl", dass entschieden wird, ob eine nominierte und vorgeschlagene Person (Kandidat) zum Verfassungsrichter wird oder nicht. Hier ist eine Stimmmehrheit erforderlich ohne die der Kandidat nicht zum Richter wird. Das wählende Gremium sagt also nur ja oder nein zum Kandidaten, kann aber keinen anderen (nicht nominierte und nicht vorgeschlagene) Person wählen. Die „Ernennung" ist der letzte Akt. Wurde der der Kandidat gewählt, wird er anschließend zum Verfassungsrichter ernannt. Dabei handelt es sich auch nur um einen formalen Akt, der vor allem erforderlich ist, um den Kandidaten in die Stellung des Verfassungsrichters mit dessen Rechten und Pflichten zu erheben (ähnlich wie bei Beamten). Die „Ernennung" kann allerdings auch als Ersatz für Nominierung und Wahl stattfinden. Hier hat ein Verfassungsorgan die Macht zu bestimmen mittels eines Aktes (der Ernennung), dass ein Kandidat Verfassungsrichter sein soll.

I. Das gespaltene Modell („split model")
1. Multichannel-Nominierung der Verfassungsrichter

Das gespaltene Modell ist dadurch gekennzeichnet, dass alle drei Staatsgewalten an der Nominierung der Verfassungsrichter beteiligt sind.[144] In Österreich besteht der Verfassungsgerichtshof aus dem Präsidenten, dem Vizepräsidenten, aus zwölf Richtern und aus sechs Ersatzmitgliedern.[145] Sowohl die insgesamt 14 Mitglieder als auch die sechs Ersatzmitglieder werden durch den Bundespräsidenten auf folgende Weise ernannt. Der Bundespräsident ernennt auf Vorschlag der Bundesregierung den Präsidenten, den Vizepräsidenten, sechs Richter und drei Ersatzmitglieder; auf Vorschlag des Nationalrates drei Richter und zwei Ersatzmitglieder und schließlich auf Vorschlag des Bundesrates drei Richter und ein Ersatzmitglied.[146] Die Richter und die Ersatzmitglieder müssen mindestens zehn Jahre einschlägige Berufspraxis vorweisen können.[147] Außerdem ist politische Ausgewogenheit sowie die Herkunft aus verschiedenen Rechtsberufen und aus

---

[144]   Zum Rechtsvergleich siehe den Anhang 2 über die Multichannel-Nominierung der Verfassungsrichter.
[145]   Art. 147 Abs. 1 B-VG.
[146]   Art. 147 Abs. 2 B-VG.
[147]   Art. 147 Abs. 3 B-VG.

verschiedenen Bundesländern zu berücksichtigen.[148] Die Verfassungsrichter werden nicht für eine bestimmte Dauer gewählt. Das Amt endet vielmehr mit der Vollendung des 70. Lebensjahres. Außerdem kann ein Verfassungsrichter durch den Verfassungsgerichtshof abgesetzt werden.[149] Da außerdem auch kein bestimmtes Mindestalter gefordert wird, mithin die Dauer einer Amtszeit also weder konkret festgelegt, noch abstrakt bestimmbar ist, können diese Regelung als „unbestimmte" Amtszeit bezeichnet werden.[150] Folge dieser unbestimmten Amtszeit ist, dass sich die Dauer der Amtszeit von einzelnen österreichischen Verfassungsrichtern erheblich unterscheiden kann.

Die Regelungen hinsichtlich der Wahl eines Verfassungsrichters in Spanien befinden sich in der Verfassung (CE) sowie im Organgesetz über das Verfassungsgericht (LOTC). Das Verfassungsgericht („Tribunal Constitutional"; TC) setzt sich aus zwölf Mitgliedern zusammen, die sich aus Richtern, Staatsanwälten, Universitätsprofessoren, Beamten und Rechtsanwälten rekrutieren, die alle über eine juristische Ausbildung und über eine mehr als 15-jährige einschlägige Berufspraxis verfügen müssen.[151] Weder die Verfassung noch das Organgesetz über das Verfassungsgericht schreibt ein Mindest- oder ein Höchstalter vor.[152] Vier Kandidaten werden jeweils durch den Kongress sowie durch den Senat nominiert. Der Kongress und der Senat entscheiden mit Drei-Fünftel-Mehrheit über die nominierten Kandidaten. Zwei Kandidaten werden außerdem von der Regierung und zwei Kandidaten vom Allgemeinen Rat der Justiz nominiert.[153] Die insgesamt zwölf Mitglieder des Verfassungsgerichts werden für neun Jahre vom spanischen König ernannt.[154] Die Amtszeit ist jedoch verlängerbar „bis diejenigen, die die Nachfolge übernehmen, ihr Amt angetreten haben".[155] Daher kann es vorkommen, dass sich das Verfassungsgericht alle drei Jahre teilweise erneuert.[156] Der Präsident des Verfassungsgerichts wird auf Empfehlung des Plenums des Verfassungsgerichts

---

[148] *Korinek/Martin,* Die Verfassungsgerichtsbarkeit in Österreich, in Weber/Luchterhandt (Hrsg.) Verfassungsgerichtsbarkeit in Westeuropa, 2007, S. 71.
[149] Art. 147 Abs. 6 B-VG und Art. 10 VfGG.
[150] *Kelemen,* Az alkotmánybírák újraválaszthatósága és hivatalviselési ideje, in: *Pázmány Law Working Papers* 2011/5 S. 6.
[151] Art. 159 Abs. 2 der spanischen Verfassung (CE).
[152] *Llorente,* Die Verfassungsgerichtsbarkeit in Spanien in: Weber/Luchterhandt, Verfassungsgerichtsbarkeit in Westeuropa, 2007, S. 170.
[153] Art. 159 Abs. 1-3 CE.
[154] Art. 159 Abs. 1 und 3 CE.
[155] Art. 17 Abs. 2 LOTC.
[156] Art. 159 Abs. 3 CE.

vom spanischen König ernannt.[157] Da die Kandidaten für Verfassungsrichteramt sowohl vom Kongress, vom Senat, von der Regierung und schließlich auch vom Allgemeinen Rat der Justiz nominiert werden, kann die spanische Richterwahl als eine echte pluralistische Richterwahl qualifiziert werden.

In Lettland regelt nicht die Verfassung die Wahl der Verfassungsrichter, sondern das lettische Verfassungsgerichtshofgesetz.[158] In Lettland besteht das Verfassungsgericht („Satversmes tiesa") aus sieben Mitgliedern, aus denen drei Mitglieder von mindestens zehn Abgeordneten des Parlaments („Saeima"), zwei Mitglieder von der Regierung und zwei Mitglieder vom Obersten Gerichtshof nominiert werden.[159] Die Kandidaten sollen über die lettische Staatsbürgerschaft, über eine makellose Reputation, über mehr als eine 10-jährige einschlägige Berufspraxis und über ein hervorragendes wissenschaftliches Studium verfügen. Darüber hinaus soll ein Kandidat das 40. Lebensjahr vollendet haben.[160] Die Verfassungsrichter werden durch das Parlament gewählt; nicht geregelt ist jedoch, ob das Parlament mit einfacher oder absoluter Mehrheit zu entscheiden hat.[161] Das Richteramt dauert zehn Jahre und ist nicht verlängerbar. Die Richter sind nicht absetzbar.[162] Der Präsident und der Vizepräsident des Verfassungsgerichts werden durch die Verfassungsrichter selbst für drei Jahre mit absoluter Mehrheit gewählt.[163]

In Litauen wählt das Parlament („Seima") die neun Mitglieder des Verfassungsgerichts („Lietuvos Respublikos Konstitutinis Teismas") unter Berücksichtigung der Empfehlungen des Präsidenten der Republik, des Präsidenten des Parlaments und des Präsidenten des Obersten Gerichtshofs. Alle drei Staatsgewalten nominieren demgemäß jeweils drei Kandidaten.[164] Die Kandidaten sollen über die litauische Staatsbürgerschaft, über eine unbescholtene Reputation, über einen höheren juristischen Abschluss sowie über eine mehr als 10-jährige berufliche Praxis verfügen.[165] Die Richter sind für neun Jahre gewählt; alle drei Jahre wird ein Drittel der Richterämter am Verfassungsgericht neubesetzt.[166] Ein Richter wird lediglich

---

[157] Art. 160 CE.
[158] Das lettischen Verfassungsgerichtshofgesetzes vom 11. September 1997 (LettVfGG).
[159] Art. 3 und 4 Abs. 1 LettVfGG.
[160] Art. 4 Abs. 2 LettVfGG.
[161] Art. 4 Abs. 1 LettVfGG.
[162] Art. 7 Abs. 1 und 2 LettVfGG.
[163] Art. 12 LettVfGG.
[164] Art. 103 Abs. 1 S. 3 LitVerf.
[165] Art. 103 Abs. 3 LitVerf.
[166] Art. 103 Abs. 1 S. 1 und S. 2 der litauischen Verfassung (LitVerf).

immer nur für eine Amtszeit ernannt; sein Amt ist nicht verlängerbar.[167] Das Parlament wählt den Präsidenten des Verfassungsgerichts auf Vorschlag des Präsidenten der Republik. [168]

Aus dem Vergleich der Regelungen zur Verfassungsrichterwahl in den unterschiedlichen Staaten lässt sich folgende Schlussfolgerung ziehen: In den untersuchten Ländern erfolgt die Ernennung bzw. die Wahl der Verfassungsrichter nur durch ein (Verfassungs-)Organ, wie beispielsweise durch den Bundespräsidenten in Österreich, durch den König in Spanien sowie durch das Parlament in Lettland und in Litauen. Die Nominierung der Richter hingegen wird durch verschiedene Organe der gesetzgebenden, vollziehenden und rechtsprechenden Gewalt vorgenommen. Diese Multichannel-Nominierung der Richter kann Pluralität, politische Ausgewogenheit sowie ein Gleichgewicht zwischen den Staatsgewalten erzeugen.

2. Multichannel-Ernennung von Verfassungsrichter

Das Modell der Multichannel-Ernennung von Verfassungsrichter lässt sich am Beispiel von Frankreich, Italien, Rumänien und Bulgarien darstellen. [169]

In Frankreich besteht der Verfassungsrat aus neun ernannten Mitgliedern.[170] Ein Drittel der Mitglieder des Verfassungsrates werden alle drei Jahre nach gesetzlichen Bestimmungen neu gewählt. Aus den neun Mitgliedern werden drei vom Präsidenten der Republik, drei vom Präsidenten der Nationalversammlung und drei Mitglieder vom Präsidenten des Senats ernannt.[171] Die Amtszeit der Mitglieder beträgt neun Jahre; die Mitglieder können nicht wiedergewählt werden.[172] Die Besonderheit des Verfassungsrates besteht darin, dass die ehemaligen Präsidenten der Republik von Rechts wegen Mitglieder auf Lebenszeit im Verfassungsrat sind.[173] Der Präsident des Verfassungsrates wird durch den Präsidenten der Republik aus der Mitte der Mitglieder des Verfassungsrates ernannt. Dem Verfassungsratspräsidenten obliegt die Entscheidungsbefugnis bei Stimmgleichheit im Verfassungsrat.[174] Hinsichtlich der Praxis ist anzumerken, dass sich der Verfassungsrat in den meisten Fällen aus Politikern, die einen juristischen Abschluss haben und nur in seltenen Fällen aus juristischen Fachleuten wie Richtern, Rechtsanwälten

---

[167]   Art. 103 Abs. 1 S. 1 LitVerf.
[168]   Art. 103 Abs. 2 LitVerf.
[169]   Zur Rechtsvergleichung siehe den Anhang 3 über die Multichannel-Ernennung oder Wahl des Verfassungsrichters.
[170]   Art. 56 Abs. 1 S. 1 HS. 1 FraVerf.
[171]   Art. 56 Abs. 1 S. 2 und S. 3 FraVerf.
[172]   Art. 56 Abs. 1 S. 1 HS. 2 FraVerf.
[173]   Art. 56 Abs. 2 FraVerf.
[174]   Art. 56 Abs. 3 FraVerf.

oder Professoren zusammensetzt.[175] In Italien besteht der Verfassungsgerichtshof („Corte costituzionale") aus 15 Verfassungsrichtern. Fünf Verfassungsrichter werden von der rechtsprechenden Gewalt – darunter drei vom Kassationsgerichtshof, einer vom Staatsrat und einer vom Rechnungshof – weitere fünf vom Parlament in einer gemeinsamen Sitzung mit qualifizierter Mehrheit und schließlich die übrigen fünf durch den Staatspräsidenten ernannt.[176] Die Amtszeit der Richter ist auf neun Jahre begrenzt.[177] Die Richter müssen voll ausgebildete Juristen und Richter an den höchsten Gerichten, ordentliche Professoren der Rechtswissenschaften oder Anwälte mit mindestens 20-jähriger einschlägiger Berufspraxis sein.[178] Eine Altersgrenze ist nicht vorgeschrieben. Die Verlängerung des Amts ist ausgeschlossen.[179] Der Präsident des Verfassungsgerichts wird aus der Mitte der Verfassungsrichter von diesen selbst für 3 Jahre gewählt. Die Präsidentschaft ist verlängerbar.[180]

In Rumänien setzt sich der Verfassungsgerichtshof („Curtea Constituţională a României") orientiert am französischen Modell aus neun Verfassungsrichtern zusammen, die für neun Jahre gewählt sind. Das Amt der Verfassungsrichter ist nicht verlängerbar oder erneuerbar.[181] Die Richter müssen über einen juristischen Hochschulabschluss, über eine einschlägige Berufskompetenz sowie über mindestens 18 Jahre Erfahrung in einer juristischen Tätigkeit verfügen.[182] Jeweils drei Richter werden von den Abgeordnetenkammern, vom Senat[183] sowie vom Präsidenten der Republik ernannt.[184] Der Präsident des Verfassungsgerichtshofs selbst wird von den Verfassungsrichtern durch eine geheime Wahl für drei Jahre gewählt.[185] Wie in Spanien und Litauen erfolgt die Neubesetzung eines Drittels des Gerichts alle drei Jahre vorgenommen. Sowohl die Unabhängigkeit als auch die Unabsetzbarkeit der Verfassungsrichter werden in der Verfassung garantiert.[187]

---

[175] *Fromont,* Der französische Verfassungsrat, in: Weber/Luchterhandt, Verfassungsgerichtsbarkeit in Westeuropa, 2007, S. 231.
[176] Art. 135 Abs. 1 der italienischen Verfassung (ItalVerf).
[177] Art. 135 Abs. 3 ItalVerf; Es ist anzumerken, dass die Amtszeit bis 1967 12 Jahre lang war.
[178] Art. 135 Abs. 2 ItalVerf.
[179] Art. 135 Abs. 2-4 ItalVerf.
[180] Art. 135 Abs. 5 ItalVerf; in der Praxis wird häufig der Dienstälteste Richter als Präsident gewählt, der dieses Amt für den Rest seiner Amtszeit ausübt.
[181] Art. 142 Abs. 1 der rumänischen Verfassung (RumVerf).
[182] Art. 141 RumVerf.
[183] Das Parlament der Republik Rumänien besteht aus dem Senat und die Abgeordnetenkammer.
[184] Art. 140 Abs. 2 RumVerf.
[185] Art. 140 Abs. 3 RumVerf.
[186] Art. 140 Abs. 4 RumVerf.
[187] Art. 143 RumVerf.

In Bulgarien setzt sich das Verfassungsgericht („Конституционен съд на България") aus insgesamt zwölf Richtern zusammen, von denen vier von der Nationalversammlung, vier vom Präsidenten der Republik und vier von der Allgemeinen Versammlung von Richtern des Obersten Kassationsgerichts und des Obersten Verwaltungsgerichts bestimmt werden.[188] Die Richter müssen über einen juristischen Abschluss, über hohe berufliche sowie moralische Qualitäten und über eine mindestens 15-jährige juristische Berufspraxis verfügen.[189] Ihre Amtszeit beträgt neun Jahre; die Richter können nicht wiedergewählt werden.[190] Wie in Spanien, in Litauen und in Rumänien wird ein Drittel der Richterämter alle drei Jahre neu besetzt.[191] Der Präsident des Verfassungsgerichts wird von den Richtern selbst durch eine geheime Wahl für drei Jahre gewählt.[192]

Somit lässt sich nach Zusammenfassung der Merkmale dieses Modells feststellen, dass zwar die Zahl der Verfassungsrichter je nach Staat unterschiedlich ist, die Richter aber in allen untersuchten Ländern für neun Jahre gewählt werden und ihre Wiederwahl ausgeschlossen ist. An der Ernennung der Richter nehmen sowohl die legislative (Parlament, Nationalversammlung, die Abgeordnetenkammern), die vollziehende (Präsident der Republik oder Staatspräsident) als auch die richterliche Gewalt (die Allgemeine Versammlung von Richtern des Obersten Kassationsgerichts und des Obersten Verwaltungsgerichts) teil. Es lässt sich außerdem feststellen, dass die Teilnahme aller drei Staatsgewalten an der Verfassungsrichterwahl, deren Pluralität und politischer Ausgewogenheit zuträglich ist.

II. Das kollaborative Modell („collaborative model ")

Im Folgenden werden zwei Arten des kollaborativen Modells der Verfassungsrichterwahl vorgestellt. [193]

1. Die Kooperation des Präsidenten der Republik und des Parlaments

Nach diesem Modell nominiert der Präsident der Republik die geeigneten Kandidaten aus. Die Verfassungsrichter werden dann vom Parlament gewählt.

In der Tschechischen Republik setzt sich das Verfassungsgericht („Ústavní soud České republiky") aus 15 Richtern zusammen, die das Amt für zehn Jahre begleiten.[194] Die Richter werden durch den Präsidenten der Republik nominiert; ihre

---

[188]   Art. 147 Abs. 1 der bulgarischen Verfassung (BulgVerf).
[189]   Art. 147 Abs. 3 BulgVerf.
[190]   Art. 147 Abs. 2 S. 1 und S. 2 BulgVerf.
[191]   Art. 147 Abs. 2 S. 3 BulgVerf.
[192]   Art. 147 Abs. 4 BulgVerf.
[193]   Siehe dazu den Anhang 4 über das kollaborative Modell der Verfassungsrichterwahl.
[194]   Art. 84 Abs. 1 der Verfassung der Tschechischen Republik (TschVerf).

Wahl erfolgt im Einvernehmen mit dem Senat.[195] Der Präsident des Verfassungsgerichts wird durch den Präsidenten der Republik ernannt.[196] Jeder tschechische,
unbescholtene Bürger kann als Richter ausgewählt werden, vorausgesetzt, er oder
sie verfügt über das passive Wahlrecht in Bezug auf die Senatswahl, über einen
juristischen Hochschulabschluss sowie über eine mindestens 10-jährige juristische Berufspraxis.[197]

In Slowenien besteht das Verfassungsgericht („Ustavno sodišče Republike Slo-
venije") aus neun Verfassungsrichter. Sie werden vom Präsidenten der Republik nominiert und schließlich von den 90 Abgeordneten der Staatsversammlung
(„Drzavni zbor") gewählt.[198] Für diese Wahl ist eine absolute Mehrheit in der
Staatsversammlung erforderlich; die Wahl ist geheim.[199] Der Staatsrat („Drzavni
svet") ist hingegen nicht an der Verfassungsrichterwahl beteiligt.[200] Die Dauer des
Verfassungsrichteramts beträgt neun Jahre. Eine Wiederwahl ist ausgeschlossen.[201]
Jedoch ist eine Verlängerung des Amts möglich. Ist die Amtszeit eines Richters
abgelaufen, ist er nämlich solange weiterhin im Amt bis ein neuer Verfassungsrichter gewählt wurde.[202] Das Amt kann nur dann entzogen werden, wenn ein
Richter dies selbst verlangt, er aufgrund einer Straftat zu einer Freiheitsstrafe verurteilt wurde oder er dauerhaft arbeitsunfähig wird.[203] Der Präsident des Verfassungsgerichts wird von den Verfassungsrichtern selbst für drei Jahre durch eine
geheime Wahl mit absoluter Mehrheit gewählt.[204] Allerdings ist der Ablauf der
Bestimmung der Verfassungsrichter in der Tschechischen Republik und in Slowenien unterschiedlich. Obgleich in beiden Ländern die Verfassungsrichter durch
das Parlament gewählt werden, obliegt die Nominierung der Richter in der Tschechischen Republik dem Präsidenten der Republik, während in Slowenien diese
Aufgabe der Staatsversammlung zufällt.

In Albanien werden die als Hüter der Verfassung bezeichneten neun Verfassungsrichter durch den Staatspräsidenten der Republik nominiert („Gjykata Kushtetue-

---

[195]   Art. 84 Abs. 2 i.V.m. Art. 62 lit. e) TschVerf; Das Parlament der Tschechischen Republik
        besteht aus dem Senat und dem Abgeordnetenhaus. Die 81 Senatoren in der Tschechis-
        chen Republik werden unmittelbar mit einfacher Mehrheit durch die tschechischen
        Bürger nach Art. 18 Abs. 2 TschVerf gewählt.
[196]   Art. 62 lit. e) TschVerf.
[197]   Art. 84 Abs. 3 TschVerf.
[198]   Art. 163 Art. 1 und Art. 80 Abs. 1 der Verfassung Sloweniens (SloVerf).
[199]   Art. 14 Abs. 1 des slowenischen Verfassungsgerichtsgesetz (SloVerfGG).
[200]   Vgl. Art. 163 Abs. 1 der Verfassung Sloweniens; Nach dem Wortlaut dieser Vorschrift
        nimmt ausschließlich die National Assembly an der Wahl teil.
[201]   Art. 165 Abs. 1 SloVerf.
[202]   Art. 165 Abs. 2 SloVerf.
[203]   Art. 164 SloVerf.
[204]   Art. 163 Abs. 3 SloVerf i.V.m. Art. 7 Abs. 1 des SloVfGG.

se e Republikës së Shqipërisë"). Gewählt werden die Verfassungsrichter durch das Parlament (sog. Bestätigung).[205] Die Kandidaten müssen über einen juristischen Hochschulabschluss sowie eine mindestens 15-jährige einschlägige Berufspraxis verfügen. Die Amtsdauer beträgt neun Jahre und eine Wiederwahl ist ausgeschlossen.[206] Die Verfassungsrichter können aber nach Ablauf ihrer Amtszeit solange im Amt bleiben, bis ihre Nachfolger gewählt sind, weswegen die Dauer der Amtszeit im Einzelfall auch über die neun Jahre hinaus gehen kann.[207] Um die personelle Erneuerung des Verfassungsgerichts zu gewährleisten, sieht das Gesetz vor, dass ein Drittel der Verfassungsrichter alle drei Jahre ausgewechselt wird.[208] Der Gerichtspräsident wird durch den Präsidenten der Republik nominiert und durch das Parlament für drei Jahre gewählt.[209]

Das in diesem Kapitel dargestellte Modell zeigt, dass , neben dem der Präsident der Republik, der er Verfassungsrichter vorschlägt und auch ernennt, das Parlament (Senat oder Staatsversammlung) eine bedeutende Rolle bei der Verfassungsrichterwahl inne hat, weil seine Bestätigung oder sein Einvernehmen im Sinne einer Wahl des entsprechenden Kandidaten nötig ist. Diese gleichmäßige Beteiligung von zwei verschiedenen Verfassungsorganen bei der Verfassungsrichterwahl verhindert, dass die Besetzung des Verfassungsgerichts ausschließlich von einem einzelnen Verfassungsorgan bestimmt wird. Dies verhindert letztlich auch eine Machtkonzentration bei einem einzelnen Verfassungsorgan, da das Modell eine Kooperation zwischen dem Präsidenten der Republik und dem Parlament erforderlich macht.

2. Nominierung durch die rechtsprechende Gewalt und Ernennung durch die vollziehende Gewalt

Einzigartig in Europa ist das kollaborative Modell der Richterwahl in Luxemburg. Die Besonderheit dieses Modells besteht darin, dass die Mitglieder des seit 1950 bestehenden Verfassungsgerichts („Cour Constitutionnelle") ausschließlich von der rechtsprechenden Gewalt nominiert werden. Das Verfassungsgericht setzt sich aus dem Präsidenten des Obersten Gerichtshofs, aus dem Präsidenten des Verwaltungsgerichts, aus den zwei Ratsmitgliedern des Kassationsgerichts sowie aus fünf auf gemeinsamen Vorschlag des Obersten Gerichts und des Ver-

---

[205] Art. 125 Abs. 1 der albanischen Verfassung (AlbVerf).
[206] Art. 125 Abs. 2 AlbVerf.
[207] Art. 125 Abs. 5 AlbVerf.
[208] Art. 125 Abs. 3 AlbVerf.
[209] Art. 125 Abs. 4 AlbVerf.

waltungsgerichts durch den Großherzog nominierten Mitgliedern zusammen.[210] Die Richter sind auf Lebenszeit bestimmt.[211] Der Verfassungsgerichtspräsident ist der Präsident des Cour Supérieure de Justice, der beide Ämter zugleich ausübt.[212] In Anbetracht der Tatsache, dass der Großherzog in Luxemburg allein über die exekutive Macht verfügt, lässt sich vermuten, dass die Mitglieder des Verfassungsgerichts durch die Judikative mittelbar vorgeschlagen wurden, sie aber durch die vollziehende Macht, d.h. durch den Großherzog, ernannt werden. [213]

III. Das parlamentarische Modell („parliamentary model ")

In den folgenden Abschnitt werden drei Arten der Verfassungsrichterwahl erläutert, an der ausschließlich die gesetzgebende Gewalt, oder die legislative und exekutive Macht zusammenwirkend teilnimmt.[214]

1. Das reine parlamentarische Modell

Im reinen parlamentarischen Modell bestimmt nur die gesetzgebende Macht die Verfassungsrichter bzw. die Verfassungsgerichtspräsidenten.

a) Polen

Im Gegensatz dazu wählt der Sejm in Polen die 15 Verfassungsrichter für neun Jahre an das Verfassungsgericht („Trybunał Konstytucyjny Rzeczypospolitej Polskiej").[215] Die Kandidaten werden durch mindestens 50 Abgeordnete des *Sejms* [216] oder vom Präsidium des Sejms nominiert. Die Verfassungsrichter werden mit absoluter Mehrheit gewählt.[217] An der Wahl nimmt weder die zweite Parlamentskammer (Senat) noch der Präsident der Republik oder irgendein Justizorgan teil.[218] Eine Wiederwahl der Richter ist ausgeschlossen.[219] Der Präsident des Verfassungsgerichts wird durch den

---

[210] Art. 90 S. 1 der Verfassung Luxemburgs (LuxVerf) i.V.m. Art. 3 Abs. 1 des Gesetzes über die Organisation des Verfassungsgerichts Luxemburgs (LuxVerfGG).

[211] Art. 91 Abs. 1 S. 1 LuxVerf.

[212] Art. 3 Abs. 5 S. 1 LuxVerfGG.

[213] Vgl. Art. 33 LuxVerf.

[214] Zum Rechtsvergleich siehe den Anhang 5 über das parlamentarische Modell der Verfassungsrichterwahl.

[215] Art. 194 Abs. 1 S. 1 der Verfassung Polens (PolVerf).

[216] Das Parlament der Republik Polen.

[217] Art. 5 Abs. 4 des Gesetzes über das Verfassungsgericht Polens (PolVerfGG).

[218] *Garlicki,* in: *Weber/Luchterhandt* (Hrsg.) Verfassungsgerichtsbarkeit in Mittel- und Osteuropa, 2007, S. 79. (zitierweise Anfangsseite (Seite des Zitats)).

[219] Art. 194 Abs. 1 S. 3 PolVerf.

Präsidenten der Republik auf Empfehlung der Generalversammlung des Verfassungsgerichts aus der Mitte der Verfassungsrichter ernannt.[220]

b) Kroatien

In Kroatien werden die 13 Verfassungsrichter des Verfassungsgerichts („Ustavni sud Republike Hrvatske") für acht Jahre durch den kroatischen Sabor[221] aus hervorragenden Richtern, Staatsanwälten, Professoren oder anderen Juristen gewählt. Wie in Ungarn werden die Kandidaten durch einen parlamentarischen Ausschuss („Verfassungsrechtlicher Ausschuss")[222] nominiert. Vor der Ernennung werden allerdings Universitäten, Rechtsanwaltskammern, die Richterschaft, politische Parteien und sonstige juristische Vereinigen öffentlich dazu aufgefordert, einen Kandidaten vorzuschlagen. Außerdem ist eine Selbstnominierung möglich. [223] Der parlamentarische Ausschuss prüft die Vorschläge und leitet dann die von ihm bevorzugten Kandidaten Vorschläge an das Parlament weiter.[224] Anschließend wird der Kandidat von der kroatischen Sabor mit Zweidrittel-Mehrheit die gewählt.[225] Den Präsidenten des Verfassungsgerichts wählt dieses selbst. Die Dauer dieses Amts beträgt vier Jahre.[226]

In Polen und Kroatien werden die Verfassungsrichter durch die Legislative (polnische Sejm, kroatische Sabor) gewählt und entweder von den Abgeordneten oder vom Präsidium des polnischen Sejms nominiert.

2. Die besondere Art des parlamentarischen Modells

Auch in Deutschland werden die Verfassungsrichter von der gesetzgebenden Gewalt gewählt, mit der Besonderheit, dass der Bundesrat keine zweite Kammer eines Parlaments ist, sondern die Vertreter der Länderinteressen auf Bundesebene.

a) Die indirekte Wahl der Bundesverfassungsrichter

Die zwei Senate des Bundesverfassungsgerichts, bestehen aus jeweils acht Verfassungsrichtern.[227] Die Richter werden je zur Hälfte in getrennten Wahlver-

---

[220] Art. 194 Abs. 2 PolVerf.
[221] Das Parlament der Republik Kroatien mit Sitz in Zagreb.
[222] „...*Committee of the Croatian Parliament competent for the Constitution...*" Art. 6 Abs. 1 des Gesetzes über das Verfassungsgericht Kroatiens (KroVerfGG).
[223] Art. 122 Abs. 1 der kroatischen Verfassung (KroVerf) i.V.m. Art. 6 Abs. 1 KroVerfGG.
[224] Art. 6 Abs. 5 KroVerfGG.
[225] Art. 6 Abs. 7 KroVerfGG.
[226] Art. 122 Abs. 2 KroVerf.
[227] Art. 94 Abs. 1 S. 2 GG.

fahren durch den Bundestag sowie durch den Bundesrat gewählt.[228] Durch die Verfassungsrichterwahl jeweils getrennt in Bundesrat und Bundestag wird sichergestellt, dass eine Hälfte der Verfassungsrichter entsprechend den politischen Mehrheiten im Bundestag, die andere Hälfte in „föderativer Parität" gewählt worden ist.[229] In jedem Senat arbeiten acht Richter, von denen drei den obersten Gerichtshöfe des Bundes ausgewählt werden.[230] Hinsichtlich der Besetzung der übrigen fünf Verfassungsrichterämtern bestehen keine solchen besonderen Erfordernisse. Vielmehr müssen sie lediglich die Voraussetzungen mitbringen, dass sie das 40. Lebensjahr vollendet haben, bei der Wahl zum Bundestag wählbar sind und über die Befähigung zum Richteramt nach dem Deutschen Richtergesetz verfügen.[231] Die vom Bundestag zu bestimmendem Richter werden auf Vorschlag des Wahlausschusses durch das Plenum gewählt.[232] In Anbetracht der Tatsache, dass jede Fraktion im Bundestag einen Vorschlag für die Mitglieder des BVerfG machen kann, werden die Fraktionen praktisch zu einer informellen Absprache gezwungen.[233] Die Richter mussten zunächst eine Zweidrittel-Mehrheit im Wahlausschuss sowie anschließend auch bei der Wahl im Plenum des Bundestages auf sich vereinigen.[234]

Von Anfang an wurde es kritisiert, dass die (eigentliche) Wahl nicht im Plenum, sondern im Zwölfer-Ausschuss stattfand ist. Eine solche Wahlmethode, in der die Bundesverfassungsrichter trotz des Wortlauts des Art. 94 GG durch einen parlamentarischen Ausschuss gewählt werden, sei verfassungswidrig. Schon nach Ansicht von *Geiger* – beim Symposium zu Friesenhahns 70. Geburtstag im Jahr 1951 – solle die Wahl der Verfassungsrichter nicht auf Vorschlag des Wahlausschusses, sondern auf Vorschlag des Bundespräsidenten hin gewählt werden.[235] *Stern* äußerte ebenso bereits 1972 die Meinung, dass die Kooptation eingeführt werden solle.[236] *Voßkuhle*, der amtierende Präsident des BVerfG, hat im Jahr 2010 das geltende Wahlkonzept als verfassungswidrig bewertet. Er vertritt die Meinung, dass das Plenum die Verfassungsrichter wählen müsse.[237] Des Weiteren halten dieses ge-

---

[228] § 5 Abs. 1 BVerfGG.
[229] *Lenz/Hansel*, Handkommentar zum BVerfGG, § 5 Rn. 1.
[230] § 2 Abs. 3 S. 1 BVerfGG
[231] § 3 Abs. 1 BVerfGG; *Maunz/Düring*, Kommentar zum GG, Art. 94 Rn. 14.
[232] § 6 Abs. 1 und Abs. 2 S. 1 i.V.m. § 7 BVerfGG.
[233] *Lenz/Hansel*, Handkommentar zum BVerfGG, § 6 Rn. 6.
[234] § 6 Abs. 2 S. 1 und Abs. 5 i.V.m. § 7 BVerfGG.
[235] *Geiger*, Gesetz über das Bundesverfassungsgericht vom 12.3.1951, 1952, Anm. 2 zu § 6.
[236] *Stern*, Das Staatsrecht der Bundesrepublik Deutschland, Bd. 2, 1980, S. 363.
[237] *Voßkuhle*, in: Mangoldt/Klein/Starck, Kommentar zum GG, Bd. 3, 2010, Art. 94 Rn. 10. „Von nicht unerheblichen Teilen der Literatur wird diese Regelung (gemeint ist § 6 BVerfGG) zu Recht für verfassungswidrig gehalten". (...) „Art. 94 Abs. 1 S. 2 GG (kann) nur dahingehend verstanden werden, dass dem Plenum der Abgeordneten die Wahl der Richter vorbehalten sein soll.".

genwärtige Wahlverfahren unter anderen auch. *Korioth*[238], *Neumann*[239], *Pietzcker und Pallasch*[240], *Pieroth*[241] und *Kischel*[242] für verfassungswidrig. Demgegenüber halten die Verfassungsrichterwahl für verfassungsmäßig *Detterbeck*[243], *Maunz*[244], *Klein*[245], *Zuck*[246], *Pestalozza*[247] und auch *Benda*[248]. Der ehemalige Bundestagpräsident *Lammert* forderte im Jahr 2010 die Änderung der Bundesverfassungsrichterwahl dahingegen, dass die Wahl durch das Plenum in öffentlicher Sitzung vorgenommen werde.[249] Das BVerfG erklärte ausdrücklich im Beschluss vom 19. Juni 2012 das Wahlverfahren der Verfassungsrichter für verfassungsmäßig.[250] Das BVerfG war der Meinung, dass die Wahl der Verfassungsrichter durch einen Wahlausschuss des Bundestages mit dem GG vereinbar sei, und dass das Ansehen des Verfassungsgericht und das Vertrauen in seine Unabhängigkeit sowie seine Funktionsfähigkeit nicht dadurch gefährdet werde, dass die Wahl im Bundestag in in einer die Vertraulichkeit wahrenden Weise und nicht in der Öffentlichkeit einer Sitzung des Plenums im Bundestag stattfände.[251] Das BVerfG war darüber hinaus der Ansicht, dass auch die Verletzung des Repräsentationsprinzips des Bundestages[252] aufgrund der Übertragung der Wahl auf den Zwölfer-Ausschuss nicht vorliege.

238	*Schlaich/Korioth*, Das Bundesverfassungsgericht, Rn. 42.
239	*Neumann*, Die Wahl der Bundesverfassungsrichter – „undemokratischer als die Papstwahl"?, in: Betrifft Justiz 1999, 97 (100).
240	*Pietzcker/Pallasch*, Verfassungswidrige Bundesverfassungsrichterwahl? – Ein Bericht über eine öffentlichrechtliche Hausarbeit, JuS 1995, 511 (513).
241	*Pieroth*, in: Jarass/ Pieroth, GGK, 2013, Art. 94 Rn. 1.
242	*Kischel*, in: Isensee/Kirchhof, HdbStR, Bd. III Demokratie - Bundesorgane, 2005, Art. 69 Rn. 48 ff. (S. 1257 ff.).
243	*Sturm/Detterbeck*, in: Sachs (Hrsg.) GGK, 2014, Art. 94 Rn. 3.
244	*Maunz*, in: Maunz/Dürig, Grundgesetz, Art. 94 Rn. 18.
245	*Klein*, in: Maunz/Schmidt-Bleibtreu/Klein/Bethge, BVerfGG, § 6 Rn. 4.
246	*Zuck*, in: Lechner/Zuck, BVerfGG, § 6 Rn. 2.
247	*Pestalozza*, Verfassungsprozessrecht, § 2 Rn. 26.
248	*Benda*, in: Benda/Klein, Verfassungsprozessrecht, § 5 Rn. 132.
249	Bundestagspräsident *Norbert Lammert* (CDU) plädierte auch für die Änderung der im Jahr 2012 stattfindenden Bundesverfassungsrichterwahl: „Angesichts der erheblichen Bedeutung, die dem Verfassungsgericht über das eigene Land hinaus zunehmend auch im europäischen Integrationsprozess zukommt, wäre es wohl plausibler, die Wahl seiner Mitglieder dem Plenum der Abgeordneten in öffentlicher Sitzung vorzubehalten." https://beck-online.beck. de/?vpath=bibdata%2freddok%2fbecklink%2f1021388.htm&pos=9&hlwords=on (aufgerufen am 01. 05. 2016).
250	BVerfG Beschluss vom 19.06. 2012 – 2 BvC 2/10.
251	BVerfG Beschluss vom 19.06. 2012 – 2 BvC 2/10, Abs.- Nr. 14.
252	Die Repräsentationsfunktion des Bundestags ist durch die indirekte Wahl des Bundestages nicht verletzt, Vgl. ausführlich dazu *Schnelle*, NVwZ 2012, 1597.

Zwar würden die Mitwirkungsrechte der Abgeordneten, die nicht Mitglieder des Wahlausschusses sind, infolge der indirekten Wahl eingeschränkt, jedoch sei diese Einschränkung auch mit Blick auf die Bedeutung der Verfassungsrichterwahl noch zu rechtfertigen. Genauer gesagt, es Freilich schließe dies nicht aus, dass der Gesetzgeber die Regelungen über die Bundesverfassungsrichterwahl nicht trotzdem entsprechend ändern könne.[253] Die Begründung des Gerichts war jedoch nicht überzeugend. Nach Ansicht von Wiefelspütz sei es verfassungsrechtlich nicht begründbar, dass die Verfassungsrichterwahl durch einen Ausschuss und nicht durch das Plenum stattfinde, wohingegen sowohl die Wahl des Bundeskanzlers und sogar die Wahl des Wehrbeauftragten oder des Datenschutzbeauftragten in öffentlicher Sitzung des Bundestages und nicht in einem Sondergremium durchgeführt werde.[254]

b) Die direkte Wahl der Bundesverfassungsrichter
Die Diskussion um die von vielen für verfassungswidrig gehaltene 60. Jahre während Praxis der Verfassungsrichterwahl hat sich inzwischen weitgehend erledigt. Die acht vom Bundestag gewählten Richter werden nicht mehr durch einen parlamentarischen Ausschuss, sondern durch das Plenum des Bundestages geheim und ohne Aussprache gewählt. Gewählt ist der Kandidat, der eine Zweidrittelmehrheit der abgegebenen Stimmen auf sich zu vereinigen kann, sofern diese Zweidrittelmehrheit gleichzeitig mindestens der Mehrheit der gesetzlichen Mitglieder des Bundestages entspricht. Zur Vorbereitung der Wahl setzt der Bundestag einen Wahlausschuss aus zwölf Abgeordnete ein, der vom Ältestenrat einberufen und geleitet wird. Die Mitglieder dieses Ausschusses werden nach dem d'hondtschen Höchstzahlverfahren aufgrund von Vorschlagslisten gewählt. Der Ausschuss berät vertraulich – die Mitglieder sind zur Verschwiegenheit verpflichtet – und beschließt aufgrund einer Mehrheit von mindestens acht von zwölf Stimmen. Anschließend unterbreitet er dem Bundestag einen Wahlvorschlag. Dieses Verfahren soll gewährleisten, dass nur solche Kandidaten, die Aussicht auf hinreichende politische Unterstützung im Plenum zur Wahl gestellt werden. Das beschriebene Verfahren wurde vom Bundestag am 21. Mai 2015 in einem fraktionsübergreifenden Gesetzentwurf einstimmig beschlossen.[255]

---

[253] BVerfG, Beschluss vom 19.06. 2012 – 2 BvC 2/10.
[254] *Wiefelspütz,* DÖV 2012, S. 961 (968).
[255] Der Gesetzentwurf eines Neunten Gesetzes zur Änderung des Bundesverfassungsgerichtsgesetzes (9. BVerfGGÄndG) BT-DrS. Nr. 18/2737 (07.10.2014).

c) Amtszeit und Wiederwahl

Die Amtszeit der Bundesverfassungsrichter beträgt zwölf Jahre; ihre Wiederwahl ist ausgeschlossen.[256] Mit dem Ablauf der Amtszeit tritt der Verfassungsrichter kraft Gesetzes in dem Ruhestand.[257] Das Richteramt endet allerdings auch von selbst, wenn ein Richter das 68. Lebensjahrs vollendet hat.[258] Unter bestimmten Umständen können die Amtsgeschäfte aber auch über das Ende der Amtszeit hinaus fortgeführt werden. Dies betreffen etwa die Fälle, in denen Bundestag oder Bundesrat es versäumt haben, zeitnah einen Nachfolger zu wählen. Insofern ist es nicht ausgeschlossen, dass es in diesen Fällen zu einer Amtszeitverlängerung kommt. [259]

d) Wahl der Bundesverfassungsgerichtspräsident und der Vizepräsident

Sowohl der Präsident als auch der Vizepräsident des Bundesverfassungsgerichts werden im Wechsel durch den Bundestag und den Bundesrat gewählt.[260] Aus dem Wortlaut von § 9 BVerfGG ergibt sich, dass der Präsident und der Vizepräsident aus der Mitte der Verfassungsrichter zu wählen ist.[261] Da für die Amtszeit von Bundesverfassungsgerichtspräsident und Vizepräsident gesetzlich nicht Abweichendes bestimmt ist, gelten insoweit die allgemeinen Vorschriften für die Beendigung des Verfassungsrichteramts. Daher endet mit Ende der Richtertätigkeit auch das Amt des Präsidenten und des Vizepräsidenten.[262]

3. Kooptierung durch das Verfassungsgericht selbst und Wahl durch das Parlament

Ein besonderes Modell existiert auch in Portugal. Das portugiesische Verfassungsgericht („Tribunal Constitutional de Portugal") besteht aus 13 Richtern, von denen zehn Richter von der Nationalversammlung und drei Richter von den gewählten zehn Mitgliedern des Verfassungsgerichts selbst kooptiert sind.[263] Die zehn Richter werden durch das Parlament mit einer qualifizierten Mehrheit gewählt. Für die Wahl der kooptierten Mitglieder des Verfassungsgerichts sind mindestens sechs Ja-Stimmen nötig.[264] Während sechs Richter aus den Richtern der übrigen

---

[256] § 4 Abs. 1 und 2 BVerfGG.
[257] § 98 Abs. 1 BVerfGG.
[258] § 4 Abs. 3 BVerfGG.
[259] § 4 Abs. 4 BVerfGG; *Lenz/Hansel*, Handkommentar zum BVerfGG, § 4 Rn. 3.
[260] § 9 Abs. 1 BVerfGG.
[261] *Klein*, in: Maunz/Schmidt-Bleibtreu/Klein/Bethge, BVerfGG, 2015, § 9 Rn. 3.
[262] *Klein*, in: Maunz/Schmidt-Bleibtreu/Klein/Bethge, BVerfGG, 2015, § 9 Rn. 5.
[263] Art. 222 Abs. 1 der portugiesischen Verfassung (PortVerf).
[264] Art. 163 lit. h) PortVerf und Art. 16 Abs. 4 des portugiesischen Organgesetzes über das Verfassungsgericht (VGG).

Gerichte bestimmt werden, sind die anderen sechs Richter aus anderen aus den sonstigen juristischen Berufen auszuwählen.[265] Die Amtszeit der Richter beträgt neun Jahre und sie ist nicht verlängerbar.[266] Der Präsident des Verfassungsgerichts wird durch die anderen Verfassungsrichter gewählt.[267] Dieses Modell zeigt, dass auch die Verfassungsrichter selbst in die Wahl neuer Verfassungsrichter einbezogen werden können. Auf diese Weise wird es den Verfassungsrichtern ermöglicht, ihre Vorstellungen von zukünftigen Kollegen einzubringen. Zwar werden zehn Richter in Portugal allein durch das Parlament bestimmt, jedoch werden die übrigen drei Richter von dem Verfassungsgericht selbst wählen. Dies hat zur Folge, dass ein Viertel der Verfassungsrichter ohne Einfluss der gesetzgebenden, vollziehenden oder der übrigen rechtsprechenden Gewalt oder anderer Interessenvertretungen ausgewählt werden. Eine derartige Regelung kann eine Pluralität an Richtern sowie die Unabhängigkeit der Richter sichern.

D. Bewertung der Regelungen bezüglich des Verfassungsrichteramts und der Verfassungsgerichtspräsidentenwahl im europäischen Rechtsvergleich
I. Zahl der Richter und ihre Amtszeit

In Ungarn wurde die Zahl der Richter von 11 auf 15 erhöht.[268] Allein aus der Erhöhung der Richterzahl lässt sich im Allgemeinen keine Schlussfolgerung ziehen.[269] Denn auch in anderen Ländern ist eine solche Anzahl an Verfassungsrichtern üblich. So sind etwa in Italien, in der Tschechischen Republik und Polen ebenfalls 15, in Deutschland 16 oder in Österreich 14 Verfassungsrichter tätig, wobei im Hinblick auf Österreich die Besonderheit besteht, dass weitere sechs Ersatzmitglieder vorhanden sind.[270] Des Weiteren wurde in Ungarn eine (Höchst-)Altersgrenze bezüglich der Wählbarkeit, nämlich die Vollendung des 70. Lebensjahres – ähnlich wie in Lettland und Österreich – neu eingeführt.[271] Hinsichtlich der Amtszeit lässt sich Folgendes feststellen: Im europäischen Vergleich ist überwiegend das Modell der 9-jährigen Amtszeit vorherrschend; Abweichungen hiervon bestehen etwa in Deutschland, wo die Amtszeit 12 Jahre beträgt sowie in Litauen und in

---

[265] Art. 222 Abs. 2 PortVerf.
[266] Art. 222 Abs. 3 PortVerf.
[267] Art. 222 Abs. 4 PortVerf.
[268] Art. 24 Abs. 8 S. 1 UGG.
[269] Zur Rechtsvergleichung siehe dazu den Anhang 6 über Verfassungsrichterzahl und Amtszeit der Richter in Europa.
[270] Art. 147 Abs. 1 B-VG; Art. 135 Abs. 1 ItalVerf; Art. 84 Abs. 1 TschVerf; Art. 194 Abs. 1 S. 1 PolVerf; Art. 2 Abs. 1 und 2 BVerfGG.
[271] Art. 6 Abs. 1 lit. b) neues UngVerfGG.

der Tschechischen Republik, die jeweils eine 10-jährige Amtszeit vorsehen.[272] In Österreich besteht die Besonderheit, dass eine bestimmte Amtszeit in Österreich nicht vorgeschrieben ist. Verfassungsrichter können hier bis zur Vollendung des 70. Lebensjahres im Amt bleiben.[273] Indem die Amtszeit der Richter in Ungarn nach 2010 von 9 auf 12 Jahre verlängert wurde, besteht derzeit die längste Amtszeit in rechtsvergleichender Hinsicht in Deutschland und in Ungarn.[274] Vor diesem Hintergrund lässt sich zusammenfassend feststellen, dass Ungarn mit 15 Verfassungsrichtern neben Deutschland, Italien, Österreich, Polen, Tschechische Republik zu den Ländern gehört, die über die eine sehr hohe Anzahl an Verfassungsrichtern verfügen. Außerdem haben Verfassungsrichter nur in Ungarn und in Deutschland eine 12-jährige Amtszeit, wohingegen in den anderen untersuchten Ländern die 9-jährige Amtszeit praktiziert wird. Folglich lässt sich hieraus schließen, dass sich die gegenwärtigen ungarischen Bestimmungen im Hinblick auf die untersuchten Aspekte von Amtszeit und Anzahl der Verfassungsrichter die deutschen Regelungen als Vorbild nehmen.

II. Wiederwahl oder Verlängerung der Amtszeit der Verfassungsrichter
1. Wiederwahl der Verfassungsrichter

Die Praxis der Wiederwahl ist nicht unproblematisch. Nach der Stellungnahme der Venedig-Kommission könne eine Wiederwahl die Unabhängigkeit der Richter schwächen.[275] Denn verständlicherweise möchten die Richter den (politischen?) Erwartungen derjenigen entsprechen, die sie wählen, um sicherzustellen, dass sie für eine neue Amtsperiode gewählt zu werden.[276] Da eine abweichende Stellungnahme ("dissenting opinion"[277]) oder eine parallele Stellungnahme ("concurring opinion"[278]) eines Verfassungsrichters von einem Urteil des Verfassungsgerichts (Sondervotum) in den meisten Ländern – ausgenommen in Österreich und in Italien – veröffentlicht wird, ließe sich aus diesen Meinungen gegebenenfalls die politische Haltung eines Richters ableiten.[279] Da die Karriere eines Verfassungsrichters

---

272   Art. 7 Abs. 1 des LettVfGG; Art. 84 Abs. 1 TschVerf; Art. 4 Abs. 1 HS. 1 BVerfGG.
273   Art. 147 Abs. 6 B-VG.
274   Vgl. Art. 6 Abs. 3 S. 1 neues UngVerfGG.
275   Punkt 4.4.2: „The option of re-election may undermine the independence of a judge. Nevertheless, the possibility of only one further appointment following a long term also appears favorable in order to allow for the continuing service of excellent judges." in: Vademecum on Constitutional Justice, European Commission for Democracy Through Law (Venice Commission), Strasbourg, 11 May 2007, CDL-JU(2007) 012, Der Bericht der Venedig-Kommission ist unter: http://www.venice.coe.int/docs/2007/CDL-JU%282007%29012-e.asp (aufgerufen am 01.05.2016).
276   *Sadurski,* Rights Before Courts, Dordrecht, 2005, S. 14.
277   Art. 66 Abs. 2 neues UngVerfGG.
278   Art. 66 Abs. 3 neues UngVerfGG.
279   *Kelemen,* Az alkotmánybírák újra választhatósága és hivatalviselési ideje, in: *Pázmány Law Working Papers* 2011/5 S. 8.

in gewisser Weise von den Politikern abhängt, die ihn wählen, könnten die Richter dazu neigen, der regierenden politischen Mehrheit mit ihren Urteilen oder diesbezüglichen Abstimmungsverhalten entsprechen oder gar gefallen zu wollen.[280] Dies könnte die Gefahr mit sich bringen, dass die Verfassungsrichter weniger die Vorschriften der Verfassung, als vielmehr die möglichen Erwartungen der Politiker in Bezug auf einen bestimmten zu entscheidenden Fall berücksichtigen. Dieses Risiko ist geringer, wenn Verfassungsrichter nach ihrer Amtszeit wieder eine Tätigkeit aufnehmen können, die sie unbeeinflusst von der Politik wahrnehmen können, wie dies etwa bei Universitätsprofessoren oder Rechtsanwälten der Fall sein dürfte. Denn steht dem Verfassungsrichter nach Ende seiner Amtszeit die Möglichkeit offen steht, wieder an eine Universität oder in eine Kanzlei zurückzukehren, dürfte er weniger von der Politik beeinflussbar sein, da er hinsichtlich seiner zukünftigen beruflichen Karriere nicht auf deren Wohlwollen angewiesen ist; wird. der Verfassungsrichter auch eine Wiederwahl nicht um jeden Preis anstreben muss[281] Demgegenüber kann die Wiederwahl eines Richters aber auch Vorteile mit sich bringen. Zum einen belohnt sie den Verfassungsrichter, der sich in der Praxis bewährt hat, dadurch, dass er Aussicht darauf hat im Amt zu bleiben. Dies dürften auch einer Kontinuität und Beständigkeit der verfassungsgerichtlichen Rechtsprechung zuträglich sein. Zum anderen kann es die Effektivität eines Gerichts gesteigert werden, da die Einarbeitungszeit eines neuen Verfassungsrichters eingespart werden kann.[282]

In Österreich wird durch die Wahl auf Lebenszeit mit einer (Höchst-)Altersgrenze der Wählbarkeit von 70 Jahren die Möglichkeit einer Wiederwahl ausgeschlossen.[283] Eine Berufung auf Zeit ohne Wiederwahl findet sich in Deutschland, Italien, Spanien, Frankreich, Portugal, Polen, Rumänien sowie in Ungarn nach 2010. Demgegenüber ist eine Berufung auf Zeit mit Wiederwahl nur in Ungarn nach 1990 möglich gewesen.[284] Letztendlich hat Ungarn nicht nur die Empfehlung der Venedig-Kommission, sondern auch die Praxis der anderen europäischen Länder befolgt, sodass nach der neuen Regelung eine Wiederwahl der Verfassungsrichter in Ungarn nach 2010 ausgeschlossen ist.[285]

---

[280] *Sadurski,* Rights Before Courts, Dordrecht, 2005, S. 15.
[281] *Kelemen,* Az alkotmánybírák újraválaszthatósága és hivatalviselési ideje, in: *Pázmány Law Working Papers* 2011/5 S. 8.
[282] *Kelemen,* Az alkotmánybírák újraválaszthatósága és hivatalviselési ideje, in: *Pázmány Law Working Papers* 2011/5 S. 9.
[283] Art. 147 Abs. 6 B-VG und Art. 10 VfGG.
[284] Vgl. Art. 8 Abs. 3 altes UngVerfGG; Es ist jedoch anzumerken, dass in zahlreichen Fällen solche Verfassungsrichter ein zweites Mal gewählt wurden, die während ihrer zweiten Amtszeit das 70. Lebensjahr vollendet haben. In einem derartigen Fall endet allerdings das Amt eines Verfassungsrichters mit der Vollendung des 70. Lebensjahres.
[285] Vgl. Art. 6 Abs. 3 S. 2 neues UngVerfGG.

2. Verlängerung der Amtszeit

Die Verlängerung der Amtszeit dient im Allgemeinen dazu, eine Position am Verfassungsgericht nicht vakant werden zu lassen und somit eine Funktionsstörung des Verfassungsgerichts zu vermeiden.[286] Dies bedeutet, dass ein Verfassungsrichter solange in seinem Amt bleibt, bis der neue Richter das Amt übernimmt. Die Prorogation ist unter bestimmten Umständen sowohl in Albanien, Deutschland, Kroatien, Lettland, Litauen, Spanien, als auch in Slowenien zulässig.[287] In Ungarn wurde diese Möglichkeit nach 2010 geschaffen, wurde aber nicht lange danach wieder außer Kraft gesetzt.[288] Rumänien und Italien weisen die Besonderheit auf, dass hier weder eine Wiederwahl der Verfassungsrichter noch eine Verlängerung der Amtszeit möglich ist.[289] Österreich schließt die Wiederwahl und die Verlängerung der Amtszeit der Verfassungsrichter in rein praktisch-tatsächlicher Hinsicht aus, da hier eine Altersgrenze von 70 Jahren für Verfassungsrichter gilt, sodass die Richter nur bis zur Vollendung des 70. Lebensjahres in ihrem Amt bleiben können.[290]

In Anbetracht der Tatsache, dass in Ungarn weder die Wiederwahl noch die Verlängerung der Amtszeit möglich ist, folgen die gegenwärtigen ungarischen Regelungen dem österreichischen Vorbild.

III. Die Auswahl der Verfassungsrichter
1. Nominierung der Verfassungsrichter

In Ländern, wie in Ungarn und in Kroatien, wo die Richter durch einen aus Abgeordneten bestehenden parlamentarischen Ausschuss nominiert und dann durch das Parlament gewählt werden, beeinflusst ausschließlich der gesetzgebenden Gewalt den Auswahlprozess der Verfassungsrichter.[291] Die gleiche Situation besteht in Polen, wo die Richter durch den aus 50 Abgeordneten bestehenden *Sejm* oder durch das Präsidium des *Sejm* vorgeschlagen werden. Dementsprechend nimmt nur die Legislative an der Nominierung der Verfassungsrichter teil.[292] Albanien, Slowenien und die Tschechische Republik weisen eine Besonderheit dadurch auf, dass die Verfassungsrichter allein durch den Präsidenten der Republik nominiert

---

[286]   *Lenz/Hansel,* Handkommentar zum BVerfGG, § 4 Rn. 3.
[287]   Art. 125 Abs. 2 AlbVerf; § 4 Abs. 4 BVerfGG, Art. 125 Abs. 1 S. 2 KroVerf; Art. 17 Abs. 2 LOTC, Art. 7 Abs. 1 LettVfGG, Art. 103 Abs. 1 S. 2 LitVerf; Art. 165 Abs. 2 SloVerf.
[288]   Das Art. 15 Abs. 3 neues UngVerfGG wurde mit dem Art. 42 Abs. 2 des Gesetzes Nr. 207/2013 am 11. November 2013 außer Kraft gesetzt.
[289]   Art. 135 Abs. 2-4 ItalVerf, Art. 142 Abs. 1 RumVerf.
[290]   Art. 147 Abs. 6 B-VG und Art. 10 VfGG.
[291]   Art. 7 altes UngVerfGG; Art. 7 Abs. 1 neues UngVerfGG; Art. 6 Abs. 1 KroVerfGG.
[292]   Art. 5 Abs. 4 PolVerfGG.

werden.[293] In Luxemburg werden die Verfassungsrichter ausschließlich durch die rechtsprechende Gewalt nominiert, was in Europa beispiellos ist.[294] Eine Ausgewogenheit bei der Bestimmung der Verfassungsrichter lässt sich in Österreich, in Lettland, Litauen sowie in Spanien feststellen. Dort sind alle drei Staatsgewalten gleichermaßen an der Nominierung beteiligt.[295]

2. Ernennung der Verfassungsrichter

Österreich und Spanien zeigen eine Besonderheit dadurch, dass die Verfassungsrichter zwar durch alle drei Staatsgewalten nominiert werden, sie aber nicht durch den österreichischen Bundestag oder durch das spanische Parlament gewählt, sondern durch das Staatsoberhaupt – den österreichischen Bundespräsidenten bzw. den spanischen König – ernannt.[296]

Darüber hinaus sind die Verfassungsrichter in Bulgarien, Italien, Frankreich und Rumänien nicht nominiert und gewählt, sondern ernannt. An der Ernennung der Verfassungsrichter nehmen alle drei Staatsgewalten, die Legislative, die Exekutive und die Judikative, teil.[297] Obwohl in diesem Multichanel-Ernennungs-Modell die Verfassungsrichter nicht gewählt sind, sondern ernannt, kann die Pluralität der Verfassungsrichter dadurch erreicht werden, dass alle drei Staatsgewalt an dem Auswahlprozess teilnehmen.

3. Wahl der Verfassungsrichter

Ausschließlich die gesetzgebende Gewalt nimmt an der Wahl der Verfassungsrichter in Ungarn („Parlament"), in Lettland („Parlament"), in Litauen („Szejma"), in Slowenien („Staatenversammlung" – „Drzavni zbor"), Polen (Die Hälfte der Parlamentsabgeordneten) und in Kroatien („Parlament") teil.[298] In Deutschland sind die Verfassungsrichter auch von der gesetzgebenden Gewalt gewählt sind, allerdings mit der Besonderheit, dass der Bundesrat keine zweite Kammer eines Parlaments ist, sondern die Vertreter der Länderinteressen auf Bundesebene.[299] Sowohl die Legislative als auch die Exekutive nehmen hingegen an der Wahl der

---

[293]   Art. 125 Abs. 1 AlbVerf; Art. 163 Art. 1 und Art. 80 Abs. 1 SloVerf; Art. 84 Abs. 2 i.V.m. Art. 62 lit. e) TschVerf.

[294]   Art. 95b Abs. 3 LuxVerf i.V.m. Art. 3 Abs. 1 LuxVerfGG.

[295]   Art. 147 Abs. 2 B-VG; Art. 103 Abs. 1 S. 3 LitVerf; Art. 3 und 4 Abs. 1 LettVfGG; Art. 159 Abs. 1-3 CE.

[296]   Art. 147 Abs. 2 B-VG; Art. 159 Abs. 1 und 3 CE.

[297]   Art. 147 Abs. 1 BulgVerf; Art. 135 Abs. 1 ItalVerf; Art. 56 Abs. 1 S. 2 und S. 3 FraVerf; Art. 140 Abs. 2 RumVerf.

[298]   Art. 4 Abs. 1 LettVfGG; Art. 103 Abs. 1 S. 3 LitVerf; Art. 14 Abs. 1 SloVerfGG; Art. 5 Abs. 4 PolVerfGG; Art. 6 Abs. 7 KroVerfGG; Art. 32/A Abs. 4 S. 4 UngVerf i.V.m. Art. 8 Abs. 1 altes UngVerfGG; Art. 24 Abs. 8 S. 1 UGG i.V.m. Art. 7 Abs. 2 und Art. 8 Abs. 1 neues UngVerfGG.

[299]   Art. 94 Abs. 1 S. 2 GG.

Verfassungsrichter in Albanien („Staatspräsident der Republik" und „Senat") teil.[300] Obwohl in Portugal ein Teil der Richter durch das Parlament gewählt werden, kooptieren die gewählten Verfassungsrichter die übrigen Mitglieder. Dementsprechend zeigt Portugal hier eine Besonderheit.[301]

4. Zwischenergebnis

Abgesehen von einzelnen Abweichungen in der Verfassungsrichterwahl ist auffällig, dass in den meisten europäischen Ländern die vollziehende und die gesetzgebende und darüber hinaus in vielen Staaten die rechtsprechende Gewalt entweder an der Nominierung, der Ernennung oder der Wahl der Richter beteiligt sind. Wirken alle drei Staatsgewalten an der Bestellung des Verfassungsgerichts mit, dürfte dies die Akzeptanz des Verfassungsgerichts und der Verfassungsrichter bei den anderen Verfassungsorganen deutlich erhöhen. Denn in diesem Fall haben alle drei Staatsgewalten die Möglichkeit, auf irgendeine Weise einen Einfluss auf die personelle Besetzung des Verfassungsgerichts auszuüben. In Ungarn, wo die Verfassungsrichter durch einen parlamentarischen Ausschuss nominiert werden, kann die Zusammensetzung dieses parlamentarischen Ausschusses die Wahl beeinflussen. Sofern alle im Parlament vertretenen Parteien gleichfalls im Ausschuss vertreten sind, kann ein Ausgleich bei der Nominierung erreicht werden. Die ungarische Regelung kann jedoch Problemen aufwerfen, wenn die Zusammensetzung des parlamentarischen Ausschusses sich nach der Zusammensetzung des jeweiligen Parlaments richtet. In Ungarn herrscht gegenwärtig eine Regierungskoalition, die eine Zwei-Drittel-Mehrheit im Parlament und entsprechend der proportionalen Besetzungsregelung des parlamentarischen Ausschusses auch dort innehat. Folglich werden die Verfassungsrichter nicht nur durch die gesetzgebende Gewalt, sondern tatsächlich ausschließlich durch die Regierungskoalition vorgeschlagen. Es ist zu vermuten, dass nicht der parlamentarische Ausschuss selbst, sondern mittelbar der ungarische Ministerpräsident die Verfassungsrichter bestimmt. Darüber hinaus werden die Kandidaten mit Zwei-Drittel-Mehrheit des Parlaments gewählt. In Anbetracht der Tatsache, dass die Regierungskoalition über eine Zwei-Drittel-Mehrheit im Parlament verfügt, kann allein die Regierung – nach dem Willen des ungarischen Ministerpräsidenten – die Verfassungsrichter wählen. In diesem Fall lässt sich ein Gleichgewicht bzw. eine politische Ausgewogenheit weder bei der Nominierung noch bei der Auswahl der Verfassungsrichter in Ungarn erkennen. Darüber hinaus ist die politische Unabhängigkeit eines Verfassungsrichters durchaus fraglich, wenn ein Richter durch die Förderung aus-

---

[300]   Art. 125 Abs. 1 AlbVerf.
[301]   Art. 222 Abs. 1 PortVerf.

schließlich einer Partei Verfassungsrichter geworden ist. Vor diesem Hintergrund lässt sich die Schlussfolgerung ziehen, dass die gegenwärtigen ungarischen Regelungen unzureichend sind. Die herrschende Regierungskoalition und dadurch indirekt der Ministerpräsident sind – bei der Zwei-Drittel-Mehrheit im Parlament – allein in der Lage, über die Person eines Verfassungsrichters zu entscheiden. In diesem Fall sind nicht nur die anderen zwei Staatsgewalten, die vollziehende und die gesetzgebende Gewalt, sondern auch die Opposition vom Wahlprozess ausgeschlossen.

IV. Wahl des Verfassungsgerichtspräsidenten

Die untersuchten Länder zeigen Differenzen im Hinblick auf die Amtszeit und die Wahl des Verfassunsgerichtspräsidenten. Die Dauer Präsidentschaft beträgt drei Jahre oder wird vom Ende seiner Amtszeit als Verfassungsrichter bestimmt. In den meisten untersuchten Ländern, wie in Lettland, in Rumänien, in Italien, in Bulgarien, in Slowenien, in Portugal und in Ungarn nach 1990, wählen die Verfassungsrichter selbst aus ihren eigenen Reihen den Präsidenten des Verfassungsgerichts.[302] Demgegenüber wird der Präsident in Spanien durch den spanischen König auf Vorschlag des Plenums und in Österreich durch den Bundespräsidenten auf Vorschlag der Bundesregierung, in Frankreich durch den Präsidenten der Republik und in Polen durch den Präsidenten der Republik auf Vorschlag der Generalversammlung des Verfassungsgerichts ernannt.[303] Obwohl in Albanien der Präsident der Republik den Präsidenten des Verfassungsgerichts bestimmt, benötigt er für die Bestellung die Zustimmung des Parlaments.[304] Sowohl in Frankreich als auch in der Tschechischen Republik kann ausschließlich der Präsident der Republik über die Person des Verfassungsgerichtspräsidenten die Entscheidung treffen.[305] Im Gegensatz dazu weisen Deutschland, Litauen und Ungarn nach 2012 eine Besonderheit auf. Während in Deutschland der Präsident des Bundesverfassungsgerichts abwechselnd entweder vom Bundesrat oder vom Bundestag bestimmt wird, wählt das Parlament in Litauen den Präsidenten des Verfassungsgerichts auf

---

[302] Art. 147 Abs. 4 BulgVerf; Art. 4 Abs. 2 altes UngVerfGG; Art. 135 Abs. 5 ItalVerf; Art. 140 Abs. 3 RumVerf; Art. 12 LettVfGG; Art. 222 Abs. 4 PortVerf; Art. 163 Abs. 3 SloVerf i.V.m. Art. 7 Abs. 1 SloVerfGG.
[303] Art. 147 Abs. 2 B-VG, Art. 160 CE; Art. 194 Abs. 2 PolVerf.
[304] Art. 125 Abs. 4 AlbVerf.
[305] Art. 56 Abs. 3 FraVerf; Art. 62 lit. e) TschVerf.

Vorschlag des Präsidenten der Republik.[306] In Ungarn nach 2010 wählt allein das Parlament mit Zwei-Drittel-Mehrheit den Präsidenten des Verfassungsgerichts. [307] Es ist auszunehmen, dass die Akzeptanz des Präsidenten eines Verfassungsgerichts umso größer ist, je größer die Beteiligung der übrigen Verfassungsrichter an dessen Ernennung ist. Dies kann z. B. ein Auswahlprozess sein, bei dem die Richter selbst aus ihren eigenen Reihen den Präsidenten bestimmen. Hingegen dürfte ein Präsident von seinen Kollegen weniger Akzeptanz erfahren, wenn er durch einen König oder durch einen Präsidenten der Republik (fremd) bestimmt wird. Hierbei wäre zumindest der Vorschlag der anderen Verfassungsrichter zu berücksichtigen.

Es kann auch vorkommen, dass die Person des Verfassungsgerichtspräsidenten durch die anderen Richter abgelehnt wird, wenn der Präsident eines Verfassungsgerichts allein durch die gesetzgebende Gewalt gewählt wird. Dies ist gegenwärtig in Ungarn der Fall, wo nach dem Inkrafttreten des Grundgesetzes und des neuen Verfassungsgesetzes der Präsident des Verfassungsgerichts ausschließlich durch das Parlament mit Zwei-Drittel-Mehrheit gewählt wird. Diese Regelung ist in europäischen Rechtsordnungen beispiellos. In Anbetracht der Tatsache, dass die gegenwärtige ungarische Regierung mit Zwei-Drittel-Mehrheit regiert, hat allein die Regierung, d. h. die Regierungskoalition und mittelbar der Ministerpräsident, Einfluss auf die Auswahl des Präsidenten des Verfassungsgerichts. Dementsprechend dürfte Akzeptanz und Unabhängigkeit des Verfassungsgerichtspräsidenten in Ungarn eher gering sein, Es ist zweifelhaft, ob angesichts dieser festgestellten Defizite der untersuchten Regelungen das ungarische Verfassungsgericht in der gegenwärtigen Ausgestaltung, seine Aufgabe als Gegengewicht zu den anderen Staatsgewalten ausreichend erfüllen kann.

---

[306]   Art. 103 Abs. 2 LitVerf; Art. 94 Abs. 1 S. 2 GG.
[307]   Art. 1 Abs. 2 lit. e) UGG i.V.m. Art. 18 Abs. 1 lit. a) neues UngVerfGG.

Drittes Kapitel: Die Rechtsmittel der objektiven Kontrolle

Die objektive Kontrolle der Verfassungsmäßigkeit von Normen bildet ein Spezifikum der Verfassungsgerichtsbarkeit. Im Folgenden werden die Form der präventiven, nachträglichen abstrakten und konkreten Normenkontrolle des ungarischen Verfassungsgerichts nach 1990 und nach 2010 dargestellt und diese drei Zuständigkeit im europäischen Rechtsraum vergleichend bewertet.

A. Präventive Normenkontrolle

Die präventive Normenkontrolle kann allgemein dadurch charakterisiert werden, dass sie sich auf eine verfassungsrechtliche Prüfung ex-ante bezieht. Dadurch soll verhindert werden, dass verfassungswidrige, zwar schon verabschiedete, aber noch nicht verkündeten *Gesetze* sowie *völkerrechtliche Abkommen* in Kraft treten. Manche Länder zeigen die Besonderheit, dass nicht nur Gesetze und völkerrechtliche Verträge, sondern auch andere gesetzgeberische Akte – wie die Geschäftsordnung des Parlaments – Gegenstand der vorbeugenden Verfassungsmäßigkeitskontrolle sein können. Im Folgenden wird das Verfahren der präventiven Normenkontrolle in seiner konkreten Ausgestaltung in den unterschiedlichen europäischen Rechtssystemen dargestellt.

I. Die präventive Normenkontrolle in Ungarn nach 1990

Bestimmungen zu der präventiven Normenkontrolle befanden sich in Art. 34-36 altes UngVerfGG. Der Zweck auch dieser außergewöhnlichen Verfahrensart war es, wie bereits erwähnt, für präventive Normenkontrollen typisch, den Erlass von verfassungswidrigen Normen zu verhindern.

1. Gesetzentwurf

Obwohl die präventive Normenkontrolle des Gesetzentwurfes mit Art. 1 des Gesetzes Nr. 1/1998 außer Kraft gesetzt wurde, ist die Erörterung dieses Verfahrens da es beispielhaft für eine Situation steht, in der das Verfassungsgericht durch seine Zuständigkeit für ein solches Verfahren, im Kräftegleichgewicht der Verfassungsorgane eine bedeutende Rolle einnimmt und ein Gegengewicht zu den anderen Verfassungsorganen bildet.[308] Ein Antrag auf präventive Normenkontrolle eines Gesetzentwurfes konnte durch das Parlament, durch einen ständigen Parlamentsausschuss oder durch 50 Abgeordnete gestellt werden.[309]

---

[308] Art. 1 des Gesetzes Nr. 1/1998 über die Änderung des Gesetzes Nr. 32/1989 über das ungarische Verfassungsgericht.

[309] Art. 33 altes UngVerfG.

66

Das Verfassungsgericht hob in seinem wegweisenden 16/1991 (IV.20.) AB-Urteil hervor, dass die präventive Normenkontrolle eines Gesetzentwurfes die Ausnahme sei. Sie ziele darauf, das Inkrafttreten verfassungswidriger Normen präventiv zu verhindern.[310] Die Abgeordneten hätten den Antrag auf Überprüfung des Entwurfs des besonders kontroversen Entschädigungsgesetzes allerdings noch im Laufe der parlamentarischen Debatte gestellt. Demnach hätte das Verfassungsgericht in einen noch laufenden politischen Prozess eingreifen müssen.[311] Jedoch lehnte das Verfassungsgericht dies ab, was von zentraler Bedeutung in der ungarischen Verfassungsgeschichte war:

„Eine solche Auslegung des (alten) UngVerfGG ermöglichte, dass das Verfassungsgericht in allen Stadien des Gesetzgebungsprozesses eingreifen könnte. Demzufolge könnte das Verfassungsgericht den Gesetzgebungsprozess beeinflussen. Eine solche Rollenverteilung ist jedoch mit der Rechtsstellung des Verfassungsgerichts unvereinbar. *Das Verfassungsgericht ist kein Ratgeber des Parlaments,* sondern (...) *der Richter des Ergebnisses der gesetzgeberischen Arbeit des Parlaments.* Das Ziel der vorbeugenden Normenkontrolle – nämlich dem Zustandekommen verfassungswidriger Gesetze vorzubeugen – und die richterliche Funktion des Verfassungsgerichts im Falle einer inhaltlichen Überprüfung können nur so in Einklang gebracht werden, dass der Text des Gesetzes lediglich in seiner endgültigen Fassung vor der Abstimmung über den Entwurf als Ganzes oder nach der Abstimmung, jedenfalls vor seiner Veröffentlichung – vor das Verfassungsgericht kommt."[312]

Mit dieser Entscheidung hat das Verfassungsgericht seine eigene Zuständigkeit gegen den ausdrücklichen Gesetzeswortlaut des alten UngverfGG eingeschränkt, indem es festgestellte, dass seine Beteiligung in aller Phase der Gesetzgebung mit

---

[310] 16/1991 (IV. 20) AB-Urteil, ABH, 1991, 58. „Az alkotmányellenesség előzetes vizsgálata a *kivételes alkotmánybírósági hatáskörök* közé tartozik, rendeltetése annak *megelőzése,* hogy a parlament alkotmányellenes törvényt alkosson".

[311] *Kerek,* Die Verfassungsgerichtsbarkeit in Ungarn und Rumänien, 2010, S. 182.

[312] 16/1991 (IV. 20) AB-Urteil, ABH, 1991, 58. „Az Ab. tv-nek ez a megoldása lehetővé teszi, hogy az Alkotmánybíróságot a törvényhozási folyamat bármely szakaszában, akárhányszor bevonják a jogalkotásba. Így az Alkotmánybíróság állásfoglalásával befolyásolja, sőt egyes megoldások kizárásával meghatározza a vita menetét, úgy, hogy egyben biztosítja a törvényalkotás alkotmányosságát. Az ilyen szerepkör azonban az Alkotmánybíróság jogállásával összeegyeztethetetlen. *Az Alkotmánybíróság nem tanácsadója az Országgyűlésnek, hanem bírája az Országgyűlés törvényalkotó munkája eredményének.* Az előzetes normakontroll célját -megelőzni alkotmányellenes törvény létrejöttét-és az Alkotmánybíróság bírói funkcióját tartalmi vizsgálat esetén úgy lehet összeegyeztetni, ha a törvény szöveg végleges formájában-vagy a javaslat egészéről történő szavazás előtt, vagy a szavazás után, de a kihirdetés előtt- kerül az Alkotmánybíróság elé".

dem Prinzip der Gewaltenteilung unvereinbar sei. In diesem Zusammenhang ging das Verfassungsgericht auch davon aus, dass sich seine Zuständigkeit im Rahmen der präventiven Normenkontrolle lediglich auf einen Gesetzentwurf bezieht, der bereits vor der Schlussabstimmung des Parlaments steht. In Anbetracht der Tatsache, dass das Gericht somit keine Stellungnahme zu einem bereits laufenden Gesetzgebungsprozess abgeben wird, kann davon ausgegangen werden, dass das Gericht keine bedeutende Rolle im Rahmen des politischen Entscheidungsprozesses im Parlament einnimmt.[313] Diese Auffassung des Verfassungsgerichts wurde mit dem 64/1992 (XII.11) AB-Urteil bestätigt. Dieses Urteil befasste sich mit der Frage, wann ein Gesetz in seiner endgültigen Fassung vorliegt. Das Gericht war der Auffassung, dass ein Gesetz solange nicht seine endgültige Fassung angenommen hat, bis alle Änderungsanträge abschließend bearbeitet wurden.[314] In Konsequenz dieser ebenfalls grundlegenden Entscheidungen hat das Verfassungsgericht nur solche Gesetze zu überprüfen, die ihm nach der Schlussabstimmung durch das Parlament vorgelegt wurden.[315]

2. Geschäftsordnung des Parlaments

Das Parlament konnte seine Geschäftsordnung dem Verfassungsgericht zwecks einer verfassungsgerichtlichen Kontrolle vorlegen.[316] Es ist allerdings zu betonen, dass nicht die Geschäftsordnung als Ganzes, sondern nur ein Teil oder einzelne Vorschriften für die Prüfung der Verfassungsmäßigkeit vorgelegt werden konnten.[317] Anderenfalls müsste das Verfassungsgericht die gesamte Geschäftsordnung des Parlaments darauf prüfen müsste, ob sie mit allen Bestimmungen der Verfassung vereinbar ist. Dies wäre jedoch mit dem Prinzip der Gewaltenteilung unvereinbar, weil dann das Verfassungsgericht dem Parlament seine Geschäftsordnung diktieren könne und damit erheblichen Einfluss auf die Gesetzgebung hätte.[318] Außerdem ergibt sich aus dem Wortlaut des Art. 34 altes UngVerfGG, dass das Parlament lediglich die Möglichkeit, aber keinesfalls die Pflicht hat, die eigene Geschäftsordnung auf Verfassungsmäßigkeit prüfen zu lassen.[319] Der Zweck der Prüfung

---

[313] *Kukorelli*, Alkotmánytan (2007) S. 393; *Kerek*, Die Verfassungsgerichtsbarkeit in Ungarn und Rumänien, 2010, S. 183.
[314] 64/1992 (XII. 11.) AB-Urteil, 1992, 317. „A módosító indítványokról történő szavazás befejezéséig a törvényjavaslat szövege nem tekinthető véglegesnek."
[315] *Tilk*, A Magyar Alkotmánybíróság 2008, S. 62.
[316] Art. 34 altes UngVerfGG.
[317] *Kerek*, Die Verfassungsgerichtsbarkeit in Ungarn und Rumänien, 2010, S. 180.
[318] *Tilk*, A Magyar Alkotmánybíróság 2008, S. 73.
[319] Art. 34 Abs. 1 altes UngVerfGG: „Die Landesversammlung kann ihre Geschäftsordnung vor deren Verabschiedung und unter Angabe der für bedenklich gehaltenen Bestimmungen dem Verfassungsgericht zur Verhältnismäßigkeitsprüfung vorlegen.".

68

der Geschäftsordnung ist es , die verfassungsmäßige Funktion des Parlaments zu gewährleisten. Wurde eine Vorschrift der Geschäftsordnung des Parlaments für verfassungswidrig erklärt, war sie nicht anzuwenden, bis die Verfassungswidrigkeit beseitigt war.[320] In der Praxis hatte die verfassungsmäßige Kontrolle der Geschäftsordnung des Parlaments allerdings genau so wenig Bedeutung wie die von Gesetze und der völkerrechtlichen Verträgen keine.[321]

3. Gesetze

Mit der Institution des *verfassungsrechtlichen Vetos* konnte das Verfassungsgericht auf Antrag des Präsidenten der Republik ein vom Parlament schon verabschiedetes, aber noch nicht ausgefertigtes Gesetz auf seine Verfassungsmäßigkeit überprüfen lassen, vorausgesetzt der Präsident hielt eine Bestimmung für „verfassungswidrig" oder „bedenklich", und legte das Gesetz 15 Tage vor der Unterzeichnung dem Verfassungsgericht vor. Der Präsident war der einzige Antragsberechtigte in diesem Verfahren.[322]

Die präventive Normenkontrolle diente dazu, das Inkrafttreten eines strittigen Gesetzes zu verschieben. Aus diesem Grund war das Verfassungsgericht in der Lage, über die Verfassungsmäßigkeit von Gesetzen, die hohe politische Bedeutung hatte, auf Antrag des Präsidenten der Republik die letzte Entscheidung zu treffen. Von hoher politischer Brisanz sowie besonders umstritten waren einige Gesetze nach dem Systemwechsel 1989/1990, namentlich das Entschädigungsgesetz Nr. XXV/1991, das Gesetz über die rückwirkenden Bestimmungen für die Verjährung gewisser politisch motivierter Straftaten[323] sowie das Grundstücksverkehrsgesetz Nr. XXIV/1992.[324]

Wurde das Gesetz für verfassungsmäßig befunden, musste der Präsident der Republik das Gesetz innerhalb von fünf Tagen nach Verkündigung der verfassungsgerichtlichen Entscheidung unterzeichnen und veröffentlichen. Wurde hingegen

[320] *Tilk*, A Magyar Alkotmánybíróság 2008 S. 73.
[321] *Sólyom*, Die Verfassungsgerichtsbarkeit in Ungarn, in: *Weber/Luchterhandt* (Hrsg.), Verfassungsgerichtsbarkeit in Mittel- und Osteuropa, 2007, S. (239) 277; die zur Verfügung stehende Statistik bezieht sich auf die Jahre 1990-2004. Laut dieser Statistik wurde das Verfahren der präventiven Normenkontrolle aller Gegenstände ein bis vier Mal jährlich beantragt.
[322] Art. 26 Abs. 4 UngVerf i.V.m. Art. 35 altes UngVerfGG; Der Präsident konnte darüber hinaus mit einem politischen Veto ein Gesetz, mit dem er nicht einverstanden war, im Rahmen seines materiellen Prüfungsrechts dem Parlament zur Überprüfung zurücksenden (Art. 26 Abs. 2 UngVerf).
[323] Das Gesetz wurde durch das Parlament am 4. November 1991 verabschiedet, ist aber niemals in Kraft getreten. Das Verfassungsgericht hat das angefochtene Gesetz mit 11/1992 (III.2) AB-Urteil für verfassungswidrig erklärt.
[324] *Sólyom*, Die Verfassungsgerichtsbarkeit in Ungarn, in: *Weber/Luchterhandt* (Hrsg.), Verfassungsgerichtsbarkeit in Mittel- und Osteuropa, 2007, S. 249.

ein Gesetz für verfassungswidrig erklärt, war es Aufgabe des Präsidenten, dies dem Parlament mitzuteilen.[325] Falls sich die Verfassungswidrigkeit ausschließlich auf einen bestimmten Teil des Gesetzes bezog, konnte der Präsident die Unterzeichnung des Gesetzes solange verweigern, bis der verfassungswidrige Teil durch das Parlament aufgehoben worden war. „Dass das Parlament für Gesetze, die teilweise für verfassungswidrig erkannt wurden, korrigieren musste, bedeutete aber nicht zugleich, dass es diesbezüglich an konkrete Vorgaben durch das Verfassungsgericht gebunden wäre. Dem Verfassungsgericht war es verwehrt, in seiner Entscheidung die Gesetzgebung zu determinieren. Vielmehr konnte das Parlament das teilweise für Verfassungswidrig erklärte Gesetz in einer Weise ändern, die nicht vom Verfassungsgericht konkret in dessen Urteil vorgeschlagen wurde, aber dennoch – aus seiner Sicht – zur vollständigen Verfassungsmäßigkeit des Gesetzes führte. Dass das Parlament für Gesetze, die teilweise für verfassungswidrig erkannt wurden, korrigieren musste, bedeutete aber nicht zugleich, dass es diesbezüglich an konkrete Vorgaben durch das Verfassungsgericht gebunden wäre. Dem Verfassungsgericht war es verwehrt, in seiner Entscheidung die Gesetzgebung zu determinieren. Vielmehr konnte das Parlament das teilweise für Verfassungswidrig erklärte Gesetz in einer Weise ändern, die nicht vom Verfassungsgericht konkret in dessen Urteil vorgeschlagen wurde, aber dennoch – aus seiner Sicht – zur vollständigen Verfassungsmäßigkeit des Gesetzes führte. In der Praxis führte dies dazu, dass die konkret für verfassungswidrig erkannten Vorschriften gar nicht beseitigt wurden, sondern vielmehr das Gesetz an anderer Stelle geändert wurde, um eine Verfassungsmäßigkeit zu erreichen. Ebenso könnte es vorkommen, dass das Parlament die verfassungswidrigen Vorschriften schlicht umformulierte, ohne deren verfassungswidrigen Inhalt ernsthaft beseitigt zu haben. In beiden Fällen gelangten Vorschriften in das Rechtssystem, deren verfassungswidrig bereits gerichtlich festgestellt war. Der Präsident der Republik war dann gezwungen, das Gesetz zu unterschreiben und zu verkünden. Obwohl also das Verfassungsgericht die Vorschriften beanstandet, kam das Gesetz de facto in der vom Parlament gewünschten Form zustande. Mithin fehlt es an einer wirksamen Sanktion, für die Fälle, dass das Parlament die Korrektur der verfassungswidrigen Vorschriften auf diese Weise umgeht oder gar vollständig verweigert. Aufgrund dieser Situation wurde diskutiert, ob eine zweite Prüfung nach der Korrektur des Parlaments sinnvoll sei. Dies wurde aber überwiegend für unnötig gehalten. Schließlich konnte nach der vom Parlament durchgeführten Korrektur die nachträgliche, abstrakte Normenkontrolle angestrengt werden, mit der auch die Verfassungsmäßigkeit von scheinbar korrigiertem und lediglich umformuliertem Gesetz überprüft werden konnte.[326]

---

[325]   Art. 26 Abs. 5 UngVerf.
[326]   Ebd.

4. Einzelne Bestimmungen völkerrechtlicher Verträge vor ihrer Umsetzung in nationales Recht

Eine weitere Form der präventiven Normenkontrolle war verfassungsmäßige Überprüfung von für bedenklich gehaltenen Bestimmungen eines völkerrechtlichen Vertrages vor seiner Ratifikation – im Sinne des Wiener Übereinkommens über das Recht der Verträge (WÜRV) vom 23. Mai 1969, welche durch das Parlament, den Präsidenten der Republik und die Regierung – beantragt werden konnten.[327] Der Erlass eines Zustimmungsgesetzes für einen völkerrechtlichen Vertrag war im Fall einer solchen Überprüfung aufgeschoben, bis die Verfassungswidrigkeit der betroffenen Vorschriften von demselben Organ, welches den völkerrechtlichen Vertrag abgeschlossen hatte, beseitigt worden war.[328] Der Zweck dieser Form der präventiven Normenkontrolle bestand darin zu verhindern, dass die verfassungswidrigen völkerrechtlichen Vorschriften ein Teil des innerstaatlichen Rechts werden. Anderenfalls könnte die Situation eintreten, dass eine völkerrechtliche Verpflichtung erfüllt werden müsste, obwohl diese Erfüllung mit einem Verstoß gegen Verfassungsrecht einher ginge.[329] In Ungarn steht – anders als in Frankreich – die Möglichkeit nicht zur Verfügung, dass bei Verfassungswidrigkeit einer völkerrechtlichen Norm zur Beseitigung dieser widersprüchlichen Situation auch die Verfassung geändert werden kann. Obwohl in der ungarischen Literatur auch ein solches Vorgehen für möglich gehalten wird und von namhaften Autoren, wie beispielsweise *Ádám*, hierauf explizit hingewiesen wurde, ist auf diese Weise nie verfahren worden, da dies mit der Rolle der Verfassungsgerichtsbarkeit in dem ungarischen Rechtssystem nicht in Einklang stehen würde. Schließlich liefe ein solches Verfahren darauf hinaus, dass das ungarische Verfassungsgericht durch seine Entscheidung über die Verfassungsmäßigkeit von völkerrechtlichen Bestimmungen, die Änderung der Verfassung beeinflussen, insbesondere veranlassen, könnte. Es ist obliegt aber allein dem Parlament, unbeeinflusst darüber zu entscheiden, ob die Verfassung geändert werden soll.[330] Es besteht ein klarer Unterschied zwischen der ex-ante Prüfung von Gesetzen und einem völkerrechtlichen Vertrag. Die vorbeugende Prüfung eines

---

[327] Art. 36 altes UngVerfGG
[328] Art. 36 Abs. 2 altes UngVerfGG
[329] *Tilk,* A Magyar Alkotmánybíróság 2008, S. 69.
[330] *Ádám,* Az emberi jogok nemzetközi és belső jogi védelmének viszonyáról, in: Magyar Közigazgatás 8/1993 S. 449 (453): „Es wäre zweckgemäß, wenn es möglich wäre, dass das Verfassungsgericht während des Verfahrens der präventiven Normenkontrolle neben der Suspendierung der Ratifikation des angegriffenen völkerrechtlichen Vertrages auch die Verfassungsänderung als Alternative anbieten könnte, um die Kollision der Verfassung und des betreffenden völkerrechtlichen Vertrags aufzulösen." (Übersetzung der Verfasserin).

völkerrechtlichen Vertrags schloss die Möglichkeit nicht aus, dass der Präsident der Republik im Rahmen des Art. 35 altes UngVerfGG das Zustimmungsgesetz des umstrittenen völkerrechtlichen Vertrags noch vor dessen Verkündigung dem Verfassungsgericht vorlegen konnte.[331] Gesetzt den Fall, dass ein völkerrechtlicher Vertrag mit der Verfassung in Widerspruch steht, gibt das Parlament mit einem parlamentarischen Beschluss seine Einwilligung, den völkerrechtlichen Vertrag abzuschließen. Mit dem parlamentarischen Beschluss verpflichtet sich das Parlament, die nötigen Rechtsnormen umzusetzen, um die völkerrechtlichen Pflichten zu erfüllen. Diese Verpflichtung ergibt sich aus dem Rechtsstaatsprinzip gemäß Art. 2 Abs. 1 UngVerf und aus Art. 7 Abs. 1 UngVerf, laut denen die Verfassung und die völkerrechtlichen Normen in Einklang stehen müssen. Falls das Parlament die oben genannten Pflichten nicht erfüllt, liegt eine Verfassungswidrigkeit durch Unterlassung gemäß Art. 49 alte UngVerfGG vor.[332] Abschließend ist jedoch anzumerken, dass die ex-ante Prüfung der völkerrechtlichen Verträge in der Praxis nicht relevant war. Im Zeitraum von 1990 bis 2010 wurde kein Antrag auf die ex-ante Prüfung eines völkerrechtlichen Abkommens gestellt.[333]

II. Die präventive Normenkontrolle in Ungarn nach 2010
1. Gesetze

Die neue Form der präventiven Normenkontrolle ist in Art. S) Abs. 3, Art. 6 Abs. 2-9, Art. 9 Abs. 3 lit. i), in Art. 24 Abs. 2 lit. a) sowie in Art. 37 Abs. 4 UGG geregelt. Obwohl das neue Grundgesetz die präventive Normenkontrolle beibehält, wurden bedeutenden Änderungen in diesem Bereich vorgenommen.[334] Erstens kann das Parlament eine a-priori-Prüfung der vom Parlament schon verabschiedeten, aber noch nicht ausgefertigten Gesetze auf den Antrag vom Initiator des

---

[331] *Tilk,* A Magyar Alkotmánybíróság 2008, S. 70.
[332] *Tilk,* A Magyar Alkotmánybíróság 2008, S. 71; In zahlreichen Fällen wurde die Verfassungswidrigkeit durch Unterlassung aufgrund der Nichterfüllung der Pflicht der Rechtssetzung des Parlaments festgestellt: 16/1993 (III.12.) AB-Urteil, 45/2003 (IX.26.) AB-Urteil, 54/2004 (XII.13) AB-Urteil.
[333] *Kerek,* Die Verfassungsgerichtsbarkeit in Ungarn und Rumänien, 2010, S. 181.
[334] Art. 9 Abs. 3 lit. i) UGG: „(Der Präsident) kann verabschiedete Gesetze zur Untersuchung der Vereinbarkeit mit dem Grundgesetz dem Verfassungsgericht zuleiten oder zwecks Erwägung an die Nationalversammlung zurückleiten."; *Kovács,* A ki nem hirdetett törvények alaptörvénnyel való összhangjának vizsgálatáról, in: Alkotmánybírósági Szemle 2/2012 S. 78 ff. (83).

Gesetzes[335], von der Regierung oder vom Präsidenten der Nationalversammlung beantragen.[336] Obwohl das Grundgesetz und die verfassungsändernden Gesetze grundsätzlich kein Gegenstand der verfassungsmäßigen Kontrolle sind, wurde die Möglichkeit geschaffen, dass der Präsident der Republik einen Antrag auf präventive Normenkontrolle des Grundgesetzes oder der verfassungsändernden Gesetze stellen kann und das Verfassungsgericht die formelle Verfassungsmäßigkeit dieser Gesetze überprüfen kann.[337] Darüber hinaus ist hervorzuheben, dass zwar Art. 37 Abs. 4 UGG eine Einschränkung bezüglich des Gegenstands der verfassungsmäßigen Prüfung enthält, sich diese jedoch nicht auf die präventive Normenkontrolle bezieht. Folglich können Gesetze über Haushalts- und Finanzangelegenheiten, die grundsätzlich kein Gegenstand der nachträglichen Normenkontrolle oder der Verfassungsbeschwerde sind, im Rahmen der präventiven Normenkontrolle überprüft werden.[338]

Nach dem Wortlaut der Vorschrift des Art. 6 Abs. 2 UGG lässt sich die Schlussfolgerung ziehen, dass die Antragsberechtigten lediglich die Möglichkeit, aber keinesfalls die Pflicht haben, die Überprüfung von Gesetzen auf ihre Verfassungsmäßigkeit zu beantragen. Das Parlament verfügt demnach über ein weites Ermessen hinsichtlich der Frage, ob es die Überprüfung des verabschiedete, aber noch nicht verkündeten Gesetzes beantragt. Dadurch kann es passieren, dass das Parlament bei der Schlussabstimmung nicht nur die Änderungsanträge, sondern auch den Vorschlag hinsichtlich der präventiven Normenkontrolle eines Gesetzes verwirft.[339] Diese revidierte Zuständigkeit des Verfassungsgerichts ist durchaus als eine Besonderheit anzusehen. Gemäß Art. 2 Abs. 4 des Gesetzes Nr. CXXX/2010 über die Rechtssetzung[340] muss sichergestellt sein, dass eine Rechtsnorm sowohl in formeller als auch materieller Hinsicht verfassungsmäßig ist. Dies bedeutet für den Gesetzgebungsprozess, dass der Initiator eines Gesetzes und das Parlament die verfassungsrechtlichen Voraussetzungen gewährleisten müssen. Vor diesem Hintergrund ist es durchaus fraglich, ob und wann genau durch den Initiator oder

---

[335]   Eng. „Proponent of the bill"; In Ungarn kann gemäß Art. 6 Abs. 1 UGG der Präsident der Republik, die Regierung, einzelne Abgeordnete sowie die parlamentarischen Ausschüsse einen Gesetzentwurf vorlegen.

[336]   Art. 6 Abs. 2 UGG.

[337]   Art. S Abs. 3 S. 3 UGG.

[338]   *Kovács, A* ki nem hirdetett törvények alaptörvénnyel való összhangjának vizsgálatáról, in: Alkotmánybírósági Szemle 2/2012 S. 78 (84).

[339]   *Kovács, A* ki nem hirdetett törvények alaptörvénnyel való összhangjának vizsgálatáról, in: Alkotmánybírósági Szemle 2/2012 S. 78 (85).

[340]   Das Gesetz Nr. 130/2010 über die Rechtssetzung in Ungarn.

durch die Regierung oder durch den Präsidenten des Parlaments ein Antrag auf präventive Normenkontrolle gestellt wird, da sie Interesse daran haben, dass das Gesetzgebungsverfahren nicht zeitlich verzögert wird. Dies könnte jedoch in zwei Situationen der Fall sein: Zum einen das Parlament solche Gesetze verwerfen wollen, die politisch unpopulär sind. Zum anderen könnte das Parlament die ex-ante Prüfung beantragen, um es eine vorläufige Bestätigung des Verfassungsgerichts zu erlangen, wodurch es sicherstellt, dass das schon verabschiedete, aber noch nicht ausgefertigte Gesetz verfassungsmäßig sein wird.[341] In der Literatur wird bezweifelt dass die Erweiterung der Antragsberechtigten auf die Regierung, den Präsident des Parlaments, parlamentarische Ausschuss sowie einzelne Abgeordneter selbst die gegenwärtige Situation ändern wird. Es steht nicht zu erwarten, dass die genannten neuen Antragsberechtigten zukünftig eine vorläufige Normenkontrolle beantragen werden , da sie ohnehin in der Regel – jedenfalls bei der momentanen Zusammensetzung des Parlaments – der Regierungskoalition angehören.[342] Der Präsident der Republik bleibt nach wie vor zu einem *verfassungsrechtlichen Veto* berechtigt, bei dem er die durch das Parlament schon verabschiedeten, aber noch nicht ausgefertigten Gesetze dem Verfassungsgericht zur Überprüfung vorlegen kann.[343] Der Wortlaut des Art. 6 Abs. 4 UGG legt nahe, dass der Präsident der Republik sich nur dann an das Verfassungsgericht wenden kann, wenn der Initiator des Gesetzes, die Regierung sowie der Präsident des Parlaments keine ex-ante-Prüfung durch das Parlament beantragt hat.[344] Im Sinne des Art. 23 Abs. 2 neues UngVerfGG soll der Antrag „bestimmt" sein, um zu vermeiden, dass das Parlament das Gesetz nur zwecks Bestätigung dem Verfassungsgericht vorlegt.[345] An dieser Stelle muss darauf hingewiesen werden, dass dem Präsident der Republik nach wie vor *ein politisches Veto* zur Verfügung steht, wenn er kein verfassungsrechtliches Veto eingelegt hat und er mit einem Gesetz

---

[341] *Kovács,* A ki nem hirdetett törvények alaptörvénnyel való összhangjának vizsgálatáról, in: Alkotmánybírósági Szemle 2/2012 S. 78 (87).

[342] Bericht von ETKI am 28. Oktober 2011 über die Analyse der neuen Regelungen bezüglich des Verfassungsgerichts, abrufbar unter: http://www.ekint.org/ekint_files/File/tanulmanyok/abtv_elemzes_20111028_final.pdf (Stand: 01.03.2016)

[343] Art. 6 Abs. 4 UGG.

[344] *Tilk,* Az Alkotmánybíróság az Alaptörvényben, in: Közjogi Szemle 2/ 2011 S. 5 (8).

[345] *Kelemen,* Van még pálya – A magyar alkotmánybíróság hatásköreiben bekövetkezett változásokról, in: Fundamentum 4/2011 S. 87 (91). Nach der Begründung des neuen ungarischen Grundgesetzes soll der Antrag der präventiven Normenkontrolle die konkret gesetzlichen Bestimmungen, die verfassungsrechtliche Frage sowie das Verhältnis zwischen den Bestimmungen und der verfassungsrechtlichen Frage enthalten.

oder mit einer Vorschrift eines Gesetzes nicht einverstanden ist. Nach dem Wortlaut dieser Vorschrift lässt sich jedoch mutmaßen, dass das politische Veto des Präsidenten der Republik keine Pflicht, son-dern nur eine Möglichkeit ist.[346] Ohnehin liegt nahe, dass der Präsident keine aktive verfassungsmäßige Kontrolle anstreben wird, wenn seine politischen Einstellungen mit denen der Parlamentsmehrheit übereinstimmen.[347] Des Weiteren kommt hinzu, dass im Falle einer Anrufung des Gerichts, es seine Entscheidung innerhalb von 30 Tagen zu treffen hat.[348] Diese knappe Frist ist bedenklich, da das Verfassungsgericht kaum in der Lage sein wird, innerhalb von 30 Tagen eine tiefgehende verfassungsrechtliche und sogar rechtsvergleichende Prüfung durchzuführen. Daher steht zu befürchten, dass das Gericht – allein wegen des kurzen Zeitraums – statt einer rechtlichen Prüfung lediglich eine politische Stellungnahme abgibt. Dies ist mit dem Prinzip der Gewaltenteilung allerdings kaum zu vereinbaren.[349] Erklärt das Verfassungsgericht die angefochtene Vorschrift für verfassungsmäßig, hat der Präsident der Republik das Gesetz unverzüglich auszufertigen.[350] Erklärt das Gericht hingegen die Vorschrift für verfassungswidrig, verweist das Gericht das Gesetz zwecks der Aufhebung der als verfassungswidrig erkannten Norm an das Parlament zurück.[351] Um zu kontrollieren, ob das Parlament tatsächlich die Verfassungswidrigkeit einer Bestimmung beseitigt hat, kann eine zweite Prüfung durch das Verfassungsgericht erfolgen. In diesem Fall hat das Gericht seine zweite Entscheidung innerhalb von zehn Tagen zu treffen.[352] Die präventive Kontrolle der Gesetze ist in der Praxis nicht relevant. Seit dem Inkrafttreten der neuen Vorschriften wurden jährlich im Schnitt 1-2 Anträge gestellt.[353]

---

[346]   Art. 6 Abs. 5 S. 1 UGG lautet: „Wenn der Präsident der Republik mit dem Gesetz oder einer seiner Bestimmungen nicht einverstanden ist und keinen Gebrauch von seinem Recht nach Absatz 4 gemacht hat, kann er das Gesetz vor der Unterzeichnung, mit der Mitteilung seiner Anmerkungen, an die Nationalversammlung zurückleiten und ein politisches Veto geltend machen."

[347]   *Jakab,* Az új Alaptörvény keletkezése és gyakorlati következményei, Budapest, HVG-ORAC, 2011, S. 241.

[348]   Art. 6 Abs. 6 S. 1 UGG.

[349]   *Gárdos-Orosz,* Alkotmánybíróság az alaptörvényben – új emberek, új hatáskörök, in: Jogi Iránytű 2/2012 S. 1.

[350]   Art. 6 Abs. 7 UGG.

[351]   Art. 6 Abs. 6 S. 2 UGG.

[352]   Art. 6 Abs. 8 UGG.

[353]   Siehe dazu die Statistik des Verfassungsgerichts zwischen 2011-2015 auf der Internetseite: http://www.alkotmanybirosag.hu/dokumentumok/statisztika (aufgerufen am 01.05.2016).

2. Einzelne Bestimmungen völkerrechtlicher Verträge vor ihrer Umsetzung ins nationale Recht

Sowohl der Präsident der Republik als auch Regierung haben das Recht eine ex-ante-Prüfung der Verfassungsmäßigkeit völkerrechtlichen Verträgen zu beantragen.[354] Außerdem bezieht sich die vorbeugende Normenkontrolle auf den parlamentarischen Beschluss, mit dem ein völkerrechtlicher Vertrag ein Teil des innerstaatlichen Rechts werden soll.[355] Das Verfassungsgericht trifft seine Entscheidung über die Verfassungsmäßigkeit innerhalb von 30 Tagen.[356] Werden die Bestimmungen eines völkerrechtlichen Vertrages als verfassungswidrig erachtet, kann der völkerrechtliche Vertrag so lange nicht ins national Rechts umgesetzt werden, bis die Verfassungswidrigkeit durch das den Vertrag abschließende Organ beseitigt wird.[357] In der Praxis hat die präventive Kontrolle weder von Gesetzen, noch von völkerrechtlichen Verträge größer Bedeutung. Es wurden seit dem Inkrafttreten der neuen Vorschriften jährlich gerade einmal 1-2 Anträge gestellt wurde.[358]

3. Die Stellungnahme der Venedig-Kommission

Die Venedig-Kommission hat eine Stellungnahme in Bezug auf das ex-ante-Verfahren in Ungarn abgegeben.[359] Sie ist der Auffassung, dass die präventive Normenkontrolle in den meisten europäischen Ländern als ein bedeutendes Mittel des Verfassungsschutzes anzusehen sei. Ihre Aufgabe bestehe darin, die Verfassungsmäßigkeit der Gesetzgebung zu sichern. Andererseits sei kein Standard vorhanden, nach der die Ausgestaltung der präventiven Normenkontrolle zu regeln sei. Die Praxis zeige, dass zwar in den meisten europäischen Ländern die Hauptaufgabe der Verfassungsgerichte die nachträgliche Normenkontrolle sei, jedoch daneben auch die präventive Normenkontrolle erhebliche Bedeutung habe.[360] Nach Ansicht der Venedig-Kommission solle jedoch der Kreis der Antragsteller der präventiven Normenkontrolle eingeschränkt sein, um zu vermeiden, dass das Verfassungsgericht einen politischen Charakter bekomme.[361] Dementsprechend

---

[354] Art. 23 Abs. 4 neues UngVerfGG.
[355] Art. 5 Abs. 7 UGG i.V.m. Art. 23 Abs. 5 S. 1 neues UngVerfGG.
[356] Art. 23 Abs. 6 S. 1 neues UngVerfGG.
[357] Art. 24 Abs. 3 lit. c) UGG.
[358] Siehe dazu die Statistik des Verfassungsgerichts zwischen 2011-2015 auf der Internetseite: http://www.alkotmanybirosag.hu/dokumentumok/statisztika (aufgerufen am 01.05.2016).
[359] Opinion Nr. 614/2011, CDL-AD (2011)001, Opinion on three legal questions arising in the process of drafting the new constitution in Hungary; Die Stellungnahme der Venedig-Kommission ist folgendermaßen abrufbar: http://s.conjur.com.br/dl/relatorio-comissao-venezaquestoes.pdf (aufgerufen am 01.05.2016).
[360] Punkt 34-35 der Opinion Nr. 614/2011, CDL-AD 2011(001).
[361] Punkt 37 der Opinion Nr. 614/2011, CDL-AD 2011(001).

solle die ex ante Prüfung vor der Abstimmung eines Gesetzes im Parlament entweder durch ein parlamentarischen Ausschuss oder durch ein anderes unabhängiges Organ durchgeführt werden.[362] Die Kommission ist daher der Meinung, dass in Bezug auf Ungarn sinnvoll sei, wenn allein der Präsident der Republik antragsberechtigt wäre. Denn in Anbetracht der Tatsache, dass die Hauptaufgabe des ungarischen Verfassungsgerichts das nachträgliche abstrakte Normenkontrollverfahren ist, führe eine hohe Anzahl an Antragsberechtigen für eine präventive Normenkontrolle zu einer Antragsflut, die die Arbeits- und Funktionsfähigkeit des Verfassungsgerichts gefährde.[363] Ferner ist die Venedig-Kommission der Ansicht, dass durch die Ausweitung des Kreises von Antragstellern (Initiator des Gesetzes, Regierung und Präsident der Nationalversammlung) das Verfassungsgericht „durchpolitisiert" worden sei.[364] Infolgedessen verkomme das Verfassungsgericht zu einem „Schiedsgericht" zwischen den politischen miteinander ringenden Gruppen geworden. Dies schwäche erheblich die Glaubwürdigkeit des Verfassungsgerichts.[365] Dagegen befürwortet die Kommission die Praxis, dass Gesetze ausschließlich nach ihrer Verabschiedung, aber noch vor der Verkündigung und völkerrechtliche Verträge nur vor ihrer Ratifikation auf die Verfas-sungsmäßigkeit überprüft werden können.[366] Ferner macht die Kommission darauf aufmerksam, dass sich die präventive Normenkontrolle und die nachträgliche Normenkontrolle gegenseitig ergänzen sollten. Sie seien keine Alternativen und die präventive Normenkontrolle schließe die spätere Möglichkeit der nachträglichen Normenkontrolle nicht aus.[367] Die Kommission legt nicht zuletzt großen Wert auf die Wirkung einer Entscheidung der präventiven Normenkontrolle. Sie ist der Meinung, dass die Entscheidung bindende Wirkung haben solle. Folglich dürfe ein Gesetz, des-

---

[362] Punkt 38 und Punkt 75 (2) der Opinion Nr. 614/2011, CDL-AD 2011(001).

[363] Punkt 43 der Opinion Nr. 614/2011, CDL-AD 2011(001): "The Commission considers therefore that a large competence in ex ante control could endanger the fulfillment of the important task of ex post control – be it through actio popularis or through constitutional complaint – for various reasons, including workload or bias.".

[364] Punkt 44 der Opinion Nr. 614/2011, CDL-AD 2011(001): "..would „politisice" the Constitutional Court..".

[365] Punkt 44 der Opinion Nr. 614/2011, CDL-AD 2011(001): "This could seriously undermine the credibility of the Constitutional Court..".

[366] Punkt 45 der Opinion Nr. 614/2011, CDL-AD 2011(001): ".., the Commission considers advisable that the control takes place only after adoption in parliament and before publication of the law and, for international treaties, before their ratification.".

[367] Punkt 46 der Opinion Nr. 614/2011, CDL-AD 2011(001): „Ex ante and ex post reviews have partly different functions and should be seen as complementary rather than alternative or mutually exclusive mechanism.".

sen Inhalt teilweise für verfassungswidrig erklärt wurde, nur dann mit gleichem Inhalt erneut werden, wenn der verfassungswidrige Teil beseitigt wurde oder solche Tatbestandsmerkmale eingefügt wurden, von denen das Verfassungsgericht nicht gewusst habe.[368]

4. Zwischenergebnis

Während der Gegenstand der präventiven Normenkontrolle nach 1990 sowohl Gesetzentwürfe – nur bis 1998 –, Gesetze und die Geschäftsordnung des Parlaments als auch völkerrechtliche Verträge waren, können seit 2010 ausschließlich Gesetze und völkerrechtliche Verträge auf ihre Verfassungsmäßigkeit ex-ante überprüft werden. Gegenüber der Rechtslage nach 1990 kann der Initiator eines Gesetzes – worunter neben dem Präsidenten der Republik die Regierung, ein parlamentarischer Ausschuss sowie einzelne Abgeordnete zu verstehen sind – und der Präsident des Parlaments die verfassungsmäßige Kontrolle eines Gesetzes beantragen. Eine fortschrittliche Regelung ist, dass der Präsident der Republik die präventive Kontrolle des neuen Grundgesetzes selbst und der verfassungsändernden Gesetze beantragen kann und das Gericht die formelle Verfassungsmäßigkeit dieser Gesetze überprüfen kann, was früher nicht möglich war. Der Präsident der Republik besitzt weiterhin sowohl ein politisches als auch ein verfassungsrechtliches Veto. Die völkerrechtlichen Verträge sind nach wie vor auf Antrag entweder des Präsidenten der Republik oder der Regierung zu überprüfen. Allerdings hat diese Erweiterung der Anzahl der Antragsberechtigten bis dato – anders als befürchtet – keine Antragsflut ausgelöst. Insofern hat war auch die diesbezügliche Prognose der Venedig-Kommission in ihrer Stellungnahme unzutreffend, da seit dem Inkrafttreten der neuen Regelungen jährlich gerade einmal 1-2 Anträge auf ex-ante Kontrolle gestellt wurden. Der Hinweis der Venedig-Kommission auf die Gefahr der „Durchpolitisierung" des Verfassungsgerichts ist demgegenüber realistisch, vor allem in Anbetracht der Tatsache, dass zwar der Kreis der Antragsteller ausgeweitet wurde, sie jedoch – ohne Ausnahme – entweder am Gesetzgebungsprozess beteiligt sind oder der gegenwärtigen Regierungskoalition angehören. Dementsprechend ist der Kreis von Antragsstellern einer präventiven Normenkontrolle auf Personen beschränkt, die zugleich an der Gestaltung des angefochtenen Gesetzes teilgenommen haben. Eine prozessrechtliche Neuerung ist darüber hinaus, dass das ungarische Verfassungsgericht seine Entscheidung im Rahmen der präventiven Normenkontrolle innerhalb von 30 Tagen treffen muss.

---

[368] Punkt 48 der Opinion Nr. 614/2011, CDL-AD 2011(001): "..statutes dealing with the same issue may not be adopted again unless either the critical aspects are addressed with different solutions or new facts appear, of which the Constitutional Court could not have been aware.".

78

Zuvor hatte das Verfassungsgericht in einem „angemessenen" Zeitraum entscheiden. Welcher Zeitraum „angemessen" ist, war eine Auslegungsfrage und bestimmte sich letztlich bezogen auf die Umstände des Einzelfalls. Da jedoch keine Sanktion jedoch für ein Versäumen der neuen 30-Tage Frist vorgeschrieben ist, ist davon auszugehen, dass diese Fristsetzung bedeutungslos bleiben wird. Eine fortschrittliche Regelung ist hingegen, dass das Verfassungsgericht im Rahmen eines zweiten Verfahrens kontrollieren kann, ob das Parlament die Beseitigung der festgestellten Verfassungswidrigkeit eines Gesetzes durchgeführt hat. Angesichts der Tatsache, dass ein solcher Mechanismus nach 1990 vorhanden war, konnte es passieren, dass der Präsident der Republik nach der Prüfung der angefochtenen Vorschriften eines Gesetzes ausgefertigt und verkündet hat, ohne dass die Verfassungswidrigkeit dieses Gesetzes beseitigt wurde. Daher erscheint die nunmehr geltende Regelung durchaus als Fortschritt und ist als positiv zu bewerten.

III. Die präventive Normenkontrolle im europäischen Rechtsraum
1. Frankreich

In Frankreich war die präventive Normenkontrolle die einzige Form der Normenkontrolle und die Hauptaufgabe des französischen Verfassungsrats bis zu dem Inkrafttreten der fünften Verfassungsänderung am 1. März 2010, durch die eine Form der konkreten Normenkontrolle, die sog. vorrangige Frage zur Verfassungsmäßigkeit, eingeführt wurde.[369] Die ex-ante Normenkontrolle wird durch den Verfassungsrat durchgeführt und betrifft einfache Parlamentsgesetze („lois ordinaires"), Organgesetze („lois organiques")[370] und die Geschäftsordnung der parlamentarischen Versammlung sowie völkerrechtliche Verträge.[371]

---

[369] *Albrechtskirchinge,* EuZW 11/2010 S. 402.
[370] In Frankreich ein organisches Gesetz ist Gesetz gestärkt Ergänzung der Verfassung, um die Organisation der öffentlichen Behörden. Es gibt diese Gesetze einen Modus der Annahme und Änderung unterscheidet vier Punkten gewöhnlichen Gesetze:
  • der Text zur Prüfung durch das Parlament mindestens fünfzehn Tage nach Vorlage unterbreitet;
  • die Nationalversammlung kann das letzte Wort mit der absoluten Mehrheit seiner Mitglieder haben, während die einfache Mehrheit genügt für einfache Gesetze;
  • für die Annahme der organischen Gesetze, die damit verbunden sind, ist die Zustimmung des Senats erforderlich ist;
  • Kontrolle der Übereinstimmung des Gesetzes mit der Verfassung durch den Verfassungsrat ist obligatorisch.
Die Verfassung bietet derzeit dreißig organischen Gesetze. Einige von ihnen betreffen die besonderen verfassungsrechtlichen Status der Gemeinden Übersee-Territorien.
[371] Art. 54 und Art. 61 Abs. 1 FraVerf.

a) Einfache Parlamentsgesetze

Die präventive Kontrolle der Verfassungsmäßigkeit der einfachen Parlamentsgesetzten ist lediglich fakultativ. Als sog. einfache Parlamentsgesetze werden neben Parlamentsgesetzen auch das Haushaltsgesetz, das Gesetz zur Ermächtigung der Regierung zum Erlass von Rechtsverordnungen und das Gesetz zur Ermächtigung des Präsidenten oder der Regierung zur Ratifizierung bzw. zur Zustimmung eines völkerrechtlichen Vertrags bzw. Abkommens bezeichnet.[372] Seit 1999 ist der Verfassungsrat in der Lage, die Verfassungskonformität eines vom Kongress des Neukaledoniens verabschiedeten Gesetzes zu überprüfen.[373] Demgegenüber ist die präventive Normenkontrolle bei Gesetzen, die durch das französische Volk per Referendum angenommen wurden, unmöglich.[374] Die Gesetze sollen bereits verabschiedet, aber noch nicht verkündet worden sein.[375] Der Antrag kann durch den Präsidenten der Republik, den Premierminister, den Präsidenten des Senats, den Präsidenten der Nationalversammlung und seit 1974 auch durch 60 Abgeordnete gestellt werden.[376] Die Erweiterung der Antragsberechtigung brachte einen verstärkten Schutz der Grundrechte mit sich.[377] Die Antragsfrist ist relativ knapp bemessen, vor dem Hintergrund, dass der Präsident ein Gesetz innerhalb von 15 Tagen das Gesetz verkünden muss. Dementsprechend müssen Antragsberechtigte auch innerhalb dieser 15 Tage entscheiden, ob sie den Verfassungsrat zwecks der Ex-Ante-Prüfung anrufen.[378] Sobald ein Antragsberechtigter einen entsprechenden Antrag beim Verfassungsrat eingereicht hat, wird die Verkündung des Gesetzes allerdings suspendiert und das Verfahren vor dem Verfassungsrat eröffnet.[379] Der Rat hat seine Entscheidung innerhalb eines Monats zu treffen, es sei denn, dass er auf Verlangen der Regierung innerhalb von 8 Tagen entscheiden muss.[380] Den Maßstab für die Prüfung des Verfassungsrat bildet die Verfassung, die Präambel, die Menschenrechtserklärung 1789, die republikanischen Grundsätze sowie die verfassungsändernden Gesetze.[381] Der Prüfungsumfang des Ver-

---

[372]   *Bauer,* Verfassungsgerichtlicher Grundrechtsschutz in Frankreich (1998), S. 89.
[373]   Art. 103 ff. des Verfassungsänderungsgesetzes Nr. 99-209 vom 19. März 1999, Statut für Neukaledonien.
[374]   Art. 61 Abs. 1 FraVerf.
[375]   Vgl. Art. 61 Abs. 2 FraVerf im Wortlaut: „avant leur promulgation"; *Bednarik,* Präventive Normenkontrolle durch Verfassungsgerichte, – Eine staatsrechtliche und rechtsvergleichende Untersuchung im europäischen Raum, Berlin, Logos Verlag (im Folgenden: „Präventive Normenkontrolle durch Verfassungsgerichte") 2012, S. 238.
[376]   Art. 61 Abs. 2 FraVerf.
[377]   Bednarik, Präventive Normenkontrolle durch Verfassungsgerichte, S. 239.
[378]   Art. 10-1 FraVerf.
[379]   Art. 61 Abs. 4 FraVerf.
[380]   Art. 61 Abs. 3 FraVerf.
[381]   *Fromont,* Der französische Verfassungsrat, in: Weber/Luchterhandt, Verfassungsgerichtsbarkeit in Westeuropa, 2007, S. (229) 236.

fassungsrats erstreckt sich grundsätzlich auf alle mit der angefochtenen Vorschrift in Zusammenhang stehenden Vorschriften – auch wenn die Bestimmung selbst nicht ausdrücklich im Antrag genannt wurde – und alle im Antrag aufgeführten Rechtsgründe.[382] Erklärt der Verfassungsrat eine Bestimmung im Rahmen der präventiven Normenkontrolle für verfassungswidrig, darf diese Vorschrift weder verkündet noch angewendet werden.[383] Stellt der Verfassungsrat die Verfassungswidrigkeit einer Vorschrift eines parlamentarischen Gesetzes fest und steht diese verfassungswidrige Norm in einem untrennbaren Zusammenhang zu den übrigen Vorschriften des Gesetzes, muss auf die Verkündung und auf die Anwendung des gesamten Gesetzes verzichtet werden.[384] Erklärt der Verfassungsrat hingegen die Verfassungswidrigkeit einer Norm, die sich von den übrigen Vorschriften des Gesetzes trennen lässt, kann das Gesetz ohne die verfassungswidrige Norm zu verkünden werden. Außerdem besteht in diesem Fall ausnahmsweise die Möglichkeit, dass der Staatspräsident das Parlament zu einer erneuten Lesung des gesamten Gesetzes auffordern.[385] Befindet der Verfassungsrat hingegen ein Gesetz für verfassungsmäßig, hat der Präsident der Republik dieses Gesetz unverzüglich anzufertigen und gesetzesgemäß innerhalb von 15 Tagen zu verkünden.[386]

b) Völkerrechtliche Verträge

Antragsteller können bei der vorbeugenden Kontrolle der völkerrechtlichen Verträgen, wie bei der Prüfung der einfachen Parlamentsgesetze, der Präsident der Republik, der Premierminister, der Präsident des Senats oder der Präsident der Nationalversammlung und seit 1974 auch 60 Abgeordnete sein.[387] Der Antrag muss infolge seines Ex-Ante-Charakters entweder spätestens nach der Unterzeichnung der Vereinbarung oder vor der Verabschiedung des Ratifizierungsgesetzes vor dem Verfassungsrat gestellt werden.[388] Stellt der Verfassungsrat die Verfassungswidrigkeit einer Verpflichtung entweder eines völkerrechtlichen Vertrags oder eines Abkommens fest, darf das Ermächtigungsgesetz zur Ratifikation oder zur

---

[382] *Fromont,* Der französische Verfassungsrat, in: Weber/Luchterhandt (Hrsg.), Verfassungsgerichtsbarkeit in Westeuropa, 2007, S. (229) 249.
[383] Art. 62 FraVerf i.V.m. Art. 23 VerfRatG.
[384] Art. 22 VerfRatG.
[385] Art. 23 Abs. 1 VerfRatG.
[386] Art. 10 FraVerf.
[387] Art. 61 Abs. 2 FraVerf.
[388] *Fromont,* Der französische Verfassungsrat, in: Weber/Luchterhandt (Hrsg.), Verfassungsgerichtsbarkeit in Westeuropa, 2007, S. (229) 238.

Zustimmung erst nach einer Verfassungsänderung erlassen werden.[389] Die Verfassungsänderung als ein Mittel für die Beseitigung der Verfassungswidrigkeit einer Vorschrift des völkerrechtlichen Vertrages bzw. Abkommens, ist im europäischen Vergleich eine Besonderheit.[390]

c) Verfassungsändernde Gesetze und Geschäftsordnung der parlamentarischen Versammlung

Die verfassungsändernden Gesetze und die parlamentarischen Geschäftsordnungen bestimmen die Beziehung zwischen Regierung und Parlament. Wegen ihrer Bedeutung für das Gleichgewicht der öffentlichen Gewalt, insbesondere das Gleichgewicht zwischen den Kammern und der Regierung, wurden die verfassungsändernder Gesetze und der Geschäftsordnung der parlamentarischen Versammlung der Kontrolle des Verfassungsrats obligatorisch unterstellt. Die Vorschriften der verfassungsändernden Gesetze und der Geschäftsordnung der parlamentarischen Versammlung können vor der Entscheidung des Verfassungsrats nicht in Kraft treten. Ist eine Vorschrift der verfassungsändernden Gesetze und der Geschäftsordnung der parlamentarischen Versammlung verfassungswidrig, führt dies häufig in der Praxis zu einer entsprechenden Überarbeitung der betreffenden Vorschrift.[391]

d) Entscheidungswirkung

Die Entscheidungen des Verfassungsrates sind allgemeinverbindlich, da die Entscheidungen nicht nur die Antragsteller und die Beteiligten, sondern auch alle Verfassungsorgane, Verwaltungsbehörden und Gerichte binden.[392] Der Verfassungsrat entscheidet letztinstanzlich und ohne, dass gegen seine Entscheidung ein Rechtsmittel eingelegt werden könnte. Daher verfügen die Entscheidungen über eine absolute Rechtskraft.[393] Seit der Einführung der vorrangigen Frage zur Verfassungsmäßigkeit sind etwa 25 % aller Verfahren des Verfassungsrats solche der präventiven Normenkontrolle.[394]

---

[389] Art. 54 FraVerf.
[390] Um die Verträge von *Maastricht* (Entscheidung Nr. 92-308 DC und 92-312 DC vom 09.04.1990) und *Amsterdam* (Entscheidung Nr. 97-394 DC vom 31.12.1997) ratifizieren zu können, wurde die französische Verfassung geändert.
[391] Art. 23 Abs. 2 VerfRatG; S. zum Ganze ausführlich *Mels,* Bundesverfassungsgericht und Conseil constitutionnel, S. 257-259.
[392] Art. 62 Abs. 2 FraVerf.
[393] *Mels,* Bundesverfassungsgericht und Conseil constitutionnel, S. 263.
[394] Die Statistik des Verfassungsrats ist abrufbar unter: http://www.conseil-constitutionnel.fr/ conseil-constitutionnel/francais/nouveaux-cahiers-du-conseil/cahier-n-50/bilan-statistique-au-30-septembre-2015.146795.html (aufgerufen am 01. 05. 2016)

2. Spanien

a) Gesetzentwurf

Ursprünglich gab es zwei Formen der ex-ante Normenkontrolle in Spanien, die präventive Feststellung der Verfassungsmäßigkeit der völkerrechtlichen Verträge und die präventive Normenkontrolle gegen Gesetzesentwürfe, namentlich gegen Entwürfe von Organgesetzen[395] und Autonomiestatuten[396]. Obwohl im Jahr 1984 die zweite Form durch das Parlament außer Kraft gesetzt wurde, muss hier aufgrund der Bedeutung der verfassungsmäßigen Kontrolle der Gesetzesentwürfe eine kurze Darstellung erfolgen. Gemäß Art. 161 Abs. 1 lit. d) CE und Art. 79 LOTC konnte eine präventive Normenkontrolle gegen Entwürfe der Organgesetze oder Autonomiestatuten beantragt werden. Für das Verfahren wurden die Verfahrensregelung der abstrakten Normenkontrolle entsprechend angewendet (Art. 79 Abs. 3 LOTC). Mögliche Antragsteller waren daher neben dem Parlament, die Regierung sowie die Exekutivorgane der Autonomen Gemeinschaften[397]. Außerdem war diese Form der präventiven Kontrolle der Verfassungsmäßigkeit der Ge-

---

[395] Dem Organgesetz, für dessen Verabschiedung die Zustimmung der absoluten Mehrheit des Abgeordnetenhauses in der anschließenden Abstimmung über das Gesamtprojekt erforderlich ist, ist die Entwicklung der Grundrechte und Freiheiten vorbehalten sowie die Genehmigung der Autonomiestatute und der allgemeine Wahlregelung (Art. 81 CE). Das spanische Verfassungsgericht legt in ständiger Rechtsprechung sowohl das Tatbestandsmerkmal „Grundrechte und öffentliche Freiheiten" als auch „Entwicklung" restriktiv aus:
  • Unter die „Grundrechte und öffentliche Freiheiten" fallen nur die in Art. 15 bis 29 der Verfassung normierten Grundrechte, nicht aber der allgemeine Gleichheitssatz (Art. 14) und die sog. Grundrechte „zweiter Klasse" (Art. 30–38) und „dritter Klasse" (Art. 39–52);
  • Die ein Organgesetz erfordernde „Entwicklung" eines solchen Grundrechts liegt nur vor, wenn dieses
    o allgemein oder in wesentlichen Gesichtspunkten geregelt,
    o oder eingeschränkt wird;
  S. zum Ganzen ausführlich Ibler: Der Grundrechtsschutz in der spanischen Verfassung am Beispiel des Eigentums. In: Juristenzeitung 1999, S. 287 ff.,

[396] Wie in der vorangegangenen Anmerkung bereits aufgezeigt, werden Autonomiestatute durch Organgesetze verabschiedet, deren ausdrückliche Erwähnung aus diesem Grunde überflüssig erscheint. Nichtsdestoweniger folgen die Autonomiestatuten dem Verwaltungssystem, das bereits unter der Geltung der Verfassung der 2. Republik eines Selbtsverwaltungsystem galt und in einem besonderen Verfahren gemäß Art. 151 CE geregelt ist. Vor ihrer Verabschiedung als Organgesetz durch das Abgeordnetenhaus sind sie in der betreffenden Region einem Referendum zu unterwerfen.

[397] Als autonome Gemeinschaften („Comunidades Autónomas") werden 17 Gebietskörperschaften bezeichnet, die Regionen Spaniens repräsentieren. In Artikel 2 der spanischen Verfassung von 1978 wurde festgestellt, dass die spanische Nation aus „Nationalitäten und Regionen" zusammengesetzt ist. Dementsprechend wurden den autonomen Gemeinschaften durch Autonomiestatute Kompetenzen in Gesetzgebung und Vollzug zugesichert. Welche Rechte diese Statuten jeweils bestätigen, ist von Gemeinschaft zu Gemeinschaft unterschiedlich.

setzentwürfe fristgebunden Der Antrag sollte innerhalb von drei Tagen nach der endgültigen Verabschiedung des Textentwurfes gestellt werden. Das Verfahren führte zur automatische Aussetzung des Entwurfs, weswegen er nur dann weiter Gegenstand des Gesetzgebungsverfahren sein konnte, wenn das Verfassungsgericht festgestellt hat, dass keinerlei Anhaltspunkte für eine Verfassungswidrigkeit vorliegen oder, wenn am beanstandeten Entwurf die entsprechenden, zur Beseitigung der Verfassungswidrigkeit notwendigen Veränderungen vorgenommen wurden (Art. 79 Abs. 4 LOTC).[398] Hauptgrund für die Abschaffung dieser Form der präventiven Normenkontrolle war, dass die parlamentarische Minderheit diese ex-ante-Prüfung als Mittel der Obstruktion gegen die absolute Mehrheit anwandte. In der Praxis wurden in den Jahren 1983 und 1984 insgesamt acht Anträge auf präventive Normenkontrolle eingereicht, woraus bis Ende 1984 nur zwei Entscheidungen hervorgingen.[399] Durch diese Form der ex-ante Prüfung bestand für das spanische Verfassungssystem bestand zudem die Gefahr einer Durchpolitisierung der Verfassungsgerichtsbarkeit, da das Verfassungsgericht hierdurch über eine negative Einflussmöglichkeit auf die legislative Tätigkeit ver-fügte.[400]

b) Völkerrechtliche Verträge

In Spanien ist nunmehr nur noch die ex-ante Prüfung völkerrechtlicher Verträge möglich, die sowohl durch die Regierung als auch durch eine der beiden Kammern des Parlaments beantragt werden kann.[401] Zielsetzung dieses präventiven Normenkontrollverfahrens ist, einen möglichen Widerspruch zwischen völkerrechtlichen Verpflichtungen und innerstaatlichem Verfassungsrecht aufzulösen.[402] Die Entscheidung des Verfassungsgerichts hat bindende Wirkung für alle öffentlichen Gewalten.[403] Erklärt das Verfassungsgericht die Vorschriften eines völkerrechtlichen Vertrags für verfassungsmäßig, ist die Ratifikation des Vertrags möglich. Befindet das Verfassungsgericht aber, dass der völkerrechtliche Vertrag eine verfassungswidrige Bestimmung enthält, soll die Verfassung selbst geändert werden.[404]

---

[398]   *Llorente,* Die Verfassungsgerichtsbarkeit in Spanien in: Weber/Luchterhandt (Hrsg.), Verfassungsgerichtsbarkeit in Westeuropa, 2007, S. (167) 180.

[399]   Ebd.

[400]   *Bednarik,* Präventive Normenkontrolle durch Verfassungsgerichte, S. 261.

[401]   Art. 95 Abs. 2 CE.

[402]   *Knaak,* Der Einfluss der deutschen Verfassungsgerichtsbarkeit auf das System der Verfassungsgerichtsbarkeit in Spanien, **1995,** S. 131.

[403]   Art. 38 Abs. 1 LOTC.

[404]   Art. 79 LOTC i.V.m. Art. 95 Abs. 1 LOTC.

Praxisrelevant ist diese Form der präventiven Normenkontrolle bisher nicht. Bis dato wurde nur ein Antrag für die Überprüfung der Verfassungsmäßigkeit eines völkerrechtlichen Vertrags noch gestellt. [405]

3. Portugal

In Portugal findet die präventive Normenkontrolle auf Gesetze oder ihnen gleichwertigen Normen Anwendung, die in einer Gesetzesverordnung oder in einem gesetzgeberischen Akt der Regionalversammlung enthalten sind, sowie auf Normen einer völkerrechtlichen Konvention. Obligatorisch ist präventive Normenkontrolle nicht. Beantragt werden kann sie kann jeweils von den Organen, die für die Ratifizierung, Ausfertigung oder Unterzeichnung des normativen Textes zuständig sind, d.h. insbesondere vom Staatspräsidenten sowie von den Ministern der Republik in der betroffenen Region.[406]

Unter Gesetzen sind alle Normen mit Gesetzesrang zu verstehen, wie etwa einfache Gesetze, regionale oder gesamtstaatliche Gesetzesdekrete.[407] Die vorbeugende Prüfung der Bestimmungen von regionalen Gesetzesverordnungen kann außerdem durch die Staatsvertreter in den autonomen Regionen beantragt werden.[408]

Da die präventive Normenkontrolle während eines laufenden Gesetzgebungsverfahrens erfolgt, kann sie nur solche Gesetze betreffen, die noch nicht in Kraft getreten sind, sowie solche völkerrechtlichen Verträge, die noch nicht durch ein entsprechendes Zustimmungsgesetz Teil des innerstaatlichen Rechts geworden sind.[409] Dies bedeutet in der Praxis, dass die Gesetze schon verabschiedet, aber noch nicht verkündet sind.[410] Ein Antrag auf ex-ante Prüfung soll innerhalb von fünf Tagen nach dem Beschluss der betreffenden Vorschrift beim Verfassungsgericht eingereicht werden.[411] Wie bei den meisten europäischen Verfassungsgerichten ist das *Tribunal Constitucional de Portugal* hier an eine Frist gebunden. Das Gericht hat seine Entscheidung innerhalb von 25 Tagen zu treffen.[412] Erklärt

---

[405]   Die Entscheidung des spanischen Verfassungsgerichts bezog sich auf den Vertrag über die Europäische Union vom 01.07.1992. Seines Erachtens wurde die vorherige Änderung des Art. 13 Abs. 2 der Verfassung (Wahlrecht der Spanier und Ausländer) notwendig; vgl. berichtend *Llorente,* Die Verfassungsgerichtsbarkeit in Spanien, in: Weber/Luchterhandt (Hrsg.) Verfassungsgerichtsbarkeit in Westeuropa, 2007, S. (167) 179.

[406]   Art. 278 Abs. 1 und 2 PortVerf.

[407]   *Bednarik,* Präventive Normenkontrolle durch Verfassungsgerichte, S. 252.

[408]   Art. 278 Abs. 2 PortVerf.

[409]   *Moreiria Cardoso da Costa,* Die Verfassungsgerichtsbarkeit in Portugal, in: Weber/Luchterhandt (Hrsg.) Die Verfassungsgerichtsbarkeit in Westeuropa, Teilband I: Berichte (2007), S. 219.

[410]   *Zierlein,* Die Bedeutung der Verfassungsrechtsprechung für die Bewährung der Staatsverfassung, EuGRZ 1991, 301 (319).

[411]   Art. 278 Abs. 3 PortVerf

[412]   Art. 278 Abs. 8 PortVerf

das Verfassungsgericht Vorschriften eines Gesetzes oder eines völkerrechtlichen Vertrags für verfassungswidrig, legt das Gericht ein Veto ein und verweist die beanstandeten Vorschriften an das Organ, das diese erlassen hat, zurück.[413] Im Fall der Verfassungswidrigkeit von Vorschriften, wird deren Inkrafttreten also verhindert.[414] Vielmehr muss das Organ die Verfassungswidrigkeit beseitigen. Außerdem darf das veränderte Gesetz bzw. die Vorschrift des völkerrechtlichen Vertrags nur mit Zweidrittel-Mehrheit der anwesenden Abgeordneten verabschiedet werden.[415] Obwohl die portugiesische Verfassung keine ausdrücklichen Bestimmungen über die Wirkung der verfassungsgerichtlichen Entscheidung enthält, ist nicht davon auszugehen, dass die Klagemöglichkeiten mit Erhebung einer präventiven Normenkontrolle verbraucht sind. Vielmehr können die beanstandeten Normen erneut Gegenstand eines verfassungsgerichtlichen Verfahrens sein und insbesondere sowohl einer abstrakter als auch einer konkreten Normenkontrolle unterworfen werden. Eine *res-judicata*-Wirkung hat die Entscheidung der präventiven Normenkontrolle des Verfassungsgerichts daher nicht.[416] Abschließend lässt sich feststellen, dass die ex-ante-Prüfung in der Praxis des *Tribunal Constitucional de Portugal* nicht praxisrelevant ist. Im Jahr 2015 bezogen sich lediglich zwei der insgesamt 1510 beim Gericht eingegangenen Anträge auf eine präventive Kontrolle. [417]

4. Polen

In Polen ist die präventive Normenkontrolle gegenüber der nachträglichen Normenkontrolle nachrangig.[418] Ein Antrag kann ausschließlich durch den Präsidenten der Republik eingereicht werden. Die Verfahrensgegenstände können die vom Parlament schon verabschiedeten und dem Präsidenten zur Unterschrift vorgelegten Gesetze sowie die zur Ratifikation vorgelegten völkerrechtlichen Verträge.[419] Im Gesetzgebungsverfahren werden alle vom Parlament verabschiedeten Gesetze dem Präsidenten vorgelegt. Grundsätzlich hat der Präsident die Gesetze

---

[413] Art. 279 Abs. 1 PortVerf i.V.m. Art. 61 VGG
[414] *Bednarik,* Präventive Normenkontrolle durch Verfassungsgerichte, S. 254.
[415] Art. 279 Abs. 2 und 4 PortVerf
[416] *Moreiria Cardoso da Costa,* Die Verfassungsgerichtsbarkeit in Portugal, in: Weber/Luchterhandt (Hrsg.) Verfassungsgerichtsbarkeit in Westeuropa, Teilband I: Berichte (2007) S. 219.
[417] Siehe dazu die Statistik auf der Internetseite des portugiesischen Verfassungsgerichts, abrufbar unter: http://www.tribunalconstitucional.pt/tc/tribunal-estatisticas.html (aufgerufen am 01.05.2016).
[418] *Garlicki,* Die Verfassungsgerichtsbarkeit in Polen, in: Weber/Luchterhandt (Hrsg.) Verfassungsgerichtsbarkeit in Mittel- und Osteuropa, 2007, S. (77) 83.
[419] Art. 122 Abs. 3 PolVerf i.V.m. Art. 2 Abs. 2 PolVerfGG.

innerhalb von 21 Tagen nach deren Vorlage zu unterzeichnen.[420] Zieht aber der Präsident die Verfassungsmäßigkeit einer Vorschrift in Zweifel, stehen ihm zwei Möglichkeiten zur Verfügung: Er kann entweder unmittelbar den Verfassungsgerichtshof zwecks einer Verfassungsmäßigkeitsprüfung anrufen oder das Gesetz an den Sejm[421] zur erneuten Prüfung zurückverweisen. In diesem Fall kann das das Parlament das Gesetz mit einer Drei-Fünftel-Mehrheit, wobei aber mindestens die Hälfte aller Abgeordnetenanwesend sein müssen, erneut verabschiedet. Dann ist der Präsident verpflichtet, das Gesetz zu unterschreiben und kann sich nicht an den Verfassungsgerichtshof wenden.[422] Ruft der Präsident der Republik allerdings das Verfassungsgericht an, ohne dem Parlament das Gesetz zur Revision zurück zu verweist und erklärt das Verfassungsgericht die vorgelegte Vorschrift für verfassungswidrig, hat der Präsident zwei Möglichkeiten: Er kann entweder das Gesetz ohne die verfassungswidrigen Bestimmungen unterzeichnen oder das Gesetz an das Parlament zurückgeben, damit dieses die für verfassungswidrig erklärten Vorschriften beseitigt.[423] Obwohl das Verfahren vor dem Verfassungsgericht in der Regel nicht an eine Frist gebunden ist, bestimmt die Verfassung eine Zwei-Monats-Frist für die Fälle der Prüfung des Haushaltsgesetzes und des Gesetzes zur provisorischen Ausgabenermächtigung.[424] Darüber hinaus ist das Verfassungsgericht bei seinen Entscheidungen an den Antragsumfang gebunden.[425] Dies bedeutet in der Praxis, dass der Umfang der verfassungsmäßigen Kontrolle bereits mit dem Antrag auf Präventive Normenkontrolle endgültig festgelegt wird und sich nicht zu einem späteren Zeitpunkt erweitern lässt.[426] Die Entscheidungen des Verfassungsgerichts verfügen über bindende und endgültige Wirkung.[427] Folge dieser Verbindlichkeit der gerichtlichen Entscheidung ist, dass der Präsident im Fall, dass das Gericht ein Gesetz als verfassungsmäßig ist, zu dessen Unterzeichnung verpflichtet ist. Außerdem bindet die Entscheidung des Verfassungsgerichtshofs auch alle anderen Staatsorgane.[428] Der Rechtsprechung zur präventiven Normenkontrolle lässt sich entnehmen, dass eine Entscheidung des Verfassungsgerichtshofs im Rahmen der präventiven Normenkontrolle eine spätere Kontroll-

---

[420]   Art. 122 Abs. 2 PolVerf.
[421]   Der Sejm der Republik Polen bildet neben dem Senat eine der beiden Kammern der polnischen Nationalversammlung.
[422]   Art. 122 Abs. 3 und 5 PolVerf.
[423]   Art. 122 Abs. 4 PolVerf.
[424]   Art. 224 Abs. 2 PolVerf.
[425]   Art. 31 Abs. 2 PolVerfGG; Garlicki, Die Verfassungsgerichtsbarkeit in Polen, in: *Weber/Luchterhandt* (Hrsg.) Verfassungsgerichtsbarkeit in Mittel- und Osteuropa, 2007, S. (77) 92.
[426]   *Bednarik*, Präventive Normenkontrolle durch Verfassungsgerichte, S. 277.
[427]   Art. 190 Abs. 1 PolVerf.
[428]   Art. 122 Abs. 3 S. 2 i.V.m. Art. 190 Abs. 1 PolVerf.

möglichkeit nicht ausschließen soll.[429] Praktische Bedeutung hat die präventive Normenkontrolle dennoch nicht. Prozentual betrachtet stellt sie weniger als 5 % aller Verfahren dar.[430]

5. Rumänien
a) Einfache Gesetze

Gegenstand der vorbeugenden Prüfung auf Verfassungsmäßigkeit in Rumänien sind verabschiedete, aber noch nicht verkündete Gesetze.[431] Dabei können Antragsteller der Präsident der Republik, die Präsidenten der Gesetzgebungskammern, die Regierung, das Hohe Gericht für Kassation und Justiz, der Ombudsmann, 50 Abgeordnete sowie 25 Senatoren sein.[432] Dem Präsidenten der Republik obliegt die Möglichkeit, das Gesetz nach dessen Verabschiedung innerhalb von 20 Tagen entweder dem Parlament zu einer Überarbeitung zurück zu geben oder dem Verfassungsgerichtshof zur Prüfung vorzulegen. Befindet der Verfassungsgerichtshof die betreffende Bestimmung für verfassungsgemäß, hat der Präsident das Gesetz binnen zehn Tagen zu verkünden.[433] Erklärt der Verfassungsgerichtshof das Gesetz hingegen für verfassungswidrig, wird es dem Parlament zwecks einer Überarbeitung vorgelegt, damit die beanstandeten Vorschrift mit der Verfassung in Einklang gebracht werden können.[434] Vor der rumänischen Verfassungsreform von 2003 bestand außerdem die Möglichkeit, die durch den Verfassungsgerichtshof für verfassungswidrig erklärten Vorschriften durch eine Zweidrittel-Mehrheit der beiden Kammern weiterhin aufrechtzuerhalten. Dies wurde als Ausdruck von „Nationalsouveränität" angesehen. Mit der Reform wurde diese Regelung allerdings aufgehoben.[435]

b) Verfassungsänderungsgesetze

Darüber hinaus ist das Verfassungsgericht von Amts wegen dazu berechtigt, die Verfassungsmäßigkeit der Verfassungsänderungsgesetze zu überprüfen.[436] Da

---

[429] *Garlicki,* Die Verfassungsgerichtsbarkeit in Polen in: Weber/Luchterhandt (Hrsg.) Verfassungsgerichtsbarkeit in Mittel- und Osteuropa, 2007, S. (77) 84.

[430] Siehe dazu die Statistik des polnischen Verfassungsgerichts, abrufbar unter: http://trybunal. gov.pl/fileadmin/content/dokumenty/statystyka_tabela.pdf (angerufen am 01.03.2016)

[431] Art. 146 lit. a) 1. HS. der Verfassung Rumäniens (RumVerf) i.V.m. Art. 15-18 des rumänischen Verfassungsgerichtshofgesetzes (VerfGHG).

[432] Art. 15 VerfGHG.

[433] Art. 77 RumVerf.

[434] Art. 18 Abs. 3 VerfGHG.

[435] *Bednarik,* Präventive Normenkontrolle durch Verfassungsgerichte, S. 292.

[436] Art. 19-23 VerfGHG.

das Verfassungsänderungsverfahren in drei Teile geteilt ist – nämlich die Initiative zur Verfassungsänderung, die Verabschiedung des Verfassungsänderungsgesetzes und schließlich das Referendum, welches das Verfassungsänderungsgesetz bestätigt –, kann die ex-ante Prüfung in allen drei Phasen der Änderung der Verfassung vorgenommen werden.[437] Eine besondere Prüfungsmaßstab unterliegt die Verfassungsänderung. Maßstab dieses Verfahrens ist Art. 150-152 RumVerf. Diese Regelungen enthalten sowohl die den formellen als auch solche die den materiellen Maßstab der Prüfung bilden, wie die zeitliche Normenkollision sowie die bestehenden und zukünftigen Institutionen der Republik Rumänien.[438]

c) Völkerrechtliche Verträge

Die dritte Form der präventiven Normenkontrolle bezieht sich auf völkerrechtliche Verträge und andere internationale Abkommen.[439] Überprüft werden sie noch vor der Ratifizierung. Antragsteller können das Parlament, einer der Präsidenten der Gesetzgebungskammern, 50 Abgeordnete oder 55 Senatoren sein.[440] Erklärt das Verfassungsgericht den völkerrechtlichen Vertrag bzw. das internationale Abkommen für verfassungswidrig, hat dies zu Folge, dass das entsprechende völkerrechtliche Dokument nicht ratifiziert wird.[441] Die Feststellung der Verfassungsmäßigkeit eines Vertrags oder eines Abkommens schließt die nachträgliche Normenkontrolle der ratifizierten Verträge oder Abkommen aus.[442]

d) Zwischenergebnis

Zusammenfassend lässt sich feststellen, dass in Rumänien weder eine Gesetzesvorlage noch ein von einer der Kammern verabschiedetes Gesetz Gegenstand der Verfahrensart der präventiven Normenkontrolle sein kann.[443] Seit der Gründung des rumänischen Verfassungsgerichtshofs im Jahr 1992 bis zum Jahr 2014 wurden insgesamt 192 Verfahren der präventiven Normenkontrolle durchgeführt. Es

---

[437] *Kerek,* Die Verfassungsgerichtsbarkeit in Ungarn und Rumänien, 2010, S. 188.

[438] *Kerek,* Die Verfassungsgerichtsbarkeit in Ungarn und Rumänien, 2010, S. 178.

[439] Art. 146 lit. b) i.V.m. Art. 24-26 VerfGHG; Es ist allerdings anzumerken, dass diese Zuständigkeit erst seit 2003 zu den Kompetenzen des rumänischen Verfassungsgerichtshofs gehört.

[440] Art. 24 VerfGHG.

[441] Art. 26 Abs. 3 S. 2 VerfGHG.

[442] Vgl. Art. 26 Abs. 3 S.1 VerfGHG; *Kerek,* Die Verfassungsgerichtsbarkeit in Ungarn und Rumänien, 2010, S. 193.

[443] *Bednarik,* Präventive Normenkontrolle durch Verfassungsgerichte, S. 290.

ist jedoch auffällig, dass bezüglich internationaler Verträge oder anderer Abkommen *bis dato* kein Verfahren angestrengt wurde.

IV. Bewertung der präventiven Normenkontrolle im europäischen Rechtsvergleich

Mit einer vorbeugenden Normenkontrolle können die auf unions- oder mitgliedstaatlicher oder auf regionaler oder kommunaler Ebene erlassenen Normen ex-ante, d. h. vor dem Inkrafttreten, auf ihre Verfassungsmäßigkeit geprüft werden. Der Zweck dieser Prüfung besteht darin, zu verhindern, dass verfassungswidrige Vorschriften ein Teil der innerstaatlichen Rechtsordnung werden.[445]

1. Prüfungsgegenstand

Es lässt sich feststellen, dass in den untersuchten Ländern grundsätzlich *Gesetze* einer präventiven Kontrolle unterzogen werden können. Eine fortschrittliche Regelung findet sich diesbezüglich in Ungarn. Dort können nach dem Inkrafttreten der neuen Vorschriften nicht nur das neue Grundgesetz selbst, sondern auch die verfassungsändernden Gesetze auf ihre formelle Verfassungsmäßigkeit – wenn auch nur auf Antrag des Präsidenten der Republik – überprüfbar sind, eine Möglichkeit, die früher ausgeschlossen war. Ebenfalls erwähnenswert ist eine Vorschrift der rumänischen Rechtsordnung. Danach hat das Verfassungsgericht die Kontrolle von verfassungsändernden Gesetzen von Amts wegen durchzuführen. Daher wird diese Prüfung also in diesen Fällen immer vorgenommen, auch wenn sich kein Antragsteller finden würde. Hinsichtlich des Prüfungsgegenstandes der *völkerrechtlichen Verträge* ist festzustellen, dass die Erklärung der Verfassungswidrigkeit eines völkerrechtlichen Vertrages in Frankreich, in Spanien sowie in Rumänien eine Verfassungsänderung mit sich bringt, während die Verfassungswidrigkeit eines völkerrechtlichen Vertrages sowohl in Portugal und Polen als auch in Ungarn zur Nicht-Ratifikation des betreffenden Vertrages führt, solange bis die Verfassungswidrigkeit des Vertrages beseitigt wird. Es ist begrüßenswert, dass *Gesetzentwürfe* in Spanien seit 1984 und in Ungarn seit 1998 nicht mehr Gegenstand der ex-ante-Prüfung sein können. Hierdurch wird vermieden, dass das Verfassungsgericht in einen noch laufenden Gesetzgebungsprozess eingreift und in ein politisches Verfahren einbezogen wird. Ausschließlich in Frankreich und in Ungarn nach 1990 kann bzw. konnte die *Geschäftsordnung des Parlaments*

---

[444] Siehe dazu die Statistik auf der Internetseite des rumänischen Verfassungsgerichtshofs: http://www.ccr.ro/uploads/sin01_14_1.pdf (aufgerufen am 01.05.2016).
[445] Zum Rechtsvergleich siehe Anhang 7 über die präventive Normenkontrolle.

einer präventiven Kontrolle unterzogen werden. Diese Aufgabe des französischen Verfassungsrats bzw. des ungarischen Verfassungsgerichts ist nach dem Wortlaut der einschlägigen Vorschriften in Frankreich obligatorisch, war hingegen in Ungarn nach 1990 fakultativ.

2. Antragsberechtigung

Obwohl der Kreis der Antragsteller in den untersuchten Ländern unterschiedlich ist, lässt sich feststellen, dass der jeweilige Präsident der Republik in allen Staaten – mit Ausnahme von Spanien – tauglicher Antragssteller sein kann. Während neben dem Präsidenten der Republik auch das Parlament, der Präsident des Parlaments, ein parlamentarischer Ausschuss, einzelne Abgeordnete sowie die Regierungen von Frankreich, Portugal, Rumänien, Spanien und Ungarn einen Antrag stellen können, kann in Polen ausschließlich des Präsidenten der Republik die präventive Kontrolle beantragen. Dementsprechend folgt Polen der Stellungnahme der Venedig-Kommission, in der die Kommission die Ansicht äußert, dass allein der Präsident der Republik in der Lage sei, allein der Präsident der Republik, sich nicht von politischen Machtkämpfen beeinflussen lässt und dementsprechend der einzige erwünschte Antragsteller in dieser Verfahrensart sei. Demgegenüber kann ein weiter Kreis an Antragsteller nach der Meinung der Kommission zu einer „Durchpolitisierung" des Gerichts führen. Beispielhaft hierfür steht Ungarn, wo neben dem Präsidenten der Republik auch der Präsident des Parlaments, die Regierung, ein parlamentarischer Ausschuss sowie einzelne Abgeordnete taugliche Antragsteller sein können. Allerdings konnte festgestellt werden, dass entgegen der Stellungnahme der Venedig-Kommission, in Ungarn die befürchtete Antragsflut in Folge des weiten Kreises an Antragsstellern bisher ausblieb. Seit dem Inkrafttreten der neuen Regelungen wurden jährlich gerade einmal 1-2 Anträge auf eine präventive Kontrolle gestellt. Dies entspricht im Wesentlichen dem Ergebnis, dass sich in dieser Frage auch bei den anderen untersuchten Ländern offenbart. Auch dort betrifft die ex-ante-Prüfung nur um 4–5 % aller Verfahren.

3. Prozessrechtliche Besonderheiten

Nach einer neuen und umstrittenen Regelung muss in Ungarn, dass das Verfassungsgericht seine Entscheidung im Rahmen der präventiven Normenkontrolle innerhalb von 30 Tagen treffen. Früher könnte das ungarische Verfassungsgericht innerhalb eines „angemessenen" Zeitraums entscheiden, was immer eine Auslegungsfrage war. an Die neuen ungarischen Regelungen werden vor allem deswegen kritisiert, weil das Verfassungsgericht der 30-Tagesfrist keine tiefgehende verfassungsmäßige und auch keine – sofern im Einzelfall erforderlich – rechtsvergleichende Prüfung durchführen kann. Die neue Regelung folgt jedoch dem Vorbild anderer Länder, die ebenfalls eine Entscheidungsfrist vorsehen. Auch inDiese beträgt beispielsweise in Frankreich 30 Tage, in Portugal 25 Tage und in Polen 25 Tage. Die Bedeutung dieser neuen Entscheidungsfrist in Ungarn darf aber auch nicht überbewertet werden. Schließlich sind für den Fall, dass das Verfassungsgericht diese Frist nicht einhält, keine Sanktion vorgesehen. Mit Blick auf die zwangsweise Durchsetzung der verfassungsgerichtlichen Entscheidungen lässt sich feststellen, dass kein Kontrollmechanismus in Ungarn nach 1990 – wie in Polen und in Rumänien – vorhanden war, um sicherzustellen, dass das Parlament das beanstandete Gesetz entsprechend den Vorgaben des Verfassungsgerichts veränderte. Daher bestand z. B. in Ungarn die Möglichkeit, dass der Präsident der Republik nach der verfassungsmäßigen Überprüfung durch das Verfassungsgericht das betroffene Gesetz ohne vorherige Beseitigung der Verfassungswidrigkeit dieses Gesetzes zu unterschreiben und zu verkünden hatte. Dahingegen ist die diese Situation betreffende neue Regelung, die in Ungarn nach 2010 eingeführt wurde fortschrittlich. Hiernach kann das Verfassungsgericht im Rahmen eines zweiten Verfahrens kontrollieren, ob das Parlament die festgestellte Verfassungswidrigkeit eines Gesetzes beseitigt hat. Schließlich lässt sich feststellen, dass die Entscheidung des jeweiligen Verfassungsgerichts im Rahmen der präventiven Normenkontrolle eines Gesetzes oder eines völkerrechtlichen Vertrages keine res judicata zur Folge hat. Auch nach einem präventiven Normenkontrollverfahren besteht daher weiterhin die Möglichkeit, die angefochtenen Vorschriften einer nachträglichen abstrakten oder konkreten Normenkontrolle zu unterziehen.

B. Nachträgliche abstrakte Normenkontrolle

Unter einer repressiven Normenkontrolle ist grundsätzlich die nachträgliche Prüfung jeglicher Normen zu verstehen, unabhängig davon, ob sie einem Gesetz, einer Verordnung- oder einer Satzung entstammen. Dies bedeutet, dass die verfassungsmäßige Prüfung nach der Verkündung der jeweiligen Vorschrift erfolgt.[446] Eine Abgrenzung der abstrakten und konkreten Normenkontrolle ist notwendig: Während unter einer abstrakten Normenkontrolle die Prüfung der Verfassungsmäßigkeit einer Norm unabhängig von einem wegen eines konkreten Anlasses anhängigen Verfahrens zu verstehen ist, kommt eine konkrete Normenkontrolle zur Anwendung, wenn sich in einem Verfahren vor den ordentlichen Gerichten oder sonstigen Fachgerichten die Frage der Verfassungsmäßigkeit der streitentscheidende Norm stellt.[447]

I. Die nachträgliche abstrakte Normenkontrolle in Ungarn nach 1990

Angesichts der Tatsache, dass nach dem Systemwechsel im Jahr 1990 bis zum Inkrafttreten des neuen Grundgesetzes und des neuen Organgesetzes über das Verfassungsgericht in 2010 lediglich eine „unechte" Verfassungsbeschwerde in Ungarn existierte, spielte die nachträgliche abstrakte Normenkontrolle in der Form der Popularklage in der Praxis des Verfassungsgerichts eine besonders wichtige Rolle.[448] Obwohl die Popularklage für die nachträgliche Normenkontrolle, für die Feststellung der Verfassungswidrigkeit durch Unterlassung sowie für „unechte" Verfassungsbeschwerden existierte, wurde sie vor allem in der nachträglichen Normenkontrolle angewendet.[449] Die Bedeutung der Popularklage bestand darin, dass sie von jedermann ohne Fristsetzung und bezüglich aller Rechtsnormen beantragt werden konnte.

1. Gegenstand

Taugliche Gegenstände der nachträglichen, abstrakten Normenkontrolle waren zum einen Gesetze, Verwaltungsvorschriften, Zustimmungsgesetze zu völkerrechtlichen Verträgen und zum anderen Verordnungen und Satzungen der örtli-

---

[446] *Schlaich/Korioth,* Das Bundesverfassungsgericht – Stellung, Verfahren, Entscheidungen, 10., neu bearbeitete Auflage, München, Beck (im Folgenden: „Das Bundesverfassungsgericht") 2015, Rdnr. 126-129.

[447] *Maunz,* in: Maunz/Dürig, GGK, 2016, Art. 93 GG Rn. 18.

[448] *Sólyom,* Die Verfassungsgerichtsbarkeit in Ungarn, in: *Weber/Luchterhandt* (Hrsg.) Verfassungsgerichtsbarkeit in Mittel- und Osteuropa, 2007, S. (239) 253.

[449] *Sólyom,* Die Verfassungsgerichtsbarkeit in Ungarn, in: *Weber/Luchterhandt* (Hrsg.) Verfassungsgerichtsbarkeit in Mittel- und Osteuropa, 2007, S. (239) 257.

93

chen Selbstverwaltung.[450] Ein wesentliches Merkmal der Normenkontrolle durch das ungarische Verfassungsgericht bestand darin, dass es die Verfassungsmäßigkeit der Vorschriften der Verfassung selbst nicht überprüft und nicht außer Kraft gesetzt werden konnte. Die ungarische Verfassung enthält nach wie vor keine „Ewigkeitsklausel" im Sinne des Art. 73 Abs. 3 GG. Die Folge davon ist, dass das Verfassungsgericht davon ausgeht, dass es bei einer formal einwandfreien Verfassungsänderung keine Prüfungskompetenz besitze.[451] Sofern in diesen Fällen die Bestimmungen des verfassungsändernden Gesetz mit Bestimmungen der Verfassung unvereinbar sind, versucht das Verfassungsgericht, diesen Widerspruch durch Auslegung aufzulösen.[452] Allerdings hält sich das Verfassungsgericht die Möglichkeit offen, Bestimmungen des verfassungsändernden Gesetz doch zu kontrollieren, solange diese Vorschriften noch nicht Teil der Verfassung geworden sind.[453]

Da das Gericht alle Rechtsvorschriften überprüfen kann, können auch Erlasse eines Amtes[454] Gegenstand der nachträglichen abstrakten Normenkontrolle sein, obwohl diese Bestimmungen in formeller Hinsicht keine Rechtsvorschriften sind. Sie spielen in der Praxis eine entscheidende Rolle.[455] Ob Entscheidungen zur Wahrung der Rechtseinheit des Obersten Gerichts (jetzt: Kurie) taugliche Gegenstände der nachträglichen abstrakten Normenkontrolle sein können, war stets eine umstrittene Frage. Angesichts der Tatsache, dass über die mögliche Prüfung der

---

[450]   Art. 32/A Abs. 1 UngVerf.
[451]   *Sólyom,* Die Verfassungsgerichtsbarkeit in Ungarn, in: *Weber/Luchterhandt* (Hrsg.) Verfassungsgerichtsbarkeit in Mittel- und Osteuropa, 2007, S. (239) 250.
[452]   48/1991 (IX.26.) AB-Urteil, ABH 1991, 217, 242. „Mindennek figyelembevételével a alkotmányértelmezési indítvány nyomán eldöntésre váró alapkérdés az volt, hogy az Alkotmány által szabályozatlanul hagyott probléma *megoldható-e az alkotmányértelmezés keretei között,* avagy jogi szabályozásra: az adott esetben az Alkotmány kiegészítésére van szükség.".
[453]   Dies ist der Fall, wenn die beantrage Kontrolle der Verfassungsmäßigkeit durchgeführt werden kann, noch bevor die Verfassungsänderung in Kraft treten würde. 1260/B/1997 AB Beschluss, ABH 1998, 816, 819.„Az Alkotmánybíróság hatáskörére vonatkozó alkotmányi és törvényi rendelkezések alapján az *Alkotmány szabályainak felülvizsgálatára, módosítására, megváltoztatására részével,* ezért az Alkotmánybíróság hatásköre nem terjed ki, így az alkotmányi szabályokat módosító törvényi rendelkezések felülvizsgálata sem tartozik az Alkotmánybíróság hatáskörébe." (...) „Az indítványozó által támadott két rendelkezés (Alkmód. 6. § (1) és (2) bekezdése) azonban, — mely rendelkezések az Alkmód. hatálybalépésére, illetőleg az 1998. évi választásokra vonatkozó átmeneti szabályokat tartalmazzák — nem váltak az Alkotmány szövegének részévé, ezért az Alkotmánybíróság hatásköre e rendelkezések tekintetében külön vizsgálatot igényel.".
[454]   Z. B. das statistische Amt.
[455]   *Sólyom,* Die Verfassungsgerichtsbarkeit in Ungarn, in: *Weber/Luchterhandt* (Hrsg.) Verfassungsgerichtsbarkeit in Mittel- und Osteuropa, 2007, S. (239) 250.

94

mit dem Gesetz Nr. 59/1997 über die Verfassungsänderung[456] ins Leben gerufenen Entscheidungen zur Wahrung der Rechtseinheit des Obersten Gerichts weder die Verfassung, das UngVerfGG noch das Gesetz über die rechtsprechende Gewalt eine Aussage machten, blieb die gesetzlich Frage, ob das Verfassungsgericht für die Prüfung der Entscheidungen zur Wahrung der Rechtseinheit des Obersten Gerichts zuständig ist, eine gesetzlich nicht geregelte Frage.[457] Nach langjähriger Debatte hat das Verfassungsgericht im Jahr 2005 entschieden, dass die Entscheidungen zur Wahrung der Rechtseinheit des Obersten Gerichtshofes gemäß Art. 32/A Abs. 1 UngVerf tauglicher Gegenstand der nachträglichen Normenkontrolle sein können. Mithin ist es dem Verfassungsgericht möglich, eine Entscheidung des Obersten Gerichtshofs für nichtig zu erklären und die Aufhebung einer ordentlichen gerichtlichen Entscheidung anzuordnen.[458] Die Unabhängigkeit der rechtsprechenden Gewalt wird hierdurch nicht verletzt, da das Verfassungsgericht den Inhalt der Norm, die einer Entscheidung zur Wahrung der Rechtseinheit des Obersten Gerichts zu Grunde lagen, prozessrechtlich nicht als eine rechtliche zu klärende Auslegungsfrage sondern als Tatsachen behandelt. Daher stellt auch die Aufhebung einer Entscheidung des Obersten Gerichts keine abweichende Auslegung dar.[459]

---

[456] Art. 47 Abs. 2 des Gesetzes Nr. 59/1997 über die Verfassungsänderung: „Das Oberste Gericht gewährleistet die Rechtseinheit der Rechtsanwendung dadurch, dass seine Entscheidungen zur Wahrung der Rechtseinheit für alle Gerichte verbindlich sind." (Übersetzung der Verfasserin)

[457] 42/2005 (XI.14.) AB-Urteil, ABH 2005, 504 ff." Az Alkotmánybíróságnak a jelen eljárásban – erre irányuló indítvány alapján – azt kellett eldöntenie, hogy az 1997. évi LIX. törvénnyel történő alkotmánymódosítás által az Alkotmány 47. § (2) bekezdésében *nevesített jogegységi határozat alkotmányossági vizsgálata hatáskörébe tartozik-e.* Legelőször az állapítható meg, hogy a jogegységi határozat alkotmányi megjelenését követően sem az Alkotmány, sem a bíróságok szervezetéről és igazgatásáról szóló 1997. évi LXVI. törvény (a továbbiakban: Bsz.), sem az Abtv. nem szólt a jogegységi határozat alkotmányossági vizsgálatának lehetőségéről, de annak kizárásáról sem.

[458] 42/2005 (XI.14.) AB-Urteil, ABH 2005, 504 ff. „Az Alkotmánybíróság megállapítja, hogy a *Legfelsőbb Bíróságnak* – az Alkotmány 32/A. § (1) bekezdése és az Alkotmánybíróságról szóló 1989. évi XXXII. törvény 1. § b) pontja alapján utólagos alkotmányossági vizsgálat tárgyává tett – *3/2004. BJE büntető jogegységi határozata alkotmányellenes,* ezért azt e határozat kihirdetése napjával *megsemmisíti...(...)*".

[459] 42/2005 (XI.14.) AB-Urteil, ABH 2005, 504. ff. „Az alkotmánybírósági gyakorlatból az is megállapítható, hogy az Alkotmánybíróság védelmet biztosított (és biztosít) a bírói hatalom önálló jogszabály-értelmezésének (quasi normaalkotó tevékenységének). Első ízben a 38/1993. (VI. 11.) AB határozat fogalmazta meg, hogy *„[a] „jogot" végülis a bíróságok saját értelmezésük szerint állapítják meg.* [...] A csak a törvényeknek való alávetettség nemcsak a másik két hatalmi ág befolyását zárja ki tehát az ítélkezésre, hanem – az Alkotmány határai és követelményei között maradó – független, folyamatos és rendszerképző törvényértelmezés és jogalkalmazás révén is biztosítja a bírói függetlenséget." (...) E vizsgálat során az Alkotmánybíróságnak esetenként kell eldönteni, hogy az alkotmányellenesség a vizsgált jogi szabályozásból fakad-e (s a jogegységi határozat csupán e szerint „értelmezett"), vagy alapvetően nem a jogszabályból, hanem a jogegységi határozat tartalmából. Az Alkotmánybíróságnak az alkotmányellenességet is e szerint kell megállapítania.".

2. Antragsberechtigung

Im Hinblick darauf, dass ein Antrag auf die nachträgliche abstrakte Normenkontrolle im Form der Popularklage von jedermann[460] erhoben werden konnte und damit die persönliche Betroffenheit des Antragstellers keine Voraussetzung war, sondern der Antragsteller für die Allgemeinheit und im Interesse der verfassungsmäßigen Ordnung auftreten konnte, war die nachträgliche abstrakte Normenkontrolle der größte Zuständigkeitsbereich des ungarischen Verfassungsgerichts zu dieser Zeit.[461] Obwohl keine persönliche Betroffenheit für eine abstrakte Normenkontrolle nötig war, kam sie in der Praxis dennoch weitgehend als Rechtsmittel des individuellen Rechtsschutzes zur Anwendung.[462]

3. Frist und ordnungsgemäßer Antrag

Neben dem umfangreichen tauglichen Verfahrensgegenstände und nahezu dem unbegrenzten Kreis an möglichen Antragsstellern konnte die nachträgliche abstrakte Normenkontrolle außerdem auch beinahe zu jeder Zeit erhoben werden Außerdem konnten auch vorkonstitutionelle Normen für verfassungswidrig erklärt werden.[463] Allerdings war Zulässigkeitsvoraussetzung, dass der Antrag schriftlich und begründet eingereicht werden. Weitere Voraussetzung war, dass der Antrag die Norm nannte, die aufgehoben werden sollte sein.[464]

4. Entscheidungswirkung

Erklärte das Verfassungsgericht die betreffende Vorschrift für verfassungswidrig, führte dies zur Aufhebung der angefochtenen Norm.[465] Allerdings war bei der nachträglichen abstrakten Normenkontrolle die Umsetzung der Entscheidung des Verfassungsgerichts nur dann unkompliziert, wenn das Verfassungsgericht über die Aufhebung der verfassungswidrigen Vorschrift entschied. In diesem Fall wurde die Bestimmung automatisch mit Entscheidung aus der Rechtsordnung ausgeschieden. Hingegen waren die Fälle der pro-futuro-Wirkung für die Umsetzung der verfassungsgerichtlichen Entscheidung heikler. Denn in diesen Fällen blieben die verfassungswidrigen Vorschriften bis zu einem bestimmten zukünftigen Zeitpunkt anwendbar, waren solange also noch weiterhin Teil der Rechtsordnung.[466]

---

[460] Art. 32/A Abs. 3 UngVerf i.V.m. Art. 21 Abs. 2 altes UngVerfGG.
[461] *Sólyom*, Die Verfassungsgerichtsbarkeit in Ungarn, in: *Weber/Luchterhandt* (Hrsg.) Verfassungsgerichtsbarkeit in Mittel- und Osteuropa, 2007, S. (239) 253.
[462] Ebd.
[463] *Sólyom*, Die Verfassungsgerichtsbarkeit in Ungarn, in: *Weber/Luchterhandt* (Hrsg.) Verfassungsgerichtsbarkeit in Mittel- und Osteuropa, 2007, S. (239) 253.
[464] Art. 22 Abs. 1, 2 und Art. 37 altes UngVerfGG.
[465] Art. 40 Abs. 1 S. 1 altes UngVerfGG.
[466] *Tilk*, A Magyar Alkotmánybíróság 2008, S. 248.

96

5. Praxis

Es lässt sich feststellen, dass die Möglichkeit, dass jedermann eine nachträgliche abstrakte Normenkontrolle unbefristet und bezüglich fast aller Rechtsnormen – abgesehen von der Vorschriften der Verfassung selbst – beantragen konnte und darüber hinaus auch keine besonderen Anforderungen an die Postulationsfähigkeit gestellt wurden und das verfassungsgerichtlichen Verfahren Kosten und Gebühren frei war, nicht nur dazu führte, dass dieses Verfahren zentrale Bedeutung in der Praxis erlangte, sondern auch eine enorme Arbeitsbelastung des Verfassungsgerichts mit sich brachte. Nach dem Systemwechsel war die Popularklage für die nachträgliche abstrakte Normenkontrolle die Hauptaufgabe des Gerichts geworden. Es machte etwa 90 % aller beim Gericht eingehenden Anträge aus.

II. Die nachträgliche abstrakte Normenkontrolle in Ungarn nach 2010

Nach 2010 gab es bemerkenswerte Änderungen bei den Regelungen zur nachträglichen abstrakten Normenkontrolle. Die Popularklage, also die Möglichkeit, dass jedermann eine nachträgliche abstrakte Normenkontrolle beantragen kann, wurde mit dem Inkrafttreten des neuen ungarischen Grundgesetzes und des neuen Organgesetzes für das Verfassungsgericht abgeschafft.[467]

1. Gegenstand

Als Gegenstand der nachträglichen abstrakten Normenkontrolle kommen weiterhin grundsätzlich alle Rechtsnormen in Betracht.[468] Bezüglich der formeller? Gesetze wurde eine Einschränkung eingeführt. Gemäß dieser Einschränkung kann die Kontrolle der materiellen Verfassungsmäßigkeit der Vorschriften von *Haushaltsgesetzen* und Gesetzen die *Finanzangelegenheiten* betreffen ausschließlich im Zusammenhang mit dem Recht auf Leben, auf Menschenwürde, auf den Schutz persönlicher Daten, auf Meinungs-, Gewissens- und Glaubensfreiheit sowie den Rechten, die sich unmittelbar aus der ungarischen Staatsangehörigkeit ergeben, angestrengt werden.[469] Dies schließt allerdings nicht aus, dass das Verfassungsgericht die Vorschriften von Haushaltsgesetzen und von Gesetzen die Finanzangelegenheiten betreffen aufgrund formeller Verfassungswidrigkeit aufhebt.[470]

---

[467] *Sólyom*, Die Verfassungsgerichtsbarkeit in Ungarn, in: Weber/Luchterhandt (Hrsg.) Verfassungsgerichtsbarkeit in Mittel- und Osteuropa, 2007, S. (239) 254.
[468] Art. 24 Abs. 2 lit. e) UGG
[469] Art. 24 Abs. 2 lit. e) i. V. m. 37 Abs. 4 UGG
[470] Art. 24 Abs. 6 lit. b) UGG

Eine fortschrittliche Regelung besteht darin, dass das Verfassungsgericht nunmehr auch das neue Grundgesetz und die verfassungsändernden Gesetze auf ihre formelle Verfassungsmäßigkeit überprüfen kann, was früher nicht möglich war. Ein Antrag auf nachträgliche abstrakte Normenkontrolle bezüglich des neuen Grundgesetzes sowie der verfassungsändernden Gesetze muss innerhalb von 30 Tagen nach dem Inkrafttreten eingereicht werden.[471] Die Frage, ob die verfassungsmäßige Kontrolle der Verfassung sowie der verfassungsändernden Gesetze möglich ist, war immer ein Streitpunkt und eine schwierige Frage in der Rechtsprechung des ungarischen Verfassungsgerichts. Schon im 293/B/1994 AB Beschluss stellte das Gericht fest, dass „das Verfassungsgericht die Vorschriften der Verfassung nicht aufheben kann. Wenn eine Vorschrift der Verfassung mit Zwei-Drittel-Mehrheit des Parlaments erlassen wurde, ist diese Vorschrift als ein Teil der Verfassung zu betrachten so dass sich dieser Vorschrift der Einwand der Verfassungswidrigkeit nicht entgegengehalten werden kann."[472] Dementsprechend kontrollierte das Verfassungsgericht die materielle Verfassungsmäßigkeit der Verfassung nicht. Denn mangels einer der in Deutschland existierenden Ewigkeitsklausel des Art. 79 Abs. 3 GG bindet die ungarische Verfassung den verfassungsändernden Gesetzgeber nicht.[473] Dem entspricht die Meinung von Richter *Holló* zum 1260/B/1997 AB-Urteil. wonach die Willensbildung des verfassungsändernden Gesetzgebers kein tauglicher Gegenstand der verfassungsmäßigen Prüfung sein könne.[474] Trotzdem hat das Verfassungsgericht die Anträge, mit denen die Verfassungswidrigkeit des verfassungsändernden Gesetz Nr. 119/2010 behauptet wurde, nicht abgewiesen, sondern das betroffene Gesetz einer verfassungsmäßigen Kontrolle unterworfen.[475] Das Verfassungsgericht

---

[471] Art. 24 Abs. 5 lit. b) i. V. m. Art. 24/A Abs. 1 neues UngVerfGG

[472] 293/B/1994 AB Beschluss, ABH, 1994, 375, 376 „Az Alkotmánybíróság nem semmisítheti meg - az indítványozó szóhasználatával: nem törölheti – az Alkotmány egyetlen rendelkezését sem. Ha valamely rendelkezést az országgyűlési képviselők kétharmadának szavazata az Alkotmány előírásai közé iktatott, az Alkotmány részévé vált, fogalmilag sem lehet annak alkotmányellenességét megállapítani. "

[473] *Sólyom,* Die Verfassungsgerichtsbarkeit in Ungarn, in *Weber/Luchterhandt* (Hrsg) Verfassungsgerichtsbarkeit in Mittel- und Osteuropa, 2007, S. (239) 250.

[474] 1260/B/1997 AB-Urteil. ABH, 1998, 816 ff. „mint az alkotmányozó hatalom akaratkijelentése — e jogi jellegénél fogva — nem lehet alkotmánybírósági felülvizsgálat tárgya."

[475] 61/2011 (VII.13.) AB-Urteil, ABH, 2011, 290 ff. „Az Alkotmánybírósághoz számos indítvány érkezett — magánszemélyektől, köztük jogászprofesszoroktól, ügyvédektől, volt alkotmánybírótól, érdekvédelmi szervezetektől, párttól —a Magyar Köztársaság Alkotmányáról szóló 1949. évi XX. törvény (a továbbiakban: Alkotmány) módosításáról szóló 2010.évi CXIX. törvény (a továbbiakban: Alkmód.) alkotmányellenességének megállapítására és — jellemzően ex tunc, vagyis a kihirdetésére visszamenőleges hatályú — megsemmisítésére, valamint ehhez szorosan kapcsolódóan az Alkotmánybíróságról szóló 1989. évi XXXII. törvény (a továbbiakban: Abtv.) módosításáról szóló 2010. évi CXX. törvény (a továbbiakban: Abtvmód.) egésze, illetve annak egyes rendelkezései alkotmányellenességének megállapítására és megsemmisítésére vonatkozóan."

kommt in seinem 61/2011 (VII. 13.) AB-Urteil zum Ergebnis, dass das Verfassungsgericht zwar nicht die materielle, sehr wohl aber die formelle Verfassungsmäßigkeit der verfassungsändernden Gesetze kontrollieren könne.[476] Das Gericht ist der Meinung, dass zwar in Deutschland, Österreich und Zypern die formelle und materielle Prüfung der Verfassung bzw. des Grundgesetzes möglich sei, dies für Ungarn aber nicht entscheidend sein könne, da immer die jeweilige Verfassung festlege, ob und in welchem Umfang das jeweilige Verfassungsgericht für die Kontrolle der Verfassung bzw. der verfassungsändernden Gesetze zuständig sei. Allein die jeweilige Verfassung gebe die Ermächtigung zur Prüfung der Verfassung bzw. der verfassungsändernden Gesetze. In Ungarn lege daher der verfassungsändernde Gesetzgeber die Prinzipien fest, die – wie in Deutschland nach der Ewigkeitsklausel gemäß Art. 79 Abs. 3 GG – nicht verändert werden können.[477] Obwohl sich auch die materielle Prüfung der verfassungsändernden Gesetze nach den abweichenden Meinungen von Richter *Bragyova, Kiss* und *Lévai* zum 61/2011 (VII. 13.) AB-Urteil vor den Bestimmungen der ungarischen Verfassung

---

[476] 61/2011 (VII.13.) AB-Urteil, ABH, 2011, 290 ff. „Az alkotmánymódosítások közjogi érvénytelenségének felülvizsgálhatóságával kapcsolatban, vagyis abban a kérdésben, hogy a jogalkotási eljárás során elkövetett súlyos eljárási törvénysértés esetén megsemmisíthető-e az alkotmánymódosítás, illetve akár már az Alkotmányba beépült rendelkezés, az Alkotmánybíróság eddig még nem hozott döntést. Az Alkotmány egyes rendelkezései, illetve az alkotmánymódosítások alkotmányellenességének megállapítását kérő indítványokkal kapcsolatban kialakított alkotmánybírósági gyakorlatot áttekintve az állapítható meg, hogy az Alkotmánybíróság nemcsak az alkotmányi rendelkezések megsemmisítésétől zárkózott el, hanem azok alkotmányossági vizsgálatára irányuló indítványok esetében is hatáskörének hiányát állapította meg. Az Alkotmánybíróság álláspontja szerint nem zárható ki az Alkotmánybíróság hatásköre az alkotmányi rendelkezéseknek a közjogi érvénytelenség szempontjából való felülvizsgálatára, hiszen a törvény- vagy akár alkotmányellenesen létrejött, a közjogi érvénytelenségben szenvedő jogszabályok semmisnek, vagyis olyannak tekintendőek, mintha azok létre sem jöttek volna. Az Alkotmánybíróság ezért vizsgálta az Alkmód. létrejöttének körülményeit."

[477] 61/2011 (VII.13.) AB-Urteil, ABH, 2011, 290 ff. „Hangsúlyozandó azonban, hogy mindegyik esetben vagy az adott állam alkotmánya állapítja meg az Alkotmánybíróság alkotmány (módosítás)- felülvizsgálati jogát, vagy az alkotmányvédő szerv — konkrét alkotmányi felhatalmazás nélkül — terjeszti ki hatáskörét az alkotmány felülvizsgálatára. Ezekben az esetekben az alkotmányozó hatalom maga állapítja meg az alaptörvény megváltoztathatatlan rendelkezéseit, amelyeket az alkotmány módosítása során az alkotmányt módosító hatalom köteles tiszteletben tartani."

rechtfertigen lies, lehnte das Verfassungsgericht den Antrag auf Feststellung der Verfassungswidrigkeit des verfassungsändernden Gesetzes Nr. 119/2010 ab.[478] Das Verfassungsgericht ist der Auffassung, dass die Kompetenz des Verfassungsgerichts aufgrund der Gewaltenteilung eingeschränkt sei. Deshalb könne das Verfassungsgericht die verfassungsmäßige Prüfung weder des Grundgesetzes noch der verfassungsändernden Gesetze ohne ausdrückliche Ermächtigung im UGG durchführen. Würde das Verfassungsgericht die verfassungsmäßige Kontrolle auf das Grundgesetz oder auf die verfassungsändernden Gesetze strecken, würde dies zur einer Machtkonzentration führen, die das Kräftegleichgewicht sowie die gegenseitige Kontrolle der Staatsgewalten stören würde.[479] Allerdings könnte die fehlende Möglichkeit einer nachträglichen Kontrolle des Grundgesetzes und der verfassungsändernden Gesetze auch dazu führen, dass – wie der Verfassungsrichter Kiss betont – der verfassungsändernde Gesetzgeber, wenn er etwas erreichen will, es in das Grundgesetz aufnehmen wird.[480]

2. Antragsberechtigung

Der Kreis der Antragsberechtigten wurde völlig neugestaltet. Taugliche Antragsteller einer nachträglichen abstrakten Normenkontrolle können nunmehr die Regierung, ein Viertel der Abgeordneten des Parlaments, der Generalstaatsanwalt, der Präsident der Kurie sowie der Ombudsmann sein.[481] Das Recht der Regierung auf Antragstellung dürfte kaum praxisrelevant sein. Es ist nicht zu erwarten, dass die Regierung das Ergebnis der gesetzgeberischen Arbeit einer verfassungsmäßigen Kontrolle unterwerfen wird.[482] Das Antragsrecht von einem Viertel der Abgeordneten kann zwar einerseits eine Waffe in der Hand der Opposition sein[483] Andererseits kann es aber auch passieren, dass die Abgeordneten selbst gegen

[478] 61/2011 (VII.13.) AB-Urteil, ABH, 2011, 290 ff. „… az Alkotmánybíróság a korábban kifejtett érvekre tekintettel nem változtatja, nem változtathatja meg az alkotmánymódosítások alkotmányosságának vizsgálatával kapcsolatos eddigi gyakorlatát, így az Alkmód., illetve az Alkotmány 32/A. § (2) és (5) bekezdése, valamint 70/I. § (2) bekezdése alkotmányosságának vizsgálatára és megsemmisítésére irányuló indítványokat — hatáskörének hiányában, az Ügyrend 29. § b) pontja alapján — visszautasítja.".
[479] 61/2011 (VII.13.) AB-Urteil, ABH, 2011, 290 ff. „A hatalmi rendszer valamely szervezetéhez koncentrált „túl hatalom", a demokratikus fékek és ellensúlyok rendszerének átalakítása akár az alkotmányozó hatalomhoz, akár a kormányzati vagy az ítélkezési szervekhez a demokratikus jogállam súlyos sérüléséhez vezet.".
[480] 61/2011 (VII.13.) AB-Urteil, ABH, 2011, 290 ff. „Precedens határozat született, amely — kimondva, kimondatlanul és minden bizonnyal akarata ellenére — abban erősíti meg az alkotmánymódosító hatalmat és törvényalkotót, ha valamit feltétlenül el akar érni, azt előkészítetlen egyéni képviselői indítványok útján is), akkor azt emelje be az Alkotmányba.".
[481] Art. 24 Abs. 2 lit. e) des UGG i.V.m. Art. 24 und 24/A neues UngVerfGG.
[482] Tilk, Az Alkotmánybíróság az Alaptörvényben, in: Közjogi Szemle 2/2011 S. 5 (9).
[483] Ebd.

ihre eigene legislative Arbeit keine verfassungsmäßige Prüfung beantragen werden, um zu vermeiden, dass ihre Kompetenz in der gesetzgeberischen Arbeit in Frage gestellt werden kann.[484] Darüber hinaus kann der Generalstaatsanwalt die nachträgliche abstrakte Normenkontrollverfahren beantragen. Dieses neue Recht des Generalsstaatsanwalts ist begrüßenswert, da seine Antragsberechtigung im Rahmen der ex-ante Normenkontrolle vormals abgeschafft wurde.[485] Obwohl die die Aufnahme des Präsidenten der Kurie in den Kreis der Antragssteller als eine fortschrittliche Regelung erscheint, dürfte ihre kaum Bedeutung zukommen, da ein Richter auch im Rahmen einer konkreten Normenkontrolle die Prüfung einer Vorschrift auf ihre Verfassungsmäßigkeit veranlassen kann.[486]

Der Ombudsmann gehörte seit 1993,[487] also seit dem Inkrafttreten des Gesetzes über den Ombudsmann in Ungarn, zum Kreis der tauglichen Antragsteller. In der Vergangenheit war dies allerdings nicht von Bedeutung, da ohnehin jedermann das Verfassungsgericht im Rahmen der Popularklage bezüglich einer nachträglichen abstrakten Normenkontrolle anrufen konnte.[488] Nach Abschaffung der Popularklage ist die Bedeutung der Möglichkeit des Ombudsmannes, eine nachträglich abstrakte Normenkontrolle anzustrengen, deutlich gestiegen. Der Ombudsmann ist selbst der Auffassung, ihm die nachträgliche abstrakte Normenkontrolle an das Verfassungsgericht als Beschwerdemöglichkeit zur Verfügung stehen müsse. Denn Bürger an den Ombudsmann wenden, wenn sie eine Rechtsnorm für verfassungswidrig halten und können auf diese Weise – trotz Abschaffung der Popularklage – eine nachträglich abstrakte Normenkontrolle vermittelt über den Ombudsmann erreichen.[489] Im ersten halben Jahr nach Inkrafttreten des neuen Grundgesetzes hat der Ombudsmann selbst zehn nachträgliche abstrakte Normenkontrollverfahren

---

[484] Die achte Verfassungsänderung vom 18.11.2010 ist abrufbar unter: http://www.kozlonyok.hu/ nkonline/MKPDF/hiteles/MK10177.pdf (aufgerufen am 01.05.2016)

[485] Art. 24 Abs. 2 lit. e) UGG

[486] Siehe dazu die Antwort von *Péter Darák*, Präsident der ungarischen Kurie, über den Jahresbericht der Kurie im Jahr 2013, abrufbar unter: http://orszaggyules.hu.sayit.parldata.eu/ speech/4072 (aufgerufen am 01.05.2016)

[487] Art. 22 lit. a) des Gesetzes Nr. 59/1993 über den Ombudsmann lautet: „Der Ombudsmann kann beim Verfassungsgericht beantragen a) die nachträgliche abstrakte Normenkontrolle der Rechtsnorm und der sonstigen rechtlichen Akte der hoheitlichen Gewalt" (Übersetzung der Verfasserin)

[488] Siehe dazu die Statistik des Verfassungsgerichts in: *Sólyom*, Die Verfassungsgerichtsbarkeit in Ungarn, in: *Weber/Luchterhandt* (Hrsg.) Verfassungsgerichtsbarkeit in Mittel- und Osteuropa, 2007, S. (239) 277-278.

[489] Art. 45-46 der Anordnung des Ombudsmannes 2/2012 über die Regelung und Methode der fachlichen Prüfung vom 20.01.2012, MK 2012 Nr. 4 S. 514-522: „Ein Bürger kann das Recht des Ombudsmannes beanspruchen, wenn er persönlich nicht betroffen ist, aber aus irgendeinem Grund eine Rechtsnorm für verfassungswidrig hält. Der Ombudsmann prüft den Antrag des Bürgers und kann das Verfassungsgericht anrufen, wenn er ihn für begründet hält." (Übersetzung der Verfasserin)

101

beantragt, darunter im März 2012 ein Verfahren gegen die Übergangsbestimmungen des neuen Grundgesetzes.[490] Bei diesem Antrag wandte sich der Ombudsmann nicht aufgrund einer Grundrechtsverletzung, sondern wegen Verletzung der Rechtsstaatlichkeit an das Verfassungsgericht. In seinem Antrag wies der Ombudsmann darauf hin, dass ein Bürger nach den neuen Regelungen die verfassungsmäßige Prüfung der Übergangsbestimmungen des neuen Grundgesetzes nicht mehr beantragen könne, nicht nur wegen der Einschränkung des Kreises der Antragsberechtigten, sondern auch aufgrund der rechtspolitischen Maßnahme des Parlaments, die mit der den Übergangsbestimmungen des neuen Grundgesetzes durch die Verfassungsänderung im Juni 2012[491] ein Teil des neuen Grundgesetzes geworden waren. Diese Vorschriften können aber – wie bereits erwähnt – da sie Vorschriften der Verfassung selbst sind, kein Gegenstand der materiellen verfassungsmäßigen Prüfung sein. Deswegen war der Ombudsmann der Meinung, dass der verfassungsändernden Gesetzgebung, dass das Verfassungsgericht die Verfassungsmäßigkeit der Übergangsbestimmungen des neuen Grundgesetzes überprüfen könne. Seines Erachtens stünden die Übergangsbestimmungen des neuen Grundgesetzes nicht im gleichen Rang mit der Verfassung. Der Ombudsmann war außerdem der Auffassung, dass es die gegenwärtigen Regelungen dem Parlament ermöglichte, solche Vorschriften in die Übergangsbestimmungen „hinzueinschreiben", die bereits durch das Verfassungsgericht für verfassungswidrig erklärt worden seien. Dadurch könne der Gesetzgeber *de facto* verfassungswidrige Normen in das Grundgesetz einzementieren und eine zukünftige materielle verfassungsmäßige Kontrolle verhindern. Eine derartige Praxis schwäche das Prinzip der Gewaltenteilung und höhle die Institution des Verfassungsgerichts aus.[492] Der Ombudsmann machte darüber hinaus darauf aufmerksam, dass das Verfassungsgericht selbst schon festgestellt habe, dass die Einschränkung seiner Zuständigkeit gegen das Prinzip der Gewaltenteilung verstoße.[493] Das Verfassungsgericht

---

[490] AJB-2302/2012.
[491] Der Gesetzentwurf Nr. T/6817. zu der ersten Änderung des neuen Grundgesetzes.
[492] Die ungarische Fassung des Antrags des Ombudsmannes AJB-2302/2012 an das Verfassungsgericht ist abrufbar unter: https://www.ajbh.hu/..rtf/94c7646d-3189-4dd5-aff5-5001bb9bcd6a (aufgerufen am 01.05.2016).
[493] 61/2011. (VII.13.) AB-Urteil, ABH 2011, 290. „...az *Alkotmánybíróság hatáskörének szűkítése* egy ponton túl *felborítja* a kölcsönös fékek és ellensúlyok elve alapján működő *hatalommegosztás rendszerét*, akár az alkotmányozó, de akár a törvényhozó vagy a kormányzó-végrehajtó hatalom javára..".

gab dem Antrag des Ombudsmanns statt und stellte die Verfassungswidrigkeit bestimmte Übergangsbestimmungen fest.[494] Das Verfassungsgericht argumentierte dahingehend, dass es zwar nicht für die materielle verfassungsmäßige Kontrolle der Vorschriften der Verfassung, aber für die Prüfung der formellen Verfassungswidrigkeit[495] einer verfassungsändernden Norm zuständig sei. Obwohl die Übergangsbestimmungen gemäß Art. 31 Abs. 2 der Übergangbestimmungen als ein Teil des neuen Grundgesetzes zu betrachten waren, war das Verfassungsgericht der Meinung, dass die Ranghierarchie der Übergangsbestimmungen völlig umstritten ist und demzufolge die Bestimmungen nicht als ein Teil des neuen Grundgesetzes anzusehen sind. Daher erklärte das Verfassungsgericht die angefochtenen Vorschriften der Übergangbestimmungen des neuen Grundgesetzes für verfassungswidrig und ordnete die Aufhebung dieser Bestimmungen an.[496]

Die Bedeutung der Aufnahme des Ombudsmanns in den Kreis der tauglichen Antragssteller der nachträglichen abstrakten Normenkontrolle zeigt sich auch an dem folgenden Fall,[497] in dem sich sein Antrag gegen das Gesetz über die Rechtshilfe richtete.[498] Mit diesem Antrag rügte er, dass durch das Gesetz über die Rechtshilfe ein Anwaltszwang für Verfassungsbeschwerdeverfahren vorgeschrieben werde, so dass der Bürger eine Verfassungsbeschwerde nur erheben könne, wenn er zugleich das Geld für eine anwaltliche Prozessvertretung aufbringen könne. Finanziell schwachen Bürgern werde es dadurch erheblich erschwert, wenn nicht gar unmöglich gemacht, eine Verfassungsbeschwerde zu erheben.[499] Auch diesem Antrag gab das Verfassungsgericht statt und entschied, dass die obligatorische Rechtsvertretung in einem Verfahren der Verfassungsbeschwerde verfassungswidrig sei und dementsprechend die Vorschriften des neuen UngVerfGG aufge-

---

[494]   45/2012 (XII. 29.) AB-Urteil, ABH 2012, 347 ff. Der Leitsatz der Entscheidung lautet: Az Alkotmánybíróság megállapítja, hogy Magyarország Alaptörvénye átmeneti rendelkezéseinek (2011. december 31.) a kommunista diktatúrából a demokráciába való átmenetről szóló része (preambuluma), 1–4. cikke, 11. cikk (3) és (4) bekezdése, 12., 13., 18., 21., 22. cikkei, 23. cikk (1) és (3)–(5) bekezdései, 27. cikke, 28. cikk (3) bekezdése, 29. cikke, 31. cikk (2) bekezdése valamint 32. cikke alaptörvény-ellenes, ezért azokat a kihirdetésükre visszamenőleges hatállyal, 2011. december 31-ével, illetve a 23. cikk (3)–(5) bekezdését 2012. november 9-ével megsemmisíti."

[495]   Ung. „közjogi érvénytelenség", Eine Vorschrift ist dann formell verfassungswidrig, wenn beim Erlass der Vorschrift zwar die inhaltlichen, nicht aber die förmlichen Voraussetzungen – z. B. Verkündungsfristen – eingehalten wurden.

[496]   45/2012 (XII. 29.) AB-Urteil, ABH 2012, 347 ff. „Mindebből az következik, hogy az *Ár. nem tekinthető az Alaptörvény részének*, alaki jogforrási helyzete nem egyértelmű, és *ellentétes az Alaptörvény egységes jogi dokumentum jellegével.*"

[497]   AJB-1961/2012

[498]   Das Gesetz Nr. 117/2012 über die Rechtshilfe in Ungarn.

[499]   Die ungarische Fassung des Antrags des Ombudsmannes AJB-1961/2012 ist unter: http://public.mkab.hu/dev/dontesek.nsf/0/4afcb5d2b3795ecfc1257ada00524e2e/FILE/2602_2012_ind.pdf (aufgerufen am 01.05.2016).

103

hoben werden müssten.[500] Die beiden dargestellten Fälle zeigen, wie wichtig der Ombudsmanns als Antragsteller der nachträglichen abstrakten Normenkontrolle nach dem Inkrafttreten des neuen Grundgesetzes und des neuen Organgesetzes für die Kontrolle der Einhaltung der Verfassungsmäßigkeit von Gesetzen geworden ist. Allerdings ist darauf hinzuweisen, dass der Ombudsmann nicht zur Antragsstellung verpflichtet ist.[501] Daher dürfte die Bedeutung des Ombudsmanns für verfassungsmäßige Kontrolle der Gesetze davon abhängen, wie der jeweilige Amtsinhaber seine Rolle im Verhältnis zu den Verfassungsorganen interpretiert.[502]

3. Entscheidungswirkung

Erklärt das Verfassungsgericht die beanstandete Vorschrift für verfassungswidrig, wird sie durch das Verfassungsgericht ganz oder teilweise verworfen, was ihre Nichtigkeit zur Folge hat.[503] Die Nichtigkeit einer verfassungswidrigen Bestimmung tritt mit dem Tag der Verkündung der gerichtlichen Entscheidung ein, d. h. mit einer Wirkung *ex nunc*.[504] Die *pro futuro* Nichtigkeit gilt als Ausnahme für Fälle, in denen das Fehlen der Vorschrift eine Gesetzeslücke in der Rechtsordnung zur Folge hätte, die schwerwiegendere Konsequenzen nach sich ziehen würde als die Aufrechterhaltung eines verfassungswidrigen Gesetzes. Dennoch in der Praxis die Verwerfung einer Rechtsnorm mit Wirkung für die Zukunft die Regel.[505] Bei der Verfassungswidrigkeitserklärung einer Rechtsnorm muss die Entscheidung des Verfassunsgerichts im Gesetzblatt veröffentlicht werden.[506]

4. Praxis

Zusammenfassend lässt sich feststellen, dass zwar der Kreis der Antragsteller erweitert wurde, jedoch die Popularklage im Rahmen der nachträglichen abstrakten Normenkontrolle abgeschafft wurde. Dies führte dazu, dass dieses Verfahren

[500] Art. 51 Abs. 2 und 3 des neuen UngVerfGG wurde mit dem 42/2012 (XII. 20.) AB-Urteil aufgehoben.
[501] Art. 24 Abs. 2 lit. e) des UGG i.V.m. Art. 24 und 24/A neues UngVerfGG.
[502] Siehe dazu *Paczolay*, Rendkívüli körülmények között is az alkotmányosság őre, in: Ügyvédek Lapja 4/2013 S. 2 (3); *Somody*, Aki az Alkotmánybíróságot még megszólíthatja: az Ombudsman normakontroll indítványozási gyakorlatáról, in: Fundamentum 3/2012 S. 113 (118).
[503] Art. 24 Abs. 3 lit. a) UGG.
[504] Vgl. Art. 61 neues UngVerfGG.
[505] *Kerek*, Die Verfassungsgerichtsbarkeit in Ungarn und Rumänien, 2010, S. 132.
[506] Art. 61 (5) GO UngVerfG.

nicht mehr die Hauptaufgabe des ungarischen Verfassungsgerichts ist, Seit dem Inkrafttreten der neuen Vorschriften macht das Verfahren der abstrakten Normenkontrolle nur noch ca. 3-5% aller Verfahrensarten aus.[507]

C. Die konkrete Normenkontrolle
I. Die konkrete Normenkontrolle in Ungarn nach 1990
1. Richtervorlage

In Ungarn nach 1990 konnte sich ein Richter zum Zweck der konkreten Normenkontrolle unter Aussetzung des anhängigen Verfahrens an das Verfassungsgericht wenden, wenn er im Laufe eines Verfahrens die Verfassungswidrigkeit einer Rechtsvorschrift oder eines sonstigen Instruments der staatlichen Lenkung „wahrnahm".[508] Der unbestimmte Begriff der Begriff „Wahrnehmung" bedarf einer näheren Erläuterung. Hierbei stellt sich insbesondere die Frage, welcher Grad an Gewissheit eines Richters bezüglich seiner Meinung, eine Rechtsvorschrift sei verfassungswidrig zu verlangen ist, und in welchen Fällen er verpflichtet ist, die betroffene Rechtsvorschrift dem Verfassungsgericht vorzulegen.

Nach der Wortlautauslegung kann „Wahrnehmung" im Sinne von Zweifel oder auch im Sinne von fester Überzeugung verstanden werden. Diese weite Auslegung entspricht etwa der Auffassung von *Kerek*, der unter „Wahrnehmung" versteht, dass ein Richter eine Bestimmung für bedenklich hält. Insoweit vertritt Kerek eine weite Auslegung des unbestimmten Begriffs der „Wahrnehmung".[509] In systematischer Auslegung kann auf die Verwendung des Begriffs „Wahrnehmung" in den Bestimmungen der präventiven Normenkontrolle zurückgegriffen werden. So kann gemäß Art. 35 Abs. 1 altes UngVerfGG der Präsident der Republik die a-priori-Prüfung der Vorschriften von Gesetzen nur dann anregen kann, wenn er diese für „bedenklich" hält. Da auch hinsichtlich Art. 35 Abs. 1 altes UngVerfGG folgt keine feste Überzeugung bezüglich der Verfassungswidrigkeit einer Norm verlangt wird, spricht die systematische Auslegung dafür, dass auch bei der konkreten Normenkontrolle in Ungarn eine solche nicht vorliegen muss. Gestützt wird dieses Ergebnis dadurch, dass ist nach dem Wortlaut des Art. 38 Abs. 1 altes UngVerfGG auch keine Vorlagepflicht besteht.[510] Vielmehr gestattet er dem Rich-

---

[507] Siehe dazu die Statistik des ungarischen Verfassungsgerichts im Jahr 2015, abrufbar unter: http://www.alkotmanybirosag.hu/dokumentumok/statisztika (aufgerufen am 01.05.2015).

[508] Art. 38 Abs. 1 altes UngVerfGG.

[509] *Kerek*, Die Verfassungsgerichtsbarkeit in Ungarn und Rumänien, 2010, S. 19, S. 198.

[510] Art. 38 Abs. 1 altes UngVerfGG.

ter die Überprüfung einer Rechtsvorschrift hinsichtlich ihrer Verfassungsmäßigkeit zu beantragen. Zwar könnte man aus dem Begriff „beantragen" trotzdem eine Vorschlagepflicht ableiten, da dieses Verb in der ungarischen Sprache eine stärker imperative denn eine indikative Bedeutung hat.[511] Allerdings zeigt die Betrachtung der Rechtspraxis, dass jedenfalls die Rechtsprechung keine Vorlagepflicht annimmt, was durch eine geringe Zahl konkreter Normenkontrollverfahren, die durch die Instanzgerichte beantragt wurden, dokumentiert wird.[512] Bestätigt wurden die Auffassung der Instanzgerichte auch durch das Verfassungsgericht im Jahr 2002, als es in einer Entscheidung ausdrücklich feststellte, dass Instanzgerichte ein konkretes Normenkontrollverfahren beantragen könnten, dies aber nicht müssten.[513]

Wortlautauslegung und Systematik sprechen dafür, den Begriff „Wahrnehmen" weit auszulegen. Daher ist es ausreichend, wenn ein Richter Zweifel an der Verfassungsmäßigkeit einer Rechtsvorschrift hegt. Dies bedeutet aber nicht zugleich eine Vorlagepflicht. Eine solche lässt sich nicht aus dem Wortlaut der Normableiten. Insoweit ist der Auffassung des Verfassungsgerichts zu folgen.

2. Gesetzlichkeitsaufsicht der Staatsanwaltschaft

Eine spezielle Form der konkreten Normenkontrolle war die Gesetzlichkeitsaufsicht der Staatsanwaltschaft. Dieses Verfahren weist gewisse Ähnlichkeiten mit der konkreten Normenkontrolle auf, gelangte in der Praxis aber nur selten zur Anwendung.[514] Das Verfahren diente bis 1997 der Staatsanwaltschaft die ihr bis dahin zukommende sogenannte „allgemeine Gesetzlichkeitsaufsichts"-Funktion zu erfüllen. Danach wurde die Aufgabe der Staatsanwalt neu definiert. Infolge

---

[511] *Lábady,* A populáris akció és az egyéni jogvédelem biztosítása az alkotmánybírósági eljárásban, in: Magyar Jog 7/1991 S. 385 (386).

[512] Siehe dazu die von Balogh zusammengestellte Statistik zwischen 1990 und 2004 in: Sólyom, Die Verfassungsgerichtsbarkeit in Ungarn, in: *Weber/Luchterhandt* (Hrsg.) Verfassungsgerichtsbarkeit in Mittel und Osteuropa, 2007, S. 277.

[513] 13/2002 (III.20) AB-Urteil, ABH, 2002, 98. „A törvények kötelező és azonnali alkalmazásától a bíró a konkrét ügyben csak akkor térhet el, ha az alkalmazandó jogszabály és az Alkotmány összhangjának hiányát észleli. Ebben az esetben sem jogosult azonban a norma mellőzésére, hanem az Alkotmánybíróságról szóló 1989. évi XXXII. Törvény 38. §-a alapján utólagos normakontroll keretében az Alkotmánybíróság eljárását kezdeményezheti. Az Alkotmánybíróság döntése viszont a későbbiekben a bíró számára akkor is kötelező, ha az alkotmányellenesség megállapítására nem került sor, tehát az általa vitatott norma eredeti tartalommal érvényben marad.".

[514] Art. 39 altes UngVerfGG lautet: „Hat die *Staatsanwaltschaft* im Rahmen ihrer allgemeinen Gesetzlichkeitsaufsicht gegen eine gesetzwidrige Rechtsvorschrift, die im Rang unter einer Regierungsverordnung steht, *Protest eingelegt* und ist *das Organ, das die Rechtsvorschrift erlassen hat, mit dem Protest nicht einverstanden,* so legt das Organ den Protest dem Verfassungsgericht zur Beurteilung vor. Hierüber benachrichtigt das Organ die Staatsanwaltschaft nebst Mitteilung der Gründe".

dessen gelangt auch das Verfahren der Gesetzlichkeitsaufsicht nicht mehr zu Anwendung, es soll aber aufgrund seiner Verwandtschaft zur konkreten Normenkontrolle kurz näher betrachtet werden.[515] Der Staatsanwaltschaft standen unterschiedliche Mittel zur Verfügung, um die Rechtsvorschriften zu überwachen. Nach dem Gesetz Nr. 5/1972 über die Staatsanwaltschaft war ein Staatsanwalt dazu berechtigt, einen Einspruch gegen seiner Meinung nach rechtswidrigen Bestimmungen und Rechtsnormen, die im Rang unter einer Regierungsverordnung stehen, bei dem Rechtssetzungsorgan einzulegen, welches die Vorschrift erlassen hat. Auf diese Weise konnte die Staatsanwaltschaft die Überprüfung einer Norm auf ihre Verfassungsmäßigkeit erzwingen. Das jeweilige Rechtssetzungsorgan musste innerhalb von 30 Tagen die für verfassungswidrig gehaltene oder gegen die Normenhierarchie verstoßende Norm ändern oder außer Kraft setzen. War das Rechtsetzungsorgan hinsichtlich der Verfassungswidrigkeit anderer Auffassung als die Staatsanwaltschaft, konnte es gemäß Art. 13/A Abs. 3 des Gesetzes Nr. 5/1972 über die Staatsanwaltschaft die angefochtene Norm dem Verfassungsgericht vorlegen. Ziel dieser Verfahrensart war zwar, dass die Rechtsnorm durch das Rechtsetzungsorgan selbst korrigiert wurde, dennoch kam der Staatsanwaltschaft mit Blick auf die Einleitung eines solchen eine bedeutende Rolle zu.[516] Die Staatsanwaltschaft war zwar nicht in der Lage, die Verfassungswidrigkeit einer Vorschrift selbst zu überprüfen oder zu verwerfen, sie konnte aber einen erheblichen Beitrag zur Abwicklung der konkreten Normenkontrolle leisten. Nur das Verfassungsgericht war dazu fähig, die Verfassungswidrigkeit einer Norm zu erklären und die verfassungswidrige Bestimmung aufzuheben.[517]

II. Die konkrete Normenkontrolle in Ungarn nach 2010

Das Verfahren der konkreten Normenkontrolle in Ungarn nach 2010 sieht zwei verschiedene Grundkonstellationen vor: In der ersten Konstellation beantragt ein Richter die Überprüfung der Verfassungsmäßigkeit einer für das Ausgangsverfahren entscheidende Rechtsnorm. In der zweiten Konstellation wendet sich ein Richter an das Verfassungsgericht, wenn er erkennt, dass es für die Entscheidung des konkreten Rechtsstreits oder eines diesbezüglichen Vorgangs auf eine bereits für verfassungswidrig erklärte Rechtsnorm ankommt.[518] Neu an der revidierten

---

[515] Ung. „általános törvényességi felügyeleti jogkör"; Kerek, Die Verfassungsgerichtsbarkeit in Ungarn und Rumänien, 2010, S. 200.

[516] Art. 39 altes UngVerfGG i.V.m. Art. 13/A Abs. 3 des Gesetzes Nr. 5/1972 über die Staatsanwaltschaft Nr. 5/1972; *Kerek,* Die Verfassungsgerichtsbarkeit in Ungarn und Rumänien, 2010, S. 200.

[517] Art. 40 Abs. 1 S. 1 altes UngVerfGG; *Kukorelli,* Alkotmánytan (2007), S. 457.

[518] Art. 24 Abs. 2 lit. b) des UGG i.V.m. Art. 25 Abs. 1 neues UngVerfGG; Die Vorschrift des neuen UngVerfGG lautet: "If the judge… is bound to apply a legal regulation..".

Regelung ist, dass dem Richter die Möglichkeit zur Verfügung steht, den Ausschuss einer schon von dem Verfassungsgericht für verfassungswidrig erklärten Vorschrift in dem vorliegenden gerichtlichen Verfahren herbeizuführen. In der Rechtspraxis ist dies insbesondere für die Fälle bedeutsam, in denen das Verfassungsgericht eine verfassungswidrige Norm nicht mit einer *ex-tunc-*, sondern nur mit einer *ex-nunc-*Wirkung aufgehoben hat. Denn hier die Konstellation auftreten, dass ein Richter gegebenenfalls die bereits für verfassungswidrig erklärte Norm noch im laufenden gerichtlichen Verfahren anwenden muss. Mit der zweiten Form der Richtervorlage wird dem Instanzrichter ein Instrument gegeben, dass es ihm ermöglicht, in solchen Fällen, der jeweiligen Vorschrift die Geltung für sein Gerichtsverfahren zu versagen.[519] Gemeinsam ist beiden Formen der konkreten Normenkontrolle, dass der Instanzrichter das Ausgangsverfahren während des Verfahrens der konkreten Normenkontrolle aussetzt.[520]

Der Richter kann die Überprüfung der gesetzlichen Bestimmungen, der Entscheidung zur Wahrung der Rechtssicherheit[521] sowie eines normativen Beschlusses oder einer normativen Weisung[522] beantragen. [523]

Ist ein Verfahren der konkreten Normenkontrolle angestrengt worden, hat das Verfassungsgericht innerhalb von 90 Tagen zu entscheiden.[524] Diese Fristsetzung ist durchaus begrüßenswert, in Anbetracht der Tatsache, dass früher ein konkretes Normenkontrollverfahren theoretisch Jahre dauern konnte und damit auch den Abschluss des Ausgangsverfahren erheblich verzögern würde. Letzteres dürfte die Tendenz begünstigen, dass Instanzrichter eher selten dazu neigen, konkrete Normenkontrollverfahren zu beantragen. Die mit den neuen Regelungen eingeführte Entscheidungsfrist hingegen könnte dazu beitragen, dass Instanzrichter häufiger von der Möglichkeit der konkreten Normenkontrolle Gebrauch machen.[525] Erste Untersuchungen zeigen bereits entsprechend positive Entwicklungen. Im Jahr 2013 lag der Anteil der konkreten Normenkontrolle an allen Verfahren bei ca. 18%, im Jahr 2014 um ca. 12%, und im Jahr 2015 bei ca. 15%.[526]

---

[519] *Árva,* in: Kommentar zum UGG (2013), § 24 des UGG, S. 188.

[520] Ebd.

[521] Ung. „jogegységi határozat".

[522] Ung. „normativ határozat és normativ utasítás" (együtt: „közjogi szervezetszabályozó eszköz"); Art. 1 Abs. 1 lit. b) des Gesetzes Nr. 130/2010 über die Rechtsetzung.

[523] *Trócsányi/Schanda,* Bevezetés az Alkotmányjogba: az alaptörvény és Magyarország alkotmányos intézményei (2012), S. 363.

[524] Art. 24 Abs. 2 lit. b) UGG; Diese 90-Tages-Frist wurde mit der 5. Grundgesetzänderung eingeführt.

[525] *Árva,* in: Kommentar zum UGG (2013) § 24 UGG, S. 188.

[526] Siehe dazu die Statistik des ungarischen Verfassungsgerichts, abrufbar unter: http://www.alkotmanybirosag.hu/dokumentumok/statisztika (aufgerufen 01.05.2016).

Mit Blick auf die Entscheidungswirkung bestehen Unterschiede zwischen den beiden Formen der konkreten Normenkontrolle. Während in der ersten Konstellation der konkreten Normenkontrolle sowohl die Erklärung der Verfassungswidrigkeit einer Norm als auch die Aufhebung dieser Norm möglich ist, wird im zweiten Fall – wenn der Richter bereits eine für verfassungswidrig erklärte Bestimmung im laufenden gerichtlichen Verfahren anzuwenden hat – eine ausschließlich die Anwendung der bereits für verfassungswidrig erklärten Bestimmungen im laufenden gerichtlichen Verfahren verboten. [527]

III. Zwischenergebnis

Aufs Ganze gesehen sind die Änderungen des Verfahrens der konkreten Normenkontrolle, die in Ungarn nach 2010 eingeführt wurden begrüßenswert. Insbesondere die Einführung einer zweiten Form des konkreten Normenkontrollverfahrens erscheint sinnvoll, um die Anwendung bereits für verfassungswidrig erklärten Rechtsnormen zu verhindern. Ebenfalls positiv zu bewerten ist die Einführung einer 90-Tages-Entscheidungsfrist. Diese Änderung lässt hoffen, dass das Verfahren der konkreten Normenkontrolle zukünftig auch stärker von Instanzrichter in der Zukunft häufiger genutzt wird.

IV. Die konkrete Normenkontrolle im europäischer Rechtsraum
1. Deutschland
a) Rechtsnatur der konkreten Normenkontrolle
In Deutschland hat die konkrete Normenkontrolle im Allgemeinen nicht die Funktion, die Verfassung zu hüten, sondern die gesetzgebende Gewalt vor der Missachtung der Rechtsnormen zu schützen.[528] Im Rahmen des konkreten Normenkontrollverfahrens entscheidet das Bundesverfassungsgericht über die Gültigkeit solcher Gesetze, die die in einem Verfahren vor den ordentlichen Gerichten und den Fachgerichten entscheidungserheblich sind. Folglich knüpft auch die konkrete Normenkontrolle an ein Ausgangsverfahren der Instanzgerichte an.[529] Im Sinne des Art. 100 Abs. 1 des GG i.V.m. Art. 20 Abs. 3 GG sind nicht nur das Bundesverfassungsgericht und die Landesverfassungsgerichte, sondern auch die Instanzgerichte in der Lage, die Verfassung auszulegen und sie als Prüfungsmaßstab bei der Verfassungsmäßigkeit einer Norm heranzuziehen (Prüfungskompe-

[527] *Trócsányi/Schanda,* Bevezetés az Alkotmányjogba: az alaptörvény és Magyarország alkotmányos intézményei (2012), S. 363.
[528] BVerfGE 10, 124 (127).
[529] *Bethge,* in: Maunz/Schmidt-Bleibtreu/Klein/Bethge, BVerfGG, 47. EL 2015, § 31 Rn. 125.

tenz). Dies bedeutet jedoch nicht, dass ein Instanzgericht die verfassungswidrige Norm aufheben kann. Diese Entscheidung obliegt ausschließlich dem Bundesverfassungsgericht (Verwerfungsmonopol). Dies bedeutet in der Praxis, dass ein Instanzgericht eine Vorlage bei dem Bundesverfassungsgericht oder bei den Landesverfassungsgerichten einreichen muss, um die Verfassungsmäßigkeit oder die Gesetzesmäßigkeit einer Norm prüfen zu lassen (Vorlagepflicht).[530]

b) Die vier Fallgruppen der konkreten Normenkontrolle

Gemäß Art. 100 Abs. 1 GG sind vier Konstellationen konkreter Normenkontrollverfahren zu unterscheiden:
(1) Die Überprüfung der Verfassungsmäßigkeit eines Landesgesetzes am Maßstab der entsprechenden Landesverfassung einem Landesverfassungsgericht (Art. 100 Abs. 1 S. 1, 1. Alt. GG);
(2) Die Prüfung der Verfassungsmäßigkeit eines Bundesgesetzes durch das Bundesverfassungsgericht (Art. 100 Abs. 1 S. 1, 2. Alt GG);
(3) Die Vorlage eines Landesgesetzes an das Bundesverfassungsgericht, wenn ein Gericht ein Landesgesetz für mit dem Grundgesetz unvereinbar hält (Art. 100 Abs. 1 S. 2, 1. Alt GG);
(4) Die Überprüfung der Vereinbarkeit vom Landesgesetzen mit einem Bundesgesetz (Art. 100 Abs. 1 S. 2, 2. Alt. GG).[531]

c) Vorlageberechtigung

Ausschließlich Gerichte sind im Rahmen der konkreten Normenkontrolle vorlageberechtigt.[532] Dies sind „alle Spruchstellen (…), die sachlich unabhängig sind, in einem formell gültigen Gesetz mit den Aufgaben eines Gerichts betraut und als Gerichte zu bezeichnen sind."[533] In Deutschland fallen unter diese Definition die staatlichen Gerichte, also insbesondere die obersten Bundesgerichte gemäß Art. 95 GG, die Gerichte der Länder der ordentlichen Gerichtsbarkeit sowie die Fachgerichte und auch Landesverfassungsgerichte. Da die Kirchengerichte nicht in die Staatsorganisation eingegliedert sind und Rechtsprechungsgewalt nur für Angelegenheiten des innerkirchlichen Bereich haben,, sind sie nicht vorlageberechtigt.[534] Darüber hinaus sind weder die privaten Schiedsgerichte gemäß Art. 1025 ff. ZPO, noch Amtsrichter, wenn diese als Vollstreckungsbehörde tätig sind, sowie ebenso wenig Rechtspfleger als Gericht im Sinne des Art. 100 Abs. 1 GG anzu-

---

[530] *Benda-Klein,* Verfassungsprozessrecht, S. 310 Rn. 753; Rn. 758.
[531] *Meyer,* in: Münch/Kunig, GGK Bd. II, Art. 100 Rn. 10.
[532] Art. 100 Abs. 1 GG und § 80 Abs. 1 BVerfGG.
[533] BVerfG, 17.01.1957-1BvL 4/54.
[534] *Benda-Klein,* Verfassungsprozessrecht, Rn. 765-766.

sehen.[535] Demgegenüber können Wahlprüfungsgerichte, Truppengerichte sowie Berufs- und Ehrengerichte von Körperschaften des öffentlichen Rechts einen Antrag auf konkrete Normenkontrolle stellen.[536] Die Vorlage einer zu überprüfenden Rechtsnorm wird im Ausgangsverfahren allein durch den Richter vorgenommen. Zwar können die Verfahrensbeteiligten eine solche Vorlage beim Instanzrichter anregen. Die Entscheidung darüber, ob eine konkrete Normenkontrolle beantragt wird, obliegt aber allein dem Instanzrichter.[537]

d) Vorlagegenstand

Gegenstand des konkreten Normenkontrollverfahrens können grundsätzlich alle geltenden, formellen, nachkonstitutionellen Gesetze sein. Dementsprechend kommen nicht nur die schon in Kraft getretenen, d. h. die ausgefertigten und verkündeten formellen Bundes- und Landesgesetze, sondern auch verfassungsändernde Gesetze als Gegenstand in Betracht. Unter Gesetzen im formellen Sinn sind sowohl die vom parlamentarischen Gesetzgeber erlassenen Gesetze als auch die gesetzesvertretende Rechtsverordnung[538] sowie die im Gesetzgebungsnotstand nach Art. 81 GG und im Verteidigungsfall gemäß Art. 53a, 115a Abs. 2 GG erlassenen Gesetze zu verstehen.[539] Zu den nachkonstitutionellen Gesetzen zählen alle Gesetze, die nach dem 23. Mai 1949, 24.00 Uhr, also nach Inkrafttreten des Grundgesetzes verkündet worden sind.[540] Die Rechtsvorschriften der früheren DDR sind nicht vorlagefähig.[541] Es ist außerdem hervorzuheben, dass ein gesetzgeberische Unterlassen kein tauglicher Gegenstand einer Normenkontrolle sein ist. Denn die konkrete Normenkontrolle zielt nicht darauf ab, zu kontrollieren, ob der Gesetzgeber verfassungsmäßig arbeitet, sondern vielmehr darauf, die gesetzgebende Gewalt davor zu schützen, dass die von ihm erlassenen Rechtsnormen missachtet werden.[542] Ebenfalls kein tauglicher Gegenstand einer konkreten Nor-

---

[535] *Hamford*, NordÖR 2011 S. 301 (302).

[536] Ebd.

[537] *Benda-Klein*, Verfassungsprozessrecht, Rn. 767-768.

[538] Die gesetzesvertretende Verordnung (auch „selbständige Verordnung im engeren Sinn") prinzipiell ist eine Verordnung, die direkt auf eine verfassungsgesetzliche Grundlage gestützt und daher ohne einfachgesetzliche Ermächtigung erlassen werden kann. Gesetzesvertretende Verordnungen sind allerdings seit dem Inkrafttreten des Grundgesetzes (GG) in Deutschland nicht mehr zulässig (Art. 129 Abs. 3 GG)

[539] *Müller-Terpitz*, in: Schmidt-Bleibtreu/Hofmann/Henneke, GGK, Art. 100 Rn. 7.

[540] Das Grundgesetz ist gemäß Art. 145 Abs. 2 GG am 23. Mai 1949 in Kraft getreten; *Campenhausen/Unruh*, in: Mangoldt/Klein/Starck, Kommentar zum GG (2010), Bd. III § 145 Rn. 8.

[541] *Müller-Terpitz*, in: Schmidt-Bleibtreu/Hofmann/Henneke, GGK, Art. 100 Rn. 10.

[542] *Benda-Klein*, Verfassungsprozessrecht, Rn. 790; BVerfGE 10, 124 (127).

menkontrolle sind die allgemeinen Regeln des Völkerrechts nach Art. 25 GG.[543] Zwar sind die allgemeinen Regeln des Völkerrechts nach Art. 25 GG Bestandteil des Bundesrechts, sie sind aber keine formellen Gesetze. Sie kommen aber unmittelbar zur Anwendung, wenn ein entsprechender Anwendungsbefehl des Gesetzgebers in Form eines Zustimmungsgesetzes vorliegt. Damit kann lediglich das Zustimmungsgesetz zu einem völkerrechtlichen Vertrag oder Vereinbarung gemäß Art. 59 Abs. 2 GG tauglicher Vorlagegegenstand sein.[544] Das primäre und das sekundäre Unionsrecht können ebenfalls nur mittelbar Vorlagegegenstand der konkreten Normenkontrolle sein, vorausgesetzt, die Verfassungsmäßigkeit des Umsetzungsgesetzes wird in Frage gestellt.[545]

e) Prüfungsmaßstab

Das Bundesverfassungsgericht prüft das Gesetz umfassend am Grundgesetz sowie Landesgesetze zusätzlich an sonstigem Bundesrecht.[546] Prüfungsmaßstab sind dabei nicht nur die einzelnen ausdrücklichen Vorschriften des Grundgesetzes, sondern auch die dem Grundgesetz zugrunde liegende Prinzipien, Rechtsgrundsätze sowie Leitgedanken.[547] Des Weiteren zählen zum Prüfungsmaßstab für die Bundesgesetze auch die allgemeinen Regeln des Völkerrechts nach Art. 25 GG.[548] Prüfungsmaßstab für ein formelles Landesgesetz können darüber hinaus auch materielle Bundesgesetze sein.[549]

f) Vorlagegrund

Die Vorlage einer konkreten Normenkontrolle ist an hohe Anforderungen geknüpft, insbesondere muss ein sog. Vorlagegrund vorliegen. Ein solche ist gegeben, wenn zwei Voraussetzungen erfüllt sind: Zum einen muss das vorlegende Gericht von der Verfassungswidrigkeit überzeugt sein, bloße Zweifel an der Verfassungsmäßigkeit reichen nicht aus. Zum anderen muss die angefochtene Norm für die Entscheidung des Ausgangsverfahrens entscheidungserheblich sein.

---

[543] *Müller-Terpitz*, in: Schmidt-Bleibtreu/Hofmann/Henneke, GGK, Art. 100 Rn. 7, 13.

[544] *Müller-Terpitz*, in: Maunz/Schmidt-Bleibtreu/Klein/Bethge, BVerfGG, 47. EL 2015, § 80 Rn. 133.

[545] Es muss deutlich machen, dass das BVerfG Unionsrecht grundsätzlich nicht am Maßstab des GG prüft, da hierfür der EuGH zuständig ist, dass BVerfG sich aber sog. Reservekompetenzen diesbezüglich gesichert hat; *Müller-Terpitz*, in: Maunz/Schmidt-Bleibtreu/Klein/Bethge, BVerfGG, 47. EL 2015, § 80 Rn. 134.

[546] Art. 100 Abs. 1 S. 1 und S. 2 Alt. 1 GG.

[547] *Müller-Terpitz*, in: Maunz/Schmidt-Bleibtreu/Klein/Bethge, BVerfGG, 47. EL 2015, § 80 Rn. 182.

[548] *Müller-Terpitz*, in: Maunz/Schmidt-Bleibtreu/Klein/Bethge, BVerfGG, 47. EL 2015, § 80 Rn. 184.

[549] *Müller-Terpitz*, in: Schmidt-Bleibtreu/Hofmann/Henneke, Art. 100 Rn. 15.

fa) Überzeugung von der Inkompatibilität mit höherrangigem Recht

Nach dem Wortlaut des Art. 100 Abs. 1 S. 1 GG geht das Bundesverfassungsgerichts davon aus, dass bloße Zweifel an der Verfassungswidrigkeit oder an der Bundesrechtswidrigkeit als Vorlagegrund nicht ausreichen. Würde das Gericht die Verfassungswidrigkeit einer Norm lediglich bezweifeln, wäre die Vorlage unzulässig.[550] Denn es ist zunächst die Aufgabe der Instanzgerichte, die entsprechende Norm auszulegen und sich von der Verfassungswidrigkeit einer entscheidungserheblichen Norm auf diese Weise zu überzeugen. Dies bedingt auch, dass das Ausgangsgericht die Vorlage nähere Begründung.[551] Die Begründung muss eine ausführliche und eine nachvollziehbare Darlegung der Gründe enthalten, warum das Ausgangsgericht die entscheidungserhebliche Norm für verfassungswidrig hält.[552] Aus der föderalen Struktur der Bundesrepublik Deutschland folgt außerdem, dass eine Vorlage einer landesrechtlichen Norm vor einem Landesverfassungsgericht und vor dem Bundesverfassungsgericht gleichzeitig zulässig ist. Das Subsidiaritätsprinzip steht dem nicht entgegen. Mithin steht es dem Instanzgericht frei, bei welchem Gericht es die Vorlage einreicht.[553]

fb) Entscheidungserheblichkeit

Der wesentliche Unterschied zwischen der konkreten und der abstrakten Normenkontrolle besteht darin, dass bei der konkreten Normenkontrolle die für verfassungswidrig gehaltene Norm im gerichtlichen Ausgangsverfahren entscheidungsrelevant sein muss.[554] Daher kann eine Norm nur dann vorlegen werden, wenn es auf ihre Gültigkeit im Ausgangsstreit bei der Endentscheidung ankommt. Dies ist der Fall, wenn die Entscheidung des Instanzgerichts vom Bestand des Gesetzes gemäß § 80 Abs. 2 S. 1 BVerfGG abhängt. „Ankommen" bedeutet also, dass das Instanzgericht im Ausgangsverfahren zu einer anderen Entscheidung kommen würde, wenn die angefochtene Vorschrift ungültig wäre. Dementsprechend hat das Instanzgericht in der Vorlage ausführlich darzulegen, inwieweit die Gültigkeit der betreffenden Norm für den zu entscheidenden Sachverhalt relevant ist.[555] Ist die vorgelegte Norm offensichtlich für den Rechtsstreit nicht relevant, dann kommt es auf die Vorschrift für das Ausgangsverfahren nicht auf sie an.[556] In der Praxis legen die Instanzgericht die Entscheidungserheblichkeit gelegentlich zu weit oder auch zu eng aus. In diesen Fällen muss das Bundesverfassungsge-

---

[550] BVerfG 1, 184 (189); 2, 406 (411); 4, 214 (218).
[551] § 80 Abs. 2 BVerfGG.
[552] BVerfGE 22, 369 (377 ff.).
[553] *Benda-Klein*, Verfassungsprozessrecht, Rn. 772; Rn. 807; Rn. 814; Rn. 852.
[554] *Sieckmann*, in: Mangoldt/Klein/Starck, Kommentar zum GG (2010), Band III § 100 Rn. 36.
[555] *Benda-Klein*, Verfassungsprozessrecht, Rn. 815; Rn. 824; Rn. 855; Hömig, Handkommentar zum GG (2013), § 100 Rn. 7.
[556] *Benda-Klein*, Verfassungsprozessrecht, Rn. 834.

richt die Vorlage nicht verwerfen, sondern hat die Möglichkeit sie zu korrigieren. Wurde beispielsweise eine Rechtsnorm mit der konkreten Normenkontrolle umfassend angefochten, obwohl n, für die Entscheidung im Ausgangsverfahren nur ein Teil relevant ist, kann das Bundesverfassungsgericht den überschüssigen Teil der Vorlage, nicht aber die Vorlage im Ganzen, für unzulässig erklären. Im umgekehrten Fall, also, wenn ein Instanzgericht nur den Teil einer Rechtsvorschrift für verfassungswidrig oder für entscheidungsrelevant hält, kann das Bundesverfassungsgericht den Prüfungsgegenstand über die Vorlage hinaus auf die gesamte Rechtsvorschrift auszuweiten. Bei der Bestimmung des Prüfungsgegenstands ist das Bundesverfassungsgericht also nicht an die konkrete Vorlage gebunden, sondern verfügt über einen weiten Beurteilungsspielraum.[557]

g) Entscheidungswirkung

Die Vorlage ist unzulässig, wenn sie „offensichtlich unbegründet" ist.[558] In diesem Fall ist jedoch die Vorlage nicht zu verwerfen, wie sich aus dem Wortlaut von Art. 100 GG ergibt. Stattdessen ist über die Vereinbarkeit der vorgelegten Norm mit dem Grundgesetz bzw. bei einem Verfahren vor einem Landesverfassungsgericht (Art. 100 Abs. 1 S. 2 GG) mit der Landesverfassung zu entscheiden.[559] Das Bundesverfassungsgericht ist bezüglich der Sachprüfung weder an die durch das Instanzgericht vorgenommene Auslegung der vorgelegten Norm oder an den in der Vorlage angeführten Prüfungsmaßstab, noch an den Vorlagegegenstand gebunden.[560] Allein dem Bundesverfassungsgericht obliegt die Entscheidung, ob die von dem Instanzgericht vorgelegte Vorschrift verfassungswidrig ist. Kommt das Bundesverfassungsgericht zum Ergebnis, dass die zur Prüfung gestellte Rechtsnorm mit dem Grundgesetz oder mit dem sonstigen Bundesrecht unvereinbar ist, erklärt es die Norm für nichtig.[561]

h) Praxis

Mit Blick auf die Praxis ist festzustellen, dass im Jahr 2015 nur bei ca. 1,6 % aller Verfahrensarten vor dem Bundesverfassungsgericht das Verfahren der konkreten Normenkontrolle betrafen. Dennoch belastet die konkrete Normenkontrolle das Bundesverfassungsgericht nach der Individualverfassungsbeschwerde am stärksten.[562] Die Richtervorlage spielt – trotz der geringeren Antragszahl – seit dem

---

[557] *Benda-Klein,* Verfassungsprozessrecht, Rn. 851.
[558] § 24 BVerfGG.
[559] *Benda-Klein,* Verfassungsprozessrecht, Rn. 871.
[560] Vgl. *Benda-Klein,* Verfassungsprozessrecht, S. 357-360.
[561] *Benda-Klein,* Verfassungsprozessrecht, Rn. 884.
[562] Ein Überblick über die Statistik in Bezug auf die Verfahrensarten findet sich auf der Website des BVerfGG abrufbar unter: http://www.bundesverfassungsgericht.de/DE/Verfahren/Jahresstatistiken (aufgerufen am 01.05.2016)

Bestehen der Bundesrepublik Deutschland eine bedeutende Rolle in der Praxis des Bundesverfassungsgerichts. Grundlegende Leitentscheidungen des Gerichts wurden im Rahmen dieser Verfahrensart getroffen, unter ihnen z. B. die „Solange I"-Entscheidung 1974, welche das Verhältnis zwischen einer Rechtsnorm der Europäischen Union und dem deutschen Verfassungsrecht betraf.[563] Weitere, bundesweit wichtige Entscheidungenwaren etwa die Entscheidung über das „Recht auf Rausch", „Hartz IV" oder die „Pendlerpauschale".[564] Als grundlegendes Urteil lässt sich außerdem die Entscheidung des Thüringer Verfassungsgerichtshofs aus dem Jahr 2008 ansehen, mit der das Gericht die 5 % Sperrklausel im Thüringer Kommunalwahlrecht für nichtig erklärte.[565]

2. Die vorrangige Frage zur Verfassungsmäßigkeit in Frankreich
a) Der neue Rahmen der konkreten Normenkontrolle

Nach dem Inkrafttreten der Verfassung im Jahr 1958 war in Frankreich weder eine Verfassungsbeschwerde noch eine konkrete oder eine nachträgliche abstrakte Normenkontrolle möglich. Der Verfassungsrat verfügte ausschließlich über die präventive Normenkontrolle, bis im Zuge der Verfassungsreform am 23. Juli 2008 das Verfahren der vorrangige Frage zur Verfassungsmäßigkeit („question prioritaire de constitutionalité"; QPC), eine Art der konkreten Normenkontrolle, eingerichtet wurde.[566] Das Kassationsgericht und der Staatsrat können seither dem Verfassungsrat eine vorrangige Frage zur Verfassungsmäßigkeit vorlegen. Voraussetzung hierfür ist, dass eine gesetzliche Bestimmungen gegen verfassungsrechtlich garantierte Rechte oder Freiheiten der Parteien des Ausgangsverfahrens verstößt und diese gesetzliche Bestimmung im Ausgangsverfahren relevant sind.[567] Die Rechte und Freiheiten der Verfassung werden von den folgenden Dokumenten garantiert: der Verfassung vom 4. Oktober 1958 in ihrer gegenwärtigen Fassung; den Rechtsquellen, die sich aus der Präambel der Verfassung vom 4. Okto-

---

[563]   BVerfGE 37, 271.
[564]   BVerfGE 90, 145; BVerfGE 125, 175; BVerfGE 122, 210.
[565]   VerfGH Weimar, NVwZ-RR 2009, 1.
[566]   Verfassungsänderungsgesetz Nr. 2009-1523 vom 10. Dezember 2009 über die Durchführung von Art. 61-1 der Verfassung; *Albrechtskirchinger,* EuZW 11/2010, S. 402; Einer anderen anderen Ansicht nach, hat die QPC aus deutscher Perspektive den Hybridcharakter und kann auch als eine indirekte Verfassungsbeschwerde interpretiert werden; vgl. *Walter,* Verfassungsprozessuale Umbrüche – eine rechtsvergleichende Untersuchung zur französischen Question prioritaire de constitutionnalité, 2015.
[567]   Art. 61 - 1 Abs. 1 FraVerf.

115

ber 1958 ergeben; der Erklärung der Menschen- und Bürgerrechte von 1789; der Präambel der Verfassung von 1946; den wesentlichen Grundsätzen, die durch die Gesetze der Republik anerkannt sind, und der Umwelt-Charta von 2004.[568]

b) Charakter der vorrangigen Frage

Einerseits bedeutet Vorrangigkeit, dass die Frage umgehend überprüft werden muss, vorrangig also im Sinne von zeitlich prioritär zu verstehen ist. Bei der Bestimmung, ob eine Frage zeitlich gesehen dringend zu beantworten, muss beachtet werden, dass die Zeit für das Verfahren der vorrangigen Frage auf die Verfahrensdauer des Ausgangsverfahrens angerechnet wird. Folglich darf das Verfahren der vorrangigen Frage das gerichtliche Ausgangsverfahren auch nicht verzögern. Um eine solche Verzögerung zu vermeiden, sind die Ausgangsgerichte verpflichtet, unverzüglich die vorrangige Frage an den Staatsrat oder den Kassationsgerichtshof zu übermitteln.[569] Die jeweils zuständigen Richter werden die Prüfung der Verfassungsmäßigkeit der vorgelegten Bestimmungen aber nur dann vornehmen, wenn die Verfassungsmäßigkeit der Vorschrift wirklich fraglich ist oder es sein kann, dass das Gesetz gegen einen völkerrechtlichen Vertrag oder ein völkerrechtliches Abkommen verstößt.[570]

c) Vorlagegegenstand

Tauglicher Gegenstand des Verfahrens der vorrangigen Frage sind gesetzliche Bestimmungen.[571] In erster Linie kommen daher die vom Parlament erlassenen Gesetze und von ihm bestätigten gesetzesvertretenden Verordnungen in Betracht.[572] Auch die Bestimmungen eines vom Kongress von Neukaledonien verabschiedeten Landesgesetzes sowie bestimmte Arten von Rechtsakten der Versammlung von Neukaledonien können tauglicher Gegenstand der vorrangigen Frage sein.[573] Hingegen sind die vom Parlament nicht bestätigten gesetzesvertretenden Verordnungen, Dekrete, Verwaltungsordnungen und Verwaltungsakte keine tauglichen

---

[568]   Die Präambel der französischen Verfassung.
[569]   Art. 23-2 Abs. 1 VerfRatG.
[570]   Art. 23-2 Abs. 3 VerRatG.
[571]   Nach dem Wortlaut des Art. 61-1 Abs. 1 S. 1 FraVerf: „verfassungsausführenden Gesetze".
[572]   Art. 61-1 FraVerf, Art. 23-1 Abs. 1, 23-2 Abs. 2 und 23-5 Abs. 1 und 2 VerfRatG.
[573]   Erwägungsgrund 33 der Entscheidung Nr. 2009-595 DC vom 3. Dezember 2009 über die Verfassungsänderungsgesetze zur Durchführung von Art. 61-1 der Verfassung.

Gegenstände der vorrangigen Frage. Sie sind als Verwaltungsmaßnahmen zu betrachten und im Rahmen der Verwaltungsgerichtsbarkeit zu überprüfen. Des Weiteren kann weder die Verfassung selbst noch die Zustimmungsgesetze zu europäischem sowie internationalem Recht im Wege der QPC kontrolliert werden.[574]

d) Vorlageberechtigung und Frist

Als Gerichte, welche die QPC beantragen können, kommen zunächst alle Gerichte in Betracht, die dem Staatsrat bzw. dem Kassationsgericht untergeordnet sind. Folglich können sowohl die ordentlichen Gerichte als auch die Verwaltungsgerichte eine vorrangige Frage zur Verfassungsmäßigkeit beantragen. Die vorrangige Frage kann sowohl in einem erstinstanzlichen als auch in einem Berufungs- oder Revisionsverfahren gestellt werden.[575] Es ist jedoch hervorzuheben, dass das Schwurgericht („Cour d'assassin") nicht vorlageberechtigt ist, da es zuständig ausschließlich für Verbrechen ist, besonders schwere Rechtsverstöße, die grundsätzlich mit einer Gefängnisstrafe sanktioniert werden.[576] Die Parteien in einem gerichtlichen Verfahren können sich nicht unmittelbar selbst an den Verfassungsrat wenden, sondern sind auf die Vorlage durch den Richter des Ausgangsverfahrens angewiesen. Hält das Ausgangsgericht die Vorlage für zulässig, dann übermittelt es die für verfassungswidrig gehaltene Vorschrift dem Staatsrat („Conseil de État") oder dem Kassationsgerichtshof („Cour de cassation") und setzt das Ausgangsverfahren aus. Auf die Suspendierung des Ausgangsverfahrens kann nur verzichtet werden, wenn es sich hierbei um ein Verfahren handelt, dass die Freiheitsentziehung einer Person betrifft oder wenn die Aussetzung „unwiderrufliche" oder „offensichtlich unangemessene" Folgen für die Verfahrensbeteiligten verursachen würde.[577] Der Beschluss über die Entscheidung des Ausgangsgerichts eine vorrangige Frage an den Staatsrat oder den Kassationsgerichtshof zu stellen, ist unanfechtbar und binnen acht Tagen nach sein Fassung dem jeweiligen Gericht zu übermitteln. Entscheidet das Ausgangsgericht hingegen, keine vorrangige Frage an den Staatsrat oder den Kassationsgerichtshof zu stellen, ist diese Entscheidung ausschließlich zusammen mit der Hauptsachentscheidung mit dem

---

[574] *Walter,* Verfassungsprozessuale Umbrüche, 2015, S. 57.
[575] Punkt 6 der Internetseite über die „Vorrangige Frage der Verfassungsmäßigkeit" ist unter abrufbar: http://www.conseil-constitutionnel.fr/conseil-constitutionnel/deutsch/vorrangige-frage-zur-verfassungsmassigkeit/12-fragen-zur-einfuhrung.47859.html#1 (aufgerufen am 01.05.2016)
[576] Art. 23-1 Abs. 4 VerfRatG.
[577] Art. 23-3 Abs. 1 S.1 und Abs. 4VerfRatG.

entsprechenden ordentlichen Rechtsmittel anfechtbar.[578] Der Staatsrat und das Kassationsgericht treffen jeweils ihre Entscheidung innerhalb von drei Monaten und übermitteln diese dem Verfassungsrat. Diese Frist entspricht den Vorgaben von Art. 61-1 FraVerf.[579]

e) Ordnungsgemäßer Antrag und Anwaltszwang

Die vorrangige Frage zur Verfassungsmäßigkeit ist das jedermann offenstehende Recht, als Prozesspartei oder Verfahrensbeteiligter in einem Gerichtsverfahren zu behaupten, eine gesetzliche Bestimmung verletze die von der Verfassung verbürgten Rechte und Freiheiten dieser Prozesspartei bzw. dieses Verfahrensbeteiligten. Prozesspartei, die behauptet, eine gesetzliche Bestimmung verletze die von der Verfassung gewährleisteten Rechte und Freiheiten, können sich nicht unmittelbar selbst an den Verfassungsrat wenden, sondern sind auf die Vorlage durch den Richter des Ausgangsverfahrens angewiesen. Sie müssen diesbezüglichen Einwand mittels eines gesonderten und begründeten Schriftsatzes beim Gericht des Ausgangsverfahrens erheben.[580] Hält der Richter im Ausgangsverfahren den Einwand für berechtigt, übermittelt er diesen gesonderten und eigens begründeten Schriftsatz gemäß Art. 23-1 Abs. 1 S. 1 VerfRatG an den Verfassungsrat.[581] Wird ein Verfahren der vorrangigen Frage zur Verfassungsmäßigkeit vor dem Verfassungsrat in einem Ausgangsverfahren angestrengt, das vor dem Kassationsgerichtshof stattfindet, müssen die Parteien, insbesondere, wenn sie die Vorlage nicht selbst beantragt haben, innerhalb einer Frist von einem Monat eine diesbezügliche Stellungnahme vorlegen. Diese müssen von einem beim Staatsrat oder beim Kassationsgerichtshof zugelassenen Anwalt unterzeichnet sein, sofern die vorrangige Frage Sachgebiete betrifft, bezüglich derer auch vor dem Kassationsgerichtshof Anwaltszwang herrscht.[582]

f) Begründetheit der Vorlage

Zusammenfassend lässt sich feststellen, dass eine Vorlage für die vorrangige Frage zur Verfassungsmäßigkeit drei Voraussetzungen erfüllen muss: Zuerst muss die für verfassungswidrig gehaltene Norm für den Ausgangsstreit sowie für das Ausgangsverfahren anwendbar sein oder Grundlage für die Strafverfolgung bilden. Die Bestimmung darf außerdem in einer Entscheidung des Verfassungsrates für verfassungswidrig erklärt worden sein, sei es im Tenor oder auch nur in den

---

[578] Art. 23-2 Abs. 3 S. 2 und S. 3 VerfRatG.
[579] Art. 23-4 S. 1 VerfRatG.
[580] Art. 126-2 (1) FraZPO.
[581] Art. 23-1 Abs. 1 S. 1 VerfRatG.
[582] Art. 126-9 FraZPO.

Gründen. Eine Ausnahme hiervon gilt für die Fälle, in denen sich die Umstände so erheblich geändert haben, dass die bereits getroffene Entscheidung auf die neue Fallkonstellation nicht mehr anzuwenden ist. Schließlich muss die Frage auch „ernsthaft" gestellt werden.[583] Die Frage nach der Ernsthaftigkeit ähnelt durchaus der Frage, die sich im deutschen Recht bei der konkreten Normenkontrolle hinsichtlich des Überzeugungsgrads des Instanzrichter mit Blick auf die Verfassungswidrigkeit der vorgelegten Norm. Die französische Formulierung der „Ernsthaftigkeit" ist allerdings in einem strengeren Sinne zu verstehen und soll insbesondere auch solche Konstellationen ausschließen, in denen die vorrangige Frage allein zum Zwecke der Prozessverschleppung gestellt werden.[584]

g) Entscheidungswirkung

Der Verfassungsrat hat seine Entscheidung innerhalb von drei Monaten zu treffen.[585] Erklärt der Verfassungsrat die Bestimmung für verfassungswidrig, wird die Bestimmung aufgehoben und auf diese Weise aus dem innerstaatlichen Rechtssystem entfernt.[586] Gegen die Entscheidung des Verfassungsrates existiert kein statthaftes Rechtsmittel. Die Entscheidung des Verfassungsrates bindet außerdem alle Verfassungsorgane sowie Verwaltungsbehörden und Gerichte. Sie verfügt damit über eine *erga-omnes*-Wirkung.[587]

h) Praxis

Seit Inkrafttreten der Verfassungsänderung vom 1. März 2010 hat der *Conseil constitutionnel* bereits über 424 Vorlagen entschieden. Die bisherige Praxis zeigt, dass die vorrangige Frage zur Verfassungsmäßigkeit eine bereits lange bestehende Lücke in der französischen Verfassungsgerichtsbarkeit schließt. Inzwischen ist es die häufigste Verfahrensart in der Spruchpraxis des Verfassungsrats.[588]

i) Zwischenergebnis

Zusammenfassend lässt sich feststellen, dass mit der Regelung der vorrangigen Frage zur Verfassungsmäßigkeit die Richtervorlage in Frankreich ins Leben gerufen wurde. Das Novum dieses Verfahrens besteht darin, dass nicht nur Staatsbürger, sondern auch Ausländer sich zumindest mittelbar die Frage der Verfassungs-

---

[583] Art. 23-2 Abs. 1 VerfRatG.
[584] Die Entscheidung Nr. 2009-595 DC vom 3. Dezember 2009 über die Verfassungsänderungsgesetze über die Durchführung von Art. 61-1 der Verfassung, Rn. 4-5.
[585] Art. 23-10 S. 1 VerfRatG.
[586] Art. 62 Abs. 2 S. 1 FraVerf.
[587] Art. 62 Abs. 3 FraVerf.
[588] Die Statistik des Verfassungsrates ist abrufbar unter: http://www.conseil-constitutionnel.fr/conseil-constitutionnel/francais/nouveaux-cahiers-du-conseil/cahier-n-50/bilan-statistique-au-30-septembre-2015.146795.html (aufgerufen am 01.05.2016).

widrigkeit aufwerfen kann, vorausgesetzt, er kann die Verletzung seiner durch die Verfassung garantierten Rechte oder Freiheiten in einem gerichtlichen Ausgangsverfahren geltend machen. Außerdem ermöglicht die QPC die bereits verkündeten Vorschriften auf ihre Verfassungsmäßigkeit zu überprüfen.[589] Wie festgestellt, ist jede Instanz der ordentlichen Gerichtsbarkeit und der Fachgerichte dazu berechtigt, die Frage der Verfassungswidrigkeit aufzuwerfen. In einem zivilrechtlichen hat der Staatsrat und in einem verwaltungsrechtlichen Verfahren das Kassationsgericht eine Filterfunktion, da diese Gerichte zu Beginn des Verfahrens innerhalb von drei Monaten darüber zu entscheiden haben, ob die Rechtsfrage dem Verfassungsgericht zur endgültigen Entscheidung vorgelegt wird.[590] Durch die am 1. März 2010 in Kraft getretene fünfte Verfassungsänderung, mit der die vorrangige Frage ein Teil des französischen Rechtssystems geworden ist, wurde veranlasst, dass sogar in bereits laufenden Gerichtsverfahren den Verfahrensbeteiligten, die Möglichkeit des Verfahrens der vorrangigen Frage zur Verfügung gestellt wurde. Die Reform zielte darauf ab, einen neuen Weg für die Bürger zu öffnen, durch die sie ihre von der Verfassung garantierten Rechte und Freiheiten einfordern können. Außerdem war es ein Zweck der Verfassungsänderung, verfassungswidrige Vorschriften aus der Rechtsordnung zu entfernen. Des Weiteren führte die Reform zur Sicherstellung des Vorrangs der Verfassung im innerstaatlichen Recht.[591]

3. Spanien
a) Charakter der konkreten Normenkontrolle

In Spanien umfasst die konkrete Normenkontrolle („cuestión de constitucionalidad") die Prüfung der Verfassungswidrigkeit einer Norm, deren Gültigkeit unmittelbare Auswirkung auf ein laufendes gerichtliches Verfahren hat. Es ist allerdings darauf hinzuweisen, dass dieses Verfahren, anders als in Deutschland nicht nur dann Anwendung findet, wenn die für verfassungswidrig gehaltene Norm für das Endurteil relevant ist, sondern auch dann, wenn die Norm in einem Zwischenurteil oder in nicht sofort vollstreckbaren Entscheidungen zu berücksichtigen ist. Darüber hinaus kann ein Richter die Norm dem Verfassungsgericht auch dann

---

[589] *Franzke,* EuGRZ 2010, 414 (416).
[590] *Karrenstein,* DÖV 11/2009 S. 445 (451).
[591] Siehe dazu die *Ziele und den Aufbau des Verfassungsänderungsgesetzeses* in der Entscheidung Nr. 2009-595 DC vom 3. Dezember 2009 über die Verfassungsänderungsgesetze zur Durchführung von Art. 61-1 der Verfassung, S. 2-3.

vorlegen, wenn die Norm zwar nicht unmittelbar für die Begründung der Entscheidung von Bedeutung ist, diese Norm aber auch durch andere Körperschaften der staatlichen Gewalt angewendet wird.[592]

b) Vorlageberechtigung

Vorlageberechtigt sind grundsätzlich nur die Gerichte und von diesen jeweils der nur der Richter a *quo*.[593] Unter einem Richter sind sowohl Einzelrichter als auch der Spruchkörper eines Kollegialgerichts zu verstehen. Aus dem Wortlaut des Art. 163 CE und Art. 35 Abs. 1 LOTC ergibt sich, dass die Parteien selbst keine Vorlage beim Verfassungsgericht einreichen können. Die Bürger können allerdings das *Amparo*-Verfahren beantragen.[594]

c) Vorlagegegenstand

Gegenstände des konkreten Normenkontrollverfahrens sind wie beim nachträglichen abstrakten Normenkontrollverfahren (1) Autonomiestatute und Organgesetze einschließlich formeller Gesetze, (2) übrige Gesetze, normative Bestimmungen und Akte mit Gesetzeskraft („con fuerza de ley") und legislative Verordnungen und Gesetzesverordnungen („decretos leyes"), (3) internationale Verträge und deren Zustimmungsgesetze, (4) Geschäftsordnungen der Kammern und der Cortes, (5) Gesetze, Akte und normative Bestimmungen mit Gesetzeskraft der Autonomen Gemeinschaften sowie (6) die Geschäftsordnung der gesetzgebenden Versammlung der Autonomen Gemeinschaften.[595]

d) Entscheidungserheblichkeit und Zweifel an der Verfassungsmäßigkeit

Ist ein Gericht der Auffassung, dass die in dem bestimmten Fall anzuwendende Vorschrift mit Gesetzesrang gegen die Verfassung verstößt und es auf die Gültigkeit dieser Vorschrift im vorliegenden Fall ankommt, dann reicht es die umstrittene gesetzliche Bestimmung beim Verfassungsgericht ein, damit dieses die Vorschrift auf ihre Verfassungsmäßigkeit prüft.[596] Obwohl der Wortlaut des Art. 163

---

[592] *Llorente*, Die Verfassungsgerichtsbarkeit in Spanien, in: Weber/Luchterhandt (Hrsg.), Verfassungsgerichtsbarkeit in Westeuropa, 2007, S. 177.

[593] Art. 163 CE i.V.m. Art. 35 Abs. 1 LOTC.

[594] *Llorente*, Die Verfassungsgerichtsbarkeit in Spanien, in: Weber/Luchterhandt (Hrsg.), Verfassungsgerichtsbarkeit in Westeuropa, 2007, S. 177; *Knaak*, Der Einfluss der deutschen Verfassungsgerichtsbarkeit auf das System der Verfassungsgerichtsbarkeit in Spanien, 1995, S. 139.

[595] Art. 27 Abs. 2 LOTC.

[596] Art. 163 CE.

CE nahe legt, dass die Vorlage nicht zur Aussetzung des Ausgangsstreits führt, wird in der Praxis das Ausgangsverfahren stets ausgesetzt.[597] Nach Art. 163 CE muss die der Voraussetzungen erfüllen. Zum einen muss die konkrete Entscheidung im Ausgangsverfahren von der Gültigkeit der betreffenden Norm abhängen. Insoweit handelt es sich um dieselbe Voraussetzung wie bei der konkreten Normenkontrolle in Deutschland. Zum anderen muss der vorlegende Richter eine Gewissheit über die Verfassungswidrigkeit der Norm haben, die über bloße Zweifel hinausgeht. Allerdings erfordert das Verfahren in Spanien von den vorlegenden Richtern keinen solchen festen Überzeugungsgrad wie er für die konkrete Normenkontrolle in Deutschland gefordert wird.[598]

e) Prüfungsmaßstab
Der Prüfungsmaßstab ist die Verfassung in formeller und materieller Hinsicht, wobei unter den formellen Kriterien die Zuständigkeit und das Normsetzungsverfahren und unter den materiellen Kriterien die Grundrechte, die Grundprinzipien und die Struktur- und Organisationsprinzipien zu verstehen sind.[599]

f) Entscheidungswirkung
Das Verfassungsgericht erklärt die Vorlage für unzulässig und verwirft die Vorlage ohne materielle Prüfung, wenn die Vorlage „offensichtlich unbegründet" ist oder die Vorlage den Anforderungen eines Sachurteil nicht genügt.[600] Ersteres ist etwa der Fall, wenn die Vorlage eine Norm betrifft, deren Verfassungsmäßigkeit für die Entscheidung des vorlegenden Gerichts irrelevant ist.[601] Ist die Vorlage zulässig und erklärt das Verfassungsgericht die angefochtene Norm für verfassungswidrig und hebt es die Norm auf.[602]

g) Praxis
Trotz der breiten Anwendungsmöglichkeiten dieses Verfahrens ist allerdings die konkrete Normenkontrolle in der spanischen Verfassungsrechtspraxis nicht von

---

[597] *Llorente,* Die Verfassungsgerichtsbarkeit in Spanien, in: Weber/Luchterhandt (Hrsg.) Verfassungsgerichtsbarkeit in Westeuropa, 2007, S. 178.
[598] Art. 163 CE lautet: „...verfassungswidrig sein *könnte..* "; Knaak, Der Einfluss der deutschen Verfassungsgerichtsbarkeit auf das System der Verfassungsgerichtsbarkeit in Spanien, 1995, S. 143-144.
[599] *Horn,* Richterliche Verfassungskontrolle in Lateinamerika, Spanien und Portugal, 1989, S. 69.
[600] Art. 37 Abs. 1 LOTC.
[601] *Llorente,* Die Verfassungsgerichtsbarkeit in Spanien, in: Weber/Luchterhandt (Hrsg), Verfassungsgerichtsbarkeit in Westeuropa, 2007, S. 178.
[602] Art. 39 Abs. 1 LOTC

zentraler Bedeutung. Die konkrete Normenkontrolle betraf etwa 0,017 % der gesamten Fälle im Jahr 2015.[603]

4. Portugal

a) Besonderheit der konkreten Normenkontrolle

Für das Verfahren der konkreten Normenkontrolle existiert keine allgemeingültigen Vorgaben im Sinne eines einheitlichen Verfahrens. Während die vorbeugende Normenkontrolle in einem vollständig unabhängigen Verfahren erfolgt, kann die konkrete Normenkontrolle der auch in der Form stattfinden, dass kein – ähnlich wie beim Rechtsmittelverfahren – kein im Verhältnis zum Ausgangsverfahren verselbstständigtes Verfahren ausgelöst wird. Folglich wird die inzidente Normenkontrolle in Portugal durch die ordentliche Gerichtsbarkeit von Amts wegen durchgeführt. Ein eigenständiges Normenkontrollverfahren vor dem Verfassungsgericht existiert aber nicht.[604] Obwohl in Portugal ein unabhängiges Verfassungsgericht errichtet wurde, obliegt die konkrete Normenkontrolle in Form der Inzidentprüfung der Verfassungs- und Gesetzmäßigkeit der in einem Gerichtsverfahren anzuwendenden Vorschrift den ordentlichen Gerichten.[605] Folglich wird die Inzident-Normenkontrolle in Portugal durch die ordentliche Gerichtsbarkeit von Amts wegen durchgeführt.[606]

b) Gegenstand

Der Gegenstand der konkreten Normenkontrolle ist jegliche Norm der portugiesischen Rechtsordnung, alle übernommenen völkerrechtlichen Normen sowie die von internationalen Organisationen erlassenen Normen.[607] Dazu gehört auch das vorkonstitutionelle Recht.[608]

---

[603] Die Statistik des spanischen Verfassungsgerichts ist abrufbar unter: http://www.tribunalconsti tucional.es/en/tribunal/estadisticas/pages/estadisticas (aufgerufen am 01.05.2016)

[604] *Moreiria Cardoso da Costa,* Die Verfassungsgerichtsbarkeit in Portugal, in: Weber/Luchterhandt (Hrsg.), Verfassungsgerichtsbarkeit in Westeuropa, Teilband I: Berichte (2007), S. 214.

[605] *Moreiria Cardoso da Costa,* Die Verfassungsgerichtsbarkeit in Portugal, in: Weber/Luchterhandt (Hrsg.), Verfassungsgerichtsbarkeit in Westeuropa, Teilband I: Berichte (2007), S. 208.

[606] Dies folgt ausdrücklich aus Art. 204 PortVerf, wonach die Gerichte keinerlei Normen anwenden dürfen, die gegen die Verfassung oder gegen die in ihr niedergelegten Grundsätze verstoßen.

[607] Art. 280 Abs. 1, Art. 282 Abs. 1 und Art. 277 Abs. 2 PortVerf.

[608] Vgl. Art. 282 Abs. 2 PortVerf; *Moreiria Cardoso da Costa,* Die Verfassungsgerichtsbarkeit in Portugal, in: Weber/Luchterhandt (Hrsg.), Die Verfassungsgerichtsbarkeit in Westeuropa, Teilband I: Berichte (2007), S. 207.

c) Prüfungsmaßstab

Alle Gerichte sind befugt, eigenständig und umfassend über die Verfassungsmäßigkeit jeder Norm zu entscheiden, und zwar hinsichtlich materieller und formeller Aspekte. Dabei bilden der Prüfungsmaßstab und sowohl alle „Normen" wie auch die „Grundsätze" der Verfassung.[609] Weiterhin kann das jeweiligen, die Prüfung durchführenden Gericht die Gesetzwidrigkeit eine Vorschrift in qualifizierter Weise prüfen zu.[610] Diese Überprüfung der Gesetzmäßigkeit betrifft die Vereinbarkeit zum einen mit den Statuten der Autonomen Regionen und den von den staatlichen Regionalorganen verkündeten Normen und zum anderen mit den sog. „verstärkten Gesetzen"[611] und den anderen gesetzgeberischen Akten.[612]

d) Rechtbehelf an das Verfassungsgericht

Im Rahmen der Prüfung der Verfassungsmäßigkeit von Rechtsnormen können die Instanzgericht folgende Entscheidungen treffen: (1) Entscheidungen, in denen die Anwendung der Norm aufgrund der Verfassungs- oder Gesetzwidrigkeit abgelehnt wurde (2) Entscheidungen, denen eine Vorschrift zugrunde liegt, die der Verfassung oder dem Gesetz entspricht und schließlich (3) Entscheidungen, die auf einer Vorschrift beruhen, die schon im Laufe eines konkreten oder eines abstrakten Normenkontrollverfahrens hinsichtlich der Verfassung oder der Gesetze für unvereinbar oder durch die Verfassungskommission für verfassungswidrig erklärt wurde.[613] Aufgrund der Tatsache, dass die Instanzgerichte in Portugal dazu in der Lage sind, Normen zu prüfen und sie ggf. aufzuheben, ist gegen die Entscheidung eines Instanzgerichts ein Rechtsbehelf an das Verfassungsgericht möglich.[614] Eine solche Beschwerde, kann durch die Staatsanwaltschaft und durch Personen, die laut der Verfahrensordnung des Instanzgerichts befugt sind, erhoben werden.[615] Dies sind in der Regel die Prozessparteien. Es existieren jedoch zwei Fälle, bei denen die Staatsanwaltschaft die Beschwerde nicht nur einlegen kann,

---

[609] Art. 277 Abs. 1 PortVerf, Unter den Grundsätzen der portugiesischen Verfassung sind die im Art. 1-11 PortVerf verankerten „Grundsätzlichen Bestimmungen" u. a. die Menschenwürde, die Rechtstaatlichkeit, die Volkssouveränität, die repräsentative Demokratie zu verstehen.

[610] Art. 280 Abs. 6 PortVerf.

[611] Unter dem Begriff „verstärkte Gesetze" versteht man die Gesetze, welche eine Billigung durch Zwei-Drittel-Mehrheit erfordern sowie diejenigen Gesetze, welche notwendige Grundlagen für andere Gesetze bilden oder von solchen anderen Gesetzen beachtet werden müssen, verstärkte Geltung (Art. 120 Abs. 3 PortVerf).

[612] Art. 280 Abs. 2 lit. b) und c) und Art. 281 Abs. 1 lit. c) PortVerf, Art. 112 Abs. 2 PortVerf i.V.m. Art. 280 Abs. 2 a) und Art. 281 Abs. 1 b) PortVerf.

[613] Horn, Richterliche Verfassungskontrolle in Lateinamerika, Spanien und Portugal, 1989, S. 93.

[614] Art. 280 Abs. 1 und 2 PortVerf i.V.m. Art. 70 VGG.

[615] Art. 72 Abs. 1 VGG.

sondern muss. Dies ist zum einen der Fall, wenn die Verfassungsmäßigkeit eines völkerrechtlichen Vertrags oder einer vom Präsidenten der Republik verkündete Rechtsverordnung in Frage steht.[616] Zum anderen hat die Staatsanwaltschaft die Beschwerde zu erheben, wenn eine schon für verfassungs- oder rechtswidrig erklärte Norm Anwendung findet.[617] Es ist allerdings hervorzuheben, dass eine Beschwerde gegen die zweite Form der oben genannten Entscheidungen der ordentlichen Gerichtsbarkeit nur dann einzulegen ist, wenn der ordentliche Rechtsweg erschöpft ist. Dies ist erforderlich, damit das Verfassungsgericht sich ausschließlich mit komplexen und spezifischen Rechtsfragen beschäftigen kann.[618] Eine Beschwerde gegen Gerichtsentscheidungen muss innerhalb von zehn Tagen vor dem Verfassungsgericht erhoben werden.[619] Das Verfassungsgericht trifft seine rechtskräftige Entscheidung über die Verfassungswidrigkeit oder über die Gesetzeswidrigkeit der betreffenden Norm.[620] Dementsprechend hat das Instanzgericht seine Entscheidung zu ändern.[621]

e) Zwischenergebnis

Zusammenfassend lässt sich feststellen, dass die konkrete Normenkontrolle in Portugal einen Mischcharakter aufweist. Die Tatsache, dass alle Instanzgerichte über die Prüfungs- und Verwerfungskompetenz hinsichtlich einer für verfassungswidrig gehaltenen Norm verfügen, bringt die portugiesische konkrete Normenkontrolle dem Einheitsmodell der Verfassungsgerichtsbarkeit näher. Die Möglichkeit, eine Beschwerde gegen die Entscheidung von Instanzgerichten vor dem Verfassungsgericht einzulegen, erweist sich als ein Merkmal des europäischen Modells der Verfassungsgerichtsbarkeit.[622] Gegenüber den anderen untersuchten europäischen Ländern zeigt Portugal eine Besonderheit. Da die konkrete Normenkontrolle von Amts wegen durch die ordentlichen Gerichte durchzuführt wird, kann eine Beschwerde nur von der Staatsanwaltschaft gegen diese Entscheidung eingelegt werden. Diese konkrete Normenkontrollverfahren machen etwa 80 % der gesamten Fälle des Verfassungsgerichts aus. Die Zahl ist bemerkenswert, vor allem angesichts der Tatsache, dass dieses Verfahren in anderen europäischen Ländern bei ca. 1 bis 5 % liegt. Diese Diskrepanz kann damit erklärt werden, dass

---

[616] Art. 280 Abs. 3 PortVerf.
[617] Art. 280 Abs. 5 PortVerf.
[618] Art. 70 Abs. 4 VGG.
[619] Art. 75 Abs. 1 VGG.
[620] Art. 80 Abs. 1 VGG.
[621] Art. 80 Abs. 2 VGG.
[622] *Moreiria Cardoso da Costa,* Die Verfassungsgerichtsbarkeit in Portugal, in: Weber/Luchterhandt (Hrsg.) Verfassungsgerichtsbarkeit in Westeuropa, Teilband I: Berichte (2007), S. 208-209.

in Portugal keine Verfassungsbeschwerde vorhanden ist, die konkrete Normenkontrolle insoweit eine Ausgleichsfunktion besitzt.[623]

5. Griechenland

a) Besonderheit der konkreten Normenkontrolle

Die konkrete Normenkontrolle ist in Griechenland von zentraler Bedeutung, zumal das griechische Recht nicht über eine abstrakte Normenkontrolle verfügt.[624] Aus dem Mischmodell der griechischen Verfassungsgerichtsbarkeit folgt, dass kein Verfassungsgericht, sondern der Oberste Sondergerichtshof (OSG) über die Verfassungsmäßigkeit einer Vorschrift entscheidet. Nicht jedes Gericht, sondern nur einer der drei obersten Gerichtshöfe – nämlich der Obersten Gerichtshof *(Areopag)*, der Staatsrat als Oberster Verwaltungsgerichtshof und der Rechnungshof – kann den OSG anrufen. Halten andere Gerichte eine Bestimmung für verfassungswidrig halten, können sie diese Norm lediglich unangewendet lassen. Infolgedessen verfügt das OSG nicht über das alleinige „Verwerfungsmonopol" bezüglich verfassungswidriger Bestimmungen. Dieses Merkmal bringt das griechische Model dem amerikanischen Einheitsmodell der Verfassungsgerichtsbarkeit näher.[625]

b) Vorlageberechtigung

Es ist jedoch auffällig, dass die konkrete Normenkontrolle in Griechenland zum Teil auch weitergehend ist als es etwa bei der konkreten Normenkontrolle nach Art. 100 Abs. 1 GG in Deutschland der Fall ist. Denn vorlageberechtigt sind nicht nur die eben genannten obersten Gerichte, sondern auch der Justizminister, die Staatsanwaltschaft am Areopag, der Generalkommissar des Rechnungshofs und der Generalkommissar der Verwaltungsgerichtsbarkeit. Zudem kann jedermann, der ein rechtliches Interesse hat, einen Antrag auf konkrete Normenkontrolle stellen.[626]

---

[623] Die Statistik des portugiesischen Verfassungsgerichts ist abrufbar unter: http://www.tribunal-constitucional.pt/tc/en/tribunal-estatisticas.html (aufgerufen am 01.05.2016)

[624] *Dagtoglou,* Die Verfassungsgerichtsbarkeit in Griechenland, in: Weber/Luchterhandt (Hrsg.), Verfassungsgerichtsbarkeit in Westeuropa, 2007, S. 295.

[625] *Dagtoglou,* Die Verfassungsgerichtsbarkeit in Griechenland, in: Weber/Luchterhandt (Hrsg.), Verfassungsgerichtsbarkeit in Westeuropa, 2007, S. 295, 309.

[626] Vgl. Art. 48 Abs. 1 OSG Gesetz; *Dagtoglou,* Die Verfassungsgerichtsbarkeit in Griechenland, in: Weber/Luchterhandt (Hrsg.), Verfassungsgerichtsbarkeit in Westeuropa, 2007, S. 296.

c) Vorlagegenstand

Vorlagengegenstand der griechischen konkreten Normenkontrolle sind, wie in Deutschland, formelle Gesetze. Außerdem können gesetzgeberische Akte des Präsidenten einer konkreten Normenkontrolle unterzogen.[627]

d) Prüfungsmaßstab

Der Oberste Gerichtshof kann nur wegen materiellen Verfassungswidrigkeit einer Rechtsvorschrift, nicht aber aufgrund deren formellen Verfassungswidrigkeit angerufen werden. Folglich ist der Prüfungsmaßstab der konkreten Normenkontrolle die Verfassung, aber nur in materieller Hinsicht. Folglich handelt es sich um einen eingeschränkten Prüfungsmaßstab. Wird der OSG aufgrund einer formellen Verfassungswidrigkeit angerufen, ist der Antrag unzulässig.[628]

e) Zulässigkeit der Vorlage

Damit eine Vorlage an den OSG zulässig ist, muss sie außerdem folgende Voraussetzungen erfüllen muss: (1) Erstens muss ein Antrag oder eine Vorlage gegen ein formelles Gesetz eingereicht werden. (2) Zweitens muss sich die angestrebte Prüfung auf die materielle Verfassungsmäßigkeit dieses formellen Gesetzes beschränken. (3) Schließlich muss drittens eine gesetzliche Bestimmung nach Auffassung einer der drei obersten Gerichtshöfe oder der anderen Antragsberechtigten verfassungswidrig sein, wobei diese Auffassung nicht bereits durch ein früheres Urteil des OSG bestätigt worden sein darf.[629]

f) Entscheidungswirkung

Erklärt der OSG eine gesetzliche Bestimmung mit einem Urteil für verfassungswidrig, so ist die verfassungswidrige Norm mit der Verkündung des Urteils unwirksam und nicht mehr anwendbar. Eine gesonderte Aufhebung der verfassungswidrigen Vorschrift, etwa durch ein anderes Verfassungsorgan findet, wie in den meisten Ländern mit dem Trennungsmodell der Verfassungsgerichtsbarkeit in Europa, nicht statt.[630] Das Urteil das OSG entfaltet Gesetzeskraft, wodurch sie ‚kraft der Verfassung unwirksam ist.[631] Die Entscheidungen des OSG verfügen außerdem über eine *erga-omnes*- und eine *ex-nunc*-Wirkung, es sein denn, dass der

---

[627] Art. 44 Abs. 1 und Art. 48 Abs. 2 GrVerf.

[628] *Dagtoglou*, Die Verfassungsgerichtsbarkeit in Griechenland, in: Weber/Luchterhandt (Hrsg.), Verfassungsgerichtsbarkeit in Westeuropa, 2007, S. 296.

[629] *Dagtoglou*, Die Verfassungsgerichtsbarkeit in Griechenland, in: Weber/Luchterhandt (Hrsg.), Verfassungsgerichtsbarkeit in Westeuropa, 2007, S. 296.

[630] *Dagtoglou*, Die Verfassungsgerichtsbarkeit in Griechenland, in: Weber/Luchterhandt (Hrsg.), Verfassungsgerichtsbarkeit in Westeuropa, 2007, S. 295.

[631] Art. 100 Abs. 4 Unterbas.2 GrVerf.

OSG ordnet im Urteil lediglich eine *ex-tunc-Geltung* an.[632] Eine Revision gegen die Entscheidung des OSG ist ausgeschlossen.[633]

g) Zwischenergebnis

Die Besonderheit der griechischen konkreten Normenkontrolle deuten darauf hin, dass es sich um ein Mischmodell der Verfassungsgerichtsbarkeit handelt, in dem kein eigenständiges Verfassungsgericht, sondern ein Oberster Sondergerichtshof die verfassungsmäßige Prüfung durchführt. Während in Ungarn, wie auch in Deutschland als subjektive Voraussetzung für die Zulässigkeit der konkreten Normenkontrolle die Überzeugung der Vorlageberechtigten ist, dass der Rechtsakt verfassungswidrig sei, sind in Griechenland nicht allein Zweifel einer der drei obersten Gerichtshöfe an Verfassungswidrigkeit ausreichend, vielmehr muss diese Auffassung im Hinblick auf diese konkrete Frage von der Auffassung eines anderen Obersten Gerichtshofs abweichen. Eine Beschränkung des Vorlagegegenstandes auf formelle Gesetze schreiben nur Deutschland und Griechenland vor. In Ungarn können auch Verwaltungsvorschriften tauglicher Prüfungsgegenstand sein. Eine Beschränkung des Kontrollmaßstabs in Deutschland auf die materielle Verfassungsmäßigkeit enthält auch die griechische Regelung, nach der die sog. „Interna Corpis" wie auch die Einhaltung der verfassungsrechtlich vorgesehenen Verteilung der Gesetzgebungskompetenzen nicht vom Sondergerichtshof überprüft werden. Allerdings ist die griechische konkrete Normenkontrolle in Bezug auf den Kreis der Antragsberechtigten weiter als die ungarische und die deutsche konkrete Normenkontrolle, da neben den Instanzgerichten auch der Justizminister, die Staatsanwaltschaft am Areopag, der Generalkommissar beim Rechnungshof, der Generalkommissar bei der Verwaltungsgerichtsbarkeit sowie jedermann, der ein rechtliches Interesse hat, eine Vorlage einreichen kann. Demgegenüber wird die griechische konkrete Normenkontrolle zum Teil als enger als die ungarische und die deutsche konkrete Normenkontrolle interpretiert, weil die Verfassungswidrigkeit einer gesetzlichen Bestimmung nicht zur Aufhebung, sondern nur zur Nicht-Anwendung der Vorschrift führt.

6. Die italienische, inzidente Normenkontrolle

Die inzidente Normenkontrolle („Il giudizio di costituzionalità delle leggi in via incidentale") lässt sich zusammen der präventiven Normenkontrolle als das Kernstück der italienischen Verfassungsgerichtsbarkeit bezeichnen. Denn ande-

---

[632] *Dagtoglou*, Die Verfassungsgerichtsbarkeit in Griechenland, in: Weber/Luchterhandt (Hrsg.), Verfassungsgerichtsbarkeit in Westeuropa, 2007, S. 306-307.
[633] Art. 100 Abs. 4 GrVerf.

ren Verfahren, wie das der abstrakten Normenkontrolle kommt in der Praxis eine nur geringere Bedeutung zu, und außerdem sieht die italienische Verfassungsgerichtsbarkeit keine Verfassungsbeschwerde vor.[634]

a) Vorlageberechtigung

Zur Vorlage für die Kontrolle der Verfassungsmäßigkeit eines Gesetzes oder eines gesetzkräftigen Aktes des Staates sind alle Richter von Amts wegen – unabhängig von der Instanz des Gerichts – sowie auch die sog. Parteien berechtigt.[635] Unter den Parteien sind nicht nur die Beteiligten des Verfahrens, sondern auch die Staatsanwaltschaft zu verstehen.[636] Zu den gerichtlichen Verfahren in denen eine Vorlage angestrengt werden kann, zählen außerdem auch das Verfahren vor dem Standesgericht, das Verfahren vor den Schiedsgerichten sowie das Verfahren vor dem Verfassungsgerichtshof, die nicht bereits die Inzidente Normenkontrolle zum Gegenstand haben. Des Weiteren ist unter „giudizio" das Verfahren der freiwilligen Gerichtsbarkeit zu verstehen.[637] Allerdings können Kirchengerichte keinen Antrag auf konkrete Normenkontrolle stellen. Des Weiteren können auch grundsätzlich vorlageberechtigte Gerichte von einer Vorlage ausgeschlossen, wenn sie ausschließlich in einer beratenden oder einer notariellen Funktion tätig sind, also gerade kein gerichtliches Verfahren durchführen. Dementsprechend kann etwa ein Notar die konkrete Normenkontrolle nicht beantragen.[638]

b) Vorlagegegenstand

Der Gegenstand der konkreten Normenkontrolle ist weit gefasst. Es kommen folgende Vorschriften in Betracht: Vorkonstitutionelle Gesetze des Staates oder einer Region sowie die jeweiligen Rechtsquelle mit Gesetzesrang, gesetzeskräftige Rechtsverordnungen und Notgesetzverordnungen, verfassungsändernde und verfassungsergänzende Gesetze, Zustimmungsgesetze zu völkerrechtlichen Verträgen sowie erfolgreiche, gesetzesaufhebende Volksentscheide.[639]

---

[634] Vgl. Art. 134 ItalVerf; Die Statistik des italienischen Verfassungsgerichtshofs ist abrufbar unter: http://www.cortecostituzionale.it/ActionPagina_268.do (aufgerufen am 01.05.2016).

[635] Art. 1 des Gesetzes Nr. 1/1948 vom 9. Februar 1948 (Norme sui giudizi di legittimità costituzionale e sulle garanzie di indipendenza della Corte costituzionale).

[636] Art. 23 Abs. 1 des Gesetzes Nr. 87/1953 über die Bedingungen für die Niederlassung und für die Geschäftstätigkeit des Verfassungsgerichtshofes vom 11. März 1953.

[637] *Luther,* Die Verfassungsgerichtsbarkeit in Italien, in: Weber/Luchterhandt (Hrsg.), Verfassungsgerichtsbarkeit in Westeuropa, 2007, S. 155.

[638] *Dietrich,* Der italienische Verfassungsgerichtshof, Der italienische Verfassungsgerichtshof - Status und Funktionen, (im Folgenden: „Der italienischen Verfassungsgerichtshof") 1995, S. 153.

[639] Vgl. Art. 134 ItalVerf „Gesetze und Akte mit Gesetzkraft"; Luther, Die Verfassungsgerichtsbarkeit in Italien, in: Weber/Luchterhandt (Hrsg), Verfassungsgerichtsbarkeit in Westeuropa, 2007, S. 155.

Das sog. Verfassungsgesetz kann selbst Gegenstand der inzidenten Prüfung sein, aber nur in formeller Hinsicht. Der Grund dafür ist, dass ein Verfassungsgesetz in Italien dem Inhalt nach nicht materiell verfassungswidrig sein kann.[640] Außerdem sind Verordnungen, Ministerdekrete, die Geschäftsordnung des Parlaments und interne Weisungen sowie die Verwaltungsordnungen dem Anwendungsbereich des konkreten Normenkontrollverfahrens entzogen.[641]

c) „Relevanz" der vorgelegten Frage

Gelangt ein Richter in einem gerichtlichen Ausgangsverfahren zu der Frage, ob er eine bestimmte Rechtsnorm mithilfe des konkreten Normkontrollverfahren überprüfen lassen soll, muss er zuvor beurteilen., ob die vorzulegende Frage in Bezug auf die Verfassungsmäßigkeit einer Rechtsnorm für den konkreten Rechtsstreit Relevanz hat.[642] Die Frage ist nicht entscheidungsrelevant, wenn sie sich ausschließlich mit einer rein theoretischen Frage beschäftigt und die Beantwortung dieser Frage im Ausgangsstreit ohne Bedeutung ist, etwa weil die entsprechende Norm gar nicht zur Anwendung gelangt.[643] Der italienische Begriff „Relevanz" weicht vom deutschen Begriff „Entscheidungserheblichkeit" nicht wesentlich ab, da in beiden Ländern die angegriffene Bestimmung im jeweiligen Ausgangsverfahren zur Anwendung kommen oder jedenfalls eine Bedeutung für das Ausgangsverfahren haben muss.[644]

d) Zulässigkeit der Vorlage

Eine Vorlage auf inzidente Normenkontrolle nur dann zulässig ist, wenn sie folgende Voraussetzungen erfüllt: (1) Erstens muss sie von einem Richter, von der Parteien oder durch die Staatsanwaltschaft in einem gerichtlichen Verfahren beantragt werden,(2) zweitens ist erforderlich, dass die Vorlage einen der oben aufgelisteten Gegenstände zum Inhalt hat, (3) drittens muss sie die direkte Verletzung von genau bezeichnetem Verfassungsrecht, etwa durch formelle, kompetenzielle

---

[640] *Riz-Happacher,* Grundzüge des italienischen Verfassungsrechts – unter Berücksichtigung der verfassungsrechtlichen Aspekte der Südtiroler Autonomie, 4. erweiterte u. überarbeitetet Auflage, Innsbruck, STUDIA (im Folgenden: „Grundzüge des italienischen Verfassungsrechts") 2013, S. 237.

[641] *Riz-Happacher,* Grundzüge des italienischen Verfassungsrechts, 2013, S. 237.

[642] Art. 23 Abs. 2 des Gesetzes Nr. 87/1953 „notwendig" und „erheblich".

[643] Vgl. *Luther,* Die Verfassungsgerichtsbarkeit in Italien, in: Weber/Luchterhandt (Hrsg.), Verfassungsgerichtsbarkeit in Westeuropa, 2007, S. 156.

[644] Art. 23 Abs. 2 des Gesetzes Nr. 87/1953.

oder materielle Fehler in der Gesetzesgestaltung, rügen,[645]; viertens muss die Vorlage hinreichend deutlich formuliert sein, (5) fünftens muss die vorgelegte Frage relevant in Bezug auf den Ausgangsstreit sein und letztendlich (6) sechstens darf die Vorlagefrage, wenn sie von einer Partei im Ausgangsverfahren gestellt wurde, unter Berücksichtigung der Präzedenzentscheidung nicht offensichtlich unbegründet sein, was der Richter des Ausgangsverfahrens vorab zu entscheiden hat („non manifesta infondatezza della questione").[646] Gelangt der Richter im Ausgangsverfahren mit Blick auf die Parteivorlage zu dem Ergebnis, dass die Vorlage unzulässig ist, verwirft er den Antrag der Partei, eine konkrete Normenkontrolle anzustrengen. Anderenfalls setzt er das Ausgangsverfahren aus, und legt die Vorlage dem Verfassungsgerichtshof vor.[647]

e) Entscheidungswirkung

Der Verfassungsgerichtshof kann die Vorlage ohne mündliche Verhandlung mit einem Beschluss verwerfen, wenn (1) die Vorlage offenkundig unzulässig oder unbegründet ist, wenn (2) der Gerichtshof bezüglich der in die Vorlage enthaltenen Fragen bereits eine Entscheidung getroffen hat *(res iudicata)* oder wenn (3) zwischenzeitlich die angefochtene gesetzliche Bestimmung geändert oder aufgehoben wurde.[648] Demgegenüber fasst der Verfassungsgerichtshof ein Urteil nach einer mündlichen Verhandlung, wenn er die angefochtene Bestimmung für verfassungswidrig hält.[649] Hält der Verfassungsgerichtshof eine gesetzliche Bestimmung für verfassungswidrig, wird diese Norm am Tag nach der Veröffentlichung der Entscheidung unwirksam.[650] Ist eine Strafnorm für verfassungswidrig befunden worden, sind außerdem alle Wirkung, die mit dem strafrechtlichen Urteil zusammenhängen, wie etwa die Inhaftierung, aufzuheben.[651]

---

[645]   Eine direkte Verletzung der Verfassungsvorschriften im formellen Sinn liegt vor, wenn z. B. diese Verfassungsvorschriften die Beachtung weiterer Rechtsquellen gebieten (z. B. Ermächtigungsgesetze für delegierte gesetzesvertretende Rechtsverordnung gemäß Art. 76 ItalVerf., nicht aber die parlamentarischen Geschäftsordnungen gemäß Art. 64 ItalVerf.), vgl. Luther, Die Verfassungsgerichtsbarkeit in Italien, in: Weber/Luchterhandt (Hrsg.), Verfassungsgerichtsbarkeit in Westeuropa, 2007, S. 155 Nr. 3.

[646]   Vgl. *Luther*, Die Verfassungsgerichtsbarkeit in Italien, in: Weber/Luchterhandt (Hrsg.), Verfassungsgerichtsbarkeit in Westeuropa, 2007, S. 155-156.

[647]   *Luther*, Die Verfassungsgerichtsbarkeit in Italien, in: Weber/Luchterhandt (Hrsg.), Verfassungsgerichtsbarkeit in Westeuropa, 2007, S. 156.

[648]   Art. 26 Abs. 2 des Gesetzes Nr. 87/1953.

[649]   Vgl. Art. 27 des Gesetzes Nr. 87/1953; Riz-Happacher, Grundzüge des italienischen Verfassungsrechts, 2013, S. 245.

[650]   Art. 136 ItalVerf.

[651]   *Riz-Happacher*, Grundzüge des italienischen Verfassungsrechts, 2013, S. 247.

131

f) Praxis

Die inzidente Normenkontrolle stand mi Jahr 2014 mit ca. 60% und im Jahr 2015 mit ca. 52% aller Verfahrensarten an bedeutsamer Stelle in der Praxis des italienischen Verfassungsgerichts.[652]

IV. Bewertung der konkreten Normenkontrollen im europäischen Rechtsvergleich

Im Allgemeinen besteht die konkrete Normenkontrolle darin, dass eine Vorschrift hinsichtlich ihrer Verfassungsmäßigkeit im Laufe eines konkreten Rechtsstreits überprüft wird, vorausgesetzt, diese Norm ist für die Entscheidung des jeweils vorlegenden Gerichts entscheidungserheblich. Die Kontrollbefugnis dieser Verfahrensart umfasst sowohl ein Prüfungsrecht als auch ein Aufhebungsrecht. Sofern ein Richter oder ein Gericht über beide Rechte zugleich verfügt, handelt es sich um eine dezentralisierte Verfassungsgerichtsbarkeit. Sind diese Rechte beim Verfassungsgericht monopolisiert, handelt es sich um eine konzentrierte Verfassungsgerichtsbarkeit.[653]

1. Vorlageberechtigung

Das ungarische konkrete Normenkontrollverfahren folgt europäischen Vorbildern. Obwohl die Vorlageberechtigung in Ungarn nach 1990 noch der Staatsanwaltschaft sowie den *Parteien* oblag und dementsprechend die ungarischen Regelungen eine Ähnlichkeit zu den portugiesischen, griechischen und italienischen Vorschriften aufwiesen, wurde dieses Recht der Staatsanwaltschaft und der Parteien nach 2010 in Ungarn aufgehoben. Die Staatsanwaltschaft kann stattdessen in Ungarn nunmehr ein nachträgliches abstraktes Normenkontrollverfahren sowie ein „unmittelbares" Verfassungsbeschwerdeverfahren beantragen. Gegenwärtig kann ausschließlich der *Richter* des Ausgangsverfahrens einen Antrag auf konkrete Normenkontrolle vor dem ungarischen Verfassungsgericht stellen, eine Regelung, die den deutschen, französischen und den spanischen Vorschriften entspricht. Darüber hinaus ist festzustellen, dass die konkrete Normenkontrolle auch *von Amts wegen* in Italien sowie in Portugal durchzuführen ist, was ein außergewöhnliches Merkmal darstellt. Außerdem weisen Frankreich und Griechenland darin eine Besonderheit auf, dass in diesen Ländern nicht die Gerichte der ordentlichen Gerichtsbarkeit als erste Instanz, sondern in Frankreich allein der *Staatsrat*

---

[652] Im Jahr 2014 wurde insgesamt 286 Entscheidung durch das italienische Verfassungsgericht getroffen. Die Statistik des Verfassungsgerichtshofs ist abrufbar unter: http://www.cortecosti tuzionale.it/documenti/interventi_presidente/R2015_dati.pdf (aufgerufen am 01. 05. 216)

[653] Zum Rechtsvergleich siehe Anhang 9 über die konkrete Normenkontrolle.

sowie das *Kassationsgericht* bzw. in Griechenland nur eines der drei *Berufungsgerichte* eine konkrete Normenkontrolle beantragen können.

2. Vorlagegegenstand

Grundsätzlich sind taugliche Prüfungsgegenstände der konkreten Normenkontrolle die formellen Gesetze. Das Wesensmerkmal der italienischen Regelung besteht darin, dass gegenüber der deutschen Regelung die konkrete Normenkontrolle sogar auf das vorkonstitutionelle Recht sowie die Verfassung selbst angewendet werden kann. Die Vorschriften der italienischen Verfassung können jedoch nur auf formelle Verfassungsmäßigkeit überprüft werden. Auch in Portugal ist die Überprüfung vorkonstitutioneller Normen möglich. Die Besonderheit in Deutschland und in Frankreich ist, dass auch die verfassungsändernden Gesetze Gegenstand der konkreten Normenkontrolle sind. Gegenüber den meisten europäischen Ländern existiert in Griechenland die Einschränkung, dass zwar auch hier ein formelles Gesetz, aber ausschließlich in materieller Hinsicht überprüft werden kann. In Ungarn nach 2010 wurde der Gegenstand der konkreten Normenkontrollverfahren – wie bei nachträglichen abstrakten Normenkontrollverfahren und bei allen drei Formen der Verfassungsbeschwerde – eingeschränkt. Demgemäß kann die konkrete Normenkontrolle der Vorschriften von Haushaltsgesetzen oder von Finanzangelegenheiten ausschließlich im Zusammenhang mit dem Recht auf Leben, auf Menschenwürde, auf Schutz persönlicher Daten, auf Meinungs-, Gewissens- und Glaubensfreiheit sowie den Rechten, die sich unmittelbar aus der ungarischen Staatsangehörigkeit ergeben, durchgeführt werden. Damit können alle Gesetze, die nicht diese Voraussetzung aufweisen, nicht tauglicher Gegenstand der konkreten Normenkontrolle sein.

3. Zweifel an der Verfassungsmäßigkeit

Welche subjektiven Vorlagevoraussetzungen hinsichtlich der Überzeugung des Gerichts bezüglich der Verfassungswidrigkeit der anzuwendenden Norm bestehen müssen, hängt von der Ausgestaltung der Verfahrensart und der Abgrenzung zu anderen Zuständigkeiten ab. In Ungarn muss das Ausgangsgericht eine anzuwendende Norm für bedenklich halten, d. h. es kann sowohl nur Zweifel als auch eine feste Überzeugung haben. Auch in Italien ist der bloße „Zweifel" an der Verfassungswidrigkeit ausreichend. Dahingegen verlangt das spanische Verfassungsgericht „aktive Zweifel" an der Verfassungsmäßigkeit. Das Bundesverfassungsgericht fordert von den Vorlagegerichten die eigene Überzeugung von der verfassungswidrigkeit der anzuwendenden Norm. In Griechenland sind nicht allein Zweifel eines der drei obersten Gerichtshöfe an verfassungswidrigkeit aus-reichend, vielmehr muss hierin eine abweichende Auffas-sung im Vergleich zu einem der anderen Obersten Gerichtshofe bestehen. Damit lassen sich in den un-tersuchten Ländern in Bezug auf die subjektiven Voraussetzungen hinsichtlich der Überzeugung der Verfassungswidrigkeit Unterschiede feststellen. Allerdings verlangen alle untersuchten Länder eine subjektive Voraussetzung. Mithin gibt es in Bezug auf diese Voraussetzung keine erheblichen Besonderheiten in einem bestimmten Land. Ungarn weicht ebenfalls nicht von dem europäischen Durch-schnitt ab.

4. Entscheidungsrelevanz

Die Entscheidungserheblichkeit der vorzulegenden Frage umfasst die objektive Voraussetzung für die Zulässigkeit der Vorlage. Während in Deutschland die zur Prüfung vorgelegte Norm nur dann entscheidungserheblich ist, wenn die Frage für den Sachverhalt relevant ist und die Endentscheidung von dieser Frage ab-hängt, ist die Vorlage in Spanien zulässig, wenn die fragwürdige Norm nicht nur unmittelbare Auswirkung auf die Endentscheidung, sondern auch auf das Zwi-schenurteil oder auf die nicht sofort vollstreckbare Entscheidung hat. Demnach ermöglicht die spanische Regelung eine weitere Auslegung der Entscheidungs-erheblichkeit. In Frankreich sowie in Ungarn ist eine Vorlage insoweit zulässig, wenn die betreffende Norm im Ausgangsstreit anwendbar ist. In Italien muss die Vorlage über „relevanza" verfügen, d. h. die Vorlage darf sich nicht mit einer theo-retischen, sondern nur mit einer ausschlaggebenden Frage beschäftigen und muss entscheidungserheblich sein. Abschließend ist festzustellen, dass weder die por-tugiesische noch die griechische Regelung die Entscheidungserheblichkeit einer Vorschrift im Rahmen des konkreten Normenkontrollverfahrens vorschreiben.

5. Prüfungsmaßstab

In Italien wird die formelle wie materielle Verfassungsmäßigkeit der Norm unter-sucht, nicht aber an parlamentarischen Geschäftsordnungen als Kontrollmaßstab. Die deutsche Beschränkung des Kontrollmaßstabs auf die materielle Verfassungs-mäßigkeit enthält die griechische Regelung, wo die sog. „Interna Corporis" wie auch die verfassungsrechtlich vorgesehene Verteilung der Gesetzgebungskompe-tenzen nicht von dem Sondergerichtshof überprüfbar sind. In Ungarn schließt der Maßstab der Verfassungsmäßigkeit die Prüfung die Frage ein, ob sämtliche über-geordneten Rechtsakte beachtete worden sind.

6. Ergebnis der Verfassungsmäßigkeitsprüfung

Grundsätzlich lässt sich feststellen, dass in den Ländern, in denen der Mischcharakter der Verfassungsgerichtsbarkeit herrscht, also in Griechenland und in Portugal, das Ergebnis der Verfassungswidrigkeit der angefochtenen Vorschrift die Nicht-Anwendung dieser Vorschrift ist. Demgegenüber bringt die Feststellung der Verfassungswidrigkeit der betreffenden Norm die Aufhebung dieser Norm in Deutschland, Frankreich, Spanien und in Ungarn mit sich. Der Unterschied zwischen der italienischen inzidenten Prüfung und den Formen der konkreten Normenkontrolle in den Ländern des Trennungsmodells der Verfassungsgerichtsbarkeit besteht darin, dass ein Verfassungsgericht grundsätzlich die Verfassungswidrigkeit oder die Verfassungsmäßigkeit der zugrundeliegenden Norm feststellt, während der italienische Verfassungsgerichtshof lediglich die Unwirksamkeit und Nicht-Anwendbarkeit der verfassungswidrigen Vorschriften erklären kann.

7. Prozessrechtliche Besonderheit

Ausschließlich in Ungarn nach 2010 wurde eine Frist eingeführt, wonach das Verfassungsgericht seine Entscheidung innerhalb von 90 Tagen zu treffen hat. Es ist zu erwarten, dass sich die Antragszahl der konkreten Normenkontrolle durch diese Fristsetzung erhöhen wird.

8. Bedeutung der konkreten Normenkontrolle in der Praxis

Die konkrete Normenkontrolle ist in solchen Ländern von zentraler Bedeutung, in denen weder die Verfassungsbeschwerde noch die abstrakte Normenkontrolle zur Verfügung steht. Dies ist der Fall in Italien, wo z. B. die inzidente Normenkontrolle im Jahr 2011 ca. 56 % und im Jahr 2012 ca. 44 % aller Verfahrensarten umfasste.[654] Da in Griechenland die abstrakte Normenkontrolle nicht zur Verfügung steht, ist hier die konkrete Normenkontrolle ebenfalls von großer Bedeutung.[655] Obwohl in Portugal sowohl die präventive als auch die nachträgliche Normenkontrolle zur Verfügung stehen, nimmt das konkrete Normenkontrollverfahren den ersten Platz in der Statistik ein; es macht 80 % der gesamten Verfahren aus.[656] Die im Jahr

---

[654] Die Statistik des italienischen Verfassungsgerichts ist abrufbar unter: http://www.cortecostitu zionale.it/documenti/relazioni_annuali/stat2012.pdf (aufgerufen am 01.05.2016).

[655] *Dagtoglou*, Die Verfassungsgerichtsbarkeit in Griechenland, in: Weber/Luchterhandt (Hrsg.), Verfassungsgerichtsbarkeit in Westeuropa, 2007, S. 305.

[656] Die Statistik des portugiesischen Verfassunsgerichts ist abrufbar unter: http://www.tribunal-constitucional.pt/tc/en/tribunal-estatisticas.html. (aufgerufen am 01.05.2016).

2008 neu eingeführte vorrangige Frage zur Verfassungsmäßigkeit nimmt eben-
falls einen wichtigen Platz in der Praxis des französischen Verfassungsrats ein.[657]
In Ungarn wird sich die Antragszahl der konkreten Normenkontrolle infolge der
90-Tage-Fristsetzung deutlich erhöhen, wobei die konkrete Normenkontrolle im
Jahr 2014 schon ca. 12 % und im Jahr 2015 ca. 15% aller Verfahrensarten umfasste.[658] Demgegenüber spielt die konkrete Normenkontrolle in Deutschland, wo der
Anteil der Vorlagen im Jahr 2015 bei 1,6 % lag, und in Spanien, wo die konkreten
Normenkontrollverfahren z. B. im Jahr 2011 etwa 0,7 % ausmachten, lediglich
eine geringere Rolle.[659]

---

[657]   Die Internetseite über die „vorrangige Frage zur Verfassungsmäßigkeit" ist abrufbar unter: http://
www.conseil-constitutionnel.fr/conseil-constitutionnel/deutsch/vorrangige-frage-zur-verfas
sungsmassigkeit/entscheidungen-des-verfassungsrates-mit-der-bezeichnung-qpc.48657.html
(aufgerufen am 01.05.2016).

[658]   Siehe dazu die Statistik des ungarischen Verfassungsgerichts unter: http://www.alkotmanybi
rosag.hu/letoltesek/ab_ugyforgalom_2014_12_31.pdf. (aufgerufen am 01.05.2016).

[659]   Siehe dazu die Statistik des BVerfG sowie des TC, abrufbar unter: https://www.bundesver
fassungsgericht.de/organisation.html (aufgerufen am 01.03.2016) und http://www.tribunal-
constitucional.es/en/tribunal/memorias/Documents/Estadisticas%202012.pdf (aufgerufen am
01.05.2016).

Viertes Kapitel: Verfassungsbeschwerdeverfahren

Das Verfahren der Verfassungsbeschwerde ist lediglich in den Ländern mit zentralisierter Verfassungsgerichtsbarkeit vorhanden. „Außerdem können unterschiedliche Arten der Verfassungsbeschwerde unterschieden werden: die „echte" Verfassungsbeschwerde nach deutschem Vorbild, die „unechte" Verfassungsbeschwerde, die vor allem in den postkommunistischen Ländern vorherrscht und die unmittelbare Verfassungsbeschwerde, die – nunmehr neugestaltet – in Ungarn existiert. Während mit einer „echten" Verfassungsbeschwerde Akte aller drei Staatsgewalten, also Akte der gesetzgebenden, der vollziehenden und schließlich der rechtsprechenden Gewalt angegriffen werden können, richtet sich eine „unechte" Verfassungsbeschwerde nur gegen Akte der Legislative oder auch der Exekutive. Die Besonderheit der „unmittelbaren" Verfassungsbeschwerde besteht darin, dass sie ausnahmsweise und unter bestimmten Voraussetzungen gegen eine unmittelbar anwendbare oder unmittelbar geltende verfassungswidrige Vorschrift eingelegt werden kann.

Im Folgenden wird näher dargestellt, über welche Merkmale die jeweiligen Verfassungsbeschwerden verfügen und wie die Änderung der Verfassungsbeschwerde in Ungarn nach 2010 zu beurteilen ist.

A. Die „unechte" Verfassungsbeschwerde in Ungarn nach 1990
I. Entwicklungsgeschichte

Die Hauptaufgabe der Opposition in dem Zeitraum des Systemwechsels in den 90er-Jahren war die Einrichtung eines eigenständigen Verfassungsgerichts. Dabei bezog sich die Kernfrage auf das Verhältnis zwischen Parlament und dem zukünftigen Verfassungsgericht. Insbesondere war fraglich, wie die Urteilswirkungen aussehen sollten, mit Blick darauf, ob für verfassungswidrig gehaltene gesetzgeberische Vorschriften durch ein Urteil aufgehoben werden sollten und wie diese Aufhebung im Einzelnen gestalten sollte. Beeinflusst wurde dabei die Einrichtung eines Verfahrens einer Verfassungsbeschwerde auch durch die dominante Stellung der abstrakten Normenkontrolle in Ungarn. Daher wurde neben der *actio populatis* im Rahmen der nachträglichen abstrakten Normenkontrolle (nur) eine „unechte" Verfassungsbeschwerde eingerichtet.[660] Im Folgenden wird dargestellt, über welche Merkmale die ungarische „unechte" Verfassungsbeschwerde verfügte.

---

[660] *Sólyom,* Az alkotmánybíráskodás kezdetei Magyarországon, 2001, S. 163

138

II. Rechtliche Einordnung und Funktionen der Verfassungsbeschwerde

Das Verfassungsgericht äußerte sich zur Rechtsmittelfunktion der Verfassungsbeschwerde in seiner berühmt geworden *Jánosi*-Entscheidung. Eine Verfassungsbeschwerde war nur dann zulässig, wenn der Beschwerdeführer den Rechtsweg erschöpft hatte oder ihm keine andere Rechtsmittel für zur Verfügung standen, d. h. die Verfassungsbeschwerde war lediglich ein außerordentlicher Rechtsbehelf.[661] Die Rechtsmittelfunktion der Verfassungsbeschwerde wurde dadurch bestätigt, dass das Verfassungsgericht die Verfassungswidrigkeit eines gesetzgeberischen Unterlassung feststellte, in einem Fall, in dem das Parlament hinsichtlich des Strafprozesses nicht geregelt hatte, ob die Anwendung der für verfassungswidrig erklärten Rechtsnormen in einem konkreten Fall ausgeschlossen war.[662] Aufgrund dieser Rechtsmittelfunktion unterscheidet sich die Verfassungsbeschwerde von der nachträglichen, abstrakten Normenkontrolle. Während im Rahmen der *actio popularis* jedermann ohne Selbstbetroffenheit die nachträgliche abstrakte Normenkontrolle nach Art. 21 Abs. 2 altes UngVerfGG beantragen konnte, hatte der Beschwerdeführer bei der Verfassungsbeschwerde zu beweisen, dass sein Recht durch Anwendung einer verfassungswidrigen gesetzgeberischen Vorschrift verletzt wurde. Ein Beschwerdeführer musste folglich seine Selbstbetroffenheit im Rahmen eines Verfassungsbeschwerdeverfahrens aufzeigen.[663] Das Verhältnis zwischen der *actio popularis* und der „unechten" Verfassungsbeschwerde war in-

---

[661] 57/1991 (IX.8.) AB-Urteil, ABH 1991, 272 ff. „A törvény e rendelkezése szerint az alkotmányjogi panasz jogorvoslat. Ez következik egyrészt abból, hogy a törvény a jogintézményt "panasz"-nak nevezi, másrészt, hogy azt az "egyéb jogorvoslati lehetőségek" kimerítése után, vagy "más jogorvoslati lehetőség hiányában", vagyis további, illetőleg végső jogorvoslatként biztosítja a jogosult számára."

[662] 23/1998 (VI.9.) AB-Urteil, ABH 1998, 182.„... a jogalkotó szerv a jogszabályi felhatalmazásból származó jogalkotói feladatát elmulasztotta és ezzel alkotmányellenességet idézett elő (...) *a törvényhozó elmulasztotta e jogorvoslati alapjog érvényesüléséhez szükséges eljárásjogi szabályok és garanciák megalkotását,* vagyis azáltal, hogy az alkotmányellenes jogszabályt alkalmazó jogerős bírósági ítélettel befejezett büntetőeljáráson kívüli esetekben az alkotmányjogi panasszal megnyitott jogorvoslat érvényesítését megfelelő eljárási szabályok törvénybe foglalásával nem tette teljessé."

[663] 57/1991 (IX.8.) AB-Urteil, ABH 1991, 280. „E jogorvoslathoz való alanyi jogosultság ugyanakkor nem minősül általános jogorvoslatnak, mert az csak kivételesen, a jogerő beállta után, továbbá alkotmányos alapjog sérelme esetén vehető igénybe, az Alkotmánybíróság jogköre pedig csak az alapjogot sértő határozat megsemmisítésére terjed ki, annak megváltoztatására azonban már nem..(..).. Az alkotmányjogi panasz intézményét ez a jogorvoslati funkció különbözteti meg az utólagos normakontrolltól. Az alkotmányellenes jogszabály alkalmazása miatti konkrét jogsérelem orvosolhatóságának a hiányában ugyanis az alkotmányjogi panasz nemcsak funkcióját vesztené el, de azt a sajátosságát is, amely az Abtv 21. § (2) bekezdése alapján bárki által indítványozható utólagos normakontrollhoz képest a jogintézményben megnyilvánul."

soweit gesetzlich geregelt. Im Übrigen richtete sich das Verfahren der Verfassungsbeschwerde nach dem Verfahren der nachträglichen abstrakten Normenkontrolle.[664] Das bedeutete in der Praxis, dass das Verfassungsgericht einen Antrag als nachträgliche abstrakte Normenkontrolle behandeln konnte, wenn dieser Antrag die Voraussetzungen einer Verfassungsbeschwerde nicht erfüllte.[665] Die ausschlaggebende Bedeutung der zitierten *Jánosi*-Entscheidung bestand darin, dass das Verfassungsgericht zum ersten und einzigen Mal die Verfassungsbeschwerde als „echte" Verfassungsbeschwerde betrachtete, indem es die Entscheidung eines ordentlichen Gerichts aufhob. Des Weiteren schloss das Verfassungsgericht die Anwendung der für verfassungswidrig gehaltenen Vorschrift aus.[666] Die Tatsache, dass hier das Verfassungsgericht ein Urteil der ordentlichen Gerichtsbarkeit aufhob, warf die Frage auf, ob das Verfassungsgericht dadurch gegen das Prinzip der Gewaltenteilung verstoßen hatte. Dies war jedoch nicht der Fall. Obwohl das Verfassungsgericht seine Zuständigkeit contra legem erweiterte, entzog es dem Obersten Gericht, dessen Urteil es aufhob, seine Zuständigkeit nicht. Denn das Verfassungsgericht ist nicht nur befugt, verfassungswidrige Vorschriften aufzuheben, die nach ihrem bloßen Inhalt bereits verfassungswidrig sind. Vielmehr ist es auch befugt, die solche Interpretationen von Vorschriften zu verhindern, die zu deren Verfassungswidrigkeit führen würden. Dies gilt auch hinsichtlich der verfassungswidrigen Interpretation von Gerichten, weshalb das Verfassungsgericht zur Aufhebung deren Gerichtsurteile befugt ist.[667] Außerhalb dieser, in der Jánosi-Entscheidung entwickelten Grundsätze, war allerdings nicht das Verfassungsgericht, sondern das Oberste Gericht für die Aufhebung der ordentlichen gerichtlichen Entscheidungen zuständig. Deswegen weist das Verfassungsgericht grundsätzlich solche Verfassungsbeschwerden zurück, die sich gegen ein gerichtliches Urteil richten.[668]

---

[664] Art. 48 Abs. 3 altes UngVerfGG

[665] *Sólyom,* Die Verfassungsgerichtsbarkeit in Ungarn, in: Weber/Luchterhandt (Hrsg.) Verfassungsgerichtsbarkeit in Mittel- und Osteuropa, 2007, S. 257.

[666] 57/1991 (XI.8.) AB-Urteil, ABH, 1991, 272. „Az Alkotmánybíróság megállapítja, hogy Jánosi Antal budapesti lakos panaszolt ügyében a megsemmisített jogszabályi rendelkezés nem alkalmazható. Ennek folytán a Budai Központi Kerületi Bíróság 2.P.XII.30.004/1984/66.számú részítéletét, továbbá a Fővárosi Bíróság, mint másodfokú bíróság 54.Pf. 25.286/1986/5. számú ítéletét - Jánosi Antal alperes apasága vélelmét megdöntő részében - megsemmisíti."

[667] 57/1991 (XI.8.) AB-Urteil, ABH 1991, 237; *Halmai,* Az alkotmányjogi panasz- jelen és jövendő? in: Bírák Lapja 3-4/1994, S. 49.

[668] 18/2002 (IV.25.) AB-Urteil, ABH 2002, 496.

III. Beschwerdeführer und Prüfungsmaßstab

Jedermann konnte eine Verfassungsbeschwerde erheben mit der Behauptung, dass seine Rechte[669] durch die Anwendung einer verfassungswidrigen Rechtsvorschrift verletzt worden sind, wenn die sonstigen Rechtsmittel erschöpft waren.[670] Unter „jedermann" waren natürliche Personen, juristische Personen[671] und auch nicht-rechtsfähige Personenvereinigungen[672] zu verstehen, letztere sie grundrechtsfähig waren.[673]
Der Prüfungsmaßstab war nicht die ganze Verfassung in formeller und materieller Hinsicht, sondern alle in der Verfassung garantierten Rechte des Beschwerde-führers.[674] Dazu gehörten nicht nur die Menschenrechte und Staatsbürgerrechte, sondern auch die mit der wirtschaftlichen, gesellschaftlichen und politischen Ord-nung zusammenhängenden Rechte.[675] Die grundlegenden Grundsätze, wie das in Art. 2 Abs. 1 UngVerf verankerten Rechtsstaatsprinzip, dabei insbesondere die Rechtssicherheit, die Anforderung der Normenklarheit und das Rückwirkungs-verbot konnten Maßstab für die Prüfung der Verfassungsmäßigkeit im Rahmen einer Verfassungsbeschwerde sein.[676]

---

[669] *Tilk,* Az alkotmányjogi panasz, mint a bíróságok és az alkotmánybíróság eljárásának kapcsoló-dási pontja, in: Bírák Lapja 2/2002 S. 59 ff.; Es war unklar, ob unter *Rechten* die Grundrechte oder alle durch die Verfassung gewährleisteten Rechte zu verstehen ist. Es wurde jedoch in zwei Urteilen des Verfassungsgerichts, 57/1991 (XI.8.) AB-Urteil und 65/1992 (XII. 17.) AB-Urteil, der Ausdruck „Verfassungsgrundrechten" verwendet. Das Verfassungsgericht war der Auffassung, dass unter dem Begriff der *Rechte* alle „in der Verfassung garantierten sämtlichen Rechte" zu verstehen ist. Darunter fallen die in der Verfassung existierenden Menschen- und Staatsbürgerrechte sowie die mit der wirtschaftlichen, gesellschaftlichen und politischen Ord-nung zusammenhängenden Rechte, z. B. Vertragsfreiheit nach Art. 9 Abs. 1 und 2 UngVerf.
[670] Art. 48 Abs. 1 alte UngVerfG.G
[671] 21/1990 (X.4.) AB-Urteil, ABH 1990, 73.
[672] AB Beschluss 154/B/1990/14, ABH 1990, 295.
[673] *Kerek,* Die Verfassungsgerichtsbarkeit in Ungarn und Rumänien, 2010, S. 220.
[674] Art. 48 Abs. 1 altes UngVerfGG; „verfassungsmäßig gesicherte Rechte".
[675] Siehe hierzu auch *Rácz,* Az alkotmányos jogok védelme és az alkotmányjogi panasz, in: Acta Humana 8/1992, S. 32 (36) und 65/1992 (XII. 17.) AB-Urteil, ABH, 1992, 269. „Az Alkotmá-ny 20. § (3) bekezdésében szabályozott mentelmi jog nem sorolható az Alkotmányban szabá-lyozott alapvető jogok közé, mert jogi természetét tekintve eltér azoktól.
[676] Siehe dazu ausführlich *Sólyom,* Alkotmányértelmezés az új alkotmánybíróságok gyakorlatá-ban, in: Fundamentum 2/2002 S. 18. ff.

IV. Beschwerdegegenstand

Der Gegenstand des Verfassungsbeschwerdeverfahrens umfasste weder die Maßnahmen der vollziehenden Gewalt[677] noch die Entscheidungen der ordentlichen
Gerichtsbarkeit.[678] Beschwerdegegenstand waren allein die Rechtsnormen der
Legislative. Hierbei kamen vor allem Rechtsnormen und die „sonstigen Instrumente staatlicher Leitung" in Betracht.[679] Während Rechtsnormen vom Gesetzgeber oder von dessen Organen erlassen werden, werden die sonstigen Instrumente
staatlicher Leitung durch verschiedene staatliche Organe erlassen. Im Unterschied zu Rechtsnormen, deren Gültigkeit sich auf jedermann bezieht, erstreckt
sich die Gültigkeit der sonstigen Instrumente staatlicher Leitung nur auf Personen oder Organisationen, die mit dem Normengeber in einem rechtlichen Verhältnis stehen.[680] Unter Rechtsnormen waren Gesetze[681], Regierungsverordnungen[682],
Ministerverordnungen[683] und die Verordnungen örtlicher Selbstverwaltungskörperschaften[684] zu verstehen. Als sonstige Instrumente staatlicher Leitung kamen
Beschlüsse – auch die Geschäftsordnung des Parlaments, aber nicht die Noten-
bankverordnungen[685] –, Weisungen,[686] statistische Mitteilungen[687] und die rechtlichen Richtlinien[688] in Betracht.[689]
In der Regel konnten nur solche Gesetze Prüfungsgegenstand sein, die bereits in
Kraft getreten waren.[690] Nur im Ausnahmefall ließen sich Gesetze überprüfen,
die schon außer Kraft getreten waren, vorausgesetzt, die Frage nach der Verfassungsmäßigkeit dieser Gesetze in einem konkreten Fall noch relevant. Damit
konnten die außer Kraft getretenen Gesetze ausnahmsweise Prüfungsgegenstand
sowohl der Verfassungsbeschwerde als auch der konkreten Normenkontrolle
sein.[691] Die vorkonstitutionellen Gesetze waren kein tauglicher Gegenstand der

---

[677]   Halmai, Az alkotmányjogi panasz – jelen és jövendő? in: Bírák Lapja 3-4/1994 S. 45 ff.
[678]   Halmai, Az aktivizmus vége? A Sólyom-bíróság kilenc éve, in: Fundamentum 2/1999 S. 5 (14).
[679]   In Ungarn regelte Art. 1 Abs. 1 des Gesetzes Nr. XI/1987 über die Rechtssetzung, welche Nor-
      men zu „Rechtsnormen" und welche zu den „sonstigen Instrumenten der staatlichen Leitung"
      gehören.
[680]   Kerek, Die Verfassungsgerichtsbarkeit in Ungarn und Rumänien, 2010, S. 151.
[681]   Ung. „törvény".
[682]   Ung. „kormányrendelet".
[683]   Ung. „miniszteri rendelet".
[684]   Ung. „önkormányzati rendelet".
[685]   Ung. „jegybanki rendelkezés".
[686]   Ung. „utasítás".
[687]   Ung. „statisztikai közlemény".
[688]   Ung. „jogi iránymutatás".
[689]   Kerek, Die Verfassungsgerichtsbarkeit in Ungarn und Rumänien, 2010, S. 152-153.
[690]   34/1991 (VI. 15.) AB-Urteil, ABH, 1991, 170. „Az Alkotmánybíróságnak az AB tv. 1. § b/
      pontjában foglalt hatásköre általában csak azoknak a jogszabályoknak az utólagos alkotmány-
      ossági vizsgálatára terjed ki, amelyek az elbírálás időpontjában hatályosak."
[691]   Die Überprüfung der außer Kraft getretenen Gesetze waren im Rahmen der Richtervorlage
      sogar möglich; Kerek, Die Verfassungsgerichtsbarkeit in Ungarn und Rumänien, 2010, S. 153.

Verfassungsbeschwerde. Sie konnten im Rahmen der nachträglichen Normenkontrolle überprüft werden.[692] Schon bei der Einrichtung des Verfassungsgerichts 1990 wurde eine Diskussion darüber geführt, ob die Vorschriften der Verfassung selbst und die verfassungsändernden Gesetze Prüfungsgenstand der Verfassungsbeschwerde oder des Normenkontrollverfahrens sein können. Das Verfassungsgericht verneinte diese Frage hinsichtlich beider Verfahren. Nach der Auffassung des Verfassungsgerichts stehe infolge des Fehlens einer „Ewigkeitsklausel", etwa nach dem Modell von Art. 79 Abs. 3 GG, kein Maßstab für die Prüfung zur Verfügung, weswegen die Verfassungsbestimmungen „unabänderlich und abschaffbar" seien.[693] Infolgedessen wurden neue Verfassungsbestimmungen durch die „alte" Verfassung inhaltlich gebunden. Das Verfassungsgericht ging also davon aus, dass die Verfassungswidrigkeit von Verfassungsbestimmungen nicht möglich war, wenn eine Verfassungsbestimmung mit einer Zweidrittel-Mehrheit aller Abgeordneten zum Teil der Verfassung wurde.[694] Damit ist festzustellen, dass solche Änderungen der Verfassung, die mit dem geltenden Verfassungssystem im Widerspruch, nicht der materiellen Kontrolle des Verfassungsgerichts unterworfen waren. Allerdings herrschte Einigkeit darüber, dass das Verfassungsgericht zumindest die formelle Verfassungsmäßigkeit der verfassungsändernden Gesetze – unter bestimmten Umständen – überprüfen könnte.[695]

Angesichts der Tatsache, dass völkerrechtliche Verträge im Rahmen von präventiven, konkreten sowie von nachträglichen abstrakten Normenkontrollverfahren und die Geschäftsordnung des Parlaments im Rahmen der präventiven Normenkontrolle überprüft werden konnten, kamen diese Vorschriften als tauglicher Gegenstand der Verfassungsbeschwerde nicht in Betracht.[696]

Damit lässt sich feststellen, dass ausschließlich Rechtsnormen sowie sonstige Instrumente staatlicher Leitung und ausnahmsweise die schon außer Kraft gesetzten Gesetze taugliche Beschwerdegegenstände einer Verfassungsbeschwerde sein konnten.

---

[692] *Kerek*, Die Verfassungsgerichtsbarkeit in Ungarn und Rumänien, 2010, S. 154.

[693] 38/1996 (IX.25) AB-Urteil, ABH, 1996, 126 (138).

[694] 23/1994 (IV.29) AB-Beschluss, ABH 1994, 376. „Az Alkotmánybíróság nem vizsgálhatja felül és nem semmisítheti meg az Alkotmány egyetlen rendelkezését sem. Ha valamely rendelkezés az országgyűlési képviselők kétharmadának szavazatával az Alkotmány részévé vált, fogalmilag sem lehet annak alkotmányellenességét megállapítani.".

[695] AB-Urteil 1260/B/1997, ABH 1998, 816, 819; AB-Urteil 30/1996 (VI.25) ABH 1998, 220; *Sólyom*, Az alkotmánybíráskodás kezdetei Magyarországon, 2001, S. 277.

[696] Völkerrechtliche Verträge gemäß Art. 36 altes UngVerfGG, Geschäftsordnung des Parlaments gemäß Art. 34. altes UngVerfGG.

V. Beschwerdebefugnis

Der Beschwerdeführer konnte eine zulässige „unechte" Verfassungsbeschwerde nur dann einlegen, wenn die angegriffene Vorschrift, gegen die sich die Verfassungsbeschwerde richtet, in seinem konkreten Fall zur Anwendung kam.[697]

VI. Rechtswegerschöpfung und Subsidiaritätsprinzip

Der Beschwerdeführer konnte eine Verfassungsbeschwerde nur dann erheben, wenn er den Rechtsweg erschöpft hatte und auch sonstige Rechtsmittel nicht vorhanden waren.[698] Diese Regelung verstärkte das Subsidiaritätsprinzip, nach dem die Verfassungsbeschwerde als ein außerordentlicher Rechtsbefehl anzusehen war und nur dann zulässig war, wenn alle anderen Rechtsmittel für die Aufhebung gesetzgeberischer Akte schon ergriffen wurden, d. h. dass das Verfassungsgericht vorrangig die *actio popularis* im Rahmen der nachträglichen, abstrakten Normenkontrolle betreiben musste.[699]

VII. Entscheidungswirkung

Die Entscheidungswirkung der „unechten" Verfassungsbeschwerde richtete sich nach dem nachträglichen abstrakten Normenkontrollverfahren. Dementsprechend wurde eine angefochtene Norm *erga omnes* und mit „ex nunc"-Wirkung für nichtig erklärt und dann vom Verfassungsgericht verworfen. Die weitere Anwendung der verfassungswidrigen Vorschrift war damit ausgeschlossen.[700] Im Jahr 1999 wurde allerdings die ungarische Zivilprozessordnung mit der Aufnahme des Art. 262/A so geändert, dass ein Wiederaufnahmeverfahren in den Fällen möglich wurde, in denen ein Gericht vor der Entscheidung des Verfassungsgerichts, ein Urteil auf Grundlage, solcher Vorschriften erlassen hatte, die nunmehr ex tunc vom Verfassungsgericht für nichtig erklärt worden waren.[701] Bis zu dieser Änderung bestand ein ständiges Spannungsverhältnis zwischen dem Verfassungsgericht und den Gerichten der ordentlichen Gerichtsbarkeit. Denn die ordentlichen Gerichte waren nicht verpflichtet, nach der Erklärung der Verfassungswidrigkeit einer Vorschrift.

---

[697] *Tilk*, A Magyar Alkotmánybíróság 2008, S. 119.
[698] Art. 48 Abs. 1 altes UngVerfGG
[699] Siehe dazu die detaillierte Argumentation zur *Jánosi*-Entscheidung 57/1991 (IX.8.) AB-Urteil, ABH 1991, 272 in diesem Kapitel der Arbeit.
[700] Art. 40 S. 1 und Art. 42 Abs. 1 altes UngVerfGG.
[701] Art. 43 Abs. 4 altes UngVerfGG; *Sólyom,* Die Verfassungsgerichtsbarkeit in Ungarn, in: *Weber/Luchterhandt* (Hrsg.), Verfassungsgerichtsbarkeit in Mittel- und Osteuropa, 2007, S. 257. Das Parlament hat mit dem Nr. 45/1999 Gesetz über die Zivilprozessordnung die Möglichkeit geschaffen, dass die verfassungswidrige Vorschrift in dem konkreten Fall ex tunc nicht anwendbar war.

ein bereits abgeschlossenes Gerichtsverfahren erneut zu eröffnen. Insoweit stand der ex-tunc-Wirkung der verfassungsgerichtlichen Entscheidung die Rechtskraft der Urteile der ordentlichen Gerichte entgegen. Mit der Änderung der Zivilprozessordnung wurde dieser Konflikt zwischen Rechtssicherheit und materieller Gerechtigkeit allerdings aufgelöst.[702]

VIII. Praxis

Die „unechte" Verfassungsbeschwerde betraf lediglich ca. 0,5-2 % der gesamten Anzahl der verfassungsgerichtlichen Verfahren in Ungarn, da die nachträgliche abstrakte Normenkontrolle das Herzstück der Praxis des Verfassungsgerichts war.[703]

IX. Zusammenfassung

Obgleich die Anzahl an Verfahren der „unechten" Verfassungsbeschwerden gering und gegenüber der *actio popularis* im Rahmen der nachträglichen, abstrakten Normenkontrolle außerdem nachrangig war, war die die „unechten" Verfassungsbeschwerden in der Praxis trotz allem bedeutend., Das Verfassungsgericht trag einige wichtige Grundentscheidungen im Rahmen des Verfassungsbeschwerdeverfahrens, bei denen es auch das Verfahren der Verfassungsbeschwerde konkretisierte. Eine zulässige Beschwerde musste drei Voraussetzungen erfüllen: Zum einen konnte jedermann die Beschwerde einlegen. Zum andern musste sich die Beschwerde auf die Verletzung der verfassungsmäßig gesicherten Rechte des Beschwerdeführers beziehen. Schließlich musste der Beschwerdeführer den Rechtsweg ausschöpfen. Da das Verfassungsgericht sich erst nach der Rechtswegerschöpfung einer Verfassungsbeschwerde annahm, war sie ein außerordentlicher Rechtsbehelf. Durch diese Funktion unterscheidet sich die Verfassungsbeschwerde von der *actio pupularis*.[704] Infolgedessen lässt sich die „unechte" Verfassungsbeschwerde als „auf einer Individualrechtsverletzung basierende nachträgliche Normenkontrolle" interpretieren.[705]

B. Verfassungsbeschwerde in Ungarn nach 2010

Das neue Organgesetz für das Verfassungsgericht umfasst drei Formen der Verfassungsbeschwerde: Zuerst kann das Verfassungsgericht nach wie vor im Rahmen einer „unechten" Verfassungsbeschwerde die Verfassungsmäßigkeit von

---

[702]   *Tilk,* A Magyar Alkotmánybíróság 2008, S. 119.
[703]   Siehe dazu Statistik in *Sólyom,* Die Verfassungsgerichtsbarkeit in Ungarn, in: *Weber/Luchterhandt* (Hrsg.), Verfassungsgerichtsbarkeit in Mittel- und Osteuropa, 2007, S. 277–278.
[704]   57/1991 (XI.8) AB-Urteil, ABH, 1991, S. 237 ff.
[705]   *Lábady,* A magyar Alkotmánybíróságról szóló törvény. in: Jogtudományi Közlöny 6/1992, S. 287-288.

Akten der Legislative überprüfen, wenn die Anwendung der angefochtenen Be-
stimmung in einem gerichtlichen Verfahren die im Grundgesetz garantierten
Rechte des Beschwerdeführers verletzt.[706] Außerdem kann der Beschwerdeführer eine „unmittelbare" Verfassungsbeschwerde erheben, vorausgesetzt, dass die
Anwendung oder die Geltung einer verfassungswidrigen Rechtsnorm seine im
Grundgesetz garantierten Rechte verletzt.[707] Abschließend kann eine „echte" Verfassungsbeschwerde eingelegt werden, mithilfe derer der Beschwerdeführer eine
Entscheidung der ordentlichen Gerichtsbarkeit angreifen kann, wenn diese seine
in der Verfassung verankerten Rechte verletzt.[708] Im Folgenden wird untersucht,
welche Merkmale die einzelnen Formen der Verfassungsbeschwerde aufweisen.

I. „Unechte" Verfassungsbeschwerde

Eine „unechte" Verfassungsbeschwerde kann durch den Beschwerdeführer – eine
natürliche oder juristische Person – eingelegt werden, wenn dieser Person er geltend macht, dass eine Rechtsvorschrift, die in einem ihn betreffenden Gerichtsverfahren anwendbar ist, ihn in seinen verfassungsrechtlich verankerten Rechten
verletzt.[709]
Die angegriffene Vorschrift muss in einem konkreten gerichtlichen Verfahren zur
Anwendung kommen.[710] Ob dies der Fall ist, kann zweifelhaft sein. Obwohl in
den meisten Fällen aus der Begründung hervorgeht, auf welche Norm eine Entscheidung gestützt wurde, können die Gründe eines Urteils Rechtsvorschriften
enthalten, auf die die das Urteil sprechenden Richter ihrer Entscheidung hat nicht
ausdrücklich gestützt haben.[711]
Des Weiteren muss die „unechte" Verfassungsbeschwerde wegen der Verletzung
eines im Grundgesetz gewährleisteten Rechts des Beschwerdeführers eingelegt
werden.[712] Dieser Begriff ist flexibel zu verstehen. Denn einige Rechte des Grundgesetzes sind nicht als Grundrechte zu betrachten. Es können auch allgemeine
Grundsätze in Betracht kommen, z. B. die Rechtsstaatlichkeit.[713] So hat das Verfassungsgericht eine Beschwerde angenommen, wenn sie sich auf die Verletzung
der Rechtssicherheit, des Rückwirkungsverbots sowie auf die Verletzung der angemessenen Vorbereitung auf das Inkrafttreten der geänderten Vorschriften bezog.[714]

---

[706]   Art. 26 Abs. 1 neues UngVerfGG.
[707]   Art. 26 Abs. 2 neues UngVerfGG.
[708]   Art. 27 neues UngVerfGG.
[709]   Art. 26 Abs. 1 neues UngVerfGG.
[710]   Art. 26 Abs. 1 neues UngVerfGG
[711]   Ebd.
[712]   Art. 26 Abs. 1 lit. a) neues UngVerfGG.
[713]   *Köblös,* A „régi típusú" alkotmányjogi panasz, in: Alkotmánybírósági Szemle 1/2012, S. 80 (85).
[714]   3321/2012 (XI. 12.) AB Beschluss; 3322/2012 (XI.12.) AB Beschluss, 3323/2012 (XI.12.) AB Be-
          schluss.

Eine „unechte" Verfassungsbeschwerde muss innerhalb von 60 Tagen nach Zustellung der rechtskräftigen Entscheidung eingelegt werden.[715] Fehlt die Zustellung der Entscheidung, dann beginnt die 60-Tage-Frist mit der Kenntnisnahme der Entscheidung.[716] Allerdings muss selbst in diesem Fall, die Beschwerde dann auch tatsächlich binnen 60 Tagen beim Verfassungsgericht eingehen. Dies bedeutete, dass diese 60-Tage-Frist sich nicht auf den Poststempel bezieht, sondern die Beschwerde in dem festgelegten Zeitraum dem Verfassungsgericht vorliegen muss.[717] Diese unangemessene Einschränkung wurde allerdings mit der Entscheidung über die Geschäftsordnung des Verfassungsgerichts 1001/2013 (II.27.) AB-Beschluss dadurch modifiziert, dass die „un-echte" Verfassungsbeschwerde entweder innerhalb von 60 Tagen bei dem Verfassungsgericht eingehen oder als Einschreibebrief gesendet werden muss.[718] Bei Versäumnis der Frist kann der Beschwerdeführer einen Wiedereinsetzungsantrag stellen, wenn er die Frist aus einem ihm nicht vorzuwerfenden Grund versäumt hat. Der Wiedereinsetzungsantrag muss innerhalb von 15 Tagen nach Wegfall des Hindernisses beim Verfassungsgericht gestellt werden.[719]

Eine wichtige Änderung im Vergleich zum Rechtszustand in Ungarn vor 2010 besteht darin, dass die „unechte" Verfassungsbeschwerde nicht beim Verfassungsgericht, sondern beim ordentlichen Instanzgericht, das zuletzt mit dem Rechtsstreit betraut war, einzulegen ist. Dieses leitet die Beschwerde an das Verfassungsgericht weiter.[720] Das Instanzgericht kann – sofern sein Urteil noch nicht vollstreckt ist – die Vollstreckung vorläufig aussetzen[721]

Die Verfassungsbeschwerde ist nur dann zulässig, wenn mit ihr die Verfassungswidrigkeit einer Vorschrift gerügt wird, welche eine gerichtliche Entscheidung *sachbezogen*[722] beeinflusst hat oder wenn die Beschwerde eine *grundsätzliche verfassungsrechtliche Frage* enthält.[723] Nach dem Wortlaut des Art. 29 neues UngVerfGG ist davon auszugehen, dass nur eine der zwei Voraussetzungen gegeben sein muss.[724]

Hinsichtlich der Wirkung einer zulässigen und erfolgreichen „unechten" Verfassungsbeschwerde gibt es keine bemerkenswerten Änderungen im Vergleich zum

[715]   Art. 30 Abs. 1 HS.1 neues UngVerfGG.
[716]   Art. 30 Abs. 2 neues UngVerfGG.
[717]   *Tordai,* Az első év tapasztalatairól, in: Alkotmánybírósági Szemle 2/2012, S. 132.
[718]   1001/2013 (II.27.) AB Tü. Határozat.
[719]   Art. 30 Abs. 3 neues UngVerfGG.
[720]   Art. 53 Abs. 2 und 3 neues UngVerfGG.
[721]   Art. 53 Abs. 4 neues UngVerfGG.
[722]   Ung. „érdemben".
[723]   Art. 29 neues UngVerfGG.
[724]   *Köblös, A* „régi típusú" alkotmányjogi panasz, in: Alkotmánybírósági Szemle 1/2012, S. 80 (86).

Rechtszustand in Ungarn vor 2010. Erklärt das Verfassungsgericht die angefochtene Vorschrift für verfassungswidrig, dann hebt es damit zum Teil oder im Ganzen die angegriffene Norm auf.[725] Die Verfassungswidrigkeit einer bereits außer Kraft gesetzten Norm kann das Verfassungsgericht allerdings nur dann feststellen, wenn die Bestimmung in einem konkreten Fall noch zur Anwendung kommen kann.[726] Die Aufhebung einer für verfassungswidrig erklärten Vorschrift führt außerdem ipso iure zur Nichtanwendung dieser Vorschrift.[727] Da die „unechte" Verfassungsbeschwerde lediglich mit einer kleinen Modifikation weiterhin vorhanden ist, konnten Beschwerdeführer, deren „unechte" Verfassungsbeschwerde zum Zeitpunkt der Änderung des Rechtszustands bereits anhängig waren, laut Art. 48 altes UngVerfGG infolge der Änderung fehlende Zulässigkeitsvoraussetzungen bis zum 31. März 2012 ergänzen. Wenn die Ergänzung der Verfassungsbeschwerde erfolgreich war, dann konnte eine „unechte" Verfassungsbeschwerde gemäß Art. 26 Abs. 1 neues UngVerfGG weitergeführt werden.[728]

II. „Unmittelbare" Verfassungsbeschwerde

Die zweite Form der Verfassungsbeschwerde ist die „unmittelbare" Verfassungsbeschwerde, ein Rechtsmittel, das als eine spezialisierte Art der „unechten" Verfassungsbeschwerde zu betrachten ist.[729] Diese Form der Verfassungsbeschwerde kann ausnahmsweise eingelegt werden, wenn die Rechtsverletzung nicht auf einer Gerichtsentscheidung beruht, sondern durch eine *unmittelbar anwendbare* oder unmittelbar geltende verfassungswidrige Vorschrift hervorgerufen wurde und der Beschwerdeführer den zur Verfügung stehenden Rechtsweg ausgeschöpft hat und auch keine sonstigen Rechtsmittel zur Beseitigung dieser Rechtsverletzung gegeben sind.[730] Der Fall der unmittelbar anwendbaren Vorschrift liegt etwa vor, bei betrifft Einzelakte, etwa Einzelakten des Präsidenten der Republik in Bezug auf die Staatsangehörigkeit oder hinsichtlich eines Zusammenschlusses von Kommunen ohne Stadtrechte.[731] Hingegen handelt es sich um keinen Fall der „unmit-

---

[725] Art. 41 Abs. 1 neues UngVerfGG.
[726] Art. 41 Abs. 3 neues UngVerfGG.
[727] Art. 45 Abs. 2 neues UngVerfGG.
[728] Art. 73 Abs. 1 neues UngVerfGG.
[729] *Bitskey/Gárdos-Orosz*, A befogadható alkotmányjogi panasz- az első hónapok tapasztalatai, in: Alkotmánybírósági Szemle 1/2012, S. 89 (90).
[730] Art. 26 Abs. 2 neues UngVerfGG.
[731] 1044/B/1997 AB Beschluss; *Maczkó*: Az alkotmányjogi panasz a jogvédelemben, in: Tanulmányok a jogvédelem és a rendvédelem köréből, RTF kötet 1998:69, S. 51-71.

telbaren Anwendung von Vorschriften", wenn Vorschriften einer nachgeordneten Entscheidungsinstanz noch einen Entscheidungsspielraum einräumen, der in deren Einzelakt ausgeübt wird. Das Verfassungsgericht wies z.B. eine „unmittelbare" Verfassungsbeschwerde mit der Begründung zurück, dass die Vorschriften der Satzung der Gemeinde *Vác* über Gebäudesteuer keine unmittelbar anwendbaren Vorschriften seien, weil diese Vorschriften eine Entscheidung des zuständigen Finanzamtes verlangen.[732] „Unmittelbar geltende Vorschrift" bedeutet außerdem, dass die Norm für den Beschwerdeführer ohne einen Akt der Rechtsanwendung Pflichten begründet. Eine unmittelbar geltende Vorschrift ist z. B. die Vorschrift des Nichtraucherschutzgesetzes, weil die Adressaten dieses Gesetzes durch seine entsprechenden Bestimmungen verpflichtet werden, ohne dass ein zusätzlicher Akten der Rechtsanwendung erforderlich wäre.[733] Ein anderes Beispiel für eine unmittelbar geltende Vorschrift ist auch die von Gesetzes wegen entstehender Wirkung einer Vermögenserklärung.[734]

Da eine „unmittelbare" Verfassungsbeschwerde spätestens nach 180 Tagen ab dem Zeitpunkt des Inkrafttretens einer Vorschrift zu erheben ist, ist die Zulässigkeitsvoraussetzung der Rechtswegerschöpfung schwer nachzuvollziehen. Infolgedessen kann davon ausgegangen werden, dass ein Beschwerdeführer, diese 180-Tages-Frist nicht einhalten können wird, wenn er zunächst den Rechtsweg ausschöpfen muss, da es insbesondere einen Rechtsweg gegen Einzelakte gibt, und daher die Variante der unmittelbar anwendbaren Vorschriften eher unbedeutend ist.[735] Eine wichtige Entscheidung des Verfassungsgerichts betrifft die Entscheidung zur Wahrung der Rechtseinheit des Obersten Gerichtshofs.[736] Darin stellte das Verfassungsgericht fest, dass eine strafrechtliche Entscheidung, die zur Wahrung der Rechtseinheit vom Obersten Gerichtshofs erlassen wurde, keine unmittelbare keine Rechtsverletzung des Beschwerdeführers verursachen kann.[737] Demzufolge ist davon auszugehen, dass eine „unmittelbare" Verfassungsbeschwerde gegen die

---

[732] 3108/2012 (VII.26.) AB-Urteil.

[733] *Szalbot,* Az alkotmányjogi panasz legújabb kérdései- a közvetlen panasz, in: De iurisprudentia et iure publico 2/2013 S. 16.

[734] *Darák,* Az alkotmányjogi panasz bírói szemmel, in: Alkotmánybírósági Szemle 1/2012, S. 70 (75).

[735] Ebd.

[736] 1/1999 strafrechtliche Entscheidung zur Wahrung der Rechtseinheit des Obersten Gerichtshof (1/1999 BJE).

[737] 3123/2012 (VI.21.) AB Beschluss.

Entscheidungen des Obersten Gerichtshofs nicht erhoben werden kann, wenn diese Entscheidung zur Wahrung der Rechtseinheit ergeht.[738] Darüber hinaus muss die Verletzung eines im Grundgesetz garantieren Rechts oder Freiheit des Beschwerdeführers geltend gemacht werden. In der Praxis weist das Verfassungsgericht häufig aufgrund der fehlenden Rechtsverletzung des Beschwerdeführers die Verfassungsbeschwerde zurück.[739] Das Gericht wies z. B. eine unmittelbare Verfassungsbeschwerde eines Bürgermeisters zurück, die dieser mit der Begründung erhoben hatte, dass die Gemeinde kein Erziehungsinstitut betreiben dürfe. Dies ist nicht als ein im Grundgesetz gewährleistetes Recht der Gemeinde anzusehen.[740]

III. „Echte" Verfassungsbeschwerde

Jedermann kann nach der Rechtswegerschöpfung eine „echte" Verfassungsbeschwerde, mit der Behauptung erheben, dass seine im Grundgesetz garantieren Rechte oder Freiheiten verletzt wurden. Unter einer „echten" Verfassungsbeschwerde ist ein außerordentliches Rechtsmittel zu verstehen, welches nicht gegen die Akte der gesetzgebenden oder der vollziehenden Gewalt, sondern nur gegen Akte der rechtssprechenden Gewalt gerichtet ist. Im Rahmen des „echten" Verfassungsbeschwerdeverfahrens wird daher ein verfassungswidriges Urteil das Urteil der ordentlichen Gerichte oder der Fachgerichte aufgehoben.

1. Entwicklungsgeschichte

Die Erforderlichkeit der Einführung einer „echten" Verfassungsbeschwerde in Ungarn wurde seit 1990 angezweifelt. In der bereits erwähnten *Jánosi*-Entscheidung hatte das Verfassungsgericht erstmals die Verfassungswidrigkeit der angegriffenen Vorschrift und ihre Nichtanwendbarkeit in dem ordentlichen gerichtlichen Verfahren sowie die Aufhebung einer ordentlichen gerichtlichen Entscheidung erklärt. Da das Verfassungsgericht hierdurch einen Akt der rechtsprechenden Gewalt aufhob, wurde die Verfassungsbeschwerde als eine „echt" bezeichnet.[741] Die Entscheidung des Verfassungsgerichts wurde heftig kritisiert, weil sie als eine *contra legem* erweitertet Auslegung der Zuständigkeit des Verfassungsgerichts

[738] *Balogh- Marosi,* Vonzások és taszítások – Bíróságok között, in: Alkotmánybírósági Szemle 1/2012, S. 70 (75).

[739] *Fröhlich,* Az Abtv. 26 § (2) szerinti, közvetlenül a jogszabályok ellen benyújtható alkotmányjogi panaszok befogadhatósága, in: Alkotmánybírósági szemle 1/2013, S. 90 (95).

[740] 3050/2013 (II.28.) AB Beschluss.

[741] 57/1991 (XI.8.) AB-Urteil, ABH 1991, 237; Die detaillierte Argumentation dieser Entscheidung findet sich in dem vorherigen Kapitel.

angesehen wurde.[742] Obwohl das Verfassungsgericht in diesem Fall die Entscheidung der ordentlichen Gerichtsbarkeit aufhob, erledigte sich dadurch allerdings der Streit des dem aufgehobenen Urteil zugrunde liegenden Verfahren vor dem Obersten Gerichtshof nicht. Grundsätzlich war das Verfassungsgericht in dieser Zeit für die Verwerfung einer Entscheidung der richterlichen Gewalt nicht zuständig. Der Streit ging darum, welche Funktion das Verfassungsgericht hat: die Kontrolle der Rechtsetzung oder die Kontrolle der richterlichen Rechtsanwendung.[743] Wiederholt stellte sich allerdings die Frage, ob die Einführung einer „echten" Verfassungsbeschwerde neben der vorhandenen *actio popularis* im Rahmen der nachträglichen abstrakten Normenkontrolle in Ungarn überhaupt nötig wäre. *Ádám* vertrat die Meinung, dass die Zuständigkeit für eine „echte" Verfassungsbeschwerde nicht dem Verfassungsgericht, sondern den ordentlichen Gerichten zur Verfügung stehen müsse.[744] *Sólyom* war der Auffassung, dass das Verfassungsgericht die Umsetzung einer „echten" Verfassungsbeschwerde im gesetzlichen Rahmen auszugestalten habe.[745] Nach der *Jánosi*-Entscheidung vermutete *Lábady*, dass die Einführung einer „echten" Verfassungsbeschwerde unumgänglich sei, denn die Bürger müssten ein Recht darauf haben, das verfassungsmäßige Funktionieren des Staats umfassend kontrollieren zu können.[746] Nach Meinung von *Lábady* ist die wichtigste Aufgabe des Verfassungsgerichts die „echte" Verfassungsbeschwerde. Dieses Verfahren gewährleiste unmittelbar das Recht der Bürger, eine Kontrolle über den Staat auszuüben.[747] Gegen die Einführung der „echten" Verfassungsbeschwerde wurde allerdings ein relevantes Gegenargument angeführt: *Kilényi* mutmaßte, dass der Kreis der Grundrechte zu weit sei und sich mit der Einführung der „echten" Beschwerde die Arbeitsbelastung des Verfassungsgerichts deutlich erhöhe.[748] Andere Autoren, wie *Szigeti*, waren ebenfalls der Meinung, dass die Einführung der „echten" Verfassungsbeschwerde unerwünscht sei, weil aus dem Prinzip der Gewaltenteilung folge, dass mit der „echten" Verfassungsbeschwerde das Verfassungsgericht in die ordentliche Gerichtsbarkeit eingreife.[749]

---

[742]   *Halmai*, Az alkotmányjogi panasz- jelen és jövendő? in: Bírák Lapja 3-4/1994, S. 49.
[743]   *Szigeti*, Hatalommegosztás-Alkotmánybíráskodás, in: Világosság 1/1993, S. 54.
[744]   *Ádám*, A közjogi bíráskodás fejlődési irányai, in: Belügyi Szemle 12/1995, S. 45 (52).
[745]   *Sólyom*, Ellenőrzött rendszerváltás, in: Világosság 1991/5, S. 368.
[746]   *Lábady*, A helyét kereső Alkotmánybíróság, in: Világosság 1993/1, S. 38.
[747]   *Lábady*, A helyét kereső Alkotmánybíróság, in: Világosság 1/1993, S. 38.
[748]   *Kilényi*, Az Alkotmánybíróság helye és szerepe az alkotmányvédelem garanciarendszerében, in: Jogi beszélgetések. Kaposvár 1993–1994, S. 49.
[749]   *Szigeti*, Hatalommegosztás- Alkotmánybíráskodás, in: Világosság 1/1993, S. 57.

Nach einer langjährigen Debatte wurde all dieser Argumente mit dem Inkrafttreten des neuen Grundgesetzes und des neuen Organgesetzes Nr. 151/2011 über das Verfassungsgericht eine „echte" Verfassungsbeschwerde in Ungarn eingeführt.

2. Spezielle Regelungen

Eine wesentliche Änderung im ungarischen Verfassungsrecht war nach dem Inkrafttreten des neuen Grundgesetzes und des neuen Organgesetzes neben der Abschaffung der *actio popularis* im Rahmen der nachträglichen abstrakten Normenkontrolle die Einrichtung einer „echten" Verfassungsbeschwerde. Es ist zu erwarten, dass diese „echte" Verfassungsbeschwerde in der Praxis eine wichtige Rolle spielen wird, da im Rahmen dieses Verfahrens auch Entscheidungen der ordentlichen Gerichte aufgehoben werden können, vorausgesetzt, dass eine solche Entscheidung die im Grundgesetz verankerten Rechte eines Beschwerdeführers verletzt und der Rechtsweg erschöpft ist.[750] Ein anderes Novum der „echten" Verfassungsbeschwerde besteht darin, dass sie nicht nur im neuen Organgesetz, sondern auch im neuen Grundgesetz geregelt ist. Dies erfüllte die Erwartung derjenigen, die gefordert hatten, die Zuständigkeiten des Verfassungsgerichts im neuen Grundgesetz zu verankern.[751]

Wie schon dargelegt, wurde die *actio popularis* mit der Einführung der „echten" Verfassungsbeschwerde abgeschafft. Diese Änderung im Zuständigkeitsbereich des Verfassungsgerichts könnte dazu führen, dass das Gericht eine weniger politische Rolle spielen wird, aber gleichzeitig stärker seine rechtsprechende Funktion wahrnimmt. Mit dieser Änderung könnte der Schwerpunkt des Verfassungsgerichts von einer abstrakten zu einer konkreten Zuständigkeit verschoben werden.[752] Hiermit wurden die besonderen Merkmale der drei Formen der Verfassungsbeschwerde dargestellt. Im Folgenden werden noch die allgemeinen Regelungen, die sich auf alle drei Arten der Beschwerde gleichermaßen beziehen, näher betrachtet.

IV. Weitere gemeinsame Voraussetzungen
1. Beschwerdeführer

Eine „echte", „unechte" oder "unmittelbare" Verfassungsbeschwerde kann nur derjenige erheben, der die folgenden Anforderungen erfüllt: Der Beschwerdeführer können grundsätzlich nur *natürliche und juristische Personen sowie nicht-*

---

[750]   Art. 27 und Art. 43 Abs. 1 neues UngVerfGG.
[751]   Ung. „elengedhetetlen"; 4/1997 (I. 22.) AB-Urteil, ABH 1997, S. 41, 46.
[752]   *Paczolay,* Megváltozott hangsúlyok az Alkotmánybíróság hatásköreiben, in: Alkotmánybírósági Szemle 1/2012, S. 67.

rechtsfähige Vereine sein.[753] Die Geltendmachung fremder Rechte im Rahmen einer „unechten Verfassungsbeschwerde" kann nur dann erfolgen, wenn sich die Verfassungsbeschwerde auf die Rechtsverletzung eines Dritten bezieht. Dann kann die Verfassungsbeschwerde in Vertretung erhoben werden.[754] Nach wie vor sind Staatsorgane keine tauglichen Beschwerdeführer.[755] Neu ist die Regelung, dass sich der *Staatsanwalt* an das Verfassungsgericht wenden kann, vorausgesetzt, dass die eigentlich von der Rechtsverletzung betroffene natürliche oder juristische Person nicht in der Lage ist, ihre Rechte selbst zu schützen oder wenn die Rechtsverletzung einen großen Kreis von Bürgern betrifft.[756] Dem Wortlaut von Art. 26 Abs. 3 neues UngVerfGG kann allerdings entnommen werden, dass der Staatsanwalt ausschließlich eine „unechte" Verfassungsbeschwerde einlegen kann.[757]

2. Beschwerdebefugnis

Der Beschwerdeführer muss selbst betroffen sein, sofern es sich nicht um den Fall einer Urteilsverfassungsbeschwerde handelt. Hinsichtlich dieser Voraussetzung wurde der Ausgestaltung der deutschen Verfassungsbeschwerde gefolgt. So wurde festgelegt, dass im Rahmen der „unechten" und „unmittelbaren" Verfassungsbeschwerde die Selbstbetroffenheit des Beschwerdeführers persönlich, unmittelbar und gegenwärtig sein muss.[758] Die *persönliche Selbstbetroffenheit* des Beschwerdeführers liegt vor, wenn die Anwendung oder die Gültigkeit einer Vorschrift die Rechte des Beschwerdeführers betrifft und dadurch eine Rechtsverletzung möglich ist.[759] Allerdings ist es hierfür grundsätzlich nicht ausreichend, dass der Beschwerdeführer Adressat der angefoch-tenen Norm ist. Die angegriffene Bestimmung muss vielmehr gerade gegenüber dem Beschwerdeführer tatsächlich angewendet worden sein.[760] Der Beschwerdeführer muss seine persönliche Betroffenheit nicht nur behaupten, sondern auch beweisen können.[761] Eine weitere Anforderung ist die unmittelbare Betroffenheit des Beschwerdeführers. Die *unmittelbare Betroffenheit* des Beschwerdeführers liegt vor, wenn die betroffene

---

[753] *Köblös, A.* „régi típusú" alkotmányjogi panasz, in: Alkotmánybírósági Szemle 1/2012, S. 80 (83).
[754] 3030/2013 (II.12.) AB-Beschluss.
[755] *Köblös, A.* „régi típusú" alkotmányjogi panasz az új Abtv -ben, in: Alkotmánybírósági Szemle 1/2012, S. 80 (83).
[756] z.B. Kundenbeschwerde im Bereich einer Bankgruppe; Art. 26 Abs. 3 neues UngVerfGG.
[757] *Köblös, A.* „régi típusú" alkotmányjogi panasz, in: Alkotmánybírósági Szemle 1/2012, S. 80 (83).
[758] *Fröhlich, Az* Abtv. 26 § (2) szerinti, közvetlenül a jogszabályok ellen benyújtható alkotmányjogi panaszok befogadhatósága, in: Alkotmánybírósági szemle 1/2013, S. 90 (91).
[759] 3021/2012 (VI.21.) AB-Beschluss.
[760] 3098/2012 (VII.26.) AB-Beschluss.
[761] 3099/2012 (VI.26.) AB-Beschluss.

Vorschrift nicht mehr vor die ordentlichen Gerichte oder der Fachgerichte anfechtbar ist oder für die Beseitigung der Rechtsverletzung kein anderes Rechtsmittel zur Verfügung steht.[762] Verdeutlicht wird diese Voraussetzungen anhand des Falles eines Beschlusses des Parlaments, mit dem die Anerkennung einer Kirche abgelehnt wurde. Hier war kein statthaftes Rechtsmittelgegeben, weswegen eine unmittelbare Betroffenheit vorlag.[763] Abschließend muss die *gegenwärtige Betroffenheit* des Beschwerdeführers vorliegen. Die gegenwärtige Betroffenheit des Beschwerdeführers ist nur dann gegeben, wenn die Rechtsverletzung des Beschwerdeführers im Zeitpunkt des Einlegens der Beschwerde noch vorliegt. Das Verfassungsgericht wies eine „unechte" Beschwerde zurück, weil der Beschwerdeführer davon ausging, dass die Verletzung seiner im Grundgesetz verankerten Rechte in der Zukunft begangen wird.[764] Diesbezüglich gilt die Grundregel, die besagt, dass die Annahme einer „unechten" Verfassungsbeschwerde nicht möglich ist, wenn die durch den Beschwerdeführer behauptete Rechtsverletzung bis zum Einlegen der Beschwerde noch nicht eingetreten ist.[765] Das Verfassungsgericht ist jedoch der Auffassung, dass die gegenwärtige Betroffenheit des Beschwerdeführers auch dann existiert, wenn der Beschwerdeführer noch nicht, aber später unvermeidlich ein Adressat des Gesetzes wird.[766]

3. Beschwerdegegenstand

Die Verfassungsänderung modifizierte die Voraussetzung des Beschwerdegegenstandes erheblich. Obwohl gesetzgeberische Akte, also Rechtsnormen, nach wie vor Gegenstand der „unechten" oder der „unmittelbaren" Verfassungsbeschwerde sein können, wurde besonders dieser Kreis an tauglichen Beschwerdegegenständen spezifisch eingeschränkt.[767] Nach dem Inkrafttreten des neuen Grundgesetzes und des neuen Organgesetzes ist das Verfassungsgericht für die materielle Kontrolle der Verfassungsmäßigkeit der Vorschriften von Haushaltsgesetzen und der Vorschriften die Finanzangelegenheiten betreffen, also insbesondere Steuergesetze, ausschließlich im Zusammenhang des Rechts auf Leben, auf Menschenwürde, des Rechts auf Schutz persönlicher Daten, des Rechts auf Meinungs-, Gewissens-

---

762   *Fröhlich,* Az Abtv. 26 § (2) szerinti, közvetlenül a jogszabályok ellen benyújtható alkotmányjogi panaszok befogadhatósága, in: Alkotmánybírósági szemle 1/2013, S. 90 (93).
763   6/2013 (III.1) AB Beschluss.
764   *Fröhlich,* Az Abtv. 26 § (2) szerinti, közvetlenül a jogszabályok ellen benyújtható alkotmányjogi panaszok befogadhatósága, in: Alkotmánybírósági szemle 1/2013, S. 90 (93).
765   3329/2012 (X. 12.) AB-Beschluss.
766   *Fröhlich,* Az Abtv. 26 § (2) szerinti, közvetlenül a jogszabályok ellen benyújtható alkotmányjogi panaszok befogadhatósága, in: Alkotmánybírósági szemle 1/2013, S. 90 (94.).
767   Art. 24 Abs. 2 lit. c) und lit. d) i.V.m. Art. 26 Abs. 1 und 2 neues UngVerfGG.

und Glaubensfreiheit sowie der Rechte, die sich unmittelbar aus der ungarischen Staatsangehörigkeit ergeben, zuständig.[768] Zwar stellt die Möglichkeit, insbesondere Haushaltsgesetze mit der Verfassungsbeschwerde angreifen zu können, im europäischen Vergleich durchaus eine Erweiterung der Beschwerdegegenstände dar. So ist es etwa in Deutschland nicht möglich ein Haushaltsgesetz mit der Verfassungsbeschwerde anzugreifen, da dieses gemäß Art. 110 Abs. 2 S. 1 GG ein ausschließlich formelles Gesetz und daher kein tauglicher Beschwerdegegenstand ist. Trotz dieser (scheinbaren) Erweiterung wurden die tauglichen Beschwerdegegenstände der Verfassungsbeschwerde in Ungarn im Vergleich zum Rechtszustand vor der Verfassungsänderung durch die erwähnten Zusatzvorausaussetzungen mit Blick auf Individualrechte insgesamt betrachtet eingeschränkt. Der Grund für diese Einschränkung der Zuständigkeit des ungarischen Verfassungsgerichts war, dass das Verfassungsgericht die Verfassungswidrigkeit der rückwirkenden Vorschriften des Gesetzes Nr. 124/2010 über die 98%-ige Supersteuer erklärt hat, mit dem die Regierungspartei „ungerechtfertigten Selbstbedienungsabfindungen" im öffentlichen Dienst mit einer Steuer von 98% belegen wollte. Nach den Vorschriften des Gesetzes Nr. 124/2010 bleiben nur die erste zwei Million Forint (HUF) (~ ca. 6.200 Euro) der „Lebensabfindungen" steuerfrei und der Rest wurde durch die Supersteuer praktisch vollständig eingezogen.[769] Da jedoch das Verfassungsgericht den 98%-ige Supersteuer für verfassungswidrig erklärt hat, musste das mit Zweidrittelmehrheit verfügende Parlament infolgedessen, die Zuständigkeit des Verfassungsgerichts in Bezug auf diese Gesetze eingeschränkt, wenn es seine eigenen politischen Ziele unbehelligt vom Verfassungsgericht durchsetzen wollte.[770] Das Ergebnis dieser Differenzen von Parlament und Verfassungsgericht ist nunmehr, dass das Verfassungsgericht in Zukunft die materielle Verfassungsmäßigkeit von Haushaltsgesetzen und Gesetze die Finanzangelegenheiten betreffen nur noch im Zusammenhang der aufgezählten Grundrechte überprüfen. Dies schließt allerdings nicht aus, dass das Verfassungsgericht diese Gesetze aufheben kann, wenn sie formell verfassungswidrig sind.[771]

Mit der Einführung der „echten" Verfassungsbeschwerde sind die Akte der Rechtsprechung ein Gegenstand des Verfassungsbeschwerdeverfahrens geworden. Allerdings bedeutet dies nicht, dass alle Akte der Rechtsprechung taugliche Beschwerdegegenstände der Verfassungsbeschwerde sind. Vielmehr können nur „sachbezogene" Urteile mit der Verfassungsbeschwerde angegriffen werden, „sonstige Beschlüsse" können hingegen kein Beschwerdegegenstand sein. Unter

---

[768] Art. 24 Abs. 2 lit. c) und lit. d) i.V.m. 37 Abs. 4 UGG.
[769] 37/2010 (V.10.) AB Urtei, ABH 2010, 225 ff.
[770] Der Gesetzvorschlag, mit dem das Art. 32/A Abs. 2 UngVerf modifiziert wurde, ist abrufbar unter: http://www.parlament.hu/irom39/01445/01445-0018.pdf (aufgerufen am 01.05.2016).
[771] Art. 37 Abs. 4 i.V.m. Art. 24 Abs. 2 lit. b) -e) UGG.

„sachbezogenen" Urteile sind solche Entscheidungen der Gerichte zu verstehen, die „in der Sache" eine Entscheidung fällen und sich nicht nur etwa auf Verfahrensfragen beziehen. Für die Zivilgerichtsbarkeit kann dabei auf das Gesetz Nr. 3/1952 über die Zivilprozessordnung Ungarns (UZPO)[772] zurückgegriffen werden, dass diese Unterscheidung bereits vorgibt.[773] Aus verwaltungsgerichtlicher Perspektive ist Beispielsweise die Aufhebung eines rechtswidrigen Verwaltungsbeschlusses einer Behörde durch das Verwaltungsgericht ein „sachbezogenes" Urteil. Im Strafrecht sind „sachbezogene Urteile" insbesondere solche, die einen Strafausspruch enthalten.[774] Hingegen hat das Verfassungsgericht eine Verfassungsbeschwerde zurückgewiesen, die sich gegen die Verlängerung der Untersuchungshaft richtete, weil dieser Beschluss gerade kein sachbezogenes Urteil sei.[775]

4. Rechtswegerschöpfung und Subsidiaritätsprinzip

Alle drei Formen der Verfassungsbeschwerde, setzen eine Rechtswegerschöpfung oder das Fehlen anderer Rechtsmittel voraus.[776] Nicht von der Rechtswegerschöpfung erfasst ist jedoch das Revisionsverfahren vor der Kurie[777] Dies bedeutet in der Praxis, dass der Beschwerdeführer eine Beschwerde auch dann einlegen kann, wenn er ein Revisionsverfahren noch nicht beantragt hat.[778] Dies schließt jedoch nicht aus, dass eine Verfassungsbeschwerde auch gegen die Entscheidung der Kurie im Revisionsverfahren erhoben werden kann.[779] Die Verfassungsbeschwerde ist in diesem Fall nur dann zulässig, wenn der Beschwerdeführer die rechtskräftige erst- oder zweitinstanzliche Entscheidung vor dem Verfassungsgericht noch nicht angegriffen hat. Die Verfassungsbeschwerde ist demgemäß gegen eine Entscheidung der Kurie im Revisionsverfahren zulässig, wenn die Kurie (1) die Entscheidung der zweiten Instanz in seiner Geltung aufrechterhält, wenn die Kurie (2) die gesamte oder nur einen Teil der Entscheidung außer Kraft setzt und sie diesbezüglich eine neue Entscheidung trifft oder die Kurie (3) die rechtskräftige

---

[772]   Ung. „polgári perrendtartás".
[773]   Art. 212 Abs. 1 UZPO.
[774]   *Balogh-Marosi,* Vonzások és taszítások – Bíróságok között, in: Alkotmánybírósági Szemle 1/2012, S. 78.
[775]   3036/2013 (II.12) AB Beschluss.
[776]   Art. 26 Abs. 1 lit. b), Art. 26 Abs. 2 lit. b) und Art. 27 lit. b) neues UngVerfGG.
[777]   Die Kuria ist das oberste Rechtsprechungsorgan in Ungarn mit Sitz in Budapest. Sie stellt die einheitliche Anwendung des geltenden Rechts durch die Gerichte sicher. In diesem Zusammenhang trifft sie Entscheidungen zur Wahrung der Einheitlichkeit der Rechtsprechung, die für die Gerichte bindend sind.
[778]   Art. 32 Abs. 1 S. 1 neue GO UngVerfG.
[779]   3358/2012 (XII.5.) AB-Beschluss.

Entscheidung (inhaltlich) verändert und eine neue Entscheidung trifft und schließlich, wenn die Kurie (4) die angegriffene Entscheidung außer Kraft setzt und dadurch das Verfahren beendet.[780]
Allerdings wird dieser Rechtszustand auch kritisiert. So wäre es nach Ansicht von *Marosi* und *Balogh* wünschenswert, wenn der Beschwerdeführer vor Einlegung einer Verfassungsbeschwerde auch das Revisionsverfahren und nicht nur die ordentlichen Rechtsmittel ausschöpfen müsste. Der Wortlaut der gegenwärtigen Regelung bietet für diese Ansicht allerdings keine Grundlage, da gerade nicht ausdrücklich verbietet, dass ein Verfassungsbeschwerdeverfahren und ein Revisionsverfahren parallel beantragt werden kann. Der Zweck der Rechtswegerschöpfung ist die Subsidiarität der Verfassungsbeschwerde. Dies bedeutet, dass der Beschwerdeführer den Rechtsweg ausschöpfen muss, bevor er sich an das Verfassungsgericht wendet. Dabei entspringt Rechtswegerschöpfung dem Gedanken, dass die Rechtsverletzung in erster Linie durch die ordentlichen Gerichte und die Fachgerichte beseitigt werden soll.[781] Die Subsidiarität der „echten" Verfassungsbeschwerde lässt sich demzufolge nur dann verwirklichen, wenn das Verfassungsgericht die Entscheidung der Kurie abwartet. Diese Praxis könnte ein sog. „forum shopping" verhindern, da der Beschwerdeführer nicht mehr aus den ihm zur Verfügung stehenden Verfahren wählen könnte.[782]

5. Allgemeine Regelungen des Verfassungsbeschwerdeverfahrens

Wenn eine unechte und eine echte Verfassungsbeschwerde nicht innerhalb von 60 Tagen nach der Zustellung der rechtskräftigen Entscheidung und eine unmittelbare Verfassungsbeschwerde nicht innerhalb von 180 Tagen nach dem Inkrafttreten der verfassungswidrigen Rechtsnorm oder nach der Verletzung der in dem Grundgesetz verankerten Rechte erhoben wurde, ist die Verfassungsbeschwerde wegen Verfristung unzulässig Hier gilt eine absolute Ablauffrist des Verfassungsbeschwerdeverfahrens, indem es geht um eine Ausschlussfrist ohne Möglichkeit der Wiedereinsetzung.[783]
Sowohl die unechte als auch die echte Verfassungsbeschwerde sind beim erstinstanzlichen Gericht einzulegen. Die erste Instanz leitet die Beschwerde an das Verfassungsgericht weiter. Hingegen ist die unmittelbare Beschwerde beim

---

[780] Art. 32 Abs. 2 GO UngVerfG.
[781] *Balogh/Marosi,* Vonzások és taszítások – a bíróságok között, in: Alkotmánybírósági Szemle 1/2012, S. 73 (76).
[782] *Balogh/Marosi,* Vonzások és taszítások – a bíróságok között, in: Alkotmánybírósági Szemle 1/2012, S. 73 (78).
[783] Art. 30 Abs. 4 neues UngVerfGG.

Verfassungsgericht zu erheben.[784] Die Erhebung der unechten und echten Verfassungsbeschwerde hat suspendiert die die Vollstreckung der angegriffenen Gerichtsentscheidungen.[785] Die Verfassungsbeschwerde muss darüber hinaus einen bestimmten Antrag einhalten. Der Bestimmtheit genügt der Antrag nur dann, wenn er eindeutig die Vorschrift bezüglich der Zuständigkeit des Verfassungsgerichts bezeichnet, die Antragsberechtigten nennt, das verletzte Recht bzw. die zu überprüfende Norm sinngemäß bezeichnet bzw. das angefochtene Urteil nennt sowie eine Begründung enthält, die erkennen lässt, dass der Antrag auf die Aufhebung einer Norm oder einer Gerichtsentscheidung wegen der Verletzung der Bestimmungen des Grundgesetzes gerichtet ist.[786] Das häufigste Problem in der Praxis war in den ersten Monaten nach Einführung der echten Verfassungsbeschwerde, dass die diesbezüglichen Anträge die aufzuhebende gerichtliche Entscheidung nicht bezeichneten.[787] Die Verfassungsbeschwerde musste nach dem Inkrafttreten der neuen Regelungen zunächst durch einen Anwalt erhoben werden.[788] Da aber im frühen Rechtszustand kein Anwaltszwang für das verfassungsrechtliche Verfahren vorgesehen war, wurde diese neu eingeführte Regelung heftig kritisiert. Die Befürworter waren der Auffassung, dass dank des Anwaltszwangs die Verfassungsbeschwerde begründet und die formelle und materielle Voraussetzung gemäß eingelegt wird. Dies sei als ein wichtiger Beitrag zur Reduktion der Arbeitsbelastung des Verfassungsgerichts und zur Effektivierung der Arbeit des Verfassungsgerichts zu werten. Demgegenüber vertraten Gegner der Postulationsregelung die Meinung, dass Personen, die in schwieriger Finanzlage lebten, nicht in der Lage seien, die Kosten eines Anwalts zu tragen.[789] Die rechtspolitische Debatte wurde dadurch beendet, dass die Vorschriften über den Anwaltszwang aufgrund einer Entscheidung des Verfassungsgerichts Mitte 2013 aufgehoben wurden.[790]

---

[784] Art. 53 Abs. 2 und 3 neues UngVerfGG.
[785] Art. 53 Abs. 4 neues UngVerfGG.
[786] Art. 52 Abs. 1b neues UngVerfGG.
[787] *Bitskey-Gárdos*, A befogadható alkotmányjogi panasz- az első hónapok tapasztalatairól, in: Alkotmánybírósági Szemle 1/2012, S. 92.
[788] Art. 51 Abs. 2 und 3 neues UngVerfGG.
[789] *Naszladi*, Alkotmányjogi panasz a parlamenti vitában, in: Közjogi Szemle 1/2012, S. 41.
[790] Damit wurde Art. 51 Abs. 2 und 3 neues UngVerfGG mit Art. 13 des Gesetzes Nr. 131/2013 am 01. August 2013 aufgehoben.

6. Prüfungsmaßstab

Der Prüfungsmaßstab konstituiert sich ausschließlich aus den im Grundgesetz verankerten Rechte und Freiheiten des Beschwerdeführers.[791] Eine „echte" Verfassungsbeschwerde muss darüber hinaus einen Hinweis auf die Kausalität zwischen der Rechtsverletzung und der Gerichtsentscheidung enthalten.[792] Das Verfassungsgericht behält seine frühere Praxis bei, nach der „die Verfassungsbeschwerde ein Mittel zum Schutz der in der Verfassung verankerten Rechte ist und die Zweckbestimmung dieser Rechte darin besteht, dass sie den Bürger, das Individuum oder die Gemeinden gegen die staatliche Gewalt schützen".[793] Die Staatsprinzipien sind nach wie vor kein Prüfungsmaßstab der Verfassungsbeschwerde für den Schutz subjektiver Rechte; eine Verfassungsbeschwerde die die Verletzung von Staatsprinzipien rügt ist daher unzulässig.[794] Folglich ist die „echte" Verfassungsbeschwerde kein Mittel des Verfassungsschutzes, sondern ein Mittel des Individualrechtsschutzes.[795]

V. Entscheidungswirkung

Erklärt das Verfassungsgericht im Rahmen der „unechten" und „unmittelbaren" Verfassungsbeschwerde die angefochtene Vorschrift zum Teil oder im Ganzen für verfassungswidrig, dann hebt das Gericht diese Bestimmung hiermit auf.[796] Die für verfassungswidrig erklärte Vorschrift ist mit der Veröffentlichung der Entscheidung des Verfassungsgerichts im öffentlichen Amtsblatt nicht mehr anwendbar.[797] Im Rahmen der „echten" Verfassungsbeschwerde hebt das Verfassungsgericht die zugrunde liegende gerichtliche Entscheidung auf.[798] Die Entscheidungen des Verfassungsgerichts im Rahmen einer Verfassungsbeschwerde verfügen außerdem über eine „erga omnes"-Wirkung.[799]

---

[791] 3365/2012 AB-Beschluss.
[792] 3117/2012 AB-Beschluss.
[793] 3033/2012 (II. 12) AB-Beschluss; 65/1992 (XII.17.) AB-Urteil, ABH 1992, S. 289, 291.
[794] 3033/2012 (II. 12) AB-Beschluss.
[795] *Köblös*, A,„régi típusú" alkotmányjog panasz az új Abtv-ben, in: Alkotmánybírósági Szemle 1/2012, S. 80 (85).
[796] Art. 41 Abs. 1 neues UngVerfGG.
[797] Art. 45 Abs. 1 HS. 1 neues UngVerfGG.
[798] Art. 43 Abs. 1 neues UngVerfGG.
[799] Art. 39 Abs. 1 neues UngVerfGG.

VI. Praxis

Die neuen Formen der ungarischen Verfassungsbeschwerde stehen an erster Stelle in der Praxis des ungarischen Verfassungsgerichts. Im Jahr 2015 wurde 75 „unechte", 85 „unmittelbare" und 413 „echte" Verfassungsbeschwerden erhoben. Damit machen die drei Formen der Verfassungsbeschwerde zusammen im Jahr 2015 insgesamt ca. 77% der gesamten Verfahren aus.[800]

VII. Zusammenfassung

Zu der zentralen Aufgabe des ungarischen Verfassungsgerichts zählt nach wie vor die „unechte" Verfassungsbeschwerde. Darüber hinaus wurde das Verfassungsgericht für die „echte" und für die „unmittelbare" Beschwerde zuständig. Der grundlegende Unterschied zwischen den drei Formen der Verfassungsbeschwerde besteht zum einen im Prüfungsgegenstand, zum anderen in der Entscheidungswirkung. Während sich eine „unechte" Verfassungsbeschwerde gegen die Akte der gesetzgebenden Gewalt richtet, ist eine „echte" Verfassungsbeschwerde gegen die Entscheidung der ordentlichen Gerichte und der Fachgerichte statthaft. Eine „unmittelbare" Verfassungsbeschwerde kann der Beschwerdeführer nur dann erheben, wenn er behauptete, in seinen, im Grundgesetz verankerten Rechte oder Freiheiten ohne Gerichtsbeschluss, aufgrund einer unmittelbar anwendbaren oder unmittelbar geltenden Vorschrift verletzt worden zu sein. Wird eine Vorschrift im Rahmen der „unechten" oder „unmittelbaren" Verfassungsbeschwerde für verfassungswidrig erklärt, dann wird diese Vorschrift aufgehoben. Demgegenüber offenbart sich mit Blick auf die Entscheidungswirkung der „echte" Verfassungsbeschwerde ein schwelender Konflikt zwischen den ordentlichen Gerichten bzw. Fachgerichten und dem Verfassungsgericht. Denn hier wird eine verfassungswidrige, richterliche Entscheidung aufgehoben. Aus der bisherigen Praxis wird deutlich, dass es nicht die Aufgabe des Verfassungsgerichts ist, im Rahmen der „echten" Verfassungsbeschwerde die Rechtmäßigkeit einer richterlichen Entscheidung festzustellen – dies ist die Aufgabe der Kurie –, sondern sich diese Aufgabe lediglich auf die Feststellung der Verfassungsmäßigkeit der gerichtlichen Entscheidung beschränkt.
Darüber hinaus ist hervorzuheben, dass sich infolge der Abschaffung der nachträglichen abstrakten Normenkontrolle als Popularklage, die einen objektiven Verfassungsschutz bewirkte, nunmehr der Schwerpunkt der Tätigkeit des Ver-

[800] Siehe dazu die Statistik des ungarischen Verfassungsgerichts aus dem Jahr 2015, abrufbar unter: http://www.alkotmanybirosag.hu/letoltesek/ab_ugyforgalom_2015_12_31.pdf (zuletzt aufgerufen am 01.05.2016)

160

fassungsgerichts – auch aufgrund der „echten" Verfassungsbeschwerde – in die Richtung des subjektiven Rechtsschutzes verschiebt. So betraf die „echte" Verfassungsbeschwerde im Jahr 2014 schon ca. 33% der gesamten Anzahl aller Anträge, mit denen ein verfassungsgerichtliches Verfahren angestrengt wurde.

In der Literatur wird allerdings die Frage aufgeworfen, ob die Einführung einer „echten" Verfassungsbeschwerde die *actio popularis* im Rahmen der nachträglichen, abstrakten Normenkontrolle ausschließen muss. Nach Meinung von *Tilk*, kann sich grundsätzlich eine „echte" Verfassungsbeschwerde nur gegen Akte der rechtsprechenden Gewalt und eine nachträgliche abstrakte Normenkontrolle nur gegen gesetzgeberische Maßnahmen richtet. Daher können die „echte" Verfassungsbeschwerde und die *actio popularis* nebeneinander zur Anwendung gelangen.[801] Doch nach Meinung von *Darák* gewährleiste die neue „echte" Verfassungsbeschwerde in Ungarn auch einen sehr umfangreichen Verfassungsschutz, da die „echte" Verfassungsbeschwerde auch dazu beiträgt, dass gerichtlichen Entscheidungen verfassungsmäßig sind, weswegen die *actio polpularis* im Rahmen der nachtäglichen, abstrakten Normenkontrolle nicht mehr nötig. Die Meinung von *Darák* überzeugt. Die parallele Anwendung der actio popularis im Rahmen der nachträglichen, abstrakten Normenkontrolle brächte außerdem nur mehr zusätzliche Arbeitsbelastung mit sich und keinen weitergehenden Verfassungsschutz.[802]

Bezüglich der „echten" Verfassungsbeschwerde lässt sich feststellen, dass die Beschwerdeführer in den meisten Praxisfällen, die Verfassungsbeschwerde nach einem Gerichtsverfahren erhoben wurde, das mit einer für sie ungünstigen Entscheidung endete und dass sie nicht mehr mit ordentlichen Rechtsmitteln anfechten konnten. Nicht selten wurde eine Verfassungsbeschwerde in Bezug auf den Tatbestand oder eine bestimmte richterliche Auslegung einer Vorschrift eingelegt.[803] Abgesehen von dieser, eher negativ zu bewertenden Praxis kann dennoch festgestellt werden, dass die Entscheidungen des Verfassungsgerichts im Rahmen der „echten" Verfassungsbeschwerde langfristig auf die richterliche Rechtsanwendung Einfluss wird. Dass die Entscheidungen des Verfassungsgerichts im Rahmen der „echten" Verfassungsbeschwerde langfristig die richterliche Rechtsanwendung positiv beeinflussen wird, weil sie die Richter der ordentlichen Gerichte und der Fachgerichte dazu anhält, die Subjektiven Rechte aus dem GG bei ihrer Entscheidungsfindung stets und genau zu berücksichtigen.[804]

---

[801] *Tilk,* Az új típusú alkotmányjog panasz előzményei és az eljárási renddel kapcsolatos egyes szabályozási elvárások, in: Alkotmánybírósági Szemle 2/2011, S. 80 (85).

[802] Siehe dazu ausführlich *Darák,* Az alkotmányjogi panasz bírói szemmel, in: Alkotmánybírósági szemle, 1/2012 S. 70 ff; *Paczolay,* Az Alkotmánybíróság új hatásköreiről egy év elteltéve, in: Alkotmánybírósági Szemle 1/2013 S. 71 ff.

[803] *Kalas,* Az Alkotmánybíróság döntéseinek következményei a rendes bírósági eljárásra, in: Alkotmánybírósági szemle 1/2013, S. 116 (117).

[804] *Kalas,* Az Alkotmánybíróság döntéseinek következményei a rendes bírósági eljárásra, in: Alkotmánybírósági szemle 1/2013, S. 116 (118).

C. Deutsche Individualverfassungsbeschwerde
I. Entwicklungsgeschichte

Obwohl sich Vorläufer der Individualverfassungsbeschwerde bereits in der Paulskirchenverfassung 1849 als eine Klagemöglichkeit des Bürgers zum Reichsgericht und in der Bayerischen Verfassung 1919 als eine Verfassungsbeschwerde zum Bayerischen Staatsgerichtshof finden, die in abgewandelten Form auch in Art. 120 S. 4 der Verfassung der Freistaates Bayern vom 2. Dezember 1946 wiederkehrte, wurde die gegenwärtige Form der Individualverfassungsbeschwerde zuerst im Jahr 1969 durch eine Verfassungsänderung in das GG aufgenommen. Art. 93 GG wurde um die Nummer 4a ergänzt.[805] Die Individualverfassungsbeschwerde ist in der Praxis des Bundesverfassungsgerichts von zentraler Bedeutung. Nach der Statistik des Bundesverfassungsgerichts ist das Verfassungsbeschwerdeverfahren die häufigste Verfahrensarten vor dem BVerfG.[806] Die hohe Anzahl an Verfahren kann darauf zurückgeführt werden, dass der deutsche Bürger sich seiner Rechte bewusst ist und auch bereit ist seine Rechte vor dem Bundesverfassungsgericht im Streitfall durchzusetzen. Das Bundesverfassungsgericht ist daher nicht nur „Hüter der Verfassung", sondern es gewährleistet auch den Schutz der Grundrechte des Einzelnen.[807]

II. Rechtliche Einordnung und Funktionen der Verfassungsbeschwerde

Die Verfassungsbeschwerde ist ein außerordentlicher Rechtsbehelf, kein „zusätzlicher Rechtsbehelf in Verfahren der ordentlichen Gerichtsbarkeit".[808] Die Individualverfassungsbeschwerde ist als ein spezifischer Rechtsbehelf des Bürgers gegen den Staat anzusehen. Sie steht jedermann zur Verfügung, der geltend macht durch die öffentliche Gewalt in seine Grundrechte verletzt worden zu sein. Unter dieser Voraussetzung kann die Individualverfassungsbeschwerde nicht nur zum Schutz der eigentlichen, die Freiheitssphäre des Einzelnen negatorisch sichernden Grundrechte, sondern auch zur Durchsetzung der politischen Rechte – im Sinne des *status aktivus* der Grundrechte –, insbesondere zur Durchsetzung des Wahlrechts, benutzt werden.[809]

---

[805] *Hopfauf*, in: Schmidt-Bleibtreu/Hofmann/Henneke, GGK, 13. Aufl. 2014, Art. 93 Rn. 391.
[806] Im Jahr 2012 waren von den ca. 200.000 Verfahren vor dem BVerfG ca. 194.000 Verfassungsbeschwerden. Die Verfassungsbeschwerde betrifft demnach mehr als 95 % der gesamten Verfahrensarten. Die Statistik des BVerfG ist abrufbar unten: http://www.bundesverfassungsgericht.de/organisation/gb2012/A-I-4.html (aufgerufen am 01.05.2016).
[807] *Benda/Klein*, Verfassungsprozessrecht, Rn. 418.
[808] BVerfGE 107, 395 (413).
[809] *Bethge*, in: Maunz/Schmidt-Bleibtreu/Klein/Bethge, BVerfGG, § 90 Rn. 35.

Darin dass „jedermann" Beschwerdeführer sein kann und die Grundrechte und grundrechtsgleichen Rechte Gegenstand der Verfassungsbeschwerde sind, kommt die individuell-subjektive Funktion dieser Verfahrensart zum Ausdruck.[810] Darüber hinaus verfügt die Verfassungsbeschwerde nach Meinung von *Konrad Zweigert* neben dem „kasuistischen Kassationseffekt" über einen „generellen Edukationseffekt", da sie auch eine Klärung der objektiven Rechtslage bewirkt, wenn in ihrem Verfahren über die Rechtsposition von Subjekten entschieden wird.[811] Die Aufgabe der Verfassungsbeschwerde besteht darin, das objektive Verfassungsrecht zu schützen, was der Auslegung und Entwicklung des Grundgesetzes zugutekommt.[812] Folglich lässt sich die Verfassungsbeschwerde als „spezifisches Rechtsschutzmittel des objektiven Verfassungsrechts" deklarieren.[813]

III. Beschwerdeführer

Jedermann kann eine Individualbeschwerde vor dem Bundesverfassungsgericht erheben.[814] „Jedermann" ist derjenige, der Träger von Grundrechten oder der in § 90 Abs. 1 BVerfGG aufgeführten, grundrechtsgleichen Rechte sein kann.[815] Der Beschwerdeführer muss demzufolge grundrechtsfähig bzw. -berechtigt sein.[816] Das sind zunächst die natürlichen Personen, die von ihrer Geburt bis zum Tod Grundrechtsträger sind.[817]

In der Regel ist jede juristische Person grundrechtsfähig, soweit „Grundrechte ihrem Wesen nach auf sie anwendbar sind".[818] Dennoch muss die Frage, ob juristischen Personen Grundrechtsfähig sind in jedem Einzelfall gesondert überprüft werden.[819] Infolgedessen sind juristische Personen des öffentlichen Rechts grundsätzlich keine Grundrechtsträger. Allerdings können beispielsweise Universitäten und deren Fakultäten nach Art. 5 Abs. 3 GG, Rundfunkveranstalter nach Art. 5 Abs. 1 S. 2 GG und die Religionsgemeinschaften gemäß Art. 3 Abs. 1 und Art. 4 GG ausnahmsweise Grundrechtsträger der sie selbst und ihren Tätigkeitsbereich speziell betreffende Grundrechte sein, Insoweit verfügen sie diesbezüglich über

---

[810]   *Hopfauf,* in: Schmidt-Bleibtreu/Hofmann/Henneke, GGK, 13. Aufl. 2014, Art. 93 Rn. 403.
[811]   *Zweigert,* Die Verfassungsbeschwerde, JZ 1952, S. 321.
[812]   *Hopfauf,* in: Schmidt-Bleibtreu/Hofmann/Henneke, GGK, 13. Aufl. 2014, Art. 93 Rn. 405.
[813]   BVerfGE 33, 247 (259).
[814]   Art. 93 Abs. 1 Nr. 4a GG und § 90 Abs. 1 BVerfGG.
[815]   BVerfGE, 28, 314 (323); *Hopfauf,* in: Schmidt-Bleibtreu/Hofmann/Henneke, GGK, 13. Aufl. 2014, Art. 93 Rn. 434.
[816]   *Voßkuhle,* in: Mangoldt/Klein/Starck, Kommentar zum GG (2010), Bd. III § 93 Rn. 173.
[817]   Siehe dazu ausführlich Rauber, Karlsruhe sehen und sterben: Verfassungsprozessuale Probleme beim Tod des Beschwerdeführers im Verfassungsbeschwerdeverfahren, DÖV, 2011, S. 637 ff.
[818]   Art. 19 Abs. 3 HS. 2 GG.
[819]   *Benda/Klein,* Verfassungsprozessrecht, Rn. 518-519.

eine bereichsspezifische Grundrechtsfähigkeit.[820] Die Grundrechtsfähigkeit von gemischtwirtschaftlichen Unternehmen ist darüber hinaus zu bejahen, vorausgesetzt das Unternehmen wird mehrheitlich von Privatpersonen und nicht von der öffentliche Hand beherrscht.[821] Bei der juristischen Personen des Privatrechts kommen solche Grundrechte in Betracht wie der Schutz des Eigentums in Art. 14 GG, der allgemeine Gleichheitssatz nach Art. 3 Abs. 1 GG, die Unverletzlichkeit der Wohnung in Art. 13 GG und Telekommunikation in Art. 10 GG sowie die Garantie des effektiven Rechtsschutzes und die Justizgrundrechte gemäß Art. 101 Abs. 1 und Art. 103 Abs. 1 GG. Daher können juristischen Personen grundsätzlich als beschwerdefähig angesehen werden, sofern deren Verfassungsbeschwerde sich nicht auf die Verletzung höchstpersönlicher Rechtsgüter, wie Recht auf Leben und Gesundheit oder Menschenwürde, stützt.[822] Aus dem Wortlaut von Art. 19 Abs. 3 GG folgt auch, dass die ausländische juristische Person grundsätzlich kein tauglicher Beschwerdeführer sein kann. Sie sind ausnahmsweise im Hinblick auf die in Art. 101, 103 und 104 GG genannten prozessualen Grundrechte und den in Art. 19 Abs. 4 GG gewährleisteten effektiven Rechtsschutz beschwerdefähig.[823] Obwohl es früher umstritten war, ob juristische Personen des EU-Auslands grundrechtsfähig sind und de lege lata Art. 19 Abs. 3 GG sich nicht auf sie anwenden ließ, entschied das Bundesverfassungsgericht im Cassina-Fall,[824] dass eine in Deutschland tätige juristische Personen mit Sitz in einem EU-Mitgliedstaat sich auf die Grundrechte berufen könne,[825] und führte damit eine Anwendungserweiterung von Grundrechten auf juristische Personen aus Mitgliedstaaten der EU ein. Wird eine politische Partei als nicht-rechtsfähige Vereinigung des privaten Rechts durch Träger hoheitlicher Gewalt beeinträchtigt, kann die Partei die diesen Sachverhalt Streitigkeit vor ein Verwaltungsgericht gemäß Art. 40 Abs. 1 VwGO bringen. Nach Erschöpfung des Rechtsweges steht der Partei der Rechtsweg zum Bundesverfassungsgericht im Wege der Verfassungsbeschwerde offen, vorausgesetzt, dass die Partei sich auf Grundrechte beruft.[826] Geht die behauptete Verletzung dagegen unmittelbar von einem Verfassungsorgan aus, insbesondere durch den Bundestag und Bundesrat, so hält das Bundesverfassungsgericht in ständiger

---

[820]   *Benda/Klein*, Verfassungsprozessrecht, Rn. 527.
[821]   *Benda/Klein*, Verfassungsprozessrecht, Rn. 525.
[822]   *Benda/Klein*, Verfassungsprozessrecht, Rn. 518-519.
[823]   *Benda/Klein*, Verfassungsprozessrecht, Rn. 520.
[824]   BVerfG Beschluss vom 19. 7. 2011-1 BvR 1916/09, NJW 2011, 3428.
[825]   BVerfG Beschluss vom 19.7.2011-1 BvR 1916/09, Leitsatz 1: *„Die Erstreckung der Grundrechtsberechtigung auf juristische Personen aus Mitgliedstaaten der EU stellt eine aufgrund des Anwendungsvorrangs der Grundfreiheiten im Binnenmarkt (Art. 26 Abs. 2 AEUV) und des allgemeinen Diskriminierungsverbots wegen der Staatsangehörigkeit (Art. 18 AEUV) vertraglich veranlasste Anwendungserweiterung des deutschen Grundrechtsschutzes dar."*
[826]   *Münch/Mager*, Staatsrecht I, 2016, Rn. 163.

Rechtsprechung den Organstreit für das vorrangige statthafte Verfahren. Parteien und ihre Untergliederungen sollen dann aufgrund ihrer besonderen Rechtsstellung gemäß Art. 21 GG als „andere Beteiligte, die durch [...] [das] Grundgesetz mit eigenen Rechten ausgestattet sind" im Organstreit beteiligtenfähig sein.[827]

IV. Beschwerdegegenstand

Grundsätzlich kann jedermann eine Individualverfassungsbeschwerde gegen jedes Handeln der deutschen öffentlichen Gewalt, also gegen Maßnahmen aller drei gemäß Art. 1 Abs. 1 GG grundrechtsverpflichteten Staatsgewalten erheben.[828] Unter „öffentlichen Gewalt" ist der Staat mit allen Untergliederungen und mit allen Sonderformen zu verstehen. Es muss sich grundsätzlich um Akte der deutschen öffentlichen Gewalt handeln.[829] Nicht erfasst sind z. B. die Akte ausländischer Hoheitsträger sowie zwischenstaatlicher Einrichtungen, ebenso wenig – mangels Staatlichkeit – innerkirchliche Maßnahmen und rein fiskalisches Handeln. [830]

1. Akte supranationaler Hoheitsträger

Maßnahmen der Organe der EU, wie etwa der Europäischen Kommission oder dem Rat, sind keine Akte der deutschen öffentlichen Gewalt. Sie kommen daher als Gegenstand einer Verfassungsbeschwerde grundsätzlich nicht in Betracht. Allerdings hat das Bundesverfassungsgericht im Maastricht-Urteil sich die Möglichkeit offen gehalten sekundäres Unionsrecht am Maßstab der Grundrechte des Grundgesetzes zu überprüfen und demnach ausnahmsweise diese Akte einer supranationalen Organisation als Akte der öffentlichen Gewalt im Sinne von Art. 93 Abs. 1 Nr. 4a GG anzusehen ist.[831] Eine zentrale Aussage der Entscheidung ist demnach folgende:
„Allerdings übt das Bundesverfassungsgericht seine Gerichtsbarkeit über die Anwendbarkeit von abgeleitetem Gemeinschaftsrecht in Deutschland in einem „Kooperationsverhältnis" zum Europäischen Gerichtshof aus, in dem der Europäische Gerichtshof den Grundrechtsschutz in jedem Einzelfall für das gesamte Gebiet der Europäischen Gemeinschaften garantiert, das Bundesverfassungsgericht sich deshalb auf eine generelle Gewährleistung der unabdingbaren Grundrechtsstandards beschränken kann."[832]

---

[827]   *Münch/Mager,* Staatsrecht I, 2016, Rn. 164.
[828]   Art. 1 Abs. 3 GG i.V.m.§ 93 Abs. 1 Nr. 4a GG.
[829]   *Voßkuhle,* in Mangoldt/Klein/Starck, Kommentar zum GG (2010), Bd. III, Art. 93 Rn. 175.
[830]   Ebd.
[831]   *Benda/Klein,* Verfassungsprozessrecht, Rn. 538.
[832]   BVerfG 12.10.1993–2 BvR 2134/92, BVerfGE 89, 155.

2. Akte der Legislative (Rechtssatzverfassungsbeschwerde)

Auch ein verfassungsänderndes Gesetz kann im Hinblick auf Art. 79 Abs. 3 GG Gegenstand der Individualverfassungsbeschwerde sein, wenn das gerügte verfassungsändernde Gesetz die Grundsätze des Art. 1 Abs. 1 GG anrührt. Nach Ansicht des Bundesverfassungsgerichts sind diese Grundsätze verfassungsbeschwerdefähig.[833] Förmliche Bundesgesetze – mit Ausnahme des Haushaltsgesetzes[834] –, Zustimmungsgesetze zu völkerrechtlichen Verträgen nach dem Eintritt der völkerrechtlichen Verbindlichkeit gemäß Art. 59 Abs. 2 S. 1 GG und die Notstandsgesetzgebung gemäß Art. 81 GG können ebenfalls mit einer Verfassungsbeschwerde angegriffen werden. Förmliche Landesgesetze, Rechtsverordnungen und Satzungen sind gleichfalls taugliche Prüfungsgegenstände. Weiterhin lässt sich eine Verfassungsbeschwerde gegen das Unterlassen des Gesetzgebers erheben, sofern ein materieller Verfassungsauftrag vorliegt, dem der Gesetzgeber bislang noch nicht oder nur unzureichend nachgekommen ist.[835] Demgegenüber sind die Tarifverträge keine Akte der staatlichen Gewalt und damit auch keine tauglichen Beschwerdegegenstände.[836] Da ein Gesetzentwurf (noch) keine Außenwirkung gegenüber dem Bürger entfaltet, ist er kein tauglicher Gegenstand der Individualverfassungsbeschwerde.[837] Ausnahmsweise kann allerdings auch ein schon außer Kraft getretenes Gesetz tauglicher Beschwerdegegenstand sein, wenn es noch Rechtswirkungen von ihm ausgehen oder eine auf diesem Gesetz basierende Grundrechtsverletzung noch nicht beseitigt wurde.[838] Abschließend lässt sich feststellen, dass grundsätzlich nur solche gesetzgeberischen Akte taugliche Beschwerdegegenstand der Rechtssatzverfassungsbeschwerde sein können, deren Normen schon und noch in Kraft sind. [839]

3. Akte der Exekutive

Der Begriff der „vollziehenden Gewalt" bezieht sich nicht nur auf die Verwaltung, sondern auch auf die Tätigkeit der Regierung sowie der Streitkräfte.[840] Grundsätzlich alle Tätigkeiten der öffentlichen Gewalt zur Erfüllung öffentlicher

---

833	*Hillgruber/Goos,* Verfassungsprozessrecht, S. 71 Rn. 152.
834	Das Haushaltsgesetz ist gemäß Art. 110 Abs. 2 S. 1 GG ein formelles Gesetz. Bei diesem Gesetz fehlt die Außenwirkung und daher die unmittelbare Betroffenheit und demzufolge die Beschwerdebefugnis, vgl. BVerfGE 55, 349 (362).
835	*Benda/Klein,* Verfassungsprozessrecht, Rn. 542, 544-549.
836	*Hillgruber/Goos,* Verfassungsprozessrecht, Rn. 144a.
837	*Benda/Klein,* Verfassungsprozessrecht, Rn. 543.
838	BVerfGE, 3, 58, 75.
839	*Hopfauf,* in: Schmidt-Bleibtreu/Hofmann/Henneke, GGK, 13. Aufl. 2014, Art. 93 Rn. 470.
840	*Hillgruber/Goos,* Verfassungsprozessrecht, Rn. 154.

Aufgaben unterliegen der Grundrechtsbindung, ungeachtet der Handlungsform (Verwaltungsakt, Vertrag, schlicht hoheitliches Handeln, Rechtsetzung usw.), des verwendeten Mittels (Eingriff, Leitung, Organisation, Planung usw.) und der gewählten Rechtsform (öffentliches Recht, Privatrecht).[841] Sowohl Tun als auch Unterlassen des Bundes, der Länder sowie der Gemeinden oder der Gemeindeverbände kann mit einer Verfassungsbeschwerde angegriffen werden. Darüber hinaus gehört auch das Tun oder Unterlassen von Körperschaften, Anstalten, Stiftungen oder juristischen Personen des Privatrechts zur grundrechtsverpflichteten exekutiven Gewalt, sofern sie öffentliche Aufgaben wahrnehmen.[842] Eine Verfassungsbeschwerde unmittelbar gegen Verwaltungshandeln ist hingegen aufgrund der Rechtsweggarantie nach Art. 19 Abs. 4 GG und des Gebots der Rechtswegerschöpfung nach § 90 Abs. 2 BVerfGG kaum auch nur theoretisch möglich.[843]

4. Akte der Judikative (Urteilsverfassungsbeschwerde)

Mit der Verfassungsbeschwerde können Entscheidungen der Bundes- und Landesgerichte aller Gerichtsbarkeiten wie auch die Entscheidungen der berufsständischen Gerichte öffentlich-rechtlicher Körperschaften z. B. des Anwaltsgerichts der Rechtsanwaltskammern angegriffen werden.[844] Nicht grundrechtsgebunden ist hingegen das Tun oder Unterlassen der Schiedsgerichtsbarkeit und der kirchlichen Gerichtsbarkeit.[845] Mit dem Begriff „Entscheidungen" sind grundsätzlich die Endurteile gemeint. Damit kommt eine vorläufige Entscheidung oder eine unselbstständige Zwischenentscheidung in einem Gerichtsverfahren als tauglicher Beschwerdegegenstand nicht in Betracht, da hier eine Verfassungsverletzung noch im Rahmen des fachgerichtlichen Verfahrens beseitigt werden kann. Eine Zwischenentscheidung ist nur dann angreifbar, wenn bereits über einen Teil des Rechtsstreits eine endgültige Entscheidung getroffen wurde (bspw. Teilurteil) oder die Zwischenentscheidung (bspw. ein Zwischenurteil) einen selbstständigen Rechtsnachteil mit sich bringt. Letzteres ist etwa der Fall bei einer grundrechtsverletzenden Beweiserhebung oder bei einer bindenden Entscheidung über einen Befangenheitsantrag.[846] Die Entscheidungen des Bundesverfassungsgerichts selbst

---

[841] *Starck*, in Mangoldt/Klein/Starck, Kommentar zum GG (2010), Bd. III, Art. 1 Rn. 227.
[842] *Hillgruber/Goos*, Verfassungsprozessrecht, Rn. 155.
[843] *Hopfauf*, in: Schmidt-Bleibtreu/Hofmann/Henneke, GGK, 13. Aufl. 2014, Art. 93 Rn. 466.
[844] *Fleury*, Verfassungsprozessrecht, 10. neu bearbeitete Auflage, Verlag Franz Vahlen, München (im Folgenden: „Verfassungsprozessrecht") 2015, Rn. 294.
[845] *Hillgruber/Goos*, Verfassungsprozessrecht, Rn. 159.
[846] *Benda/Klein*, Verfassungsprozessrecht, Rn. 553.

sind keine tauglichen Beschwerdegegenstände einer Verfassungsbeschwerde, da dieses Verfahren sonst ad *infinitum* wäre.[847] Demgegenüber sind die Entscheidungen der Landesverfassungsgerichte mit der Urteilverfassungsbeschwerde vor dem BVerfG angreifbar. Diese Möglichkeit ist allerdings dadurch eingeschränkt, dass die Urteilverfassungsbeschwerde nur dann begründet ist, wenn das Landesverfassungsgericht im Rahmen der Landesverfassungsbeschwerde das einfache Landesrecht „landesverfassungskonform" ausgelegt hat, diese Auslegung aber gegen ein Grundrecht des Grundgesetzes verstößt. [848] Auch das Unterlassen einer richterlichen Entscheidung kann durch eine Verfassungsbeschwerde angegriffen werden, z. B. beim Unterbleiben einer Vorlage nach Art. 100 Abs. 1 oder Abs. 2 GG oder bei der Verweigerung des effektiven Rechtsschutzes nach Art. 19 Abs. 4 GG, insbesondere auch beim Unterlassen einer Vorlage nach Art. 267 AEUV.[849]

V. Beschwerdebefugnis

Der Beschwerdeführer muss geltend machen, dass er durch die gerügte Maßnahme selbst, gegenwärtig und unmittelbar in einem der in Art. 93 Abs. 1 Nr. 4a GG oder § 90 Abs. 1 BVerfGG erwähnten Grundrechten oder grundrechtsgleichen Rechten betroffen ist. Die Grundrechtsverletzung muss außerdem zumindest möglich erscheinen.[850] Mit den Worten des Bundesverfassungsgerichts: *„Selbstbetroffenheit* ist jedenfalls dann gegeben, wenn der Beschwerdeführer Adressat der Regelung ist. *Gegenwärtig* ist die Betroffenheit, wenn die angegriffene Vorschrift auf die Rechtsstellung des Beschwerdeführers aktuell und nicht nur virtuell einwirkt, wenn das Gesetz die Normadressaten mit Blick auf seine künftig eintretende Wirkung zu später nicht mehr korrigierbaren Entscheidungen zwingt oder wenn klar abzusehen ist, dass und wie der Beschwerdeführer in der Zukunft von der Regelung betroffen sein wird. *Unmittelbare Betroffenheit* liegt schließlich vor, wenn die angegriffene Bestimmung, ohne eines weiteren Vollzugsakts zu bedürfen, die Rechtsstellung des Beschwerdeführers verändert. Das ist auch anzunehmen, wenn die Norm ihren Adressaten bereits vor konkreten Vollzugsakten zu später nicht mehr revidierbaren Dispositionen veranlasst."*[851]

---

[847]   BVerfGE, 1, 89, 90.
[848]   *Bethge*, in: Maunz/Schmidt-Bleibtreu/Klein/Bethge, BVerfGG 47. EL 2015, § 90 Rn. 325.
[849]   *Benda/Klein*, Verfassungsprozessrecht, Rn. 555.
[850]   BVerfGE 5, 155, 158; *Benda/Klein*, Verfassungsprozessrecht, Rn. 556.
[851]   BVerfGE 102, 197 (206).

1. Selbstbetroffenheit

Die Selbstbetroffenheit ist festzustellen bezüglich (1) der Normen, deren unmittelbarer Adressat der Beschwerdeführer ist, (2) des Verwaltungshandelns, das sich gegen ihn richtet, sowie ggf. (3) der Gerichtsentscheidungen, wenn der Beschwerdeführer eine Partei in dem Rechtsstreit war.[852] Der Beschwerdeführer soll mit der Behauptung die Verfassungsbeschwerde einlegen, dass er selbst in einem eigenen Recht verletzt wurde. Der Beschwerdeführer muss also Träger des verletzten Rechts sein.[853] Ausnahmsweise kann aber die Selbstbetroffenheit des Beschwerdeführers auch dann gegeben sein, wenn der Beschwerdeführer lediglich mittelbar beeinträchtigt ist. Dies ist der Fall, wenn ein Gesetz einen bestimmten Personenkreis adressiert, sich sein Gewährleistungsbereich des betroffenen Grundrechts aber auf andere, weitere Grundrechtsträger bezieht, wie z. B. bei Ärzten oder Privatversicherer.[854]

Bei der Feststellung der Selbstbetroffenheit erhält die allgemeine Handlungsfreiheit gemäß Art. 2 Abs. 1 GG Bedeutung. Im *Elfes*-Urteil hat das Bundesverfassungsgerichtfestgestellt, dass die Verfassungsbeschwerde auch gegen gesetzgeberische Akte aufgrund der Verletzung der allgemeinen Handlungsfreiheit gemäß Art. 2 Abs. 1 GG erhoben werden kann. Dadurch kann auch die Verletzung des Rechtsstaatsprinzips nach Art. 20 Abs. 3 GG oder ein Kompetenzverstoß oder ein Verfahrensfehler gemäß Art. 70 ff. GG oder der Verstoß gegen die in Art. 80 Abs. 1 GG verankerte Verordnungsermächtigung im Rahmen der Verfassungsbeschwerde überprüft werden. Verletzt ein Gesetz die genannten Aspekte kann ein Beschwerdeführer, der von diesem Gesetz adressiert wird, sich auf den Verstoß der allgemeinen Handlungsfreiheit im Sinne des Art. 2 Abs. 1 GG berufen.[855] Der Leitsatz des Elfes-Urteils lautet:

„Jedermann kann im Wege der Verfassungsbeschwerde geltend machen, eine seine Handlungsfreiheit beschränkende Rechtsnorm gehöre nicht zur verfassungsmäßigen Ordnung."[856]

Da aber das Bundesverfassungsgericht keine Superrevisionsinstanz ist und die Verfassungsbeschwerde nicht auf die umfassende Prüfung der Gerichtsentscheidung zielt, prüft das Bundesverfassungsgericht bei einer Urteilsverfassungsbeschwerde allein die Verletzung der Grundrechte. Das Bundesverfassungsgericht überprüft die allgemeine Auslegung und oder die Anwendung des einfachen Rechts nicht. Dies ist Aufgabe der Fachgerichte.[857] Bei der Urteilsverfassungsbeschwerde kom-

---

[852]   *Fleury*, Verfassungsprozessrecht, Rn. 300.
[853]   Art. 93 Abs. 1 Nr. 4a GG und §§ 90 Abs. 1 BVerfGG
[854]   *Bethge*, in: Maunz/Schmidz-Bleibtreu/Klein/Bethge, BVerfGG, 47. EL 2015, § 90 Rn. 358.
[855]   *Fleury*, Verfassungsprozessrecht, Rn. 304–305.
[856]   BVerfGE 6, 32 (Leitsatz 4).
[857]   *Fleury*, Verfassungsprozessrecht, Rn. 306 f.

men insbesondere die Verletzung der in Art. 19 Abs. 4, Art. 101 Abs. 1 S. 2, Art. 103 Abs. 1 und Art. 104 GG genannten Verfahrensgrundrechte und die Verletzung des allgemeinen Gleichheitssatzes nach Art. 3 Abs. 1 GG in Betracht. Eine Verletzung des allgemeinen Gleichheitssatzes liegt insbesondere dann vor, wenn das Recht grob falsch angewendet wird, z. B. die Auslegung „nicht nachvollziehbar" oder „objektiv unhaltbar" ist.[858]

2. Gegenwärtige Betroffenheit

Der Beschwerdeführer muss durch den Beschwerdegegenstand schon und noch betroffen sein. Die Betroffenheit muss demnach bereits in dem Zeitpunkt gegeben sein, in dem die Verfassungsbeschwerde erhoben wird. Eine möglicherweise zukünftige Betroffenheit bleibt außer Betracht.[859] Die gegenwärtige Betroffenheit des Beschwerdeführers kann allerdings auch in Bezug auf ein noch nicht in Kraft getretenes Gesetz gegeben sein, etwa wenn bereits gegenwärtig vorauszusehen ist, dass eine zukünftige Regelung eine bestimmte Rechtswirkung entfalten wird und der Beschwerdeführer über diese Rechtswirkung Kenntnis hat.[860] Eine Verfassungsbeschwerde kann auch gegen ein Zustimmungsgesetz zu einem völkerrechtlichen Vertrag erhoben werden, selbst wenn das Zustimmungsgesetz noch nicht verkündet ist.[861]

3. Unmittelbare Betroffenheit

Die Anforderung der unmittelbaren Betroffenheit des Beschwerdeführers kann zu Problemen bei der Rechtssatzverfassungsbeschwerde führen. Denn eine unmittelbare Betroffenheit des Beschwerdeführers liegt nur vor, wenn ein Gesetz, keines weiteren Vollzugsakts bedarf.[862] Es muss sich also um ein Gesetz mit „self-executing" Wirkung handeln.[863] Sofern eine Rechtsvorschrift für die Geltung gegenüber dem Beschwerdeführer aber weitere Vollzugsakte erfordert, muss der Beschwerdeführer diese abwarten und kann die Verfassungsbeschwerde erst gegen die jeweiligen Vollzugsakte erheben, also etwa gegen die Einzelfallentscheidungen der Exekutive oder Urteile der rechtsprechenden Gewalt. Allerdings muss es dem Bürger zumutbar sein, die Anwendung der Norm durch Verwaltung und Gerichte abzuwarten.[864]

858   *Fleury,* Verfassungsprozessrecht, Rn. 310 f.
859   *Pestalozza,* Verfassungsprozessrecht, 1991, Rn. 44.
860   Vgl. BVerfGE 97, 157 (165 f.).
861   BVerfGE 126, 158 (168); *Lenz/Hansel,* BVerfGG, 2015, § 90 Rn. 302, 309.
862   *Detterbeck,* in: Sachs (Hrsg.) GGK, 7. Aufl. 2014, Art. 93 Rn. 94.
863   *Detterbeck,* in: Sachs (Hrsg.) GGK, 7. Aufl. 2014, Art. 93 Rn. 94.
864   *Detterbeck,* in: Sachs (Hrsg.) GGK, 7. Aufl 2014, Art. 93 Rn. 95.

4. Schlussbemerkung

Die eigene, gegenwärtige sowie die unmittelbare Betroffenheit des Beschwerdeführers sind bei der Urteilsverfassungsbeschwerde können in der Regel besonderen Schwierigkeiten festgestellt werden.[865] Probleme bereiten die Anwendung dieser Voraussetzungen auf die Rechtssatzverfassungsbeschwerde, da hier der Beschwerdeführer als Adressat der gesetzgeberischen Akte unmittelbar rechtlich betroffen sein und darüber hinaus die Norm in Bezug auf die Grundrechtsposition des Beschwerdeführers Nachteile mit sich bringen muss. Nur dann ist die Selbstbetroffenheit des Beschwerdeführers gegeben.[866] Bei der Rechtssatzverfassungsbeschwerde ist außerdem eine weitere Voraussetzung vorhanden, die den Problemkreis der unmittelbaren Betroffenheit berührt: die Subsidiarität. Im Sinne dieses Prinzips verlangt das Bundesverfassungsgericht, dass eine Verfassungsbeschwerde nur dann zulässigerweise beantragt werden kann, wenn der Beschwerdeführer Rechtsschutz vor den gesucht hat.[867] Damit steht die Rechtssatzverfassungsbeschwerde unter der Voraussetzung, dass die angegriffene Rechtsnorm keines weiteren Vollzugsaktes bedarf.[868] Sind die Voraussetzung in Bezug auf die eigene, unmittelbare und der gegenwärtige Betroffenheit des Beschwerdeführers nicht gegeben, führt dies zur Unzulässigkeit der Verfassungsbeschwerde.[869]

VI. Rechtswegerschöpfung und Subsidiarität der Verfassungsbeschwerde
1. Voraussetzungen der Rechtswegerschöpfung

Eine Verfassungsbeschwerde kann erst nach der Erschöpfung des Rechtswegs erhoben werden.[870] Der Zweck der Rechtswegerschöpfung ist die Entlastung des Bundesverfassungsgericht[871] und die Sicherung der schon im Zusammenhang mit der unmittelbaren Betroffenheit erwähnten Subsidiarität der Verfassungsbeschwerde.[872] Der Rechtsweg ist erschöpft, wenn (1) gegen Verwaltungsakte sowohl Widerspruch als auch Klage bis zur letzten Instanz erhoben wurde, wenn (2) gegen Urteile alle möglichen Rechtsmittel angewendet wurden, wenn (3) gegen untergesetzliche Normen eine statthafte Normenkontrolle, etwa nach Art. 47 VwGO eingeleitet wurde. Gegen die Vorschriften eines (förmlichen) Gesetzes

---

[865] *Benda/Klein*, Verfassungsprozessrecht, Rn. 558.
[866] *Benda/Klein*, Verfassungsprozessrecht, Rn. 563.
[867] Vgl. BVerfGE 1, 97 (Leitsatz 2).
[868] BVerfGE 110, 370 (381 ff.).
[869] BVerfG, Beschluss vom 12.3.2010 – 1 BvR 784, 939/08.
[870] Art. 94 Abs. 2 GG i.V.m. § 90 Abs. 2 S. 1 BVerfGG.
[871] Vgl. BVerfGE 51, 130 (139).
[872] *Detterbeck*, in: Sachs (Hrsg.) GGK, 7. Aufl 2014, Art. 94 Rn. 16.

steht allerdings kein Rechtsweg offen, sodass diese Voraussetzung insoweit entfällt.[873] Als Rechtsweg ist „jede gesetzlich normierte Möglichkeit der Anrufung eines Gerichts"[874] anzusehen. Erschöpft ist der Rechtsweg, „wenn der Beschwerdeführer von jedem zulässigen Rechtsmittel der jeweiligen Prozessordnung vor Erhebung der Verfassungsbeschwerde Gebrauch gemacht hat".[875] Demgemäß nahm das Bundesverfassungsgericht beispielsweise eine Verfassungsbeschwerde in dem Fall nicht zur Entscheidung an, in dem der Beschwerdeführer noch die Möglichkeit hatte, Klage von den Verwaltungsgerichten mit dem Ziel einer nachträglichen Betriebsbeschränkung für den Flughafen Köln/Bonn zu erheben.[876] Gegen sitzungspolizeiliche Anordnung des Vorsitzenden einer Strafkammer des Landgerichts, nach der nur verpixelte Bildaufnahmen von Prozessbeteiligten veröffentlicht werden durften, muss zunächst auch eine Beschwerde zum Oberlandesgericht erhoben werden.[877] Ebenso wenig ist der Rechtsweg erschöpft, wenn ein gerichtlichen Verfahrens noch nicht beendet ist, sei es durch Rücknahme, Verzicht, Vergleich, rechtskräftiges Versäumnisurteil oder Anerkenntnis. Es ist jedoch hervorzuheben, dass die Petition, die Dienstaufsichtsbeschwerde, Wiederaufnahmeanträge oder die Verfassungsbeschwerden zu den Landesverfassungsgerichten nicht als Rechtsweg gelten. [878]

2. Subsidiaritätsprinzip

Die Rechtswegerschöpfung dient der Entlastung des Bundesverfassungsgerichts. Sie steht im Zusammenhang mit dem Subsidiaritätsprinzip der Verfassungsbeschwerde. Aus dem *Subsidiaritätsprinzip* folgt, dass der Beschwerdeführer keine Verfassungsbeschwerde vor dem Bundesverfassungsgericht erheben kann, wenn er Rechtsschutz durch die allgemeinen Fachgerichte in zumutbarer Weise erlangen kann.[879] Mit den Worten des Bundesverfassungsgerichts: „Darüber hinaus gilt der [...] Grundsatz der Subsidiarität. Danach ist die Verfassungsbeschwerde eines von der angegriffenen Regelung selbst, gegenwärtig und unmittelbar Betroffenen unzulässig, wenn er vor Anrufung des Bundesverfassungsgerichts in zumutbarer Weise Rechtsschutz durch die allgemein zuständigen Gerichte erlangen kann. Damit soll neben der Entlastung des Bundesverfas-

---

[873] *Fleury,* Verfassungsprozessrecht, Rn. 321, 329.
[874] BVerfGE 67, 157, 170.
[875] BVerfG (K), NJW 1997, 46, 47 m. w. N.
[876] BVerfG (1. Kammer des Ersten Senats), Beschluss vom 24. 10. 2000 – 1 BvR 389/00, NVwZ-RR 2001, 99.
[877] 1 BvR 3276/08, Beschluss vom 17. April 2015
[878] *Fleury,* Verfassungsprozessrecht, Rn. 322, 327.
[879] *Hopfauf,* in: Schmidt-Bleibtreu/Hofmann/Henneke, GGK, 13. Aufl. 2014, Art. 93 Rn. 509.

sungsgerichts erreicht werden, dass dieses nicht auf ungesicherter Tatsachen- und Rechtsgrundlage entscheiden muss."[880]

3. Die Vorabentscheidung als Ausnahme vom Gebot der Rechtswegerschöpfung

Ausnahmsweise kann von der Voraussetzung der Rechtswegerschöpfung allerdings abgesehen werden. Die Verfassungsbeschwerde ist dann auch zulässig, wenn ein anderer Rechtsweg noch offen steht, vorausgesetzt, dass die Verfassungsbeschwerde von allgemeiner Bedeutung ist oder dem Beschwerdeführer anderenfalls ein schwerer oder unabwendbarer Nachteil entstünde, falls er zunächst auf den Rechtsweg vor den Fachgerichten verwiesen würde.[881] Hinsichtlich der Beurteilung dieser, in § 90 Abs. 2 S. 2 BVerfGG genannten Voraussetzungen verfügt das Bundesverfassungsgericht über einen weiten Beurteilungsspielraum, insbesondere hinsichtlich der Frage, ob es eine Verfassungsbeschwerde zur Entscheidung „vorab" annimmt. Denn die Voraussetzungen „allgemeine Bedeutung" bzw. „schwerer und unabweisbarere Nachteil" sind vage Begriffe und daher einer Auslegung durch das Bundesverfassungsgericht zugänglich.[882]

Die Verfassungsbeschwerde ist von allgemeiner Bedeutung, wenn die Entscheidung des streitgegenständlichen Falles für eine Vielzahl gleichartiger Fälle von Bedeutung ist und wenn eine vorherige fachgerichtliche Aufarbeitung des Prozessstoffes für die Entscheidung des Bundesverfassungsgerichts nicht erforderlich ist. Die allgemeine Bedeutung einer Verfassungsbeschwerde ist vor allem bei der Rechtsatzverfassungsbeschwerde von Bedeutung, da hier die Entscheidung des Bundesverfassungsgerichts für eine Vielzahl zukünftiger andere Fälle – etwa mit Blick auf die ähnliche Ausgestaltung von Gesetzen – relevant sein kann.[883]

Die zweite Variante – das Vorliegen eines schweren oder unabweisbaren Nachteil für den Beschwerdeführer – kommt etwa in Betracht, wenn z. B. ein massiver Grund-rechtseingriff, etwa in die Intimsphäre oder bei Freiheitsentzug, droht.[884] Das Bundesverfassungsgericht ging beispielsweise von einem schweren Nachteil für einen Beschwerdeführer aus, er dazu gezwungen wurde, trotz hohen Lebensalters das instanzgerichtliche Verfahren vollständig zu durchlaufen, da hier die ernstzunehmende Möglichkeit bestand, dass der Beschwerdeführer starb, bevor seine Grundrechtsverletzung überhaupt vor dem Bundesverfassungsgericht zur Verhandlung gelangte.[885] Ferner hat das Bundesverfassungsgericht auch einen

---

[880] BVerfGE 102, 197 (206 ff.).
[881] § 90 Abs. 2 S. 2 BVerfGG
[882] Bethge in: Maunz/Schmidt-Bleibtreu/Klein/Bethge, BVerfGG, 47. EL 2015, § 90 Rn. 397.
[883] Bethge in: Maunz/Schmidt-Bleibtreu/Klein/Bethge, BVerfGG, 47. EL 2015, § 90 Rn. 398.
[884] Bethge in: Maunz/Schmidt-Bleibtreu/Klein/Bethge, BVerfGG, 47. EL 2015, § 90 Rn. 399.
[885] BVerfGE 3, 277 (283).

schweren und irreparablen Nachteil des Beschwerdeführers bejaht, als eine Rundfunkanstalt gleichheitswidrig die Vergabe von Sendezeiten für Wahlwerbung an eine politische Partei im Wahlkampf verweigerte.[886] Demgegenüber hat es das Vorliegen eines besonders schweren Nachteil verneint und damit den Antrag auf eine einstwillige Anordnung gemäß § 32 BVerfGG abgelehnt, als eine Gruppe sudanischer Staatsangehöriger geltend machte, dass sie bei ihrer Rückkehr nach Sudan schwere staatliche Verfolgungsmaßnahme treffen würden. Der Zweite Senat des Bundesverfassungsgerichtshofes argumentierte, dass glaubhaft zugesichert wurde, dass den Beschwerdeführern bei der Rückkehr in den Sudan keinerlei Verfolgungsmaßnahmen drohten.[887]

4. Ausnahme vom Grundsatz der Rechtswegerschöpfung wegen Unzumutbarkeit

Ausnahmsweise kann von der Voraussetzung des Grundsatzes der Rechtswegerschöpfung auch aufgrund von Unzumutbarkeit abgesehen werden, auch wenn keines der beiden gesetzlich geregelten Voraussetzungen des Vorabentscheidungsverfahrens einschlägig ist.[888] Dem Beschwerdeführer ist die Erschöpfung des Rechtswegs unzumutbar, wenn er schon einmal erfolglos vor Gericht geklagt hat und es nicht zu erwarten ist, dass „auf Grund eindeutiger gesetzlicher Regelungen mit einem günstigeren Ergebnis zu rechnen ist."[889]

VII. Frist und ordnungsgemäßer Antrag

Eine Urteilverfassungsbeschwerde muss grundsätzlich innerhalb von einem Monat erhoben werden.[890] Die Frist beginnt mit der Bekanntgabe oder mit der zuverlässigen Kenntnisnahme der Entscheidung in vollständiger Form.[891] Wurde allerdings die Verfassungsbeschwerde gegen ein Gesetz gerichtet, kann die Rechtsatzverfassungsbeschwerde innerhalb von einem Jahr nach Inkrafttreten der Norm erhoben werden.[892] Diese Ausschlussfrist gilt auch dann, wenn sie dazu führen würde, dass der Beschwerdeführer bei einer erst nach dem Ablauf der Frist aufgrund einer Norm (oder unmittelbar durch diese) eingetretene Beschwer keine

---

[886] BVerfGE 7, 99 (105).
[887] BVerfGE, 93, 248 (251 f.).
[888] *Bethge* in: Maunz/Schmidt-Bleibtreu/Klein/Bethge, BVerfGG, 47. EL 2015, § 90 Rn. 400.
[889] BVerfGE 56, 363 (380); 69, 188 (202).
[890] § 93 Abs. 1 S. 1 BVerfGG.
[891] § 93 Abs. 1 S. 2, 3 und 4 BVerfGG; BVerfG (2. Kammer des zweiten Senats), Beschluss vom 14.11.1990 – 2 BvR 1378/90, NJW 1991, 2623, Leitsatz der Entscheidung: „Die Monatsfrist für die Einlegung der Verfassungsbeschwerde beginnt auch bei formloser Übersendung der strafgerichtlichen Entscheidung an den Verteidiger zu laufen."
[892] § 93 Abs. 3 BVerfGG.

Möglichkeit mehr hätte, die Verfassungswidrigkeit der Norm im Rechtsweg oder mit der Verfassungsbeschwerde geltend zu machen.[893] Eine Verfassungsbeschwerde gegen Unterlassen kann unbefristet erhoben werden.[894] Grundsätzlich ist alle die genannten Fristen Ausschussfristen. Dies bedeutet, dass beim Fristversäumnis eine Wiedereinsetzung zur Verfügung steht.[895] Die Verfassungsbeschwerde muss schriftlich[896], in deutscher Sprache und mit einer Begründung erhoben werden.[897]

VIII. Prüfungsmaßstab

Die Verfassungsbeschwerde ist begründet, wenn der Beschwerdeführer in einem seiner Grundrechte oder seiner grundrechtsgleichen Rechte verletzt ist.

Das Bundesverfassungsgericht kontrolliert ausschließlich der Verletzung der in Art. 93 Abs. 1 Nr. 4a GG genannten Grundrechte und grundrechtsgleichen Rechte.[898] Da das Bundesverfassungsgericht keine „Superrevisionsgericht" ist, entscheidet es im Rahmen der Urteilsverfassungsbeschwerde nicht über die Richtigkeit der Urteile der Fachgerichte am Maßstab des einfachen Rechts.[899] Vielmehr überprüft es, ob das Fachgericht spezifisches Verfassungsrecht verletzt hat. Die Auslegung des einfachen Rechts sowie seiner Anwendung auf den einzelnen Fall ist hingegen die Aufgabe der Fachgerichtsbarkeit.[900] Akte der Legislative wer-

---

[893] BVerfG (1. Kammer des Ersten Senats), Beschluss vom 21.11.1996 – 1 BvR 1862/96, NJW 1997, 650.

[894] *Voßkuhle*, in: Mangoldt/Klein/Starck, Kommentar zum GG (2010), Bd. III § 93 Rn. 194.

[895] *Pestalozza*, Verfassungsprozessrecht, 1991, Rn. 53; BVerfG (3. Kammer des Ersten Senats), Beschluss vom 7. 10. 2009 – 1 BvR 3479/08, Leitsatz der Enzscheidung: „Die Ausschlussfrist des §§ 93 BVerfGG für die Erhebung einer Verfassungsbeschwerde gegen Gesetze bei einer unverändert gebliebenen Norm beginnt nicht deshalb neu, weil der Gesetzgeber die Bestimmung gelegentlich der Änderung anderer Bestimmungen desselben Gesetzes erneut in seinen Willen aufgenommen hat. Die Frist wird nur neu in Lauf gesetzt, wenn die Gesetzesänderung die Verfassungswidrigkeit der angegriffenen Norm begründet oder verstärkt."

[896] Die Schriftlichkeit bedeutet, dass die Beschwerde per Telegramm, Fernscheiben oder Telefax, aber nicht per E-Mail zugestellt werden kann.

[897] § 23 Abs. 1 i.V.m. §§ 92, 17 BVerfGG i.V.m. §§ 184 GVG; BVerfG (2. Kammer des Ersten Senats), Beschluss vom 6.6. 2001 – 1 BvR 859/01, NJOZ 2001, 1498, Leitsatz der Entscheidung lautet: „Die fristgerechte Begründung einer Verfassungsbeschwerde erfordert, dass entweder die angegriffene Entscheidung selbst vorgelegt oder wenigstens ihrem wesentlichen Inhalt nach mitgeteilt werden oder dass sich der Beschwerdeführer mit ihnen in einer Weise auseinandersetzt, damit das BVerfG beurteilen kann, ob sie mit dem Grundgesetz in Einklang steht."

[898] *Hopfauf*, in: Schmidt-Bleibtreu/Hofmann/Henneke, GGK, 13. Aufl. 2014, Art. 93 Rn. 536.

[899] BVerfGE 7, 198 (207); *Schlaich/Korioth*, Das Bundesverfassungsgericht, Rn. 281 ff.

[900] *Hopfauf*, in: Schmidt-Bleibtreu/Hofmann/Henneke, GGK, 13. Aufl. 2014, Art. 93 Rn. 540.

den auf ihre Vereinbarkeit mit dem gesamten Grundgesetz überprüft.[901] Obwohl eine Verfassungsbeschwerde gegen Akte der Exekutive möglich ist, kommt sie in der Praxis wegen des Gebots der Rechtswegerschöpfung gemäß Art. 90 Abs. 2 BVerfGG grundsätzlich nicht vor. Die entsprechenden Verfassungsbeschwerden richten sich vielmehr gegen die letztinstanzliche Entscheidung der Fachgerichte und werden daher als Urteilverfassungsbeschwerde behandelt, weswegen auch der oben genannten (eingeschränkte) Prüfungsmaßstab gilt.[902]

IX. Inhalt und Wirkungen der Entscheidungen

Liegt ein Grundrechtsverstoß vor, ist gemäß § 95 Abs. 1 S. 1 BVerfGG in der Entscheidung festzustellen, welche Handlung oder Unterlassung die Vorschriften des Grundgesetzes verletzt hat.[903] Das Bundesverfassungsgericht kann entweder die Vereinbarkeit, die Unvereinbarkeit der betreffenden Vorschrift mit dem Grundgesetz oder die Nichtigkeit der angegriffenen Norm feststellen.[904] Betrifft die Entscheidung des Bundesverfassungsgerichts ein *Gerichtsurteil* und wurde dies für verfassungswidrig erklärt, ist das Urteil aufzuheben und der Streit an das zuständige Gericht zurückzuweisen.[905] Die Zuständigkeit des Bundesverfassungsgerichts und der Fachgerichte ist insoweit zu trennen. Während das Bundesverfassungsgericht auf die Feststellung der Verfassungswidrigkeit des Gerichtsurteils oder des *Verwaltungsakts* beschränkt ist, obliegt es den Fachgerichten, ein neues, die Entscheidung des Bundesverfassungsgerichts berücksichtigendes Urteil zu fällen.[906] Ausnahmsweise kann eine Zurückweisung der Sache unterbleiben, wenn aufgrund der Besonderheiten des Falls kein Spielraum für eine abweichende, fachgerichtliche Entscheidung verbleibt, es also nur eine verfassungsgemäße Entscheidung in der Sache möglich ist.[907] Richtet sich allerdings die Entscheidung des Bundesverfassungsgerichts gegen eine Norm und wird diese für verfassungswidrig erklärt, wird diese Norm im Regelfall mit „ex tunc"-Wirkung für nichtig erklärt.[908] Trotzdem kann aber eine auf einer verfassungswidrigen Norm beruhende Gerichtsentscheidung weiterhin Bestand haben, wenn die für verfassungswidrig erklärte Vorschrift vom Bundesverfassungsgericht – trotz ihrer Verfassungswidrigkeit – übergangsweise für anwendbar erklärt wird.[909]

[901] *Fleury,* Verfassungsprozessrecht, Rn. 365, 369.
[902] *Fleury,* Verfassungsprozessrecht, Rn. 368.
[903] § 95 Abs. 1 S. 1 BVerfGG.
[904] § 31 Abs. 2 S. 2 BVerfGG.
[905] § 95 Abs. 2 BVerfGG.
[906] *Benda/Klein,* Verfassungsprozessrecht, Rn. 615.
[907] BVerfGE 35,202 (244 ff.).
[908] § 95 Abs. 3 S. 1 BVerfGG.
[909] § 79 Abs. 2 BVerfGG; BVerfGE 117, 163 (181).

Stellt das Bundesverfassungsgericht die Verfassungswidrigkeit einer *Unterlassung eines Hoheitsträgers* fest, ist eine „de facto"-Aufhebung gemäß § 95 Abs. 2 BVerfGG nicht möglich. Es bleibt lediglich die Feststellung der Verfassungswidrigkeit nach § 95 Abs. 1 S. 1 BVerfGG. [910] Die Entscheidungen mit der das Bundesverfassungsgericht eine Verfassungswidrigkeit feststellt bzw. Gerichtsurteile oder Exekutivakte aufhebt, verfügt nach § 95 Abs. 1 und 2 BVerfGG über Bindungswirkung.[911] Außerdem verfügt die Entscheidungen des Bundesverfassungsgerichts gemäß Art. 95 Abs. 3 GG auch über Gesetzeskraft.[912]

X. Praxis

Im Hinblick darauf, dass jedermann vor dem Gericht eine Individualverfassungsbeschwerde erheben kann, steht die Verfassungsbeschwerde seit ihrer Einführung an erster Stelle der häufigsten Verfahren beim Bundesverfassungsgericht. Sie machen 95 % aller Verfahren vor dem Bundesverfassungsgericht aus. Dieser Antragsflut Herr zu werden und die offensichtlich unzulässigen oder unbegründeten Beschwerden auszusortieren, dient das sog. Annahmeverfahren. In der Praxis steht die Erfolgsquote einer Verfassungsbeschwerde daher bei etwa 2 %. Nichtannahmeentscheidungen des Bundesverfassungsgerichts müssen nicht begründet werden. Insoweit bleibt der Grund für die hohe Anzahl an erfolglosen Verfassungsbeschwerden d unklar und spekulativ. Allerdings kann festgestellt werden, dass der durch die Einführung des Annahmeverfahrens vom Gesetzgeber verfolgte Zweck, die Flut an Verfassungsbeschwerden zu begrenzen, insoweit erreicht wurde, dass nur eine geringe Zahl der erhobenen Beschwerden ist tatsächlich durch das Bundesverfassungsgericht zur Entscheidung angenommen werden. Insofern wurde das Ziel des Annahmeverfahrens, das Bundesverfassungsgericht zu entlasten, demnach erreicht.[913]

D. Amparo-Verfahren in Spanien
I. Rechtliche Einordnung und Funktion des Amparo-Verfahrens

Das spanische Verfassungsbeschwerdeverfahren, das sog. *„recurso de amparo"*-Verfahren ist in Art. 161 Abs. 1 lit. b) in Verbindung mit Art. 53 Abs. 2 der spa-

---

[910] *Benda/Klein*, Verfassungsprozessrecht, Rn. 619.
[911] § 31 Abs. 1 BVerfGG.
[912] § 31 Abs. 1 und 2 BVerfGG.
[913] *Benda/Klein*, Verfassungsprozessrecht, Rn. 440, siehe dazu die Statistik des Bundesverfassungsgerichtshofs unter: https://www.bundesverfassungsgericht.de/organisation/gb2013/A-I-1.html (aufgerufen am 01. 05. 2016)

nischen Verfassung (CE) geregelt. Das Verfahren gehört nicht zu den Verfahren, die vom Plenum des Gerichts entschieden wird, wie das etwa bei der präventiven, nachträglichen, abstrakten und der konkreten Normenkotrolle oder Kompetenzstreitigkeiten zwischen dem Staat und den Autonomen der Fall ist. Über die Verfassungsbeschwerde entscheidet vielmehr der zwei Senate, deren Vorsitz der Präsident und der Vizepräsident des Gerichts führen.[914] Zweck der Verfassungsbeschwerde besteht einerseits darin, den Schutz gegen die Verletzungen der Art. 14-29 CE verankerten Grundrechte und öffentliche Freiheiten sowie des Rechts auf Wehrdienstverweigerung aus Gewissengründen nach Art. 30 Abs. 2 CE zu leisten.[915] Andererseits sichert die Beschwerde auch den objektiven Schutz der Verfassung und verfassungsrechtlichen Ordnung.[916]

II. Beschwerdeführer

Das *Amparo*-Verfahren kann von natürlichen und juristischen Personen, die ein legitimes Interesse („interés legítimo") geltend machen können, vom Volksanwalt („Cortes generales") und schließlich vom Staatsanwalt („Defensor del pueblo") beantragt werden.[917] Dies bedeutet, dass die Beschwerdebefugnis sich auf ausländische[918] und inländische, natürliche[919] sowie auf juristische Personen erstreckt. Außerdem sind die inländischen juristischen Personen des öffentlichen Rechts, wie Sozialversicherungsanstalten, Städte, Gemeinden und Autonome Gemeinschaften, beschwerdefähig, vorausgesetzt, sie können ein legitimes Interesse geltend machen.[920]

---

[914] Art. 53 Abs. 2 CE; Der Name von *Amparo*-Verfahren ist aus dem mexikanischen Recht abzuleiten. In Mexiko wird dieses Verfahren „juicio de amparo" genannt. Wörtlich übersetzt: „Schutzverfahren"; *Knaak*, Der Einfluss der deutsche Verfassungsgerichtsbarkeit, 1995, S. 189, Fn. 575.
[915] S. zu den Rechten und öffentliche Freiheiten des Art. 14-29 CE unter dem Abschnitt „Prüfungsmaßstab".
[916] *Llorente*, Die Verfassungsgerichtsbarkeit in Spanien, in: Weber/Luchterhandt (Hrsg.) 2007, S. 243, 268.
[917] Art 162 Abs. 1 lit. b) CE.
[918] Vgl. STC 99/1985; „…lo expresa bien claramente el art. 13.1, los extranjeros gozarán en España.. en los términos que establezcan los tratados y la Ley, y no se ha alegado por la recurrente qué Ley o qué tratado ha sido conculcado." Übersetzung: „…der verdeckte ausländische Status des Beschwerdeführers ist in der Verfassungsbeschwerde irrelevant…" (Übersetzung der Verfasserin).
[919] Zur Grundrechtsfähigkeit des „nasciturus" in STC 53/1985; „Umfang des Verfassungsschutzes des ungeborenen Kindes".
[920] *Knaak*, Der Einfluss der deutschen Verfassungsgerichtsbarkeit auf das System der Verfassungsgerichtsbarkeit in Spanien, 1995, S. 191–192.

Da der Volksanwalt und der Staatsanwalt eine Verfassungsbeschwerde erheben können, können auch solche Maßnahmen mit der Verfassungsbeschwerde angegriffen, deren Beseitigung im öffentlichen Interesse liegen.[921] Der Volksanwalt ist als ein hoher Beauftragter des Parlaments (Cortes Generales), der dazu ernannt ist, den Schutz der im Titel I der Verfassung aufgezählten Grundrechte und öffentliche Freiheiten (Art. 10-55 CE)[922] zu gewährleisten. Er ist des Weiteren für die Überwachung der Verwaltung zuständig.[923] Sein Amt wurde im Jahr 1979 in die Verfassung aufgenommen. Seine Tätigkeiten ähneln denen des Ombudsmannes in Schweden, der die Grundrechte und öffentliche Freiheiten zu verteidigen hat. Es ist allerdings hervorzuheben, dass der spanische Volksanwalt auch die Befugnis hat, die Kontrolle solcher Gesetze oder Akte mit Gesetzesrang, welche nicht durch die Verfassungsbeschwerde angreifbar sind, im Rahmen der abstrakten Normenkontrolle zu beantragen.[924] Die Antragsbefugnis des Staatsanwalts ist mit seinem Aufgabenbereich zu begründen. Er ist für die Einhaltung der Gesetzlichkeit, für den Schutz der Bürgerrechte und des vom Gesetz geschützten allgemeinen Wohls von Amts wegen oder auf Antrag der betroffenen Person, darüber hinaus für die Überwachung der Unabhängigkeit der Gerichte sowie für die Beachtung des sozialen Interesses verantwortlich.[925]

III. Beschwerdebefugnis

Der Beschwerdeführer muss die Betroffenheit von Grundrechten durch einen Akt der öffentlichen Gewalt behaupten und an dieser Geltendmachung ein mit legitimes Interesse haben.[926] Anders als die deutschen Regelungen zur Beschwerdebefugnis im Rahmen der Verfassungsbeschwerde, verlangen die spanischen Vor-

---

[921] *Knaak*, Der Einfluss der deutschen Verfassungsgerichtsbarkeit auf das System der Verfassungsgerichtsbarkeit in Spanien, 1995, S. 192.

[922] Titel I der Verfassung Spaniens (Art. 10-55) umfasst die Grundrechte und Grundpflichten. Darunter Kapitel 2 der Titel I der Verfassung Spanien umfasst (Art. 14-38) die Rechte und Freiheiten, indem Abschnitt 1 des Kapitels 2 der Titel I der Verfassung (Art. 14-29) bezieht sich auf die Grundrechte und öffentliche Freiheiten und Abschnitt 2 des Kapitels 2 der Titel I der Verfassung (Art. 30- 38) betrifft die Rechte und Pflichten der Bürger.

[923] Art. 54, 66 Abs. 1 CE.

[924] *Brückner*, Vergleich zwischen den Verfahren des spanischen recurso de amparo und der deutschen Verfassungsbeschwerde - unter besonderer Berücksichtigung von Verfahrensfunktionen und Entscheidungswirkungen, Hamburg, Verlag Dr. Kovac (im Folgenden: Vergleich zwischen den Verfahren des spanischen recurso de amparo und der deutschen Verfassungsbeschwerde") 1996, S. 22, 29.

[925] Art. 124 CE.

[926] *Brückner*, Vergleich zwischen den Verfahren des spanischen recurso de amparo und der deutschen Verfassungsbeschwerde, S. 31.

schriften nicht die Selbstbetroffenheit des Beschwerdeführers.[927] Das spanische Recht unterscheidet jedoch zwischen der Wahrnehmung eines eigenen Rechts und der Wahrnehmung eines legitimen Interesses.[928] Die spanische Verfassung verlangt von natürlichen und juristischen Personen nicht, dass sie Träger des als verletzt gerügten Grundrechts sind.[929] Sie verlang nur, dass sie ein legitimes Interesse geltend machen können.[930] Demzufolge ist es ausreichend, dass „die Person, die ein legitimes Interesse hat, in Bezug auf das betroffene Grundrecht abstrakt gesehen als sein Inhaber in Betracht kommen kann und ein Interesse an der Wiederherstellung eines Grundrechts eines Dritten hat".[931] Außerdem ist es ausreichend, dass ein generelles, soziales oder kollektives[932] Interessen geltend gemacht wird.[933] Die Beschwerdebefugnis der natürlichen und juristischen Personen richtet sich nach dem Beschwerdegegenstand und wurde durch den Gesetzgeber in Art. 46 LOTC konkretisiert.[934] Danach sind die *direkt betroffenen Personen* aktivlegitimiert, soweit sie sich gegen Grundrechtsverletzungen durch Beschlüsse oder Akte ohne Gesetzesrang wenden, die vom Parlament oder seinen Organen, den gesetzgebenden Versammlungen der Autonomen Gemeinschaften oder deren Organe erlassen wurden.[935] Die *Parteien* eines entsprechenden Ausgangsverfahrens sind auch beschwerdebefugt, wenn sie sich gegen Grundrechtsverletzungen durch Bestimmungen, Rechtsakte oder tatsächliche Handlungen der ausführenden Organe des spanischen Staates oder der Autonomen Gemeinschaften wenden. Des Weiteren können auch die Parteien eines fachgerichtlichen Ausgangsverfahrens Beschwerdeführer sein, wenn sie sich gegen Grundrechtsverletzungen wenden, die unmittelbar und direkt auf eine Handlung oder Unterlassung der Rechtsprechungsorgane zurückzuführen sind, also insbesondere deren Urteile.[936] Die Voraussetzung

---

[927]   Ebd.
[928]   Art. 24 Abs. 1 CE.
[929]   *Knaak*, Der Einfluss der deutschen Verfassungsgerichtsbarkeit auf das System der Verfassungsgerichtsbarkeit in Spanien, 1995, S. 194.
[930]   Art. 162 Abs. 1 lit. b) HS. 1 CE.
[931]   *Brückner*, Vergleich zwischen den Verfahren des spanischen recurso de amparo und der deutschen Verfassungsbeschwerde, S. 32.
[932]   STC 70/1982, 60/1982, 37/1983.
[933]   Vgl. STC 62/1983: „...cuando un miembro de la sociedad defiende un interés común sostiene simultaneamente un interés personal, o si se quiere desde otra perpective, que la única forma de defender el interés personal es sostener el interés común...“; Übersetzung: „...wenn ein Mitglied der Gesellschaft ein gemeinsames Interesse verteidigt, wobei er gleichzeitig ein persönliches Interesse verfolgt, oder wenn man dies aus einer anderen Perspektive sehen will, die einzige Form ein persönliches Interesse zu verteidigen darin besteht, ein allgemeines Interesse zu verfolgen." Die deutsche Übersetzung der Entscheidung, in: Brückner, Vergleich zwischen den Verfahren des spanischen recurso de amparo und der deutschen Verfassungsbeschwerde, S. 32.
[934]   Art. 46 LOTC.
[935]   Art. 46 Abs. 1 lit. a) LOTC.
[936]   Art. 46 lit. b) LOTC.

der unmittelbaren Betroffenheit des Beschwerdeführers ist nicht erforderlich, denn das *Amparo*-Verfahren kann nicht gegen Gesetze oder gegen Normen mit Gesetzesrang angestrengt werden.[937] Demgegenüber ist die Gegenwärtigkeit der Betroffenheit eine Voraussetzung der spanischen Verfassungsbeschwerde. Dabei ist allerdings ausreichend, dass eine Grundrechtsverletzung droht.[938] Vor diesem Hintergrund lässt sich feststellen in Bezug auf die Betroffenheit des Beschwerdeführers und im Vergleich zum deutschen Recht folgendes feststellen: Das spanische Verfassungsgericht versteht die Voraussetzung der Betroffenheit weiter als das Bundesverfassungsgericht dies mit Blick auf die entsprechende Voraussetzung im deutschen Verfassungsprozessrecht tut, jedoch hat der spanische Gesetzgeber die Beschwerdebefugnis im Sinne einer direkten Betroffenheit der natürlichen und juristischen Personen konkretisiert, um dadurch die Möglichkeit einer Popularklage auszuschließen, weswegen die Voraussetzung der Betroffenheit auch im spanischen Recht nicht ungewöhnlich weitgehend ist.[939]

IV. Prüfungsgegenstand

Der Gegenstand des *Amparo*-Verfahrens sind Akte der öffentlichen Gewalt, welche die in Art. 53 Abs. 2 CE bestimmten Grundrechte und öffentliche Freiheiten, also die Rechte und öffentliche Freiheiten aus Art. 14-29 und das Recht auf Wehrdienstverweigerung aus Gewissensgründen nach Art. 30 Abs. 2 CE beeinträchtigen.[940]

1. Akte der gesetzgebenden Gewalt

Gemäß Art. 42 LOTC sind Gesetze oder Normen mit Gesetzesrang kein Gegenstand der Verfassungsbeschwerde.[941] Das *Tribunal Constitutional* hat bereits in einer seiner ersten Entscheidungen festgestellt, dass ein Gesetz „in keiner Art und Weise Gegenstand einer Verfassungsbeschwerde sein kann".[942]

---

[937] Vgl. Art. 42 LOTC; Brückner, Vergleich zwischen den Verfahren des spanischen recurso de amparo und der deutschen Verfassungsbeschwerde, S. 32.

[938] Ebd.

[939] Knaak, Der Einfluss der deutschen Verfassungsgerichtsbarkeit auf das System der Verfassungsgerichtsbarkeit in Spanien, 1995, S. 196.

[940] LOTC Art. 41 Abs. 1 LOTC; S. im Abschnitt „Prüfungsmaßstab" im Folgenden, auf welche Grundrechte und Grundfreiheiten Art. 53 Abs. 2 CE hinweist.

[941] *Brückner*, Vergleich zwischen den Verfahren des spanischen recurso de amparo und der deutschen Verfassungsbeschwerde, S. 29.

[942] ATC 25/80: „... (una Sentencia, un Reglamento y una Ley) que por las razones diversas que se exponen en los tres apartados anteriores de estos fundamentos *no pueden ser objeto del recurso de amparo y priva..."* Übersetzung: „...(ein Urteil, eine Verordnung und ein Gesetz) ist aus verschiedenen Gründen kein Gegenstand des *Amparo*-Verfahrens..." (Übersetzung der Verfasserin)

Es stellte aber in einer späteren Entscheidung (Az.: 41/1981) fest, dass gerichtliche Entscheidungen angefochten werden können, deren Begründung sich auf ein verfassungswidriges Gesetz bezieht. Mit den Worten des spanischen Verfassungsgerichts: „(…) … es ist auch richtig, dass im Abs. 2 des Art. 55 Verfassung der Tatbestand das Stattgeben einer Verfassungsbeschwerde wegen der Verletzung eines Grundrechts oder Freiheit durch das angewendete Gesetz berücksichtigt wird. In diesem Fall ist erlaubt, die Frage dem Plenum vorzulegen, um so eine Entscheidung über die Verfassungswidrigkeit des Gesetzes herbeizuführen. Eine vernünftige Auslegung dieser Vorschrift gebietet es, dass die Verfassungswidrigkeit des Gesetzes, welches Grundrechte und Freiheiten verletzt, auch von dem Beschwerdeführer geltend gemacht werden kann. Auf diese Art und Weise kann eine direkte Forderung der Feststellung der Verfassungswidrigkeitserklärung von Bürgern zugelassen werde, auch wenn sie auf die Gesetzte beschränkt bleibt, die die Rechte und Freiheiten verletzt oder beeinträchtigt, die in den Artikeln 14 bis 30 der Verfassung anerkannt sind sowie auf die Fälle, in welchen der Beschwerdeführer eine konkrete oder aktuelle Verletzung seiner Rechte erfahren hat und bei denen der verfassungsmäßige Schutz und die Verfassungswidrigkeit des Gesetzes untrennbar miteinander verbunden sind."[943]

Obwohl hier in der Tat eine Entscheidung der ordentlichen Gerichtsbarkeit angefochten wurde, richtete sich diese Anfechtung mittelbar auch gegen ein Gesetz. Insofern geht das spanische Verfassungsgericht wohl davon aus, dass Gesetze zumindest indirekt mit der Verfassungsbeschwerde angegriffen werden können, nämlich über die Anfechtung des konkreten Akts der das Gesetz anwendet.[944]

Ferner ist das Verhältnis zwischen „decisiones" und „actos" näher zu betrachten. Denn das *Tribunal Constitutional* ist der Ansicht, dass nur solche Beschlüsse und

---

[943] STC 41/1981 vom 18. Dezember 1981, FJ: „Sin embargo, es también cierto que en el apartado 2 del art. 55 se contempla el supuesto de estimación de un recurso de amparo por lesionar la Ley aplicada derechos fundamentales o libertades públicas y en este caso permite que, elevándose al Pleno del Tribunal la cuestión, puede decidirse sobre la inconstitucionalidad de la Ley. Una interpretación racional de este precepto obliga a entender que la inconstitucionalidad de la Ley que lesiona derechos fundamentales y libertades públicas puede ser alegada por el recurrente del amparo. De este modo, puede admitirse una pretensión directa de inconstitucionalidad sostenida por particulares, aunque limitada a las leyes que lesionen o coarten los derechos y libertades reconocidos en los arts. 14 al 30 de la Constitución y a los casos en que el recurrente haya experimentado una lesión concreta y actual en sus derechos y siempre que sean inescindibles el amparo constitucional y la inconstitucionalidad de la Ley" Die deutsche Übersetzung der Entscheidung, in: *Brückner,* Vergleich zwischen den Verfahren des spanischen recurso de amparo und der deutschen Verfassungsbeschwerde, S. 51.

[944] *Knaak,* Der Einfluss der deutschen Verfassungsgerichtsbarkeit auf das System der Verfassungsgerichtsbarkeit in Spanien, 1995, S. 201.

Akte Gegenstand der Verfassungsbeschwerde sein können, bei denen es möglich ist, dass sie auch im Einzelfall Geltung gegen über dem einzelnen entfalten können.

Die Verfassungsbeschwerde ist außerdem nicht nur dann ausgeschlossen, wenn sie sich gegen Gesetze richtet, sondern auch dann, wenn sie solche Entscheidungen betrifft, die in enger Beziehung zu einem Gesetz stehen. Dementsprechend können weder die Bestimmungen, die die parlamentarische Arbeit regeln, noch die Geschäftsordnung der zwei Abgeordnetenhäuser des spanischen Parlaments Gegenstand der Verfassungsbeschwerde sein. Diese Akte sind im Rahmen der nachträglichen abstrakten Normenkontrolle zu prüfen.[945] Ferner sind auch solche Akte, welche die Beziehung zwischen den Abgeordnetenhäusern und ihren Mitgliedern bestimmen, keine tauglichen Gegenstände des *Amparo*-Verfahren. Sie sind ebenfalls mit der abstrakten Normenkontrolle anzugreifen. In diesem Zusammenhang wurde die Lehre von „interna corpis acta" entwickelt. Nach dieser Lehre kann der Kernbereich der parlamentarischen Tätigkeit nicht infolge einer Verfassungsbeschwerde vom Verfassungsgericht kontrolliert werden.[946]

Als Akte des spanischen Parlaments, gegen die das *Amparo*-Verfahren im Sinne Art. 42 LOTC beantragt werden kann, kommen die Beschlüsse und Maßnahme in Betracht, welche Außenwirkung haben und einen Einzelfall betreffen.[947] In der Praxis wurde häufig über eine Verfassungsbeschwerde entschieden, die sich gegen eine unterlassene Beantwortung einer Petition richtete (Art. 29 Abs. 1 und Art. 77 Abs. 1 CE). Ferner betrafen Verfassungsbeschwerden die Aufforderung zur Aussage in einem Untersuchungsausschuss unter Androhung von Sanktionen (Art. 76 CE) oder Maßnahmen des Präsidenten in Ausübung seiner sitzungspolizeilichen Gewalt (Art. 72 Abs. 3 CE) oder die Ablehnung eines Antrags auf Aufhebung der Immunität eines Abgeordneten.[948]

Die letztgenannten Fälle, in denen ein Abgeordneter seine Rechte aus dem Status als Abgeordneter geltend macht, zeigen, dass diese Fälle im spanischen Verfassungsprozessrecht nicht wie etwa in Deutschland als Fälle des Organstreitverfahrens qualifiziert werden.[949]

---

[945] *Brückner,* Vergleich zwischen den Verfahren des spanischen recurso de amparo und der deutschen Verfassungsbeschwerde, S. 54.

[946] *Brückner,* Vergleich zwischen den Verfahren des spanischen recurso de amparo und der deutschen Verfassungsbeschwerde, S. 55–56.

[947] *Brückner,* Vergleich zwischen den Verfahren des spanischen recurso de amparo und der deutschen Verfassungsbeschwerde, S. 55.

[948] Ebd.

[949] *Brückner,* Vergleich zwischen den Verfahren des spanischen recurso de amparo und der deutschen Verfassungsbeschwerde, S. 56.

2. Akte der vollziehenden Gewalt

Die Maßnahmen der Exekutive sind taugliche Gegenstand des *Amparo*-Verfahrens. Es handelt sich zum Beispiel Rechtsakte oder tatsächlichen Handlungen der ausführenden Organe des Staates und der Autonomen Gemeinschaften.[950] Ausdrücklich erwähnt sind außerdem die Entscheidungen über die Anerkennung der Wehrdienstverweigerung aus Gewissensgründen.[951] In Bezug auf den in diesem Zusammenhang verwendeten Begriff der „disposiciones" ist allerdings eine Klarstellung nötig: Obgleich nach dem Wortlaut sogar legislative Verordnungen („decretos legislativos") und Gesetzesverordnungen („decretos leyes") zu den „disposiciones" gehören, verfügen sie über Gesetzesrang. Da gemäß Art. 41 LOTC Gesetze aber nicht durch eine Verfassungsbeschwerde angegriffen werden können, muss Art. 43 Abs. 1 LOTC im Wege systematischer Auslegung eingeschränkt ausgelegt werden. Daher sind im Rahmen der Verfassungsbeschwerde unter den Begriff „disposiciones" nur solche Akte der Verwaltung zu fassen, die keinen Gesetzesrang besitzen. Hiervon besteht allerdings eine Ausnahme in Bezug auf sog. Rechtsverordnungsnormen („normas reglementaries"), die auf ihre Verfassungsmäßigkeit im Wege der Verfassungsbeschwerde überprüft werden können.[952] Darüber hinaus fallen unter Maßnahme der Exekutive die Verwaltungsakte („acto jurídico"), also solche Einzelfallentscheidungen der Verwaltung auf dem Gebiet des öffentlichen Rechts. Grundsätzlich sind die internen Verwaltungsvorschriften kein tauglicher Gegenstand der Verfassungsbeschwerde, weil sie keine Außenwirkung auf den Bürger entfalten.[953]

3. Akte der rechtsprechenden Gewalt

Akte der Judikative sind solche Maßnahmen, die unmittelbar aus einer Handlung oder Unterlassung der Rechtsprechungsgewalt entspringen.[954] Damit sind Gegenstand der Verfassungsbeschwerde zum einen die Urteile, zum anderen die Beschlüsse und Verfügungen eines Organs der Judikative.[955] Weil in Spanien die Maßnahmen des Allgemeinen Rates der rechtsprechenden Gewalt („Condejo Ge-

---

[950] Art. 43 Abs. 1 LOTC.
[951] Art. 41 Abs. 1 S. 2 und Art. 43 Abs. 1 LOTC.
[952] *Brückner,* Vergleich zwischen den Verfahren des spanischen recurso de amparo und der deutschen Verfassungsbeschwerde, S. 62.
[953] *Brückner,* Vergleich zwischen den Verfahren des spanischen recurso de amparo und der deutschen Verfassungsbeschwerde, S. 63 f.
[954] Art. 44 Abs. 1 S. 1 LOTC.
[955] *Brückner,* Vergleich zwischen den Verfahren des spanischen recurso de amparo und der deutschen Verfassungsbeschwerde, S. 56.

neral del Poder Judicial") als Administrativakte eingestuft werden, gehören diese Maßnahmen nicht zu den Maßnahmen der rechtsprechenden Gewalt.[956] In der Regel ist ein *Amparo*-Verfahren lediglich gegen rechtskräftige Entscheidungen möglich.[957] Während die Entscheidungen des Tribunal Constitutional selbst nicht überprüfbar sind, kann eine Unterlassung eines Rechtsprechungsorgans („omisiones") tauglicher Gegenstand eines Verfassungsbeschwerdeverfahrens sein. Dies ist etwa der Fall, wenn ein fachgerichtliches Verfahren „überlange" andauert. Damit verstößt es gegen die Gewährleistung des in Art. 24 CE des zügigen Rechtsschutzes und kann im Rahmen des *Amparo*-Verfahrens gerügt werden.[958]

Die Verfassungsbeschwerde muss die folgenden Voraussetzungen erfüllen: (a) alle statthaften Rechtsbefehle muss ergriffen worden sein; (b) im Falle eines Verfahrens gegen einen Akt der Rechtsprechung muss die Verletzung der Grundrechte oder Freiheiten auf den jeweiligen gerichtlichen Entscheidungen unmittelbar und direkt („de modo immediato y directo") beruhen und (c) im Ausgangsverfahren muss eine formelle Berufung auf das verletzte verfassungsmäßige Recht erfolgt sein.[959]

4. Handlungen Privater

In den ersten Jahren seiner Tätigkeit ging das Verfassungsgericht davon aus, dass Grundrechtsverletzungen durch Dritte mithilfe der Verfassungsbeschwerden gerügt werden könnten. Hier kommen insbesondere die Handlungen von Privaten – vor allem juristischer Personen – in Betracht, wenn diese die in der Verfassung verankerte Grundrechte und Freiheiten beeinträchtigen oder verletzen können. Auch hiergegen müsse das Amparo-Verfahren schützen.[960] Im Laufe der Zeit hat das Verfassungsgericht allerdings seine Rechtsprechung geändert und deutlich gemacht, dass eine Verfassungsbeschwerde ausschließlich gegen Hoheitsakte zulässig ist. Daher können Handlungen Privater nicht direkt mit dem *Amparo*-Verfahren angefochten werden.[961]

---

[956] Art. 43 LOTC.

[957] Art. 44 Abs. 1 lit. a) LOTC lautet: "Las violaciones de los derechos y libertades susceptibles de amparo constitucional, que tuvieran su origen inmediato y directo en un acto u omisión de un órgano judicial, podrán dar lugar a este recurso siempre que se cumplan los requisitos siguientes".

[958] *Brückner,* Vergleich zwischen den Verfahren des spanischen recurso de amparo und der deutschen Verfassungsbeschwerde, S. 57 – 58.

[959] Art. 44 Abs. 1 lit. a) - c) LOTC.

[960] *Brückner,* Vergleich zwischen den Verfahren des spanischen recurso de amparo und der deutschen Verfassungsbeschwerde, S. 59. *Knaak,* Der Einfluss der deutschen Verfassungsgerichtsbarkeit auf das System der Verfassungsgerichtsbarkeit in Spanien, 1995, S. 203.

[961] *Brückner,* Vergleich zwischen den Verfahren des spanischen recurso de amparo und der deutschen Verfassungsbeschwerde, S. 60.

V. Prüfungsmaßstab

Nicht alle Grundrechte und Grundpflichten, welche die spanische Verfassung in ihrem Titel I enthält, sind verfassungsprozessrechtlich durch das *Amparo*-Verfahren geschützt, sondern nur diejenigen, die in in Art. 14 bis 29 CE (Grundrechte und öffentliche Freiheiten) sowie Art. 30 Abs. 2 CE (Recht auf Wehrdienstverweigerung aus Gewissengründen) verankert sind. Folglich kann z. B. eine Verletzung des Rechts auf Eigentum gemäß Art. 33 CE nicht mithilfe des *Amparo*-Verfahren gerügt werden.[962] Gemäß Art. 53 Abs. 2 CE sind daher folgende Rechte und Freiheiten nach Art. 53 Abs. 2 CE durch das *Amparo*-Verfahrens geschützt:

Art. 14 CE: allgemeiner Gleichheitssatz

Art. 15 CE: Recht auf Leben, körperliche und seelische Unversehrtheit

Art. 16 CE: Religions- und Glaubensfreiheit

Art. 17 CE: Recht der persönlichen Freiheit und Sicherheit

Art. 18 Abs. 1 CE: Schutz der Persönlichkeit und der Familie; Recht auf Ehre

Art. 18 Abs. 2 CE: Unverletzlichkeit der Wohnung

Art. 18 Abs. 3 CE: Kommunikationsgeheimnis

Art. 19 CE: Freizügigkeit

Art. 20 Abs. 1 lit. a) CE: Rechte auf freie Meinungsäußerung

Art. 20 Abs. 1 lit. b) CE: Freiheit der Kunst und Wissenschaft

Art. 20 Abs. 1 lit. c) CE: Recht auf Freiheit der Lehre

Art. 20 Abs. 1 lit. d) CE: Recht auf freie Berichterstattung

Art. 20 Abs. 2 CE: Zensurverbot

Art. 21 CE: Versammlungsfreiheit

Art. 22 CE: Vereinigungsfreiheit

Art. 23 Abs. 1 CE: politische Freiheiten

Art. 23 Abs. 2 CE: Zugang zu öffentlichen Ämtern

Art. 24 CE: Recht auf gesetzlichen Richter

Art. 25 CE: Rechtsschutzgarantie

Art. 26 CE: Ehrengerichtsverbot

Art. 27 CE: Recht auf Erziehung und Autonomie der Universitäten

Art. 28 CE: Recht auf Bildung von Gewerkschaften

Art. 29 CE: Petitionsrechte

Art. 30 Abs. 2 CE: Recht auf Wehrdienstverweigerung aus Gewissensgründen

---

[962] *Brückner,* Vergleich zwischen den Verfahren des spanischen recurso de amparo und der deutschen Verfassungsbeschwerde, S. 67 f.

Dem stehen solche Grundrechte gegenüber, die nur allgemeinen Rechtsschutz genießen, z. B. das Recht auf Ehe, wonach Mann und Frau haben das Recht, bei voller rechtlicher Gleichstellung die Ehe zu schließen, nach Art. 32 Abs. 1 CE, das Recht auf Privateigentum und Erbrecht nach Art. 33 CE, das Recht auf freie Wahl des Berufes oder Amtes, das Recht auf berufliches Fortkommen und eine Entlohnung gemäß Art. 35 CE und das Recht der Unternehmensfreiheit nach Art. 38 CE. Diese Rechte sind nicht im Rahmen des Amparo-Verfahrens, sondern im Rahmen von Verfahren vor Zivil-, Straf- oder Verwaltungsgerichten zu geltend zu machen. Der Grund dafür ist, dass die genauere Ausformung dieser Grundrechte zuerst Aufgabe der Legislative ist und daher der Schutz dieser Grundrechte im Rahmen der Auslegung und Anwendung dieses einfachen Rechts durch die Fachgerichte erfolgen soll. Der spanische Verfassungsgeber hat sich dafür entschieden, dass dies für all die oben aufgezählten Rechte gelten soll. In anderen europäischen Ländern existieren allerdings auch andere Konzept, so dass dort etwa Grundrechte wie das Eigentumsrecht oder die Berufsfreiheit Gegenstand von Verfassungsbeschwerden sein. Abschließend sind die Grundrechte aufzuführen, die lediglich einen abgeschwächten Rechtsschutz genießen. Dies sind die Grundprinzipien der Sozial- und Wirtschaftspolitik laut Art. 39-52 CE. Sie sind laut Art. 53 Abs. 3 CE ebenfalls vor den Fachgerichten zu rügen.[963] Vor diesem Hintergrund lässt sich die Schlussfolgerung ziehen, dass der Prüfungsmaßstab des *Amparo*-Verfahrens sich nach den in Art. 14 bis 29 und in Art. 30 Abs. 2 CE verbürgten Grundrechten und Grundfreiheiten richtet, nicht nach der gesamten Verfassung im formellen und materiellen Sinn.[964]

VI. Rechtswegerschöpfung und Subsidiarität

Grundsätzlich gilt in Spanien – wie in den anderen untersuchten Ländern – die Subsidiarität der Verfassungsbeschwerde. Danach hat der Beschwerdeführer den Rechtsweg auszuschöpfen, bevor er eine Verfassungsbeschwerde erhebt. Wann aber der Rechtsweg als ausgeschöpft anzusehen ist, richtet sich nach dem Prüfungsgegenstand.[965] Sofern die Verfassungsbeschwerde gegen Akte der Legislative erhoben wurde, muss der Rechtsweg nicht erschöpft werden. Diese Verfassungsbeschwerde setzt kein vorheriges fachgerichtliches Verfahren voraus. Die Verfassungsbeschwerde ist innerhalb von drei Monaten nach dem Inkrafttreten

---

[963] *Knaak,* Der Einfluss der deutschen Verfassungsgerichtsbarkeit auf das System der Verfassungsgerichtsbarkeit in Spanien, 1995, S. 188 – 189.

[964] *Brückner,* Vergleich zwischen den Verfahren des spanischen recurso de amparo und der deutschen Verfassungsbeschwerde, S. 91.

[965] *Knaak,* Der Einfluss der deutschen Verfassungsgerichtsbarkeit auf das System der Verfassungsgerichtsbarkeit in Spanien, 1995, S. 210.

der Beschlüsse oder Akte ohne Gesetzesrang zu erheben.[966] Demgegenüber sind allerdings alle zur Verfügung stehenden Rechtsmittel auszuschöpfen, wenn die Grundrechtsverletzung unmittelbar und direkt entweder aus einer Handlung oder einer Unterlassung der Rechtsprechungsgewalt oder aus Bestimmungen, Akten, Handlungen der ausführenden Organe des Staates oder der Autonomen Gemeinschaften herrührt.[967]

VII. Frist und ordnungsgemäßer Antrag

Die Beschwerdefrist ist je nach Beschwerdegegenstand unterschiedlich: Die Verfassungsbeschwerde gegen Maßnahmen der Legislative ist innerhalb von drei Monaten nach dem Inkrafttreten des jeweiligen gesetzgeberischen Akts, gegen Maßnahmen der Judikative innerhalb von 20 Tagen nach Zustellung der letztinstanzlichen Gerichtsentscheidung und gegen Akte der Exekutive innerhalb von 30 Tagen nach Zustellung der letztinstanzlichen Entscheidung zu erheben.[968] Darüber hinaus muss die Verfassungsbeschwerde nicht nur mit einer Begründung versehen sein, sondern sie muss auch die verletzte Vorschrift der Verfassung explizit benennen.[969] Im Amparo-Verfahren gilt außerdem Anwaltszwang.[970]

VIII. Inhalt und Wirkungen der Entscheidungen

Die Entscheidungen des *Tribunal Constitutional* werden im Rahmen des Amparo-Verfahrens als Urteil bezeichnet.[971] Das Verfassungsgericht kann stattgebende sowie nicht stattgebende Urteile fällen.[972] Trotz dieser begrenzten Entscheidungsmöglichkeiten kann der Inhalt der Entscheidungen des Verfassungsgerichts im Detail durchaus unterschiedlich sein.

Zum einen kann das Verfassungsgericht die Nichtigkeit einer Entscheidung, des Aktes oder des Beschlusses feststellen, durch den Grundrechte oder öffentliche Freiheiten des Beschwerdeführers verletzt wurden.[973] Zum anderen kann das Verfassungsgericht im Rahmen des Amparo-Verfahren die Bestimmungen der Verfassung auslegen und auf diese Weise den Inhalt und die Grenzen der Grundrechte

---

966   *Knaak*, Der Einfluss der deutschen Verfassungsgerichtsbarkeit auf das System der Verfassungsgerichtsbarkeit in Spanien, 1995, S. 210.
967   Art. 43 Abs. 1 und Art. 44 LOTC.
968   Art. 42, 43 Abs. 2 und Art. 44 Abs. 2 LOTC.
969   Art. 49 LOTC.
970   Art. 81 LOTC.
971   Art. 86 Abs. 1 LOTC.
972   Art. 53 LOTC.
973   Art. 55 Abs. 1 lit. a) LOTC.

und öffentliche Freiheiten verbindlich feststellen.[974] Darüber hinaus kann das Verfassungsgericht die Geltung eines Grundrechtsrecht oder eine Grundfreiheit dadurch erreichen, dass es für die erforderlichen Maßnahmen zur Herstellung eines verfassungsgemäßen Zustandes anordnet.[975]

Obwohl die Entscheidungen des *Tribunal Constitutional* unwiderruflich („irrevocabilidad") sind und damit nach ihrem Erlass nicht mehr geändert werden können, können die Parteien eine Erläuterung eines Urteils („aclaración") anfordern, wenn Zweifel oder Unklarheiten bezüglich des Urteils vorhanden sind. Dies bedeutet, dass das Verfassungsgericht selbst an den Text seiner Entscheidung gebunden ist, im begrenzten Maße aber die Auslegung des Textes möglich ist. Die Berücksichtigung völlig neuer Aspekte ist damit allerdings ausgeschlossen.[976]

Die Entscheidungen des Verfassungsgerichts verfügen über *formelle Rechtskraft*. Die Urteile sind ab dem Tage nach ihrer Veröffentlichung rechtskräftig. Rechtsbehelfe gegen die Entscheidung des Verfassungsgerichts existieren nicht.[977] Des Weiteren verfügen die Entscheidungen über *materielle Rechtskraft*.[978] Zeitlich dauert die Rechtskraft einer Entscheidung, solang der bestimmte Sachverhalt unverändert ist. Diese materielle Rechtskraft gilt nur *inter partes:* Erfasst sind der Beschwerdeführer, der Beschwerdegegner und deren Rechtsnachfolger. Dies sind folglich insbesondere alle natürlichen und juristischen Personen, die legitimes Interesse an dem Sachverhalt haben, der Staatsanwalt und der Volksanwalt.[979] Es ist jedoch hervorzuheben, dass sich die materielle Rechtskraft nur auf die Organe der Exekutive und auf die Gerichte, nicht aber auf den Gesetzgeber erstreckt.[980]

Da die Entscheidungen im Verfassungsbeschwerdeverfahren, die in einzelnen Senaten des Verfassungsgerichts getroffen werden nur Wirkungen *inter partes* entfalten können, verpflichtet die LOTC den erkennenden Senat in den Fällen, in denen sich eine Entscheidung sich auf die Verfassungswidrigkeit eines angewandten Gesetzes bezieht (Art. 55 Abs. 2 LOTC), die Frage der Verfassungsmäßigkeit dem Plenum des Gerichtes vorzulegen, da nur dieses der Feststellung der Verfassungswidrigkeit allgemeinverbindliche Wirkung verleihen kann.

---

[974]   Art. 55 Abs. 1 lit. b) LOTC.
[975]   Art. 55 Abs. 1 lit. c) LOTC.
[976]   *Brückner,* Vergleich zwischen den Verfahren des spanischen recurso de amparo und der deutschen Verfassungsbeschwerde, S. 141-142.
[977]   Art. 164 Abs. 1 S. 2 CE.
[978]   Art. 164 Abs. 1 S. 3 CE.
[979]   *Brückner,* Vergleich zwischen den Verfahren des spanischen recurso de amparo und der deutschen Verfassungsbeschwerde, S. 147, 149.
[980]   *Brückner,* Vergleich zwischen den Verfahren des spanischen recurso de amparo und der deutschen Verfassungsbeschwerde, S. 157.

X. Praxis

Mit Blick auf die Praxis lässt sich feststellen, dass das *Amparo*-Verfahren das wichtigste Verfahren des spanischen Verfassungsgerichts ist. Der Anteil des Amparo-Verfahrens lag im Jahr 2014 bei 97% aller Verfahren.[981]

E. Polnische „unechte" Verfassungsbeschwerde
I. Entwicklungsgeschichte

Die gegenwärtige Form der polnischen Verfassungsbeschwerde („skarga") wurde im Jahr 1997 in die Verfassung eingeführt. Die Ausgestaltung der Verfassungsbeschwerde wurde von der Verfassungskommission der Nationalversammlung erarbeitet, welche zwei Ziele vor Augen hatte. Zum einen sollte die Verfassungsbeschwerde dem Schutz des ausgearbeiteten Katalogs der Grundrechte dienen. Zum anderen musste sich die Verfassungsbeschwerde in das Modell des polnischen Verfassungsgerichtshofs („Trybunał Konstytucyjny") einfügen lassen.[982]

II. Beschwerdeführer

„Jedermann kann eine Verfassungsbeschwerde beim Verfassungsgerichtshof erheben, dessen verfassungsmäßig geschützten Freiheiten oder Rechte verletzt worden sind, und die Verfassungsmäßigkeit eines Gesetzes oder eines anderen normativen Aktes prüfen lassen, auf dessen Grundlage ein Gericht oder ein Organ der öffentlichen Verwaltung endgültig über seine in der Verfassung garantierten Freiheiten, Rechte oder Pflichten entschieden hat".[983]
Um zu gewährleisten, dass sich jedermann an den Verfassungsgerichtshof wenden kann, wurde ein *subjektiv-öffentliche Recht* auf eine Verfassungsbeschwerde formuliert. Danach kann der Beschwerdeführer die Prüfung der Verfassungsmäßigkeit einer Rechtsvorschrift vor dem Verfassungsgerichtshof beantragen. Weder die Verfassung noch das Gesetz über den Verfassungsgerichtshof verlangt die Selbstbetroffenheit des Beschwerdeführers für die Zulässigkeit der Verfassungs-

---

[981] Im Jahr 2014 wurden 7663 Amparo-Verfahren aus der gesamten 7878 Verfahren vor dem Verfassungsgericht beantragt. Die Statistik des spanischen Verfassunsgerichts ist abrufbar unter: http://www.tribunalconstitucional.es/es/tribunal/estadisticas/Paginas/Estadisticas2014.aspx (aufgerufen am 01.05.2016).

[982] *Banaszkiewicz,* Entscheidungen des Verfassungsgerichtshofs der Republik Polen seit dem Inkrafttreten der neuen Verfassung bis zum Urteil über die EU-Mitgliedschaft 1997-2005 (2006) S. 21 ff.

[983] Art. 79 Abs. 1 PolVerf.

beschwerde. Der Beschwerdeführer muss lediglich glaubhaft machen, dass es zu einer Verletzung seiner verfassungsmäßigen Rechte und Freiheiten gekommen ist und sich diese Verletzung aus der angegriffenen Bestimmung ergibt.[984] Unter „jedermann" ist in erster Linie die natürliche Person zu verstehen. Wie im deutschen Verfassungsrecht steht ein Teil der Grundrechte lediglich polnischen Staatsbürgern zur Verfügung. In Bezug auf diese Rechte sind nur polnische Staatsbürger taugliche Beschwerdeführer und nur sie können dementsprechend eine zulässige Verfassungsbeschwerde erheben. Juristische Personen des Privatrechts können Beschwerdeführer sein, sofern sie Grundrechtsträger bestimmter Grundrechte und Freiheiten, z. B. des Eigentumsrechts oder des Gewerbefreiheitsrechts, sind. Die Beschwerdefähigkeit juristischer Personen des öffentlichen Rechts wird jedoch auch im polnischen Recht kritisch beurteilt. Da der Zweck der Verfassungsbeschwerde darin besteht, den Schutz gegen die Rechtsverletzung der öffentlichen Gewalt zu gewährleisten, ist die Beschwerdefähigkeit einer juristischen Person des öffentlichen Rechts zweifelhaft. Würde eine juristische Person des öffentlichen Rechts eine Verfassungsbeschwerde erheben, würde dies bedeuten, dass sie eine Verfassungsbeschwerde infolge einer durch sie selbst begangenen Rechtsverletzung einlegen würde. Aus diesem Grund ist der Verfassungsgerichtshof der Meinung, dass z. B. eine Gemeinde nicht berechtigt ist, eine Verfassungsbeschwerde zum Schutz der dem Individuum zustehenden Grundrechte aufgrund deren Verletzung seitens der öffentlichen Gewalt zu erheben.[985] Ein Entscheidungsorgan einer örtlichen Selbstverwaltungskörperschaft kann jedoch eine Verfassungsbeschwerde einlegen, vorausgesetzt, dass sich die angefochtene Akte der gesetzgebenden Gewalt auf ihren (verfassungsrechtlich geschützten) Tätigkeitsbereich bezieht.[986]

III. Beschwerdebefugnis

Die Besonderheit der polnischen Regelungen in Bezug auf die Verfassungsbeschwerde besteht darin, dass weder die polnische Verfassung vom 2. April 1997 (PolVerf) noch das Gesetz über den polnischen Verfassungsgerichtshof vom 1. August 1997 (PolVerfGG) die Selbstbetroffenheit des Beschwerdeführers für die Zulässigkeit einer Verfassungsbeschwerde vorschreiben. Es ist ausreichend, dass der Beschwerdeführer *glaubhaft macht*, dass es zu einer Verletzung gekommen

---

[984] *Tuleja*, Die Verfassungsbeschwerde in Polen, 2010, ist abrufbar unter: http://www.devpublaw.eu/ index.php/dpl/article/view/5/4 (stand am 01. 03. 2016) S. 67.
[985] *Tuleja*, Die Verfassungsbeschwerde in Polen, 2010, S. 68.
[986] Art. 191 Abs. 1 Pkt. 3 i.V.m. Art. 191 Abs. 2 PolVerf.

ist, deren Ursache die angegriffene Rechtsnorm ist.[987] Die Glaubhaftmachung der Verletzung der Grundrechte des Beschwerdeführers ist also die Zulässigkeitsvoraussetzung der polnischen „unechten" Verfassungsbeschwerde.[988]

IV. Prüfungsgegenstand

Eine heftige Diskussion wurde im Laufe des Ausarbeitungsprozess der gegenwärtigen Form der Verfassungsbeschwerde darüber geführt, ob es zu einer unangemessenen eine Arbeitsbelastung für den Verfassungsgerichtshof kommen würde, wenn die Akte der Judikative sowie Akte der Exekutive taugliche Prüfungsgegenstände wären.[989] Um eine Antragsflut zu vermeiden, wurde letztendlich die Regelung so formuliert, dass sich der Prüfungsgegenstand der Verfassungsbeschwerde nur auf die *Normen der Legislative* erstreckt. Hier stellt sich die Frage, welche Arten von Normen Gegenstand der Verfassungsbeschwerde sein können.[990] Grundrechte und Freiheiten, die auch Ausländern und Staatenlosen zur Verfügung stehen, wie die Geltendmachung einer Asylverletzung oder eine Verletzung des Rechtes auf Erlangung des Flüchtlingsstatus, ausdrücklich von den Beschwerdemöglichkeiten ausgenommen.[991]

Der Verfassungsgerichtshof entscheidet über (1) die Vereinbarkeit der Gesetze und der völkerrechtlichen Verträgen mit der Verfassung, (2) die Vereinbarkeit der Gesetze mit den ratifizierten völkerrechtlichen Verträgen, deren Ratifizierung eine vorherige Zustimmung durch Gesetz voraussetzt, und (3) die Vereinbarkeit der Rechtsvorschriften, die von zentralen Staatsorganen erlassen werden, mit der Verfassung, den ratifizierten völkerrechtlichen Verträgen und den Gesetzen.[992] Ein gesetzgeberisches Unterlassen ist hingegen kein tauglicher Gegenstand der Verfassungsbeschwerde.[993]

---

[987] *Tuleja*, Die Verfassungsbeschwerde in Polen, 2010, S. 67.
[988] *Tuleja*, Die Verfassungsbeschwerde in Polen, 2010, S. 68.
[989] *Tuleja*, Die Verfassungsbeschwerde in Polen, 2010, S. 66.
[990] Art. 79 Abs. 1 PolVerf.
[991] Art. 79 Abs. 2 i.V.m. Art. 56 Abs. 1 PolVerf; *Tuleja*, Die Verfassungsbeschwerde in Polen, 2010, S. 67.
[992] Art. 188 Pkt. 1-3 PolVerf.
[993] Urteil vom 29. 11. 2005, Signatur P 10/05 Rn. 22. „Nie ulega wątpliwości, że uzupełnianie treści przepisów nie mieści się w kompetencji Trybunału Konstytucyjnego. Według popularnego określenia, jest on ustawodawcą negatywnym, tzn. eliminującym z porządku prawnego istniejące w nim a niezgodne z Konstytucją akty normatywne czy ich jednostki redakcyjne." Übersetzung: „Es besteht kein Zweifel, dass es nicht zur Zuständigkeit des Verfassungsgerichts gehört, den Inhalt der gesetzlichen Bestimmungen zu ergänzen. Der polnische Verfassungsgerichtshof ist ein negativer Gesetzgeber, d. h. seine Aufgabe ist es, die verfassungswidrigen Gesetze und deren Vorschriften aus dem Rechtssystem zu beseitigen." (Übersetzung der Verfasserin).

V. Prüfungsmaßstab

Die Verfassungsbeschwerde muss eine subjektives Recht geltend machen, dass auf einer Verfassungsvorschrift beruht. Aus diesem Grund ist eine Verfassungsbeschwerde unzulässig, wenn sich der Beschwerdeführer lediglich auf Verfassungsvorschriften beruft, die rein objektiven rechtlichen Gehalt aufweisen, z. B. auf das Prinzip *lex retro non agit* („das Recht wirkt nicht rückwirkend"). Der Beschwerdeführer muss vielmehr ein Recht oder eine Freiheit geltend machen, dessen Verletzung gleichzeitig auch ein solches Prinzip verletzt.[994] Eine ähnliche Rechtslage besteht hinsichtlich des in Art. 32 PolVerf verankerten *Gleichheitsprinzip*.[995] Die Verfassungsbeschwerde ist nur dann zulässig, wenn der Beschwerdeführer ein Grundrecht nennt, in Bezug auf das eine Ungleichbehandlung stattgefunden. Wenn sich aber eine Verfassungsbeschwerde lediglich auf die Verletzung des Gleichheitsprinzips bezieht, dann ist die Verfassungsbeschwerde unzulässig. In Bezug auf die in Art. 65 Abs. 4 und 5 (Mindestlöhne und Bekämpfung der Arbeitslosigkeit), Art. 66 (Arbeitsbedingungen und Arbeitszeit), Art. 69 (Hilfeleistung für behinderte Personen), Art. 71 (Recht auf Wohl der Familie), Art. 74-76 (Umweltschutz, Förderung des Wohnbedürfnisse, Schutz des Verbrauchers und Mieters) und in Bezug auf durch Gesetz nach Art. 81 der Verfassung garantierte sozialen Grundrechte muss der Beschwerdeführer ebenfalls darauf hinweisen, welcher spezifische Inhalt dieser sozialen Grundrechte verletzt wurde.[996] Das Verfassungsbeschwerde ist auch dann zulässig, wenn der Beschwerdeführer aus dem Rechtstaatsprinzip ein subjektiv-öffentliches Recht ableiten kann, also wenn der Beschwerdeführer der Meinung ist, dass er in Recht auf ein faires Verfahren oder Recht auf gesetzlichen Richter verletzt ist.[997]

VI. Rechtswegerschöpfung und Subsidiarität

Gemäß Art. 79 Abs. 1 der PolVerf hat „jedermann, dessen verfassungsmäßige Freiheiten oder Rechte verletzt worden sind, hat das Recht, nach Maßgabe der durch Gesetz bestimmten Regeln, eine Beschwerde beim Verfassungsgerichtshof hinsichtlich der Verfassungsmäßigkeit eines Gesetztes oder einer anderen Rechtsnorm, auf deren Grundlage ein Gericht oder ein Organ der öffentlichen Verwaltung über seine in der Verfassung bestimmten Freiheiten, Rechte oder Pflichten endgültig entschieden hat, zu erheben." Gemäß Art. 79 Abs. 1 der PolVerf stellt der Beschwerdeführer einen Antrag auf Überprüfung der Verfassungsmäßigkeit einer

---

[994] *Tuleja*, Die Verfassungsbeschwerde in Polen, 2010, S. 70.
[995] Art. 32 Abs. 1 PolVerf.
[996] *Tuleja*, Die Verfassungsbeschwerde in Polen, 2010, S. 70.
[997] Art. 2 PolVerf., *Tuleja*, Die Verfassungsbeschwerde in Polen, 2010, S. 70.

Rechtsnorm.[998] Der Beschwerdeführer muss den Rechtsweg erschöpfen, bevor er sich mit einer Verfassungsbeschwerde gegen eine Rechtsnorm in einem „rechtskräftigen Urteil"[999], in einer „endgültigen Entscheidung" sowie in einer „sonstigen endgültigen Maßnahme" an den Verfassungsgerichtshof wendet. Demzufolge gilt das *Subsidiaritätsprinzip* bezüglich der Verfassungsbeschwerde.[1000]

VII. Frist

Die Verfassungsbeschwerde ist fristgebunden. Der Beschwerdeführer hat die Beschwerde innerhalb von drei Monaten nach der Zustellung der endgültigen Entscheidung, in der die angefochtene Vorschrift angewendet wurde, zu erheben.[1001] Die Frist ist eine Ausschussfrist, ohne die Möglichkeit der Wiedereinsetzung in den vorigen Stand.[1002]

VIII. Inhalt und Wirkungen der Entscheidungen

Stellt der Verfassungsgerichtshof die Verfassungsmäßigkeit der angefochtenen Rechtsnorm fest, verfasst er ein nicht stattgebendes Urteil. Erklärt der Verfassungsgerichtshof die angegriffene Bestimmung für verfassungswidrig, dann fällt er ein stattgebendes Urteil. Die Entscheidung des Verfassungsrechtshofs entfaltet keine „res judicata"-Wirkung. Demzufolge kann eine erneute Verfassungsbeschwerde in Bezug auf die gleiche Rechtsnorm erhoben werden; allerdings ist eine andere Argumentation erforderlich.[1003]
Stellt der Verfassungsgerichtshof die Verfassungswidrigkeit der Rechtsnorm fest, dann ist die Norm ex-nunc ungültig. Mit seiner Entscheidung hebt Verfassungsgerichtshof die verfassungswidrige Vorschrift auf.[1004] Die Verfassungswidrigkeit einer Vorschrift führt jedoch nicht (zwingend) zur Änderung der konkreten Rechtslage des Beschwerdeführers. Das Verfassungsgericht stellt nicht die Verletzung der Grundrechte oder Grundfreiheiten des Beschwerdeführers, sondern

[998] *Tuleja*, Die Verfassungsbeschwerde in Polen, 2010, S. 67.
[999] In Poland gibt es keine Urteilverfassungsbeschwerde. Der Verfassungsbeschwerde kann ausschließlich die Verfassungsmäßigkeit der Rechtsnorm beanstandet werden.
[1000] Art. 46 PolVerfGG.
[1001] Art. 46 Abs. 1 PolVerfGG.
[1002] *Garlicki*, Die Verfassungsgerichtsbarkeit in Polen, in: *Weber/Luchterhandt* (Hrsg.) Verfassungsgerichtsbarkeit in Mittel- und Osteuropa, 2007, S. 95.
[1003] Ebd.
[1004] Art. 100 Abs. 2 PolVerfGG.

ausschließlich die Verfassungswidrigkeit der angefochtenen Rechtsnorm fest. Die Entscheidung des Verfassungsgerichtshofs ist folglich nicht als Individualentscheidung zu verstehen.[1005] Dem Beschwerdeführer kann allerdings mithilfe des Instruments der *Wiederaufnahme des Verfahrens* und sein Recht auf *Erlangung einer individuellen Entscheidung* durchsetzen.[1006] Grundsätzlich verfügt die Entscheidung des Verfassungsgerichtshofs über „ex nunc" Wirkung.[1007] Erklärt das Verfassunsgerichts eine legislative Norm für verfassungswidrig, kann er die Außerkraftsetzung eines Gesetzes um 18 Monate und eines anderen normativen Akts um zwölf Monate verschieben. Dann wird die angefochtene Norm nicht mit „ex nunc"-, sondern mit „pro futuro"-Wirkung verworfen.[1008]

X. Praxis

Schließlich lässt sich feststellen, dass seit 1997 eine „unechte" Verfassungsbeschwerde in Polen besteht und sie große Bedeutung erlangt hat. Zwar wurden von 2001-2003 nur ca. 25 Entscheidungen im Rahmen der „unechten" Verfassungsbeschwerde getroffen, jedoch hat sich diese Zahl in den folgenden Jahren fast verdoppelt. Im Jahr 2015 betraf die Verfassungsbeschwerde ca. 24% der gesamten Antragszahl.[1009] Die erhöhte Anzahl der Verfassungsbeschwerden zeigt, dass sie in der Praxis zunehmend an Bedeutung gewinnt.

F. Bewertung der Verfassungsbeschwerde im europäischen Rechtsvergleich

Die untersuchten Verfassungsordnungen enthalten Verfahren zum Schutz der verfassungsmäßigen Rechte des Einzelnen vor den jeweiligen Verfassungsgerichten. Diese Verfahren tragen wesentlich zum Schutz der jeweils gewährleisteten Grundrechte bei. Die vorliegende Arbeit konzentriert sich auf den Unterschied zwischen der „echten", „unechten" und „unmittelbaren" Verfassungsbeschwerde und möchte aus dieser Perspektive die neuen ungarischen Vorschriften bewerten. Die untersuchten Länder wurden ausgewählt, um einen klaren Unterschied zwischen den Formen der Verfassungsbeschwerden darzustellen.[1010]

[1005] Ebd.
[1006] Art. 190 Abs. 4 PolVerf.
[1007] Art. 190 Abs. 3 S. 1 PolVerf.
[1008] Art. 190 Abs. 3 S. 3 und S. 4 PolVerf.
[1009] Siehe dazu die Statistik des polnischen Verfassunsgerichts unter: http://trybunal.gov.pl/fileadmin/content/dokumenty/ds.pdf (aufgerufen am 01.05.2016).
[1010] Zu dem Rechtsvergleich siehe den Anhang 10 über die Verfassungsbeschwerde.

I. Beschwerdeführer

Jedermann kann eine Individualbeschwerde in Deutschland, eine „unechte" Verfassungsbeschwerde in Polen und konnte eine „unechte" Verfassungsbeschwerde in Ungarn nach 1990 erheben.[1011] Demgegenüber können das *Amparo*-Verfahren in Spanien neben den inländischen, ausländischen, natürlichen und juristischen Personen auch die inländischen juristischen Personen des öffentlichen Rechts, sowie der Volksanwalt und der Staatsanwalt beantragen.[1012] Hinsichtlich der in Ungarn nach 2010 zur Verfügung stehenden „echten", „unmittelbaren" sowie „unechten" Verfassungsbeschwerde sind grundsätzlich die natürlichen und juristischen Personen beschwerdefähig.[1013] Das Novum besteht darin, dass in Ungarn seit 2010 auch der Staatsanwalt eine „unmittelbare" Verfassungsbeschwerde erhoben kann.[1014]

II. Beschwerdebefugnis

Der Beschwerdeführer muss darüber hinaus im Rahmen der Verfassungsbeschwerde in der Regel selbst, gegenwärtig und unmittelbar betroffen sein.[1015] Im polnischen Verfassungsprozessrecht ist hingegen die Selbstbetroffenheit des Beschwerdeführers für die Zulässigkeit der Beschwerde nicht vorgeschrieben. Der Beschwerdeführer muss lediglich die Tatsache *glaubhaft machen,* dass die Verletzung seiner Grundrechte auf der angefochtenen Bestimmung beruht.[1016] Das spanische Amparo-Verfahren zeigt darüber hinaus eine Besonderheit im Hinblick darauf, dass natürliche und juristische Personen nicht selbst von der möglichen Grundverletzung betroffen sein müssen. Sie müssen vielmehr ein legitimes Interesse geltend machen, dass sich daraus ergibt, dass sie abstrakt betrachtet grundsätzlich taugliches Opfer der geltend gemachten Grundrechtsverletzung sein können.[1017] Das Problem der unmittelbaren Betroffenheit des Beschwerdeführers tritt im Amparo-Verfahren nicht auf, da eine Norm mit Gesetzesrang kein Gegenstand des Amparo-Verfahrens sein kann.[1018]

[1011] Art. 93 Abs. 1 Nr. 4a GG und § 90 Abs. 1 BVerfGG, Art. 79 Abs. 1 PolVerf, Art. 48 Abs. 1 altes UngVerfGG

[1012] Art 162 Abs. 1 lit. b) CE.

[1013] *Köblös, A* „régi típusú" alkotmányjogi panasz, in: Alkotmánybírósági Szemle 1/2012, S. 80 (83).

[1014] Art. 26 Abs. 3 neues UngVerfGG.

[1015] BVerfG 102, 197 (206); *Knaak,* Der Einfluss der deutschen Verfassungsgerichtsbarkeit auf das System der Verfassungsgerichtsbarkeit in Spanien, 1995, S. 197; *Fröhlich,* Az Abtv. 26 § (2) szerinti, közvetlenül a jogszabályok ellen benyújtható alkotmányjogi panaszok befogadóhatósága, in: Alkotmánybírósági szemle 1/2013, S. 90 (91-93).

[1016] *Tuleja,* Die Verfassungsbeschwerde in Polen, 2010, S. 67.

[1017] Art. 24 Abs. 1 CE; *Knaak,* Der Einfluss der deutschen Verfassungsgerichtsbarkeit auf das System der Verfassungsgerichtsbarkeit in Spanien, 1995, S. 194.

[1018] Art. 42 LOTC; *Brückner,* Vergleich zwischen den Verfahren des spanischen recurso de amparo und der deutschen Verfassungsbeschwerde, S. 32.

III. Beschwerdegegenstand

Der grundlegende Unterschied zwischen der „echten" und „unechten" Verfassungsbeschwerde betrifft den Prüfungsgegenstand. Richtet sich eine Beschwerde lediglich gegen Akte des Gesetzgebers, dann wird diese Beschwerde eine „unechte" Verfassungsbeschwerde genannt. Lässt sich aber im Rahmen eines Verfassungsbeschwerdeverfahrens nicht nur die Verfassungsmäßigkeit der Akte der Legislative, sondern auch der Akte der Judikative und der Exekutive überprüfen, dann wird diese als „echte" Verfassungsbeschwerde bezeichnet. Ungarn zeigt insofern eine Besonderheit, da nach dem Inkrafttreten des neuen Grundgesetzes und des neuen Organgesetzes eine sog. „unmittelbare" Verfassungsbeschwerde ins Leben gerufen wurde.[1019] Diese unterscheidet sich von der „unechten" Verfassungsbeschwerde dadurch, dass sie ausnahmsweise gegen eine unmittelbar anwendbare oder unmittelbar geltende verfassungswidrige Vorschrift eingelegt werden kann, vorausgesetzt, dass die Rechtsverletzung nicht auf einem Gerichtsbeschluss basiert. Die ungarische „unmittelbare" Verfassungsbeschwerde ist daher als eine spezielle Art der „unechten" Verfassungsbeschwerde zu betrachten.[1020]
Obwohl legislative, exekutive und auch judikative Akte der spanischen öffentlichen Gewalt grundsätzlich Gegenstand des *Amparo*-Verfahrens sein können, zeigt das *Amparo*-Verfahren ein besonderes Merkmal mit Blick darauf, dass weder ein Gesetz, noch eine Norm mit Gesetzesrang Gegenstand dieses Verfahrens sein kann.

IV. Prüfungsmaßstab

Der Prüfungsmaßstab richtet sich in *Deutschland* nach dem Beschwerdegegenstand. Bei der Kontrolle der Akte der Legislative und der Akte der Exekutive ist der Prüfungsumfang über die allgemeine Handlungsfreiheit gemäß Art. 2 Abs. 1 GG praktisch auf die gesamte Verfassung ausgedehnt. Demgegenüber wird geprüft das Bundesverfassungsgericht bei der Urteilsverfassungsbeschwerde ausschließliche die Verletzung von spezifischem Verfassungsrecht.[1021] *Spanien* zeigt hier eine Besonderheit dadurch, dass als Prüfungsmaßstab des *Amparo*-Verfahrens ausschließlich die in Art. 14-29 und Art. 30 Abs. 2 CE genannten Grundrechte und öffentliche Freiheiten– ggf. in Verbindung mit dem allgemeine Gleichheitssatz nach Art. 14 CE und dem Gerichtsschutz nach Art. 24 CE – herangezogen

---

[1019] Art. 26 Abs. 2 neues UngVerfGG.

[1020] *Bitskey/Gárdos-Orosz*, A befogadható alkotmányjogi panasz- az első hónapok tapasztalatai, in: Alkotmánybírósági Szemle 1/2012, S. 89 (90).

[1021] *Fleury*, Verfassungsprozessrecht, Rn. 365, 368–369.

werden. Die anderen Rechte und Freiheiten sind nicht im Rahmen eines *Amparo*-Verfahrens, sondern im Rahmen des allgemeinen Rechtsschutzes vor dem ordentlichen Gerichten einzuklagen.[1022] In *Polen* umfasst der Prüfungsmaßstab der „unechten" Verfassungsbeschwerde grundsätzlich nur solche Vorschriften der Verfassung, die ein subjektiv-öffentliches Recht gewährleisten. Objektivrechtliche Vorschriften sind kein Prüfungsmaßstab. Demzufolge kann z. B. eine Verfassungsbeschwerde auf die Verletzung des Gleichheitsprinzips gestützt werden. In diesem Zusammenhang bildet das Rechtsstaatsprinzip eine Ausnahme, da eine Verfassungsbeschwerde ausnahmsweise zulässig ist, selbst wenn mit ihr ausschließlich ein Verstoß gegen das Rechtsstaatsprinzip geltend gemacht wird.[1023] In *Ungarn* ist Prüfungsmaßstab des Verfassungsbeschwerdeverfahrens nicht das gesamte neue Grundgesetz in formeller und materieller Hinsicht, sondern nur die im neuen Grundgesetz verankerten Rechte und Freiheiten. Die Staatsprinzipien, z. B. das Rechtsstaatsprinzip, oder das Recht auf ein faires Verfahren sind hingegen kein Teil des Prüfungsmaßstab.[1024]

V. Rechtswegerschöpfung und Subsidiarität

Die Rechtswegerschöpfung und demzufolge die Subsidiarität der Verfassungsbeschwerde ist in Deutschland, Polen sowie in Ungarn eine Zulässigkeitsvoraussetzung.[1025] Spanien zeigt hier eine Besonderheit dadurch, dass der Beschwerdeführer in einem *Amparo*-Verfahren gegen Akte der Legislative den Rechtsweg nicht ausschöpfen muss, sondern das Verfahren innerhalb von drei Monate nach dem Inkrafttreten der angefochtenen legislativen Akte beantragt kann.[1026] Darüber hinaus kann der Rechtsweg bei der ungarischen „unmittelbaren" Beschwerde praktisch nicht ausgeschöpft werden, da eine „unmittelbare" Beschwerde innerhalb von 180 Tage nach dem Inkrafttreten der angefochtenen Vorschrift eingelegt werden muss.[1027] Auch in Deutschland gibt es gegen förmliche Gesetze in der Regel keinen Rechtsweg.

[1022] Art. 53 Abs. 2 CE i.V.m. Art. 14-29 und Art. 30 Abs. 2 CE.
[1023] *Tuleja*, Die Verfassungsbeschwerde in Polen, 2010, S. 70.
[1024] 3365/2012 (11.06.) AB Beschluss, 2012, 1930.
[1025] Art. 94 Abs. 2 GG i.V.m. § 90 Abs. 2 S. 1 BVerfGG, Art. 46 Abs. 1 PolVerfGG, Art. 48 Abs. 1 altes UngVerfGG, Art. 26 Abs. 1 lit. b), Art. 26 Abs. 2 lit. b) und Art. 27 lit. b) neues UngVerfGG.
[1026] Art. 42, Art. 43 Abs. 1 und Art. 44 Abs. 1 LOTC.
[1027] Art. 30 Abs. 1 neues UngVerfGG.

VI. Entscheidung und Entscheidungswirkung

Für die Entscheidung besteht, abgesehen von Ungarn, keine Entscheidungsfrist. In Ungarn wird eine Entscheidung innerhalb einer *angemessenen* Zeit verlangt. Diese Regelung führt in der Praxis zu Rechtsunsicherheit, da dieser Begriff sehr weit ausgelegt werden kann.[1028] Hinsichtlich der Entscheidungswirkung lässt sich feststellen, dass das deutsche, polnische und ungarische Verfassungsgericht die für verfassungswidrig erklärten *Akte der Legislative* aufheben.[1029] Das spanische Verfassungsgerichts beschränkt sich hingegen auf die Feststellung der Verletzung der betroffenen Rechte oder Freiheiten des Beschwerdeführers.[1030] Erklärt das Bundesverfassungsgericht oder das ungarische Verfassungsgericht die *Akte der Judikative* im Rahmen der „echten" Verfassungsbeschwerde für verfassungswidrig, heben diese Gerichte die angegriffenen Urteil der Fachgerichte auf.[1031] Das spanische Verfassungsgericht kann folgende Feststellungen in seinem Urteil treffen: die Nichtigkeit des Akts oder Beschlusses, die Auslegung der Bestimmungen der Verfassung und auf diese Weise die verbindliche Feststellung der Inhalt und der Grenzen der Grundrechte und Grundfreiheiten sowie die Wiederherstellung der Rechte oder Freiheit des Beschwerdeführers.[1032] Sowohl das Bundesverfassungsgericht, als auch das spanische Verfassungsgericht können die Verfassungswidrigkeit von *Akten der Exekutive* feststellen. [1033]

VII. Praxis

Hinsichtlich der Praxis der jeweiligen Verfassungsgerichte im Jahr 2014 ist zu bemerken, dass die deutsche Individualverfassungsbeschwerde ca. 96%, das spanische *Amparo*-Verfahren ca. 98%, die polnische „unechte" Verfassungsbeschwerde ca. 70% sowie die ungarische Verfassungsbeschwerde ca. 64% der gesamten Anzahl der Verfahren ausmacht.

[1028] Art. 30 Abs. 5 neues UngVerfGG.
[1029] Art. 41 Abs. 1 neues UngVerfGG, §§ 31 Abs. 2 S. 2 BVerfGG, Art. 190 Abs. 4 PolVerf.
[1030] Art. 54 LOTC.
[1031] Art. 43 Abs. 1 neues UngVerfGG, §§ 95 Abs. 2 BVerfGG; *Tuleja,* Die Verfassungsbeschwerde in Polen, 2010, S. 74.
[1032] Art. 55 Abs. 1 lit. a)-lit.c) LOTC.
[1033] § 95 Abs. 1 S. 1 BVerfGG.

VIII. Zwischenergebnis

Vor diesem Hintergrund lässt sich feststellen, dass mit der Abschaffung der *actio populis* im Rahmen der nachträglichen abstrakten Normenkontrolle in Ungarn nach 2010 die neuen Formen der Verfassungsbeschwerde in der Praxis des ungarischen Verfassungsgerichts eine wichtige Stellung einnimmt. Während die nachträgliche abstrakte Normenkontrolle in Ungarn nach 1990 ca. 90% der gesamten Anzahl der Verfahren ausmachte, ist die Zahl dieses Verfahrens nach 2010 um 3-5% gesunken. Die neue „unechte" Verfassungsbeschwerde betraf ca. 2% der gesamten Verfahren. Demgegenüber erhöhte sich nach 2010 die Zahl der Verfassungsbeschwerde auf ca. 64% der gesamten der Verfahren. Aus der Statistik des ungarischen Verfassungsgerichts folgt, dass zwar die Hauptaufgabe des Gerichts nach 1990 zunächst der *objektive Rechtsschutz* war. In der Zukunft wird sich der Schwerpunkt der Arbeit des Gerichts aber in Richtung des *subjektiven Rechtsschutzes* verschieben. Die Verfassungsbeschwerde in den untersuchten Ländern weisen ähnliche, wenn auch im Detail voneinander abweichende Voraussetzungen auf. Im Vergleich zu den untersuchten Ländern zeigen sich keine gravierenden Besonderheiten der Ungarischen Verfassungsbeschwerde. Auffällig ist allein der beschränkte Prüfungsmaßstab. Ob dieser allerdings auch zu einer Verkürzung des subjektiven Rechtsschutzes führen wird, bleibt abzuwarten.

Fünftes Kapitel: Sonstige Zuständigkeiten

A. Präsidentenanklage

Die staatsrechtliche Anklage gegen Staatsorgane hat ihren Ursprung im angloamerikanischen und französischen Recht. In diesen Rechtsordnungen war es zuerst möglich, mithilfe der sog. „Ministerklage" einen Minister – nicht den Monarchen selbst – strafrechtlich zu belangen, und später auch staatsrechtliche Konsequenzen zu erzwingen. Obwohl die Möglichkeit der strafrechtlichen Verfolgung von Ministern im Laufe der Zeit aufgrund deren parlamentarischer Ministerverantwortlichkeit insgesamt abnahm, blieb das Verfahren in mehreren Verfassungen in Europa erhalten.[1034]
So ist etwa in Deutschland gegen den Bundespräsidenten oder gegen Bundesrichter eine Anklage möglich. In Österreich steht eine staatsrechtliche und eine strafrechtliche Anklage gegen den Bundespräsidenten, gegen Mitglieder der Bundesregierung oder der Landesregierungen, gegen den Landeshauptmann als Vollzugsorgan der mittelbaren Bundesverwaltung sowie gegen Organe der Landeshauptstadt Wien zur Verfügung. Die ungarische und die italienische Verfassung folgen dem österreichischen Vorbild, indem sie ebenfalls die Anklage des Präsidenten sowohl in staatrechtlicher als auch in strafrechtlicher Hinsicht erlauben.[1035]
In den osteuropäischen Ländern, wie Albanien, Bulgarien, Litauen, in der Slowakei und in Slowenien herrscht ebenfalls der Mischcharakter der Präsidentenanklage vor. So ist dort etwa die Amtsenthebung des Staatspräsidenten für die Fälle vorgesehen, in denen dieser die Verfassung verletzt oder ein Verbrechen, namentlich Hochverrat, begangen hat. Während in Ungarn, Albanien, in Bulgarien, in der Slowakei, in Slowenien und in Tschechien das Verfassungsgericht ebenso die Funktion eines Staatsgerichtshofs erfüllt, verfügen die Verfassungsgerichte in Litauen, Rumänien und Russland ausschließlich über eine gutachterliche Aufgabe, weil in diesen Ländern dem Parlament und nicht dem Verfassungsgericht die Entscheidung über die Amtsenthebung des Präsidenten obliegt.[1036]
Andere Verfassungen ermöglichen die Anklage des Präsidenten ausschließlich mit Blick auf dessen strafrechtliche Verantwortlichkeit. Dementsprechend wird diese Zuständigkeit nicht von dem Verfassungsgericht, sondern vom jeweils höchsten

---

[1034] *Starck, Generalbericht:* Verfassungsgerichtsbarkeit in Westeuropa, in: Weber/Luchterhandt (Hrsg.), Verfassungsgerichtsbarkeit in Westeuropa, 2007, S. 357.

[1035] *Starck, Generalbericht:* Verfassungsgerichtsbarkeit in Westeuropa, in: Weber/Luchterhandt (Hrsg.), Verfassungsgerichtsbarkeit in Westeuropa, 2007, S. 357 f.

[1036] *Starck, Generalbericht:* Verfassungsgerichtsbarkeit in Osteuropa, in: Weber/Luchterhandt (Hrsg.), Verfassungsgerichtsbarkeit in Mittel und Osteuropa, 2007, S. 330.

Straf- oder einem Sondergericht ausgeübt.[1037] Beispielhaft stehen hierfür etwa die portugiesische Verfassung, die eine Strafanklage gegen den Präsidenten und die Regierungsmitglieder vor dem Obersten Gerichtshof ermöglicht, und die spanische Verfassung, die eine solche Anklage gegen Regierungsmitglieder vorsieht.[1038] In Griechenland steht die Möglichkeit zur Verfügung, eine Ministerklage oder eine Strafanklage gegen den Staatspräsidenten nicht vor dem Obersten Sondergerichtshof, sondern vor einem anderen „Sondergericht" zu erheben.[1039] Im Folgenden werden die Regelungen der Präsidentenanklage in Ungarn näher betrachtet und zudem die einzelnen Formen der Präsidentenanklage dargestellt.

I. Präsidentenanklage in Ungarn nach 1990

Wie bereits erwähnt, wies die ungarische Präsidentenanklage einen Mischcharakter auf. Hiermit wurde staatsrechtlich und die strafrechtliche Verantwortlichkeit des Präsidenten gegenüber der Republik sichergestellt. Die Amtsenthebung des Präsidenten der Republik oblag ausschließlich dem Verfassungsgericht als eine gemäß Art. 32/A Abs. 1 HS: 2 UngVerf i.V.m. Art. 1 lit. h) altes UngVerfGG andere, durch ein Gesetz zugewiesene sonstige Aufgabe.[1040] Hingegen war das Präsidentenanklageverfahren als eine sonstige, staatsrechtliche Zuständigkeit des Verfassungsgerichts gemäß in Art. 31 Abs. 4 und Art. 31/A UngVerf anzusehen.[1041]

1. Voraussetzungen des Verfahrens

Der Präsident der Republik musste gemäß Art. 31 Abs. 4 und Art. 31/A UngVerf seines Amts enthoben werden, wenn er im Rahmen seiner Amtsausübung die Verfassung oder andere Gesetze vorsätzlich verletzte.[1042] In diesem Fall konnten ein Fünftel der Abgeordneten das Verfahren der Amtsenthebung beantragen.

Weitere Zulässigkeitsvoraussetzung war, wie bereits erwähnt, die vorsätzliche Verlezung der Verfassung oder eines anderen Gesetzes. Letzteres bezog sich insbesondere vorsätzliche Straftat. In diesen Fällen musste im Rahmen der Präsidentenanklage explizit festgestellt werden, dass es sich um eine vorsätzliche und

[1037] *Starck, Generalbericht:* Verfassungsgerichtsbarkeit in Westeuropa, in: Weber/Luchterhandt (Hrsg.), Die Verfassungsgerichtsbarkeit in Westeuropa, 2007, S. 358.
[1038] Art. Art. 133, 199 der Verfassung Portugals i.V.m. Art. 91 VGG, Art. 102 CE.
[1039] Art. 49 und 86 GrVerf.
[1040] Art. 32/A Abs. 1 HS: 2 UngVerf i.V.m. Art. 1 lit. h) altes UngVerfGG.
[1041] *Tilk,* A Magyar Alkotmánybíróság 2008, S. 167.
[1042] Ebd.

nicht bloß um eine fahrlässige Straftat handelte.[1043] Für die Zulässigkeit war allerdings die Vermutung ausreichend, dass eine Straftat bzw. eine Gesetzesverletzung durch den Präsidenten begangen wurde. Die Frage, ob eine Straftat vorsätzlich oder nur fahrlässig begangen wurde, musste das ein Verfahren der Präsidentenanklage anstrengende Fünftel der Abgeordneten hingegen nicht abschließend entscheiden. Die endgültige Feststellung hierüber wie auch die Frage, ob die nur vermutete die Gesetzesverletzung tatsächlich vorlag, blieb wegen dem Prinzip der Unschuldsvermutung dem eigentlichen gerichtlichen Verfahren vorbehalten.[1044]

2. Verfahren vor dem Verfassungsgericht

Die Beurteilung der Handlung des Präsidenten war ausschließlich die Aufgabe des Verfassungsgerichts.[1045] Das Verfassungsgericht hatte über die Verantwortlichkeit der Präsidenten der Republik mit einfacher Stimmenmehrheit zu entscheiden, wobei mindestens acht Mitglieder des Verfassunsgerichts, unter ihnen der Präsident des Gerichts, oder im Falle dessen Verhinderung der Vizepräsident, anwesend sein mussten (Quorum).[1046] Stellte das Verfassungsgericht die Schuld des Präsidenten der Republik aufgrund einer absichtlichen Straftat fest, dann *konnte* das Verfassungsgericht den Präsidenten seines Amtes entheben und parallel eine Strafe oder Maßregel verhängen, welche im Strafgesetzbuch vorgeschrieben war.[1047] In diesen Fällen, in denen die Präsidentenklage wegen Verletzung eines Straftatbestandes zur Amtsenthebung führte, wurden Strafrechtsbestimmungen im verfassungsgerichtlichen Verfahren angewendet. Eine weitere strafrechtliche Verfolgung konnte dann nur noch wegen einer sonstigen Tat oder einer solchen Straftat, die nach Beendigung des Amtes begangen wurde, erfolgen.[1048] Aus dem Wortlaut des Art. 32 Abs. 3 UngVerf ergab sich, dass das Verfassungsgericht nicht verpflichtet war, den Präsidenten seines Amtes zu entheben. Vielmehr verfügte das Verfassungsgericht über einen Beurteilungsspielraum.[1049] Grund für diesen Beurteilungsspielraum ist der Umstand, dass etwa in einer instabilen innenpolitischen und außenpolitischen Lage die „Absetzung" des Präsidenten durch das Verfassungsgericht die Gefahr einer weiteren Instabilisierung des Staates sowie zur Beeinträchtigung seiner Funktionsfähigkeit

[1043]   *Petrétei*, Magyar Alkotmányjog (2002), S. 109.
[1044]   *Tilk*, A Magyar Alkotmánybíróság 2008, S. 168.
[1045]   Art. 31/A Art. 5 UngVerf.
[1046]   Vgl. Art. 25 Abs. 3 altes UngVerfGG i.V.m. Art. 30 Abs. 3 altes UngVerfGG.
[1047]   Art. 31 Abs. 4 UngVerf.
[1048]   Art. 32 Abs. 1 und 2 altes UngVerfGG.
[1049]   *Tilk*, A Magyar Alkotmánybíróság 2008, S. 169.

sowie zentrale Prinzipien, wie das der Rechtssicherheit mit sich bringen kann oder.[1050] Allerdings war das Verfassungsgericht nicht jeder Handlung des Präsidenten der Republik kontrollierte. Es konnte lediglich die Verantwortlichkeit des Präsidenten überprüfen, wenn drei kumulativen Voraussetzungen gegeben waren: (1) Der Präsident hatte während seiner Amtszeit, (2) im Zusammenhang mit seinem Amt (3) eine strafrechtlich verfolgbare Handlung vorgenommen. Obgleich diese Voraussetzungen als kumulativ vorliegen müssen und insoweit auch für das Verfassungsgericht verbindlich sind, verfügt es bei der Beurteilung, ob diese Voraussetzungen vorliegen – wie bereits angesprochen – über einen Beurteilungsspielraum.[1051] In der Literatur wurde wiederholt darüber diskutiert, ob eine Klage gegen hohe staatliche Würdenträger, wie beispielsweise gegen einen Minister, gegen einen Verfassungsrichter, gegen den Präsidenten des Obersten Gerichtshofs, gegen einen Staatsanwalt oder gegen den Ombudsmann möglich sein müsste. Eine einheitliche Meinung diesbezüglich hat sich nicht herausgebildet. Allerdings erscheint eine Erweiterung der Präsidentenklage auf andere staatliche Würdenträger nicht erforderlich, da diese keine so herausgehobene Stellung haben, wie der Präsident der Republik, und daher die vorhandenen staatsrechtlichen und strafrechtlichen Sanktionsmechanismen ausreichend sind.[1052] Abschließend ist festzustellen, dass die Präsidentenanklage in Ungarn zwar über einen Mischcharakter, der gekennzeichnet davon ist, dass sowohl strafrechtliche als auch staatsrechtliche Regelungen im Verfahren zur Anwendung gelangen, verfügt, sie trotz dieser Besonderheit aber nicht praxisrelevant ist. Zwischen 1990 und 2010 wurde vor dem Verfassungsgericht keine einzige Präsidentenanklage erhoben.[1053]

II. Präsidentenanklage in Ungarn nach 2010
1. Voraussetzungen des Verfahrens

Das Verfassungsgericht behandelt die Präsidentenanklage, die in Form eines Parlamentsbeschlusses mit einer detaillierten Begründung und aufgrund der vorsätzlichen Verletzung des Grundgesetzes oder anderer Gesetze oder infolge des

---

[1050]   *Tilk,* A Magyar Alkotmánybíróság 2008, S. 168.
[1051]   Art. 31/A Abs. 6 und Art. 32 Abs. 1 S. 1 UngVerf.
[1052]   Tilk, A Magyar Alkotmánybíróság 2008, S. 170-173.
[1053]   Siehe dazu Statistik in *Sólyom,* Die Verfassungsgerichtsbarkeit in Ungarn, in: *Weber/Luchterhandt* (Hrsg.), Verfassungsgerichtsbarkeit in Mittel- und Osteuropa, 2007, S. 277-278.

Begehens einer absichtlichen Straftat durch den Präsidenten der Republik im Zusammenhang mit seinem Amt erhoben wurde außer der Reihe.[1054] Nach wie vor kann das Präsidentenanklageverfahren durch ein *Fünftel der Abgeordneten* beantragt werden. Dann ist außerdem die *Zustimmung der Zweidrittelmehrheit der Abgeordneten* erforderlich, um das Verfahren dem Verfassungsgericht vorzulegen. Die Abstimmung der Abgeordneten ist geheim.[1055] Hier sind abgesehen von der Außer-der-Reihe-Kontrolle der Rechtmäßigkeit der Klage durch das Verfassungsgericht keine gewichtigen Änderungen in den Regelungen zu bemerken.

2. Verfahren vor dem Verfassungsgericht

Demgegenüber wurden die Vorschriften zum eigentlichen Verfahren vor dem Verfassungsgericht deutlich geändert. Zum einen muss das Verfassungsgericht den Präsidenten der Republik persönlich anhören.[1056] Zum anderen kann es eine im Strafgesetzbuch geregelte Strafe oder Maßregel – sofern die Voraussetzungen vorliegen – nicht mehr verhängen, sondern ist darauf beschränkt, das absichtliches Begehen einer strafrechtlich verfolgbaren Handlung durch den Präsidenten festzustellen und ihm anschließend das Amt zu entziehen. Im Übrigen muss der Präsident sich für sein Handeln vor einem Strafgericht verantworten.[1057] Allerdings besteht weiterhin der Beurteilungsspielraum des Verfassungsgerichts bezüglich der Amtsentziehung, welcher sich aus dem Wortlaut von § 13 Abs. 6 UGG ergibt.[1058] Vor dem dieses Wortlauts kann davon ausgegangen werden, dass dem Verfassungsgericht nach wie vor das Recht zusteht, den Präsidenten der Republik seines Amtes zu entheben, ihm aber diesbezüglich keine Pflicht obliegt. Wird die Verhängung einer Strafe mit einem separaten Strafverfahren angestrebt, muss beachtet werden, dass dieses erst durchführbar ist, nachdem der Präsident seines Amtes enthoben wurde. Wie bereits vor 2010 trifft das Verfassungsgericht die Entscheidung über die Präsidentenanklage mit Zweidrittelmehrheit der anwesenden Verfassungsrichter.[1059] Liegen die Voraussetzungen der Präsidentenanklage nicht vor, dann weist das Verfassungsgericht die Klage ohne sachbezogene Prüfung ab.[1060]

[1054] Art. 13 UGG i.V.m. Art. 35 Abs. 1, Abs. 2 S. 1 und Abs. 3 neues UngVerfGG.
[1055] Art. 13 Abs. 2 und Abs. 3 des UGG.
[1056] Art. 35 Abs. 4 S. 2 neues UngVerfGG.
[1057] Art. 13 Abs. 6 UGG.
[1058] Ebd.
[1059] Art. 35 Abs. 5 neues UngVerfGG.
[1060] Art. 35 Abs. 2 S. 2 neues UngVerfGG.

3. Zwischenergebnis

Infolge der Änderung der Vorschriften hinsichtlich der Präsidentenanklage wurden die Amtsentziehung durch das Verfassungsgericht und die strafrechtliche Verurteilung des Präsidenten vor einem Strafgericht getrennt. Das ungarische Verfassungsgericht ist nicht mehr in der Lage, die im Strafgesetzbuch vorgeschriebene Sanktionen im verfassungsgerichtlichen Verfahren zu verhängen. Obwohl sich die Folgen dieser Modifikation *bis dato* nicht eindeutig abgesehen werden können, da noch nie ein Präsidentenanklageverfahren in Ungarn beantragt wurde, lässt sich feststellen, dass der Mischcharakter der Präsidentenanklage aufgehoben wurde und die gegenwärtige Form der Präsidentenanklage nur noch staatsrechtlich ist.

III. Präsidentenklage im europäischen Rechtsraum
1. Staatsrechtlicher Charakter der Präsidentenklage in Deutschland

Die Präsidentenanklage in Deutschland verfügt über einen staatsrechtlichen, nicht aber über einen strafrechtlichen Charakter.[1061] Verletzt der Bundespräsident das Grundgesetz oder ein anderes Bundesgesetz vorsätzlich, kann er angeklagt werden.[1062] Der Zweck des Anklageverfahrens besteht in der „Sicherung der verfassungsrechtlichen Verantwortlichkeit des Amtsträgers Bundespräsident" und dadurch in der „Wahrung der verfassungsmäßigen Ordnung".[1063]

a) Sachentscheidungsvoraussetzungen

Antragsberechtigt sind entweder der Bundestag oder der Bundesrat, nicht aber die Bundesregierung.[1064] Ein Viertel der Mitglieder des Bundestages bzw. des Bundesrates kann das Verfahren der Präsidentenanklage beim BVerfG beantragen. Zuvor muss allerdings die Immunität des Bundespräsidenten aufgehoben werden, wozu eine Zweidrittelmehrheit der Mitglieder der jeweiligen Gremien notwendig ist.[1065] Antragsgegner ist der Bundespräsident. Die Möglichkeit, dass der Vertreter des Bundespräsidenten gemäß Art. 57 GG ebenfalls Antragsgegner ist, ist ausgeschlossen.[1066] Die Anklage setzt eine vorsätzliche Verletzung des Grundgesetzes oder eines anderen Bundesgesetzes voraus. Darüber hinaus muss die Rechtsverletzung bei Ausübung der amtlichen Funktion des Präsidenten geschehen. Weiter-

---

[1061] *Herzog,* in: Maunz/Dürig, GGK, 2016, Art. 61 Rn. 10.
[1062] Art. 61 GG i.V.m. §§ 13 Nr. 4, 49 ff. BVerfGG.
[1063] *Benda/Klein,* Verfassungsprozessrecht, Rn. 1205.
[1064] Art. 61 Abs. 1 GG; *Herzog,* in Maunz/Dürig, GGK, 2016, Art. 61 Rn. 33.
[1065] Art. 61 Abs. 3 S. 1 GG.
[1066] *Benda/Klein,* Verfassungsprozessrecht, Rn. 1209.

hin ist Voraussetzung, dass bei Vornahme der Handlung die Schuldfähigkeit gegeben war.[1067] Der Die Präsidentenanklageschrift muss den Anklagevorwurf sowie das Beweismittel enthalten.[1068] Die Anklage muss innerhalb von drei Monaten nach der Kenntnisnahme der antragsberechtigten Körperschaft über den Sachverhalt erhoben werden.[1069]

b) Verfahren vor dem Bundesverfassungsgericht

Das Verfahren vor dem Bundesverfassungsgericht ist dreistufig. Zu Beginn kann das Bundesverfassungsgericht eine Voruntersuchung anordnen, um die mündliche Verhandlung vorzubereiten.[1070] Aus dem Wortlaut § 54 Abs. 1 HS. 1 BVerfGG ergibt sich, dass das Bundesverfassungsgericht hier einen Ermessensspielraum hat, es sei denn, dass die Beteiligten eine solche Voruntersuchung beantragen., In diesem Fall ist eine Voruntersuchung obligatorisch.[1071] Im Rahmen der Voruntersuchung prüft ein beauftragter Verfassungsrichter, der nicht Mitglied des zur Entscheidung berufenen Senats ist, den Inhalt der Anklageschrift und die Beweismöglichkeiten.[1072] Danach beginnt die obligatorische mündliche Verhandlung gemäß § 55 BVerfGG, die sich wie ein strafprozessuales Hauptverfahren gestaltet.[1073] Zuerst wird die Anklage verlesen, dann erfolgen die Einlassung des Präsident. Anschließend wird in die Beweisaufnahme eingetreten, nach deren Abschluss die Schlussantrag des Vertreters der Anklage und der Verteidigung gestellt werden. Das letzte Wort hat der Bundespräsidenten.[1074] Der Senat trifft dann seine Entscheidung nach geheimer Beratung. Das Urteil wird öffentlich verkündet.[1075] Im Übrigen ist darauf hinzuweisen, dass das Verfahren nicht beendet wird, wenn Bundespräsidenten von seinem Amt freiwillig zurücktritt oder wegen regulär aus seinem Amt ausscheidet. Ende des Verfahrens führt – abgesehen vom Urteil – ausschließlich der Tod des Bundespräsidenten, da in einem solchen Fall der objektive Verfahrenszweck „vernichtet" ist.[1076]

c) Entscheidungsbefugnis und Wirkungen der Entscheidung

Das Bundesverfassungsgericht kann nach der Erhebung der Anklage durch einstweilige Anordnung bestimmen, dass der Bundespräsident sein Amt einstweilen

---

[1067]   Art. 61 Abs. 1 S. 1 GG.
[1068]   § 49 Abs. 3 S. 2 BVerfGG.
[1069]   § 50 BVerfGG.
[1070]   § 54 Abs. 1 HS. 1 BVerfGG.
[1071]   § 54 Abs. 1 HS. 2 BVerfGG; Benda/Klein, Verfassungsprozessrecht, Rn. 1213.
[1072]   *Herzog,* in Maunz/Dürig, GGK, 2016, Art. 61 Rn. 51–52.
[1073]   *Herzog,* in Maunz/Dürig, GGK, 2016, Art. 61 Rn. 54.
[1074]   *Benda/Klein,* Verfassungsprozessrecht, Rn. 1214.
[1075]   § 30 Abs. 1 S. 1 und S. 3 BVerfGG.
[1076]   *Benda/Klein,* Verfassungsprozessrecht, Rn. 1215.

nicht mehr ausüben darf.[1077] Die Entscheidung des Bundesverfassungsgerichts muss die Stellung zu der Frage nehmen, ob der Bundespräsident das Grundgesetz oder ein anderes Bundesgesetz vorsätzlich verletzt hat.[1078] Ein stattgebendes Urteil erfordert eine Zweidrittelmehrheit der Richter des zu Entscheidung berufenen Senats.[1079] Stellt der Bundesverfassungsgericht die vorsätzlich Verletzung des Grundgesetzes oder eines anderen Bundesgesetzes fest, *kann* das Gericht dem Bundespräsidenten das Amt entziehen.[1080] Aus dem Wortlaut von § 56 Abs. 2 S. 1 BVerfGG folgt, dass dies zu dem Beurteilungsspielraum des Bundesverfassungsgerichts gehört. Die Feststellung der vorsätzlichen Verletzung des Grundgesetzes oder eines anderen Bundesgesetzes führt demzufolge nicht automatisch zu einer Amtsentziehung. Für eine Amtsentziehung ist eine schwere Rechtsverletzung des Bundespräsidenten erforderlich.[1081] Ordnet die Entscheidung den Amtsentziehung an, dann tritt der Amtsverlust mit der Verkündung der Entscheidung des Bundesverfassungsgerichts in Kraft.[1082] Parallel beginnt die Frist zur Wahl eines neuen Bundespräsidenten.[1083]

Abschließend lässt sich konstatieren, dass § 56 Abs. 2 S. 2 BVerfGG und Art. 54 Abs. 4 S. 1 HS. 2 GG durchaus detailliert ausgearbeitet sind und die präzisen Regelungen in der Tat der Sicherung der verfassungsrechtlichen Verantwortlichkeit des Bundespräsidenten dienen. Die Präsidentenanklage ist jedoch *bis dato* in der Praxis des Bundesverfassungsgerichts nicht zur Anwendung gekommen.[1084]

Aufs Ganze gesehen lässt sich die Schlussfolgerung ziehen, dass die deutsche Präsidentenanklage lediglich über einen staatsrechtlichen Charakter verfügt. Weder das Grundgesetz noch das Bundesverfassungsgerichtsgesetz sehen eine strafrechtliche Sanktion vor, die das Bundesverfassungsgericht im Präsidentenanklageverfahren verhängen könnte. Von einem strafrechtlichen Charakter der Präsidentenanklage in der Bundesrepublik Deutschland kann daher nicht die Rede sein.

2. Strafrechtlicher Charakter der Präsidentenanklage in Griechenland

Für die Strafanklage gegen den Staatspräsidenten ist in erster und letzter Instanz ein spezielles Sondergericht zuständig, welches aus sechs Mitgliedern des Staats-

---

[1077] Art. 61 Abs. 2 S. 2 GG i.V.m. §§ 53 BVerfGG.
[1078] § 56 Abs. 1 BVerfGG.
[1079] § 15 Abs. 4 S. 1 BVerfGG.
[1080] § 56 Abs. 2 S. 1 BVerfGG.
[1081] *Benda/Klein*, Verfassungsprozessrecht, Rn. 1217 f.
[1082] § 56 Abs. 2 S. 2 BVerfGG.
[1083] Art. 54 Abs. 4 S. 1 HS. 2 GG.
[1084] Siehe dazu die Statistik des Bundesverfassungsgerichtshofs unter: https://www.bundesverfassungs gericht.de/organisation/gb2013/A-I-6.html (aufgerufen am 01.05.2016).

rates und sieben Mitgliedern des Areopag – dem Obersten Gerichtshof für Straf- und Zivilgerichte in Griechenland – besteht.[1085] Eine Strafanklage kann gegen den Präsidenten der Republik aufgrund des Hochverrats oder wegen einer vorsätzlichen Verletzung der Verfassung, die erwahrend seiner Amtsausübung begeht, erhoben werden.[1086] Ein Drittel der Abgeordneten ist erforderlich, damit ein Verfahren durch das Parlament beantragt werden kann. Wie auch in Deutschland, muss aber zuvor die Immunität des Präsidenten aufgehoben werden, wofür zwei Drittel der Abgeordneten stimmen müssen.[1087] Nur nach dem parlamentarischen Beschluss ist eine Strafverfolgung, Untersuchung, Voruntersuchung sowie eine Vorüberprüfung möglich.[1088] Ein Verfahren vor dem Sondergericht nimmt keinen Einfluss auf die Amtsausübung des Präsidenten. Der Präsident behält sein Amt und kann nach einem Freispruch seine Tätigkeit weiter ausüben.[1089] Sobald der Antrag gestellt, beginnt das Verfahren vor dem Sondergericht.[1090] Das Verfahren der Präsidentenanklage in Griechenland hat keinen staatsrechtlichen Charakter, da es nicht darauf gerichtet ist, dem Staatspräsidenten sein Amt zu entziehen. Dementsprechend lässt sich der ausschließlich strafrechtliche Charakter der Klage feststellen.

3. Mischcharakter der Präsidentenanklage in Italien

Eine Klage gegen den Präsidenten der Republik fällt in die ausschließliche Zuständigkeit des italienischen Verfassungsgerichtshofs.[1091]
Die Klage ist zulässig, wenn der Präsident der Republik bei Ausübung seiner Amtsaufgaben einen Hochverrat („alto tradimento") oder einen Anschlag auf die Verfassung („attentato alla Constituzione") begangen hat.[1092] Das Verfahren ist durch einen Plenumsbeschluss des Parlaments mit absoluter Mehrheit der Abgeordneten beim Verfassungsgerichtshof zu beantragen. Die Abstimmung ist geheim.[1093] Formal muss die Anklage einerseits den Vorwurf, andererseits die hierfür vorgesehenen Beweise beinhalten. Sobald das Parlament einen Beschluss über

[1085]   *Dagtoglou*, Die Verfassungsgerichtsbarkeit in Griechenland, Überblick Gerichtsorganisation Anhang I, in: Weber/Luchterhandt (Hrsg.), Verfassungsgerichtsbarkeit in Westeuropa, 2007, S. 309.
[1086]   Art. 46 Abs. 1 S. 1 GrVerf.
[1087]   Art. 46 Abs. 2 GrVerf.
[1088]   Vgl. Art. 86 Abs. 2 GrVerf.
[1089]   Art. 46 Abs. 4 GrVerf.
[1090]   Art. 49 Abs. 4 i.V.m. Art. 86 Abs. 4 GrVerf.
[1091]   Art. 90, 134 Abs. 3 ItalVerf; *Dietrich*, Der italienische Verfassungsgerichtshof, S. 192.
[1092]   Art. 90 Abs. 1 ItalVerf; *Dietrich*, Der italienische Verfassungsgerichtshof, S. 192.
[1093]   Art. 90 Abs. 2 ItalVerf.

die Präsidentenanklage gefasst hat, leitet der Präsident des Abgeordnetenhauses diesen Beschluss innerhalb von zwei Tagen an den Präsidenten des Verfassungsgerichts weiter. [1094]
Der Verfassungsgerichtshof trifft seine Entscheidung in einer besonderen Zusammensetzung des Richterkollegiums. Es besteht aus 15 Richtern und 16 Laienrichtern, also gewöhnlichen Staatsbürgern.[1095] Der Verfassungsgerichtshof verfügt hinsichtlich der Anwendung von möglichen Sanktionen über einen weiten Beurteilungsspielraum, der sich aus dem Wortlaut der Vorschrift des Gesetzes Nr. 87/1953 über die Bedingungen für die Niederlassung und für die Geschäftstätigkeit des Verfassungsgerichtshofes vom 11. März 1953 ergibt.[1096] Denn welche Sanktionen den Präsidenten treffen können, bestimmen die Vorschriften der Verfassung nicht.[1097] Neben der ipso iure Suspendierung der Amtsführung des Präsidenten kommt eine strafrechtliche Verurteilung in Betracht. Dies kann mit dem Wortlaut des Art. 15 des Gesetzes Nr. 87/1953 „sentenza di condanna", „sanzioni penali" begründet werden.[1098] Letztlich lässt sich eine verfassungsrechtliche, verwaltungsrechtliche sowie eine zivilrechtliche Verantwortung des Präsidenten identifizieren, die sich aus dem Wortlaut des Art. 15 des Gesetzes Nr. 87/1953 von „sanzioni costituzionali, amministrative e civili", ergibt.[1099] Obwohl die Entscheidung des Verfassungsgerichtshofs grundsätzlich unwiderruflich ist, sieht das oben genannte Gesetz eine Möglichkeit der Wiederaufnahme vor. Eine solche kommt nur in Betracht, wenn neue Tatsachen oder neue Beweise nach der Verurteilung des Präsidenten durch die Öffentlichkeit erbracht werden, die vermuten lassen, dass überhaupt keine Straftat oder jedenfalls nicht vom Präsidenten begangen wurde.[1100]
Vor diesem Hintergrund lässt sich die Schlussfolgerung ziehen, dass die italienische Präsidentenanklage sowohl über einen staatsrechtlichen als auch über einen strafrechtlichen Charakter verfügt. Denn der italienische Verfassungsgerichtshof kann etwa im Fall eines Hochverrates oder beim Angriff auf die Verfassung nicht nur dem Präsidenten der Republik das Amt entziehen. Der Verfassungsgerichtshof kann darüber hinaus auch strafrechtliche Sanktionen verhängen. Folglich hat die Präsidentenanklage in Italien einen Mischcharakter.

[1094] *Dietrich,* Der italienische Verfassungsgerichtshof, S. 193.
[1095] Art. 135 Abs. 6 ItalVerf.
[1096] *Dietrich,* Der italienische Verfassungsgerichtshof, S. 193.
[1097] *Dietrich,* Der italienische Verfassungsgerichtshof, S. 195.
[1098] Art. 12 Abs. 4 und 15 des Gesetzes Nr. 1/1953 über die zusätzlichen Bestimmungen der Verfassung in Bezug auf den italienischen Verfassungsgerichtshof vom 14. März 1953.
[1099] Art. 15 des Gesetzes Nr. 1/1953.
[1100] *Dietrich,* Der italienische Verfassungsgerichtshof, S. 194.

4. Beratendes Gutachten im Zusammenhang mit dem Vorschlag der Amtsaufhebung des Staatspräsidenten in Rumänien

Auf Vorschlag von einem Drittel der Abgeordneten oder Senatoren kann der Verfassungsgerichtshof ein beratendes Gutachten bezüglich der Amtsenthebung des Präsidenten der Republik Rumänien abgeben.[1101] Dieses Verfahren ist einzigartig, da hier der Verfassungsgerichtshof ausnahmsweise ein Gutachten erstellt.[1102] Kommt der Verfassungsgerichtshof in seinem Gutachten zu dem Ergebnis, dass die Amtsentziehung des Staatspräsidenten erforderlich ist, muss innerhalb von 30 Tagen ein Referendum über die Amtsenthebung eingeleitet werden.[1103] Dadurch wird die Verantwortung des Präsidenten nicht (nur) gegenüber dem Parlament, sondern vielmehr auch gegenüber den Bürgern sichergestellt.[1104] Dies ist folgerichtig, da der Präsident in Rumänien unmittelbar durch den Wähler, in einer allgemeinen geheimen, freien und direkten Wahl gewählt wird.[1105] Bis dato hat der Verfassungsgerichtshof lediglich einmal am 5. Juli 1994 in Bezug auf den Präsidenten Ion Iliescu ein solches Gutachten[1106] verfasst. Es bestraf den Vorwurf, dass der Präsident wiederholt Verfassungsverstöße im Laufe der Verabschiedung des Enteignungsentschädigungsgesetzes begangen habe. Der Verfassungsgerichtshof kam jedoch zu dem Ergebnis, dass der Präsident die Verfassung nicht schwerwiegend verletzt habe.[1107]

IV. Bewertung der Formen der Präsidentenanklagen im europäischen Rechtsvergleich

Ein Präsidentenanklageverfahren setzt voraus, dass die Immunität des Präsidenten aufgehoben wird, was bestimmte Quoren der Abgeordneten der jeweiligen Parlamente erfordert. So ist in Ungarn etwa ein Fünftel der Abgeordneten des Parlaments in Ungarn, in Deutschland ein Viertel der Abgeordneten des Bundestages, in Griechenland ein Drittel der Abgeordneten des Parlaments und in Italien die absolute Mehrheit des Parlaments erforderlich.[1108] Der Beschluss auf Erhebung

---

[1101] Art. 95 RumVerf i.V.m. Art. 42 und 43 VerfGHG.
[1102] Art. 11C VerfGHG.
[1103] Art. 95 Abs. 3 VerfGHG.
[1104] Kerek, Verfassungsgerichtsbarkeit in Ungarn und Rumänien, 2010, S. 267.
[1105] Art. 81 Abs. 1 RumVerf.
[1106] MO II Nr. 166/1994, CDH 1994, 359; Das Gutachten des rumänischen Verfassungsgerichtshofs ist abgedruckt in: Kerek, Verfassungsgerichtsbarkeit in Ungarn und Rumänien, 2010, S. 267.
[1107] Kerek, Verfassungsgerichtsbarkeit in Ungarn und Rumänien, 2010, S. 267.
[1108] Art. 31/A Abs. 2 UngVerf, Art. 13 Abs. 2 UGG, 61 Abs. 1 S. 2 GG, Art. 46 Abs. 2 GrVerf, Art. 135 Abs. 6 ItalVerf; zum Rechtsvergleich siehe dazu den Anhang 11 über die Präsidentenanklagen.

der Anklage bedarf des Weiteren einer Zweidrittelmehrheit der Abgeordneten des Parlaments in Ungarn und in Griechenland, eine Zweidrittelmehrheit der Abgeordneten des Bundestages sowie des Bundesrats in Deutschland und schließlich der absoluten Mehrheit des Parlaments in Italien.[1109] Die Voraussetzung für die Verurteilung des Präsidenten der jeweiligen Länder ist in Deutschland, in Griechenland, in Italien sowie in Ungarn – auch nach der dortigen Verfassungsänderung – : (1) Verletzung des Grundgesetzes oder – in Deutschland – anderer (Bundes-)Gesetze; (2) Gesetzesverstoß während der Amtszeit und im Zusammenhang mit der Ausübung des Präsidentenamtes und (3) eine vorsätzliche Handlung.[1110] Die Verurteilung des italienischen Präsidenten führt zur Suspendierung von seinem Amt.[1111] Im Fall einer Verurteilung durch das ungarischen Verfassungsgericht oder das deutsche Bundesverfassungsgerichtverbleibt dem jeweiligen Gericht hinsichtlich der Amtsenziehung ein Beurteilungsspielraum.[1112] Demgegenüber beeinflusst das Verfahren in Griechenland die Amtsausübung des Staatspräsidenten nicht.[1113] In Rumänien ist die Amtsentziehung des Präsidenten nur mit Wege eines Referendums unter der Voraussetzung möglich, dass ein entsprechendes Gutachten des Verfassungsgerichtshofs einen schwerwiegenden Verfassungsverstoß bejaht. [1114]

Die Präsidentenanklage in Europa werden danach unterschieden, ob ein Verfassungsgericht neben der staatsrechtlichen Sanktion der Amtsentziehung auch andere, insbesondere in den jeweiligen Strafgesetzbüchern vorgesehene, strafrechtliche Sanktionen verhängen kann. Dies zugrundeliegend lässt sich in *Italien* und in *Ungarn nach 1990* ein Mischcharakter der Präsidentenanklage feststellen, da dort neben der Amtsentziehung des Präsidenten auch andere strafrechtliche Maßnahmen zur Anwendung kommen können. In *Deutschland* und in *Ungarn 2010* herrscht demgegenüber der rein staatsrechtliche Charakter der Präsidentenanklage vor, da hier ausschließlich die Amtsenthebung als im Urteil aussprechbare Sanktion möglich ist. Für Straftaten muss sich der Präsident vor dem zuständigen Strafgericht verantworten. Demgegenüber hat die *griechische Präsidentenanklage* einen rein strafrechtlichen Charakter. Hier kommt es nicht zur Amtsentziehung

---

[1109] Art. 31/A Abs. 3 UngVerf, Art. 13 Abs. 3 UGG, Art. 61 Abs. 1 S. 3 GG, Art. 46 Abs. 2 GrVerf, Art. 90 Abs. 2 ItalVerf.

[1110] Art. 31 Abs. 4 UngVerf, Art. 35 Abs. 1 neues UngVerfGG, Art. 61 Abs. 1 S. 1 GG, Art. 46 Abs. 1 S. 1 GrVerf

[1111] Art. 12 Abs. 4 L.

[1112] Art. 32 Abs. 3 UngVerf, Art. 13 Abs. 6 UGG, § 56 Abs. 2 S. 1 BVerfGG.

[1113] Art. 46 Abs. 4 GrVerf.

[1114] Art. 95 Abs. 3 RumVerf.

des, sondern lediglich zu einer strafrechtlichen Sanktion. Denn in Griechenland existiert kein eigenständiges Verfassungsgericht. Über die strafrechtliche Verantwortung des Präsidenten entscheidet ein Oberster Sondergerichtshof. Das Verfahren vor diesem Gericht führt aber nicht zur Suspendierung der Amtsausübung des Staatspräsidenten. Abschließend lässt sich das *rumänische beratende Gutachten* feststellen, dass es sich hierbei um eine Sonderform der Präsidentenanklage handelt, da der Verfassungsgerichtshof weder eine verfassungsrechtliche noch eine strafrechtliche Sanktion ausspricht. Der Gerichtshof kann ausschließlich eins Gutachtens bezüglich der Amtsenthebung des Präsidenten von Rumänien abgeben, nicht zwangsweise durchsetzbar ist.

Zusammenfassend lässt sich feststellen, dass die Formen der Präsidentenanklagen in Europa durchaus unterschiedlich sind. Das entscheidende Merkmal einer Präsidentenanklage besteht darin, dass das jeweilige Verfassungsgericht neben der Amtsentziehung auch strafrechtliche Maßnahme anwenden kann. Nach dem Inkrafttreten des neuen Grundgesetzes in *Ungarn* wurde die Präsidentenanklage als rein *staatsrechtlichem Präsidentenanklage* eingeführt. Der Präsident der Republik Ungarn muss sich zukünftig für Straftaten vor einem Strafgericht und nicht mehr vor dem Verfassungsgericht verantworten. Allein diese Änderung der ungarischen Regelungen lässt aber mit Blick auf etwaige positive oder negative Auswirkungen auf das verfassungsrechtliche Machtgefüge noch keine weiterführende Schlussfolgerung zu, da diese Art der Präsidentenanklage nicht nur in Ungarn, sondern auch in anderen europäischen Ländern – ausgenommen in Italien – praktiziert wird.

B. Kontrolle der Volksabstimmungen

Die parlamentarischen Wahl- und Mandatsprüfungen werden aus rechtsvergleichender Sicht in dieser Arbeit nicht untersucht. Denn im europäischen Rechtsraum verfügen nur die Verfassungsgerichte von Deutschland, Österreich, Liechtenstein, Frankreich, Spanien, Portugal, Griechenland, der Slowakei und Albanien sowie der Tschechischen Republik über die Zuständigkeit den Erwerb bzw. den Verlust des Mandats eines parlamentarischen Abgeordneten zu kontrollieren.[1115] Hingegen ist die Wahlprüfung in Belgien, Dänemark, Italien, Lettland, Luxemburg, Norwegen und in Schweden die Sache des Parlaments, in Bulgarien, Griechenland, in dem Vereinigten Königreich, in Irland sowie in Ungarn obliegt diese Aufgabe Gericht der ordentlichen Gerichtsbarkeit, in den meisten Fällen der höchsten Ins-

---

1115 *Starck, Generalbericht:* Verfassungsgerichtsbarkeit in Osteuropa, in: Weber/Luchterhandt (Hrsg.), Verfassungsgerichtsbarkeit in Mittel und Osteuropa, 2007, S. 329.
Weber, Generalbericht: Verfassungsgerichtsbarkeit in Westeuropa und, in: Weber/Luchterhandt (Hrsg.), Verfassungsgerichtsbarkeit in Westeuropa, 2007, S. 356.

tanz der ordentlichen Gerichtsbarkeit des jeweiligen Landes.[1116] So ist eine Wahlprüfungsbeschwerde gegen das Ergebnis der parlamentarischen Wahl in Ungarn beispielsweise vor der höchstens Instanz der ordentlichen Gerichtsbarkeit, der sog. Kurie einzulegen. Die Wahlprüfungsbeschwerde ist demnach keine Sache des Verfassungsgerichts, sondern die Aufgabe einer anderen hohen Instanz der rechtsprechenden Gewalt.[1117] Gegen die Entscheidung der Kurie lässt sich aber eine „echte" Verfassungsbeschwerde vor dem Verfassungsgericht einlegen, worüber das Verfassungsgericht innerhalb von drei Tagen zu entscheiden hat.[1118]

Im Hinblick darauf, dass die parlamentarischen Wahl- und Mandatsprüfungen keine Aufgabe des ungarischen Verfassungsgerichts sind, werden in der vorliegenden Arbeit ausschließlich der Kontrolle der Volksabstimmung in Ungarn dargestellt und aus rechtsvergleichender Sicht untersucht.

I. Zuständigkeiten im Zusammenhang mit einem Referendum und mit einer Gesetzesinitiative von Staatsbürgern in Ungarn nach 1990
1. Rechtslage

Die erste Besonderheit des Verfahrens im Zusammenhang mit einem Referendum und mit Gesetzesinitiativen von Staatsbürger in Ungarn nach 1990 bestand darin, dass die ausführlichen Regelungen nicht in der Verfassung, sondern in einem förmlichen Gesetz festgelegt waren. Das Gesetz Nr. 100/1997 über das Wahlverfahren (altes WahlG)[1119] räumte dem Verfassungsgericht die Zuständigkeit ein, die Entscheidungen des Landeswahlausschusses (LWA)[1120] hinsichtlich der Beglaubigung der Unterschriftensammlungen bzw. einer konkreten Abstimmungsfrage zu überprüfen. Das Verfahren vor dem Verfassungsgericht musste innerhalb von 15 Tagen nach der Verkündung der Entscheidung des LWA beantragt werden.[1121] Demgegenüber musste ein Einspruch gegen einen parlamentarischen Beschluss bezüglich der Ausschreibung der Volksabstimmung oder der Ablehnung der Volksabstimmung innerhalb von acht Tagen nach der Verkündung des

---

[1116] *Maunz/Dürig,* GGK, 2016, Art. 41 Rn. 38-41.

[1117] Art. 228-232 des Gesetzes Nr. 36/2013 über das ungarische Wahlverfahren (neues WahlG).

[1118] Art. 233 neues WahlG.

[1119] Art. 130 des Gesetzes Nr. 100/1997 über das Wahlverfahren in: Weber/Luchterhandt (Hrsg.), Die Verfassungsgerichtsbarkeit in Mittel und Osteuropa, Teilband II: Dokumentation (2007), S. 374.

[1120] Ung." Országos Választási Bizottság" (OVB).

[1121] Art. 130 Abs. 1 Art. 130 altes WahlG; eingefügt durch Art. 22 Abs. 2 des Gesetzes Nr. 3/1998 von 27.02. 1998.

Beschlusses des Parlaments eingelegt werden.[1122] In allen Fällen konnte der Einspruch durch jedermann erhoben werden.[1123] Das Verfassungsgericht traf seine Entscheidung vorrangig und außer der Reihe.[1124] Als Ergebnis konnte das Verfassungsgericht den Beschluss des Parlaments oder des Landeswahlausschusses entweder bestätigen oder aufheben und die angefochtene Entscheidung entweder dem Parlament oder dem Landeswahlausschuss zur erneuten Entscheidung zurückverweisen.[1125] Gemäß Art. 130 Abs. 3 S. 2 altes WahlG war die Möglichkeit ausgeschlossen, gegen die örtlichen Volksabstimmungen oder gegen ein örtliches Volksbegehren ein Verfahren vor dem Verfassungsgericht zu beantragen. Früher konnte eine Verfassungsbeschwerde gegen Anordnungen der örtlichen Volksabstimmung oder aufgrund eines Gesetzesverstoßes in Bezug auf den Ablauf oder die Feststellung des Ergebnisses der örtlichen Volksabstimmung innerhalb von 15 Tagen nach der Feststellung des Gesetzesverstoßes vor dem Verfassungsgericht erhoben konnte, diese Regelung wurde allerdings im Jahr 1990 außer Kraft gesetzt.[1126]

2. Problematische Fragen

Ein Einspruch musste gegen den Beschluss des Parlaments innerhalb von drei Tagen nach dessen Erlass eingelegt werden.[1127] Infolge dieser Regelung war es praktisch unmöglich, einen zulässigen Einspruch einzulegen, da der Einspruch im Postweg eingelegt werden musste. Im 2/1999 (III.3.) AB-Urteil wies der Verfassungsrichter Kiss darauf hin, dass der Einspruch überhaupt nur dann fristgerecht beim Verfassungsgericht eingehen könnte, wenn der Beschwerdeführer vorsorglich den Einspruch ein Tag, bevor er von der eigentliche Entscheidung Kenntnis erlangt, einlegen würde.[1128] Daher sei das Recht auf faires Verfahren verletzt.[1129] Außerdem war es in dem genannten Fall nicht eindeutig, ob der Einspruch beim Landeswahlausschuss oder unmittelbar beim Verfassungsgericht eingelegt werden hätte müssen. Während sich in Entscheidungen des Landeswahlausschusses

---

[1122]   Art. 130 Abs. 2 altes WahlG.
[1123]   *Sólyom*, Die Verfassungsgerichtsbarkeit in Ungarn, in: *Weber/Luchterhandt* (Hrsg.), Verfassungsgerichtsbarkeit in Mittel und Osteuropa, 2007, S. 258.
[1124]   Art. 130 Abs. 3 S. 1 altes WahlG.
[1125]   Art. 130 Abs. 3 S. 2 altes WahlG.
[1126]   Tilk, A Magyar Alkotmánybíróság 2008, S. 186.
[1127]   Art. 130 Abs. 1 und 2 altes WahlG i.V.m. Art. 76 Abs. 1 des Gesetzes Nr. 17/1989 über Volksabstimmung und Volksinitiative in Ungarn.
[1128]   Meinung von Verfassungsrichter *Kiss* zu dem 2/1999 (III.3.) AB-Urteil, ABH, 1999, 441, 442. Der Leitsatz der Meinung des Verfassungsrichters *Kiss* lautet: „Alláspontom szerint persze – a 3 napos jogvesztőnek elismert érkezési határidőre tekintettel – az indítványozónak csak akkor lett volna esélye arra, hogy indítványa határidőben "megérkezzék", ha a kifogását "már legalább" a döntés előtti napon postára adja, vagy futárt vesz igénybe."
[1129]   *Tilk*, A Magyar Alkotmánybíróság 2008, S. 187.

die Formulierung fand, dass die Rüge vor dem Landeswahlausschuss eingelegt werden soll, musste gemäß Art. 130 Abs. 1 altes WahlG die Rüge beim Verfassungsgericht eingelegt werden. Dies führte in der Praxis zur Rechtsunsicherheit. Das Problem wurde dadurch beseitigt, dass sich das Verfassungsgericht der Meinung des Verfassungsrichters *Kiss* zum 2/1999 (III.3.) AB-Urteil anschloss und verbindlich feststellte, dass die Rüge vor dem Verfassungsgericht eingelegt werden müsse.[1130]

Außerdem wurde das Problem und die daraus folgende Rechtsunsicherheit durch das 24/1999 (VI.30.) AB-Urteil entschläft, da das Verfassungsgericht die Vorschrift des Art. 130 Abs. 2 altes WahlG außer Kraft setzte und darüber hinaus ein gesetzgeberisches Unterlassen feststelle. Nach der Auffassung des Verfassungsgerichts war ein verfassungswidriger Zustand dadurch entstanden, dass das Parlament das Rechtsstaatsprinzip nach Art. 2 Abs. 1 alte UngVerf nicht ausreichend berücksichtigt habe, als es das Gesetz über Wahlverfahren erließ.[1131] Nach der Argumentation des Verfassungsgerichts sei eine Drei-Tages-Frist so kurz, dass sie das Recht auf Rechtsmittel unbegründeter- und unnötigerweise behindere. Das Verfassungsgericht hatte des Weiteren hervorgehoben, dass es die unabdingbare Voraussetzung für die Ausübung eines Rechtsmittels sei, dass ein angemessener Zeitraum für seine Geltendmachung zur Verfügung stehe. Die Drei-Tages-Frist sei hierfür nicht ausreichend, da sie nicht erlaube, einen, mit gründlichen erwogenen Argumenten untermauerten Einspruch zu formulieren und beim Verfassungsgericht einzulegen.[1132] Da das Verfassungsgericht mit dieser Entscheidung auch eine gesetzgeberische Unterlassung gerügt hat, war das Parlament gezwungen, das Gesetz über das Wahlverfahren entsprechend der Entscheidung des Verfass-

---

[1130] Die parallele Meinung des Verfassungsrichters *Kiss* zum 2/1999 (III.3.) AB-Urteil, ABH 1999, 441, 443.

[1131] 24/1999 (VI.30.) AB-Urteil, ABH 1999, 237. Der Leitsatz der Entscheidung lautet: „Az Alkotmánybíróság – hivatalból eljárva – megállapítja: alkotmányellenes helyzet jött létre annak következtében, hogy az Országgyűlés nem az Alkotmány 2. § (1) bekezdésében meghatározott jogállamiságból fakadó jogbiztonsági követelményeknek megfelelően szabályozta a választási eljárásról szóló 1997. évi C. Törvény 130. § (1) és (2) bekezdésében meghatározott kifogások benyújtásának eljárási szabályait."

[1132] 24/1999 (VI.30.) AB-Urteil, ABH 1999, 237. „(..) a három napos határidő megállapítása indokolatlanul rövid tartamánál fogva – szükségtelenül korlátozza a jogorvoslati jogot..(.)..a jogorvoslati jog tényleges gyakorlásának egyik elengedhetetlen feltétele, hogy a jogorvoslat benyújtására megfelelő idő álljon rendelkezésre. A népszavazási eljárásban a három napos időtartam kevés arra, hogy a kellően megalapozott, érvekkel, okfejtéssel alátámasztott kifogást bizonyosan vagy ahhoz közelálló valószínűséggel határidőben elő lehessen terjeszteni."

unsgerichts anzupassen. Infolgedessen wurde die Frist für die Erhebung eines Einspruchs gegen den Beschluss des Landeswahlausschusses auf acht Tage bzw. gegen den Beschluss des Parlaments auf 15 Tage erhöht. [1133]

II. Kontrolle der Referenden in Ungarn nach 2010

Die erste bemerkenswerte Änderung hinsichtlich der Kontrolle von Referenden in Ungarn nach 2010 besteht darin, dass sich die diesbezüglichen Regelungen nicht mehr im Wahlgesetz, sondern im neuen ungarischen Verfassungsgerichtshofgesetzes befinden.[1134] Nach der alten Fassung des Wahlgesetzes war das Verfassungsgericht zuständig, die Entscheidungen des Landeswahlausschusses hinsichtlich der Beglaubigung der Unterschriftensammlungen bzw. einer konkreten Abstimmungsfrage zu überprüfen. Diese Aufgabe wurde allerdings mit dem Inkrafttreten des neuen Grundgesetzes dem Verfassungsgericht entzogen und der Kurie übertragen.[1135] Das Verfassungsgericht überprüft dagegen nur noch den Beschluss des Parlaments, mit dem dieses das Referendum entweder bestätigt oder abgelehnt hat. Hiermit kontrolliert das Verfassungsgericht die Gesetzmäßigkeit und die Verfassungsmäßigkeit entweder der Bestätigung oder der Ablehnung des Parlaments.[1136] Der Antrag kann durch jedermann innerhalb von 15 Tagen nach dem Erlass des parlamentarischen Beschlusses gestellt werden.[1137] Das Verfassungsgericht lehnt jedoch die Annahme eines Einspruchs ab, wenn dieser sich auf den Inhalt der Frage einer Volksabstimmung oder auf einen mit der Beglaubigung des Bogens für die Unterschriftensammlung im Zusammenhang stehenden Einwand bezieht. Das Verfassungsgericht nur dann eine Entscheidung, wenn der Einspruch zulässig ist und mit einer Begründung versehen war. Es gibt dem Einspruch statt, wenn entweder die Kurie oder der Landeswahlausschuss solche Umstände nicht berücksichtigt haben, die im Zeitraum zwischen der Beglaubigung des Bogens für die Unterschriftensammlung und dem Vorliegen des Überprüfungsantrags entstanden sind und die Entscheidung der Kurie oder des Landeswahlausschusses aufgrund dieser Umstände deutlich beeinflusst ist.[1138] Im Übrigen lässt sich aber

---

[1133] Art. 130 Abs. 1 und 2 altes WahlG; Die alte Fassung des Gesetzes ist am 01.04. 2000 in Kraft getreten.
[1134] Art. 24 Abs. 2 lit. g) i.V.m. Art. 33 neues UngVerfGG.
[1135] Art. 14 Abs. 1 des Gesetz Nr. 238/2013 über die Initiative der Volksabstimmung, über die europäische Bürgerinitiative sowie über den Volksabstimmungsablauf Ungarns.
[1136] Art. 33 Abs. 1 S. 1 neues UngVerfGG.
[1137] Art. 33 Abs. 1 S. 2 neues UngVerfGG.
[1138] Art. 33 Abs. 2 neues UngVerfGG.

mit Blick auf die Praxis feststellen, dass dieses Verfahren nicht sehr relevant ist, da lediglich zwei Anträge im Jahr 2015 gestellt wurden.[1139]

III. Kontrolle der Volksabstimmung in europäischen Rechtsvergleich
1. Kontrolle der Volksabstimmung in Griechenland

Da Griechenland über kein eigenständiges Verfassungsgericht verfügt, ist der Oberste Gerichtshof dazu berufen, die Gültigkeit und das Ergebnis von durchgeführter Volksabstimmung zu kontrollieren.[1140] Ausschließlich auf Antrag kann dieses Verfahren durchgeführt werden. Dieser Antrag ist durch einen Wahlberechtigten einzuleiten, der in dem betreffenden Wahlkreis im Wahlverzeichnis aufgelistet ist. Der Antrag muss innerhalb von zehn Tagen nach der Verkündung des Ergebnisses der Volksabstimmung schriftlich gestellt werden.[1141] Er kann sich auf eine Verletzung des Volksabstimmungsgesetzes oder auf eine fehlerhafte Stimmenzählung beziehen.[1142] Ist der Oberste Gerichtshof der Auffassung, dass während des Abstimmungsverfahrens eine Gesetzesverletzung begangen wurde, die das Wahlergebnis beeinflusste, ordnet er die Wiederholung der Abstimmung in dem betroffenen Wahlkreis an.[1143] Stellt er hingegen einen Fehler bei der Stimmenzählung fest, dann ändert er dementsprechend das Wahlergebnis.[1144]

2. Kontrolle der Referenden in Frankreich

Der Verfassungsrat trägt Sorge für den ordnungsgemäßen Ablaufs eines Referendums und veröffentlicht dessen Ergebnis.[1145] Im Rahmen der Kontrolle des Referendums verfügt der *Conseil d'Etat* sowohl über eine konsultative als auch über eine gerichtliche Funktion. Der Verfassungsrat berät einerseits die Regierung hinsichtlich des Ablaufs des Referendums und hinsichtlich der notwendigen Maßnahmen.[1146] Andererseits entscheidet der Verfassungsrat über etwaige Be-

---

[1139] Die Statistik des ungarischen Verfassungsgerichts ist abrufbar unter: http://www.alkotmanybirosag. hu/letoltesek/ab_ugyforgalom_2015_12_31.pdf (aufgerufen am 01.05.2016)

[1140] Art. 100 Abs. 1 lit. a) i.V.m. Art. 58 GrVerf.

[1141] Art. 35 Nr. 1, 2 und Nr. 5 des Gesetzes Nr. 345/1976 über die Ratifizierung des Gesetzes, betreffend des Obersten Gerichtshofs nach Art. 111 GrVerf (GrOSGhofG); das Gesetz Nr. 345/1976 über die Ratifizierung des Gesetzes befindet sich in *Weber/Luchterhandt,* Die Verfassungsgerichtsbarkeit in Westeuropa, Teilband II: Dokumentation (2007), S. 680 ff.

[1142] Art. 36 GrOSGhofG.

[1143] Art. 37 Nr. 1 GrOSGhofG.

[1144] Art. 37 Nr. 2 GrOSGhofG.

[1145] Art. 60 FraVerf.

[1146] Art. 46 VerfRatG; *Fromont,* Der französische Verfassungsrat, in: Weber/Luchterhandt, Verfassungsgerichtsbarkeit in Westeuropa, 2007, S. 242.

schwerden, die gegen den Ablauf der Stimmabgabe erhoben werden.[1147] Entdeckt der Verfassungsrat eine Unregelmäßigkeit im Ablauf des Abstimmungsvorgangs, kann er darüber entscheiden, ob diese Unregelmäßigkeit das Wahlergebnis beeinflusst hat und entsprechend seiner Entscheidung, das Wahlergebnis bestätigen oder für ungültig erklären.[1148]

3. Kontrolle der Volksabstimmung in Rumänien

a) Überwachung der Rechtmäßigkeit des Verfahrens und der Organisation sowie Durchführung eines Referendums und Bestätigung des Ergebnisses

Im rumänischen Rechtssystem existieren drei Arten von Referenden: Zum einen das Referendum zur Bestätigung einer Verfassungsänderung, zum anderen das Referendum zur Bestätigung des Vorschlags der Amtsenthebung des Präsidenten und drittens das konsultative Referendum.[1149] Im Folgenden wird nur das Letztere darzustellen.

Seit 2004 ist der Verfassungsgerichtshof dazu berechtigt, die Rechtmäßigkeit des Ablaufs der Organisation und des Verfahrens eines Referendums zu überprüfen und außerdem das Ergebnis der Abstimmung für gültig zu erklären.[1150] Im Laufe eines Referendums sind die Ergebnisse nach Art. 44 des Referendumsgesetzes Nr. 3/2000 durch die Zentrale Wahlbehörde zusammenzustellen und innerhalb von 24 Stunden dem Verfassungsgerichtshof weiterzuleiten. Der Verfassungsgerichtshof trifft gemäß Art. 45 des Referendumsgesetzes eine Entscheidung bezüglich des Ablaufs und des Ergebnisses des Referendums.[1151] Dabei stellt der Verfassungsgerichtshof mit Zweidrittelmehrheit fest, ob das Verfahren, die Organisation und der Ablauf des Referendums verletzt wurde und ob das Ergebnis anerkannt wird.[1152] Bevor die Entscheidung des Verfassungsgerichtshofs im Gesetzblatt veröffentlicht wird, wird sie in einer gemeinsamen Sitzung der Parlamentskammern erläutert.[1153]

b) Überprüfung der Bedingungen, die für die Ausübung einer Gesetzesinitiative der Bürger notwendig sind

Wird eine Gesetzesinitiative von Bürgern einer oder beiden Gesetzgebungskammern des rumänischen Parlaments vorgelegt wird, kann der Präsident des ungarischen Parlaments den Verfassungsgerichtshof anrufen, um diese Gesetzesin-

---

[1147] Art. 1 S. 1 der VO über das Verfahren vor dem Verfassungsrat bei Beschwerden bezüglich der Durchführung des Referendums.
[1148] Art. 50 Abs. 2 VerfRatG.
[1149] *Kerek*, Verfassungsgerichtsbarkeit in Ungarn und Rumänien, 2010, S. 269.
[1150] Art. 144 lit. g) RumVerf i.V.m. Art. 46–47 VerfGHG.
[1151] *Kerek*, Verfassungsgerichtsbarkeit in Ungarn und Rumänien, 2010, S. 269.
[1152] Art. 47 Abs. 2 VerfGHG.
[1153] Art. 47 Abs. 3 VerfGHG.

itiative überprüfen zu lassen. Darüber hinaus kann der Verfassungsgerichtshof selbst von Amts wegen das Verfahren einleiten."[1154] Der Verfassungsgerichtshof kontrolliert in diesem Verfahren, ob der durch die Bürger eingebrachte Gesetzesvorschlag verfassungsmäßig ist, ob die Bedingungen der Veröffentlichung der Gesetzesinitiative sowie die Bestätigung der Unterschriftenlisten durch den Bürgermeister oder dessen Bevollmächtigen rechtmäßig war und ob die erforderliche Anzahl an Unterschriften vorliegt. Ferner wird anhand der regionalen Herkunft der Unterschriften überprüft, ob der Gesetzesvorschlag auch Unterstützung von Bürgern aus dem gesamten Staatsgebiet erhält.[1155]

Der Verfassungsgerichtshof trifft seine Entscheidung durch einen Beschluss binnen 30 Tagen nach Eingang des Antrags des Präsidenten des Parlaments.[1156] Der Prüfungsmaßstab dieser Verfahren definiert das Gesetz Nr. 189/1999 über die Gesetzesinitiative der Staatsbürger.[1157] Im Rahmen dieser Verfahren wurden bis 2010 insgesamt vier Gesetzesinitiativen überprüft und alle als verfassungsmäßig beurteilt.[1158]

IV. Bewertung der Kontrolle der Volksabstimmung im europäischen Rechtsvergleich
1. Inhalt der Kontrolle

Die Zuständigkeit zur Überprüfung von Volksabstimmungen zwar in den meisten europäischen Staaten vorhanden ist, wurde in den vorangegangenen Ausführungen jedoch nur in Bezug auf die drei Staaten Ungarn, Griechenland und Rumänien analysiert.[1159] In *Ungarn nach 1990* konnten im Rahmen dieses Verfahrens die Beglaubigung der Unterschriftensammlungen und der ein parlamentarischen Beschluss hinsichtlich einer konkreten Abstimmungsfrage bei einer Volksabstimmung überprüft werden. *Nach 2010* verbleibt dem Verfassungsgericht in Ungarn lediglich die Aufgabe, die Gesetzmäßigkeit und die Verfassungsmäßigkeit des Beschlusses des Parlaments entweder bezüglich der Ablehnung oder der Bestätigung der Volksabstimmung zu überprüfen. Demgemäß ist das ungarische Verfassungsgericht nicht mehr für die Kontrolle der Unterschriftensammlung und des Inhalts der Abstimmungsfrage zuständig. Diese Aufgaben obliegen aktuell der ungarischen Kurie.

[1154] Art. 146 lit. h) RumVerf i.V.m. Art. 48-49 VerfGHG.
[1155] Art. 48 lit. a-c) VerfGHG.
[1156] Art. 11 B lit. d) VerfGHG.
[1157] Die gegenwärtige Fassung dieses Gesetzes wurde durch Gesetz Nr. 76/2004 geändert. Kerek, Verfassungsgerichtsbarkeit in Ungarn und Rumänien, 2010, S. 270.
[1158] *Kerek*, Verfassungsgerichtsbarkeit in Ungarn und Rumänien, 2010, S. 271.
[1159] Zur Rechtsvergleich siehe dazu Anhang 12 über die Volksabstimmung.

Während in *Frankreich* der Verfassungsrat den ordnungsgemäßen Ablauf eines Referendums zu überprüfen hat, kontrolliert der *griechische Oberste Gerichtshof* die Gültigkeit und das Ergebnis einer durchgeführten Volksabstimmung auf Antrag. In *Rumänien* sind sowohl die Rechtmäßigkeit des Verfahrens, die Organisation, die Durchführung eines Referendums vom Verfassungsgericht kontrolliert, das außerdem im Falle einer Gesetzesinitiative von Bürgern das überprüft, ob die notwendigen Bedingungen hierfür erfüllt sind und dessen Ergebnis bestätigt.

2. Antragsberechtigung

Während die Prüfung der Verfassungsmäßigkeit der Volksabstimmung in Rumänien entweder durch die Zentrale Wahlbehörde oder durch den Präsidenten des ungarischen Parlaments beantragt und von Amts wegen durchgeführt werden kann, ist dieses Verfahren in Griechenland sowie in Frankreich durch einen Wahlberechtigten zu beantragen. In Ungarn nach 1990 sowie nach 2010 kann der Antrag von „jedermann" gestellt werden. Dementsprechend ist die Antragsberechtigung in Ungarn von allen untersuchten Ländern am weitesten gefasst.

3. Frist

Die verfassungsmäßige Kontrolle der Volksabstimmungen ist in allen untersuchten Ländern an eine sehr kurze *Frist* zwischen zehn und 30 Tagen gebunden.

4. Ergebnis der verfassungsmäßigen Prüfung

Als Ergebnis der verfassungsmäßigen Prüfung eines Referendums konnte das ungarische Verfassungsgericht nach 1990 entweder den Beschluss des Parlaments bzw. des Landeswahlausschusses bestätigen oder aufheben sowie ein erneutes Verfahren anordnen. Auch nach Neufassung der Regelungen sind diese Rechtsfolgen unverändert geblieben. Erklärt der griechische Oberste Sondergerichtshof das Ergebnis der durchgeführten Volksabstimmung für ungültig, ordnet er entweder eine Wiederholung der Abstimmung im betreffenden Wahlkreis an oder verändert im Falle der fehlerhaften Stimmenzählung des Wahlergebnisses entsprechend. Im Rahmen der Kontrolle des Referendums kann der *Conseil constitutionnel* entweder die Ergebnisse des Referendums bestätigen oder das Referendum für ungültig erklären. Der rumänische Verfassungsgerichtshof entscheidet über die Recht- und Verfassungsmäßigkeit einer Gesetzesinitiative. Darüber hinaus bestätigt das Gericht die Ergebnisse und kontrolliert die Rechtmäßigkeit der Unterschriftensammlung.

5. Zwischenergebnis

Zusammenfassend lässt sich feststellen, dass das ungarische Verfassungsgericht nach der Änderung der Vorschriften für die Aufgaben der Überprüfung der Beglaubigung der Unterschriftensammlung sowie der Kontrolle des Inhalts der konkreten Abstimmungsfrage nicht mehr zuständig ist. Dies ist die Aufgabe der ungarischen Kurie geworden. Das Verfassungsgericht kann ausschließlich des Beschlusses des Parlaments in Bezug auf die Ablehnung oder die Bestätigung einer Volksabstimmung überprüfen, was in rechtsvergleichender Hinsicht als besonders anzusehen ist, da in den anderen untersuchten Ländern die jeweiligen Verfassungsgerichte entweder den Ablauf oder das Ergebnis der Volksabstimmung, oder beides kontrollieren dürfen. Im Vergleich zu den anderen untersuchten Ländern lässt sich demzufolge eine Schwächung der Kontrollbefugnis des ungarischen Verfassungsgerichts bezüglich Volksabstimmungen feststellen.

C. Organstreitigkeiten
I. Abgrenzung zwischen Kompetenzkonflikten und Organstreitigkeiten

Die föderativen *Kompetenzkonflikte* spielen in der Verfassungsgerichtsbarkeit der osteuropäischen Staaten infolge des Unterganges von UdSSR, Jugoslawien sowie der Tschechoslowakei eine geringere Rolle.[1160] Demgegenüber haben sowohl die föderative als auch die quasi-föderative Kompetenzkonflikte als verfassungsgesetzliches Verfahren in den Ländern Süd- und Westeuropas größere Bedeutung. Unter föderativen Kompetenzkonflikten sind nicht nur die Streitigkeiten zwischen dem Gesamtstaat und seinen einzelnen Untergliederungen, etwa in Form des Deutschen Bund-Länderstreits („vertikale" Kompetenzkonflikte), sondern auch die Streitigkeiten zwischen diesen Untergliederungen untereinander, also einem Streit beispielsweise zwischen zwei Bundesländern oder zwischen zwei Kantonen („horizontale" Kompetenzkonflikte) zu verstehen. Die föderativen Kompetenzkonflikte kommen vor allem in Westeuropa vor, etwa in Deutschland, Österreich, Schweiz und in Belgien.[1161] Die Besonderheit des Quasi-Kompetenzkonfliktes ist dabei, dass es sich um einen Streit zwischen dem Gesamtstaat und seinen Unter-

---

[1160] *Starck, Generalbericht:* Verfassungsgerichtsbarkeit in Osteuropa, in: Weber/Luchterhandt (Hrsg.) Verfassungsgerichtsbarkeit in Mittel und Osteuropa, 2007, S. 320.

[1161] *Starck, Generalbericht:* Verfassungsgerichtsbarkeit in Westeuropa, in: Weber/Luchterhandt (Hrsg.) Verfassungsgerichtsbarkeit in Westeuropa, 2007, S. 343-344.

gliederungen handelt, diese Untergliederungen aber lediglich verwaltungsorganisatorisch verfasst sind und nicht der gleichen Weise rechtlich und konstitutionell verfasst sind, wie etwa den Bundesländern in Deutschland."[1162]
Zur Zuständigkeit der Verfassungsgerichte der osteuropäischen Staaten gehören auch – ausgenommen Rumänien und bis 1997 auch Polen – die Kompetenzkonflikte zwischen Staatsorganen, also die *Organstreitigkeiten*.[1163] Dabei kann zwischen den horizontalen Organstreitigkeiten, also den Kompetenzkonflikten zwischen „Staatsorganen", und den vertikalen Organstreitigkeiten, also solche Konflikte zwischen Staat und lokalen Selbstverwaltungsorganen, in Osteuropa unterschieden werden. Eine horizontale Organstreitigkeit kann sich zum einen auf der zentralen Staatsebene entwickeln. In den meisten Staaten ist das Verfassungsgericht dazu berechtigt, horizontale Kompetenzkonflikte zwischen „Staatsorganen" (Tschechien), den „Zentralorganen" (Slowakei), den „föderalen Organen der Staatsgewalt" bzw. „höchsten Organen der Staatsgewalt der Subjekte der Föderation" (Russland), den „zentralen Verfassungsorganen des Staates" (Polen), den „Gewalten" (Albanien) und zwischen den „öffentlichen Behörden" (Rumänien) zu entscheiden.[1164] Zum andern kann ein horizontaler Organstreit auch zwischen den örtlichen Selbstverwaltungsorganen, wie etwa in Slowenien oder in Ungarn, bestehen.[1165]
Die Organstreitigkeiten gehören jedoch nicht nur in Osteuropa zur Dimension der Verfassungsgerichtsbarkeit, sondern auch in den meisten Staaten in Westeuropa. Entscheidet ein Verfassungsgericht über Kompetenzkonflikte zwischen Verfassungsorganen, wie etwa in Deutschland, Italien oder in Spanien, dann handelt es sich um eine sog. allseitige Organstreitigkeit.[1166] Entsteht jedoch ein Kompetenzkonflikt in Bezug auf eine spezielle Kompetenzabgrenzung zwischen bestimmten Organen oder bestimmten Gewalten (z. B. beim Erlass von Rechtsverordnungen), ist dies als eine partielle Organstreitigkeit zu interpretieren.[1167] Dies ist der Fall

---

[1162] *Starck, Generalbericht:* Verfassungsgerichtsbarkeit in Westeuropa, in: Weber/Luchterhandt (Hrsg.) Verfassungsgerichtsbarkeit in Westeuropa, 2007, S. 345.
[1163] *Starck, Generalbericht:* Verfassungsgerichtsbarkeit in Osteuropa, in: Weber/Luchterhandt (Hrsg.) Verfassungsgerichtsbarkeit in Mittel und Osteuropa, 2007, S. 322.
[1164] Ebd.
[1165] *Starck, Generalbericht:* Verfassungsgerichtsbarkeit in Osteuropa, in: Weber/Luchterhandt (Hrsg.) Verfassungsgerichtsbarkeit in Mittel und Osteuropa, 2007, S. 323.
[1166] *Starck, Generalbericht:* Verfassungsgerichtsbarkeit in Westeuropa, in: Weber/Luchterhandt (Hrsg.) Verfassungsgerichtsbarkeit in Westeuropa, 2007, S. 347.
[1167] *Starck, Generalbericht:* Verfassungsgerichtsbarkeit in Westeuropa, in: Weber/Luchterhandt (Hrsg.) Verfassungsgerichtsbarkeit in Westeuropa, 2007, S. 348.

in Österreich, wo der Verfassungsgerichtshof über die Meinungsverschiedenheiten zwischen Rechnungshof oder Volksanwaltschaft und den obersten Behörden des Bundes oder der Länder entscheidet.[1168] Der französische Verfassungsrat trifft ebenfalls Entscheidungen im partiellen Organstreit, sofern er über die Abgrenzung zwischen Gesetzgebungs- und Verordnungsrecht zu entscheiden hat.[1169] Diese Zuständigkeit der jeweiligen Verfassungsgerichte hat teilweise einen subsidiären Charakter, da die Konflikte in verschiedenen Bereichen durch andere Verfahrensarten, namentlich der nachträglichen, abstrakten Normenkotrolle, der kommunalen Verfassungsbeschwerde (Deutschland) oder der Verfassungsauslegung (Ungarn) geklärt werden.[1170]

II. Horizontale und vertikale Organstreitigkeit in Ungarn nach 1990

Das Verfassungsgericht in Ungarn nach 1990 war für die Kompetenzkonflikte zwischen Staatsorganen, zwischen Selbstverwaltungskörperschaften und zwischen einem staatlichen Organ und einer Selbstverwaltungskörperschaft zuständig.[1171] Demzufolge gab es in Ungarn sowohl das Verfahren der horizontalen als auch die vertikalen Organstreitigkeit.[1172]

Verfahrensbeteiligte dieser Organstreitigkeiten waren diejenigen Akteure, die miteinander in einem Konflikt standen. Demgemäß war Antragssteller regelmäßig ein Organ, das eine vermeintliche Kompetenzüberschreitung eines anderen Organs rügte, das dementsprechend dann Antragsgegner war.[1173] Allerdings konnten Gerichte weder Antragsteller noch Antragsgegner in diesem Verfahren sein.[1174]

Verfahrensgegenstand war ein Kompetenzkonflikt zwischen den staatlichen Organen, zwischen den Selbstverwaltungen oder zwischen einem staatlichen Organ

---

[1168] Art. 126a und Art. 148 lit.) f B-VG.

[1169] Art. 37 Abs. 2 und Art. 41 Abs. 2 FraVerf.

[1170] *Starck, Generalbericht:* Verfassungsgerichtsbarkeit in Osteuropa, in: Weber/Luchterhandt (Hrsg.) Verfassungsgerichtsbarkeit in Mittel und Osteuropa, 2007, S. 323.

[1171] Art. 50 altes UngVerfGG lautet: (1) Entsteht zwischen staatlichen Organen sowie zwischen Selbstverwaltungen beziehungsweise zwischen einer Selbstverwaltung und einem staatlichen Organ eine Zuständigkeitskollision, so können *diese* die Klärung der Zuständigkeitskollision durch das Verfassungsgericht beantragen; die *Gerichte* sind dabei *nicht* als staatliche Organe anzusehen. (2) Das Verfassungsgericht entscheidet – ohne Anhörung des Antragstellers – darüber, wer im vorliegenden Fall zuständig ist und weist die Sache diesem zu."

[1172] *Starck, Generalbericht:* Verfassungsgerichtsbarkeit in Osteuropa, in: Weber/Luchterhandt (Hrsg.) Verfassungsgerichtsbarkeit in Mittel und Osteuropa, 2007, S. 322 f.323

[1173] *Vincze, Egy* félretett alkotmánybírósági hatáskörröl: a hatásköri összeütközés megszüntetése, in: Közjogi Szemle 4/2009 S. 14 (17).

[1174] Art. 50 Abs. 1 HS. 3 altes UngVerfGG.

und der Selbstverwaltung. Ein solcher Konflikt konnte entweder dadurch auftreten, dass mehrere Organe die Zuständigkeit für einem bestimmten Fall beanspruchten (positive Kollision) oder dadurch, dass sich kein Organ in einem bestimmten Fall für zuständig hielt (negative Kollision).[1175] Der Konflikt musste sich immer auf einen bestimmten Fall beziehen.[1176]

Das Verfassungsgericht traf seine Entscheidung darüber, wer in dem konkreten Fall zuständig war ohne Anhörung der betroffenen Organe und bestimmte das für das Verfahren zuständige Organ.[1177] Der Streit, die Entscheidung und die Wirkung der Entscheidung des Verfassungsgerichts bezogen sich immer auf einen konkreten Fall; die Entscheidung des Verfassungsgerichts verfügte also nur über *inter partes* Wirkung.[1178] Wenn sich eine Frage hinsichtlich der Verfassungsmäßigkeit einer Vorschriften über die Zuständigkeiten der staatlichen Organe oder der Selbstverwaltung stellte, war diese Frage im Rahmen der nachträglichen Normenkontrolle zu beantworten.[1179] Infolgedessen lässt sich feststellen, dass das Verfassungsgericht im Rahmen des Organstreitverfahrens tatsächlich eine einfache rechtsprechende Gesetzesauslegung vornahm.[1180]

In der Praxis hat der Organstreit nur geringe Bedeutung erlangt. Erwähnenswert ist allerdings ein Verfahren, mit dem ein seit langer Zeit bestehender Kompetenzkonflikt in der Verwaltung geklärt wurde.[1181] Die Besonderheit dieses Verfahrens bestand darin, dass das Verfassungsgericht die sowohl den Antragsteller als auch den Antragsgegner für zuständig erklärte. Weder die staatlichen Organe noch die Selbstverwaltung konnten damit sich nicht mehr der Zuständigkeit für diesen Fall entziehen, etwa in dem sie ihren eigenen Zuständigkeitsbereich selbst eng auszulegten.[1182]

Im Allgemeinen lässt sich feststellen, dass dieses Verfahren als ein klassischer Verwaltungsstreit zu betrachten ist, in dessen Rahmen sich zwei Verwaltungsorgane über ihre Zuständigkeit auseinandersetzen.[1183] Verfassungsrechtliche Streitfragen zwischen Verfassungsorganen lassen sich in Ungarn hingegen durch eine abstrakte Verfassungsauslegung (siehe dazu Kapitel 6. B.) klären.[1184] Diese Vorgehenswei-

---

[1175]   *Kerek,* Verfassungsgerichtsbarkeit in Ungarn und Rumänien, 2010, S. 237.
[1176]   *Kukorelli,* Alkotmánytan (2007), S. 462.
[1177]   Art. 50 Abs. 2 altes UngVerfGG.
[1178]   *Kerek,* Verfassungsgerichtsbarkeit in Ungarn und in Rumänien, 2010, S. 237.
[1179]   *Kukorelli,* Alkotmánytan (2007), S. 462.
[1180]   *Kukorelli,* Alkotmánytan (2007), S. 463.
[1181]   S. dazu *Kukorelli,* Alkotmánytan (2007), S. 462.
[1182]   *Kukorelli,* Alkotmánytan (2007), S. 463.
[1183]   *Kerek,* Verfassungsgerichtsbarkeit in Ungarn und Rumänien, 2010, S. 237.
[1184]   *Sólyom,* Az Alkotmánybíráskodás kezdetei Magyarországon, 2001, S. 243.

se birgt allerdings einige Nachteile. Zum einen kann das Verfassungsgericht im Rahmen der abstrakten Verfassungsauslegung nicht zu einer konkreten Streitfrage Stellung nehmen. Darüber hinaus belässt die in diesem Verfahren vorgenommene abstrakte Auslegung dem Rechtsanwender einen gewissen Auslegungsspielraum. Über die Richtigkeit dieser Auslegung kann das Verfassungsgericht jedoch nicht entscheiden, da hierfür ausschließlich die Fachgerichte zuständig sind.[1185] Schlussendlich muss hervorgehoben werden, dass bis zum Inkrafttreten des neuen Grundgesetztes und des neuen Organgesetzes über das Verfassungsgericht lediglich ein Streitfall an das Verfassungsgericht herangetragen wurde.[1186]

III. Horizontale und vertikale Organstreitigkeiten in Ungarn nach 2010

Das Verfassungsgericht entscheidet auch nach der Verfassungsänderung über negative und positive Kompetenzkonflikte zwischen staatlichen Organen sowie zwischen einem staatlichen Organ und der Selbstverwaltung. Antragsteller ist ein an einem solchen Konflikt beteiligtes Organ. Aus dem Wortlaut von Art. 36 Abs. 1 neues ungarischen Verfassungsgerichtshofgesetzes folgt, dass das Verfassungsgericht weder für die Kompetenzkonflikte zwischen den Gerichten der Fachgerichte noch für die Streitigkeit zwischen den Selbstverwaltungskörperschaften zuständig ist.[1187] Im Rahmen des Organstreitverfahrens bestimmt das Verfassungsgericht das zuständige Organ und weist ihm die Aufgabe zu.[1188] Das neue Organstreitverfahren stimmt im Wesentlichen mit der Art und Weise des alten Organstreitverfahrens überein. Das einzige Novum besteht darin, dass das Verfassungsgericht für die Kompetenzkonflikte zwischen den Selbstverwaltungskörperschaften nicht mehr zuständig ist. Über einen Zuständigkeitsstreit zwischen den Selbstverwaltungskörperschaften entscheidet das *Oberlandesgericht Budapest*[1189], außer der Reihe und im Rahmen eines Verfahrens der freiwilligen Gerichtsbarkeit.[1190] Obwohl die Regelungen insoweit modifizierte wurden, ist das Verfassungsgericht nach wie vor im Übrigen sowohl für die vertikalen Organstreitigkeiten zwischen den Staatsorganen als auch für die horizontalen Organstreitigkeiten zwischen Staatsorganen und Selbstverwaltungskörperschaften zuständig. Abgesehen von dieser Änderung der das Organstreitverfahren betreffenden Vorschriften lässt sich feststellen, dass dieses Verfahren nach wie vor in der Praxis des Verfassungs-

---

[1185] *Kerek,* Verfassungsgerichtsbarkeit in Ungarn und Rumänien, 2010, S. 238.
[1186] 444/F/1992 AB Beschluss (07.10), ABH 1992, 743 ff.
[1187] Art. 36 Abs. 1 neues UngVerfGG.
[1188] Art. 36 Abs. 2 neues UngVerfGG.
[1189] Ung. „Fővárosi Ítélőtábla".
[1190] Art. 23 Abs. 3 lit. b) und Art. 24 Abs. 1 des Gesetzes Nr. 174/2012 über das ungarische Verwaltungsprozessrecht.

gerichts eine geringere Rolle spielen und voraussichtlich auch zukünftig spielen wird., da seit Inkrafttreten des neuen Grundgesetzeses wurde lediglich ein Antrag in Bezug auf einen Streitfall zwischen zwei Selbstverwaltungskörperschaften im Jahr 2012 dem Verfassunsgerichts vorgelegt.[1191]

IV. Organstreitverfahren im europäischen Rechtsraum
1. Bundesorganstreitverfahren in Deutschland

Unter Organstreit lassen sich die verfassungsrechtlichen Streitigkeiten über den Umfang der Rechte und Pflichten von obersten Verfassungsorgane oder ihrer Mitglieder verstehen. Ein Organstreit betrifft die Rechtmäßigkeit einer bestimmten Maßnahme sowie deren Auswirkung auf das organisatorische Verhältnis zwischen den Verfassungsorganen und ihren Mitgliedern.[1192]
Zunächst ist hervorzuheben, dass im Hinblick darauf, dass Deutschland ein Bundesstaat ist, zu den Kompetenzstreitverfahren vor dem Bundesverfassungsgericht nicht nur das Bundesorganstreitverfahren nach Art. 93 Abs. 1 Nr. 1 GG, § 13 Nr. 5 BVerfGG, sondern auch der Bund-Länder-Streit gemäß Art. 93 Abs. 1 Nr. 3 GG und gemäß Art. 93 Abs. 1 Nr. 4 1. Alt. GG, die Zwischenländerstreitverfahren laut Art. 93 Abs. 1 Nr. 4 2. Alt GG, § 13 Nr. 8 BVerfGG sowie die Binnenländerstreitverfahren nach Art. 93 Abs. 1 Nr. 4 3. Alt. GG, § 13 Nr. 8 BVerfGG gehören.[1193] Da Ungarn kein Bundesstaat ist, dort sowohl nach 1990 als auch nach 2010 Kompetenzkonflikte verwaltungsrechtlichen Charakters besitzen, befassen sich die folgenden Ausführungen ausschließlich mit dem Bundesorganstreitverfahren nach Art. 93 Abs. 1 Nr. 1 GG, §§ 13 Nr. 5, 63 ff. BVerfGG. Aus rechtsvergleichender Sicht ist nur der Vergleich dieser Verfahrensart mit dem ungarischen Verfahren sinnvoll.

a) Parteifähigkeit
Das BVerfG entscheidet über die Auslegung des Grundgesetzes aus Anlass von Streitigkeiten über den Umfang der Rechte und Pflichten eines obersten Bundesorgans oder anderer Beteiligter, die durch das Grundgesetz oder in der Geschäftsordnung eines obersten Bundesorgans mit eigenen Rechten ausgestattet sind.[1194]

[1191] Im Jahr 2012 wurde ein Antrag und in den Jahren 2013, 2014 sowie 2015 kein Antrag auf die Klärung eines Kompetenzkonflikts gestellt. Siehe dazu die Statistik des ungarischen Verfassungsgerichts unter: http://www.alkotmanybirosag.hu/dokumentumok/statisztika (aufgerufen am 01.03.2016).
[1192] *Maunz*, in: Maunz/Dürig, GGK, 2016, Art. 93 Rn. 10.
[1193] *Benda/Klein*, Verfassungsprozessrecht, S. 395–465.
[1194] Art. 93 Abs. 1 Nr. 1 GG.

Während Art. 93 Abs. 1 Nr. 1 GG zum einen „oberste Bundesorgane", zum anderen „andere Beteiligte" als parteifähig nennt, zählt Art. 63 BVerfGG enumerativ die parteifähigen Organe auf und erweitert die Parteifähigkeit auf bestimmte Teile der genannten Organe.[1195] Diese Diskrepanz wird im Wege der verfassungskonformen Auslegung des § 63 BVerfGG gelöst. Danach wird die Beschränkung des § 63 BVerfGG auf den enumerativ aufgezählten Kreis nicht als verfassungskonforme Reduktion Interpretation aufgefasst. Demgegenüber ist die Erweiterung der Parteifähigkeit auf Organteile im Sinne Art 93 I Nr. 1 GG als zulässig zu betrachten. Mithin können alle obersten Bundesorgane und auch andere Beteiligte i.S.d. Art. 93 Abs. 1 Nr. 1 GG ihre Parteifähigkeit direkt aus dem Grundgesetz herleiten. Auch den Organteilen wird die Parteifähigkeit zuerkannt.[1196]

aa) „Oberste Bundesorgane"

Nach Art. 93 Abs. 1 Nr. 1 GG müssen die „obersten Bundesorgane" an einem „materiell rechtlichen" Verfassungsverhältnis beteiligt sein. Der Begriff „oberste Bundesorgane" umfasst auch „Verfassungsorgane".[1197] Die Verfassungsorgane sind „dadurch gekennzeichnet, dass sie durch die Verfassung konstituiert werden und ihr Status und ihre wesentlichen Kompetenzen in ihr geregelt sind und durch ihre Tätigkeit an der obersten Staatsleitung Anteil haben.[1198]

Vor diesem Hintergrund lassen sind die einzelnen Organe näher betrachten. Nach § 63 BVerfGG sind der Bundespräsident, der Bundeskanzler, der Bundestag, der Bundesrat und die Bundesregierung parteifähig. Ferner kommen der Gemeinsame Ausschuss (Art. 53a GG) und die Bundesversammlung (Art. 54 GG) als oberste Bundesorgane hinzu.[1199] Die obersten Bundesgerichte sind hingegen nicht parteifähig.[1200] Gleiches gilt für die Bundesbank oder die Hilfsorgane des Parlaments.[1201] Abschließend muss darauf hingewiesen werden, dass weder das Staatsvolk, der einzelne Staatsbürger im *status activus socialis*, die Opposition, die kommunalen Gebietskörperschaften noch die Landeskirchen oder das Bundesverfassungsgericht im Organstreitverfahren beteiligungs- oder parteifähig sind.[1202]

[1195]   § 63 BVerfGG
[1196]   *Schlaich/Korioth*, Das Bundesverfassungsgericht, Rn. 86.
[1197]   *Benda/Klein*, Verfassungsprozessrecht, Rn. 1000.
[1198]   *Stern*, in: BK-GG, § 93 Rn. 92.
[1199]   *Bethge*, in: MSKB, § 63 Rn. 40.
[1200]   *Bethge*, in: MSKB, § 63 Rn. 42.
[1201]   *Detterbeck*, in: Sachs (Hrsg.) GGK, 7. Aufl. 2014, Art. 93 Rn. 45.
[1202]   *Bethge*, in: MSKB, § 63 Rn. 49-55; *Benda/Klein*, Verfassungsprozessrecht, Rn. 1005.

ab) „Andere Beteiligte"

„Im Folgenden wird untersucht, welche Akteure unter als „andere Beteiligte" im Organstreitverfahren parteifähig sein können Hinsichtlich des Bundestages können der Präsident des Bundestages, die Ausschüsse des Bundestages, die Fraktionen sowie die Fraktion im Ausschuss als parteifähige Organe berücksichtigt werden.[1203] Das Bundesverfassungsgericht hat außerdem die Parteifähigkeit einer durch den Bundestag anerkannten Gruppe von Abgeordneten anerkannt.[1204] Im Organstreit kann der einzelne Abgeordnete die behauptete Verletzung oder unmittelbare Gefährdung jedes Rechts, das mit seinem Status verfassungsrechtlich verbunden ist, im eigenen Namen geltend machen.[1205]

Weiterhin kommen die „Teile" des Bundesrates als aktivlegitimiert in Betracht. Hier ist insbesondere der Präsident des Bundesrates, das Präsidium, die Ausschüsse und schließlich die Mitglieder eines Landes im Bundesrat erwähnt werden.[1206] Eine Besonderheit zeigt der Vermittlungsausschuss nach Art. 77 GG. Obschon der Vermittlungsausschuss weder zu den „obersten Bundesorganen" noch zu dessen Teilen zählt, verfügt er über eigene Rechte (Art. 43 Abs. 1, Art. 53 Abs. 1 S. 1 GG) und ist als „gemeinsamer Teil" von Bundestag und Bundesrat zu betrachten. Demgemäß ist der Vermittlungsausschuss als ein anderer Beteiligter im Sinne von Art. 93 Abs. 1 Nr. 1 GG anzusehen.[1207]

Auch politischen Parteien werden nach ständiger Rechtsprechung des Bundesverfassungsgerichts[1208] als sonstige „andere Beteiligte" des Organstreites zugelassen. Der Grund dafür, ist ihre bedeutende Rolle bei der politischen Willensbildung des Volkes und der staatlichen Willensbildung. Obgleich die politischen Parteien keine „Inhaber von Staatsgewalt"[1209] sind, sind sie als „verfassungsrechtlich notwendige Institutionen"[1210] anzusehen, die mit im Grundgesetz verankerten Rechten ausgestattet sind.[1211] In der Praxis führt dies jedoch auch zu Folgeproblemen, etwa mit Blick auf die Frage ob eine politische Partei auch eine Verfassungsbeschwerde erheben und nicht nur ein Organstreitverfahren beantragen können soll.[1212] Dies

[1203] *Bethge*, in: MSKB, § 63 Rn. 44,46.
[1204] BVerfGE 84, 304 (318); 96, 264 (276).
[1205] BVerfGE 80, 188 (81).
[1206] *Detterbeck*, in: Sachs (Hrsg.) GGK, 7. Aufl. 2014, Art. 93 Rn. 46.
[1207] *Hopfauf*, in: Schmidt-Bleibtreu/Hofmann/Henneke, GGK, 13. Aufl. 2014, Art. 93 Rn. 249.
[1208] BVerfG, Urt. v. 10.06.2014 – 2 BvE 4/13.
[1209] BVerfGE 107, 339 (361 f.).
[1210] BVerfGE 13, 54 (82).
[1211] *Benda/Klein*, Verfassungsprozessrecht, Rn. 1018.
[1212] Siehe dazu die Beschwerdebefugnis in der deutschen Individualverfassungsbeschwerde auf der S. 189 ff. dieser Arbeit.

hangt letztlich davon ab, ob der Antragsgegner in Organstreit parteifähig ist.[1213] Eine vorgebliche politische Partei ist hingegen nicht parteifähig.[1214]

b) Antragsbefugnis

Für einen zulässigen Antrag hat der Antragsteller gemäß § 64 Abs. 1 BVerfGG zu behaupten, dass er oder das Organ, dem er angehört, durch eine Maßnahme oder Unterlassung des Antragsgegners in seinen ihm durch das Grundgesetz übertragenen Rechten oder Pflichten verletzt oder unmittelbar gefährdet ist.[1215] Aus dem Wortlaut von § 64 Abs. 1 BVerfGG folgt, dass der Antragsteller eine unmittelbare Gefährdung oder Rechtsverletzung behaupten muss. Ob ein solche Gefährdung oder Verletzung tatsächlich vorliegt, wird allerdings nicht in der Zulässigkeit, sondern in der Begründetheit geprüft.[1216]

c) Verfahrensgegenstand

Der Gegenstand des Bundesorganstreitverfahrens ist ein konkreter Streit in Bezug auf die Rechtmäßigkeit entweder einer konkreten Maßnahme oder Unterlassung des Antragsgegners.[1217] Ferner muss der Organstreit eine Verfassungsstreitigkeit sein. Das bedeutet, dass das dem Streit zugrunde liegende materielle Rechtsverhältnis ein verfassungsrechtliches Rechtsverhältnis sein muss, das unmittelbar die in der Verfassung verankerten Rechten und Pflichten betrifft.[1218] Unter „Maßnahme" des Antragsgegners ist sowohl der Erlass einer Norm als auch ein Handeln durch Einzelakte oder Realakte zu verstehen. Da diese Begriffe weit auszulegen sind, kommen als „Maßnahme" u. a. der Erlass von Gesetzen, die Auflösung des Bundestages, die Bestimmung des Wahltags, der Beschluss der Bundesregierung über auswärtige Einsätze der Bundeswehr, die Antwort der Bundesregierung auf mündliche Anfrage oder eine Rüge des Abgeordneten durch den Parlamentspräsidenten in Betracht.[1219] „Unterlassungen" werden dort relevant, wo eine Rechtspflicht zum Handeln besteht.[1220] Hier kommt ein Versäumnis der Bundesregierung in Betracht, wenn z. B. ein völkerrechtlicher Vertrag gemäß Art. 59 Abs. 2 GG dem

[1213]   *Mager,* Staatsrecht I, 8. Aufl. 2015, S. 283 Rn. 562 f.
[1214]   BVerfG, Beschluss vom 07.03.1989 – 2 BvQ 2/89, NJW 1989, 1476.
[1215]   § 64 Abs. 1 BVerfGG.
[1216]   *Pestalozza,* Verfassungsprozessrecht, 1991, Rn. 34-35.
[1217]   § 67 S. 1 BVerfGG.
[1218]   BVerfGE, 68, 1 (72 ff.); *Benda/Klein,* Verfassungsprozessrecht, Rn. 989.
[1219]   *Benda/Klein,* Verfassungsprozessrecht, Rn. 417 Rn. 1032.
[1220]   BVerfGE, 96, 264.

Bundestag zum Beschluss vorgelegt werden müsste oder wenn der Bundeskanzler oder der Bundespräsident diesen Vertrag gegenzeichnen müsste. Abschließend muss die Maßnahme oder die Unterlassung rechtlich erheblich sein. Dies bedeutet, dass das Verhalten des Antragsgegners muss geeignet sein, zu einer Verletzung der Rechte des Antragstellers zu führen.[1222] Zumindest muss das Verhalten des Antragsgegners die Rechte des Antragstellers beeinträchtigen können.[1223]

d) Frist

Der Antrag muss schriftlich und mit einer Begründung gestellt werden.[1224] Er muss des Weiteren die angegriffenen Maßnahmen und die Betroffenen, die Rechte sowie die Antragsbefugnis erkennen lassen.[1225] Der Antrag muss innerhalb von sechs Monaten nach der Bekanntgabe der angegriffenen Maßnahmen gestellt werden.[1226] Die Frist von sechs Monaten ist eine Ausschussfrist.[1227] Der Fristbeginn kann je nach Verfahrensgegenstand unterschiedlich sein. Im Allgemeinen beginnt die Sechs-Monats-Frist mit der Kenntnisnahme der beanstandeten Maßnahme durch den Antragsteller.[1228] Richtet sich der Antrag gegen den Erlass eines Gesetzes, beginnt die Sechs-Monats-Frist mit der Verkündung des Gesetzes.[1229] Richtet sich der Antrag allerdings gegen eine Unterlassung des Antragsgegners, dann beginnt die Frist, wenn „sich der Gesetzgeber erkennbar und eindeutig weigert, in der Weise tätig zu werden, die der Antragsteller zur Wahrung der Rechte seines verfassungsrechtlichen Status für erforderlich hält".[1230]

e) Entscheidung

Einen unzulässigen Antrag weist das Bundesverfassungsgericht als unzulässig ab.[1231] Der Maßstab der inhaltlichen Prüfung sind die dem Antragsteller nach dem GG zustehenden Rechte oder Pflichten.[1232] Ist der Organstreitantrag begründet,

[1221]   *Pestalozza*, Verfassungsprozessrecht, 1991, Rn. 22.
[1222]   BVerfGE 2, 143 (168); 2, 347 (366).
[1223]   *Benda/Klein*, Verfassungsprozessrecht, Rn. 1037.
[1224]   § 23 Abs. 1 BVerfGG.
[1225]   § 64 Abs. 2 BVerfGG; Bethge, in: MSKB § 64 Rn. 107.
[1226]   § 64 Abs. 3 BVerfGG.
[1227]   SächsVerfGH, Urteil vom 21.7.1994 – Vf. 19- I-93, BeckRS 9998, 88096.
[1228]   *Bethge*, in: MSKB, § 64 Rn. 130.
[1229]   *Bethge*, in: MSKB, § 64 Rn. 132.
[1230]   BVerfGE 4, 250 (269); 21, 312 (319).
[1231]   *Benda/Klein*, Verfassungsprozessrecht Rn. 1057; Die Tenorierung hat sich im Laufe der Zeit verändert: BVerfGE 3, 13: „als unzulässig abgewiesen"; BVerfGE 24, 252 (253): „als unzulässig verworfen".
[1232]   *Benda/Klein*, Verfassungsprozessrecht Rn. 1059.

dann trifft das Bundesverfassungsgericht ein Feststellungsurteil, mit dem Inhalt, dass die angegriffene Maßnahme oder das Unterlassung die Rechte des Antragstellers verletzt.[1233] Dies bedeutet, dass das Bundesverfassungsgericht im Organstreitverfahren weder bestimmte Maßnahmen selbst aufheben, noch Verfassungsorgane zu einem bestimmten Tun oder Unterlassen verpflichten kann.[1234]

f) Bedeutung des Bundesorganstreitverfahrens
Der Zweck des Bundesorganstreitverfahrens besteht darin, die gewaltenteilende und freiheitssichernde Kompetenzverteilung zwischen den obersten Bundesorganen zu sichern. Dieses Verfahren erlangt in der Praxis dadurch Bedeutung, dass solche wesentlichen Fragen wie die Auflösung des Bundestages[1235], das Beweiserhebungsrecht eines durch den Bundestag eingerichteten Untersuchungsausschusses[1236] oder die Mitwirkung des Bundestages an der Fortentwicklung völkerrechtlicher Verträge[1237] einer verfassungsrechtlichen Klärung zugeführt werden.[1238] Obgleich die Gesamtzahl der Bundesorganstreitverfahren mit Blick auf die Anzahl anderer Verfahren nicht beträchtlich ist, ist das Verfahren dennoch von großer Bedeutung zur Abgrenzung der Kompetenzen der obersten Bundesorgane. Denn die in diesem Verfahren entschiedenen wirken sich auf das Verhältnis zwischen den obersten Bundesorganen unmittelbar aus.[1239]

2. Allseitige Organstreitigkeiten zwischen den Staatsgewalten in Italien

Der italienische Verfassungsgerichtshof kann zum einen über die quasi-föderativen Kompetenzkonflikte zwischen dem Staat und Regionen als auch über Konflikte zwischen den einzelnen Regionen untereinander entscheiden. Zum anderen ist das Verfassungsgericht auch für Streitigkeiten zwischen den Organen der Staatsgewalten zuständig, welche als allseitige Organstreitigkeit interpretiert wird [1240]. Demgemäß sind vom Begriff „Streitigkeiten über die Zuständigkeit" Streitigkeiten zwischen dem Staat und den Regionen sowie zwischen den Regionen untereinander („conflitto tra Enti") gemäß Art. 39-42 Gesetzes Nr. 87/1953, als auch zwischen den Staatsgewalten („conflitto di poteri") nach Art. 37-38 des Gesetzes

---

[1233]   § 67 S. 1 BVerfGG.
[1234]   *Schlaich/Korioth*, Das Bundesverfassungsgericht, Rn. 83, 373.
[1235]   BVerfGE 62, 1; 114,107.
[1236]   BVerfGE 67, 100; 105, 197; 124, 78.
[1237]   BVerfGE 90, 286; 104, 151; 118, 244.
[1238]   *Benda/Klein*, Verfassungsprozessrecht, Rn. 1063.
[1239]   Im Jahr 2014 betreffen aus den gesamten 6811 erledigten Verfahren durch das BVerfG lediglich vier den Organstreit. Die Statistik ist des BVerfG abrufbar unter: http://www.bundesverfassungsgericht. de/DE/Verfahren/Jahresstatistiken (aufgerufen am 01.05.2016)
[1240]   Art. 134 S. 2 ItalVerf; *Weber:* Generalbericht: Die Verfassungsgerichtsbarkeit in Westeuropa, in Weber/Luchterhandt (Hrsg.) Verfassungsgerichtsbarkeit in Westeuropa, 2007, S. 347.

Nr. 87/1953 umfasst.[1241] Da in Ungarn ausschließlich der Organstreit existiert, wird lediglich die Streitigkeit zwischen den Staatsgewalten in Italien gemäß Art. 37-38 Gesetzes Nr. 87/1953 aus rechtsvergleichender Sicht betrachtet.

a) Antragsteller und Antragsgegner

Der Verfassungsgerichtshof ist in erster Linie für Streitigkeiten zwischen den Gewalten des Staates zuständig, die auf der höchsten Stufe der Staatshiearchie stehen und deswegen Entscheidungen mit letztverbindlichem Charakter treffen können.[1242] Der Begriff „Gewalten des Staates" („poteri dello Stato") im Art. 37 Abs. 1 L. muss näher betrachtet werden. Hier kommen die drei klassischen Gewalten des Staates, die gesetzgebende, die vollziehende und die rechtsprechende Gewalt, in Betracht. Darüber hinaus gehören der Präsident der Republik als „potere neutro" und der Verfassungsgerichtshof selbst zu den „Gewalten des Staates".[1243] Hier stellt sich die Frage, wer von den genannten Akteuren Antragsteller sein kann. In Bezug auf die vollziehende Gewalt kommt lediglich das höchste Organ in Betracht. In der Praxis kommt es nicht selten vor, dass der Ministerrat als höchstes Organ der vollziehenden Gewalt Antragsteller oder Antragsgegner ist. Ferner sind die beiden Kammern des Parlaments als höchstes Organ der gesetzgebenden Gewalt sowie die parlamentarischen Kommissionen sowohl aktiv als auch passiv legitimiert.[1244] Weiterhin können der Rechnungshof, der Oberste Richterrat oder die Initiatoren einer Volksabstimmung Antragsteller sein.[1245] Abschließend muss hervorgehoben werden, dass weder der einzelne Bürger oder die Staatsanwälte noch einzelne Minister taugliche Antragsteller oder Antragsgegner sein können. Auch die Regionen sind vom Organstreitverfahren ausgeschlossen, da sie nicht als „Staatsgewalt" zu qualifizieren sind.[1246] Weiterhin sind die einzelnen Abgeordneten nicht parteifähig.[1247]

[1241] Art. 116 der ItalVerf i.V.m. Art. 37-38 des Gesetzes Nr. 87/1953.
[1242] Art. 37 Abs. 1 L.
[1243] *Dietrich,* Der italienische Verfassungsgerichtshof, S. 171.
[1244] *Dietrich,* Der italienische Verfassungsgerichtshof, S. 173.
[1245] *Luther,* Die Verfassungsgerichtsbarkeit in Italien, in: Weber/Luchterhandt (Hrsg.), Verfassungsgerichtsbarkeit in Westeuropa, 2007, S. 160.
[1246] *Dietrich,* Der italienische Verfassungsgerichtshof, S. 174.
[1247] *Grundmann,* Einführung in das italienische Recht, 2007, S. 106.

b) Externe Konflikte

Angesicht der Tatsache, dass der Verfassungsgerichtshof ausschließlich für Konflikte zwischen Organen der drei Staatsgewalten zuständig ist, kann der Verfassungsgerichtshof bei Streitigkeiten innerhalb einer Gewalt, z. B. bei Auseinandersetzungen oder Meinungsverschiedenheiten zwischen den Ministerien und Verwaltungsbehörden nicht entscheiden. Der Verfassungsgerichtshof trifft daher nur Entscheidungen bezüglich gewaltenexterner Konflikte („conflitti esterni"). Außerdem verzichtet der Verfassungsgerichtshof auf die Entscheidung von rein politischen Fragen („political question Doctrine").[1248] In diesen Fällen sind die Voraussetzungen für ein Verfahren der Organstreitigkeit nicht erfüllt.

c) Verfahrensgegenstand

Tauglicher Verfahrensgegenstand ist eine Streitigkeit durch Kompetenzentziehungen oder Kompetenzübergriffe, durch rechtswidriges Handeln oder Unterlassen oder durch Gesetzesbeschlüsse.[1249] Erforderlich ist, dass ein solcher Konflikt tatsächlich droht, ein bloß hypothetischer Konflikt entscheidet der Verfassungsgerichtshof mangels eines konkreten Streitgegenstandes nicht.[1250] Auch die allgemeine Kontrolle von Gesetzen ist kein tauglicher Gegenstand des Organstreits.[1251]

d) Entscheidungsfindung

Das Organstreitverfahren beginnt mit einer öffentlichen Beratung, in welcher der Verfassungsgerichtshof mit einem Beschluss darüber entscheidet, ob der Antrag die vorgeschriebenen Voraussetzungen – namentlich Parteifähigkeit und Vorliegen eines gewaltenexternen Konflikts – erfüllt und dementsprechend zulässig ist[1252] Erklärt das Verfassungsgericht den Antrag für zulässig, dann ordnet er die Zustellung des Antrags an die betroffenen Organe an.[1253] Darauffolgend trifft der Verfassungsgerichtshof seine Entscheidung in der Sache. Dabei kann der Verfassungsgerichtshof die durch die nicht zuständige Gewalt erlassenen Akte für nichtig erklären. Der Verfassungsgerichtshof trifft seine Entscheidung entweder bezüglich eines positiven Konflikts, wenn zwei oder mehrere Organe ihre Zuständigkeit erklären, oder bezüglich eines negativen Konflikts, wenn mindestens zwei Organe sich für einen konkreten Fall für nicht zuständig halten.[1254]

[1248] *Dietrich,* Der italienische Verfassungsgerichtshof, S. 172.
[1249] *Luther,* Die Verfassungsgerichtsbarkeit in Italien, in: Weber/Luchterhandt (Hrsg.), Verfassungsgerichtsbarkeit in Westeuropa, 2007, S. 159.
[1250] *Dietrich,* Der italienische Verfassungsgerichtshof, S. 175.
[1251] *Dietrich,* Der italienische Verfassungsgerichtshof, S. 175.
[1252] *Dietrich,* Der italienische Verfassungsgerichtshof, S. 170 f.
[1253] Art. 37 Abs. 4 des Gesetzes Nr. 87/1953.
[1254] Vgl. Art. 37 Abs. 1 des Gesetzes Nr. 87/1953; *Riz/Happacher,* Grundzüge des italienischen Verfassungsrechts, 2013, S. 248.

235

e) Praxis

Grundsätzlich lässt sich feststellen, dass den Streitigkeiten zwischen Staatsgewalten in Italien in der Praxis geringere Bedeutung zukommt. Im Jahr 2015 wurden insgesamt 286 Entscheidungen vom Verfassungsgerichtshof getroffen, von denen 2,55 % den Organstreit, den sog. *conflitto tra poteri dello Stato* betrafen. [1255] Im Jahr 1989 entschied der Verfassungsgerichtshof nur in einem Fall und im Jahr 1990 lediglich zwei Fällen im Organstreitverfahren.[1256] Daher lässt sich die Schlussfolgerung ziehen, dass die Streitigkeit zwischen den Staatsgewalten in Italien nicht praxisrelevant ist.

3. Verfahren zur Lösung juristischer Konflikte mit verfassungsrechtlichem Charakter zwischen Staatsbehörden in Rumänien

Bis 2003 bestand keine Zuständigkeit des rumänischen Verfassungsgerichtshofs, in deren Rahmen eine Streitigkeit zwischen den Staatsorganen entschieden werden konnte. Im Jahr 2003 wurde allerdings das Verfahren zur Lösung juristischer Konflikte mit verfassungsrechtlichem Charakter zwischen Staatsbehörden in den Aufgabenbereich des rumänischen Verfassungsgerichtshofs aufgenommen.[1257]

a) Antragsteller und Antragsgegner

Sowohl der Präsident von Rumänien, der Präsident der Gesetzgebungskammern als auch der Prime-Minister sowie der Präsident des Obersten Rates der Magistratur verfügen über eine Aktivlegitimation in dieser Verfahrensart.[1258] Der Kreis von passivlegitimierten Akteuren wurde in der Entscheidung des Verfassungsgerichtshofs CC Urteil 53/2005 bestimmt. Danach ist der Antrag gegen eine Staatsbehörde zu stellen.[1259] Was unter Staatsbehörde zu verstehen ist, lässt sich aus dem dritten Kapitel der Verfassung („Öffentliche Behörden") ableiten. Darunter fällt das Parlament, der Präsident von Rumänien, die Regierung, die öffentliche und die rechtsprechende Gewalt sowie die Gemeinden. Demgegenüber sind die politischen Parteien, Fraktionen und juristische Personen des öffentlichen Rechts keine tauglichen Antragsgegner in diesem Verfahren.[1260]

[1255] Die Statistik des italienischen Verfassungsgerichtshofs ist abrufbar unter: http://www.cortecostituzionale.it/documenti/interventi_presidente/R2015_dati.pdf (aufgerufen am 01.05.2016).
[1256] Dietrich, Der italienische Verfassungsgerichtshof, S. 175.
[1257] Art. 34-36 VerfGHG; Kerek, Verfassungsgerichtsbarkeit in Rumänien und Ungarn, 2010, S. 239.
[1258] Art. 34 Abs. 1 VerfGHG.
[1259] *Kerek,* Verfassungsgerichtsbarkeit in Rumänien und Ungarn, 2010, S. 239.
[1260] Ebd.

236

b) Verfahrensgegenstand

Der Antrag muss darüber hinaus einen juristischen Konflikt mit verfassungsrechtlichem Charakter aufweisen. Darauf hatte der Verfassungsgerichtshof in seinem Urteil CC-Urteil 53/2005 explizit hingewiesen. Ein juristischer Konflikt mit verfassungsrechtlichem Charakter liegt zum einen vor, wenn sich eine oder mehrere Staatsbehörden „durch Akte oder konkrete Taten, Macht, Zuständigkeiten oder Kompetenzen anmaßen, die gemäß der Verfassung anderen Staatsbehörden zukommen". Zum anderen, wenn Staatsbehörden sich durch ihre Untätigkeit ihrer Zuständigkeit oder der ihnen obliegenden Erfüllung bestimmter Aufgaben entziehen.[1261] Rein politische Konflikte verfügen hingegen über keinen verfassungsrechtlichen Charakter und sind damit kein tauglicher Gegenstand dieses Verfahrens.[1262]

c) Verfahren

Der Antrag muss gemäß Art. 34 Abs. 2 Verfassungsgerichtshofgesetz zum einen die in Konflikt stehenden Staatsbehörden sowie die Normen, die den Konflikt verursachen beinhalten. Zum anderen muss er die Stellungnahmen der streitbefangenen Parteien beinhalten.[1263] Ein Antrag soll außerdem nach dem CC-Urteil 53/2005 zwei weitere Voraussetzungen erfüllen: Erstens muss es Antragsgegner eine Staatsbehörde, sein, zweitens muss der juristische Konflikt einen verfassungsrechtlichen Charakter aufweisen. Nur wenn diese zwei Voraussetzungen erfüllt sind ist der Antrag zulässig.[1264] In der Praxis des rumänischen Verfassungsgerichtshofs ist dieses Verfahren nicht von zentraler Bedeutung, da generell nur 2-5 Anträge jährlich gestellt werden.[1265]

V. Bewertung der Organstreitigkeiten im europäischen Rechtsvergleich

Es lässt sich feststellen, dass es sowohl in Ungarn als auch in Deutschland und in Italien ein Organstreitverfahren gibt. Während in Deutschland eine reine Form des Organstreits vorhanden ist, existiert in Ungarn und auch in Italien ein all-

---

[1261] *Kerek,* Verfassungsgerichtsbarkeit in Rumänien und Ungarn, 2010, S. 239.
[1262] *Kerek,* Verfassungsgerichtsbarkeit in Rumänien und Ungarn, 2010, S. 240.
[1263] Art. 34 Abs. 2 VerfGHG.
[1264] Art. 23 Abs. 3 lit. b) und Art. 24 Abs. 1 des Gesetzes Nr. 174/2012 über das rumänische Verwaltungsprozessrecht.
[1265] Siehe dazu die Statistik des rumänischen Verfassungsgerichtshofes unter: https://www.ccr.ro/up loads/Statistica/2015/Sin_aug_2015_en.pdf (aufgerufen am 01.05.2016).

gemeineres Verfahren zur Klärung von Kompetenzkonflikt zwischen den Staatsorganen. Das rumänische Verfahren ist hingegen als eine besondere Form zur Lösung von Kompetenzkonflikten zu betrachten, da in diesem Verfahren nicht über die Zuständigkeit der Staatsorgane, sondern über einen juristischen Konflikt mit verfassungsrechtlichem Charakter zwischen den Staatsbehörden entschieden wird.[1266]

1. Antragsteller und Antragsgegner

Da im *deutschen Bundesorganstreitverfahren* zum einen die obersten Bundesorgane, also die Verfassungsorgane, zum anderen die sog. anderen Beteiligten aktivlegitimiert sind, ist für dieses Verfahren eine breite Parteifähigkeit kennzeichnen.[1267] Von den untersuchten Ländern können nur in Deutschland auch einzelne Abgeordneten den Organstreit beantragen. Es muss jedoch betont werden, dass weder das Bundesverfassungsgericht selbst oder die obersten Bundesgerichte bzw. die einzelnen Bürger, noch die kommunalen Gebietskörperschaften Antragsteller sein können.[1268] Auch das Verfahren in *Ungarn* weißt einen weiten Kreis von Antragstellern auf, da sowohl die Staatsorgane als auch die Selbstverwaltungskörperschaften taugliche Antragsteller im Verfahren über einen *Kompetenzkonflikt mit verwaltungsrechtlichem Charakter* sein können. Erstaunlicherweise kann in *Italien* auch die rechtsprechende Gewalt Antragsteller sein. Darüber hinaus können die gesetzgebende und vollziehende Gewalt, der Präsident der Republik und der Verfassungsgerichtshof selbst ein Verfahren über die *Streitigkeit zwischen den Staatsgewalten beantragen.*[1269] Eine andere Besonderheit zeigt das rumänische Verfahren über *juristischen Konflikt mit verfassungsrechtlichem Charakter.* Es trennt streng die Aktiv- und die Passivlegitimation voneinander und weist sie jeweils unterschiedlichen Akteuren zu, sodass nicht jeder taugliche Antragsteller auch zugleich tauglicher Antragsgegner sein kann und umgekehrt. Während der Präsident der Republik, der Präsident der Gesetzgebungskammern und der Vorsitzende des Obersten Richterrats aktiv legitimiert sind, sind (nur) die Staatsbehörde, insbesondere das Parlament, die Regierung sowie die rechtsprechende Gewalt passiv legitimiert.[1270]

Vor diesem Hintergrund lässt sich feststellen, dass der Kreis der Antragsteller je nach Staat unterschiedlich ist, es aber in allen untersuchten Ländern eine relative breite Aktiv- und Passivlegitimation gibt.

[1266] Zum Rechtsvergleich siehe Anhang 13 über den Organstreit.
[1267] Art. 93 Abs. 1 Nr. 1 GG i.V.m. § 63 BVerfGG.
[1268] Bethge, in: MSKB, § 63 Rn. 42, 49-55; Benda/Klein, Verfassungsprozessrecht, Rn. 1005.
[1269] Dietrich, Der italienische Verfassungsgerichtshof, S. 171.
[1270] Art. 34 Abs. 1 VerfGHG; CC Urteil 53/2005, in: Kerek, Verfassungsgerichtsbarkeit in Rumänien und Ungarn, 2010, S. 239.

2. Verfahrensgegenstand

In *Ungarn* wurde hinsichtlich des Organstreitverfahrens eine bemerkenswerte Änderung nach dem Inkrafttreten des neuen Grundgesetzes und des neuen ungarischen Verfassungsgerichtsgesetz dadurch vorgenommen, dass das Verfassungsgericht zwar nach wie vor für den Zuständigkeitskonflikt zwischen verschiedenen Staatsorganen untereinander sowie zwischen den Staatsorganen und den Selbstverwaltungskörperschaften zuständig ist, aber nicht mehr für die zwischen Selbstverwaltungskörperschaften.[1271] Für eine Streitigkeit zwischen den Selbstverwaltungskörperschaften ist nunmehr das Oberlandesgericht Budapest zuständig.[1272] In Ungarn entscheidet das Verfassungsgericht weiterhin entweder über *positive oder über negative Kompetenzkonflikte* zwischen den Staatsorganen oder zwischen einem Staatsorgan und einer Selbstverwaltungskörperschaft. Demzufolge ist in Ungarn trotz der geänderten Vorschriften nach wie vor sowohl der horizontale als auch der vertikale Organstreit vorhanden.[1273] Wenn jedoch das ungarische Verfassungsgericht die Verfassungsmäßigkeit einer Vorschrift über die Zuständigkeit eines Staatsorgans überprüft möchte, kann das Gericht seine Entscheidung nicht im Verfahren des Organstreits, sondern nur im Rahmen der nachträglichen abstrakten Normenkontrolle treffen.[1274]

Auch der italienische Verfassungsgerichtshof entscheidet über eine *positive oder eine negative Zuständigkeitskollision* der Staatsgewalten im Rahmen eines allseitigen Or-ganstreits. Der horizontale Zuständigkeitskonflikt zwischen Staatsgewalten kann – wie in Deutschland und in Rumänien – durch rechtswidrigen Handel oder durch Unterlassung entstehen.[1275] Obwohl das Bundesverfassungsgericht nicht über eine positive oder negative Zuständigkeitskollision, sondern über die Verfassungswidrigkeit entscheidet, ist der Gegenstand des Organstreits – wie in Italien und in Rumänien – eine konkrete rechtserhebliche Maßnahme oder Unterlassen des Antragsgegners. Die Maßnahme oder das Unterlassen muss eine Ver-

---

[1271]   Art. 50 Abs. 1 altes UngVerfGG und Art. 36 Abs. 1 neues UngVerfGG.
[1272]   Art. 23 Abs. 3 lit. b) und Art. 24 Abs. 1 des Gesetzes Nr. 174/2012 über das Verwaltungsprozessrecht Ungarns.
[1273]   Art. 36 Abs. 1 und 2 neues UngVerfGG; *Kerek,* Verfassungsgerichtsbarkeit in Ungarn und in Rumänien, 2010, S. 237.
[1274]   *Kukorelli,* Alkotmánytan (2007), S. 462.
[1275]   *Riz/Happacher,* Grundzüge des italienischen Verfassungsrechts, 2013, S. 248; *Luther,* Die Verfassungsgerichtsbarkeit in Italien, in: Weber/Luchterhandt (Hrsg.), Verfassungsgerichtsbarkeit in Westeuropa 2007, S. 159.

fassungsstreitigkeit betreffen.[1276] Die rumänische Regelung ähnelt den deutschen Regelungen dadurch, dass der rumänische Verfassungsgerichtshof nicht über die Zuständigkeit der Staatsorgane, sondern über einen *juristischen Konflikt mit verfassungsrechtlichem Charakter* zwischen den Staatsbehörden entscheidet. Dieser Konflikt muss entweder durch einen Akt oder konkrete Taten oder durch Untätigkeit von Staatsbehörden verursacht worden sein.[1277] Zusammenfassend lässt sich feststellen, dass der Gegenstand dieses Verfahrens in allen untersuchten Ländern nicht wesentlich unterschiedlich ist.

3. Prozessrechtliche Besonderheit

Das *deutsche Bundesorganstreitverfahren* zeigt ein Spezifikum, da der Antrag an eine *Sechs-Monats-Frist gebunden* ist, die in der Regel mit Kenntniserlangung der entsprechenden Maßnahmen durch den späteren Antragsteller beginnt.[1278] Demgegenüber ist das Verfahren in den anderen untersuchten Ländern nicht fristgebunden.

4. Entscheidungswirkung

Der Organstreit hat in Ungarn und in Italien einen verwaltungsrechtlichen Charakter. In beiden Ländern stellen die Verfassungsgerichte fest, welcher von der am Streit beteiligten Akteuren im konkreten Fall der kollidierenden Zuständigkeiten tatsächlich zuständig ist.[1279] Im deutschen Bundesorganstreitverfahren stellt das Bundesverfassungsgericht fest, ob die Maßnahme oder Unterlassung gegen das Grundgesetz verstößt.[1280] Die Entscheidung des Bundesverfassungsgerichtshof binden die Verfassungsorgane des Bundes und der Länder sowie alle Gerichte und Behörden.[1281] In Rumänien trifft der Verfassungsgerichtshof seine Entscheidung über einen juristischen Konflikt mit verfassungsrechtlichem Charakter mit der Wirkung *inter-partes*.[1282]

5. Zwischenergebnis

Der verwaltungsrechtliche Charakter des ungarischen Organstreits wurde nicht dadurch verändert, dass das Verfassungsgericht nach dem Inkrafttreten des neuen

---

[1276] § 67 S. 1 BVerfGG; *Benda/Klein*, Verfassungsprozessrecht, S. 398 Rn. 989.
[1277] CC Urteil 53/2005, in *Kerek*, Verfassungsgerichtsbarkeit in Rumänien und Ungarn, 2010, S. 239.
[1278] § 64 Abs. 3 BVerfGG.
[1279] Vgl. Art. 36 Abs. 2 neues UngVerfGG, Vgl. Art. 37 Abs. 1 des Gesetzes Nr. 87/1953.
[1280] § 67 Abs. 1 BVerfGG.
[1281] § 31 Abs. 1 BVerfGG.
[1282] Art. 36 VerfGHG.

Grundgesetzes sowie des neuen Organgesetzes nicht mehr für die Kompetenz-konflikte zwischen den Selbstverwaltungskörperschaften zuständig ist. Das Ver-fassungsgericht ist nach wie vor sowohl für horizontale als auch für vertikale Organstreitigkeiten zuständig. Allerdings wurde der verwaltungsrechtliche Cha-rakter des ungarischen Organstreits verstärkt. Denn das ungarische Verfassungs-gericht hat im Wesentlichen die Aufgabe einer einfachen Gesetzesauslegung. Ein echter Organstreit – in dessen Rahmen die nicht Handlungen der Regierung, des Präsidenten des Parlaments sowie des Präsidenten eines parlamentarischen Aus-schusses kontrolliert werden können – existiert in Ungarn nach wie vor nicht. Abschließend ist festzustellen, dass der Organstreit in Ungarn sowie auch die ent-sprechenden Verfahren in den anderen untersuchten Ländern, – abgesehen von Deutschland, wo das Organstreitverfahren Relevanz hat – nicht praxisrelevant ist. Die Änderung der ungarischen Vorschriften zum Organstreitverfahren wird daher keinen entscheidenden Einfluss auf die verfassungsrechtliche Praxis des ungari-schen Verfassungsgerichts nehmen.

D. Mit den örtlichen Selbstverwaltungskörperschaften zusammenhängende Verfahrensarten
I. Regelungen in Ungarn nach 1990

Der Charakter dieser Zuständigkeit des ungarischen Verfassungsgerichts als „sonstiges Verfahren „ kam dadurch zustande, dass die mit den örtlichen Selbst-verwaltungskörperschaften zusammenhängende Verfahrensarten sowohl in der ungarischen Verfassung und in der alten Fassung des ungarischen Verfassungsge-richtshofgesetzes als auch im Gesetz Nr. 65/1990 über die örtlichen Selbstverwal-tungskörperschaften[1283] (ÖSVwKG) geregelt wurden.[1284] Nach den alten Regelun-gen verfasste das Verfassungsgericht auf Anfrage bestimmte Verfassungsorgane eine Stellungnahme zur Auflösung von Selbstverwaltungskörperschaften ein Gut-achten, wenn vermutet wurde, dass deren Tätigkeit gegen die Verfassung verstie-ßen.[1285] Außerdem stand die rechtmäßige Ausübung der kommunalen Selbstver-waltungsrechte unter verfassungsgerichtlichem Rechtsschutz.[1286] Schließlich gab es eine verfassungsgerichtliche Kontrolle gesetzwidriger Satzungen von Kom-munen.[1287]

[1283] Ung. „Önkormányzati törvény" (Ötv.).
[1284] *Kerek,* Verfassungsgerichtsbarkeit in Ungarn und Rumänien, 2010, S. 260.
[1285] Art. 19 Abs. 3 lit. l) UngVerf.
[1286] Art. 43 Abs. 2 S. 2 UngVerf.
[1287] Art. 99 Abs. 2 lit. a) ÖSVwKG.

1. Stellungnahme im Zusammenhang mit dem Vorschlag zur Auflösung des örtlichen Vertretungsorgans

Für den Fall, dass die Tätigkeit einer örtlichen Selbstverwaltungskörperschaft verfassungswidrig war, konnte das Parlament auf Vorschlag der *Regierung* unter Berücksichtigung der Stellungnahme des *Verfassungsgerichts* örtlichen Vertretungsorgans auflösen.[1288] Im Rahmen dieser Zuständigkeit erstellte das Verfassungsgericht ein *beratenden Gutachten* nach Art. 19 Abs. 3 Nr. 1 altes ungarischen Verfassung bezüglich der Verfassungswidrigkeit der Tätigkeiten des örtlichen Vertretungsorgans.[1289] Diesbezüglich ist hervorzuheben, dass sich diese Stellungnahme ausschließlich auf Rechtsfragen, nicht aber auf Sachfragen bezog. Denn die Feststellung des zugrundeliegenden Sachverhaltes war die Aufgabe der ordentlichen Gerichte. Hauptaufgabe des Verfassungsgerichts war hingegen die Kontrolle der Verfassungsmäßigkeit von Rechtsnormen und nicht die Feststellung oder die Überprüfung des Sachverhalts.[1290] Im Übrigen wäre es für das Verfassungsgericht auch aus rein tatsächlichen Gründen schwierig gewesen, den Sachverhalt festzustellen da das Verfahren kein kontradiktorisches Verfahren war, das Verfassungsgericht seine Entscheidungen ausschließlich auf der Grundlage der von ihm verfügbaren Dokumenten treffen musste.[1291]

a) Charakter des Verfahrens und die problematischen Fragen

Die Stellungnahme des Verfassungsgerichts in Bezug auf die Tätigkeit der örtlichen Vertretungsorgane stand im Spannungsverhältnis zu deren Rechtsstellung, zur Zweckbestimmung und zu der Funktion des Verfassungsgerichts.[1292] Das erste Problem ergab sich daraus, dass das Verfassungsgericht nicht als Tatsachengericht, sondern als Rechtsgericht agierte.[1293] Denn um eine unabhängige und objektive Beurteilung der Frage der Verfassungsmäßigkeit der Tätigkeit des örtlichen Vertretungsorgans vornehmen zu können, die nicht nur unbesehen dem Vorschlag der Regierung folgt, hätte das Verfassungsgericht befugt sein müssen, eigene Tatsachenermittlungen anzustellen, um ein objektives Bild der Sachlage zu erhalten und gegebenenfalls auch die von der Regierung präsentierten Fakten in Frage stellen zu können. Daher war das Verfassungsgericht gezwungen entweder eine nur *abstrakte und allgemein gehaltene Stellungnahme* abzugeben oder selbst die Tatsachen ermitteln. Die Kosten hierfür waren dann aber häufig unverhältnismä-

---

[1288] Art. 19 Abs. 3 lit. l) UngVerf.
[1289] Art. 114 ÖSVwKG.
[1290] 1437/B/1996 AB-Urteil, ABH 1998, 672, 675: „Az Alkotmánybíróság 'jogbíróság'. Jogszabályok alkotmányosságának elbírálása a fő feladata. "
[1291] Art. 25 Abs. 2 S. 2 altes UngVerfGG.
[1292] *Tilk*, A Magyar Alkotmánybíróság 2008, S. 154.
[1293] 1437/B/ 1996 AB-Urteil, ABH 1996, 672, 675.

ßig hoch.[1294] Dem Verfassungsgericht standen zwei Möglichkeit zur Beseitigung dieses Problems zur Verfügung. Entweder es hätte auf diese Zuständigkeit verzichtet oder es hätte lediglich solche Stellungnahmen abgegeben, die *abstrakt und allgemein gehalten* wären. In der Literatur wurde die erste Lösung nicht befürwortet, sondern vorgeschlagen, dass das Verfassungsgericht eine abstrakte und allgemeine Stellungnahme abzugeben hat. Daraus ergab sich aber das Folgeproblem, dass streitig war, inwieweit das Ergebnis einer solchen abstrakt und generell formulierten Stellungnahme für einen konkreten Fall verbindlich ist und etwa insbesondere etwa das Parlament bei der Frage der Beurteilung der Verfassungswidrigkeit der Tätigkeit band.[1295]

b) Allgemeinverbindlichkeit der Stellungnahme des Verfassungsgerichts?

Außerdem wurde in der Literatur vertreten, dass die Regierung und das Parlament eine „Stellungnahme" des Verfassungsgerichts nicht obligatorisch berücksichtigen müsste, diese also über allgemein verbindliche Wirkung verfügten.[1296] Diese Ansicht wurde vor allem im von den Verfassungsrichtern *Erdei, Bagi und Strausz* zum 24/2000 (VII.6.) AB-Urteil vertreten. Sie führten an, dass Stellungnahme in der Form eines „Beschlusses zur Meinungsbildung"[1297] ergehe. Dabei könne es zu Missverständnissen führen, da diese Form der Entscheidung des Verfassungsgerichts sowohl zwar verbindlich sein könnte, aber in bestimmten Fällen auch unverbindlich seien. Da das alte UngVerfGG nicht regelte, dass das Verfassungsgericht sein Gutachten in Form des „Beschlusses" treffen müsse, war es nach Ansicht des Verfassungsrichters Erdei erforderlich, dass das Verfassungsgericht seine Entscheidung mit dem Wort „Stellungnahme" kennzeichne, um zu deutlich zu machen, dass die Entscheidung allgemein verbindlich sei.[1298]

[1294]   *Tilk*, A Magyar Alkotmánybíróság 2008, S. 154.

[1295]   Ebd.

[1296]   *Tilk*, A Magyar Alkotmánybíróság 2008, S. 154.

[1297]   Ung. „véleményt nyilvánító határozat".

[1298]   Sondervotum der Verfassungsrichtern *Erdei, Bagi, Strausz* zum AB-Urteil 24/2000 (VII.6.) ABH 2000, 140. „„Lényegét tekintve egyetértek a határozatban kifejtettekkel, nem értek azonban egyet azzal, hogy az Alkotmánybíróság álláspontját úgynevezett *"véleményt nyilvánító határozatban"* fogalmazta meg..(..).. A Kormánynak joga van arra, hogy akár az Alkotmánybíróság véleményével ellentétesen is javasolja az Országgyűlésnek a képviselő-testület feloszlatását, kötelezettsége mindössze a vélemény kikérésére és az Országgyűlés elé terjesztésére terjed ki. Az Országgyűlés a saját határozata meghozatalakor ugyancsak figyelmen kívül hagyhatja az Alkotmánybíróság véleményét, dönthet az abban foglaltakkal szemben is..(..)..A *"véleményt nyilvánító határozat"* megjelölés ellentmondásos, nevezetesen a nem kötelező és kötelező erő közötti ellentmondást fejezi ki. Ez nem jelentkezne akkor, ha az Alkotmánybíróság az Alkotmány és az Ötv. szóhasználatának megfelelően *"véleményt"* nyilvánítana..(..)..Az Abtv. nem tartalmaz olyan rendelkezést, amely előírná, hogy az Alkotmánybíróságnak a képviselő-testület feloszlatásával kapcsolatos álláspontját határozati formában kell kinyilvánítania. Erre tekintettel a határozati forma használata, s ezzel a jelzett ellentmondás elkerülhető lenne, ha az Alkotmánybíróság "véleménye" a valóságos helyzetnek megfelelően e megjelölést viselné címében is."

Nach Meinung von *Tilk* ist diese Ansicht des Verfassungsrichters *Erdei* unbegründet:

aa) In Ungarn sei das Verfassungsgericht der Hüter der Verfassung. Das Verfassungsgericht gebe im Rahmen der Prüfung der *Verfassungsmäßigkeit der Tätigkeit des örtlichen Vertretungsorgans* eine Stellungnahme ab. Aus dem Wortlaut „Stellungnahme" folge allerdings nicht, dass diese für die Regierung oder das Parlament obligatorisch sein müsse. Nach Meinung von *Tilk* ergäbe sich aus dem Wortlaut lediglich, dass die Auflösung eines verfassungswidrig tätigen örtlichen Vertretungsorgans die Aufgabe des Parlaments und nicht die des Verfassungsgerichts sei. Vielmehr folge aus der verfassungsgerichtlichen Aufgabe des Verfassungsgerichts, dass seine Entscheidungen in diesen Fällen endgültig und allgemeinverbindlich sein müssten seien.[1299]

Die Aufgabe des Verfassungsgerichts sei es, die Verfassung zu hüten. Alle Zuständigkeiten des Verfassungsgerichts dienten der Erfüllung dieser Aufgabe. Hinsichtlich des Verfassungsschutzes liege das letzte Wort deshalb beim Verfassungsgericht. Dementsprechend seien die Entscheidungen des Verfassungsgerichts Ungarns in Bezug auf die Prüfung der Verfassungsmäßigkeit von Rechtsnorm ohne Ausnahme allgemeinverbindlich. Die Beachtung und Einhaltung von verfassungsgerichtlichen Entscheidungen sei daher keine Ermessens- und Erwägungsfrage.[1300] Denn das Verfassungsgericht verfüge über ein in der Verfassung verankertes Recht, nach dem es die Verfassungsmäßigkeit der Rechtsnorm zu überprüfen habe. Daher sei die Beurteilung des Verfassungsgerichts für alle Verfassungsorganen allgemein verbindlich. Nur das Verfassungsgericht könne schlussendlich die Verfassungsmäßigkeit feststellen.[1301]

Nach Auffassung von *Tilk* bedeute es, wenn das Verfassungsgericht in der Frage der Verfassungsmäßigkeit nicht allein zu entscheiden habe, dass seine Funktion bezüglich des Verfassungsschutzes beschränkt werde. Wenn aber seine Funktion als Hüter der Verfassung durch ein anderes Organ, wie hier etwa das Parlament, ergänzt würde, könne dies eine Gefahr für die einheitliche Verfassungsauslegung darstellen.[1302] Außerdem dürfte Verfassungsschutz und Verfassungsauslegung nicht von der Politik beeinflusst werden. *Charles Eisenmann* hat ebenso darauf hingewiesen, dass der Verfassungsschutz auf keinen Fall die Aufgabe des Parla-

[1299] *Tilk*, A Magyar Alkotmánybíróság 2008, S. 155.
[1300] *Tilk*, A Magyar Alkotmánybíróság 2008, S. 155.
[1301] *Holló*, Az Alkotmánybíróság viszonya az Alkotmányhoz (2000), S. 94.
[1302] *Tilk*, A Magyar Alkotmánybíróság 2008, S. 155.

ments sei, sondern die eines eigenständigen e, unabhängigen Organs, namentlich des Verfassungsgerichts. [1303]

ab) *Tilk* ist darüber hinaus der Ansicht, dass die in der Gegenposition zum 24/2000 (VII.6.) AB-Urteil getroffene Behauptung, nach der die Stellungnahme des Verfassungsgerichts für das Parlament nicht verbindlich sei, gegen das Prinzip der Rechtsstaatlichkeit verstoße. Zum einen sei es in einem Rechtsstaat schwer zu nachzuvollziehen, dass die Entscheidung eines Organs, dessen Hauptaufgabe der Verfassungsschutz ist, für das Parlament nicht verbindlich sei. Denn einerseits werde die (politische und verfassungsrechtliche) Autorität des Verfassungsgerichts aufgrund der Nichtberücksichtigung seiner Entscheidung erheblich beeinträchtigt. Andererseits würde die Verfassungsschutzfunktion des Verfassungsgerichts verringert. Des Weiteren bestünde die Gefahr, dass das Parlament solche örtlichen Vertretungsorgane auflösen, welche es als „renitent" oder „unliebsam" betrachtet, ohne dass es hiergegen andere, ausreichende Sicherungsmechanismen gäbe. In einem Rechtsstaat sei es nicht akzeptabel, dass ein verfassungsmäßiges Organ wie etwa das Parlament in die Tätigkeit eines anderen verfassungsmäßigen Organs, wie etwa eines örtlichen Vertretungsorgans eingreifen und dieses sogar auflösen könne, ohne dass hiergegen ein Rechtsschutzmittel zu einem anderen verfassungsmäßigen Organ – dem Verfassungsgericht – zur Verfügung stünde. Letztlich bedeutete dies ein Verstoß gegen das Rechtsstaatsprinzip und damit einen Verstoß gegen die Verfassung. [1304]

ac) Letztendlich sei nach Meinung von *Tilk* zu berücksichtigen, dass die Verfassung selbst solche Vorschriften enthalte, die bestätigen, dass die Stellungnahme des Verfassungsgerichts allgemein verbindlich sei. Im Rahmen der präventiven Normenkontrolle kann etwa der Präsident der Republik ein durch das Parlament schon verabschiedetes, aber noch nicht ausgefertigtes Gesetz der Kontrolle durch das Verfassungsgericht unterwerfen, vorausgesetzt, dass der Präsident eine Vorschrift des betroffenen Gesetzes für „verfassungswidrig" oder „bedenklich" hält.[1305] Darüber hinaus kann das Verfassungsgericht das durch das Parlament schon verabschiedete, aber noch nicht ausgefertigte Gesetz von Amts wegen für verfassungswidrig befinden. In diesem Fall verweist das Verfassungsgericht dieses Gesetz an das Parlament zurück.[1306] In allen anderen Fällen hat der Präsident der Republik

---

[1303] Siehe dazu ausführlich Eisenmann, La justice constitutionelle et la Haute Cour constitutionelle d'Antiche, Paris, Economica, 1986.
[1304] *Tilk*, A Magyar Alkotmánybíróság 2008, S. 156.
[1305] Art. 26 Abs. 4 UngVerf i.V.m. Art. 35 Abs. 1 altes UngVerfGG.
[1306] Art. 26 Abs. 5 S. 1 UngVerf.

245

das Gesetz zu unterzeichnen und innerhalb von 5 Tagen zu verkünden.[1307] Hier ist zu bemerken, dass die Verfassung ebenfalls den Wortlaut „zur Begutachtung" in Art. 26 Abs. 4 altes UngVerf verwendet. Dennoch besteht expressis verbis eine Pflicht des Präsidenten der Republik das Gesetz zu unterzeichnen und zu veröffentlichen.[1308] Vor diesem Hintergrund zieht *Tilk* zwei Schlussfolgerungen: Zum einen habe der verfassungsgebende Gesetzgeber bei der Formulierung der Vorschriften zum Verfahren der Stellungnahme des Verfassungsgerichts bei Auflösung eines örtlichen Vertretungsorgans darauf verzichtet, die Allgemeinverbindlichkeit dieser Entscheidung „expressis verbis" anzuordnen, denn diese Allgemeinverbindlichkeit ergäbe sich für das Parlament ohnedies aus anderen sonstigen Vorschriften und wurde für eindeutig gehalten. Zum anderen sei es unvorstellbar, dass der verfassungsgebende Gesetzgeber die Stellungnahme des Verfassungsgerichts nicht als allgemeinverbindlich verstanden habe wissen wollen.[1309]

c) Mögliche Lösungen das Problem
Bezüglich der Beseitigung dieses Problems wurden unterschiedliche Lösungen entwickelt.
1. Zunächst hätte das vorliegende Problem nach Meinung von *Tilk* gelöst werden können, indem das Recht auf Stellungnahme des Verfassungsgerichts abgeschafft würde, da das Verfassungsgericht ohnehin nicht über ausreichende Mittel verfüge, den konkreten Sachverhalt zu überprüfen. Auf die abstrakte und allgemein gehaltene Stellungnahme in Bezug auf die Auflösung eines örtlichen Vertretungsorgans könne auch verzichtet werden.[1310]
2. Des Weiteren ist die Idee von *Spuller* zu nennen, nach der nicht das Verfassungsgericht, sondern die Verwaltungsgerichte diese Aufgabe erledigen könnten.[1311]
3. Nach Ansicht von *Kalas* soll zur Auflösung eines örtlichen Vertretungsorgans die Zustimmung des Verfassungsgerichts notwendig sein. Wenn die Zustimmung des Verfassungsgerichts erforderlich sei, könne dies verhindern, dass sich die politischen Machtverhältnisse im Parlament uneingeschränkt auswirken.[1312] Folglich hält *Kalas* eine gemeinsame Entscheidung des Verfassungsgerichts und des Parlaments für nötig, die etwa in Form der Einführung eines *Vetorechts des Verfassungsgerichts* erfolgen könnte.[1313]

[1307]   Art. 26 Abs. 5 S. 2 UngVerf.
[1308]   Vgl. Art. 26 Abs. 2 UngVerf, *Tilk*, A Magyar Alkotmánybíróság 2008, S. 157.
[1309]   *Tilk*, A Magyar Alkotmánybíróság 2008, S. 158.
[1310]   Ebd.
[1311]   *Spuller*, Das Verfassungsgericht der Republik Ungarn (1998), S. 178.
[1312]   *Kalas*, Az önkormányzatok jogi szabályozásának szerepe az Alkotmányban (1996), S. 168.
[1313]   *Tilk*, A Magyar Alkotmánybíróság 2008, S. 159.

4. *Bragyova* ist der Ansicht, dass keine Stellungnahme des Verfassungsgerichts erforderlich sei, weil die Auflösung eines örtlichen Selbstvertretungsorgans eine politische Frage sei. Ein Rechtsschutzmittel, wie eine Beschwerde, sollte jedoch zur Verfügung stehen. Eine andere Problembewältigung wäre, wenn auf Vorschlag der Regierung es dem Präsidenten der Republik statt dem Parlament obliege, das örtlichen Selbstvertretungsorgans aufzulösen. In diesem Fall könne ein Verfahren gegen die Regierung beantragt werden.[1314] Der Autor erläutert jedoch nicht, welche Voraussetzungen die Beschwerde erfüllen muss oder was die Wirkungen eines „verfassungsmäßigen Verfahrens" sein können.[1315]

5. *Verebélyi* ist der Meinung, dass „die Regierung über alle Vorschläge der Auflösung eines örtlichen Vertretungsorgans das Verfassungsgerichts um eine Stellungnahme ersuchen müsse, auch wenn das Verfassungsgericht hinsichtlich des betroffenen Falls bereits in einem früheren Zeitpunkt seine Meinung kundgetan habe".[1316]

6. Abschließend war es für *Tilk* auch vorstellbar, dass diese Aufgabe nicht mehr in den Zuständigkeitsbereich des Verfassungsgerichts fällt. Stattdessen müsse eine Rechtsmittelfunktion des Verfassungsgerichts garantiert werden. Dazu müssten allerdings effektive Rechtsschutzmöglichkeiten geschaffen werden, die das Verfassungsgericht gerade nicht verfüge.[1317]

d) Inhalt der Entscheidungen des Verfassungsgerichts bezüglich der Auflösung eines örtlichen Vertretungsorgans

Im Folgenden werden zwei Entscheidungen des Verfassungsgerichts näher betrachtet, die diese Zuständigkeit des Verfassungsgerichts betreffen.[1318]

1. Im ersten Fall hatte das Verfassungsgericht expressis verbis erklärt, dass es diese Zuständigkeit nur im Zusammenhang mit seiner verfassungsmäßigen Funktion ausüben könne. Da das Verfassungsgericht kein Tatsachengericht sei, könne es die von der Regierung darlegenden Tatsachen nicht überprüfen. Das Verfassungsgericht sei lediglich dazu in der Lage, eine *abstrakte Stellungnahme* zu der

---

[1314]   *Bragyova*, Az új Alkotmány egyik koncepciója (1995), S. 235.
[1315]   *Tilk*, A Magyar Alkotmánybíróság 2008, S. 159.
[1316]   *Verebélyi*, A központi állami szerveknek a helyi önkormányzatokkal kapcsolatos feladat- és hatásköre, in: *Verebélyi* (Hrsg.) Az önkormányzati rendszer magyarázata (1999), S. 512.
[1317]   Ebd.
[1318]   *Tilk*, A Magyar Alkotmánybíróság 2008, S. 160.

Frage abzugeben, ob die Tätigkeit eines örtlichen Vertretungsorgans einer Selbstverwaltungskörperschaft verfassungswidrig sei. Das Verfassungsgericht stelle die Verfassungswidrigkeit der Tätigkeit fest, wenn die Tätigkeit den im ÖSVwKG [1319] festgeschriebenen gesetzlichen Anforderungen nicht entspräche oder die Funktionsfähigkeit der örtlichen Selbstverwaltungskörperschaft nicht auf andere Weise wiedergestellt werden könne.[1320] Allerdings ist anzumerken, dass nicht jede verfassungswidrige Maßnahme oder Tätigkeit automatisch zur verfassungswidrigen Funktion der örtlichen Selbstverwaltungskörperschaft führt. Dies erfordert vielmehr entweder eine Vielzahl von verfassungswidrigen Maßnahmen oder einen Zustand hinsichtlich dessen es offensichtlich ist, dass die Wiederherstellung der verfassungsmäßigen Funktion der örtlichen Selbstverwaltungskörperschaft nicht mehr möglich ist.[1321]

2. In einem anderen Fall hat das Verfassungsgericht erklärt, dass die Verfassung sowohl den Bürgermeister als auch das Vertretungsorgan der örtlichen Selbstverwaltung als verfassungsmäßige Einrichtung regle und schütze. Folglich besteht ein besonderes verfassungsrechtliches Interesse daran, dass ein örtliches Vertretungsorgan und der durch das Volk unmittelbar gewählte Bürgermeister bei der Erfüllung ihrer Aufgaben nicht willkürlich behindert werden. Die Wahrung der Autonomie einer Selbstverwaltungskörperschaft ist die Pflicht des Bürgermeisters und der Mitglieder der des örtlichen Vertretungsorgans. Dementsprechend verstößt die Tätigkeit eines örtlichen Vertretungsorgan auch dann gegen die Verfassung, wenn es die Erfüllung der vom Mandat des Bürgermeisters umfassten Aufgaben willkürlich behindert.[1322]

[1319] Das Gesetz Nr. 65/1990 über die örtlichen Selbstverwaltungskörperschaften.

[1320] 1220/H/1992 AB Beschluss, ABH 1992, 630, 631. Der Leitsatz der Entscheidung lautet: „Önkormányzati képviselő-testület Alkotmánnyal ellentétes működésének egyik megnyilvánulása az, *ha a képviselő-testület tartósan nem működik és működésképességének helyreállása, illetve működésének folytatása nem várható.*"

[1321] *Tilk,* A Magyar Alkotmánybíróság 2008, S. 160.

[1322] 24/2000 (VII.6.) AB-Urteil, ABH 2000, 140. Der Leitsatz der Entscheidung lautet: „ *Az Alkotmánybíróság megállapítja:* az Alkotmány mind a helyi képviselő-testületet, mind a polgármestert alkotmányos intézményként szabályozza és védi Alkotmány 44. § (1) – (3) bekezdései; 44/B. § (1) - (2) bekezdései. Erre tekintettel kiemelkedő alkotmányos érdek fűződik a közöttük lévő közjogi jogviszony zavartalanságához, amiből következik, hogy az Alkotmány 71. § (1) bekezdése alapján a választópolgárok által közvetlenül *megválasztott polgármestert a helyi képviselő-testület önkényesen nem korlátozhatja feladatai ellátásában.*" *„ A helyi önkormányzás zavartalanságának fenntartása, feltételeinek biztosítása a helyi képviselő-testületnek és a polgármesternek egyaránt alkotmányos kötelessége.* Nem tesz eleget alkotmányos kötelezettségének az a helyi képviselő- testület, amely *önkényesen akadályozza a polgármesteri megbízatás teljesítését.* Önkényes akadályozásnak minősül az is, ha a helyi képviselő-testület nem indítja meg azokat az eljárásokat, amelyeket törvény a helyi képviselő-testület a polgármester közötti konfliktusok megoldására rendel."„Nem tekinthető önkényesnek – ennek következtében alkotmányellenesnek – a helyi képviselő-testület működése akkor, ha a helyi önkormányzás zavartalanságának biztosítása érdekében a testület igénybe veszi a konfliktus feloldására rendelt törvényi eszközöket."

Im Rahmen dieses Falls hat das Verfassungsgericht außerdem eine Kooperationspflicht aus der Verfassung abgeleitet, nach der das örtliche Vertretungsorgan den Bürgermeister bei der Lösung von kommunalen Problemen unterstützen muss.[1323]

2. Schutz örtlicher Selbstverwaltungskörperschaften

Die zweite Zuständigkeit des Verfassungsgerichts Ungarns im Rahmen der mit den örtlichen Selbstverwaltungskörperschaften zusammenhängenden Verfahrensarten betrifft den Schutz der örtlichen Selbstverwaltungskörperschaften.

a) Gesetzgeberische Unterlassung?

Die „Grundrechte" einer örtlichen Selbstverwaltungskörperschaft waren in der Verfassung selbst geregelt. Dementsprechend ist eine örtliche Selbstverwaltungskörperschaft vor allem dazu berechtigt, *Satzungen* zu Erfüllung ihrer örtlichen Aufgaben zu erlassen sowie in sonstigen örtlichen Tätigkeiten selbstständig zu handeln.[1324] Die in der Verfassung verankerten Rechte der örtlichen Selbstverwaltungskörperschaft sind allerdings aus dogmatischer Sicht nicht als Grundrechte zu qualifizieren.[1325] Diese Rechte gehören haben ihren Ursprung in der Selbstverwaltung und sollen den Schutz der Selbstverwaltung gegenüber der Regierung und anderen, höheren staatlichen Verwaltungsorganen garantieren.[1326]

Im Zusammenhang mit dieser Regelung sind einige Fragen aufgetaucht. Schon Kilényi war im Jahr 1992 der Meinung, dass die Vorschriften den Schutz der Selbstverwaltung garantieren, ohne dass sich hieraus zugleich eine allgemeine Zuständigkeitsregelung ableiten ließe, nach der das Verfassungsgericht für den Schutz der Selbstverwaltung in allen Fällen die Zuständigkeit zuständig sei. Vielmehr bedürfe es einer ausdrücklichen Regelung, die dem Verfassungsgericht eine entsprechende Zuständigkeit zuweist.[1327]

Szalai stellte die Frage, ob sich aus der Möglichkeit der Verletzung des Rechts auf Selbstverwaltung eine sui generis Zuständigkeit des Verfassungsgerichts begrün-

---

[1323] 24/2000 (VII.6.) AB-Urteil, ABH 2000, 140, 146. „Az Alkotmánybíróság ugyanakkor megállapítja: a helyi önkormányzás zavartalanságának folyamatos fenntartása, feltételeinek biztosítása a helyi képviselő-testületnek és a polgármesternek egyaránt alkotmányos kötelessége. Ebből következően *a polgármesternek is elő kell segítenie a konfliktusok mielőbbi rendezését.*"

[1324] Art. 44a UngVerf.

[1325] *Ádám,* Észrevételek a magyar önkormányzati reform néhány kérdésköréhez, in: Magyar Közigazgatás 1/1999, S. 1 (3-4).

[1326] 4/1993 (II.12.) AB-Urteil, ABH 1993, 48, 71.

[1327] *Kilényi,* Az Alkotmánybíróság és az önkormányzatok, in: Magyar Közigazgatás 12/1992, S. 699 (700).

den ließe. *Szalai* war der Meinung, dass sich dieses Ergebnis durch eine zwei-stufige Argumentation begründet werden könnte. Zunächst sei zu vermuten, dass die Vorschriften der Verfassung keine eigne Zuständigkeit des Verfassungsge-richts begründeten. Sie enthalten nur ein verfassungsrechtlich garantiertes Recht auf Selbstverwaltung. Aus diesem Grund könne das Verfassungsgericht nur in solchen Fällen zum Schutz der Selbstverwaltung tätig werden, wenn es eine be-sondere Zuständigkeit vorliege. Diese ergäben sich aus Art. 43 Abs. 2 S. 2 altes UngVerf, sodass eine örtliche Selbstverwaltung den Schutz der Selbstverwaltung etwa im Rahmen der Verfahren der nachträglichen abstrakten Normenkontrol-le, des Organstreits, der Unterlassung des Gesetzgebers erreichen könnte. Inso-weit sei der Rechtsschutz durch das Verfassungsgericht bezüglich des Rechts auf Selbstverwaltung gewährleistet, insbesondere wenn dieses Rechtdurch Gesetze beschränkt würde.[1328]

Tilk war allerdings der Auffassung, dass der verfassungsgebende Gesetzgeber hin-sichtlich des Rechtsschutzes der Selbstverwaltung schlicht es versäumt habe, eine entsprechende Regelung zu treffen. Dieser Auffassung schloss sich *Fürth* an. Er macht außerdem geltend, dass nach dem Art. 43 Abs. 2 S. 2 altes UngVerf die Selbstverwaltung nur angemessen verwirklicht würde, wenn mit dieser Vorschrift eine entsprechende Zuständigkeit des Verfassungsgerichts korrespondiere, durch die das Recht auf Selbstverwaltung auch geschützt würde. Es sei demzufolge die Pflicht des verfassungsgebenden Gesetzgebers, eine entsprechende Zuständigkeit des Verfassungsgerichts in der Verfassung zu ergänzen.[1329]

Einen entsprechenden Antrag bezüglich der Feststellung eines solchen Unterlas-sens des verfassungsändernden Gesetzgebers hatte das Verfassungsgericht aller-dings selbst abgelehnt. Es argumentierte, dass Art. 43 Abs. 2 S. 2 alte UngVerf die verfassungsrechtliche Grundlage für die Zuständigkeit des Verfassungsgerichts in Bezug auf den Schutz der Selbstverwaltungsrechte sei. Diese Vorschrift sei das entsprechende Pendant für die in der Verfassung und in Art. 3 ÖSVwKG konkreti-sierten Selbstverwaltungsrechte. Der Schutz der Ausübung der Selbstverwaltung könne daher zwar durch das Verfassungsgericht und durch Fachgerichte gewähr-leistet werden. Die Vorschrift des Art. 43 Abs. 2 S. 2 alte UngVerf sowie des Art. 3 ÖSVwKG enthielten aber keine spezifische Zuständigkeitsregelung des Ver-fassungsgerichts. Daher eigneten sich diese Vorschriften nicht als Grundlage für ein entsprechendes verfassungsgerichtliches Verfahren. Eine Selbstverwaltung könne sich deswegen nicht unmittelbar auf Grundlage von Art. 43 Abs. 2 S. 2 alte

---

[1328]   *Szalai,* Az Alkotmánybíróság és az önkormányzatok, in: *Kilényi* (Hrsg.) Alkotmánybíráskodás (1993), S. 206.

[1329]   *Fürcht,* Önkormányzatok és az Alkotmánybíróság, in: Magyar Közigazgatás 3/1993, S. 129; *Tilk,* A Magyar Alkotmánybíróság 2008, S. 163.

250

UngVerf an das Verfassungsgericht wenden. Vielmehr müsse der verfassungsgebende Gesetzgeber die einzelnen Fälle, in denen er es für erforderlich hielt, dass das Recht auf Selbstverwaltung durch das Verfassungsgericht geschützt werde, in einer gesetzlichen Vorschrift explizit festlegen und das entsprechende Verfahren konkretisieren. Art. 43 Abs. 2 S. 2 alte UngVerf stelle selbst keine verfassungsprozessrechtliche Vorschrift dar, sondern zeige nur die Fälle auf, in denen der einfache Gesetzgeber bestimmen könne, dass sich eine Selbstverwaltungskörperschaft an das Verfassungsgericht wenden könne. Diese müsse der einfache Gesetzgeber aber noch selbst festlegen. Weder aus Art. 43 Abs. 2 S. 2 alte UngVerf noch aus Art. 3 ÖSVwKG ergäben sich Anhaltspunkte, die auf die Zuständigkeit des Verfassungsgerichts oder sonstige prozessrechtliche Vorgaben, etwa zur Entscheidung des Verfassungsgerichts hindeuteten. Außerdem verbleibt es den Selbstverwaltungsorganen gemäß Art. 1 lit. f) alte UngVerf sich gegen ihre Auflösung durch das Organstreitverfahren zu schützen.

In einer anderen Entscheidung erklärte das Verfassungsgericht, dass der verfassungsgebende Gesetzgeber mit Erlass des Art. 43 Abs. 2 s. 2 alte UngVerf seine gesetzgeberischen Aufgaben erfüllt habe, folglich nicht wie teilweise angenommen ein verfassungswidriges, gesetzgeberisches Unterlassen vorliege. Der verfassungsgebende Gesetzgeber habe seine Aufgaben insbesondere dadurch erfüllt, dass die örtlichen Selbstverwaltungskörperschaften gemäß Art. 1 lit. b) altes UngVerfGG eine nachträgliche Normenkontrolle, nach Art. 1 lit. e) altes UngVerfGG ein Unterlassen des einfachen Gesetzgebers, nach Art. 1 lit. d) altes UngVerfGG eine „unechten" Verfassungsbeschwerde beantragen könne. Außerdem sei es die Aufgabe des Verfassungsgerichts, Kompetenzkonflikte zwischen staatlichen Organen und Selbstverwaltungskörperschaften gemäß Art. 1 lit. l) altes UngVerfGG zu klären. Des Weiteren verfüge das Verfassungsgericht über die Möglichkeit, eine Stellungnahme bezüglich der Auflösung eines verfassungswidrig tätigen örtlichen Vertretungsorgans nach Art. 19 Abs. 3 altes UngVerf abzugeben und auf diese Weise das Recht der Selbstverwaltung zu schützen. Aus alledem folge nach der Meinung des Verfassungsgerichts, dass der Gesetzgeber seine Aufgabe, die Selbstverwaltung zu schützen, erfüllt habe. Das Parlament kann allerdings frei erwägen, ob es eine Erweiterung des Schutzes der Selbstverwaltungsrechte bedarf und auch das Verfassungsgerichts und die Fachgerichte könnten über ihre Rechtsprechung hier mittelbar schützend tätig werden.[1330]

[1330]   961/E/2000 (03.24.) AB Beschluss, ABH 2003, 1277, 1278–1279. „Az Ötv. szerint a *települési és a megyei önkormányzatok jogi személyiséggel rendelkeznek.* [9. § (1) bekezdés; 72. §] Az Abtv. rendelkezései szerint a jogszabály, valamint az állami irányítás egyéb jogi eszköze alkotmányellenességének *utólagos vizsgálatát* [1. § b) pont], *mulasztásban megnyilvánuló alkotmányellenesség vizsgálatát* [1. § e) pont], valamin t az Alkotmányban biztosított jogok megsértése miatt benyújtott *alkotmányjogi panasz vizsgálatát* [1. § d) pont] bárki, így a helyi önkormányzat is kezdeményezheti. Az Abtv. 1. § f) pontja értelmében az Alkotmánybíróság hatáskörébe tartozik az állami szervek, tov-

Diese Ansicht des Verfassungsgerichts ist wenig überzeugend. Angesichts der hohen Bedeutung des Rechts auf Selbstverwaltung und den vielfältigen Gefahren, der dieses Recht durch den Gesetzgeber oder andere staatliche Organe ausgesetzt ist, wäre es die Pflicht des Gesetzgebers gewesen eine eigene Zuständigkeit in der Verfassung zu verankern.

b) Kommunalbeschwerde?

Abschließend ist zu erwähnen, dass Art. 43 Abs. 2 S. 2 alte UngVerf örtlichen Selbstverwaltungskörperschaft in bestimmten Umfang verfassungsgerichtlichen Rechtsschutz garantierte. Allerdings lässt sich der in Art. 43 Abs. 2 S. 2 alte Ung-Verf gewährleistete Schutz der Selbstverwaltungsrechte nicht mit dem verfassungsgerichtlichen Schutz vergleichen, der eine Kommunalverfassungsbeschwerde im Sinne des Art. 92 Abs. 1 Nr. 4b GG, §§ 13 Nr. 8a, 91 BVerfGG und Art. 28 Abs. 2 GG bietet. Denn die Vorschrift des Art. 43 Abs. 2 S. 2. alte UngVerf enthielt nicht bereits Antragsberechtigung für eine örtliche Selbstverwaltungskörperschaft. Vielmehr handelte sich um eine Rechtsgrundlage ohne prozessualen Charakter. Dies bedeutet, dass die örtlichen Selbstverwaltungskörperschaften einen Antrag nur in solchen Fällen stellen könnten, die im Gesetz Nr. 65/1990 über die örtlichen Selbstverwaltungskörperschaften (ÖSVwKG) geregelt waren. Infolgedessen konnte der Gesetzgeber bestimmen, unter welchen Voraussetzungen eine örtliche Selbstverwaltungskörperschaft das Verfassungsgericht anrufen durfte.[1331] Das in Art. 43 alte UngVerf geregelte Verfahren ist daher nicht im Sinne eines subjektiven Rechtsschutzverfahren für örtliche Selbstverwaltungskörperschaften, sondern eher als ein Verfahren zur Lösung quasi-föderativer Kompetenzkonflikte zu qualifizieren.[1332] Auf diese Weise lässt sich auch die nachträgliche abstrakte

---

ábbá az önkormányzat és más állami szervek, illetve az önkormányzatok között felmerült hatásköri összeütközés megszüntetése..(..)..Az Alkotmány 19. § (3) bekezdés l) pontja és az Ötv. 93. § (2) bekezdése szerint az Országgyűlés a Kormánynak az Alkotmánybíróság véleményének kikérése után előterjesztett javaslatára oszlathatja fel azt a helyi képviselő-testületet, amelynek működése az Alkotmánnyal ellentétes..(..)..Az Alkotmánybíróság megítélése szerint a törvényhozó az említett rendelkezések megalkotásával eleget tett az Alkotmány 43. § (2) bekezdéséből fakadó jogalkotási kötelezettségének..(..)..Az Országgyűlés az Alkotmány keretei között szabadon mérlegelheti, hogy további szervezeti és eljárási szabályokkal bővíti-e az önkormányzati jogok alkotmánybírósági, illetve bírósági védelmét."

[1331]   *Kerek*, Verfassungsgerichtsbarkeit in Ungarn und Rumänien, 2010, S. 260–261.
[1332]   *Sólyom*, Die Verfassungsgerichtsbarkeit in Ungarn (2007), in *Weber/Luchterhandt* (Hrsg.) Verfassungsgerichtsbarkeit in Mittel- und Osteuropa, 2007, S. 255.

Normenkontrolle einer kommunalen Satzung als eine quasi-föderative Kontrolle verstehen, etwa, da das Verfassungsgericht darüber zu entscheiden hatte, ob die örtliche Selbstverwaltungskörperschaften die Grenze ihrer Rechtsetzungsautonomie überschritten hatte.[1333] Ein anderes Beispiel für einen quasi-föderativen Kompetenzkonflikt war, wenn der Staat die Organisationsautonomie der Gemeinde unverhältnismäßig beschränkte.[1334] Abschließend muss betont werden, dass das Verfassungsgericht die Bestimmungen bezüglich der Rechtsetzung der örtlichen Selbstverwaltungskörperschaft so weit auslegte, dass deren Rechtsetzung im Ergebnis grenzenlos geworden war.[1335]

3. Kommunalaufsicht

Die letzte Verfahrensart hinsichtlich der örtlichen Selbstverwaltungskörperschaften war die Kommunalaufsicht nach Art. 99 Abs. 2 lit. a) altes ÖSVwKG[1336], die der in Art. 39 altes UngVerfGG geregelten Gesetzlichkeitsaufsicht der Staatsanwaltschaft ähnelte.[1337] Gemäß Art. 99 Abs. 2 lit. a) altes ÖSVwKG konnte sich der Leiter der zuständigen Kommunalaufsichtsbehörde[1338] an das Verfassungsgericht wenden, vorausgesetzt, dass das Vertretungsorgan der Selbstverwaltungskörperschaft eine festgestellte Gesetzwidrigkeit einer örtlichen Satzung nicht beseitigte. Hier war eine Gesetzwidrigkeit, also ein Verstoß gegen höherrangiges Recht erforderlich. Denn Art. 44a Abs. 2 alte UngVerf statuierte, dass die Satzung der örtlichen Vertretungskörperschaft nicht gegen höherrangige Gesetze verstoßen dürfe. Daher genügte ein Verstoß gegen einfaches Recht, ein konkreter Verstoß gegen bestimmte Normen des Verfassungsrechts war hingegen nicht erforderlich. Der Leiter der Verwaltungsbehörde beantragt beim Verfassungsgericht die Überprüfung und die Aufhebung der gesetzwidrigen Satzung. Es handelte sich um eine nachträgliche Normenkontrolle im Sinne des Art. 1 lit.b) altes UngVerfGG.[1339] Das Verfassungsgericht erklärte expressis verbis, dass die Gesetzwidrigkeit einer örtlichen Satzung kein Gegenstand der *actio pupularis* sein könne.[1340]

[1333] Laut Art. 44/A Abs. 2 altes UngVerf konnte die örtliche Selbstverwaltungskörperschaft „in ihrem Aufgabenbereich" Verordnung erlassen, diese mussten jedoch mit den übergeordneten Rechtsvorschriften in Einklang stehen.

[1334] Art. 44/A Abs. 1 altes UngVerf lautet: „Die örtliche Vertretungskörperschaft: ...e) gestaltet selbständig ihre Organisation und Tätigkeit gemäß den gesetzlichen Bestimmungen."

[1335] 77/1995 (XII.21.) AB-Urteil, ABH, 1995, 395 ff.

[1336] Ung. „Önkormányzati törvény", das Gesetz Nr. 65/1990 über die örtliche Selbstverwaltung (altes ÖswKG)

[1337] *Kerek*, Verfassungsgerichtsbarkeit in Ungarn und Rumänien, 2010, S. 262.

[1338] Ung. „Közigazgatási Hivatal vezetője".

[1339] *Kerek*, Verfassungsgerichtsbarkeit in Ungarn und Rumänien, 2010, S. 262.

[1340] 30/1999 (X. 13.) AB-Urteil, ABH 1990, 411 ff.

253

Vergleicht man die Vorschriften des alten UngVerfGG und des alten ÖSVwKG, lässt sich zudem feststellen, dass die Vorschriften des alten UngVerfGG sich auf die Verfassungswidrigkeit beziehen, während die Vorschriften des alten ÖSVwKG die Gesetzwidrigkeit betreffen. Anders als bei Art. 21 Abs. 2 altes UngVerfGG, wo jedermann Antragsteller sein konnte, konnte die Gesetzwidrigkeit nach Art. 99 Abs. 1 lit. a) altes ÖSVwKG ausschließlich vom Leiter der Kommunalaufsichtsbehörde beantragt werden. Nur wenn eine gesetzwidrige örtliche Satzung nach Art. 44/A Abs. 2 altes UngVerf außerdem gleichzeitig verfassungswidrig ist, kann das Verfahren von jedermann beantragt werden.[1341] Wird die Gesetzwidrigkeit einer Satzung der örtlichen Selbstverwaltungskörperschaft wegen eines Unterlassens gerügt, so beschränkt sich der Kontrollmaßstab darauf, ob die Selbstverwaltungskörperschaft völlig untätig war oder ausschließlich ungeeignete Maßnahmen ergriffen hatte. Allerdings bestand nach Art. 99 Abs. 2 lit. a) altes ÖSVwKG die grundsätzliche Möglichkeit, dass sich der Leiter der Kommunalaufsichtsbehörde an das Verfassungsgericht wenden, wenn die örtliche Selbstverwaltung ihre Pflicht bezüglich des Erlasses von örtlichen Satzungen durch ein Unterlassen verletzt hatte.[1342]

[1341] 30/1999 (X. 13.) AB-Urteil, ABH 1990, 411, 414–415. „Ennek alapján az Ötv. 99. § (2) bekezdés a) pontja a *közigazgatási hivatal vezetőjének biztosít indítványozási jogot a törvénysértő önkormányzati rendelet vizsgálatára.* Az Abtv. és az Ötv. vonatkozó rendelkezéseinek összevetése alapján megállapítható, hogy a törvényi szabályozás külön kezeli az *alkotmányellenesség* (Abtv. 1. § b) pont) és az önkormányzati rendelet *törvényellenességének* (Ötv. 99. § (2) bekezdés a) pontja) vizsgálatát. Az előbbi esetben az Alkotmánybíróság eljárását az Abtv. 21. § (2) bekezdése szerint *bárki indítványozhatja,* az utóbbi esetben az eljárás kezdeményezője a *közigazgatási hivatal vezetője. Arra tekintettel, hogy az Alkotmány 44/A. § (2) bekezdése szerint a törvénysértő önkormányzati rendelet egyben alkotmánysértő, az Alkotmánybíróság bárki indítványára lefolytatja az érdemi vizsgálatot* akkor is, ha az indítványozó valamely önkormányzati rendelet normatív tartalma tekintetében törvénysértést állít (annak ellenére, hogy a közigazgatási hivatal vezetője szerint a törvénysértés nem áll fenn)."

[1342] 638/B/1998 AB Beszluss, ABH 2001, 1248, 1256.„..Az Ötv. 16. § (1) bekezdése szerint "a képviselő-testület a törvény által nem szabályozott helyi társadalmi viszonyok rendezésére, továbbá törvény felhatalmazása alapján, annak végrehajtására önkormányzati rendeletet alkot"..(..)..Az az önkormányzat, amely jogalkotási kötelezettségének nem, vagy csak részben tesz eleget, nem működik jogszerűen..(..)..Nyilvánvalóan nem felel meg a jogszabályoknak az olyan önkormányzat működése, amely jogalkotási kötelezettségének nem tesz eleget..(..).*Jelen ügyben* nem az Abtv. 49. § (1) bekezdése szerinti indítványról van szó, hanem az *indítványozó "mulasztásos törvénysértés" megállapítását kérte az Alkotmánybíróságtól* az Ör.10. § (4) bekezdése vonatkozásában. A fentiekre tekintettel az ilyen, *törvénysértés okából történő indítványozási jog nem bárkit, hanem kizárólag a közigazgatási hivatal vezetőjét illeti meg."

II. Regelungen in Ungarn nach 2010

1. Stellungnahme im Zusammenhang mit dem Vorschlag zur Auflösung des örtlichen Vertretungsorgans

Nach wie vor kann das Verfassungsgericht zu dem Vorschlag der Regierung, das örtliche Vertretungsorgan aufzulösen, Stellung nehmen. Diese Stellungnahme bezieht sich allerdings auf die verfassungswidrige Tätigkeit eines örtlichen Vertretungsorgans[1343] oder des örtlichen Vertretungsorgans einer nationalen Minderheit.[1344] Die Regierung ist also in der Lage, das Verfahren zur Auflösung eines örtlichen Vertretungsorgans zu beantragen. Das Parlament löst das örtliche Vertretungsorgan nach der Stellungnahme des Verfassungsgerichts auf.[1345] Obwohl die Praxis gezeigt hat, dass diese Aufgabe des Verfassungsgerichts nach 1990 mit mehreren Unzulänglichkeiten verbunden ist, wurde die zugrunde liegenden Regelungen nach 2010 weder abgeschafft noch entsprechend reformiert.[1346] Daher ist auch weiterhin umstritten, ob die Stellungnahme des Verfassungsgerichts bezüglich der Auflösung eines örtlichen Vertretungsorgans für das Parlament verbindlich ist. verbindlich ist. Der Wortlaut der entsprechenden Vorschrift legt nahe, dass das Parlament die örtliche Selbstverwaltungskörperschaft auflösen muss, wenn das örtliche Vertretungsorgan verfassungswidrig gehandelt hat und dies durch das Verfassungsgericht bestätigt wurde. Allerdings nimmt das Verfassungsgericht selbst an, dass keine Pflicht des Parlaments besteht, das örtliche Vertretungsorgan aufzulösen.[1347]

2. Schutz örtlicher Selbstverwaltungskörperschaften

Obwohl das Recht auf Selbstverwaltung der örtlichen Selbstverwaltungskörperschaften mit unverändertem Inhalt in Art. 32 Abs. 1 UGG geregelt ist, wurde der Schutz der verfassungsrechtliche Garantie der Selbstverwaltung im Vergleich zur der alten Fassung der Verfassung Ungarns geschwächt.[1348] Betrachtet man etwa Art. 31-35 UGG zeigt sich, dass nach dem Wortlaut dieser Vorschriften zwar die

---

[1343] Ung. „helyi önkormányzat képviselő-testülete".
[1344] Art. 34 neues UngVerfGG; ung. „nemzetiségi önkormányzat képviselő-testülete".
[1345] Art. 35 Abs. 5 des UGG.
[1346] Siehe dazu ausführlich die unterschiedlichen Ansichten in der ungarischen Literatur unter „Obligatorische Stellungnahme des Verfassungsgerichts?" in diesem Kapitel.
[1347] Laut des Verfassungsgerichts gelangt das Wort „kann" in Bezug auf die Auflösung eines verfassungswidrig tätigen örtlichen Vertretungsorgans zur Anwendung. Siehe dazu die Internetseite des Verfassungsger ichts Ungarns unter: http://www.mkab.hu/alkotmanybirosag/az-alkotmanybirosag-rol/hataskor (aufgerufen am 01.05.2016).
[1348] Art. 44a UngVerf, Art. 32 Abs. 1 UGG.
Vgl. Art. 31–35 UGG.

Rechte der örtlichen Selbstverwaltungskörperschaften im neuen Grundgesetz verankert wurden, ihr gerichtlicher Schutz und ihre gerichtliche Durchsetzbarkeit aber nicht mehr erwähnt wird. Folglich ist zu befürchten, dass eine örtliche Selbstverwaltungskörperschaft keinen Antrag wegen Verletzung ihrer Rechte vor dem Verfassungsgericht stellen kann.[1349] Das Fehlen der prozessualen Regelungen zum Schutz der Selbstverwaltungsrechte führt zu einer erheblichen Schwächung der Position der örtlichen Selbstverwaltungskörperschaften im verfassungsrechtlichen Kompetenzgefüge in Ungarn.

3. Kommunalaufsicht

Nach der neuen Fassung der Bestimmungen kann der Leiter der zuständigen Kommunalaufsichtsbehörde dem zuständigen Minister vorschlagen, dass dieser bei der Regierung die Kontrolle der Verfassungsmäßigkeit – und nicht mehr die Gesetzwidrigkeit – der Satzung einer Selbstverwaltungskörperschaft beantragt. Anschließend kann die Regierung die verfassungsmäßige Prüfung durch das Verfassungsgericht beantragen.[1350] Die Kontrolle der Gesetzwidrigkeit einer örtlichen Satzung obliegt nicht mehr dem Verfassungsgericht, sondern der Kurie, also der höchsten Instanz der ordentlichen Gerichtsbarkeit.[1351]

III. Mit den örtlichen Selbstverwaltungskörperschaften zusammenhängende Verfahrensarten im europäischen Rechtsvergleich
1. Deutsche Kommunalverfassungsbeschwerde

Die Kommunalverfassungsbeschwerde stellt keine Grundrechtsklage dar, sondern dient dem verfassungsrechtlichen Schutz der kommunalen Selbstverwaltung.[1352] Dementsprechend können die Gemeinden und Gemeindeverbände eine Beschwerde beim BVerfG einlegen, mit der Behauptung, dass ihr in Art. 28 Abs. 2 GG verankertes Recht auf Selbstverwaltung durch ein Gesetz des Bundes oder des Landes verletzt wurde.[1353] Die Abgrenzung dieses Verfahrens von dem Individualverfassungsbeschwerdeverfahren ist eindeutig. Die Gemeinden und Gemeindeverbände können das Bundesverfassungsgericht im Individualverfassungsbeschwerdeverfahren nach Art. 93 Abs. 1 Nr. 4a GG lediglich aufgrund einer Verletzung von ihnen selbst zustehenden grundrechtsgleicher Gewährleis-

---

1349   Art. 132 Abs. 1 lit. c) des neues ÖSVwKG; das Gesetz Nr. 189/2011 über die örtliche Selbstverwaltung.
1350   Art. 132 Abs. 1 lit. d) des neues ÖSVwKG.
1351   *Bethge*, in: Maunz/Schmidt-Bleibtreu/Klein/Bethge (Hrsg.) BVerfGG, 2015, § 13 Rn. 49.
1352   Art. 93 Abs. 1 Nr. 4b GG i.V.m. §§ 13 Nr. 8a, 90 Abs. 2–3, 91-95 BVerfGG.
1353   *Bethge*, in: Maunz/Schmidt-Bleibtreu/Klein/Bethge (Hrsg.) BVerfGG, 2015, § 13 Rn. 68.

tungen, nicht aber zum Schutz des Rechts auf Selbstverwaltung gemäß Art. 28 Abs. 2 GG anrufen.[1354] Außerdem sind die Gemeinden und Gemeindeverbände im abstrakten Normenkontrollverfahren nicht antragsberechtigt und im Organstreitverfahren nicht parteifähig, weil sie keine Verfassungsorgane sind.[1355] Das Bundesverfassungsgericht kann sich mit der Kommunalverfassungsbeschwerde nur dann befassen, wenn die folgenden Voraussetzungen erfüllt sind:

a) Ordnungsgemäßer Antrag

Die Kommunalverfassungsbeschwerde muss schriftlich und mit einer Begründung versehen beim Bundesverfassungsgericht erhoben werden.[1356]

b) Beschwerdefähigkeit und Beschwerdebefugnis

Wie schon erwähnt wurde, kann eine Kommunalverfassungsbeschwerde ausschließlich durch die Gemeinden und Gemeindeverbände als juristische Personen des öffentlichen Rechts erhoben werden.[1357] Unter *Gemeinden* sind die demokratisch verfassten, rechtlich selbstständige Gebietskörperschaften der untersten staatlichen Ebene zu verstehen.[1358] Eine Gebietskörperschaft lässt sich durch ein „unmittelbares Verhältnis zwischen Personen, Fläche und hoheitlicher Gewalt"[1359] definieren. Daraus ergibt sich, dass jede Gemeinde eine Gebietskörperschaft ist, aber nicht alle Gebietskörperschaften zugleich Gemeinden sind.[1360] Nicht so eindeutig zu definieren ist der Begriff des *Gemeindeverbandes*. Welche Verbände unter diesen Begriff zu fassen sind, folgt aus Art. 28 GG und aus den jeweiligen Vorschriften der Landesverfassungen und Landesgesetze. Unter keinen Umständen können bloße Zweckverbände aus dem wirtschaftlichen, sozialen oder kulturellen Bereich unter diesen Begriff subsumiert werden.[1361] Erfasst sind die erste Linie die Landkreise.[1362]

Der Beschwerdeführer hat ferner geltend zu machen, dass sein Recht auf Selbstverwaltung aus Art. 28 Abs. 2 GG verletzt wird.[1363] Wie bei der Individualverfassungsbeschwerde muss der Beschwerdeführer selbst, gegenwärtig und unmittelbar durch die angefochtene Vorschrift betroffen sein.[1364]

[1354] *Bethge,* in: Maunz/Schmidt-Bleibtreu/Klein/Bethge (Hrsg.) BVerfGG, 2015, § 13 Rn. 69.
[1355] § 23 Abs. 1 S. 1 und S. 2 und 92 BVerfGG.
[1356] § 91 S. 1 BVerfGG.
[1357] *Hillgruber/Goss,* Verfassungsprozessrecht, Rn. 276.
[1358] BVerfGE 52, 95, 118.
[1359] *Hillgruber/Goss,* Verfassungsprozessrecht, Rn. 276.
[1360] *Voßkuhle,* in: Mangoldt/Klein/Starck, Kommentar zum GG (2010), Bd. III § 93 Rn. 197.
[1361] *Bethge,* in: Maunz/Schmidt-Bleibtreu/Klein/Bethge (Hrsg.) BVerfGG, 2015, § 13 Rn. 51.
[1362] § 91 S. 1 BVerfGG.
[1364] *Bethge,* in: Maunz/Schmidt-Bleibtreu/Klein/Bethge (Hrsg.) BVerfGG, 2015, § 13 Rn. 56.

c) Beschwerdegegenstand

Beschwerdegegenstand sind alle Normen des Bundes- und Landesrechts, die eine Außenwirkung auf die Gemeinde oder Gemeindeverbände haben.[1365] Unter diesen Rechtsnormen sind nicht nur die förmlichen Parlamentsgesetze, sondern auch alle vom Staat erlassenen Rechtsnormen, die Außenwirkung gegenüber den Gemeinde oder den Gemeindeverbänden entfalten, vor allem Rechtsverordnungen, aber auch Raumordnungspläne, zu verstehen.[1366] Die Auslegung eines Gesetzes durch ein Gericht ist nicht als Gesetz im materiellen Sinne zu qualifizieren und ist deshalb auch kein tauglicher Gegenstand der Kommunalverfassungsbeschwerde.[1367] Aufgrund der ihrer faktischen Bindungswirkung sind hingegen das Gewohnheitsrecht und die richterliche Rechtsfortbildung als zulässiger Beschwerdegegenstand zu betrachten.[1368] Kein Beschwerdegegenstand sind konkrete Maßnahmen der Exekutive oder Urteile der Judikative.[1369] Ein Unterlassen des Normgebers muss differenziert betrachtet werden. Wird ein bereits existierendes, aber gegen Art. 28 Abs. 2 GG verstoßendes Gesetz angegriffen, dann liegt kein Unterlassen, sondern ein unzureichendes Handeln des Normgebers vor.[1370] Demgegenüber ist die schlichte Untätigkeit des Normgebers kein tauglicher Beschwerdegegenstand, da sie nicht als „Gesetz" zu qualifizieren ist.[1371]

d) Prüfungsmaßstab

Solche Vorschriften sind hier heranzuziehen, die „ihrem Inhalt nach [geeignet sind]das verfassungsrechtliche Bild der Selbstverwaltung mitzubestimmen".[1372] Dies betrifft insbesondere Art. 3 Abs. 1 (Gleichheitssatz), Art. 20 Abs. 1 (Demokratie), Art. 70 ff. und Art. 84 Abs. 1 S. 7, Art. 85 Abs. 1 S. 2 GG (Gesetzgebungs- und Verwaltungskompetenz), Art. 120 (Kriegsfolgelasten) sowie Art. 106 Abs. 5 GG (Einkommensteuer der Gemeinden). [1373]

[1365]   BVerfGE 26, 228 (236); 71, 25 (34); 76, 107 (114), 107, 1(8).
[1366]   *Meyer,* in: Münch/Kunig, GGK Bd. II, 6. Aufl. 2012, Art. 93 Rn. 62.
[1367]   BVerfG (2. Kammer des Zweiten Senats), Beschluss vom 26. 2. 1999 – 2 BvR 1268-96.
[1368]   *Voßkuhle,* in: Mangoldt/Klein/Starck, Kommentar zum GG (2010), Bd. III, § 93 Rn. 199.
[1369]   BVerfG, NVwZ-RR 1999, 417.
[1370]   *Bethge,* in: Maunz/Schmidt-Bleibtreu/Klein/Bethge (Hrsg.) BVerfGG, 2015, § 13 Rn. 51, 58.
[1371]   *Bethge,* in: Maunz/Schmidt-Bleibtreu/Klein/Bethge (Hrsg.) BVerfGG, 2015, § 13 Rn. 54 und § 91 Rn. 40.
[1372]   BVerfGE 1, 161 (181); 91, 228 (242), 119, 331 (357).
[1373]   *Voßkuhle,* in: Mangoldt/Klein/Starck, Kommentar zum GG (2010), Bd. III, § 93 Rn. 202.

e) Rechtswegerschöpfung und die besondere Subsidiaritätsklausel zugunsten der Landesverfassungsgerichtsbarkeit

Wie bei der Individualverfassungsbeschwerde muss der Rechtsweg erschöpft worden sein.[1374] Insbesondere muss die Möglichkeit einer verwaltungsrechtlichen Normenkontrolle in Anspruch genommen werden.[1375]Denn insbesondere Rechtsverordnungen können mit diesem Rechtsbehelf schneller und effektiver beseitigt werden. Insoweit kommt § 47 VwGO eine zentrale Bedeutung zu.[1376] Mit den Wörtern des Bundesverfassungsgerichtes:

„Ein Rechtsweg kann bei untergesetzlichen Rechtsnormen vor allem durch §47 VwGO eröffnet sein. Dass ein solcher Rechtsweg zunächst erschöpft werden muss, hat das Bundesverfassungsgericht bereits ausgesprochen [...]. Hiergegen kann nicht eingewendet werden, dass mit der abweisenden Entscheidung die Wirksamkeit der Rechtsnorm im Verhältnis der Parteien zueinander rechtskräftig feststehe [...]. Diese Bindungswirkung gilt nicht absolut; sie hindert das Bundesverfassungsgericht nicht, die Rechtsnorm noch seinerseits wegen Unvereinbarkeit mit dem Bundesverfassungsrecht für verfassungswidrig und nichtig zu erklären [...]. Die Anwendbarkeit des §§ 90 Abs. 2 S. 1 BVerfGG kann nur bei der Rechtssatzverfassungsbeschwerde gegen förmliche Gesetze – in Hinblick darauf, dass für die prinzipale Kontrolle förmlicher Gesetze die Verfassungsgerichte ausschließlich zuständig sind – grundsätzlich verneint werden [...]."[1377]

Eine Kommunalverfassungsbeschwerde ist gemäß Art. 93 Abs. 1 Nr. 1 GG und § 91 S. 2 BVerfGG nur dann zulässig, „soweit eine Beschwerde nicht wegen Verletzung des Rechts auf Selbstverwaltung nach dem Rechten eines Landes beim Landesverfassungsgericht erhoben werden kann".[1378] Dies gilt jedenfalls, soweit eine Gemeinde oder ein Gemeindeverband nicht die Unvereinbarkeit von Bundesrecht mit dem Grundgesetz rügt:

„§ 91 Satz 2 BVerfGG kann [...] sinnvoll den Vorrang der Landesverfassungsgerichtsbarkeit nur für den Fall statuieren, dass Gemeinde oder Gemeindeverbände die Unvereinbarkeit von Landesgesetzen mit Art. 28 GG rügen. Die Kontrolle von Bundesrecht auch nur für diesen Einzelfall den Landesverfassungsgerichten zu übertragen, würde der Gesamtstruktur der Bundesverfassungsgerichtsbarkeit widersprechen. § 91 Satz 2 BVerfGG ist daher nicht anwendbar, wenn eine Gemeinde oder ein Gemeindeverband die Unvereinbarkeit von Bundesrecht mit dem Grundgesetz rügt [...]."[1379]

[1374]   § 90 Abs. 2 S. 1 BVerfGG.
[1375]   *Bethge,* in: Maunz/Schmidt-Bleibtreu/Klein/Bethge (Hrsg.) BVerfGG, 2015, § 13 Rn. 57.
[1376]   *Hillgruber/Goos,* Verfassungsprozessrecht, Rn. 291.
[1377]   BVerfGE 76, 107, 114.
[1378]   § 91 S. 2 BVerfGG.
[1379]   BVerfGE 1, 167, 173.

f) Frist

Eine Kommunalverfassungsbeschwerde muss grundsätzlich *innerhalb eines Jahres* nach Inkrafttreten der Norm zu erheben.[1380] Die Jahresfrist beginnt jedoch neu, wenn die angegriffene Vorschrift nach deren Inkrafttreten konkretisiert oder geändert wird.[1381]

g) Entscheidungswirkung

Hält das Bundesverfassungsgericht eine zulässige Beschwerde für begründet, dann stellt es die Verletzung des Art. 28 Abs. 2 GG fest und erklärt die Norm für nichtig.[1382]

h) Praxis

Die Kommunalverfassungsbeschwerde spielt in der Praxis des Bundesverfassungsgerichtshofs mit ca. 0,07% aller Verfahren pro Jahr eine untergeordnete Rolle.[1383]

2. Spanische Kommunalverfassungsbeschwerde

Zum Zweck des Schutzes der Autonomie der Gemeinden steht auch in Spanien eine Kommunalverfassungsbeschwerde („Conflictos en defensa de la autonomía local") zur Verfügung.[1384] Diese ermöglichtes den Provinzen und Gemeinden, also den lokalen Körperschaften, solche Gesetze anzugreifen, welche ihre Autonomie zu verletzen drohen.[1385] Beschwerdefähig sind ausschließlich Gemeinden und Provinzen beschwerdefähig, da nur sie von solchen Gesetzen auf eine Weise betroffen sein können, die ihre Autonomie verletzen könnte.[1386] Die Besonderheit dieses Verfahrens besteht darin, dass die Entscheidung des spanischen Verfassungsgerichts Spaniens eine Stellungnahme entweder des Staatsrates (Consejo des Estado) oder des gleichartigen Regionalorgans voraussetzt.[1387] Mit dem Urteil des Verfassungsgerichts wird entweder die Verletzung oder die Nichtverletzung

---

[1380]   § 93 Abs. 3 BVerfGG.
[1381]   BVerfG (Vorprüfungsausschluss), Beschluss vom 28.3. 1985 – 2 BvR 280/85, NVwZ 1987, 124.
[1382]   § 95 Abs. 1 S. 1 und §§ 3 S. 1 BVerfGG
[1383]   Die Statistik des BVerfG ist abrufbar unter: http://www.bundesverfassungsgericht.de/DE/Verfah ren/Jahresstatistiken (aufgerufen am 01. 05. 2016).
[1384]   Art. 161 Abs. 1 lit. d) CE i.V.m. Art. 75 bis ff. LOTC.
[1385]   Art. 75 ter Abs. 1 lit. a) und lit. b) LOTC.
[1386]   Art. 75 ter Abs. 1 lit. a) LOTC.
[1387]   Art. 75 ter Abs. 3 LOTC.

der Autonomie der Provinzen oder der Gemeinden feststellen.[1388] Dies bedeutet aber auch, dass das Verfassungsgericht in diesem Verfahren nicht zugleich auch die Verfassungswidrigkeit der angefochtenen Gesetze festgestellt.[1389] Die Kommunalverfassungsbeschwerde ist in Spanien nicht praxisrelevant. Im Jahr 2015 wurden zwei Beschwerden aufgrund der Verletzung der Autonomie der Provinzen oder Gemeinden vor dem *Tribunal Constitutional* erhoben.[1390]

IV. Bewertung der mit den örtlichen Selbstverwaltungskörperschaften zusammenhängenden Verfahrensarten im europäischen Rechtsvergleich

Das ungarische Verfassungsgericht verfügt über die Möglichkeit, eine Stellungnahme zur Verfassungsmäßigkeit der Handlung örtliches Vertretungsorgans abzugeben, die nach wohl gegenwärtig vorherrschender Meinung aber das Parlament bei seiner Entscheidung, ob es diese Vertretung auflöst, nicht bindet. Nach der gegenwärtigen Fassung der Vorschriften ist die Regierung berechtigt, die Auflösung zu beantragen.[1391]

Im Rahmen der *ungarischen Kommunalaufsicht* können gesetzes- und verfassungswidrige örtliche Satzungen beseitigt werden. Während sich nach 1990 der Leiter einer Kommunalaufsichtsbehörde unmittelbar an das Verfassungsgericht wenden konnte, wenn er der Meinung war, dass eine örtliche Satzung gesetzwidrig sei, kann er nach 2010 nicht mehr unmittelbar ein Verfahren vor dem Verfassungsgericht beantragen. Stattdessen ist die Regierung dazu befugt nach dem Vorschlag des Leiters einer Kommunalaufsichtsbehörde und des zuständigen Ministers eine verfassungsmäßige Kontrolle der örtlichen Satzung zu beantragen.[1392] Die Feststellung der Gesetzwidrigkeit einer örtlichen Satzung obliegt nunmehr der Kurie. Das Verfassungsgericht kann hingegen lediglich die Verfassungswidrigkeit einer örtlichen Satzung feststellen.[1393]

[1388] Art. 75 quinque Abs. 5 LOTC.

[1389] Art. 75 quinque Abs. 6 LOTC.

[1390] Siehe dazu die Statistik des spanischen Verfassungsgerichts aus dem Jahr 2012 unter: http://www.tribunalconstitucional.es/en/tribunal/estadisticas/pages/estadisticas2012.aspx#A1 (aufgerufen am 01.05.2016).

[1391] Art. 19 Abs. 3 Nr. 1 UngVerf, Art. 35 Abs. 5 UGG, Art. 34 neues UngVerfGG i.V.m. Art. 132 Abs. 1 lit. f) neues ÖSVwKG.

[1392] Art. 99 Abs. 2 lit. a) altes ÖSVwKG, Art. 132 Abs. 1 lit. c) i.V.m. Art. 136 Art. 1 neues ÖSVwKG.

[1393] Art. 44a Abs. 2 UngVerf, Art. 132 Abs. 1 lit. c) neues ÖSVwKG.

Mit Blick auf den *Schutz der ungarischen Selbstverwaltungsrechte* ist folgendes zusammenfassend festzustellen: Die Selbstverwaltungsrechte einer örtlichen Selbstverwaltungskörperschaft sich nach wie vor in der Verfassung geregelt, ihre verfassungsprozessrechtliche Durchsetzung ist jedoch nicht mehr im neuen Grundgesetz Ungarns verankert. Während sich die örtliche Selbstverwaltungskörperschaft nach 1990 aufgrund einer Verletzung ihrer Selbstverwaltungsrechte an das Verfassungsgericht wenden konnte, ist diese Möglichkeit in dem neuen Grundgesetz nicht mehr vorgesehen,[1394] was sich als Verminderung des Schutzes der Selbstverwaltungsrechte qualifizieren lässt.

Angesichts dieser Befunde lässt sich feststellen, dass der Schutz der Selbstverwaltungskörperschaften und ihre Position im verfassungsrechtlichen Machtgefüge Ungarns durch die Verfassungsänderungen beeinträchtigt wurde. Dies zeigt sich insbesondere im Vergleich den Schutz der Selbstverwaltungskörperschaften in den anderen untersuchten europäischen Ländern. Insbesondere in Deutschland existiert ein hohes Schutzniveau, dass durch das Verfahren der Kommunalverfassungsbeschwerde gesichert wird. Gemeinden in Deutschland können sich hiermit effektiv gegen Beeinträchtigung der Selbstverwaltungsgarantie durch den Gesetzgeber wehren. Anders ist dies in Ungarn, wo die verfassungsprozessualen Möglichkeiten, Beeinträchtigung der Selbstverwaltungsgarantie abzuwehren nach der Verfassungsänderung deutlich verringert wurde. Dass die Position der Selbstverwaltungskörperschaften weiter zurückgedrängt wird und ihre Bedeutung im Verfassungslebens Ungarns geschmälert wird, zeigt sich auch an anderer Stelle. Beispielhaft hierfür steht, dass keine effektive rechtsstaatliche Kontrolle vorgesehen ist für den Fall, dass das Parlament ein örtliches Vertretungsorgan einer Selbstverwaltungskörperschaft auflöst. Aber auch bei der Kommunalaufsicht zeichnet sich eine bedenkliche Entwicklung ab. Diese wird durch die beschriebenen Maßnahmen ganz überwiegend in die Hände der Regierung Ungarns gelegt und bei ihr zentralisiert. Es ist äußerst zweifelhaft, ob dies der Funktionalität der Selbstverwaltung zuträglich ist, wenn die Regierung darauf Einfluss nehmen kann, welche Satzungen der Kommunalaufsicht letztlich unterworfen werden sollen.

Durch diese beschriebene Zurückdrängung der Bedeutung der Selbstverwaltung zeichnet sich eine bedenkliche Entwicklung ab. Denn eine gut funktionierende Selbstverwaltung, die in der Verfassung verankert ist und die durch entsprechenden verfassungsrechtlichen Rechtsschutz geschützt ist. ist auch Ausdruck eines hohen Maßes an Freiheit für die Bürger. Die gegenläufige Entwicklung in Ungarn scheint beispielhaft für die Beschränkung von Freiheitsrechten und Rechtsstaatlichkeit in Ungarn zu stehen.

[1394]   Art. 43 Abs. 2 S. 2 UngVerf i.V.m. Art. 3 ÖSVwKG, Art. 31–35 UGG.

Sechstes Kapitel: Einzigartige Zuständigkeiten des ungarischen Verfassungsgerichts
A. Verstoß gegen einen völkerrechtlichen Vertrag
I. Regelungen in Ungarn nach 1990

Wie bereits dargestellt, konnte in Ungarn nach 1990 ein völkerrechtlicher Vertrag mit der präventiven Normenkontrolle überprüft werden.[1395] Außerdem war die Kontrolle eines bereits in das nationale Recht umgesetzten völkerrechtlichen Vertrages im Rahmen der nachträglichen Normenkontrolle möglich.[1396] Diese Verfahren werden im Folgenden aber nicht untersucht. Das Verfahren, das in diesem Kapitel dargestellt wird, betrifft den Verstoß gegen einen völkerrechtlichen Vertrag und ist insoweit als ein ergänzendes Verfahren zu den anderen, genannten Verfahrensarten anzusehen.[1397] Der Zweck dieses Verfahrens besteht darin, die Triade des innerstaatlichen Rechts – das Völkerrechts, das einfache Recht und das Verfassungsrecht – in Einklang zu bringen.[1398] Gemäß Art. 7 Abs. 1 UngVerf gehört das sekundäre Unionsrecht nicht zum Völkerrecht.[1399] Aufgrund dieses Verfahrens ist es möglich, dass der Prüfungsmaßstab nicht nur die Verfassung, sondern auch das Völkerrecht selbst im Rahmen eines verfassungsgerichtlichen Verfahrens sein kann.[1400] Denn mit der in Art. 44-47 altes UngVerfGG vorgesehenen Zuständigkeit konnte das Verfassungsgericht überprüfen, ob eine Rechtsvorschrift oder ein sonstiges Instrument der staatlichen Lenkung mit einem völkerrechtlichen Vertrag bzw. mit dem Zustimmungsgesetz zu einem völkerrechtlichen Vertrag in Einklang steht.[1401] Der Antrag konnte vom *Parlament,* von einem *ständigen Ausschuss*, vom *Präsidenten der Republik,* von der *Regierung oder deren Mitgliedern,* vom *Präsidenten des Staatlichen Rechnungshofs,* von *Präsidenten des Obersten Gerichtshofs* oder vom *Generalstaatsanwalt* eingelegt werden. Darüber hinaus konnte das Verfassungsgericht die Prüfung *von Amts wegen* durchführen.[1402] Ein Verstoß gegen einen völkerrechtlichen Vertrag lag insbesondere vor, wenn eine geltende Rechtsvorschrift oder ein sonstiges Instrument der staatlichen Lenkung mit den Bestimmungen eines völkerrechtlichen Vertrags nicht vereinbar war oder wenn

[1395]   Art. 36 altes UngVerfGG.
[1396]   Art.44-47 i.V.m. Art. 1 lit. c) i.V.m. Art. 21 Abs. 3 altes UngVerfGG.
[1397]   *Kerek*, Verfassungsgerichtsbarkeit in Ungarn und Rumänien, 2010, S. 234.
[1398]   Dieser Einklang wurde von dem Verfassungsgericht aus Art. 7 Abs. 1 UngVerf abgeleitet.
[1399]   72/2006 (XII.15.) AB-Urteil, ABH, 2006, 819, 861. „Az Alkotmánybíróság hatáskörének szempontjából a közösségi jog nem minősül az Alkotmány 7. § (1) bekezdésében meghatározott nemzetközi jognak."
[1400]   *Kukorelli*, Alkotmánytan (2007), S. 457.
[1401]   Art. 44 altes UngVerfGG.
[1402]   Art. 44 altes UngVerfGG i.V.m. Art. 21 Abs. 3 altes UngVerfGG.

der Gesetzgeber seine, aus dem völkerrechtlichen Vertrag folgende gesetzgeberische Verpflichtungen nicht erfüllt hatte. Diese zwei Formen eines Verstoßes gegen einen völkerrechtlichen Vertrag werden im Folgenden näher untersucht.

1. Aktiver Verstoß gegen einen völkerrechtlichen Vertrag

Stellte das Verfassungsgericht einen Verstoß von innerstaatlichen Rechtsvorschriften oder einem sonstiges Instrument der staatlichen Lenkung gegen einen völkerrechtlichen Vertrag fest und waren verfügten diese über denselben oder einen niedrigeren Rang als die Normen des völkerrechtlichen Vertrag bzw. die auf seiner Grundlage erlassenen Rechtsvorschrift, erklärte das Verfassungsgericht die betroffenen Rechtsvorschriften oder den Akt der staatlichen Lenkung ganz oder teilweise für nichtig und hob ihn auf.[1403] Damit handelt es sich bei diesem Verfahren um eine Form der abstrakten Normenkontrolle, wobei allerdings den Prüfungsmaßstab nicht die Verfassung, sondern ein völkerrechtlicher Vertrag bildet.[1404] Deshalb wurden hinsichtlich der Aufhebung der angegriffenen Normen und bezüglich der Bekanntmachung der Entscheidung des Verfassungsgerichts die Regelungen der abstrakten Normenkontrolle gemäß Art. 46 altes UngVerfGG entsprechend angewendet.[1405]

Stellt das Verfassungsgericht demgegenüber fest, dass eine innerstaatliche Rechtsvorschrift gegen einen völkerrechtlichen Vertrag verstößt und diese in der Normenhierarchie einen höheren Rang einnimmt als das Zustimmungsgesetz zum völkerrechtlichen Vertrag, fordert das Verfassungsgericht das Organ, das den völkerrechtlichen Vertrag abgeschlossen hat zur Beseitigung des Verstoßes auf.[1406]

Das Verfassungsgericht kann entweder das entsprechende Organ dazu auffordern, eine Änderung des völkerrechtlichen Vertrags zu in die Wege zu leiten oder das Verfassungsgericht beruft den Gesetzgeber, die Rechtsvorschrift oder das sonstige Instrument der staatlichen Lenkung so zu ändern, dass es mit dem völkerrechtlichen Vertrag vereinbar ist. Dabei ist die Entscheidung des Verfassungsgerichts für die betroffenen Organe verbindlich. Das bedeutet, das einen völkerrechtlichen Vertrag abschließende Organ bzw. der Gesetzgeber wird vom Verfassungsgericht verpflichtet, den Verstoß auf die genannte Weise zu beseitigen. Allerdings verbleibt die Entscheidung, auf welche Weise der Verstoß beseitigt werden soll, bei den jeweiligen Organen. [1407]

[1403] Art. 45 altes UngVerfGG.
[1404] *Tilk*, A Magyar Alkotmánybíráskodás 2008, S. 110.
[1405] Art. 45 Abs. 2 altes UngVerfGG.
[1406] Art. 46 altes UngVerfGG.
[1407] *Tilk*, A Magyar Alkotmánybíráskodás 2008, S. 110. Letzteres kann in Betracht kommen, wenn man an der Erhaltung des völkerrechtlichen Vertrages ein größeres Interesse hat (9/2007 (III.7.) AB-Urteil, ABH, 2007, 177 ff.

2. Passiver Verstoß gegen einen völkerrechtlichen Vertrag

Das Verfassungsgericht konnte *ein rechtsetzendes Organ*, das seine völkerrechtlich vereinbarten Verpflichtungen in Bezug auf der Schaffung bestimmen Rechtsvorschriften nicht erfüllt, dazu verpflichten, dass es dieser legislativen Aufgabe nachkommt. Denn insoweit liegt ein gesetzgeberisches Unterlassen vor.[1408] Das betroffene Organ musste diese gesetzgeberische Unterlassung in der vom Verfassungsgericht vorgeschriebenen Frist beseitigen.[1409] Zwar forderte wurde Art. 47 altes UngVerfGG die Verfassungswidrigkeit der gesetzgeberischen Unterlassung nicht expressis verbis. Die Voraussetzung der Verfassungswidrigkeit ergibt sich aber aus der von Art. 7 Abs. 1 UngVerf vorgegebenen, notwendigen Übereinstimmung innerstaatlichen Rechts, mit völkerrechtlichen Verträgen sowie der Verfassung.[1410]

Ein gesetzgeberisches Unterlassen lag beispielsweise vor, wenn das zuständige Organ nur einen Teil der im völkerrechtlichen Vertrag enthaltenen Verpflichtung in innerstaatliches Recht umsetzte oder die vollständige Umsetzung des nicht fristgerecht erfolgte.[1411] Denn der von Art. 7 Abs. 1 UngVerf statuierte Einklang zwischen dem innerstaatlichen Recht und dem Völkerrecht erforderte, dass der völkerrechtliche Vertrag vollständig und fristgerecht umgesetzt wurde. Eine teilweise oder nicht Fristgerechte Umsetzung entsprach daher nicht die Anforderung von Art. 7 Abs. 1 UngVerf.[1412]

3. Kritik an Art. 46 altes UngVerfGG

Das verfassungsrechtliche Verfahren bei Verstoß gegen einen völkerrechtlichen Vertrag ist und die dieses Verfahren konstituierenden Vorschriften sind in verschiedener Hinsicht kritikwürdig. Für den Fall, dass eine Rechtsvorschrift oder ein sonstiges Instrument der staatlichen Lenkung betroffen ist, welche über denselben oder einen niedrigeren Rang als diejenige Rechtsvorschrift verfügen, die den völkerrechtlichen Vertrag umsetzen, sind die Vorschriften in Bezug auf den Verstoß gegen völkerrechtlichen Vertrag gemäß Art. 46 altes UngVerfGG unproblematisch. In diesem Fall erklärte das Verfassungsgericht die angefochtenen Vorschriften für nichtig und hob sie auf.[1413]

[1408] Art. 47 Abs. 1 altes UngVerfGG.
[1409] Art. 47 Abs. 2 altes UngVerfGG.
[1410] *Tilk,* A Magyar Alkotmánybíráskodás 2008, S. 111.
[1411] 30/2005 (VII. 14.) AB-Urteil, ABH, 2005, 325 ff. Der Leitsatz der Entscheidung lautet: "Das Verfassungsgericht stellt von Amts wegen fest, dass sich die verfassungswidrige Situation befindet, weil das Parlament die am 7. Dezember 1944 in Chicago durch das Gesetzesdekret Nr. 251 unterzeichneten Anhänge des Übereinkommens über die internationale Zivilluftfahrt nicht veröffentlicht hat."
[1412] 54/2004 (XII.13.) AB-Urteil, ABH, 2004, 690 ff.
[1413] Art. 45 Abs. 1 altes UngVerfGG.

Problematisch ist der Fall, wenn solche Rechtsvorschriften oder sonstigen Instrumenten der staatlichen Lenkung, betroffen sind, die in der Normenhierarchie einen *höheren Rang* als das Zustimmungsgesetz zum völkerrechtlichen Vertrag einnehmen (Art. 46 altes UngVerfGG). In diesem Fall standen dem Verfassungsgericht zwei Lösungen zur Verfügung. Auf der einen Seite konnte das Verfassungsgericht die jeweils zuständigen Organe dazu auffordern, eine Änderung des völkerrechtlichen Vertrags zu veranlassen, auf der anderen Seite konnte es auch verlangen, dass die angegriffenen Rechtsvorschriften oder sonstigen Instrumente der staatlichen Lenkung entsprechend so modifiziert werden, dass der Verstoß beseitigt wurde. Dem Verfassungsgericht oblag selbst die Entscheidung darüber, welche Lösung zur Anwendung kommen sollte. In dieser Situation kann es aber zu Problemen kommen, etwa wenn sich das Verfassungsgericht bei seiner Entscheidung nicht an von verfassungsrechtlichen Gründen, sondern von politischen, wirtschaftlichen oder national sicherheitspolitischen Gründen leiten lässt. Angesichts der Tatsache, dass diese Lösung die Wiederherstellung der Verfassungsmäßigkeit anstrebt, ist das Verfassungsgericht allein kaum in der Lage, zwischen den Möglichkeiten überzeugend zu unterscheiden. Es ist durchaus nicht erwünscht, dass das Verfassungsgericht über solche Fragen eine Entscheidung trifft, bei der die politischen oder wirtschaftlichen Gründe in den Vordergrund der Entscheidung geraten, da das Verfassungsgericht nicht als politisches Organ anzusehen. Insoweit besteht hier auch ein Problem der Gewaltenteilung. Denn bei der Entscheidung, die das Verfassungsgericht treffen muss, handelt es sich ihrem Wesen nach um eine politische Entscheidung, die nicht dem Verfassungsgericht obliegen kann, weil es hierfür keine verfassungsrechtlichen Maßstäbe gibt. Das Verfassungsgericht wird in eine politische Rolle gedrängt, da es zwischen den zur Verfügung stehenden zwei Möglichkeiten zu wählen hat. Dies sollte unbedingt vermieden werden.[1414]

II. Regelungen in Ungarn nach 2010

Nach wie vor hat das Verfassungsgericht die Befugnis zu überprüfen, ob eine Rechtsvorschrift gegen einen völkerrechtlichen Vertrag verstößt.[1415]
IEs ist also weiterhin die Aufgabe des Verfassungsgerichts den Einklang zwischen dem innerstaatlichen Recht und den völkerrechtlichen Verträgen zu gewährleistet.[1416] Maßstab ist hierfür die Normenhierarchie, an deren Spitze das ungarische

---

[1414] *Tilk,* A Magyar Alkotmánybíráskodás 2008, S. 111 – 112.
[1415] Art. 24 Abs. 2 lit. f) UGG i.V.m.Art. 32 neues UngVerfGG.
[1416] Art. Q Abs. 2 UGG.

Grundgesetz steht.[1417] Danach müssen nicht nur die innerstaatlichen Vorschriften mit den völkerrechtlichen Bestimmungen vereinbar sein, sondern es müssen auch die völkerrechtlichen Verträge und die innerstaatlichen Normen mit dem neuen Grundgesetz in Einklang stehen. Die Bedeutung des verfassungsgerichtlichen Verfahrens besteht darin, dass dieser Einklang dadurch hergestellt wird, dass nicht nur das ungarische Grundgesetz, sondern auch die völkerrechtlichen Verträge als Prüfungsmaßstab herangezogen werden.[1418] Insoweit besteht zum Verfahren in Ungarn nach 1990 keine Besonderheiten. Allerdings wurde der Kreis der Antragsteller augenfällig verändert. Antragsberechtigt sind im neuen Verfahren die *Regierung, ein Viertel der Abgeordneten des Parlaments, der Präsident der Kurie, der Generalstaatsanwalt und der Ombudsmann.*[1419] Darüber hinaus kann dieses Verfahren durch einen Richter beantragt werden, wenn in seinen Gerichtsverfahren bemerkt, dass eine von ihm anzuwendende Norm möglicherweise gegen einen völkerrechtlichen Vertrag verstößt.[1420] Unverändert blieb die Regelung insoweit, als dass das Verfassungsgericht auch selbst *von Amts wegen*, d. h. auch ohne Antrag ein entsprechendes Verfahren einleiten kann.[1421] Mit Blick auf die tauglichen Verfahrensgegenstände lässt sich feststellen, dass das Verfassungsgericht nach wie vor die Bestimmungen der Verfassung selbst und verfassungsändernde Gesetze nicht überprüfen kann. Nach 2010 wurde der Kreis der tauglichen Verfahrensgegenstände dadurch reduziert, dass das Gericht nicht alle gesetzlichen Vorschriften kontrollieren kann, sondern nur im Falle von Haushaltsgesetzen und Gesetze, die Finanzangelegenheiten betreffen, nur noch solche, die sich auf das Recht auf Leben, die Menschenwürde, das Recht auf Schutz persönlicher Daten, das Recht auf Glaubens- und Gewissensfreiheit sowie die Rechte, die sich unmittelbar aus der ungarischen Staatsangehörigkeit ergeben, beziehen.[1422] Stellt das Verfassungsgericht die Unvereinbarkeit einer innerstaatlichen Norm mit einem völkerrechtlichen Vertrag fest, dann hebt es teilweise oder im Ganzen die angefochtene Bestimmung auf.[1423]

[1417] Art. T Abs. 3 UGG.
[1418] Vgl. Art. 32 Abs. 2 S. 2 neues UngVerfGG.
[1419] Art. 32 Abs. 2 S. 1 neues UngVerfGG.
[1420] Art. 32 Abs. 2 S. 2 neues UngVerfGG.
[1421] Art. 32 Abs. 1 HS. 2 neues UngVerfGG.
[1422] Siehe dazu ausführlich den Inhalt der achten Verfassungsänderung vom 11. November 2010 in Bezug auf den Gegenstand der verfassungsmäßigen Kontrolle in dem Kapitel dieser Arbeit über die nachträgliche Normenkontrolle.
[1423] Art. 24 Abs. 3 lit. c) UGG.

268

III. Bewertung der Regelungen eines Verstoßes gegen einen völkerrechtlichen Vertrag

Da in den anderen untersuchten europäischen Ländern kein vergleichbares verfassungsgerichtliches Verfahren bei Verstoß gegen einen völkerrechtlichen Vertrag existiert, kommt auch ein europäischer Rechtsvergleich nicht in Betracht. [1424] Daher wird dieses Verfahren im Folgenden ohne Rechtsvergleichung allgemein und insbesondere im Hinblick auf den Rechtzustand in Ungarn nach 1990 sowie den entsprechenden Änderungen bewertet.

Eine deutliche Änderung erfuhr der Kreis der *Antragsberechtigten*. Nach dem Inkrafttreten der neuen Fassung der Vorschriften sind das Parlament, dessen ständiger Ausschuss, der Präsident der Republik, der Präsident des Staatlichen Rechnungshofs nicht mehr Antragsteller. Demgegenüber ist nunmehr ein Viertel der Abgeordneten, der Ombudsmann und Richter in diesem Verfahren aktiv legitimiert. Das Verfassungsgericht kann nach wie vor dieses Verfahren von Amts wegen oder auf Antrag des Präsidenten der Kurie und der Generalstaatsanwalt durchführen. [1425] Infolgedessen kann festgestellt werden, dass sich der Kreis der Antragsteller deutlich verändert hat wurde.

Ferner ist hervorzuheben, dass der *Prüfungsgegenstand* dieses Verfahrens mit der achten Verfassungsänderung verändert wurde. Diese Verfassungsänderung betraf außerdem die nachträgliche abstrakte Normenkontrolle, die konkrete Normenkontrolle sowie die „unechte" und die „unmittelbare" Verfassungsbeschwerde. Entsprechend der Verfassungsänderung kann das Verfassungsgericht in Zukunft die Vorschriften eines Haushaltsgesetzes oder eines Gesetzes in Finanzangelegenheiten in materieller Hinsicht nur dann überprüfen, wenn die Vorschriften sich auf das Recht auf Leben, die Menschenwürde, das Recht auf Schutz persönlicher Daten, das Recht auf Glaubens- und Gewissensfreiheit sowie die Rechte, die sich unmittelbar aus der ungarischen Staatsangehörigkeit ergeben, beziehen. [1426] Vor diesem Hintergrund lässt sich der Schluss ziehen, dass der Gegenstand dieses Verfahrens eingeschränkt hat.

Im Jahr 2013 wurden zwei, im Jahr 2014 lediglich eine und im Jahr 2015 *bis dato* ebenfalls nur eine Entscheidung durch das Verfassungsgericht in Bezug auf einen Verstoß gegen einen völkerrechtlichen Vertrag getroffen. [1427] Da dieses Verfahren

---

[1424] Zum Rechtsvergleich siehe den Anhang 15 über den Verstoß gegen einen völkerrechtlichen Vertrag.
[1425] Vgl. Art. 44 altes UngVerfGG i.V.m. Art. 21 Abs. 3 altes UngVerfGG, Art. 32 Abs. 2 S. 1 neues UngVerfGG.
[1426] Vgl. Art. 24 Abs. 2 lit. e) i. V. m. 37 Abs. 4 UGG.
[1427] Die Statistik des ungarischen Verfassungsgerichts ist abrufbar unter: http://www.mkab.hu/doku mentumok/statisztika (zuletzt aufgerufen am 01.05.2016).

269

in der Praxis des ungarischen Verfassungsgerichts bereits in der Vergangenheit nicht praxisrelevant war, kann davon ausgegangen werden, dass sich die Anzahl dieser Verfahren auch in Zukunft nicht erhöhen wird. Insgesamt betrachtet, erscheint das untersuchte Verfahren auch nach seiner Änderung als ein sinnvolles Instrument, um die Einheit der Rechtsordnung sicher zu stellen und Verstöße gegen völkerrechtliche Verträge zu beseitigen. Das bereits zum Rechtszustand in Ungarn nach 1990 angesprochene Problem der Gewaltenteilung ist aber nach wie vor ungelöst.

B. Abstrakte Verfassungsauslegung in Ungarn

Die Verfassungsauslegung kann definiert werden als die methodisch geleitete Ermittlung des normativen Inhalts einer Verfassungsvorschrift. Der Interpretationsvorgang erfolgt also nicht in beliebiger Weise oder abhängig von der jeweiligen persönlichen subjektiven Ansicht, wie die Bestimmungen einer Verfassung auszulegen wären. Vielmehr orientiert sich die Verfassungsauslegung an bestimmten methodischen Grundsätze.[1428] Obgleich die Bezeichnung dieses Verfahrens eventuell missverständlich ist, da das Verfassungsgericht in allen Verfahrensarten die Vorschriften der Verfassung interpretiert, ist das in Art. 51 altes UngVerfGG verankerten Verfahrens dadurch gekennzeichnet, dass die Verfassungsauslegung nicht bei Gelegenheit eines anderen Verfahrens, sondern als eigener Gegenstand in einem selbständigen Verfahren erfolgte, in dem allein die abstrakte Verfassungsauslegung die primäre Aufgabe des Verfassungsgerichts ist.[1429] Mit Blick auf die Verfassungsauslegung ist zwischen der konkreten und der abstrakten Auslegung der Vorschriften einer Verfassung zu unterscheiden.

I. Konkrete Verfassungsauslegung

Grundsätzlich legt ein Verfassungsgericht notwendigerweise die verfassungsrechtlichen Bestimmungen aus, die in den verschiedenen Verfahren, für welches es zuständig ist, anwendbar sind. In diesen Fällen obliegt die Verfassungsauslegung dem Verfassungsgericht als sekundäre Aufgabe, die das Gericht vornimmt, um den Maßstab der Verfassung für die Kontrolle eine angegriffene Maßnahme zu bilden.[1430] In allen Fällen ist die Verfassungswidrigkeit nur durch Auslegung der Bestimmungen der Verfassung festzustellen.[1431] Die Essenz der konkreten Verfassungsauslegung wurde im 36/1992 (VI.10.) AB-Urteil dargestellt:

[1428] Siehe dazu ausführlich in Münchener Rechts-Lexikon, 1987, Bd. 3, S. 822–824.
[1429] *Sólyom,* Az alkotmánybíráskodás kezdetei Magyarországon, 2001, S. 318.
[1430] *Tilk,* A Magyar Alkotmánybíróság 2008, S. 140.
[1431] *Petrétei,* A magyar Alkotmányjog (2002), S. 153.

„…Das Verfassungsgericht legt die Verfassung nicht nur in dem Art. 51 (altes) Ung-VerfGG gewährleisteten Verfahren (abstrakte Verfassungsauslegung) aus, sondern in allen anderen Verfahren, in dem das Gericht die Verfassungsmäßigkeit der Rechtsvorschriften (konkrete Verfassungsauslegung) überprüft. Die Auslegung der Vorschriften der Verfassung kann sich Schritt für Schritt dadurch entfalten, dass das Verfassungsgericht zum einen die Besonderheiten des konkreten Falls zum anderen die eigenen, vorherigen Entscheidungen berücksichtigt…"[1432]

II. Abstrakte Verfassungsauslegung

Das Verfassungsgericht hat aber gemäß Art. 51 altes UngVerfGG ebenfalls die Befugnis, die Vorschriften der Verfassung auszulegen, auch wenn diese Auslegung sich nicht auf einen konkreten Fall bezieht. Dabei handelt es sich um die sog. abstrakte Verfassungsauslegung. Die Abstraktheit bezieht sich nicht auf den Gegenstand, sondern auf das Ergebnis dieses Verfahrens, da eine abstrakte Verfassungsauslegung eine *konkrete verfassungsgerichtliche* Frage betrifft.[1433]
Die abstrakte Verfassungsauslegung grenzt sich von der konkreten Verfassungsauslegung – mit den Worten des ungarischen Verfassungsgerichts – wie folgt ab: „Die abstrakte Verfassungsauslegung kann nicht zu einer Stellungnahme in einem konkreten, den Antrag veranlassenden Fall werden. Auf eine mit einem Einzelfall zu eng verbundener Frage könnte *keine entsprechende abstrakte Antwort* gegeben werden, die auch für die Zukunft in allen Fällen bindend anzuwenden wäre."[1434]
In Art. 51 altes UngVerfGG ist die abstrakte Verfassungsauslegung als eine selbständige Zuständigkeit geregelt. Im Folgenden werden die Einzelheiten dieser Verfahrensart näher betrachtet.

1. Antrag und Antragsteller
a) Regelungen nach 1990
Im Rahmen der abstrakten Verfassungsauslegung konnte das Verfassungsgericht Vorschriften der Verfassung interpretieren. Hier konnte das *Parlament*, dessen *ständiger Ausschuss*, der *Präsident der Republik*, die *Regierung* oder deren *Mitglieder*, der *Präsident des Staatlichen Rechnungshofs*, der *Präsident des Obersten*

1432 36/1992 (VI.10.) 207, 210 AB-Urteil, ABH 1992, 207.
1433 *Sólyom,* Az alkotmánybíráskodás kezdetei Magyarországon, 2001, S. 308.
1434 36/1992 (VI.10.) AB-Urteil, ABH 1992, 217, 211. „Az Alkotmánybíróság az Alkotmányt nemcsak a kifejezetten erre irányuló eljárásban, hanem a jogszabályok alkotmányosságát vizsgáló minden eljárásában értelmezi. Az Alkotmány egyes rendelkezéseinek értelme így az újabb és újabb értelmezések során bontakozik ki, amelyekben az Alkotmánybíróság mind a konkrét ügy sajátosságára, mind saját korábbi értelmezéseire tekintettel van."

Gerichtshofs, der *Generalstaatsanwalt* oder der *Ombudsmann* einen Antrag auf eine abstrakte Verfassungsauslegung stellen.[1435] Es muss betont werden, dass zwar sowohl die abstrakte als auch die konkrete Auslegung der Verfassung möglich war, allerdings interpretierte das Verfassungsgericht seine Zuständigkeit aufgrund des Prinzips der Gewaltenteilung und der Gefahr einer „verfassungsrechtlichen Lenkung" eng.[1436] Nach dieser engen Auslegung war der Antrag auf abstrakte Verfassungsauslegung nur dann zulässig, wenn a) die in Art. 21 Abs. 6 altes Ung-VerfGG aufgezählten Organe oder Personen den Antrag gestellt hatten (berechtigter Antragsteller), b) wenn die Auslegung einer bestimmten Verfassungsvorschrift nötig war (konkrete verfassungsrechtliche Frage) und schließlich c) wenn diese verfassungsrechtliche Frage direkt aus der Verfassung abgeleitet werden konnte (Unmittelbarkeit).[1437]

Diese drei kumulativen Voraussetzungen mussten zwingend für einen zulässigen Antrag vorliegen. Grund für diese einschränkende Interpretation des Verfassungsgerichts seiner eigenen Zuständigkeit war, dass im Fall einer weiteren Auslegung, die Möglichkeit bestünde, dass der Gesetzgeber vor Erlass eines Gesetzes, einer Regierungsverordnung oder Ministerverordnung eine abstrakte Auslegung beantragen könnte und auf diese auf ihre Verfassungsmäßigkeit vorab überprüfen lassen könnte. Ein solches Vorgehen könnte aber das Prinzip der Gewaltenteilung gefährden, da das Verfassungsgericht Einfluss auf die Arbeit des Gesetzgebers bzw. der vollziehenden Gewalt nehmen könnte. Diese Gefahr einer „verfassungsrechtliche Lenkung" der Legislative und Exekutive durch das Verfassungsgericht sollte durch die enge Auslegung der Zuständigkeit der abstrakten Verfassungsauslegung vermieden werden.[1438]

[1435]   Art. 51 altes UngVerfGG i.V.m. Art. 21 Abs. 6 altes UngVerfGG. Es ist jedoch hervorzuheben, dass der *Ombudsmann* nach Art. 22 lit. e) des Gesetzes Nr. 59/1993 in dieser Verfahrensart antragsberechtigt ist.

[1436]   *Tilk,* A Magyar Alkotmánybíróság 2008, S. 141.

[1437]   31/1990 (X. 13.) AB-Urteil, ABH 1990, 137,138. "Az elvont alkotmányértelmezés nem válhat az indítványra okot adó konkrét ügyben való állásfoglalássá. Az egyedi problémához túl szorosan kötődő kérdésre nem is adható megfelelő elvontságú, a jövőben is minden esetben kötelezően alkalmazandó válasz."

[1438]   31/1990 (XII. 18.) AB-Urteil, ABH 1990, 138: „Aber, wenn das Verfassungsgericht die in Art. 1 lit. g) altes UngVerf verankerte Befugnis erweitert interpretieren würde, könnte dies dazu führen, dass das zuständige rechtszusetzende Organ eine abstrakte Verfassungsauslegung nicht nur der Gesetze, sondern auch der Regierungsverordnungen sowie der Ministerverordnungen vor deren Erlass vor dem Verfassungsgericht beantragen würde." (Übersetzung des Verfassers).

Es ist darauf hinzuweisen, dass das Verfassungsgericht bezüglich der zweiten und dritten Voraussetzung über einen weiten Beurteilungsspielraum verfügte. Fehlte eine dieser beiden Voraussetzungen, konnte das Verfassungsgericht den Antrag ohne Begründung ablehnen.[1439]

b) Regelungen nach 2010

Das Verfahren der abstrakten Verfassungsauslegung wurde durch in Ungarn nach 2010 in verschiedener Hinsicht verändert. Insbesondere der Kreis der Antragsteller wurde verändert. Gegenwärtig kann das *Parlament, dessen ständiger Ausschuss, der Präsident der Republik, die Regierung oder der Ombudsmann* einen Antrag auf die abstrakte Auslegung beim Verfassungsgericht stellen.[1440] Ferner wurden auch die Voraussetzungen einer abstrakten Verfassungsauslegung verändert. Tritt ein verfassungsrechtliches Problem im Zusammenhang mit der Rechtsstellung, der Tätigkeit oder mit der Zuständigkeit eines staatlichen Organs auf, dann nimmt das Verfassungsgericht die abstrakte Auslegung nur vor, wenn das verfassungsrechtliche Problem die verfassungsmäßige Tätigkeit oder die Ausübung der Zuständigkeit dieses staatlichen Organs unmöglich machen oder die nicht eindeutige Auslegung einer Vorschrift die Rechtssicherheit gefährden würde.[1441]

2. Verhältnis zwischen der abstrakten Auslegung und der nachträglichen abstrakten Normenkontrolle

Das Verfassungsgericht trifft seine Entscheidung und veröffentlicht seine Interpretation einer Verfassungsbestimmung nach wie vor im Gesetzblatt („Magyar Közlöny").[1442] Da eine einheitliche Rechtsanwendung[1443] nur gewährleistet werden kann wenn die Interpretationen des Verfassungsgerichts allgemeinverbindlich sind, verfügen die Entscheidungen im Verfahren der abstrakten Verfassungsauslegung über *erga omnes* Wirkung.[1444] Die abstrakte Verfassungsauslegung ist daher nicht nur ein „beratendes Gutachten" oder eine „advisory opinion", weswegen beispielsweise andere Verfassungsoragne die Interpretation des Verfassungsgerichts nicht als „bloßer Rat" abtun dürfen.[1445] Diese Grundsätze wurden im Zusammenhang mit der Begründung der Entscheidung 16/1991 (IV.20.) AB-Urteil

---

[1439]   *Sólyom*, Az alkotmánybíráskodás kezdetei Magyarországon, 2001, S. 325.
[1440]   Art. 38 Abs. 1 neues UngVerfGG.
[1441]   Art. 38 Abs. 2 neues UngVerfGG.
[1442]   Art. 51 Abs. 2 altes UngVerfGG.
[1443]   *Petrétei*, A magyar Alkotmányjog (2009), S. 154.
[1444]   36/1992 (VI.10.) AB-Urteil, ABH 1992, 207, 210 „Die abstrakte Verfassungsauslegung ist inhaltlich bestimmt und verfügt über eine „erga omnes"-Wirkung." (Übersetzung des Verfassers).
[1445]   *Kerek*, Verfassungsgerichtsbarkeit in Ungarn und Rumänien, 2010, S. 251; Sólyom, Az Alkotmánybíráskodás kezdetei Magyarországon, 2001, S. 315.

des Verfassungsgerichts entwickelt, die allerdings im Rahmen einer präventiven Normenkontrolle getroffen wurde. In dieser Entscheidung macht das Verfassungsgericht deutlich, dass es gegenüber dem Parlament nicht nur eine Beratungsfunktion einnehme. Mit den Worten des ungarischen Verfassungsgerichts: „Das Verfassungsgericht ist *kein Ratgeber des Parlaments,* sondern (…) der Richter über das Ergebnis der gesetzgeberischen Arbeit des Parlaments."[1446] Obgleich die Entscheidungen des Verfassungsgerichts im Rahmen der abstrakten Verfassungsauslegung über *erga omnes* Wirkung verfügen, enthält das alte Ung-VerfGG keine Sanktion für den Fall, dass die Entscheidung nicht befolgt wird. Infolge der Allgemeinverbindlichkeit der Entscheidungen muss die Interpretation des Verfassungsgerichts von den Adressaten beachtet werden. Wird die Entscheidung des Verfassungsgerichts im Rahmen der abstrakten Verfassungsauslegung gleichwohl nicht befolgt, besteht die Möglichkeit eine gegen die Auslegung der Verfassung verstoßende Vorschrift im Wege der nachträglichen abstrakten Normenkontrolle aufheben und auf diese Weise der verfassungsgerichtlichen Interpretation der entsprechenden Vorschriften der Verfassung zur Geltung zu verhelfen. Folglich ergänzt die nachträgliche abstrakte Normenkontrolle die abstrakte Verfassungsauslegung.[1447]

3. Ziel der abstrakten Verfassungsauslegung

Wie bereits erwähnt birgt das Verfahren der abstrakten Verfassungsauslegung die Gefahr, dass der Gesetzgeber noch vor dem Erlass eines Gesetzes dieses Verfahren als eine Form der präventiven Normenkontrolle gebraucht. Das Problem dabei ist, dass in diesem frühen Stadium des Gesetzgebungsverfahrens nicht nur die Frage nach der Verfassungsmäßigkeit für den Inhalt eines Gesetz entscheidend ist sondern dieser von vielen, verschiedenen politische Aspekte bestimmt wird.[1448] Deswegen würde nach Meinung von Sólyom das Verfahren einer abstrakten Verfassungsauslegung niemals nur allein aufgrund eines wissenschaftlichen Interesses eines staatlichen Organs an der Verfassungsmäßigkeit einer Vorschrift beantragt werden.[1449] *Takács* vertritt eine ähnliche Auffassung. Seiner Meinung nach sei abstrakte Verfassungsauslegung eine Zusage des Verfassungsgerichts an den Gesetzgeber hinsichtlich zukünftiger Fälle in einer bestimmten Weise entscheiden zu wollen.[1450]

[1446] 16/1991 (IV.20) AB-Urteil, ABH 1991, 258.
[1447] *Tilk,* A Magyar Alkotmánybíróság 2008, S. 136.
[1448] *Sólyom,* Ellenőrzött rendszerváltás, in: Világosság 5/1991, S. 365 (370).
[1449] Ebd.
[1450] *Takács,* A magyar alkotmánybíráskodás időszerű problémái és továbbfejlesztési lehetőségei (In: Alkotmányfejlődés és jogállami gyakorlat. Tanulmányok, szerk.: Ádám Antal, Hanns Seidel Alapítvány, Bp. 1994.), S. 125.

Obwohl die abstrakte Verfassungsauslegung der präventiven Normenkontrolle ähnelt, erschöpft sich ihr Zweck nicht in der Vermeidung der Verfassungswidrigkeit einer Rechtsvorschrift. Die Zielsetzung des in Art. 51 alten UngVerfGG verankerten Verfahrens besteht vielmehr darin, mögliche Lücken[1451] der Regelungen der Verfassung zu schließen sowie die Funktion des Verfassungsgerichts als Hüter der Verfassung zu gewährleisten. Es ist jedoch hervorzuheben, dass die Möglichkeit von Lücken in der Verfassung bzw. – anders gewendet – deren Lückenlosigkeit in der Literatur nach wie vor kontrovers diskutiert wird.

a) Einige Verfassungsrichter sind der Auffassung im 48/1991 (IX.26.) AB-Urteil, dass die Verfassung als *ein einheitliches System* ohne Widerspruch anzusehen sei. „Die Kompetenz des Verfassungsgerichts im Bereich der abstrakten Verfassungsauslegung bedeutet die authentische Darstellung des Inhalts der Verfassungsbestimmungen sowie die Darlegung der Zusammenhänge zwischen den einzelnen Bestimmungen aufgrund des geltenden Verfassungstexts und von der Prämisse ausgehend, dass, wie das Recht schlechthin, so auch die Verfassung ein einheitliches und widerspruchsloses System darstellt. Sämtliche Verfassungsbestimmungen haben einen feststellbaren Zweck und Sinn; zwischen ihnen kann es weder einen Widerspruch noch eine Lücke geben, welche die Entscheidung in verfassungsrechtlichen Fragen vereiteln könnte. Das Verfassungsgericht bestimmt im Verlauf der Auslegung keine neue Norm; es legt nur das der Verfassung ansonsten Inhärente dar, indem es dies quasi aus dem Text der Bestimmungen herausschält, stets unter Berücksichtigung von deren Inhalt und Zusammenhängen. Das Verfassungsgericht führt also durch die Ausübung der seiner Kompetenz zugewiesenen Auslegungsbefugnis eine erkennende und bewertende Handlung durch; es stellt den im Verfassungstext enthaltenen Verfassungsinhalt fest. Und die Erfüllung dieser Aufgabe gehört ausdrücklich in seine Kompetenz. Dabei stützt es sich auf die in der Rechtswissenschaft bekannten grammatikalischen, logischen, systematischen und historischen Auslegungsmethoden."[1452]

[1451] Zu andere Ansichten in Bezug auf die Auffassung, die Verfassung sei lückenlos siehe *Tilk, A* Magyar Alkotmánybíráskodás 2008, S. 127–128.

[1452] Parallele Meinung der Richter *Ádám, Herczegh, Lábady, Tersztyánszky* zum 48/1991 (IX.26.) AB-Urteil, ABH 1991, 217, 242–243. „Az Alkotmánybíróságnak absztrakt alkotmányértelmezési hatásköre az Alkotmány rendelkezései tartalmának hiteles kifejtését, valamint az egyes rendelkezések közötti összefüggések kimutatását jelenti az Alkotmány hatályos szövege alapján és abból a feltételezésből kiindulva, hogy miként a jog az Alkotmány is egységes és ellentmondás nélküli rendszer. Valamennyi rendelkezésének megállapítható célja és értelme van, közöttük sem ellentmondás, sem pedig alkotmányjogi kérdések eldöntését meghiúsító hézag nem lehet. *Az Alkotmánybíróság az értelmezés során nem állapít meg új szabályt, csupán kifejti az Alkotmányban egyébként benne rejlőket, mintegy kibontva azokat a rendelkezések szövegéből, mindenkor szem előtt tartva azok tartalmát és összefüggéseit.* Az Alkotmánybíróság a hatáskörébe utalt értelmezési jogkör gyakorlása révén tehát megismerő és értékelő műveletet végez, az alkotmányszövegben foglalt alkotmánytartalmat állapítja meg. E feladat teljesítése pedig kifejezetten hatáskörébe tartozik. Ennek során támaszkodik a jogtudományban és a joggyakorlatban ismert nyelvtani, logikai, rendszertani és történeti értelmezési módszerekre."

b) Demgegenüber lehnt *Kilényi* die Ansicht ab, dass die Verfassung ein kohärentes System bilde. Seiner Meinung nach sei die Verfassung, wie andere Normen der Rechtsetzung, von Menschenhand geschaffen und damit könne auch die Verfassung Unzulänglichkeiten und Widersprüche enthalten.[1453]

c) Das Verfassungsgericht selbst hat *expressis verbis* in dem berühmt gewordenen Todesstrafen-Urteil festgestellt, dass Art. 8 Abs. 2 UngVerf (Grundrechtseinschränkung) und Art. 54 Abs. 1 UngVerf (Unantastbarkeit der Menschenwürde), also zwei verfassungsrechtliche Vorschriften, im Widerspruch zueinander stünden. Das Verfassungsgericht erklärte, dass die Beseitigung dieses Widerspruches die Aufgabe des verfassungsändernden Gesetzgebers – also des Parlaments – sei.[1454]

d) Neben der Gewährleistung der Lückenlosigkeit der Verfassung ist ein bemerkenswerter Einfluss der abstrakten Auslegung auf die Rechtsprechung hervorzuheben. Das Ergebnis der Auslegung kann ein noch laufendes ordentlich gerichtliches Verfahren beeinflussen. Dies war der Fall, als der Präsident des Obersten Gerichtshofs eine abstrakte Verfassungsauslegung beim Verfassungsgericht beantragte und der Oberste Gerichtshof das Ergebnis der Auslegung in einem laufenden Verfahren verwendete.[1455]

4. Konzeption des lebendigen Rechts

Da die Konzeption des sog. „lebendigen Rechts als ein organischer Teil der Praxis des ungarischen Verfassungsgerichts anzusehen ist und eine zentrale Rolle in der Verfassungsauslegung spielt, ist eine kurze Darstellung dieser Konzeption hier notwendig.

a) Die Konzeption des „lebendigen Rechts" wurde erstmals in der Jánosi-Entscheidung 57/1991 (XI. 8.) AB-Urteil entfaltet. Der Inhalt der Entscheidung lässt sich folgendermaßen zusammenfassen: Das Verfassungsgericht ist im Rahmen der abstrakten Verfassungsauslegung ausschließlich für die Auslegung der Vorschriften der Verfassung zuständig (primäre Aufgabe). Die Auslegung der Bestimmungen des einfachen Rechts erfolgt demgegenüber nur im Rahmen und bei Gelegenheit der Wahrnehmung anderer Verfassungsgerichtlicher Verfahren

---

1453   *Kilényi*, Hogyan tovább magyar alkotmánybíráskodás? (in: Alkotmánybíráskodás, szerk.: uő., Unió Kiadó, Bp. 1993), S. 275–276.

1454   23/1990 (X. 31) AB-Urteil, ABH 1990, 88, 93. "Az Alkotmány 8. § (2) bekezdésének az 1990. június 19-i alkotmánymódosítással beiktatott rendelkezése és az 54. § (1) bekezdésének idézett szövege nincs összhangban. Az Országgyűlésre hárul az a feladat, hogy az összhangot megteremtse."

1455   21/1996 (V.17.) AB-Urteil, ABH, 1996, 74 ff. In diesem Fall hatte der Oberste Richter beantragt, dass das Verfassungsgericht die in Art. 63 altes UngVerf (Versammlungsfreiheit) sowie die in Art. 67 altes Ungverf verankerten Rechte (Recht auf Schutz und Betreuung eines Kindes) voneinander abgrenzt.

im Rahmen anderer Zuständigkeiten (sekundäre Aufgabe). Das Verfassungsgericht kann aber im Rahmen der abstrakten Verfassungsauslegung überprüfen, ob eine bestimmte, in der Praxis vorhandene Interpretation einer Vorschrift, etwa durch die Fachgerichte, aus einer abstrakten Perspektive mit Verfassungsrecht, insbesondere mit dem abstrakten Ergebnis der Verfassungsauslegung, vereinbar ist. Dabei legt das Verfassungsgericht den Inhalt und die Auslegung einer Vorschrift zugrunde, die auch die jeweiligen Gerichte für ihre entsprechende Rechtsprechungslinie zugrunde gelegen. Sind unterschiedliche Interpretationen einer Rechtsvorschrift möglich, überprüft das Verfassungsgericht dennoch lediglich die durch die Gerichte oder Rechtsanwender praktizierte Interpretation, da die anderen, hypothetischen Auslegungsmöglichkeiten nicht Gegenstand eines gerichtlichen Verfahrens sind, diese Interpretationen einer Norm vielmehr ohne Bezug zu Lebenssachverhalte sind und diese Art der Interpretation in der juristischen und gerichtlichen Praxis also nicht „gelebt" wird. Das Verfassungsgericht überprüft daher etwa nicht die für die verfassungsrechtliche Gültigkeit einer Norm günstige Auslegungsvariante, sondern nur das lebendige Recht, die Auslegung des Rechts die praktiziert und gelebt wird, also die Auslegungsvariante, die Rechtsanwender bzw. Instanzgerichte in der Regel zu grundlegend, wenn sie konkrete Sachverhalte entscheiden. Dies bedeutet auf der einen Seite, dass das Verfassungsgericht nicht befugt ist eine von den Instanzgerichten gewählte Auslegungsvariante des einfachen Rechts durch seine eigene Interpretation des einfachen Rechts zu ersetzen., Denn das Verfassungsgericht würde in diesem Fall in den Zuständigkeitsbereich der Instanzgerichte und insbesondere des Obersten Gerichtshof eingreifen. Auf der anderen Seite bedeutet das Konzept des lebendigen Rechts, dass wenn eine Vorschrift mehrere Interpretationen zulässt und lediglich eine von diesen in der Praxis der Rechtsprechung Anwendung findet, nur diese einzige Interpretation einer Norm Gegenstand der verfassungsmäßigen Kontrolle sein kann. Ist allerdings diese Interpretation die einzig vorhandene Interpretation in der Rechtsprechung, hebt das Verfassungsgericht die betroffene Vorschrift im Rahmen des Verfahrens der abstrakten Verfassungsauslegung auf, wenn diese einzig in der Rechtsprechung vorhandene Interpretation verfassungswidrig ist.[1456]

[1456] 57/1991 (XI. 8.) AB-Urteil ABH 1991, 272, 287. „Az Alkotmánybíróságról szóló 1989. évi XXXII. törvény (a továbbiakban: Abtv.) 1. § g/ pontja értelmében az Alkotmánybíróságnak csak az Alkotmány rendelkezései tekintetében van értelmezési hatásköre. Önálló törvényértelmezési hatáskör hiányában tehát az alkotmányossági vizsgálat nem irányulhat önmagában a normaszöveg lehetséges különböző értelmének és tartalmának a megállapítására, hanem azt az Alkotmánybíróság csak a hatáskörébe tartozó kérdés vizsgálatával összefüggésben végezheti el. (…) Amennyiben a bírói gyakorlat és az általánosan elfogadott jogértelmezés *a normaszöveget - a lehetséges több értelme közül -* egységesen csak egy bizonyos, meghatározott értelemben alkalmazza, az Alkotmánybíróságnak a normaszöveget ezzel az értelemmel és tartalommal kell az alkotmányosság szempontjából vizsgálnia. (…) Ha a két- vagy többértelmű jogszabály a jogalkalmazási gyakorlatban csak

277

b) Insbesondere mit Blick auf Letztgenanntes ist der Verfassungsrichter *Kilényi* allerdings anderer Meinung. Er nimmt an, dass der Gesetzgeber nicht mit der Aufhebung einer von ihm erlassenen Rechtsnorm bestraft werden dürfe, nur weil die Norm durch den Rechtsanwender in einer verfassungswidrigen Interpretation angewendet worden sei. Nach *Kilényi* verfügt das Verfassungsgericht nicht über das Recht zu einer erga omnes wirkenden abstrakten Verfassungsauslegung. Es sei eine ausreichende Lösung, wenn das Verfassungsgericht feststellen würde, welchem verfassungsrechtlichen Gebot bei der Anwendung einer Norm gefolgt werden müsse. *Kilényi* machte des Weiteren darauf aufmerksam, dass eine Vorschrift, die unterschiedlich ausgelegt werden könne, und nur eine der Auslegungen verfassungswidrig sei, nicht zwingend dazu führe, dass die Norm selbst verfassungswidrig sei.[1457]

egyik értelme szerint él és kizárólag e tartalmával realizálódik, az Alkotmánybíróságnak a jogszabály másik (többi) szövegértelmét és normatartalmát nem kell vizsgálódási körébe vonnia, mert ebben az összefüggésben alkotmányossági kérdés fel sem merül. (…) Mindebből következik, hogy az Alkotmánybíróságnak nem a normaszöveget önmagában, hanem az érvényesülő, a hatályosuló és megvalósuló normát, azaz az "élő jogot" kell az Alkotmány rendelkezéseinek tartalmával és az alkotmányos elvekkel összevetnie. (…) Az Alkotmánybíróságnak az AB tv szerint a *bírói, jogalkalmazási gyakorlat alkotmányosságának a vizsgálatára nincs hatásköre.* (…) Ez egyfelől azt jelenti, hogy - ha a jogszabálynak többféle értelme van és azt a jogalkalmazási gyakorlat sem csak egyféleképpen értelmezi - az Alkotmánybíróság az egységes jogalkalmazás kialakítására nem hozhat jogértelmező döntést, mert ezzel a Legfelsőbb Bíróság hatáskörét vonná el. Másfelől azonban jelenti azt is, hogy amennyiben valamely jogszabály több lehetséges értelme közül a jogalkalmazási gyakorlatban csak egyféle tartalommal realizálódik, akkor csak ez a normatartalom szolgálhat az alkotmányossági vizsgálat alapjául is. (.) Ellenkező esetben ugyanis az Alkotmánybíróság az eljárása során a hatáskörébe nem tartozó önálló jogszabály értelmezést végezne, és éppen azzal lépne túl hatáskörét, hogy ennek során a jogszabálynak a bírói gyakorlat által történt értelmezése helyességét vitatná. (…) Ebből is tehát az következik, hogy mivel a jogalkalmazási gyakorlat erre vonatkozó hatáskör hiányában nem lehet tárgya az Alkotmánybíróság alkotmányossági eljárásának, tartalmilag az Alkotmánybíróságnak a jogszabály az értelemben kell vizsgálnia, amilyen értelmet annak az egységes jogalkalmazási gyakorlat tulajdonít. Amennyiben pedig a jogszabály lehetséges több értelme közül a jogszabály az állandó és egységes jogalkalmazási gyakorlatban alkotmányellenes tartalommal él és realizálódik, az alkotmánybírósági eljárásban annak *alkotmányellenességét meg kell állapítani."*

1457   57/1991 (XI. 8.) AB-Urteil ABH 1991, 272, 287. Parallele Meinung von Richter *Kilényi* „Ha tehát a jogalkalmazási gyakorlat valamely rendelkezés alkotmányellenes értelmezésével szembeszegül a törvénnyel, a jogalkalmazó szerveket kell a megfelelő jogi eszközök alkalmazásával rászorítani a törvény /vagy más jogszabály/ alkotmányos értelmezésére és alkalmazására, *nem pedig a jogalkotót "megbüntetni"* a jogalkalmazó szervek Alkotmányba ütköző jogértelmezése miatt azáltal, hogy az Alkotmánybíróság megsemmisíti a helyes értelmezés mellett nem alkotmányellenes rendelkezést. „A törvények tekintetében az Alkotmánybíróságnak *nincs erga omnes hatályú értelmezési joga.* Ez azonban nem azt jelenti, hogy egyáltalán nincs értelmezési joga. Az Alkotmánybíróság ugyanis egyedi döntései meghozatalánál szükségképpen értelmezi a jogszabályokat, s ilyen vonatkozásban a legcsekélyebb mértékben sincs kötve a jogalkalmazó szervek értelmezéséhez. Az Alkotmánybíróság határozatának indokolásában kifejtheti, hogy melyik a támadott jogszabályi rendelkezésnek az az értelme, amelynek alapulvételével a rendelkezést nem tekinti alkotmányellenesnek. Önmagában attól, hogy valamely rendelkezést többféleképpen lehet értelmezni, és ezek közül az egyik értelmezés alkotmányellenes, a szóban forgó rendelkezés még nem válik alkotmányellenessé."

278

c) In dem späteren 38/1993 (VI.11.) AB-Urteil hat das Verfassungsgericht festgestellt, dass wenn sowohl verfassungsmäßige als auch verfassungswidrige Auslegungen einer Rechtsvorschrift verwendet würden, dann müsse das Verfassungsgericht ein verfassungsrechtliches Gebot bezeichnen, nach dem sich der Rechtsanwender richten müsse. Würde aber der Rechtsanwender die verfassungsmäßige Interpretation einer Vorschrift nicht anwenden, könne dies zur Feststellung der Verfassungswidrigkeit der Vorschrift führen.[1458] Diese Lösung beruht auf der Grundannahme, dass das gültige Recht aus Respekt gegenüber dem demokratisch legitimierten Gesetzgeber geschont werden müsse.[1459]

d) In derselben Entscheidung hat das Verfassungsgericht außerdem festgestellt, dass die vom Gesetzgeber offen gelassenen Fragen durch die Rechtsprechung der Fachgerichte beantwortet werden müssen. Es sei nicht die Aufgabe des Verfassungsgerichts, die offenen Fragen entweder an Stelle des Gesetzgebers oder an Stelle der Rechtsanwender zu beantworten. Die Aufgabe des Verfassungsge-

---

[1458]   38/1993 (VI.11.) AB-Urteil, ABH 1993, 256, 266. Ha a jogszabályi rendelkezés alkotmányossága éppen a szabályozás hiányossága vagy homályossága miatt kérdéses, *az Alkotmánybíróság kifejezetten is megállapíthatja az alkotmányos értelmezés tartományát,* meghatározhatja azokat az alkotmányos követelményeket, amelyeknek a norma értelmezéseinek meg kell felelniük. (…) Ha a vizsgált jogszabálynak van (egy vagy több) olyan értelmezése, amely az alkotmányos követelményeknek megfelel, az Alkotmánybíróságnak nem feltétlenül kell megállapítania a jogszabály alkotmányellenességét. A normát nem kell minden esetben megsemmisíteni csupán azért, mert az alkotmányos követelményeknek meg nem felelő értelmezése is lehetséges vagy előfordul. Nem hagyható azonban figyelmen kívül az alkotmányossági vizsgálatnál *a jogszabálynak az az értelmezése,* amelyet *a joggyakorlat egységesen követ,* vagyis a jogszabálynak az "élő jogban" megnyilvánuló normatartalma. Ha a jogszabály ekként alkotmánysértő tartalommal hatályosul, *az alkotmányellenesség megállapítása és jogkövetkezményeinek alkalmazása* elkerülhetetlenül szükséges."

[1459]   38/1993 (VI.11.) AB-Urteil, ABH, 1991, 256, 266. "Egyébként azonban a hatályos jogot lehetőleg kímélni kell."

279

richts besteht vielmehr darin, das Verhältnis der Verfassung und der Rechtsnorm zu überprüfen.[1460]

e) Der bereits angesprochene Begriff des verfassungsrechtlichen Gebots ist auch im Rahmen der präventiven Normenkontrolle im 18/2004 (V.25.) AB-Urteil aufgetaucht. Der Antrag des Präsidenten der Republik bezog sich auf die Frage, ob das Verfassungsgericht über das Recht verfüge eins verfassungsrechtlichen Gebotes zu statuieren, mit dessen Hilfe die verfassungsmäßige Auslegung des Tatbestands der Volksverhetzung[1461] ermöglicht werden könnte. Das Verfassungsgericht war der Auffassung, dass nach Möglichkeit die Aufhebung einer Norm vermieden werden solle, sofern die Rechtssicherheit und die Verfassungsmäßigkeit der Rechtsordnung gesichert seien. Im Rahmen der präventiven Normenkontrolle prüft das Verfassungsgericht allerdings eine Norm, die noch nicht in Kraft getreten ist, sie existiert demnach noch nicht, ist noch nicht Teil der Rechtsordnung. Folglich muss das Verfassungsgericht keine Rücksicht auf die „Schonung" dieser Norm nehmen.[1462]

5. Bewertung der abstrakten Verfassungsauslegung in der Literatur

Die abstrakte Verfassungsauslegung bringt die Gefahr mit sich, dass das Verfassungsgericht an die Stelle der Legislative oder der Exekutive tritt. Nach der Meinung des ersten Präsidenten des Verfassungsgerichts, *Sólyom*, gebe das Verfassungsgericht durch seine Interpretation der Verfassungsnorm einen bestimm-

---

[1460] 38/1993 (VI.11.) AB-Urteil, ABH, 1991, 256, 268: „Ha az Alkotmánybíróság a *vizsgált norma alkotmányos értelmének tartományát állapítja meg* a rendelkezés tartalmára, illetve tárgyára vonatkozó alkotmányos követelmények meghatározásával, ezzel az utólagos normakontroll keretén belül marad, *s nem jogalkalmazói törvényértelmezést végez.* Az Alkotmánybíróságnak hatalma van az alkotmányellenes jogszabály megsemmisítésére. A jogszabály alkotmányos értelmének megállapítása a homályosság miatti megsemmisítés helyett ennek a felhatalmazásnak keretében marad."

[1461] Ung. „közösség elleni izgatás"

[1462] 18/2004 (V.25.) AB-Urteil, ABH 2004, 303, 313. „Az Alkotmánybíróság először a 38/1993. (VI. 11.) AB határozat rendelkező részében fogalmazta meg, hogy a jogszabály alkotmányossági vizsgálata során a norma megsemmisítése helyett határozattal megállapíthatja azokat az alkotmányos követelményeket, amelyek a rendelkezés alkalmazása során mindenkire nézve kötelezőek. Az Alkotmánybíróság ezt a hatályos jog kíméletéből és abból a követelményből vezette le, hogy célszerű elkerülni a jogszabály, illetőleg jogszabályi rendelkezés megsemmisítését, ha a jogrend alkotmányossága és a jogbiztonság e nélkül is biztosítható." (…) „ Előzetes normakontroll keretében azonban az Alkotmánybíróság az Országgyűlés által megszavazott törvénynek a köztársasági elnök által kifogásolt rendelkezéseit vizsgálja. Nincs érvényesen létrejött jogszabály, mivel a törvény kihirdetése és közzététele a köztársasági elnök vétója következtében elmaradt. Az alkotmánybírósági eljárás tárgyát képező normaszöveg tehát nem része a hatályos jognak, ennek megfelelően az Alkotmánybíróság fogalmilag nem lehet tekintettel annak kíméletére.

ten Inhalt. Dieser befinde sich zwar nicht als solcher in der Verfassungsnorm, könne (und müsse) aber aus ihr herauskristallisiert werden. Diese Tätigkeit des Verfassungsgerichts liege allerdings an der Grenze der Rechtsetzung. Dennoch sei sie notwendig. Allerdings dürfe sich nicht dazu führen, dass das Verfassungsgericht in einer sich gegebenenfalls schleichenden und unbemerkt vollziehenden Entwicklung die Aufgaben des verfassungsgebenden Gesetzgebers erledige („stille Verfassungsgebung").[1463] Nach *Kilényi* verfügen alle Verfassungsgerichte der Welt notwendigerweise und unumgänglich über in gewissem Maß über die begrenzte Befugnis zur Verfassungsgebung. Dies bedeute allerdings nicht, dass das Verfassungsgericht den Text der Verfassung selbst gestalte. Vielmehr sei auch diese Verfassungsgebung Ausdruck der Verfassungsauslegung.[1464] *Kukorelli* ist der Meinung, dass das Verfassungsgericht eine „praktische Verfassungsgebung" ausübt.[1465] *Petrétei* ist außerdem der Auffassung, dass die Tätigkeit des Verfassungsgerichts nicht zur Verfassungsänderung führe, diese aber für die zukünftige Wandlung des Verfassungstexts eine erhebliche Bedeutung habe.[1466] *Ádám* hingegen meint, dass diese Zuständigkeit der abstrakten Verfassungsauslegung eine entscheidende politische Komponente beinhalte. Denn Anlass für eine abstrakte Verfassungsauslegung seien in Wahrheit nicht selten politische Gründe und Auseinandersetzungen. Dies zeige sich etwa daran, dass politische, bürgerlich rechtliche oder strafrechtliche Streitigkeiten zunehmend in verfassungsrechtliche Fragestellungen und endlich in der Kollision zwischen verschiedenen Verfassungsgüter oder von der Verfassung verliehenen Rechte mündeten. Damit würden die Meinungsverschiedenheiten in den genannten Streitigkeiten häufig erst vom Verfassungsgericht entschieden.[1467] Vor diesem Hintergrund wurde dem Verfassungsgericht im Laufe seiner Tätigkeit wiederholt – allerdings zu Unrecht – vorgeworfen, durchpolitisiert worden zu sein.[1468] Kritiker von verfassungsrechtlichen Entscheidungen akzeptieren nicht, dass das Verfassungsgericht bei seiner Entscheidung ausschließlich verfassungsrechtliche Aspekte in Betracht zieht und mit verfassungsrechtlichen Topoi argumentieren muss,, ihm der Rückgriff auf rein

---

[1463] *Tilk*, A Magyar Alkotmánybíróság 2008, S. 143.
[1464] *Kilényi*, Az alkotmányozás és a „kétharmados" törvények, in: Jogtudományi Közlöny 5/1994, S. 201 (202).
[1465] *Kukorelli*, Az alkotmányozás néhány koncepcionális kérdése, in: Magyar Közigazgatás 8/1994, S. 449 (451): „Im Laufe der Verfassungsgebung ist die Verfassung *lebendiges Recht* geworden. Das Verfassungsgericht ist dabei eine verfassungsgebende Gewalt geworden, die die Verfassung auslegt und anwendet." (Übersetzung des Verfassers)
[1466] *Petrétei*, Alkotmány és Alkotmányosság, in: Magyar Közigazgatás 1/1995, S. 1 ff.
[1467] *Ádám*, A közjogi bíráskodás fejlődési irányai, in: Belügyi Szemle 12/1995, S. 45 ff.
[1468] *Körösényi*, A magyar politikai rendszer (1998), S. 345.

politische, gesellschaftliche oder wissenschaftliche Argumente verwehrt ist.[1469] Insbesondere darf es keine eigenen politischen Ziele verfolgen.

6. Zusammenfassung

Die abstrakte Verfassungsauslegung ist als eine einzigartige Zuständigkeit des ungarischen Verfassungsgerichts im europäischen Rechtsraum anzusehen. Demzufolge ist ein europäischer Rechtsvergleich nicht möglich. Wichtiger ist die Abgrenzung zwischen der konkreten und der abstrakten Verfassungsauslegung. Während die konkrete Verfassungsauslegung eine Norm in einem konkreten Fall, etwa im Rahmen einer Normenkontrolle oder der Verfassungsbeschwerde, betrifft, bezieht sich die abstrakte Verfassungsauslegung nicht einen bestimmten Fall, sondern eine bestimmte verfassungsrechtliche Frage. Die abstrakte Verfassungsauslegung ist eine besondere Aufgabe des Gerichts, die auf der einen Seite von einem bloßen Rechtsgutachten, auf der anderen Seite von der Normenkontrolle abgegrenzt werden muss. Bei dem Verfahren der abstrakten Verfassungsauslegung handelt es sich um eine selbständige Zuständigkeit des Gerichts, welche dieses allerdings eng interpretiert. Nach dieser Rechtsprechung ist ein Antrag auf abstrakte Verfassungsauslegung nur dann zulässig, wenn *drei Voraussetzungen* vorliegen. Der Antrag muss zum einen durch den berechtigten Antragsteller gestellt werden. Des Weiteren muss sich der Antrag auf eine verfassungsrechtliche Frage – und nicht auf einen konkreten Fall – beziehen und drittens muss diese Frage „unmittelbar" sein. Im Übrigen ist festzustellen, dass der Kreis der Antragsteller eingeschränkt wurde.[1470]

Der *Zweck* der abstrakten Verfassungsauslegung besteht darin, Lücken im Zuge der Verfassungsänderung 2010, Unzulänglichkeiten oder Rechtsunsicherheiten in der Interpretation des Verfassungstextes zu beseitigen.[1471] Des Weiteren kann das Ergebnis der abstrakten Verfassungsauslegung die *Rechtsprechung* beeinflussen, wenn das Ergebnis einer abstrakten Verfassungsauslegung bereits in einem laufenden ordentlichen gerichtlichen Verfahren berücksichtigt wird.[1472]

Das Konzept des „lebendigen Recht" spielt im Verfahren der abstrakten Verfassungsauslegung eine bedeutende Rolle. Die Bedeutung des lebendigen Rechts bei der abstrakten Verfassungsauslegung hat das Verfassungsgericht in der be-

---

[1469] *Tilk*, A Magyar Alkotmánybíróság 2008, S. 146.
[1470] Zum Rechtsvergleich siehe den Anhang 16 über die abstrakte Verfassungsauslegung.
[1471] Siehe dazu ausführlich die Ausführungen zu „Ziel der abstrakten Auslegung" in diesem Kapitel.
[1472] 21/1996 (V.17.) AB-Urteil, ABH, 1996, 74 ff.

rühmt geworden Jánosi-Entscheidung entfaltet. Nach dieser Entscheidung soll eine Vorschrift aufgehoben werden, wenn sie in der Rechtsprechung ausschließlich verfassungswidrig interpretiert wird. Dadurch bestätigte das Verfassungsgericht auch, dass ausschließlich das lebendige Recht Gegenstand der verfassungsmäßigen Prüfung ist.

7. Praxis

Obwohl die Literatur das Verfahren der abstrakten Verfassungsauslegung in vielerlei Hinsicht kritisiert, lässt sich abschließend feststellen, dass die abstrakte Verfassungsauslegung trotz der wenigen Entscheidungen im Rahmen dieses Verfahrens eine wichtige Rolle in der Praxis des ungarischen Verfassungsgerichts spielt und spielen wird. Im Jahr 2015 wurde lediglich drei Antrag auf abstrakte Verfassungsauslegung gestellt. [1473]

C. Aufgabe des ungarischen Verfassungsgerichts in Bezug auf die Religionsgemeinschaften

In diesem Kapitel werden zwei neue Aufgaben des Verfassungsgerichts Ungarns dargestellt und einem europäischen Vergleich unterzogen. Diese Zustandigkeiten wurden im Jahr 2010 neu eingeführt und haben auf europäischer Ebene heftige Kritik, insbesondere Seiten der EU-Kommission, ausgelöst.

I. Überprüfung eines parlamentarischen Beschlusses bezüglich der Anerkennung einer Religionsgemeinschaft durch das Parlament
1. Anerkennung einer Religionsgemeinschaft
a) Begriff der Religionsgemeinschaft und das Trennungsprinzip

In Ungarn sind unter „Religionsgemeinschaft" sowohl Kirchen als auch sonstige religiöse Vereinigungen[1474] zu verstehen.[1475] Während eine Kirche durch das Parlament anerkannt ist, wird eine religiöse Vereinigung durch ein Gericht der ordentlichen

---

[1473] Die Statistik des ungarischen Verfassungsgerichts ist abrufbar unter: http://www.alkotmanybirosag. hu/letoltesek/ab_ugyforgalom_2015_12_31.pdf (aufgerufen am 01.05.2016).

[1474] Eng. "associations carrying out religious activities" ("religious associations" according to the terminology used by the Constitutional Court) Der Begriff wurde in der Entscheidung des EGMR vom 08.04.2014 - Case of Magyar Keresztény Mennonita Egyház and others vs. Hungary wendet, http://hudoc.echr.coe.int/sites/eng/pages/search.aspx?i=001-142196 (aufgerufen am 01.05. 2016)

[1475] Art. 6 Abs. 1 S. 1 des Gesetzes Nr. 206/2011 über die Gewissens- und Religionsfreiheit sowie über den Rechtsstatus der Kirchen, der Konfessionen und der Religionsgemeinschaften (ReligG).

Gerichtsbarkeit, namentlich durch den *Gerichtshof Budapests*[1476], registriert.[1477] Staat und Religionsgemeinschaften wirken in Ungarn getrennt voneinander.[1478] Dies schließt jedoch nicht aus, dass der Staat und die Religionsgemeinschaften auch zusammenarbeiten können.[1479] Allerdings können lediglich solche Religionsgemeinschaften mit dem Staat zusammenwirken, die durch das Parlament als Kirche anerkannt sind.[1480]

b) Erwerb des Körperschaftsstatus einer Kirche durch das Parlament
Die neue Fassung des Gesetzes über die Gewissens- und Religionsfreiheit ist am 1. Januar 2012 in Kraft getreten.[1481] Mit der neuen Vorschrift wurde der Kirchenstatus der bis dahin in Ungarn vorhandenen insgesamt 300 Kirchen *von Gesetzes wegen* aberkannt.[1482] Die neue Regelung eröffnete jedoch die Möglichkeit, dass die von dem Gesetz betroffenen Kirchen die erneute Verleihung des Kirchenstatus innerhalb von 30 Tagen nach Inkrafttreten der neuen Vorschriften beim Parlament beantragen können.[1483] Allerdings muss eine religiöse Vereinigung für die Verleihung des Kirchenstatus folgende, im neuen Gesetz festgelegten Voraussetzungen erfüllt: Eine religiöse Vereinigung wird als Kirche durch das Parlament anerkannt, wenn sie a) der Schwerpunkt ihrer Tätigkeit der kirchliche Tätigkeit zuzuordnen ist, b) über ein Religionsbekenntnis verfügt, c) entweder mindestens seit 100 Jahren existiert oder mindestens seit 20 Jahren in einer organisierten Form als eine religiöse Vereinigung in Ungarn tätig ist und ihre Mitgliedszahl mehr als 1% der gesamten ungarischen Bevölkerung ausmacht, d) über eine verabschiedete Satzung verfügt, e) ein Organ bestimmt oder gewählt hat, welches sie nach außen vertritt, f) über eine Erklärung verfügt, worin sie versichert, dass ihre Tätigkeit nicht gegen das neue Grundgesetz, gegen sonstige Gesetze oder Rechte oder Freiheiten anderer Gemeinschaften verstößt g) nicht gegen den Schutz des Lebens und der Gesundheit und der Menschenwürde tätig ist, h) kein Risiko für die nationale Sicherheit bedeutet und schließlich i) die Bereitschaft zur Zusammenarbeit im Interesse der Ziele der Gemeinschaft sowie die Ernsthaftigkeit und Dauerhaftigkeit

---

[1476]   Ung. „Fővárosi törvényszék".
[1477]   Art. 6 Abs. 1 S. 2 i.V.m. Art. 9/B Abs. 1 ReligG.
[1478]   Art. 7 Abs. 3 S. 1 UGG.
[1479]   Art. 7 Abs. 4 S. 1 UGG.
[1480]   Art. 7 Abs. 4 S. 2 und S. 3 UGG.
[1481]   Das Gesetz Nr. 206/2011 über die Gewissens- und Religionsfreiheit sowie über den Rechtsstatus der Kirchen, der Konfessionen und der Religionsgemeinschaften ist am 1. Januar 2012 in Kraft getreten.
[1482]   Art. 34 Abs. 1 ReligG.
[1483]   Art. 33 Abs. 1 ReligG.

ihre Ziele und Tätigkeit entweder durch ihre Satzung, oder ihre Mitgliederzahl belegt.[1484] Erkennt das Parlament eine Religionsgemeinschaft als Kirche an, wird diese Kirche durch den zuständigen Minister in ein Register aufgenommen.[1485] Wie bereits erwähnt, wurde als Ergebnis der neuen Regelungen der Kirchenstatus der insgesamt 300 Religionsgemeinschaften von Gesetzes wegen aberkannt. Seit dem Inkrafttreten des neuen Gesetzes würden nur 27 Religionsgemeinschaften erneut der Körperschaftsstatus verliehen wurde.[1486]

c) Kooperationsrechte

Die Anerkennung ist für Religionsgemeinschaften essenziell, denn nur als anerkannte Kirchen[1487] erhalten sie staatliche finanzielle Unterstützung.[1488] Den Kirchen steht 1% der Einkommensteuer ihrer Mitglieder zu.[1489] Außerdem kann eine Kirche zusätzliche finanzielle Unterstützung erhalten.[1490] Des Weiteren genießen die Kirchen Steuerbefreiung in Bezug auf die Mehrwehrsteuer[1491] und die Einkommensteuer, wenn das Einkommen aus der mit der kirchlichen Funktion zusammenhängenden wirtschaftlichen Tätigkeit stammt.[1492] Der Erwerb des Eigentum an Ackerland ist für eine Kirche möglich.[1493] Sie genießt darüber hinaus persönliche Gebührenfreiheit.[1494] Im Einzelfall kann die ungarische Regierung auch entscheiden, bestimmte Kirchen durch staatliche Subventionen zu begünstigen.[1495] Schulen dürfen ausschließlich Religionsunterricht für die Religion anerkannter Kirche anbieten, wobei außerdem der Staat die Lehrkraft hierfür bezahlt.[1496] Des Weiteren kann eine Kirche Eigentümer eines Friedhofs sein.[1497] Schließlich kön-

---

[1484] Art. 14 ReligG.
[1485] Art. 16 Abs. 1 ReligG enthält detaillierten Regelungen für das Verfahren in Art. 6-11 RVO Nr. 295/2013 (VII.29.) über die Anerkennung der Kirche, die Rechtsstatuten, besondere Regelungen und die Tätigkeit einer kirchlichen juristischen Person (KirRVO).
[1486] 1 Beiblatt ReligG.
[1487] Ung. „bevett egyház".
[1488] Art. 16-18 KirRVO.
[1489] Art. 4 des Gesetzes Nr. 124/1997 über die finanziellen Voraussetzungen der religiösen und gemeinnützigen Tätigkeit der Kirchen.
[1490] Art. 6 des Gesetzes Nr. 124/1997 über die finanziellen Voraussetzungen der religiösen und gemeinnützigen Tätigkeit der Kirchen.
[1491] Art. 85 Abs. 1 lit. k) des Gesetzes Nr. 127/2007 über die Mehrwehrsteuer.
[1492] 1 Beiblatt des Gesetzes Nr. 117/1995 über die Einkommensteuer. Hier ist ausführlich aufgelistet, welches Einkommen einer anerkannten Kirche steuerfrei ist.
[1493] Art. 611 Abs. 2 lit. a) des Gesetzes Nr. 122/2013 über das Ackerland.
[1494] Art. 5 Abs. 1 lit. e) des Gesetzes Nr. 93/1990 über die Gebühren.
[1495] Art. 7 Abs. 1 des Gesetzes Nr. 124/1997 über die finanziellen Voraussetzungen der religiösen und gemeinnützigen Tätigkeit der Kirchen.
[1496] Art. 21 ReligG.
[1497] Art. 4 Abs. 1 des Gesetzes Nr. 43/1999 über die Friedhöfe und die Bestattung.

nen lediglich Pfarrer einer anerkannten Kirche den Dienst als Gefängnispfarrer oder Krankenhauspfarrer leisten.[1498] Vor diesem Hintergrund lässt sich feststellen, dass eine durch das Parlament anerkannte Kirche über wichtige Rechte, finanzielle Unterstützung, weitreichendere Befugnisse und anderweitige Vorteile verfügt als eine nicht anerkannte Religionsgemeinschaft. Dementsprechend ist die Anerkennung einer Religionsgemeinschaft als Kirche von grundlegender Bedeutung.

d) Verlust und Entzug des Körperschaftsstatus

Das Verfassungsgericht ist befugt einer anerkannten Kirche ihren Kirchenstatus zu entziehen, wenn diese in verfassungswidriger Weise tätig ist und das Parlament einen entsprechenden Beschluss fasst.[1499] Dieses Verfahren ähnelt der Stellungnahme des Verfassungsgerichts im Zusammenhang mit dem Vorschlag zur Auflösung eines Vertretungsorgans einer örtlichen Selbstverwaltungskörperschaft.[1500] Der Wortlaut von Art. 35 Abs. 5 UGG „stellt jedoch klar, dass das Parlament nicht an die Stellungnahme des Verfassungsgericht gebunden ist und, selbst wenn eine Kirche in verfassungswidriger Weise tätig ist, diese auflösen kann, aber nicht „muss".[1501]

e) Unzulänglichkeiten in den neuen Regelungen

Die neue Fassung des Gesetzes über die Gewissens- und Religionsfreiheit sowie über den Rechtsstatus der Kirchen, der Konfessionen und der Religionsgemeinschaften hat gleich nach dem Inkrafttreten heftige juristische und politische Debatten ausgelöst. Das Verfassungsgericht selbst hat in seinem grundlegenden 6/2013 (III.1.) AB-Urteil zahlreiche Vorschriften des betreffenden Gesetzes mit „ex tunc"-Wirkung für verfassungswidrig erklärt und angeordnet, dass der mit dem Inkrafttreten der neuen Regelungen von Gesetzes wegen einhergehende Verlust des Kirchenstatus nichtig sei.[1502] Nach der Argumentation des Verfassungsgerichts sei es zwar aus verfassungsrechtlicher Sicht nicht zwingend, dass alle Religionsgemeinschaften über die gleichen Rechte verfügten oder der Staat mit allen Religionsgemeinschaften gleichermaßen zusammenarbeite. Die unterschiedliche Behandlung von anerkannte Kirchen und Religionsgemeinschaften müsse sich

---

[1498]   Art. 24 ReligG.
[1499]   Art. 27 ReligG. i.V.m. Art. 34/A neues UngVerfGG.
[1500]   Vgl. Art. 35 Abs. 5 UGG.
[1501]   Punkt 8 der Internetseite des ungarischen Verfassungsgerichts ist abrufbar unter: http://www.mkab. hu/alkotmanybirosag/az-alkotmanybirosagrol/hataskor (aufgerufen am 01.05.2016).
[1502]   6/2013 (III.1.) AB-Urteil, ABH 2013, 194 ff.

aber im grundgesetzlich vorgegeben Rahmen halten und dürfe insbesondere nicht diskriminierend wirken.[1503] Außerdem ist das Verfassungsgericht der Meinung, dass der Kirchenstatus eines Religionsgemeinschaften kein erworbenes Recht sei, daher die Überprüfung und gegebenenfalls die Aberkennung des Status grundsätzlich möglich sei.[1504] Jedoch müsse das Recht auf ein faires Verfahren gewahrt werden und ein Rechtsmittel gegen den Beschluss des Parlaments zu Verfügung stehen.[1505] Da aber nach den gesetzlichen Bestimmungen der Erwerb des Kirchenstatus kein subjektives Recht einer Religionsgemeinschaft ist, auch dann nicht, wenn die Religionsgemeinschaft die gesetzlich geforderten Voraussetzungen erfüllt, kann der parlamentarische Beschluss willkürlich, subjektiv und politisch beeinflusst sein.[1506] Das Verfassungsgericht kam daher zu dem Schluss, dass die angefochtenen Vorschriften gegen das Recht auf ein faires Verfahren verstoßen, weil das Parlament seinen abzulehnenden Beschluss weder begründen muss und eine Frist für den Erlass eines solchen Beschlusses im Gesetz vorgesehen ist. Folglich muss das Parlament nicht einmal die Gründe für die Nicht-Anerkennung oder die Aberkennung des Kirchenstatus einer Religionsgemeinschaft offengelegen.[1507] Da auch kein Rechtsmittel gegen den Beschluss des Parlaments zur Verfügung stehe, sei außerdem das Recht auf Rechtsmittel verletzt.[1508] Das Verfassungsgericht hat die angefochtenen Vorschriften mit „ex tunc"-Wirkung für verfassungswidrig erklärt und die Nichtanwendung der betreffenden Vorschriften angeordnet, sodass die schon vor dem Inkrafttreten der neuen Regelungen anerkannten Kirchen ihren Status rechtlich behielten.[1509]

Die Venedig-Kommission hat ebenfalls eine Stellungnahme in Bezug auf die neuen Regelungen abgegeben.[1510] Die Kommission ist der Meinung, dass das Gesetz zwischen den Religionsgemeinschaften Ungleichheiten verursache und diese abhängig davon, ob sie es vermögen, einen Kirchenstatus zu erlangen oder nicht, diskriminierten.[1511]

[1503] 6/2013 (III.1.) AB-Urteil, ABH 2013, 194 ff. (Rn. 152, 153, 155).
[1504] 6/2013 (III.1.) AB-Urteil, ABH 2013, 194 ff. (Rn. 181).
[1505] 6/2013 (III.1.) AB-Urteil, ABH 2013, 194 ff. (Rn. 147).
[1506] 6/2013 (III.1.) AB-Urteil, ABH 2013, 194 ff. (Rn. 199, 200).
[1507] 6/2013 (III.1.) AB-Urteil, ABH 2013, 194 ff. (Rn. 194, 207, 208).
[1508] 6/2013 (III.1.) AB-Urteil, ABH 2013, 194 ff. (Rn. 209, 202).
[1509] 6/2013 (III.1.) AB-Urteil, ABH 2013, 194 ff. (Punkt 1–4).
[1510] CDL-AD (2012)004, Opinion on Act CCVI of 2011 on the right to freedom of conscience and religion and the legal status of churches, denominations and religious communities of Hungary adopted by the Venice Commission at its 90th Plenary Session (Venice, 16–17 March 2012).
[1511] CDL-AD (2012) 004, 110, "Finally, the Act induces, to *some extent, an unequal and even discriminatory treatment* of religious beliefs and communities, depending on whether they are recognized or not."

Obwohl das Verfassungsgericht die Verfassungswidrigkeit zahlreicher Vorschriften des Gesetzes erklärt und die Venedig-Kommission eine warnende Stellungnahme diesbezüglich abgab, hat das Parlament diese für verfassungswidrig erklärten Bestimmungen mit der vierten Verfassungsänderung in das neue Grundgesetz inkorporiert. Somit ist nunmehr im neuen Grundgesetz verankert, dass das Parlament mit Zweidrittelmehrheit darüber entscheidet, welche Religionsgemeinschaft als Kirche anerkannt wird.[1512] In diesem Zusammenhang ist hervorzuheben, dass die das Verfassungsgericht die Verankerung dieser Vorschriften im neuen Grundgesetz nicht auf ihre materielle Verfassungsmäßigkeit überprüfen konnte, da die Vorschriften des ungarischen Grundgesetzes selbst bzw. verfassungsändernde Gesetze nicht auf ihre materielle, sondern nur auf ihre formelle Verfassungsmäßigkeit und lediglich unter bestimmten Voraussetzungen überprüft werden können.[1513] Auf diese Weise wurden zahlreiche Vorschriften, die das Verfassungsgericht im 6/2013 (III.3) AB-Urteil für verfassungswidrig erklärte, durch ihre grundgesetzliche Verankerung zu Verfassungsvorschriften und damit auch zu mit verfassungsprozessrechtlichen Mitteln nicht mehr angreifbare Vorschriften. Das Verfahren der Anerkennung einer Kirche durch das Parlament mit dieser grundgesetzlichen Verankerung verfassungsrechtlich abgesichert. Folglich kann das Verfassungsgericht auch in Zukunft die Verfassungsmäßigkeit des Anerkennungsverfahrens durch das Parlament nicht überprüfen.

Darauffolgend hat die Venedig-Kommission eine zweite, schärfere Kritik formuliert.[1514] Zahlreiche Religionsgemeinschaften, deren Kirchenstatus aberkannt wurde, hatten sich mit einer Beschwerde an den Europäischen Gerichtshof für Menschenrechte (EGMR) gewendet. Der EGMR stellte fest, dass das Gesetz Nr. 206/2011 über die Gewissens- und Religionsfreiheit sowie über den Rechtsstatus der Kirchen, der Konfessionen und der Religionsgemeinschaften im konkreten Fall dem Antragsteller tatsächlich den Kirchenstatus entzogen hatte, und dass das Gesetz gegen die in der EMRK garantierte Glaubens- und Gewissensfreiheit der Antragsteller verstoße. Darüber hinaus stelle die pauschale Aberkennung des Kirchenstatus für die betroffenen Religionsgemeinschaften einen unverhältnismäßigen Eingriff in die Vereinigungs- und Versammlungsfreiheit sowie die Glaubensfreiheit der Gemeinschaften dar, der nicht zu rechtfertigen sei.[1515] Des Weiteren verletze der Staat das Neutralitätsprinzip, da das neu eingeführte Anerkennungs-

---

[1512] Art. 4 Abs. 2 der 4. Grundgesetzesänderung von 6. März 2013.
[1513] Art. 24 Abs. 5 UGG.
[1514] CDL-AD (2013)012, Opinion on the Fourth Amendment to the Fundamental Law of Hungary Adopted by the Venice Commission at its 95th Plenary Session, Venice, 14 – 15 June 2013.
[1515] EGMR 08.04. 2014 – Case of Magyar Keresztény Mennonita Egyház and others vs. Hungary, Punkt 83 – 85.

verfahren durch das Parlament durch sachfremden, politischen Erwägungen beeinflusst werden könnte und alle Religionsgemeinschaften, auch die, die bereits den Kirchenstatus innehatten, dazu gezwungen würden, erneut die Anerkennung als Kirche beim Parlament zu beantragen.[1516]

II. Aufgabe des Verfassungsgerichts im Rahmen der Anerkennung einer Kirche

Das Verfassungsgericht hat also lediglich die Möglichkeit, das parlamentarische Anerkennungsverfahren zu kontrollieren. Diese Zuständigkeit des Verfassungsgerichts ist als ein Novum anzusehen, da sie mit dem Inkrafttreten des neuen UngVerfGG ins Leben gerufen wurde.[1517] Gesetzt den Fall, dass die Anerkennung einer Religionsgemeinschaft als Kirche durch das Parlament abgelehnt wird, kann ausschließlich der betroffenen Religionsgemeinschaft einen Antrag beim Verfassungsgericht stellen.[1518] Der Antrag ist an eine 15-Tage-Frist gebunden. Die Frist beginnt mit der Bekanntgabe des parlamentarischen Beschlusses.[1519] Es ist hervorzuheben, dass das Verfassungsgericht im Rahmen dieses Verfahrens nicht die Verfassungsmäßigkeit, sondern nur die Gesetzmäßigkeit des parlamentarischen Anerkennungsverfahrens überprüft.[1520] Als Ergebnis kann das Verfassungsgericht die zurückweisende Entscheidung des Parlaments bestätigen oder den Beschluss des Parlaments aufheben und eine neue Entscheidung fordern.[1521]

III. Bewertung der ungarischen Regelungen

Mit dem Inkrafttreten des UGG und des neuen UngVerfGG hat das Verfassungsgericht zwei neue Zuständigkeiten erhalten. Zum einen kann das Verfassungsgericht eine Stellungnahme abgeben zu der Frage, ob eine Kirche oder eine Religionsgemeinschaft in verfassungswidriger Weise tätig ist.[1522] Zum andern ist das Verfassungsgericht dazu befugt, die *Gesetzmäßigkeit* – allerdings nicht die Verfassungsmäßigkeit *des parlamentarischen Verfahrens* in Bezug auf die Anerkennung einer Religionsgemeinschaft als Kirche zu kontrollieren.[1523]

[1516] EGMR 08.04. 2014 – Case of Magyar Keresztény Mennonita Egyház and others vs. Hungary, Punkt 102 – 103.

[1517] Art. 24 Abs. 2 lit. g) UGG i.V.m. Art. 33/A neues UngVerfGG.

[1518] Art. 33/A Abs. 1 S. 1 neues UngVerfGG.

[1519] Art. 33/A Abs. 1 S. 2 neues UngVerfGG.

[1520] Art. 33/A Abs. 2 neues UngVerfGG.

[1521] Punkt 7 der Internetseite des ungarischen Verfassungsgerichts ist abrufbar unter http://www.mkab. hu/alkotmanybirosag/az-alkotmanybirosagrol/hataskor (zuletzt aufgerufen am 01.05.2016).

[1522] Art. 34/A neues UngVerfGG.

[1523] Art. 33/A und 34 neues UngVerfGG.

Hinsichtlich der ersten Aufgabe des Verfassungsgerichts lässt sich feststellen, dass es zwar eine Stellungnahme zur Auflösung einer verfassungswidrig tätigenden Kirche oder einer verfassungswidrig tätigenden Religionsgemeinschaft geben kann, das Parlament ist jedoch nicht gezwungen, die betroffene Kirche bzw. Religionsgemeinschaft auch aufzulösen. Es ist daher durchaus möglich, dass das Parlament der Stellungnahme des Verfassungsgerichts nicht folgt und anders entscheidet. Da die Stellungnahme des Verfassungsgerichts nicht obligatorisch ist und eine zwangsweise Durchsetzung dieser Stellungnahme nicht erfolgt, ist diese Zuständigkeit des Verfassungsgerichts nahezu bedeutungslos.

Bezüglich der zweiten Zuständigkeit des Verfassungsgerichts ist festzustellen, dass das Verfassungsgericht zwar selbst zahlreiche Vorschriften des Gesetzes Nr. 206/2011 über die Gewissens- und Religionsfreiheit sowie über den Rechtsstatus der Kirchen, die Konfessionen und die Religionsgemeinschaften für verfassungswidrig erklärt hat und darüber hinaus auch die Venedig-Kommission sowie der EGMR das gegenwärtige Anerkennungsverfahren einer Religionsgemeinschaft als Kirche durch das Parlament als politisch beeinflussbar und insgesamt als willkürlich bewerten. Nichtsdestotrotz hat das ungarische Parlament das Anerkennungsverfahren mit der 4. Grundgesetzänderung zum Inhalt des neuen Grundgesetzes erhoben und dadurch die verfassungsmäßige Überprüfung dieses Verfahrens kraft verfassungsändernden Gesetzes ausgeschlossen. Infolgedessen ist es als durchaus kritisch zu betrachten, dass das Verfassungsgericht in Zukunft lediglich die Gesetzmäßigkeit des parlamentarischen Anerkennungsverfahrens, nicht aber die Verfassungsmäßigkeit der Vorschriften des Anerkennungsverfahrens überprüfen kann. Da das Verfassungsgericht die Verfassungsmäßigkeit der Regelung, die bestimmt, dass das Parlament mit Zweidrittelmehrheit darüber entscheidet, welche Religionsgemeinschaft als Kirche anerkannt wird, nicht überprüfen kann, verbleiben nicht nur Regelungen in der Rechtsordnung, die bereits von Verfassungsgericht als verfassungswidrig bewertet wurden. Vielmehr stärkt es zugleich die Macht der Legislative und birgt die Gefahr, dass sich willkürliche Entscheidungen mehren.

Vor diesem Hintergrund lässt sich die Schlussfolgerung ziehen, dass die beiden neuen Aufgaben des ungarischen Verfassungsgerichts fast völlig ineffektiv sind und dem Verfassungsgericht kaum dazu dienen seine Aufgabe als Hüter der Verfassung wirksam zu erfüllen.

IV. Verfassungsrechtliche Lage in Deutschland – Erwerb des Körperschaftsstatus der Religionsgemeinschaften

1. Begriff

Der Begriff der Religionsgemeinschaft lässt sich mit Hilfe der Formulierung von *Gerhard Anschütz* definieren: Demgemäß ist eine Religionsgemeinschaft „ein die Angehörigen eines und desselben Glaubensbekenntnisses – oder mehrerer verwandter Glaubensbekenntnisse [...] – für ein Gebiet [...] zusammenfassender Verband zu allseitiger Erfüllung der durch das gemeinsame Bekenntnis gestellten Aufgaben".[1524]

2. Grundnorm des Staates/Kirche-Verhältnisses – Trennungsprinzip

In Deutschland existiert keine Staatskirche.[1525] Dies bedeutet aber keine strikte Trennung zwischen Staat und Religionsgemeinschaften, sondern nur eine institutionelle Trennung. Als Ausnahme können nicht nur der Religionsunterricht gemäß Art. 7 Abs. 3 GG, die Erhebung der Kirchensteuer gemäß Art. 140 GG i.V.m. Art. 137 Abs. 6 WRV, die Anstaltsseelsorge gemäß Art. 140 GG i.V.m. Art. 141 WRV, sondern auch die Theologischen Fakultäten sowie die Möglichkeit des Erwerb des Status einer Körperschaft des öffentlichen Rechts nach Art. 137 Abs. 5 WRV angeführt werden.[1526] Da eine Kooperation zwischen den beiden Sphären Staat und Kirche nicht ausgeschlossen ist, kann anstatt von einer strikten, von einer freundschaftlichen Trennung gesprochen werden.[1527]

3. Körperschaftsstatus

Der Körperschaftsstatus des öffentlichen Rechts ist eine deutsche Besonderheit. Nach Art. 140 GG i.V.m. Art. 137 Abs. 5 S. 1 WRV bleiben „Religionsgemeinschaften" Körperschaften des öffentlichen Rechts unmittelbar kraft Verfassung, soweit sie bis 1919 bestanden.[1528] Die altkorporierten Religionsgemeinschaften genießen also einen Körperschaftsstatus *sui generis*.[1529] Demgegenüber müssen den anderen, „neu korporierten" Religionsgemeinschaften gemäß Art. 140 GG i.V.m. Art. 137 Abs. 5 S. 2 WRV „gleiche Rechte" garantiert werden, „wenn sie

---

[1524] *Anschütz,* Die Verfassung des deutschen Reiches (1933), Art. 137 GG, S. 633.
[1525] Art. 137 Abs. 1 WRV.
[1526] *Campenhausen/Unruh,* in: Mangoldt/Klein/Starck, Kommentar zum GG (2010), Bd. III, Rn. 3.
[1527] *Campenhausen/Unruh,* in: Mangoldt/Klein/Starck, Kommentar zum GG (2010), Bd. III, Rn. 11.
[1528] *Czermak,* Religions- und Weltanschauungsrecht, - eine Einführung, Heidelberg, Springer, 2009, Rn. 193.
[1529] *Campenhausen/Unruh,* in: Mangoldt/Klein/Starck, Kommentar zum GG (2010) Bd. III, Rn. 198.

durch ihre Verfassung und die Zahl ihrer Mitglieder die Gewähr der Dauer bieten".[1530] Die Genehmigungsbehörde darf lediglich eine eingeschränkte juristische Qualitätsprüfung der Verleihung des Körperschaftsstatus vornehmen. Dann wird die Entscheidung mit einer Rechtsverordnung (Hamburg) oder mit einem Beschluss der Landesregierung (Baden-Württemberg, Berlin, Hessen, Niedersachsen, Rheinland-Pfalz, Saarland) oder mit einer Entscheidung des Kultusministeriums (Bayern) getroffen.[1531]

4. Voraussetzungen der Verleihung des Körperschaftsstatus
a) Geschriebene Voraussetzungen
aa) „Gewähr der Dauer"
Aus dem Wortlaut des Art. 137 Abs. 5 S. 2 WRV ergibt sich, dass die erste Voraussetzung der Verleihung des Körperschaftsstatus die „Gewähr der Dauer" ist. Das Ziel dieser Anforderung ist es, zu vermeiden, dass Religionsgemeinschaften den Körperschaftsstatus erwerben, die nicht in der Lage sind, die mit diesem Status verbundenen Rechte und Pflichten wahrnehmen. Eine Religionsgemeinschaft erfüllt diese Voraussetzung nur dann, „wenn sie als ein stetiger Rechtsträger mit klaren Organisationsformen, Willensbildungsverfahren und Organen bestimmt werden kann, die eine langfristige Fähigkeit zur Kooperation mit dem freiheitlich demokratischen Rechtsstaat gewährleistet".[1532] Die Bedingung der „Gewähr der Dauer" ist infolgedessen erfüllt, wenn mit ausreichender Stabilität der Religionsgemeinschaft zu rechnen ist.[1533] Die Praxis nimmt hierfür als Richtwert, dass die Religionsgemeinschaft über eine Generation hinaus, also mehr als 30 Jahre existiert.[1534]

ab) Verfassung
Darüber hinaus muss die Organisationsstruktur der Religionsgemeinschaft durch eine „Verfassung" – in der Regel eine Satzung – festgeschrieben sein. Diese Ver-

---

[1530] *Campenhausen/Unruh*, in: Mangoldt/Klein/Starck, Kommentar zum GG (2010) Bd. III, Rn. 204.

[1531] *Campenhausen/Unruh*, in: Mangoldt/Klein/Starck, Kommentar zum GG (2010) Bd. III, Rn. 205–206; Zur Problematik der Verleihung des Körperschaftsstatus siehe dazu *Beckermann*, DÖV 2016, S. 112 ff.

[1532] *Campenhausen/Unruh* in: Mangoldt/Klein/Starck, Kommentar zum GG (2010) Bd. III Rn. 208; P. Kirchhof, Die Kirchen und Religionsgemeinschaften als Körperschaften des öffentlichen Rechts, in: Listl/Pirson, HdbStKirchenR I, S. 651 (684).

[1533] *Stern*, Das Staatsrecht der Bundesrepublik Deutschland, München, 2011, Bd. 4, 2, S. 1300.

[1534] Vgl. *H. Weber*, Die Verleihung der Körperschaftsrechte an Religionsgemeinschaften, ZevKR 34 (1989), S. 337 (352) mit Hinweis auf Art.143 Abs. 2 S. 2 der Verfassung Bayern 1946, die nur fünf Jahre fordert.

fassung muss den Rechtsträger, die nach außen verantwortlichen Organen sowie die Grundlagen der Finanzierung enthalten. Nur wenn diese Tatbestandsmerkmale in der Verfassung der Religionsgemeinschaft festgeschrieben sind, kann die Religionsgemeinschaft mit „anderen" Körperschaften zusammenarbeiten.[1535] Dies bedeutet in der Praxis, dass die Religionsgemeinschaft über eine solche Satzung oder einen solchen Organisationsstatus verfügen muss, der auf eine „rechtlich fassbare Organisation" hinweist.[1536]

ac) Mitgliedzahl

Des Weiteren muss die Religionsgemeinschaft einen dauerhaften Bestand von Mitgliedern nachweisen, wobei allerdings nicht erforderlich ist, dass dieser Bestand mathematisch exakt bestimmt wird. Obwohl Art. 137 Abs. 5 S. 2 WRV keine bestimmte, erforderliche Anzahl an Mitgliedern der Religionsgemeinschaft nennt, soll die Religionsgemeinschaft eine nach der Empfehlung der Kulturministerkonferenz eine Mitgliederanzahl aufweise, die ihr eine gewisse Bedeutung im öffentlichen Leben vermittelt.[1537] Das Kriterium der Mitgliederzahl ist nicht durch ein absolutes Grenzen werte vorgeschrieben, sondern muss in einer prognostischen Bewertung ermittelt.[1538]

b) Rechtstreue – Verfassungstreue

Die ungeschriebene Voraussetzung ist, dass eine Religionsgemeinschaft, die nach dem Erwerb des Körperschaftsstatus strebt, über Rechtstreue verfügen muss.[1539] Rechtstreue ist nur dann vorhanden, wenn die Religionsgemeinschaft „die Gewähr dafür bietet, dass sie das geltende Recht beachtet, insbesondere die ihr übertragene Hoheitsgewalt nur in Einklang mit den verfassungsrechtlichen und den sonstigen gesetzlichen Bindungen ausüben wird".[1540]
Die Voraussetzung der „Rechtstreue" umfasst nach der Rechtsprechung in gewissem Maß auch die „Verfassungstreue".[1541] Die Forderung der „Verfassungstreue" wurde in der Zeugen-Jehovas-Entscheidung aufgestellt. Demgemäß muss eine Religionsgemeinschaft „insbesondere die Gewähr dafür bieten, dass ihr zukünftiges Verhalten die in Art. 79 Abs. 3 GG umschriebenen fundamentalen Ver-

---

[1535] *Stern*, Das Staatsrecht der Bundesrepublik Deutschland, Bd. 4,2, S. 1299.

[1536] Ebd.

[1537] *Campenhausen/Unruh* in: Mangoldt/Klein/Starck, Kommentar zum GG (2010) Bd. III, Art. Rn. 210.

[1538] BVerwG, Urteil vom 28.11.2012 – 6. C 8.12. BeckRs 2013, 46097.

[1539] *Campenhausen/Unruh* in. Mangoldt/Klein/Starck, Kommentar zum GG (2010) Bd. III Rn. 214. Rn. 212.

[1540] BVerfGE 102, 370, 390.

[1541] Vgl. zur Rechtstreue als „Verfassungstreue" Magen, Körperschaftsstatus und Religionsfreiheit, 2004, S. 142 ff.

fassungsprinzipien, die dem staatlichen Schutz anvertrauten Grundrechte Dritter sowie die Grundprinzipien des freiheitlichen Religions- und Staatskirchenrechts des Grundgesetzes nicht gefährdet".[1542] Die Vorgaben des Art. 79 Abs. 3 GG wurden durch das Bundesverfassungsgericht präzisiert. Demnach ist von Art. 79 Abs. 3 GG insbesondere umfasst: die Rechtsstaatlichkeit, Demokratie, Menschenwürde, Persönlichkeitsrechte sowie auch der Wesensgehalt von Art. 4 Abs. 1 und 2 GG, welcher insbesondere die positive und negative Religionsfreiheit umfasst.[1543] Jeder einzelne Antrag auf Zuerkennung des Körperschaftsstatus muss daher darauf überprüft werden, ob die antragstellende Religionsgemeinschaft die in Art. 79 Abs. 3 GG verankerten Grundprinzipien sowie die Grundrechte Dritter und die Grundprinzipien des Religionsverfassungsrechts zu gefährden strebt.[1544]

5. Korporationsrechte

Trotz ihres Status als Körperschaften des öffentlichen Rechts sind die Kirchen nicht dem Staat zuzurechnen und nicht wie die „normalen" Körperschaften des öffentlichen Rechts (z. B. Gemeinden, Arztkammern sowie Industrie- und Handelskammern) auf gesetzlichen Grundlagen beruhen. Sie sind nicht Träger mittelbarer Staatsverwaltung und nicht der staatlichen Aufsicht unterworfen. Sie sind vom Staat unabhängig und sie trifft die unmittelbare Grundrechtsbindung der öffentlichen Gewalt nicht.[1545] Vielmehr sind die Kirchen auch als Körperschaften des öffentlichen Rechts Grundrechtsträger.

Mit dem Erwerb des Körperschaftsstatus sind die Religionsgemeinschaften nicht nur rechtsfähig geworden, sondern bekommen konkrete Befugnisse als Korporationsrechte.[1546] So verfügen die korporierten Religionsgemeinschaften über *Dienstherrenfähigkeit,* sie können demnach Dienstverhältnisse begründen, die nicht dem Arbeitsrechtunterliegen. Ihnen steht die *Organisationsgewalt* zu, die sie zur Bildung, Errichtung, Einrichtung, Änderung oder Aufhebung der eigenen organisatorischer Glieder oder Organe berechtigt.[1547] Des Weiteren verfügen die korporierten Religionsgemeinschaften über das *Widmungsrecht.* Durch die Wid-

[1542] BVerfG 102, 370, 392.
[1543] *Stern,* Das Staatsrecht der Bundesrepublik Deutschland, Bd. 4, 2, S. 1300–1302.
[1544] *Campenhausen/Unruh* in. Mangoldt/Klein/Starck, Kommentar zum GG (2010), Bd. III, Art. Rn. 214.
[1545] BVerfGE 70, 138 (160 f.), NJW 1986, 367; Czermak, Religions- und Weltanschauungsrecht, 2009, Rn. 194.
[1546] *Campenhausen/Unruh* in. Mangoldt/Klein/Starck, Kommentar zum GG (2010), Bd. III Rn. 218.
[1547] *Campenhausen/Unruh* in. Mangoldt/Klein/Starck, Kommentar zum GG (2010), Bd. III Rn. 227.

mung eines bestimmten Gegenstands erhält dieser den Status einer sakralen öffentlichen Sache.[1548] Außerdem steht der korporierten Religionsgemeinschaft das Parochialrecht zu. Gemeinden lassen sich allein nach dem Parochialprinzip organisieren, und die Zugehörigkeit der Mitglieder ist allein nach dem Wohnsitz zu bestimmen.[1549] Hierzu kommt das sog. *„Privilegienbündel"* welches die zahlreichen, in Bundes- und Landesgesetze enthaltenen Begünstigungen für Religionsgemeinschaften bezeichnet. Dies bedeutet für die Kirchen S*teuerbefreiungen, Befreiung von arbeitsrechtlichen Vorschriften*, einen besonderen *Enteignungsschutz*, Vergünstigungen in der *Bauleitplanung*, im *Rundfunk-* und *Denkmalschutzrecht*. Darüber hinaus gelten Sonderregelungen im Meldewesen und Personenstandsrecht, und sogar im Strafrecht. Als Körperschaften des öffentlichen Rechts genießen sie *Erleichterungen beim Grundstücksverkehr*, Vorteile bei der *Zwangsvollstreckung* sowie im Hinblick auf das Beamten- und Versorgungsrecht. Außerdem können die korporierten Religionsgemeinschaften in staatlichen Gremien wie etwa bei dem Jugendschutz mitwirken oder Träger der Jugendwohlfahrt sein.[1550]

6. Verlust und Entzug des Körperschaftsstatus

Die Regelungen über den Verlust oder den Entzug des Körperschaftsstatus sind nicht im Grundgesetz verankert.[1551] Während „Verlust" die freiwillige Aufgabe des Körperschaftsstatus bezeichnet, meint „Entzug", dass der Status gegen den Willen der Religionsgemeinschaft aberkannt wird. Die mit dem Begriff des Verlusts bezeichnete freiwillige Aufgabe des Körperschaftsstatus kann beispielsweise eine Religionsgemeinschaft beispielsweise erwägen, wenn ihre Mitgliederzahlen über einen längeren Zeitraum stetig sinken und nicht zu erwarten ist, dass sich dies alsbald ändert.[1552] Dieser Fall kommt häufig bei kleineren Religionsgemeinschaften vor.[1553] Beim unfreiwilligen Entzug des Körperschaftsstatus muss zwischen den

---

[1548] *Campenhausen/Unruh* in. Mangoldt/Klein/Starck, Kommentar zum GG (2010), Bd. III Rn. 232.
[1549] *Campenhausen/Unruh* in. Mangoldt/Klein/Starck, Kommentar zum GG (2010), Bd. III Rn. 238.
[1550] *Czermak*, Religions- und Weltanschauungsrecht, 2009, Rn. 195; Umfassender Überblick bei E. D. Bohl, Der öffentliche Körperschaftsstatus der Religionsgemeinschaften, 2001, S. 58 ff.
[1551] Siehe dazu ausführlich Quaas, Begründung und Beendigung des öffentlich-Rechtlichen Körperschaftsstatus von Religionsgemeinschaften, NVwZ 2009, 1400; Unterschiedliche Meinungen gibt es in der Rechtsprechung und in der staatskirchenrechtlichen Literatur hinsichtlich der Möglichkeit einer freiwilligen oder gegen den Willen der Religionsgemeinschaft durchsetzbaren Beendigung des Körperschaftsstatus. OVG Berlin, NVwZ 1997, 396; VGH Mannheim, Urteil vom 20. 6. 2008 – 1 S 1940/07, BeckRS 2008, 37312.
[1552] *Campenhausen/Unruh* in. Mangoldt/Klein/Starck, Kommentar zum GG (2010) Bd. III, Art. XX Rn. 216.
[1553] *Stein*, Beendigung des öffentlich-rechtlichen Körperschaftsstatus bei Religionsgemeinschaften (2006), S. 101 ff.

„geborenen" Religionsgemeinschaften gemäß Art. 137 Abs. 5 S. 1 WRV und den „neu korporierten" Gemeinschaften nach Art. 137 Abs. 5 S. 2 WRV unterschieden werden. Während die „geborenen" korporierten Religionsgemeinschaften gemäß Art. 137 Abs. 5 S. 1 WRV ihren Status lediglich durch eine Verfassungsänderung verlieren können, kann der Körperschaftsstatus der „neu korporierten" Gemeinschaften nach Art. 137 Abs. 5 S. 2 WRV entzogen werden, wenn die Voraussetzungen für den Erwerb des Körperschaftsstatus entfallen oder bereits die Verleihung des Körperschaftsstatus rechtswidrig war.[1554] Hier ist zu erwähnen, dass nicht nur der Entzug des gesamten Körperschaftsstatus, sondern auch der Entzug bestimmter einzelner Korporationsrechte möglich ist.[1555]

7. Unzulänglichkeiten in der Praxis

Spezielle Probleme stellten sich nach der Wiedervereinigung Deutschlands, da die *ehemalige* DDR nach 1968 keinen Körperschaftsstatus zugewiesen hat und seit 1990 keine Verleihung vorgenommen wurde.[1556] Auf dieses spezielle Problem ist allerdings nicht weiter einzugehen.

Näher zu betrachten ist die Anerkennung *islamischer Verbände*, die besondere Schwierigkeiten aufwirft. Zum einen können diese Verbände häufig die Voraussetzung einer bestimmten Mitgliedszahl nicht erfüllen, da der Islam – anders als etwa das Christentum, der Mitgliedschaft in einer Kirche oder Glaubensgemeinschaft weniger Bedeutung beimisst, weswegen der Zusammenschluss von mehreren Gläubigen unter den Muslimen auch weniger verbreitet ist.[1557] Zum anderen ist es in Bezug auf einzelne muslimische Gemeinschaften durchaus fraglich, ob sie die Anforderungen, wie die Beachtung der freiheitlichen demokratischen Grundordnung sowie bestimmter Grundrechte, die Wahrung grundlegender Persönlichkeitsrechte, die Gleichberechtigung von Mann und Frau oder die Toleranz gegenüber Andersgläubigen, gewährleisten.[1558] *Bis dato* wurde nur ein islamischer Verband, namentlich der *Ahmadiyya-Muslim-Jamaat* in Hessen, als Körperschaft des öffentlichen Rechts anerkannt.[1559]

Darüber hinaus hat die *Zeugen-Jehovas-Entscheidung* wichtige Problemaspekte im Zusammenhang mit der Verleihung des Körperschaftsstatus aufgezeigt. Ins-

---

[1554]   *Stern*, Das Staatsrecht der Bundesrepublik Deutschland, Bd. 4, 2, S. 1307.
[1555]   *Stein*, Beendigung des öffentlich-rechtlichen Körperschaftsstatus bei Religionsgemeinschaften, 2006, S. 170 ff.
[1556]   *Korioth*, in: Maunz/Dürig, GGK, Art. 140 GG/137 WRV Rn. 71.
[1557]   *Czermak*, Religions- und Weltanschauungsrecht, 2009, Rn. 200.
[1558]   *Stern*, Das Staatsrecht der Bundesrepublik Deutschland, Bd. 4,2, S. 1302.
[1559]   Hamburg verlieh den Körperschaftsstatus an AMJ am 27. 05. 2014.

besondere war fraglich, ob neben den „geschriebenen" Voraussetzungen auch „ungeschriebene" Voraussetzungen für die Verleihung des Körperschaftsstatus bestehen. In dem Fall ging es darum, dass das Bundesverwaltungsgericht die Anerkennung als Körperschaft ablehnte, da es an *Staatsloyalität* fehle, da die Mitglieder der Zeugen Jehovas an staatlichen Wahlen nicht teilnehmen.[1560] Nach jahrelanger Diskussion ist das Bundesverfassungsgericht zu dem Schluss gekommen, dass eine nach dem Körperschaftsstatus des öffentlichen Rechts strebende Religionsgemeinschaft allein rechtstreu sein muss und der Staat wegen des Grundsatzes der religiös-weltanschaulichen Neutralität eine Religionsgemeinschaft nicht nach ihrem Glauben, sondern nur nach ihrem Verhalten beurteilen darf. Eine darüberhinausgehende Loyalität zum Staat könne hingegen nicht verlangt werden. Im Übrigen sei der Begriff der Loyalität auch zu vage, da er nicht das äußere Verhalten, sondern eine innere Haltung beschreibe.[1561] Schließlich wurde die Körperschaft des öffentlichen Rechts für die Zeugen Jehovas durch den Berliner Senat am 13. Juni 2006 anerkannt.[1562]

V. Bewertung der Regelungen der Verleihung des Körperschaftsstatus für eine Religionsgemeinschaft in europäischen Rechtsvergleich

Obwohl sowohl in Ungarn als auch in Deutschland das Prinzip der Trennung von Staat und Kirche gilt und eine Religionsgemeinschaft den Körperschaftsstatus im Wege der Verleihung durch ein Organ des Staates erwerben kann, sind mehrere Unterschiede zwischen den Formen der Verleihung des Körperschaftsstatus in den beiden Ländern festzustellen.[1563] Erfüllt eine Religionsgemeinschaft in Ungarn die gesetzlichen Voraussetzungen, wird er als Kirche *durch das Parlament* anerkannt.[1564] Demgegenüber wird der Körperschaftsstatus für eine Religionsgemeinschaft in Deutschland *durch eine Genehmigungsbehörde* verliehen.[1565] Das ungarische Parlament trifft seinen *Beschluss* mit Zweidrittelmehrheit, während der Erwerb des Körperschaftsstatus in Deutschland entweder durch eine *Rechtsverordnung, einen Beschluss der Landesregierung* und durch eine *Entscheidung des Kultusministeriums* möglich ist.[1566] Im Übrigen ist die Verleihung des Körper-

---

[1560] BVerwGE 105, 117 (126).

[1561] BVerfG Urteil vom 19. Dezember 2000 Az. 2 BvR 1500/97

[1562] OVG Berlin, Urteil vom 24. 3. 2005 – 5 B 12/01 (nicht rechtskräftig) NVwZ 2005, 1450; bestätigt durch BVerwG, 01.02.2006 - 7 B 80.05, NJW 2006, 3156.

[1563] Vgl. Art. 7 Abs. 3 S. 1 UGG, Art. 137 Abs. 1 WRV; zum Rechtsvergleich siehe Anhang 17 über die Zuständigkeit in Bezug auf eine Religionsgemeinschaft.

[1564] Art. 14 ReligG

[1565] Art. 137 Abs. 5 S. 2 WRV

[1566] Art. 24 ReligG und Art. 35 Abs. 5 UGG; *Campenhausen/Unruh*, in: Mangoldt/Klein/Starck, Kommentar zum GG (2010) Bd. III, Rn. 205–206; Zur Problematik der Verleihung des Körperschaftsstatus siehe dazu Beckermann, DÖV 2016, S. 112 ff.

schaftsstatus Aufgabe der Länder, die insoweit kein Bundesrecht sondern Landesrecht vollziehen. Daher können die Modalitäten und die Form der Entscheidung unterschiedlich sein. Allerdings hat das Bundesverfassungsgericht unlängst entschieden, dass die Anerkennung jedenfalls nicht – ähnlich wie in Ungarn – dem Länderparlament übertragen werden könnte, da dies eine Verstoß gegen das Gewaltenteilungsprinzip bedeute.[1567] In Bezug auf die *Korporationsrechte* lassen sich keine besondere Unterschiede feststellen, da beide Länder inhaltlich ähnliche, konkrete Befugnisse für die Religionsgemeinschaften zur Verfügung stellen.[1568] Die Art und Weise des Verlustes des Körperschaftsstatus ist unterschiedlich. In Deutschland kann eine „neu korporierte" Kirche entweder den Körperschaftsstatus verlieren, wenn sich hierfür freiwillig entscheidet, etwa weil ihre Mitglieder schwinden oder das Körperschaftsstaus kann entzogen werden, wenn die Voraussetzungen für den Erwerb des Körperschaftsstatus entfallen oder bereits die Verleihung des Körperschaftsstatus rechtswidrig war.[1569] In Ungarn kann dagegen der Kirchenstatus nach einer *Stellungnahme* des Verfassungsgerichts durch das Parlament entzogen werden.[1570] Insoweit nehmen beide Verfassungsgerichte – wenn auch in unterschiedlichem Maße – an der verfassungsmäßigen Kontrolle der Tätigkeit der anerkannten Kirchen teil.[1571] Da die Stellungnahme des ungarischen Verfassungsgerichts nicht obligatorisch und für die nachfolgende Entscheidung des Parlaments bindend ist, kann es vorkommen, dass das Parlament trotz dieser Stellungnahme eine verfassungswidrig tätige Kirche unbehelligt lässt und diese den Kirchenstatus weiter behält. Da die Stellungnahme des Gerichts nicht zwingend zur Auflösung der verfassungswidrig tätigen Kirche führt stellt sich die Frage, ob diese Zuständigkeit des Verfassungsgerichts nicht als bedeutungslos ist. Dies gilt jedenfalls für die genannten Fälle. In den Fällen, in denen die Stellungnahme, die Verfassungsmäßigkeit der Tätigkeit der anerkannten Kirche feststellt, und dadurch verhindert wird, dass das Parlament den Kirchenstatus aberkennt, hat das Verfahren also einen berechtigten Anwendungsbereich.

Darüber hinaus steht dem ungarischen Verfassungsgericht eine zweite Aufgabe in Bezug auf das Anerkennungsverfahren durch das Parlament zu.[1572] Es hat die Gesetzmäßigkeit des Anerkennungsverfahrens durch das Parlament zu kontrollieren. Da die Legislative, die die Vorschriften zum Verfahren selbst erlassen hat,

---

[1567] BVerfGE 139, 321 ff.
[1568] Siehe dazu ausführlich die Kooperationsrechte in Anhang 17 über die Zuständigkeiten in Bezug auf eine Religionsgemeinschaft.
[1569] *Stern*, Das Staatsrecht der Bundesrepublik Deutschland, Bd. 4, 2, S. 1307.
[1570] Art. 34/A neues UngVerfGG.
[1571] Die sog. Stellungnahme über eine verfassungswidrige Tätigkeit einer Religionsgemeinschaft sowie einer bereits anerkannten Kirche laut Art. 34/A neues UngVerfGG.
[1572] Die sog. Überprüfung eines parlamentarischen Beschlusses bezüglich der Anerkennung einer Religionsgemeinschaft gemäß Art. 33/A neues UngVerfGG.

und die Ausgestaltung des parlamentarische Anerkennungsverfahren damit auch selbst regelt, liegt nahe, dass das parlamentarische Anerkennungsverfahren stets gesetzmäßig durchgeführt wird, da das Verfahren vom selbst Organ durchgeführt wird, das die Regelungen für das Verfahren erlassen hat. Da das ungarische Verfassungsgericht die Verfassungsmäßigkeit des Verfahrens, und damit insbesondere die Frage, ob das Parlament überhaupt für die Entscheidung über die Anerkennung von Kirchen von Verfassung wegen zuständig sein darf, nicht überprüfen kann und demgemäß am gegenwärtigen Rechtszustand nichts ändern kann, ist davon auszugehen, dass die diesbezüglichen Vorschriften weiterhin in der Verfassung bleiben, obwohl sie mit anderen Vorschriften der Verfassung nicht vereinbar sind. Der Vergleich zwischen Deutschland und Ungarn zeigt insgesamt betrachtet, dass die Entwicklung in Ungarn höchst bedenklich ist, und der Schutz der Kirchen und damit der kollektiven Religionsfreiheit nach der Verfassungsänderung nur noch unzureichend gewährleistet.

Religionsgemeinschaft gemäß Art. 33/A neues UngVerfGG.

Siebtes Kapitel: Zusammenfassung

Ausgangspunkt der vorliegenden Arbeit ist die alte und neue Fassung des neuen ungarischen Grundgesetzes, des neuen Organgesetzes für das Verfassungsgericht sowie der neuen Geschäftsordnung des Verfassungsgerichts. Diese Vorschriften werden zum einen in einen historischen, zum anderen in einen europäischen Vergleich gesetzt. Es werden nicht nur die Verfassungsrichterwahl, die Verfassungsgerichtspräsidentenwahl sowie die einzelnen Zuständigkeiten mit den in europäischen Rechtsordnungen gegenwärtig geltenden Regelungen verglichen, sondern es werden auch die neuen ungarischen prozessrechtlichen Bestimmungen kritisch gewürdigt.

A. Zusammensetzung des ungarischen Verfassungsgerichts

Zur Zusammensetzung des ungarischen Verfassungsgerichts kann zunächst festgestellt werden, dass mit der Erhöhung der Richterzahl auf 15 und mit der Verlängerung der Amtszeit eines Verfassungsrichters auf 12 Jahre die neue ungarische Regelung zum einen dem *italienischen, polnischen, tschechischen* zum anderen dem *deutschen* Vorbild folgt. Hinsichtlich der Wählbarkeit eines Verfassungsrichters wurde eine neue Anforderung, namentlich die Nicht-Vollendung des 70. Lebensjahres, neu eingeführt. Diese Regelung richtet sich nach dem *lettischen* und *österreichischen* Vorbild. Gegenüber den vorherigen Vorschriften ist eine Wiederwahl der Verfassungsrichter nicht mehr möglich. Damit befolgen die gegenwärtigen ungarischen Regelungen nicht nur die Praxis der anderen europäischen Länder, sondern auch die Stellungnahme der Venedig-Kommission.

Obwohl die Verfassungsrichter durch das Parlament gewählt werden, sind die neuen Regelungen in Bezug auf die Richterwahl besorgniserregend. Als die Regierungskoalition in 2010 die Zweidrittelmehrheit im Parlament erhielt, hat sie die Vorschriften hinsichtlich des Auswahlprozesses so modifiziert, dass der jeweilige Regierungschef mittelbar in der Lage ist, über die Personen der Verfassungsrichter allein die Entscheidung zu treffen. Dies folgt daraus, dass die Richter zuerst durch einen parlamentarischen Ausschuss nominiert werden, bei dem die Zweidrittelmehrheit der Regierungsmehrheit herrscht. Dann werden die Richter mit Zweidrittelmehrheit im Parlament gewählt. Indem die gegenwärtige Regierungsmehrheit über die Zweidrittelmehrheit im Parlament verfügt, kann nicht erwartet werden, dass die Opposition irgendeinen Einfluss auf die Wahl der Richter nehmen kann. Darüber hinaus wird der Verfassungsgerichtspräsident nicht mehr aus den eigenen Reihen der Verfassungsrichter, durch die anderen Richter, sondern durch das Parlament. Ebenfalls mit Zweidrittelmehrheit gewählt. Diese Regelung sowohl der Richterwahl als auch der Verfassungsgerichtspräsidentenwahl ist europaweit beispiellos und kaum begründet.

Die neue Fassung der Regelungen ermöglicht, dass die Regierungskoalition unter Ausschuss der Opposition die Verfassungsrichter nominiert, auswählt und den Verfassungsgerichtspräsidenten bestimmt. Die politische Unabhängigkeit eines Verfassungsrichters und auch des Verfassungsgerichtspräsidenten ist durchaus fraglich, wenn ein Richter ausschließlich mit der Förderung einer Partei Verfassungsrichter geworden ist. Die Unabhängigkeit der Verfassungsrichter sowie des Verfassungsgerichtspräsidenten wäre bei einer solchen Regierungsform, bei der die Regierungsmehrheit über die Zweidrittelmehrheit im Parlament verfügt, nur dann gesichert, wenn alle drei Staatsgewalten, die gesetzgebende, die vollziehende sowie die rechtsprechende Gewalt an der Nominierung – wie in Litauen, Lettland, Österreich oder in Spanien – teilnehmen könnten. Ein anderes Beispiel für die Sicherung der Unabhängigkeit des Verfassungsrichters kann das portugiesische Modell sein, in dem die durch das Parlament gewählten Richter weitere Richter kooptieren. Außerdem sollte der Verfassungsgerichtspräsident – wie in Ungarn nach 1990 und wie gegenwärtig in Lettland, Rumänien, Italien, Bulgarien, in der Slowenien oder in Portugal – aus den eigenen Reihen, durch andere Verfassungsrichter, bestimmt werden. Mit diesem Wahlmodus kann vermieden werden, die Unabhängigkeit des Verfassunsgerichtspräsidenten in Zweifel zu ziehen.

B. Gegenstand der verfassungsmäßigen Kontrolle in Ungarn

(1) Am 19. November 2010 wurde die alte Fassung der ungarischen Verfassung – zum achten Mal seit der Machtübernahme der neuen Regierung – dadurch revidiert, dass die materielle verfassungsmäßige Prüfung im Rahmen der nachträglichen abstrakten und konkreten Normenkontrolle sowie aller drei Formen der Verfassungsbeschwerde zukünftig die *Gesetze,* welche die *Haushalts- und Finanzangelegenheiten* betreffen, lediglich eingeschränkt umfassen darf. Für die materielle verfassungsmäßige Kontrolle dieser Gesetze ist das Verfassungsgericht zukünftig nur dann zuständig, wenn der Antrag bezüglich des Rechts auf Leben, der Menschenwürde, des Rechts auf Schutz persönlicher Daten, des Rechts auf Glaubens- und Gewissensfreiheit sowie der Rechte, die sich unmittelbar aus der ungarischen Staatsangehörigkeit ergeben, gestellt wird. Die Kontrolle der formellen Verfassungsmäßigkeit dieser Gesetze ist jedoch möglich. Die Feststellung der formellen Verfassungswidrigkeit der Gesetze in Bezug auf die Haushalts- und Finanzangelegenheiten bringt nach wie vor die Aufhebung der betreffenden Vorschrift mit sich.

Eine solche Einschränkung der Kontrolle der materiellen Verfassungsmäßigkeit des Gegenstandes dieser Zuständigkeiten ist, obwohl in Europa nicht beispiellos, juristisch nicht begründet. Der legislative Wille, weshalb die betreffenden gesetzlichen Vorschriften lediglich im Zusammenhang mit den oben aufgezählten Grundrechten zu überprüfen sind, ist unklar und entbehrt eines vernünftigen Grunds.

(2) Darüber hinaus sind die verfassungsmäßige Prüfung sowohl der *Vorschriften des neuen Grundgesetzes* als auch der *Vorschriften eines verfassungsändernden Gesetzes* ausschließlich in formeller Hinsicht und im Rahmen der präventiven und nachträglichen abstrakten Normenkontrolle möglich. Dementsprechend ist die materielle Prüfung der Bestimmungen des neuen Grundgesetzes und eines verfassungsändernden Gesetzes in Ungarn ausgeschlossen. Eine solche Einschränkung der verfassungsmäßigen Prüfung einer Verfassungsänderung ist in den untersuchten Ländern – abgesehen von Italien, wo die Verfassung im Rahmen der inzidenten Normenkontrolle lediglich in formeller Hinsicht zu kontrollieren ist - als beispiellos zu betrachten. In dieser Arbeit wird die Auffassung vertreten, wenn das Verfassungsgericht nicht alle Normen – darunter die Verfassungsändernden Normen — der gesetzgebenden Macht kontrollieren kann. Damit lässt sich lediglich über eine eingeschränkte verfassungsmäßige Kontrolle reden.

C. Einzelne Zuständigkeiten des ungarischen Verfassungsgerichts

(1) Die Änderungen der Vorschriften im Rahmen der *präventiven Normenkontrolle* in Ungarn betreffen sowohl den Gegenstand der Prüfung als auch den Kreis der Antragsberechtigten. Während in Ungarn nach 1990 die a-priori-Kontrolle der Geschäftsordnung des Parlaments, der verabschiedeten, aber noch nicht verkündeten Gesetze sowie der völkerrechtlichen Verträge gleichermaßen möglich war, lassen sich nunmehr lediglich die Gesetze sowie die völkerrechtlichen Verträge überprüfen. Der Ausschuss der Geschäftsordnung des Parlaments aus der Kontrolle lässt sich nicht als ungewöhnlich im europäischen Rechtsraum betrachten, da die Geschäftsordnung des Parlaments in den analysierten Ländern – abgesehen von Frankreich – kein Gegenstand der präventiven Normenkontrolle ist.

Die andere wichtige Modifikation betrifft den Kreis der Antragsberechtigten. Während zur vorbeugenden Kontrolle der Gesetze in Ungarn nach 1990 lediglich der Präsident der Republik berechtigt war, können gegenwärtig neben dem Initiator eines Gesetzes – darunter der Präsident der Republik, die Regierung, ein parlamentarischer Ausschuss sowie einzelne Abgeordnete zu verstehen sind – auch der Präsident des Parlaments die vorbeugende Prüfung der Gesetze beantragen. Obwohl es in rechtsvergleichender Hinsicht nicht als außergewöhnlich anzusehen ist, dass außer dem Präsidenten der Republik andere Organe antragsberechtigt sind, stimmt vorliegende Untersuchung mit der Ansicht der Venedig-Kommission darin überein, dass ein erweiterter Kreis der Antragsberechtigten nicht wünschenswert ist. Gesetzt den Fall, dass der Kreis der Antragsberechtigten eng festgestellt ist, kann sowohl eine „Durchpolitisierung" des Verfassungsgerichts als auch eine Antragsflut vermieden werden. Es wird dementsprechend der Meinung der Venedig-Kommission zugestimmt, dass allein der Präsident der Republik in der Lage ist, politischen Spielen auszuweichen. Es wird infolgedessen die Meinung vertreten, dass die Erweiterung des Kreises der Antragsberechtigten in Ungarn nach 2010 bezüglich der Gesetze nicht erforderlich war und dass diese neue Regelung mehr Nachteile als Vorteile mit sich bringt. Obwohl allein die Tatsache, dass der Kreis der Antragsberechtigten bezüglich der Gesetze erweitert wurde, sogar als positiv zu betrachten wäre, könnte diese Ausdehnung der Antragsteller das Verfassungsgericht für politische Spiele nutzen. Es ist kaum zu erwarten, dass die Personen und Organe, die am Gesetzgebungsprozess aktiv teilnehmen, die präventive Normenkontrolle als eine Selbstkontrolle gegen die eigene Arbeit beantragen würden. Demzufolge dürfte allein der Präsident der Republik im Rahmen dieses Verfahrens tauglicher Antragsteller sein.

Nach wie vor kann die a-priori-Prüfung eines völkerrechtlichen Vertrages in Ungarn sowohl durch den Präsidenten der Republik als auch durch die Regierung beantragt werden. Dementsprechend lassen sich keine Änderungen in den Regelungen und somit in der Praxis feststellen.

(2) Im Rahmen der *nachträglichen abstrakten Normenkontrolle* wurden tiefgreifende Änderungen vorgenommen. Nach dem Systemwechsel in Ungarn 1990 spielte die nachträgliche abstrakte Normenkontrolle eine besonders wichtige Rolle in der Praxis des Verfassungsgerichts, da dieses Verfahrens eine „Popularklage" war. Demgemäß folgte die Bedeutung dieses Verfahrens dadurch, dass der Antrag durch jedermann, ohne Fristsetzung und bezüglich aller gesetzgeberischen Normen – ausgenommen der Vorschriften der Verfassung – eingeleitet werden konnte. Zu den zu überprüfenden Bestimmungen der Legislative gehörten sogar die verfassungsändernden Gesetze, – vorausgesetzt, dass diese Gesetze mit pro futuro Wirkung in Kraft getreten waren. Die Entscheidungen zur Wahrung der Rechtseinheit des Obersten Gerichtshofs waren ebenfalls Gegenstand der nachträglichen abstrakten Normenkontrolle, obwohl es sich nicht um Rechtsnormen handelte. Folglich umfasste früher einen weiten Kreis von Gegenständen dieses Verfahrens.

Die Form der nachträglichen abstrakten Normenkontrolle als actio popularis wurde allerdings nach dem Inkrafttreten des neuen Grundgesetzes und des neuen Organgesetzes für das Verfassungsgericht abgeschafft, mit der gesetzgeberischen Begründung, dass diese Form der nachträglichen abstrakten Normenkontrolle mit der Einführung der „echten" Verfassungsbeschwerde unnötig geworden sei. Infolgedessen wurde der Kreis der Antragsberechtigten reduziert. Statt „jedermann" können gegenwärtig ausschließlich die Regierung, ein Viertel der Abgeordneten des Parlaments, der Generalstaatsanwaltschaft, der Präsident der Kurie sowie der Ombudsmann einen Antrag stellen. Obwohl der Kreis der Antragsteller in rechtsvergleichender Hinsicht als breit anzusehen ist, ist es durchaus fraglich, ob die Regierung oder ein Viertel der Abgeordneten einen Antrag zur Überprüfung von Normen stellen werden, die von ihnen selbst, also von der legislativen Macht, ausgearbeitet wurden. Diese Gefahr ist mit dem deutschen Vorbild zu begründen, bei dem ebenfalls die Bundesregierung oder die Landesregierungen sowie ein Viertel der Mitglieder des Bundestages das nachträgliche abstrakte Normenkontrollverfahren beantragen kann. Dieses Verfahren liegt laut der gegenwärtigen Statistik bei ca. 1,5 % der Gesamtzahl der Verfahren vom BVerfG. Aus der bisherigen Praxis folgt, dass die Antragsberechtigung des Generalstaatsanwalts und des Präsidenten der Kurie nicht praxisrelevant ist. Diese Regelung folgt dem spanischen und dem portugiesischen Vorbild, wonach u.a. der spanische Volksanwalt und der portugiesische Generalstaatsanwalt antragsberechtigt sind. Die nachträgliche abstrakte Normenkontrolle betrifft jedoch nur die 3-5% der Gesamtzahl der Verfahren.

Da in Ungarn – und auch in Portugal – sogar der Ombudsmann einen Antrag stellen kann, aber nicht muss, ist zu vermuten, dass die Aktivität des Ombudsmannes in diesem Verfahren von dem eigenen persönlichen Engagement abhängt. Im Hinblick darauf, dass von der Regierung oder von einem Viertel der Abgeordneten des Parlaments schwer zu erwarten ist, dass sie gegen die eigene legislative Arbeit eine Verfassungsmäßigkeitskontrolle beantragen, und weder das Antragsrecht des Generalstaatsanwaltes noch das des Präsidenten der Kurie praxisrelevant ist, muss die Rolle des Ombudsmannes gestärkt werden. Der Wortlaut der Vorschrift über die Antragsberechtigung des Ombudsmannes sollte so verändert werden, dass der Ombudsmann bei der begründetene Annahmen der Verfassungswidrigkeit der Norm einen Antrag einzuleiten hat. Die Aufgabe des Ombudsmannes sollte hier demzufolge obligatorisch und nicht nur fakultativ sein.

Eine fortschrittliche Regelung stellt es dar, dass die Vorschriften des neuen ungarischen Grundgesetzes und der verfassungsändernden Gesetze selbst einer formellen verfassungsmäßigen Prüfung unterworfen werden können, was früher nicht möglich war. Demgegenüber ist die materielle Prüfung dieser Vorschriften ausgeschlossen. Zwar ist nicht davon auszugehen, dass die gesetzgebende Macht, die gleichzeitig die verfassungsgebende Macht in Ungarn ist und bei der gegenwärtigen Situation auch die exekutive Macht ist, ausschließlich verfassungsmäßige Bestimmungen erlässt, jedoch ist die materielle Kontrolle des neuen Grundgesetzes und der verfassungsändernden Gesetze ausgeschlossen. Es ist zu befürchten, weil die legislative Macht selber solche Regelungen schafft, die es ermöglichen, dass niemand in der Lage sein kann, die Normen des neuen Grundgesetztes und der verfassungsändernden Gesetze materiell zu kontrollieren. Dies kann dazu führen, dass solche Bestimmungen in das Grundgesetz absichtlich eingeschrieben werden, über die das Parlament weiß, dass sie verfassungswidrig sind. Demzufolge können solche verfassungswidrigen Bestimmungen aufgrund der fehlenden verfassungsmäßigen Prüfung und der daraus folgenden fehlenden Aufhebungskompetenz weiterhin ein Teil des Rechtssystems und dadurch sogar de jure verfassungsmäßig bleiben. Insoweit kommt auch die am 19. November 2010 mit der achten Verfassungsänderung vorgenommene Einschränkung des Gegenstandes der verfassungsmäßigen Prüfung in Betracht, nach deren Sinn sich die verfassungsmäßige Prüfung zukünftig nicht auf die Gesetze von Haushalts- und Finanzangelegenheiten bezieht. Für die nachträgliche abstrakte Normenkontrolle dieser Gesetze ist das Verfassungsgericht gegenwärtig nur dann zuständig, wenn der Antrag bezüglich des Rechts auf Leben, der Menschenwürde, des Rechts auf Schutz persönlicher Daten, des Rechts auf Glaubens- und Gewissensfreiheit sowie der Rechte, die sich unmittelbar aus der ungarischen Staatsangehörigkeit ergeben, gestellt wurde. Damit wurde die Kontrollmöglichkeit dieser Gesetze deutlich eingeschränkt.

Es wird an dieser Stelle konstatiert, dass die Anzahl der nachträglichen abstrakten Normenkontrollen in der Praxis des ungarischen Verfassungsgerichts nicht nur aufgrund des eingeschränkten Kreises der Antragsberechtigten, sondern auch infolge der Einschränkung des Gegenstandes, drastisch zurückgegangen ist. Die Abschaffung der actio popularis lässt sich nicht mit der Einführung der „echten" Verfassungsbeschwerde erklären, da eine „echte" Verfassungsbeschwerde gegen die Akte der Judikative und ein Antrag auf die nachträgliche abstrakte Normenkontrolle gegen die Akte der Legislative einzulegen ist. Diese Verfahren ergänzen sich und schließen sich nicht gegenseitig aus.

Vor diesem Hintergrund ist anzunehmen, dass das ungarische Verfassungsgericht den objektiven Rechtsschutz auf einem niedrigen Niveau leisten kann und es zukünftig in die Richtung des subjektiven Rechtsschutzes tendiert.

(3) Im Rahmen der konkreten Normenkontrolle ist in allen untersuchten Ländern ist die Voraussetzung eines zulässigen Antrags die Annahme der Verfassungswidrigkeit einer anzuwenden Norm durch einen Richter sowie die Entscheidungserheblichkeit dieser Norm in dem Ausgangsverfahren vor einem ordentlichen Gericht. Obwohl keine wesentlichen Änderungen in Ungarn nach 2010 in diesem Verfahren vorgenommen wurden, muss ein bemerkenswertes Novum in den neuen ungarischen Vorschriften hervorgehoben werden. Danach hat das Verfassungsgericht seine Entscheidung innerhalb von 90 Tagen zu treffen, eine Fristsetzung, die im Rechtsvergleich beispiellos ist. Von dieser neu eingeführten Fristgebun-

denheit ist zu erwarten, dass sich die Anzahl der konkreten Normenkontrollen in der Praxis des ungarischen Verfassungsgerichts deutlich erhöhen wird.

(4) Im Rahmen der *Verfassungsbeschwerde* wurden ebenfalls wichtige Änderungen in Ungarn vorgenommen. Neben der bereits zur Verfügung stehenden „unechten" Verfassungsbeschwerde, nach der eine Beschwerde gegen gesetzgeberische Akte möglich sind, wurden zwei neue Formen – namentlich die „echte" und die „unmittelbare" Verfassungsbeschwerde – eingeführt. Die „echte" Verfassungsbeschwerde kann gegen die Akte der Judikative erhoben werden. Infolgedessen wurde die Möglichkeit der verfassungsmäßigen Kontrolle der Urteile der ordentlichen Gerichtsbarkeit umgesetzt. Hier muss hervorgehoben werden, dass die Aufgabe des Verfassungsgerichts im Rahmen der „echten" Verfassungsbeschwerde nicht die Kontrolle der Rechtmäßigkeit, sondern die Kontrolle der Verfassungsmäßigkeit der Entscheidung eines Gerichts der ordentlichen Gerichtsbarkeit beinhaltet. Die Prüfung der Rechtmäßigkeit der Entscheidungen der ordentlichen Gerichtsbarkeit steht hingegen nach wie vor der Kurie (früher: Oberster Gerichtshof) zu. Damit wird vermieden, dass das Verfassungsgericht entweder ein „Supergericht" im Gefüge der Staatsgewalten oder ein Teil der rechtsprechenden Gewalt wird. Die „unmittelbare" Beschwerde ist als eine besondere Art der „unechten" Verfassungsbeschwerde zu betrachten. Demgemäß lässt sich eine „unmittelbare" Beschwerde – unter bestimmten Voraussetzungen – gegen der Legislative erheben. Eine Unzulänglichkeit ist jedoch im Zusammenhang mit der neuen ungarischen „echten" Verfassungsbeschwerde aufgetaucht. Im Hinblick darauf, dass nach dem Wortlaut der gegenwärtigen Fassung der Vorschriften die Rechtswegerschöpfung das Revisionsverfahren nicht umfasst, lässt sich eine „echte" Verfassungsbeschwerde eventuell beim Verfassungsgericht erheben, wenn der Rechtsweg der Revisionsinstanz noch nicht erschöpft ist. Die „echte" Verfassungsbeschwerde wird folglich gelegentlich parallel mit einem Revisionsmittel gegen ein „ungünstiges" Urteil der ordentlichen Gerichtsbarkeit beim Verfassungsgericht erhoben. Dies kann dazu führen, dass eine „echte" Verfassungsbeschwerde einer „ungünstigen Auslegung" der zugrundeliegenden Norm zufolge eingeleitet wird. Um eine doppelte Entscheidungsfindung zu vermeiden, obliegt dem Verfassungsgericht die Aufgabe, diese Unzulänglichkeit durch seine Rechtsprechung zu beseitigen. Obwohl der rechtspolitische Grund für die Abschaffung der Popularklage im Rahmen der nachträglichen abstrakten Normenkontrolle die Einführung der „echten" Verfassungsbeschwerde war, wird die Auffassung vertreten, dass die Abschaffung der Popularklage nicht nötig war. Der Grund dafür ist, dass sich eine actio popularis im Rahmen der nachträglichen abstrakten Normenkontrolle gegen die Akte der Legislative richtete, während die „echte" Verfassungsbeschwerde gegen einen Akt der Judikative gerichtet ist. Demzufolge schließen sich die Popularklage im

Rahmen der nachträglichen abstrakten Normenkontrolle und eine „echte" Verfassungsbeschwerde gegenseitig nicht aus, da die Anträge nicht gegen die Akte der gleichen Staatsgewalt gestellt werden können. Dementsprechend wird für die Abschaffung der Popularklage durchaus kritisch bewertet.

Darüber hinaus kann davon ausgegangen werden, dass das Verfassungsgericht mit der Abschaffung der Popularklage und mit der Einführung der „echten" Verfassungsbeschwerde in Richtung des subjektiven Rechtsschutzes tendiert. Dies kann damit begründet werden, dass in den Ländern, in denen eine „echte" Verfassungsbeschwerde – wie in Deutschland die Individualverfassungsbeschwerde oder in Spanien das Amparo-Verfahren – vorhanden ist, der wesentliche Teil der Arbeit der jeweiligen Verfassungsgerichte auf diese Zuständigkeit entfällt. Demgemäß kann angenommen werden, dass der Schwerpunkt des ungarischen Verfassungsgerichts in der Zukunft die „echte" Verfassungsbeschwerde sein wird.

Obwohl in allen untersuchten Ländern das Einlegen der Beschwerde an eine Frist gebunden ist, wird als kritisch erachtet, dass eine „unmittelbare" Verfassungsbeschwerde innerhalb von 180 Tagen nach dem Inkrafttreten der gesetzgeberischen Vorschrift eingelegt werden muss. Der Grund dafür ist, dass es häufig vorkommen kann, dass die tatsächliche Verletzung der Rechte und Freiheiten des Beschwerdeführers – worauf sich die Beschwerde beziehen muss – in einem späteren Zeitpunkt, eventuell zwei bis drei Jahre nach dem Inkrafttreten der angefochtenen Norm zustande kommt. Daraus ergibt sich, dass der Beschwerdeführer eine „unmittelbare" Verfassungsbeschwerde nur dann erheben kann, wenn die Verletzung seiner Rechte oder Freiheiten innerhalb von 180 Tagen nach dem Inkrafttreten der angefochtenen Vorschrift verwirklicht wird. Dies wird allerdings in außergewöhnlich seltenen Fällen passieren. Demzufolge wird die neu eingeführte „unmittelbare" Verfassungsbeschwerde in der Praxis des Verfassungsgerichts Ungarns nur geringere Bedeutung erlangen.

Ferner wird hier die Auffassung vertreten, dass die Einführung einer Frist bei der Entscheidungsfindung bezüglich aller drei Formen der Verfassungsbeschwerde in Ungarn nicht zweckmäßig ist. Zum einen lässt sich im europäischen Rechtsraum keine vergleichbare Fristenregelung hinsichtlich der Verfassungsbeschwerde finden. Zum anderen wurde kein bestimmter Zeitraum festgelegt, sondern lediglich vermerkt, dass die Entscheidung über eine Verfassungsbeschwerde innerhalb einer „angemessenen" Zeit getroffen werden muss. Demzufolge muss das Verfassungsgericht immer wieder erneut klären, warum die Entscheidung innerhalb eines „angemessenen" Zeitraums getroffen wurde und warum dies nicht als verspätet anzusehen ist. Zudem ist diese Vorschrift irrelevant, da keine Sanktion beim Versäumen der Frist angeordnet ist.

Es lässt sich des Weiteren feststellen, dass auf der einen Seite die Einführung der drei Formen der Verfassungsbeschwerde in Ungarn grundsätzlich begrüßenswert ist, da die verfassungsmäßige Prüfung der Urteile der ordentlichen Gerichtsbarkeit möglich geworden ist und damit ein höheres Niveau des Rechtsschutzes gewährleistet wird. Auf der anderen Seite wird das Verfassungsgericht im Rahmen dieser Zuständigkeit den subjektiven Rechtsschutz auf einem höheren Niveau nur dann leisten, wenn die oben genannten Unzulänglichkeiten durch den Gesetzgeber korrigiert werden.

(5) Im Rahmen der *Präsidentenanklage* wurden bemerkenswerte Modifikationen in Ungarn vorgenommen. Wie durch den Rechtsvergleich herausgestellt wurde, lassen sich generell drei Formen der Präsidentenanklage – mit staatsrechtlichem und strafrechtlichem Charakter und schließlich mit Mischcharakter – voneinander unterscheiden, abhängig davon, welche Sanktion die Feststellung der Verantwortlichkeit des Präsidenten der jeweiligen Republik mit sich bringt. Die Änderungen der Regelungen der Präsidentenanklage in Ungarn nach 2010 führen dazu, dass gegenüber dem vorherigen Mischcharakter ein reiner, dem deutschen Vorbild folgender staatsrechtlicher Charakter verwirklicht wurde. Dementsprechend kann das ungarische Verfassungsgericht nicht mehr eine strafrechtliche Maßnahme bei der Feststellung der Verantwortlichkeit des Präsidenten der Republik verlangen. Der Präsident der Republik wird zukünftig vor einem Strafgericht strafrechtlich beklagt werden. Ausschließlich das Verfassungsgericht kann in Zukunft das Amt des Präsidenten entziehen. Im Hinblick darauf, dass bis dato keine Klage gegen den Präsidenten der Republik Ungarn erhoben wurde, kann – abgesehen von der Veränderung des Charakters – keine praxisrelevante Schlussbemerkung formuliert werden.

(6) Das ungarische Verfassungsgericht ist für die *verfassungsmäßige Kontrolle der Volksabstimmungen* zuständig. Die Aufgabe des Verfassungsgerichts nach 1990 bezog sich auf die Überprüfung der Beglaubigung der Unterschriftensammlungen sowie der konkreten Abstimmungsfrage und auf die Kontrolle eines parlamentarischen Beschlusses in Bezug auf entweder die Ablehnung oder die Bestätigung der Volksabstimmung. Die Aufgabe des Verfassungsgerichts wurde allerdings nach dem Inkrafttreten des neuen Wahlgesetzes so verändert, dass das ungarische Verfassungsgericht lediglich für die Kontrolle der Gesetz- und der Verfassungsmäßigkeit eines Beschlusses des Parlaments zuständig geblieben ist. Im Rahmen der Beglaubigung der Unterschriftensammlung und der Kontrolle des Inhalts der Abstimmungsfrage wird in Zukunft die Kurie tätig sein. Im Hinblick darauf, dass sich die verfassungsmäßige Prüfung einer Volksabstimmung in den anderen untersuchten Ländern – in Frankreich, Griechenland sowie in Rumänien – sowohl auf die Kontrolle des Ablaufs als auch auf die Überprüfung des Ergebnisses einer

Volksabstimmung bezieht, lässt sich diese modifizierte Kompetenz aus rechts-vergleichender Perspektive als außergewöhnlich beurteilen. Es wäre wünschens-wert, dass das Verfassungsgericht nicht nur dem parlamentarischen Beschluss, sondern den Prozess und das Ergebnis einer Volksabstimmung überprüfen kann. Dieses Modell würde den europäischen Vorbildern folgen.

(7) Die Regelung der *Kompetenzkonflikte* wurde in Ungarn ebenfalls modifiziert. Demnach kann immer ein Staatsorgan das Verfahren beantragen. Das Verfassungs-gericht wird entweder die negativen oder die positiven Zuständigkeitskonflikte auflösen. Die ungarischen Kompetenzkonflikte haben – wie die italienischen Zu-ständigkeitskonflikte zwischen den Staatsgewalten – einen *rein verwaltungsrecht-lichen Charakter* im Gegensatz zu dem deutschen Bundesorganstreitverfahren und dem rumänischen Verfahren zur Lösung juristischer Konflikte mit verfas-sungsrechtlichem Charakter zwischen Staatsorganen, die einen rein verfassungs-rechtlichen Charakter aufweisen. In Ungarn lassen sich solche verfassungsrecht-lichen Probleme zwischen den Staatsorganen nicht im Rahmen des Organstreites, sondern im Rahmen der abstrakten Verfassungsauslegung bewältigen. Das un-garische Verfassungsgericht bestimmt im Rahmen der Kompetenzkonflikte das Organ, welches über Kompetenzen in dem vorliegenden Fall verfügt. Die einzige Modifikation bezieht sich darauf, dass nach 1990 das Verfassungsgericht für die Zuständigkeitskonflikte zwischen den Staatsorganen, zwischen den Selbstverwal-tungen sowie zwischen den staatlichen Organen und den Selbstverwaltungen zu-ständig war, wohin gehen in Zukunft nicht das Verfassungsgericht, sondern ein Gericht der ordentlichen Gerichtsbarkeit – namentlich das Oberlandesgericht Bu-dapest – auch Streit zwischen Staatsorganen verwaltungsrechtlicher Natur zustän-dig ist. Demzufolge erstreckt sich die Kompetenz des ungarischen Verfassungs-gerichts zukünftig auf den Streit zwischen den Staatsorganen und zwischen einem Staatsorgan und einer örtlichen Selbstverwaltung. Abgesehen von der Änderung im Kreis der Antragsteller nimmt das ungarische Verfassungsgericht folglich nach wie vor eine einfache rechtsprechende Gesetzesauslegung einer verwaltungsrecht-lichen Streitigkeit vor. Infolgedessen kommt vorliegende Untersuchung zu dem Schluss, dass der ungarische Kompetenzkonflikt weiterhin über einen rein verwal-tungsrechtlichen und nicht über einen verfassungsrechtlichen Charakter verfügt. Darüber hinaus wird die Ansicht vertreten, dass die Modifikation der Regelungen, nach denen das Oberlandesgericht Budapest für die Streitigkeiten zwischen den Selbstverwaltungskörperschaften zuständig geworden ist, zur Herabsetzung der Arbeitsbelastung des ungarischen Verfassungsgerichts führen wird.

(8) Die Regelungen bezüglich der *örtlichen Selbstverwaltungen* wurden in Un-garn deutlich verändert. Zunächst kann festgestellt werden, dass unverändert die Stellungnahme des ungarischen Verfassungsgerichts im Zusammenhang mit dem

Vorschlag zur Auflösung des örtlichen Vertretungsorgans nötig ist. Immer noch ist eine offene Frage, ob diese Stellungnahme des Verfassungsgerichts fakultativ oder obligatorisch zu betrachten ist, obwohl schon nach 1990 die Anforderung nach einer eindeutigen Formulierung der Vorschrift aufgetaucht ist. Das Novum der Regelung besteht darin, dass dieses Verfahren auf den Vorschlag des Leiters der Verwaltungsbehörde durch die Regierung zu beantragen ist.

Die Bestimmungen in Bezug auf die *Kommunalaufsicht* wurden ebenfalls verändert. Das ungarische Verfassungsgericht ist nicht mehr für die Kontrolle der Gesetzmäßigkeit, sondern nur für die Überprüfung der Verfassungsmäßigkeit der Verordnung eines Verwaltungsorgans zuständig. Für die Kontrolle der Gesetzwidrigkeit der Verordnung eines Verwaltungsorgans ist die Kurie – also die höchste Instanz der ordentlichen Gerichtsbarkeit – bevollmächtigt worden. Des Weiteren besteht die Neuheit der Regelungen darin, dass die Kontrolle der Verordnung eines Verwaltungsorgans nicht mehr durch den Leiter der Verwaltungsbehörde, sondern – wie bei der vorherigen Aufgabe in Bezug auf die „Stellungnahme des ungarischen Verfassungsgerichts im Zusammenhang mit dem Vorschlag zur Auflösung des örtlichen Vertretungsorgans" durch die Regierung zu beantragen ist.

Abschließend soll *der Schutz der örtlichen Selbstverwaltungskörperschaften* genannt werden. Obschon für die Rechte der Selbstverwaltungen nach 1990 ein in der Verfassung verankerter Schutz gewährleistet wurde, verzichtet die gegenwärtige Fassung des neuen ungarischen Grundgesetzes auf eine verfassungsgerichtliche Garantie dieser Rechte. Es gibt demnach keine Kommunalverfassungsbeschwerden, bei denen die Gemeinden oder Kommunen die Verletzung der Selbstverwaltungsrechte durchsetzen können, wie dies in Deutschland oder Spanien der Fall ist.

Im Zusammenhang mit diesen drei Aufgaben des ungarischen Verfassungsgerichts kann resümiert werden, dass sowohl die Auflösung eines örtlichen Vertretungsorgans als auch die Feststellung der Verfassungswidrigkeit einer Verordnung eines Verwaltungsorgans im Rahmen der Kommunalaufsicht ausschließlich der Regierung beantragen kann. Nach Meinung der vorliegenden Arbeit sollte statt der Regierung der Leiter der zuständigen Kommunalaufsichtsbehörde das Recht erhalten, sowohl die Auflösung eines örtlichen Vertretungsorgans zu beantragen als auch die Verfassungswidrigkeit einer Verordnung eines Verwaltungsorgans feststellen zu lassen. Da der Schutz der Selbstverwaltungsrechte in dem neuen ungarischen Grundgesetz nicht verankert ist, wurde lediglich eine Ermächtigungsgrundlage für die vollziehende Macht bezüglich der verfassungsmäßigen Kontrolle der örtlichen Selbstverwaltungen festgelegt. Es wäre jedoch eine Regelung erstrebenswert, nach der nicht die Regierung, sondern die Gemeinden selbst – wie bei der Kommunalverfassungsbeschwerde in Deutschland und in Spanien – in der

Lage wären, sich aufgrund einer Verletzung der Selbstverwaltungsrechte an das Verfassungsgericht wenden zu können.

(9) Im Rahmen des *Verstoßes gegen einen völkerrechtlichen Vertrag* ist die Zuständigkeit des ungarischen Gerichts in Europa einzigartig, da der Prüfungsmaßstab der Kontrolle nicht nur die Verfassung, sondern auch das Völkerrecht ist. Zunächst wurde der Kreis der Antragsteller fast völlig verändert. Obwohl nach wie vor der Generalstaatsanwalt und der Leiter der Kurie (früher: Oberster Gerichtshof) einen Antrag auf Feststellung des Verstoßes gegen einen völkerrechtlichen Vertrag stellen kann, wurde ein Antragsrecht für den Ombudsmann neu eingerichtet. Diese Modifikation ähnelt den Änderungen der nachträglichen abstrakten Normenkontrollverfahren, bei denen ebenfalls der Ombudsmann antragsberechtigt geworden ist, mit der Erwartung, dass sich der Ombudsmann – als eine unparteiische Person – eventuell häufiger an das Verfassungsgericht wenden wird. Hier muss aber betont werden, dass der Ombudsmann – wie bei der nachträglichen abstrakten Normenkontrolle – über ein Recht, aber über keinerlei Pflicht auf Antragstellung verfügt. Dementsprechend wird die Häufigkeit dieses Verfahrens wesentlich vom Engagement des Ombudsmannes deutlich abhängen.

Wie bei der nachträglichen abstrakten Normenkontrolle dargestellt wurde, wurde der Gegenstand dieses Verfahrens deutlich eingeschränkt. Demnach sind – wie bei den präventiven und nachträglichen abstrakten Normenkontrollverfahren und bei der „unechten" und „unmittelbaren" Verfassungsbeschwerde – die Haushaltsgesetze und Finanzangelegenheiten nur dann überprüfbar, wenn sich der Antrag auf das Recht auf Leben, die Menschenwürde, das Recht auf Schutz persönlicher Daten, das Recht auf Glaubens- und Gewissensfreiheit sowie auf die Rechte, die sich unmittelbar aus der ungarischen Staatsangehörigkeit ergeben, bezieht.

Die Anzahl der Anträge zwar war im Rahmen des Verstoßes gegen einen völkerrechtlichen Vertrag schon zuvor niedrig, die einschränkenden Regelungen wird jedoch dazu führen, dass dieses Verfahren fast nie praxisrelevant sein wird.

(10) Im Rahmen der *abstrakten Verfassungsauslegung* – eine andere, außerordentliche Zuständigkeit des Verfassungsgerichts im europäischen Rechtsraum – kann eine ähnliche Schlussfolgerung gezogen werden. Obwohl nicht mehr der Präsident des Staatlichen Rechnungshofs, der Präsident des Obersten Gerichtshofs sowie der Generalstaatsanwalt, sondern nur das Parlament und dessen ständiger Ausschuss, der Präsident der Republik, die Regierung und schließlich der Ombudsmann einen Antrag auf abstrakte Auslegung der Vorschriften des neuen Grundgesetzes stellen können, ist mit ausschlaggebenden Änderungen in der Praxis nicht zu rechnen. Der Grund dafür ist, dass zwar die Bedeutung der Entscheidung des Gerichts im Rahmen dieser Zuständigkeit für die Rechtswissenschaft

von zentraler Bedeutung ist, die abstrakte Verfassungsauslegung als eine alleinstehende Zuständigkeitsart jedoch nicht praxisrelevant ist. (11) Schließlich wurden zwei neue besondere Zuständigkeiten bezüglich der Kirchen dem ungarischen Verfassungsgericht zugewiesen.

In Anbetracht der Tatsache, dass das ungarische Parlament in der Lage ist, einer Religionsgemeinschaft den Kirchenstatus zu verleihen, kann das Verfassungsgericht zum einen die *Gesetzmäßigkeit dieses Anerkennungsverfahrens* überprüfen. Indem das Verfassungsgericht lediglich die Gesetzmäßigkeit des Anerkennungsverfahrens, nicht aber die Verfassungsmäßigkeit der Regelungen überprüfen kann, kann dies dazu führen, dass die Vorschriften in Bezug auf das Anerkennungsverfahren einer Religionsgemeinschaft als eine Kirche in der Tat verfassungswidrig sind und aufgrund der fehlenden verfassungsmäßigen Prüfung und einer möglichen Aufhebung weiter verfassungswidrig in dem Rechtssystem bestehen bleiben. Infolgedessen wäre es angebracht, wenn das Verfassungsgericht nicht die Gesetzmäßigkeit des parlamentarischen Prozesses, sondern die Verfassungsmäßigkeit der Vorschriften betreffend dieses Verfahren kontrollieren könnte.

Zum anderen ist das ungarische Verfassungsgericht dazu berechtigt worden, eine *Stellungnahme in Bezug auf die Tätigkeit einer bereits anerkannten Kirche* abzugeben. Angesichts der Tatsache, dass diese Stellungnahme nicht als verbindlich anzusehen ist, kann es sich ereignen, dass eine Kirche verfassungswidrig funktioniert, das Verfassungsgericht diese Ansicht in seiner Stellungnahme feststellt und das Parlament diese Feststellung ignoriert. Dementsprechend ist das Parlament nicht dazu gezwungen, die Stellungnahme des Verfassungsgerichts zu berücksichtigen. Demzufolge bleibt die tatsächliche Aberkennung des Kirchenstatus trotz der Stellungnahme des Verfassungsgerichts im Ermessensspielraum des Parlaments. Wenn die Stellungnahme des Verfassungsgerichts für das Parlament nicht verbindlich ist und infolgedessen die gesetzgebende Macht allein darüber entscheiden kann, ob der Kirchenstatus der betreffenden Kirche entzogen wird oder nicht, bleibt die Stellungnahme und dadurch diese Zuständigkeit des Verfassungsgerichts gewichtslos. Um diese Unzulänglichkeit zu vermeiden, ist es wünschenswert, dass die Stellungnahme des Verfassungsgerichts wie eine Entscheidung verbindlich sein und über eine „erga omnes"-Wirkung verfügen müsste. Damit kann ausgeschlossen werden, dass das Parlament – gegen die Stellungnahme des Verfassungsgerichts – nach eigenem Ermessen darüber entscheidet, ob einer verfassungswidrig tätigen Kirche der Kirchenstatus zu entziehen ist oder nicht. Nur dann lässt sich eine subjektive, willkürliche oder gar politische Entscheidung des Parlaments ausschließen und eine Diskriminierung zwischen den Kirchen vermeiden.

D. Bewertung der ungarischen Verfassungsgerichtsbarkeit

Die Zwei-Drittel-Mehrheit des Parlaments hat das Verfassungsgericht als letzten Hüter des Rechtsstaats wesentlich geschwächt. Die Regierung hat seit 2010 systematische Änderungen an der Rechtsordnung vorgenommen, welche die Kontrolle an der Regierung schrittweise abschaffen. Dies ist jedoch nicht der einzige, aber vielleicht der wichtigste Aspekt für den beginnenden Abbau des Rechtsstaates. Die mit Zwei-Drittel-Mehrheit im Parlament herrschende Regierungsmehrheit bevorzugt in der Wahl zwischen der Berücksichtigung der rechtsstaatlichen Traditionen und der eigenen politischen und wirtschaftlichen Interessen immer Letztere.

Der erste Konflikt zwischen der Regierung und dem Verfassungsgericht trat auf, als das Verfassungsgericht ein für die Regierung aus politischen Gründen wichtiges Gesetz für verfassungswidrig erklärte. Das Parlament reagierte damit, dass es am darauffolgenden Tag die Befugnisse des Verfassungsgerichts einschränkte. Dementsprechend kann das Verfassungsgericht Gesetze, die die Finanzen des Staates regeln, ausschließlich im Hinblick auf einige ausgewählte Grundrechte und Grundfreiheiten – deren Verletzung praktisch nie praxisrelevant ist – einer verfassungsmäßigen Prüfung unterziehen.

Eine andere sanktionierende Reaktion der Regierungsmehrheit auf die Entscheidungen des Verfassungsgerichts war und bleibt weiterhin, dass Bestimmungen, die vom Verfassungsgericht für verfassungswidrig erklärt wurden, in das neue Grundgesetz eingeschrieben wurden. Die Regierung greift systematisch zu dieser juristischen Lösung. Erklärte das Verfassungsgericht eine für die Regierung maßgebliche Regelung für verfassungswidrig, reagierte diese oft damit, besagte Regeln in das neue Grundgesetz zu schreiben. Indem das ungarische Grundgesetz und auch verfassungsändernde Gesetze lediglich in formeller Hinsicht – und ausschließlich im Rahmen der präventiven und nachträglichen abstrakten Normenkontrolle – auf ihre Verfassungsmäßigkeit überprüft werden können, können die als verfassungswidrig erklärten Vorschriften nicht mehr aufgrund materieller Verfassungswidrigkeit aufgehoben werden, sobald sie direkt in das Grundgesetz eingeschrieben wurden.

Nur in diesem Kontext ist zu verstehen, was dieser juristische Trick bedeutet. Wenn die Regierungsmehrheit die Entscheidungen des Verfassungsgerichts nicht respektiert und für verfassungswidrig befundene Regelungen später in das Grundgesetz schreibt, kann das Verfassungsgericht seine Aufgabe im Rechtssystem nicht erfüllen. Die Zwei-Drittel-Mehrheit als verfassungsgebende Macht haben im Parlament also die Möglichkeit, das neue Grundgesetz nach Belieben – auch willkürlich – zu ändern. Eine Regierungsmehrheit, die die Rolle nicht nur der verfassungsgebenden, sondern auch die gesetzgebende Macht wahrnimmt, darf nicht so handeln. Der zweite Konflikt zwischen der Regierung und dem Verfassungsgericht entstand, als das Parlament ein Gesetz erließ, mit dem frühere Entscheidungen des Verfassungsgerichts außer Kraft gesetzt wurden. Die Richter sollen sich in ihren Entscheidungen nicht mehr auf Entscheidungen berufen können, die sie vor Inkrafttreten der neuen Verfassung im Januar 2012 gefällt haben. Dies führt auch zu dem ernsthaften Bedenken hinsichtlich der Rechtsstaatlichkeit. Eine Anordnung bezüglich früherer Entscheidungen des Verfassungsgerichts kann ausschließlich zur Zuständigkeit des Verfassungsgerichts gehören. Das Verfassungsgericht dürfte allein seine eigenen Entscheidungen einsetzen oder auch überschneiden. In diesem Fall übernimmt die Regierungsmehrheit als verfassungsgebende und gesetzgebende Macht die Aufgabe des Verfassungsgerichts, indem die Regierung die Chance hat, in eine andere Staatsgewalt einzugreifen.

Der dritte Konflikt zwischen der Regierung und dem Verfassungsgericht trat auf, als das Parlament die Regelungen der Verfassungsrichterwahl veränderte. Demgemäß werden die Verfassungsrichter von einem parlamentarischen Ausschuss nominiert und dann von der Zwei-Drittel-Mehrheit des Parlaments gewählt. Der parlamentarische Ausschuss wurde jedoch proportional zusammengestellt. Bei einer Zweidrittelmehrheit im Parlament nimmt ausschließlich die Regierungskoalition sowohl an der Nominierung als auch an der Wahl der Verfassungsrichter teil. Darüber hinaus wurde die Möglichkeit entzogen, dass die Verfassungsrichter selbst den Präsidenten des Verfassungsgerichts wählen können. Stattdessen wird der Präsident auch von der parlamentarischen Zwei-Drittel-Mehrheit gewählt, eine Wahlmethode, die in Europa beispiellos ist. Dieses Wahlverfahren ermöglicht, dass die Verfassungsrichter ausschließlich durch die Regierungsfraktion ausgewählt werden. Darüber hinaus wurde die Zahl der Verfassungsrichter von 11 auf 15 erhöht. So konnte allein die Regierungsmehrheit seit der Machtübernahme *bis dato* 12 neue Richter berufen. Als Ergebnis kann die politische Unabhängigkeit der Verfassungsrichter gegenwärtig in Zweifel gezogen werden.

Vor diesem Hintergrund lässt sich feststellen, dass die Verfassungsgerichtsbarkeit in Ungarn als Hauptsäule der Rechtsstaatlichkeit und der Demokratie aufgrund der Durchsetzung des eigenen Machtinteresses der Regierung verletzt ist. Die Regierung darf den Gesetzgebungsprozess nicht dafür nutzen, andere Staatsgewalten und auch das Verfassungsgericht unter ihre Kontrolle zu bringen. Das Verfassungsgericht wurde jedoch schon quasi entmachtet – als eine der letzten Institutionen, die sich der Regierung noch widersetzten.

Literaturverzeichnis

Albrechtskirchinger, Georg:	Neues zur Verfassungsgerichtsbarkeit in Frankreich, EuZW 11/2010 S. 402 ff.
Anschütz, Gerhard:	Die Verfassung des Deutschen Reichs – vom 11. August 1919; ein Kommentar für Wissenschaft und Praxis in 4. Bearbeitung 14. Auflage, Aalen, Scientia-Verlag, 1933.
Arndt, Adolf:	Anmerkung zum Beschluss von BVerfG vom 11.8. 1964 – 2 BvR 456/64, NJW 1965 S. 147 ff.
Ádám, Antal:	- A közjogi bíráskodás fejlődési irányai, in: Belügyi Szemle 12/1995, S. 45 ff.
	- Az emberi jogok nemzetközi és belső jogi védelmének viszonyáról, in: Magyar Közigazgatás 8/1993, S. 449-457.
	- Észrevételek az önkormányzati reform néhány kérdésköréhez, in: Magyar Közigazgatás 1/1994, S. 1-11.
Árva, Magdolna:	Kommentár Magyarország Alaptörvényéhez, Wolters Kluwer Kft., 2013.
Balogh, Zsolt/Marosi, Ildikó:	Vonzások és taszítások – a bíróságok között, in: Alkotmánybírósági Szemle 1/2012, S. 73-80.
Banaszkiewicz, Boleslaw:	Entscheidungen des Verfassungsgerichtshofes der Republik Polen seit dem Inkrafttreten der neuen Verfassung bis zum Urteil über die EU-Mitgliedschaft (1997-2005), Warszawa, Trybunal Konstytucyjny, 2006.
Bauer, Steffen:	Verfassungsgerichtlicher Grundrechtsschutz in Frankreich, Baden-Baden, Nomos Verlag (Schriftenreihe Europäisches Recht, Politik und Wirtschaft; 207) 1998.
Beckermann, Benedikt:	Die Verleihung des Körperschaftstatus an Religionsgemeinschaften als Zuordnungskonflikt zwischen Parlament und Verwaltung, DÖV, 2016, S. 112 ff.
Bednarik, Silvia:	Präventive Normenkontrolle durch Verfassungsgerichte – Eine staatsrechtliche und rechtsvergleichende Untersuchung im europäischen Raum, Berlin, Logos Verlag, 2012.
Beeser, Simone	Anmerkung zum Beschluss des BVerfG 13.6.1958 – 1 BvR 346/57, DÖV 1958, 779.

Benda, Ernst/Klein, Eckart/ Klein, Oliver:	Verfassungsprozessrecht, 3. völlig neu bear- beitete Auflage, Müller, Heidelberg, 2012.
Bettermann, Karl August (Hrsg. Bernstein, Herbert/ Drobning, Ulrich/Kötz, Hein):	Opposition und Verfassungsrichterwahl, in: Festschrift für Konrad Zweigert zum 70. Ge- burtstag, (zitiert: FS für Zweigert), Tübingen 1981, S. 723 ff.
Bitskey, Botond/Gárdos-Orosz, Fruzsina:	A befogadható alkotmányjogi panasz- az első hónapok ta-pasztalatai, in: Alkotmánybírósá- gi Szemle 1/2012, S. 89-90.
Blumenwitz, Dieter:	Einführung in das angloamerikanische Recht – Rechtsquellenlehre, Methode d. Rechts- findung, Arbeiten mit prakt. Rechtsfällen, 7. Auflage, München, Beck, 2003.
Bohl, Elke Dorothea:	Der öffentlich-rechtliche Körperschafts- status der Religionsgemeinschaften – Ver- leihungsvoraussetzungen und Verfahren, Baden-Baden, Nomos Verlag, 2001.
Bragyova, András:	Az új alkotmány egyik koncepciója, Buda- pest, Ungarn, KJK MTA-ÁJI 1995.
Brückner, Daniela H.:	Vergleich zwischen den Verfahren des spanischen recurso de amparo und der deutschen Verfassungsbeschwerde – unter be- sonderer Berücksichtigung von Verfahrens- funktionen und Entscheidungswirkungen, Hamburg, Verlag Dr. Kovac, 1996.
Burkiczak, Christian:	Eine neue Zuständigkeit für das BVerfG? – zur Frage, wer über die Europarechtswid- rigkeit deutscher Gesetze entscheiden sollte, ZRP 2015, 21 ff.
Czermak, Gerhard:	Religions- und Weltanschauungsrecht – eine Einführung, Heidelberg, Springer, 2008.
Dagtoglou, Prodromos:	Die Verfassungsgerichtsbarkeit in Griechen- land, in: Christian Starck, Albrecht We- ber (Hrsg.): Verfassungsgerichtsbarkeit in Westeuropa. Teilband I. 2. Auflage. Nomos, Baden-Baden 2007, (Studien und Materialien zur Verfassungsgerichtsbarkeit. Band 30/I) S. 291-311. (zitiert: Dagtoglou, Die Verfas- sungsgerichtsbarkeit in Griechenland, in: Starck/Weber (Hrsg.) Die Verfassungsgeri- chtsbarkeit in Westeuropa).
Darák, Péter:	Az alkotmányjogi panasz bírói szemmel, in: Alkotmánybírósági Szemle 1/2012 S. 70-73.

Dietrich, Michael:	Der italienische Verfassungsgerichtshof - Status und Funktionen, Berlin, Duncker & Humblot, Schriften zum internationalen Recht 69, 1995.
Eichborn, Johann-Friedrich von:	Die Bestimmung über die Wahl der Bundesverfassungsrichter als Verfassungsproblem, Berlin, Duncker Humblot, 1969, S. 11 ff.
Eisenmann, Charles:	La justice constitutionelle et la Haute Cour constitutionelle d'Antiche, Paris, Economica 1986.
Fleury, Roland:	Verfassungsprozessrecht, 10. neu bearbeitete Auflage, Ver-lag Franz Vahlen, München, 2015.
Franzke, Hans-Georg:	Die französische Verfassungsreform 2008, insbesondere die 2010 eingeführte gerichtliche Normenkontrolle, EuGRZ 2010, S. 414 ff.
Fromont, Michael:	Der französische Verfassungsrat, in: Christian Starck, Alb-recht Weber (Hrsg.): Verfassungsgerichtsbarkeit in Westeuropa. Teilband I. 2. Auflage. Nomos Verlagsgesellschaft, Baden-Baden 2007, (Studien und Materialien zur Verfassungsgerichtsbarkeit. Band 30/I) S. 229 ff.
Frowein, Jochen Abr./ Peukert, Wolfgang:	Europäische Menschenrechtskonvention – EMRK-Kommentar, 3. Auflage, Engel Verlag, Kehl am Rhein, 2009 (zitiert: Bearbeiter, in: Frowein/Peukert, EMRK Kommentar, 2009).
Fröhlich, Johanna:	Az Abtv. 26 § (2) bekezdés szerinti, közvetlenül a jogszabályok ellen benyújtható alkotmányjogi panaszok befogadhatósága, in: Alkotmánybírósági Szemle 1/2013 S. 90-99.
Fürcht, Pál:	Önkormányzatok és az Alkotmánybíróság, in: Magyar Közigazgatás 3/1993. S. 129-140.
Garlicki, Leszek:	Die Verfassungsgerichtsbarkeit in Polen, in: Christian Starck, Albrecht Weber (Hrsg.): Verfassungsgerichtsbarkeit in Westeuropa. Teilband I. 2. Auflage. Nomos, Baden-Baden 2007, (Studien und Materialien zur Verfassungsgerichtsbarkeit. Band 30/I) S. 77-103.

Gárdos-Orosz, Fruzsina:	Alkotmánybíróság az alaptörvényben – új emberek, új hatáskörök, in: Jogi Iránytű 2/2011 S. 1 ff.
Geiger, Willi:	Gesetz über das Bundesverfassungsgericht vom 12.3.1951, Berlin/ Frankfurt a.M., 1952.
Gionea, Vasile/ Tontsch, Günther H.:	Die Verfassungsgerichtsbarkeit in Rumänien, in: Christian Starck, Albrecht Weber (Hrsg.): Verfassungsgerichtsbarkeit in Osteuropa. Teilband I. 2. Auflage. Nomos, Baden-Baden 2007, (Studien und Materialien zur Verfassungsgerichtsbarkeit. Band 30/I) S. 56.(zitiert: Gionea/H. Tontsch, Die Verfassungsgerichtsbarkeit in Rumänien, in: Starck/Weber (Hrsg.) Die Verfassungsgerichtsbarkeit in Osteuropa)
Grundmann, Stefan:	Einführung in das italienische Recht, Frankfurt am Main, Verlag Recht und Wirtschaft, 2007.
Jakab, András:	Az új Alaptörvény keletkezése és gyakorlati következmé-nyei, Budapest, HVG-ORAC, 2011.
Halmai, Gábor:	- Az aktivizmus vége?: a Sólyom-bíróság kilenc éve, in: Fundamentum 2/1999 S. 5-27.
	- Az alkotmányjogi panasz – jelen és jövendő? in: Bírák Lapja 3-4/1994 S. 45- 51.
Hamdorf, Kai:	Die Zulässigkeitsvoraussetzungen der Richtervorlage zum Bundesverfassungsgericht und zu den Verfassungsgerichten der Länder, NordÖR 7-8/2011 S. 301 ff.
Hillgruber, Christian/ Goos Christoph	Verfassungsprozessrecht, 4. neu bearbeitete Auflage, Heidelberg, C. F. Müller , 2015.
Horn, Hans-Rudolf:	Richterliche Verfassungskontrolle in Lateinamerika, Spanien und Portugal, Baden-Baden Nomos-Verlagsgesellschaft, 1989 (Studien und Materialien zur Verfassungsgerichtsbarkeit).
Holló, András:	Az Alkotmánybíróság viszonya az Alkotmányhoz, in: Emlékkönyv Ádám Antal egyetemi tanár születésének 70. évfordulójára, szerk.: Petrétei József, Pécs, 2000.

Isensee, Josef/ Kirchhof, Paul (Hrsg.):	Handbuch des Staatsrechts der Bundesrepublik Deutschland Bd III: Demokratie – Bundesorgane, C.F. Müller, 3., völlig neu bearbeitete und erweiterte Auflage 2005 (zitiert: Bearbeiter, in: Isensee/Kirchhof, HdbStr, Bd. III Demokratie - Bundesorgane, 2005).
Jarass, Hans D./Pieroth, Bodo:	Grundgesetz für die Bundesrepublik Deutschland – Kom-mentar, 13. Auflage, Beck, München, 2014 (zitiert: Bearbeiter, in: Jarass/Pieroth, GGK, 2013).
Kadlót, Erzsébet:	Az indítványok szűréséről, in: Alkotmánybírósági Szemle 1/2012 S. 96-105.
Kalas, Tibor:	Az önkormányzatok jogi szabályozásának szerepe az Alkotmányban, in: Verebélyi Imre (szerk.): A helyi önkormányzatik alkotmányi szabályozása. KJK MTA-ÁJI 1996.
	-Az Alkotmánybíróság döntéseinek következményei a rendes bírósági eljárásra, in: Alkotmánybírósági Szemle 1/2013 S. 116-119.
Karrenstein, Daniela:	Die französische Verfassungsreform vom 23. Juli 2008, DÖV 11/2009 S. 445 ff.
Kelemen, Katalin:	Van még pálya – A magyar alkotmánybíróság hatásköreiben bekövetkezett változásokról, in: Fundamentum 4/2011 S. 87-96.
Kerek, Angela:	Verfassungsgerichtsbarkeit in Ungarn und Rumänien – Ein Vergleich der Verfassungsgerichtsbarkeiten zweier osteuropäischer Transformationsstaaten auf ihrem Weg zum konsolidierten Rechtsstaat; Berlin: BWV Berliner Wissenschafts-Verlag, 2010, Schriftenreihe zum osteuropäischen Recht; Bd. 14.
Kilényi, Géza:	- Az Alkotmánybíróság és az önkormányzatok, in: Magyar Közigazgatás 12/1992 S. 699-708.
	- Hogyan tovább magyar alkotmánybíráskodás? (in: Alkotmánybíráskodás, szerk.: uő., Unió Kiadó, Bp. 1993. 267-301. oldal)
	- Az alkotmányozás és a „kétharmados" törvények, in: Jogtudományi Közlöny 5/1994 S. 201-209.

	- Az Alkotmánybíróság helye és szerepe az alkotmányvédelem garanciarendszerében, in: Jogi beszélgetések, Kaposvár 1993-1994 S. 43-51.
Knaak, Thomas Peter:	Der Einfluss der deutschen Verfassungsgerichtsbarkeit auf das System der Verfassungsgerichtsbarkeit in Spanien: eine rechtsvergleichende Untersuchung, Universität Hamburg, Dissertation, 1995.
Kovács, Virág:	A ki nem hirdetett törvények alaptörvénnyel való összhangjának vizsgálatáról, in: Alkotmánybírósági Szemle 2/2012 S. 78-92.
Köblös, Adél:	A "régi típusú" Alkotmányjogi panasz az új Abtv-ben, in: Alkotmánybírósági Szemle 1/2012 S. 80-89.
Körösényi, András:	A magyar politikai rendszer, Budapest, Osiris 1998.
Kukorelli, István:	- Alkotmánytan, Osiris Kiadó, Budapest – Ungarn, 2007.
	- Az alkotmányozás néhány koncepcionális kérdése, in: Magyar Közigazgatás 8/1994. S. 449-456.
Küpper, Herbert:	- IOR-Chronik: Ungarn WiRO 3/2012 S. 90 ff.
	- Ungarns neues Grundgesetz von 2011 und seine Änderungen, 12/2013 WiRO S. 353 ff.
Lábady, Tamás:	- A magyar Alkotmánybíróságról szóló törvény. in: Jogtudományi Közlöny 6/1992 S. 287-288.
	- A populáris akció és az egyéni jogvédelem biztosítása az alkotmánybírósági eljárásban, in: Magyar Jog 7/1991 S. 385-390.
	- A helyét kereső Alkotmánybíróság, in: Világosság 1/1993 S. 34 ff.
Lechner, Hans/Zuck, Rüdiger:	Bundesverfassungsgerichtsgesetz – Kommentar, 7. neu bearbeitete und erweiterte Auflage, Beck, München, 2015 (zitiert: Bearbeiter, in: Lechner/Zuck, BVerfGG).
Lenz, Christofer/Hansel, Ronald:	Bundesverfassungsgerichtsgesetz Handkommentar, Nomos Verlagsgesellschaft, Baden-Baden, 2. Auflage, 2015.

Llorente, Francisco Rubio:	Die Verfassungsgerichtsbarkeit in Spanien, in: Christian Starck, Albrecht Weber (Hrsg.): Verfassungsgerichtsbarkeit in Westeuropa. Teilband I. 2. Auflage. Nomos Verlagsgesellschaft, Baden-Baden 2007, (Studien und Materialien zur Verfassungsgerichtsbarkeit. Band 30/I), S. 165–198.
Lovassy, Ádám	Az egyesbírói eljárás elsőéves tapasztalatai, in: Alkotmány-bírósági Szemle 1/2013 S. 109-116.
Luchterhandt, Otto:	Generalbericht: Verfassungsgerichtsbarkeit in Osteuropa, in: Christian Starck, Albrecht Weber (Hrsg.): Verfassungsgerichtsbarkeit in Osteuropa. Teilband I. 2. Auflage. Nomos Verlagsgesellschaft, Baden-Baden 2007, (Studien und Materialien zur Verfassungsgerichtsbarkeit. Band 30/I), S. 308-350.
Luther, Jörg:	Die Verfassungsgerichtsbarkeit in Italien, in: Christian Starck, Albrecht Weber (Hrsg.): Verfassungsgerichtsbarkeit in Westeuropa. Teilband I. 2. Auflage. Nomos, Baden-Baden 2007, (Studien und Materialien zur Verfassungsgerichtsbarkeit. Band 30/I), S. 150-163.
Magen, Stefan:	Körperschaftsstatus und Religionsfreiheit - zur Bedeutung des Art. 137 Abs. 5 WRV im Kontext des Grundgesetzes, Tübingen, Mohr Siebeck, 2004.
Mangoldt, Hermann von/ Klein, Friedrich/ Starck, Christian:	Kommentar zum Grundgesetz, Bd III: Artikel 83 bis 146, 6. vollständig neubearbeitete Auflage, Verlag Franz Vahlen München, 2010 (Bearbeiter, in: Mangoldt/ Klein/ Starck, Kommentar zum GG, 2010).
Maunz, Theodor/Schmidt/ Bleibtreu, Bruno:	Kommentar zum Bundesverfassungsgerichtsgesetz, Stand: Augustus 2015 (47. Erg.-Lfg.), München: Beck, 2015 (Bearbeiter, in: Maunz/Schmidt-Bleibtreu/Klein/Bethge).
Maunz, Theodor/Dürig, Günter/ Herzog, Roman:	Kommentar zum Grundgesetz, Stand: September 2015 (75. Erg.-Lfg.), München: Beck, 2016. (Bearbeiter, in: Maunz/Dürig, Kommentar zum GG, 2016).

Mels, Philipp:	Bundesverfassungsgericht und Conseil constitutionnel – ein Vergleich der Verfassungsgerichtsbarkeit in Deutschland und Frankreich im Spannungsfeld zwischen der Euphorie für die Krönung des Rechtsstaates und der Furcht vor einem "gouvernement des judges", München, Vahlen, Studien zum öffentlichen Recht und zur Verwaltungslehre, 2003.
Moreiria Cardoso da Costa, José Manuel:	Die Verfassungsgerichtsbarkeit in Portugal. In: Christian Starck, Albrecht Weber (Hrsg.): Verfassungsgerichtsbarkeit in Westeuropa. Teilband I. 2. Auflage. Nomos, Baden-Baden 2007, (Studien und Materialien zur Verfassungsgerichtsbarkeit. Band 30/I), S. 201-225.
Münch, Ingo/Mager, Ute:	Staatsrecht I, Staatsorganisationsrecht unter Berücksichtigung der europarechtlichen Bezüge, 8., überarb. Auflage, Stuttgart, Kohlhammer, 2016.
Münch, Ingo/Kunig, Philip:	Grundgesetz Kommentar, 6. neu bearbeitete Auflage, München, Beck, 2012 (Bearbeiter, in: Münch/Kunig, GGK, 2012).
Naszladi, Georgina:	- Alkotmányjogi panasz a parlamenti vitában, in: Közjogi Szemle 1/2012 S. 38-44.
Neumann, Volker:	Die Wahl der Bundesverfassungsrichter – „undemokratischer als die Papstwahl"?, in: Betrifft Justiz 59, 1999, S. 97-102.
Paczolay, Péter:	- Rendkívüli körülmények között is az alkotmányosság őre, in: Ügyvédek Lapja 4/2013 S. 2-4.
	- Az Alkotmánybíróság új hatásköreiről egy év elteltével, in: Alkotmánybírósági Szemle 1/2013 S. 71 ff.
	- Megváltozott hangsúlyok az Alkotmánybíróság hatásköreiben, in: Alkotmánybírósági Szemle 1/2012 S. 67-70.
Pestalozza, Christian:	Verfassungsprozessrecht – die Verfassungsgerichtsbarkeit des Bundes und der Länder mit einem Anhang zum Internationalen Rechtsschutz, 3. völlig neubearbeitete Auflage, Beck, München, 1991.
Petrétei, József:	- Magyar Alkotmányjog II, Dialóg Campus Kiadó, Budapest, 2002.

	- Alkotmány és Alkotmányosság, in: Magyar Közigazgatás 1/1995. S. 1-22.
Pietzcker, Jost/Pallasch, Dirk:	Verfassungswidrige Bundesverfassungsrichterwahl? – Ein Bericht über eine öffentlichrechtliche Hausarbeit, JuS 1995, 511-516.
Quaas, Michael:	Begründung und Beendigung des öffentlichrechtlichen Körperschaftsstatus von Religionsgemeinschaften, NVwZ 2009, 1400.
Rauber, Jochen:	Karlsruhe sehen und sterben: Verfassungsprozessuale Probleme beim Tod des Beschwerdeführers im Verfassungsbeschwerdeverfahren, DÖV 2011, S. 637 ff.
Rácz, Attila:	- Az alkotmányos jogok védelme és az alkotmányjogi panasz, in: Acta Humana 8/1992, S. 32 ff.
Riz, Roland/Happacher, Esther:	Grundzüge des italienischen Verfassungsrechts – unter Berücksichtigung der verfassungsrechtlichen Aspekte der Südtiroler Autonomie, 4. erweiterte u. überarbeitetet Auflage, Innsbruck, STUDIA, 2013.
Sachs, Michael/Battis, Ulrich/ Pagenkopf, Martin:	Grundgesetz Kommentar, 7. Auflage, München, Beck, 2014 (Bearbeiter, in: Sachs (Hrsg.) GGK, 2014).
Sadurski, Wojciech:	Right Before Courts – A Study of Constitutional Courts in Postcommunist States of Central and Eastern Europe, Dordrecht: Springer Science +Business Media B.V, 2005.
Schlaich, Klaus/Korioth, Stefan:	Das Bundesverfassungsgericht – Stellung, Verfahren, Entscheidungen, 10., neu bearbeitete Auflage, München, Beck, 2015.
Schnelle, Eva Marie:	Die indirekte Wahl der Bundesverfassungsrichter durch den Wahlausschuss des Bundestages vor dem Hintergrund der parlamentarischen Repräsentationsfunktion, NVwZ 2012, 1597.
Somody, Bernadette:	- Aki az Alkotmánybíróságot még megszólíthatja: az Ombudsman normakontroll indítványozási gyakorlatáról, in: Fundamentum 2/2012 S. 113 ff.

Sólyom, László:	- Die Verfassungsgerichtsbarkeit in Ungarn, in: Christian Starck, Albrecht Weber (Hrsg.): Verfassungsgerichtsbarkeit in Westeuropa. Teilband I. 2. Auflage. Nomos, Baden-Baden 2007, (Studien und Materialien zur Verfassungsgerichtsbarkeit. Band 30/I), S. 239-276.
	- Alkotmányértelmezés az új alkotmánybíróságok gyakorlatában, in: Fundamentum 2/2002 S. 18 ff.
	- Az Alkotmánybíráskodás kezdetei Magyarországon, Budapest, Ungarn, Osiris Kiadó, 2001.
	- Ellenőrzött rendszerváltás, Világosság 5/1991 S. 365-375.
Spuller, Gábor:	Das Verfassungsgericht der Republik Ungarn – Zuständigkeiten, Organisation, Verfahren, Stellung, Frankfurt am Main, Lang, 1998, Europäische Hochschulschriften: Reihe 2, Rechtswissenschaft; Bd. 2524.
Starck, Christian:	Bundesverfassungsgericht und Grundgesetz, Bd. I, Verfassungsgerichtsbarkeit – Festgabe aus Anlass des 25-jährigen Bestehens des Bundesverfassungsgerichts, Tübingen, Mohr, 1976.
Stein, Karsten Sebastian:	Die Beendigung des öffentlich-rechtlichen Körperschaftsstatus bei Religionsgemeinschaften, Berlin, dissertation.de, 2007.
Stern, Klaus:	- Das Staatsrecht der Bundesrepublik Deutschland Bd. 1, Grundbegriffe und Grundlagen des Staatsrechts, Strukturprinzipien der Verfassung, München, Beck, 2011.
	- Das Staatsrecht der Bundesrepublik Deutschland, Bd. 2, Staatsorgane, Staatsfunktionen, Finanz- und Haushaltsverfassung, Notstandsverfassung, München Beck, 1980.

	- Das Staatsrecht der Bundesrepublik Deutschland Bd. 4,2., Freiheit der politischen Betätigung – Kultur – Schule und Bildung – Kunst und Wissenschaft – Religion, Kirchen, Religions- und Weltanschauungsgemein-schaften – Gleichheitssätze – Rechtsschutz und Staatshaftung, München Beck, 2011.
Streinz, Rudolf (Hrsg)/Kruis, Tobias/ Bings, Sophie/Huber, Peter M.	EUV/AEUV – Vertrag über die Europäische Union und Vertrag über die Arbeitsweise der Europäischen Union, 2. Auflage, München, Beck, 2012 (zitiert: Bearbeiter, in: EUV/ AEUV).
Szalai, Éva:	Az Alkotmánybíróság és az önkormány-zatok, in: Kilényi (Hrsg.), Az Alkotmány-bíráskodás, Unió Kiadó (1993), Budapest, Ungarn.
Szigeti, Péter:	Hatalommegosztás – Alkotmánybíráskodás, in: Világosság 1/1993 S. 49 ff.
Takács, Imre:	Az magyar alkotmánybíráskodás időszerű problémái és to-vábbfejlesztési lehetőségei (in: Alkotmányfejlődés és jogállami gyako-rlat. Tanulmányok, szerk.: Ádám Antal, Hanns Seidel Alapítvány, Bp. 1994.).
Tilch, Horst:	Münchener Rechts-Lexikon, Bd. 3, München, Beck Verlag, 1987.
Tilk, Péter:	- Az alkotmányjogi panasz, mint a bíróságok és az alkot-mánybíróság eljárásának kap-csolódási pontja, in: Bírák Lapja 2/2002 S. 59- 67.
	- Az Alkotmánybíróság az Alaptörvényben, in: Közjogi Szemle 2/2011 S. 5-14.
	- Az új típusú alkotmányjogi panasz előz-ményei és az eljá-rási renddel kapcsolatos egyes szabályozási elvárások, in: Alkot-mánybírósági Szemle 2/2011 S. 82-91.
	- A Magyar Alkotmánybíróság (2008).
Tordai, Csaba:	Az első év tapasztalatairól, in: Alkotmány-bírósági Szemle 2/2012 S. 131-134.
Trócsányi, László/Schanda, Balázs:	Bevezetés az Alkotmányjogba: az alap-törvény és Magyarország alkotmányos intéz-ményei, 2. überarbeitete Auflage, Budapest, Ungarn, HVG-ORAC, 2013.
Verebélyi, Imre:	

	A központi állami szerveknek a helyi önkormányzatokkal kapcsolatos feladat- és hatásköre, in: Verebélyi (szerk.): Az önkormányzati rendszer magyarázata, 2. Auflage, KJK 1999, Budapest, Ungarn.
Vincze, Attila:	Egy félretett alkotmánybírósági hatáskörről: a hatásköri összeütközés megszüntetése, in: Közjogi Szemle 4/2009 S. 14-19.
Walter, Maja Katarina:	Verfassungsprozessuale Umbrüche – eine rechtsvergleichende Untersuchung zur französischen Question prioritaire de constitutionnalité, Mohr Siebeck, 2015.
Weber, Albrecht:	Generalbericht: Verfassungsgerichtsbarkeit in Westeuropa, in: Christian Starck, Albrecht Weber (Hrsg.): Verfassungsgerichtsbarkeit in Westeuropa. Teilband I. 2. Auflage. Nomos-Verlagsgesellschaft, Baden-Baden 2007, (Studien und Materialien zur Verfassungsgerichtsbarkeit. Band 30/I), S. 317- 376.
Weber, Werner:	Die Verleihung der Körperschaftsrechte an Religionsgemeinschaften, ZevKR 34 (1989) S. 337 ff.
Werneburg, Martin:	Die Verfassungsbeschwerdebefugnis der Nachlassbeteiligten, ZEV, 2008, S. 578 ff.
Wiefelspütz, Dieter:	Die Bundesverfassungsrichter werden vom Deutschen Bundestag direkt gewählt!, DÖV 2012, Heft 24, S. 961 ff.
Wolf, Ernst:	Verfassungsgerichtsbarkeit und Verfassungstreue in den Vereinigten Staaten – eine Untersuchung über die Entwicklung des amerikanischen Verfassungsrechts auf Grund der gerichtlichen Überprüfung der Verfassungsmäßigkeit der Bundesgesetze, Basel, Helbing & Lichtenhahn Verlag, 1961.
Zierlein, Karl Georg:	Die Bedeutung der Verfassungsrechtsprechung für die Bewährung der Staatsverfassung/ Ein Überblick über die Rechtslage in und außerhalb Europas, EuGRZ 1991, 301 ff.
Zweigert, Konrad:	Die Verfassungsbeschwerde, JZ 1952, S. 321-328.

Internetseiten

Albanien
Die albanische Verfassung (AlbVerf) ist unter folgender Internetadresse abrufbar: http://www.osce.org/albania/41888?download=true (zuletzt aufgerufen am 01. Mai 2018

Bulgarien
Die bulgarische Verfassung (BulgVerf) ist unter folgender Internetadresse abrufbar: http://www.verfassungen.eu/bg/verf91.htm (zuletzt aufgerufen am 01. Mai 2018)

Deutschland
Die Statistik des Bundesverfassungsgerichtshofs ist unter folgender Internetadresse abrufbar: https://www.bundesverfassungsgericht.de/organisation.html (zuletzt aufgerufen am 01. Mai 2018)

Der Gesetzentwurf eines Neunten Gesetzes zur Änderung des Bundesverfassungsgerichtsgesetzes (9. BVerfGGÄndG) BT-DrS. Nr. 18/2737 ist unter folgender Internetadresse abrufbar: http://dip21.bundestag.de/dip21/btd/18/027/1802737.pdf (zuletzt aufgerufen am 01. Mai 2018)

Lammert, Norbert: Lammert für Änderung der Verfassungsrichterwahl, abrufbar unter: https://beck-online.beck.de/?vpath=bibdata%2freddok%2fbecklink%2f1021388.htm&pos=9&hlwords=on (zuletzt aufgerufen am 01. Mai 2018)

Frankreich
Die französische Verfassung (FrVerf) ist unter folgender Internetadresse abrufbar: http://www.conseil-constitutionnel.fr/conseil-constitutionnel/root/bank_mm/allemand/constitution_allemand.pdf (zuletzt aufgerufen am 01. Mai 2018)

Das Wahlgesetz der Französischen Republik vom 27. Oktober 1958 (L.O.) ist unter folgender Internetadresse abrufbar: http://www.conseil-constitutionnel.fr/conseil-constitutionnel/root/bank_mm/dossiers_thematiques/presidentielle_2012/code_electoral_2012.pdf (zuletzt aufgerufen am 01. Mai 2018)

Verfassungsänderungsgesetz Nr. 99-209 vom 19. März 1999, Das Statut für Neukaledonien ist unter folgender Internetadresse abrufbar: http://www.conseil-

328

constitutionnel.fr/conseil-constitutionnel/root/bank_mm/allemand/de_lo-caledo
nie-99-209.pdf (zuletzt aufgerufen am 01. Mai 2018)

Verfassungsergänzungsgesetz Nr. 2009-1523 vom 10. Dezember 2009 über
die Durchführung von Art. 61-1 der FraVerf ist unter folgender Internetadresse
abrufbar: http://www.conseil-constitutionnel.fr/conseil-constitutionnel/root/
bank_mm/QPC/loi_orga_2009_1523_61_1.pdf (zuletzt aufgerufen am 01. Mai
2018)

Die gesetzesvertretende Verordnung Nr. 58-1067 vom 7. November 1958,
Verfassungsergänzungsgesetz über den Verfassungsrat (VerfRatG) ist unter
folgender Internetadresse abrufbar: http://www.conseil-constitutionnel.fr/
conseil-constitutionnel/deutsch/verfassung/gesetzesvertretende-verordnung-
nr-58-1067-vom-7-november-1958-verfassungserganzungsgesetz-uber-den-
verfassungsrat.25776.html (zuletzt aufgerufen am 01. Mai 2018)

Das Dekret Nr. 59-1292 vom 13. November 1959 bezüglich der Verpflichtungen der Mitglieder des Verfassungsrates und die Dekret Nr. 59-1292 vom 13.
November 1959 bezüglich der Organisation des Generalsekretariats des Verfassungsrates; Die Rechtsquelle der verfassungsrechtlichen Bestimmungen sind
unter folgender Internetadresse abrufbar:

http://www.conseil-constitutionnel.fr/conseil-constitutionnel/deutsch/
verfassung/verfassungsrechtliche-texte.25772.html (zuletzt aufgerufen am
01. Mai 2018)

Die Verordnung über das Verfahren vor dem Verfassungsrat bei Beschwerden
bezüglich der Durchführung des Referendums ist unter folgender Internetadresse
abrufbar: http://www.conseil-constitutionnel.fr/conseil-constitutionnel/deutsch/
verfassung/geschaftsordnung-anwendbar-auf-das-verfahren-vor-dem-verfassungs
rat-bei-beschwerden-bezuglich-der-durchfuhrung-eines-volksentscheides.25781.
html (zuletzt aufgerufen am 01. Mai 2018)

Die Geschäftsordnung über das Archiv des Verfassungsrates; Geschäftsordnung,
anwendbar auf das Verfahren vor dem Verfassungsrat bei Beschwerde bezüglich
der Wahl der Abgeordneten und Senatoren; Geschäftsordnung, anwendbar auf
das Verfahren vor dem Verfassungsrat bei Beschwerde bezüglich der Durchführung eines Volksentscheides; Die Rechtsquelle der verfassungsrechtlichen
Bestimmungen sind auf der folgenden Internetseite abrufbar: http://www.conseil-

constitutionnel.fr/conseil constitutionnel/deutsch/verfassung/verfassungsrecht liche-texte.25772.html (zuletzt aufgerufen am 01. Mai 2018)

Die Geschäftsordnung über das Verfahren vor dem Verfassungsrat bei vorrangigen Fragen zur Verfassungsmäßigkeit ist unter folgender Internetadresse abrufbar: http://www.conseil-constitutionnel.fr/conseil-constitutionnel/root/bank_mm/ allemand/de_regl_int_procedureQPC.pdf (zuletzt aufgerufen am 01. Mai 2018)

Die Bestimmungen über die vorrangige Frage zur Verfassungsmäßigkeit ist unter folgender Internetadresse abrufbar: http://www.conseil-constitutionnel.fr/ conseil constitutionnel/root/bank_mm/allemand/de_dispo-orga-QPC.pdf (zuletzt aufgerufen am 01. Mai 2018)

Die Internetseite "Vorrangige Frage zur Verfassungsmäßigkeit" ist unter folgender Internetadresse abrufbar: http://www.conseil-constitutionnel.fr/conseil-constitutionnel/deutsch/vorrangige-frage-zur-verfassungsmassigkeit/vorrangige-frage-zur-verfassungsmassigkeit.48005.html (zuletzt aufgerufen am 01. Mai 2018)

Die Statistik des Verfassungsrates mit der Bezeichnung QPC ist unter folgender Internetadresse abrufbar: http://www.conseil-constitutionnel.fr/conseil-constitutionnel/deutsch/vorrangige-frage-zur-verfassungsmassigkeit/entscheidungen-des-verfassungsrates-mit-der-bezeichnung-qpc.48657.html (zuletzt aufgerufen am 01. Mai 2018)

Griechenland
Die geltende Fassung der griechischen Verfassung (GrVerf) ist unter folgender Internetadresse abrufbar: http://www.verfassungen.eu/griech/ (zuletzt aufgerufen am 01. Mai 2018)

Italien
Die italienische Verfassung (ItalVerf) ist unter folgender Internetadresse abrufbar: http://www.verfassungen.eu/it/ital48.htm (zuletzt aufgerufen am 01. Mai 2018)

Das Gesetz Nr. 1/1948 vom 9. Februar 1948 (Norme sui giudizi di legittimità costituzionale e sulle garanzie di indipendenza della Corte costituzionale) über Vorschriften über die Urteile des Verfassungs, Legitimität und die Garantie der Unabhängigkeit des Verfassungsgerichts ist in der italienischen Fassung unter folgender Internetadresse abrufbar: http://www.giurcost.org/fonti/lcost1-48.htm (zuletzt aufgerufen am 01. Mai 2018)

Das Gesetz Nr. 1/1953 über die Zusätzliche Bestimmungen der Verfassung in Bezug auf den italienischen Verfassungsgerichtshof vom 14. Marz 1953 (Norme integrative della Costituzione concernenti la Corte costituzionale) ist in der italienischen Fassung unter folgender Internetadresse abrufbar: http://www.giurcost.org/fonti/lcost1-53.htm (zuletzt aufgerufen am 01. Mai 2018)

Das Gesetz Nr. 87/1953 über die Bedingungen für die Niederlassung und für die Geschäftstätigkeit des Verfassungsgerichtshofes vom 11. März 1953 (Legge 11 marzo 1953, n. 87) (L.) ist in der italienischen Fassung unter folgenden Internetadresse abrufbar: http://www.giurcost.org/fonti/lcost1-53.htm (zuletzt aufgerufen am 01. Mai 2018)

Die Statistik des italienischen Verfassungsgerichtshofes ist unter folgender Internetadresse abrufbar: http://www.cortecostituzionale.it/documenti/relazioni_annuali/stat2012.pdf (zuletzt aufgerufen am 01. Mai 2018)

Kroatien
Die kroatische Verfassung (KroVerf) ist unter folgender Internetadresse abrufbar: http://www.verfassungen.eu/hr/verf90-i.htm (zuletzt aufgerufen am 01. Mai 2018)

Das Organgesetz über das kroatische Verfassungsgericht (KroVerfGG) ist unter folgender Internetadresse abrufbar: http://www.usud.hr/default.aspx?Show=ustavni_zakon_o_ustavnom_sudu&m1=27&m2=49&Lang=en (zuletzt aufgerufen am 01. Mai 2018)

Lettland
Die englische, geltende Fassung des lettischen Verfassungsgerichtsgesetz (LettVfGG) ist unter folgender Internetadresse abrufbar: http://www.satv.tiesa.gov.lv/?lang=2&mid=9 (zuletzt aufgerufen am 01. Mai 2018)

Litauen
Die geltende Fassung der Verfassung Litauens (LitVerf) ist unter folgender Internetadresse abrufbar: http://www.verfassungen.eu/lt/verf92.htm (zuletzt aufgerufen am 01. Mai 2018)

Luxemburg

Die Verfassung von Luxemburg vom 1. August 2013 (LuxVerf) ist unter folgender Internetadresse abrufbar: http://www.legilux.public.lu/leg/textescoordonnes/recueils/Constitution/Constitution.pdf (zuletzt aufgerufen am 01. Mai 2018)

Das Gesetz über die Organisation des Verfassungsgerichts Luxemburgs (LuxVerfGG) ist unter folgender Internetadresse abrufbar: http://www.legilux.public.lu/leg/a/archives/1997/0058/a058.pdf#page=2 (zuletzt aufgerufen am 01. Mai 2018)

Polen

Die polnische Verfassung (PolVerf) ist unter folgender Internetadresse abrufbar: http://www.sejm.gov.pl/prawo/konst/niemiecki/kon1.htm (zuletzt aufgerufen am 01. Mai 2018)

Das Gesetz über das polnische Verfassungsgericht (PolVerfGG) ist unter folgender Internetadresse abrufbar: http://www.trybunal.gov.pl/eng/index.htm (zuletzt aufgerufen am 01. Mai 2018)

Die Statistik des polnischen Verfassungsgerichts ist unter folgender Internetadresse abrufbar: http://trybunal.gov.pl/fileadmin/content/dokumenty/statystyka_tabela.pdf (zuletzt aufgerufen am 01. Mai 2018)

Tuleja, Piotr: Die Verfassungsbeschwerde in Polen, Development of law, 1/2010, ist abrufbar unter: http://www.devpublaw.eu/index.php/dpl/article/view/5 (Stand am 01. 03. 2018)

Portugal

Die portugiesische Verfassung (PortVerf) ist unter folgender Internetadresse abrufbar: http://www.verfassungen.eu/p/ (zuletzt aufgerufen am 01. Mai 2018)

Das Organgesetz über das portugiesische Verfassungsgericht (VGG) ist unter folgender Internetadresse abrufbar: http://www.tribunalconstitucional.pt/tc/en/tclaw.html (zuletzt aufgerufen am 01. Mai 2018)

Die Statistik des portugiesischen Verfassungsgerichts ist unter folgender Internetadresse abrufbar: http://www.tribunalconstitucional.pt/tc/tribunal-estatisticas.html (zuletzt aufgerufen am 01. Mai 2018)

Rumänien
Die rumänische Verfassung (RumVerf) ist unter folgender Internetadresse abrufbar: http://www.cdep.ro/pls/dic/site.page?id=258&idl=4&par1=1 (zuletzt aufgerufen am 01. Mai 2018)

Das rumänische Organgesetz Nr. 47/1991 über den Verfassungsgerichtshof (VerfGHG) ist unter folgender Internetadresse abrufbar: http://www.ccr.ro/Legea-nr-471992 (zuletzt aufgerufen am 01. Mai 2018)

Die Statistik des rumänischen Verfassungsgerichtshofes ist unter folgender Internetadresse abrufbar: http://www.ccr.ro/uploads/sin01_14_1.pdf (zuletzt aufgerufen am 01. Mai 2018)

Slowenien
Die slowenische Verfassung (SloVerf) ist unter folgender Internetadresse abrufbar: http://www.us-rs.si/media/vollstandiger.text.der.verfassung.pdf (zuletzt aufgerufen am 01. Mai 2018)

Das Organgesetz des slowenischen Verfassungsgerichts (SloVerfGG) ist unter folgenden Internetadresse abrufbar: http://www.us-rs.si/en/about-the-court/legal-basis/the-rules-of-procedure-of-the-constitutional-court/ (zuletzt aufgerufen am 01. Mai 2018)

Spanien
Die spanische Verfassung (CE) ist unter folgender Internetadresse abrufbar: http://www.verfassungen.eu/es/verf78-index.htm (zuletzt aufgerufen am 01. Mai 2018)

Das Organgesetz 2/1979 vom 3. Oktober über das Verfassungsgericht (LOTC) ist unter folgender Internetadresse abrufbar: http://www.tribunalconstitucional.es/en/tribunal/normasreguladoras/Lists/NormasRegPDF/LOTC-en.pdf (zuletzt aufgerufen am 01. Mai 2018)

Die Statistik des spanischen Verfassungsgerichts ist unter folgender Internetadresse abrufbar: http://www.tribunalconstitucional.es/en/tribunal/memorias/Documents/Estadisticas (zuletzt aufgerufen am 01. Mai 2018)

Tschechische Republik
Die Verfassung der Tschechischen Republik (TschVerf) ist unter folgender Internetadresse abrufbar: http://www.verfassungen.eu/cz/verf93-i.htm (zuletzt aufgerufen am 01. Mai 2018)

Ungarn
Die alte Fassung der Verfassung Ungarns (UngVerf) ist unter folgender Internetadresse abrufbar: http://www.verfassungen.eu/hu/verf49-90-i.htm (zuletzt aufgerufen am 01. Mai 2018)

Der Gesetzvorschlag, mit dem der Art. 32/A Abs. 2 UngVerf modifiziert wurde, ist auf Ungarisch auf der folgenden Internetseite abrufbar: http://www.parlament. hu/irom39/01445/01445-0018.pdf (zuletzt aufgerufen am 01. Mai 2018)

Neue Fassung des Grundgesetzes Ungarns (UGG) ist auf Deutsch unter folgender Internetadresse abrufbar: http://www.verfassungen.eu/hu/index.htm (zuletzt aufgerufen am 01. Mai 2018)

Die neue Fassung des Organgesetz für Verfassungsgericht Ungarns (neues UngVerfGG) ist unter folgender Internetadresse abrufbar: http://www.mkab.hu/ rules/act-on-the-cc (zuletzt aufgerufen am 01. Mai 2018)

Die Texte der einzelnen Änderungen der UngVerf sind unter folgender Internetadresse abrufbar: http://www-archiv.parlament.hu/fotitkar/alkotmany/alaptv_ modositasai.htm (zuletzt aufgerufen am 01. Mai 2018)

Die Texte der einzelnen Änderungen des neuen UGG sind unter folgender Internetadresse abrufbar: http://www.parlament.hu/fotitkar/alkotmany/alaptv_ modositasai.htm (zuletzt aufgerufen am 01. Mai 2018)

Der Gesetzvorschlag, mit dem der Art. 32/A Abs. 2 UngVerf modifiziert wurde, ist unter folgender Internetadresse abrufbar: http://www.parlament.hu/ irom39/01445/01445-0018.pdf (zuletzt aufgerufen am 01. Mai 2018)

Die ungarische Fassung des Antrages des Ombudsmannes Ungarns, AJB-2302/2012 ist unter folgender Internetadresse abrufbar: https://www.ajbh.hu/... rtf/94c7646d-3189-4dd5-aff5-5001bb9bcd6a (zuletzt aufgerufen am 01. Mai 2018)

334

Die ungarische Fassung des Antrages des Ombudsmannes, AJB-1961/2012 ist unter folgender Internetadresse abrufbar: http://public.mkab.hu/dev/donte-sek. nsf/0/4afcb5d2b3795ecfc1257ada00524e2e/$FILE/2602_2012_ind.pdf (zuletzt aufgerufen am 01. Mai 2018)

CDL-AD (2013)012 Opinion on the Fourth Amendment to the Fundamental Law of Hungary ist in englische Fassung unter folgender Internetadresse auf der EUROPA-Website veröffentlicht: http://www.venice.coe.int/webforms/docu ments/?pdf=CDL-AD(2013)012-e (zuletzt aufgerufen am 01. Mai 2018)

CDL-AD (2011)001 Opinion on three legal questions arising in the process of drafting the new constitution in Hungary; Die Stellungsannahme der Venedig Kommission ist in englische Fassung unter folgender Internetadresse auf der EUROPA-Website veröffentlicht: http://s.conjur.com.br/dl/relatorio-comissao-veneza-questoes.pdf (zuletzt aufgerufen am 01. Mai 2018)

CDL-AD (2012) 004, Opinion on Act CCVI of 2011 on the right to freedom of conscience and religion and the legal status of churches, denominations and religious communities of Hungary adopted by the Venice Commission at its 90th Plenary Session (Venice, 16-17 March 2012) Die Stellungsannahme der Venedig Kommission ist in englische Fassung unter folgender Internetadresse auf der EUROPA-Website veröffentlicht: http://www.venice.coe.int/webforms/docu ments/CDL-AD(2012)004-e.aspx (zuletzt aufgerufen am 01. Mai 2018)

Vademecum on Constitutional Justice, European Commission for Democracy Through Law (Venice Commission), Strasbourg, 11 May 2007, CDL-JU(2007) 012, Die Stellungnahme der Venedig-Kommission ist in englische Fassung auf der EUROPA-Website veröffentlicht: http://www.venice.coe.int/docs/2007/CDL-JU%282007%29012-e.asp (zuletzt aufgerufen am 01. Mai 2018)

Der Bericht des Europäischen Parlaments am 25. Juni 2013 zur Lage der Grund-rechte in Ungarn: Standards und Praktiken in Ungarn (gemäß der Entschließung des Europäischen Parlaments vom 16. Februar 2012) (2012/2130(INI) ist auf der EUROPA-Website veröffentlicht: http://www.europarl.europa.eu/sides/getDoc. do?pubRef=//EP//TEXT+REPORT+A7-2013-0229+0+DOC+XML+V0//DE (zuletzt aufgerufen am 01. Mai 2018)

614/2011 Opinion on the three legal questions arising in the process of drafting in the New Constitution, Punkt 72, 73; Der Bericht der Venedig-Kommission ist auf der EUROPA-Website veröffentlicht: http://www.europarl.euro-pa.eu/meet-docs/2009_2014/documents/libe/dv/venice_commission_opinion_614-11/venice_commission_opinion_614-11en.pdf (zuletzt aufgerufen am 01. Mai 2018)

621/2011 Opinion on the New Constitution of Hungary; Der Bericht der Vene-dig-Kommission ist auf der EUROPA-Website veröffentlicht: http://www.venice.coe.int/webforms/documents/default.aspx?pdffile=CDL-AD(2011)016-e (zuletzt aufgerufen am 01. Mai 2018)

665/2012 Opinion on the CLI of 2011 on the Constitution Court of Hungary; Der Bericht der Venedig-Kommission ist auf der EUROPA-Website veröffent-licht: http://www.venice.coe.int/webforms/documents/default.aspx?pdf-file=CDL-AD(2012)009-e (zuletzt aufgerufen am 01. Mai 2018)

664/2012 Opinion on the Act on CCVI of 2011 on the right to freedom of con-science and religion and the legal status of churches, denominations and re-ligious communities of Hungary; Punkt 107, 108, 109, 110; Der Bericht der Vendeig-Kommission ist auf der EUROPA-Website veröffentlicht: http://www.venice.coe.int/webforms/documents/default.aspx?pdffile=CDL-AD (2012)004-e (zuletzt aufgerufen am 01. Mai 2018)

668/2012 Opinion on the Act CLXII of 2011 on the Prosecutor Service and Act CLXIV of 211 on the Statute of the Prosecutor General, Prosecutors and other Prosecutor Employees and the Prosecution Career of Hungary, Punkt 85, 87; Der Bericht der Venedig-Kommission ist auf der EUROPA-Website veröffentlicht http://www.venice.coe.int/webforms/documents/default.aspx?pdf-file=CDL-AD(2012)008-e (zuletzt aufgerufen am 01. Mai 2018)

671/2012 Opinion on the Act on the Rights of the Nationalities of Hunga-ry, Punkt 81, 83, 85; Der Bericht der Venedig-Kommission ist auf der EU-ROPA-Website veröffentlicht: http://www.venice.coe.int/webforms/documents/default.aspx?pdffile=CDL-AD(2012)011-e (zuletzt aufgerufen am 01. Mai 2018)

683/2012 Opinion on the Cardinal Acts on the Judiciary that were amended following the adaption of CDL-AD (2012)01 sur la Hongrie, Punkt 84, 86, 87; Der Bericht der Venedig-Kommission ist auf der EUROPA-Website veröffent-

licht http://www.venice.coe.int/webforms/documents/default.aspx?pdf-file=
CDL-AD(2012)020-e (zuletzt aufgerufen am 01. Mai 2018)

Der Inhalt der einzelnen Vertragsverletzungsverfahren gegen Ungarn ist auf der
EUROPA-Website veröffentlicht: http://ec.europa.eu/taxation_customs/com
mon/infringements/infringement_cases/bycountry/index_de.htm#hungary (zuletzt aufgerufen am 01. Mai 2018)

Die Texte der einzelnen Verfassungsänderungen sind auf der EUROPA-Website
veröffentlicht: http://www.parlament.hu/fotitkar/alkotmany/modositasok.htm
(zuletzt aufgerufen am 01. Mai 2018)

EuGH 08.04. 2014 - Case of Magyar Keresztény Mennonita Egyház and others
vs. Hungary, Die Entscheidung ist abrufbar: http://hudoc.echr.coe.int/sites/eng/
pages/search.aspx?i=001-142196# (zuletzt aufgerufen am 01. Mai 2018)

Bericht von ETKI am 28. Oktober 2011 über die Analyse der neuen Regelungen
bezüglich des Verfassungsgerichts ist in ungarische Fassung abrufbar: http://
www.ekint.org/ekint_files/File/tanulmanyok/abtv_elemzes_20111028_final.pdf
(zuletzt aufgerufen am 01. Mai 2018)

Kelemen, Katalin: Az alkotmánybírák újraválaszthatósága és hivatalviselési
ideje, in: Pázmány Law Working Papers 2011/5 http://plwp.jak.ppke.hu/images/
fi-les/2011/2011-05.pdf (zuletzt aufgerufen am 01. Mai 2018)

Tilk, Péter: A magyar Alkotmánybíróság („Das ungarische Verfassungsgericht"),
PhD értekezés, Pécs 2008, http://doktori-iskola.ajk.pte.hu/files/tiny_mce/File/
Archiv2/Tilk_Peter_ertekezes.pdf (zuletzt aufgerufen am 01. Mai 2018)

Sólyom, László: Ein Brief vom 21.06. 2010 für den ehemaligen Staatspräsident
Pál Schmitt, Die ungarische Fassung des Briefes des ersten Präsidenten des Verfassungsgerichts ist unter folgender Internetadresse abrufbar: http://www.parla
ment.hu/irom39/00189/00189-0005.pdf (zuletzt aufgerufen am 01. Mai 2018)

Siehe dazu die Antwort von Péter Darák, Präsident der ungarischen Kurie, auf
den Jahresbericht der Kurie in 2013 auf der folgenden Internetseite: http://
orszag-gyules.hu.sayit.parldata.eu/speech/4072 (zuletzt aufgerufen am 01. Mai
2018)

Die Rede des Ministerpräsidenten Viktor Orbán ist in ungarische Fassung unter folgender Internetadresse abrufbar:

http://www.miniszterelnok.hu/beszed/kiallitas_koszonti_a_hatalybalepest (zuletzt aufgerufen am 01. Mai 2018)

339

	Verfassungsgericht der Republik Ungarn („ A Magyar Köztarsaság Alkotmánybírósága")			
Datum	*Aktenzeichnen*	*Fundstelle*	*im Text*	*Stichworte*
31.10.1990	23/1990 (X. 31.) AB Urteil, Todesstreife - Entscheidung	http://public.mkab.hu/dev/donte-sek.nsf/0/007BA9C2553A215B-C1257ADA00525F0D?OpenDocument	S. 40, 313, 314	Unabhängigkeit des Verfassungsgerichts; Verfassungsauslegung
18.12.1990	31/1990 (XII.18) AB Urteil	http://public.mkab.hu/dev/donte-sek.nsf/0/86516D9C504F7E1E-C1257ADA00525A03?OpenDocument	S. 98-99, 310	Präventive Normenkontrolle, Normenhierarchie; Verfassungsauslegung
20.4.1991	16/1991 (IV.20.) AB Urteil	http://public.mkab.hu/dev/donte-sek.nsf/0/D362399369924F986C1257A-DA00529B24?OpenDocument	S. 92-93	Präventive Normenkontrolle, außergewöhnliche Zuständigkeit
15.06.1991	34/1991 (VI. 15.) AB Urteil	http://public.mkab.hu/dev/donte-sek.nsf/0/B1AF0B29A05850EA-C1257ADA00052B302?OpenDocument	S. 172	Gegenstand der abstrakten, nachträglichen Kontrolle; bereits in Kraft getretenen Gesetze
26.9.1991	48/1991 (IX.26.) AB Urteil	http://public.mkab.hu/dev/donte-sek.nsf/0/413887D00724A32F-C1257ADA00529B43?OpenDocument	S. 119, 312, 314	Verfassungsauslegung; „unsichtbare Verfassung"; nachträgliche abstrakte Normenkontrolle
8.11.1991	57/1991 (XI. 8.) AB Urteil, Jánosi-Entscheidung	http://public.mkab.hu/dev/donte-sek.nsf/0/E0EA0FDFE4090E-83C1257ADA00526A5C?OpenDocument	S. 168-169, 316	Verfassungsauslegung; verfassungsmäßige Auslegung; Verfassungsbeschwerde
10.06.1992	36/1992 (VI.10.) AB Urteil	http://public.mkab.hu/dev/donte-sek.nsf/0/DA6CAEF75D9C7CF-7C1257ADA00528F45?OpenDocument	S. 309, 311	Verfassungsauslegung
11.12.1992	64/1992 (XII. 11.) AB Urteil	http://public.mkab.hu/dev/donte-sek.nsf/0/77731AB-D42E841656C1257A-DA0052B367?OpenDocument	S. 94	Präventive Normenkontrolle, endgültige Form eines Gesetzes
17.12.1992	65/1992 (XII. 17.) AB Urteil	http://public.mkab.hu/dev/donte-sek.nsf/0/2DCAF-1C1362BC319C1257A-DA0052A217?OpenDocument	S. 171	Verfassungsbeschwerde, Immunität der Abgeordneten

Datum	Entscheidung	URL	Seite	Beschreibung
28.09.1992	1220/H/1992 AB Beschluss	http://public.mkab.hu/dev/donte-sek.nsf/0/A68E0601E22F1113A-C1257ADA0052AAA8?OpenDocument	S. 287	Auflösung einer örtlichen Selbstvertretungsorgan der Selbstverwaltungskörperschaft
11.06.1993	38/1993 (VI.11.) AB Urteil	http://public.mkab.hu/dev/donte-sek.nsf/0/E3748777101B2C82C1257A-DA0052752A?OpenDocument	S. 317,318	Verfassungsauslegung, verfassungsrechtliches Gebot
07.10.1993	52/1993 (X. 7.) AB Urteil	http://public.mkab.hu/dev/donte-sek.nsf/0/AB-7CB53D4EC1CC08C1257A-DA00529911?OpenDocument	S. 283	Stellungnahme im Zusammenhang mit dem Vorschlag zur Auflösung des örtlichen Vertretungsorgans
29.04.1994	23/1994 (IV. 29.) AB-Beschuss	http://public.mkab.hu/dev/donte-sek.nsf/0/18A9C-034FC343580C1257A-DA00527001?OpenDocument	S. 173	Gegenstand der Verfassungsbeschwerde; Vorschriften der Verfassung
24.06.1994	37/1994 (VI.24.) AB Urteil	http://public.mkab.hu/dev/donte-sek.nsf/0/187D8C5E5C928AD-5C1257ADA0052A46A?OpenDocument	S. 291	Schutz der örtlichen Selbstverwaltungskörperschaften
15.06.1995	40/1995 (VI.15.) AB Urteil	http://public.mkab.hu/dev/donte-sek.nsf/0/D7B59829892A4E-44C1257ADA00527927?OpenDocument	S. 293	Schutz örtlicher Selbstverwaltungskörperschaften, Hochschulautonomie
17.03.1998	1437/B/1996 AB Urteil	http://public.mkab.hu/dev/donte-sek.nsf/0/02D336649ED-23B4DC1257A-DA0052B124?OpenDocument	S. 280	Stellungnahme des Verfassungsgerichts Ungarns; „Rechtsgerichts"
09.02.1998	1260/B/1997 AB Beschluss	http://public.mkab.hu/dev/donte-sek.nsf/0/FC3860FE-C3EE5207C1257ADA0052AB-FA?OpenDocument	S. 119	Gegenstand der nachträglichen abstrakten Normenkontrolle, Vorschriften der Verfassung
09.06.1998	23/1998 (VI.9.) AB Urteil	http://public.mkab.hu/dev/donte-sek.nsf/0/E8D93D25A424127D-C1257ADA00529112?OpenDocument	S. 168	Rechtsmittelfunktion der Verfassungsbeschwerde; gesetzgeberische Unterlassung
02.10.1998	41/1998 (X.2.) AB Urteil	http://public.mkab.hu/dev/donte-sek.nsf/0/2EB67A2A8D-37796CC1257C2B004E6B78?OpenDocument	S. 174-175	Verfassungsbeschwerde, Fristsetzung,

Datum	Aktenzeichen	URL	Seite	Thema
02. 10. 1998	42/1998 (X.2.) AB Urteil	http://public.mkab.hu/dev/donte-sek.nsf/0/F8BC746FEC2A03C-0C1257ADA0052AE86?OpenDocument	S. 76	Widerruf eines Antrages
27.11.1998	50/1998 (XI. 27.) AB Urteil	http://public.mkab.hu/dev/donte-sek.nsf/0/3622FA2F058F-BF00C1257A-DA00528708?OpenDocument	S. 315	Verfassungsauslegung
17.03.1998	638/B/1998 AB Beschluss	http://public.mkab.hu/dev/donte-sek.nsf/0/09EEF69F-DC3C7008C1257A-DA00528651?OpenDocument	S. 295	Kommunalaufsicht
03.0.3 1999	2/1999 (III.3.) AB Beschluss	http://public.mkab.hu/dev/donte-sek.nsf/0/C424C5A802C-7859BC1257ADA-0025B2A?OpenDocument	S. 254	Volksabstimmung, Frist
30. 07. 1999	24/1999 (VI.30.) AB Ur-teil	http://public.mkab.hu/dev/donte-sek.nsf/0/06307F0895CB7F82C12 57ADA00529F65?OpenDocument	S. 255	Volksabstimmung, Frist, gesetzgeberische Unterlassung, Rechtsstaatsprinzip
13.10.1999	30/1999 (X. 13.) AB Urteil	http://public.mkab.hu/dev/donte-sek.nsf/0/0138B072DB14086BC12 57ADA0052B113?OpenDocument	S. 294	Kommunalaufsicht
06.07. 2000	24/2000 (VII.6.) AB Urteil	http://public.mkab.hu/dev/donte-sek.nsf/0/3B08BCBD10498F44C12 57ADA005259309?OpenDocument	S. 282, 288	Stellungnahme im Zusammenhang mit dem Vorschlag zur Auflösung des örtlichen Vertretungsorgans
24.03.2003	961/E/2000 (03.24.) AB Beschluss	http://public.mkab.hu/dev/donte-sek.nsf/0/2E9A083B4FDEE-944C1257ADA00529BDD?OpenDocument	S. 291	Schutz örtlicher Selbstverwaltungskörperschaften
20.03.2002	13/2002 (III.20.) AB Ur-teil	http://public.mkab.hu/dev/donte-sek.nsf/0/57B7695D4A48C-BC6C1257ADA00527CA5?OpenDocument	S. 140	Konkrete Normenkontrolle; Richtervorlage
25.05.2004	18/2004 (V.25.) AB Urteil	http://public.mkab.hu/dev/donte-sek.nsf/0/4EA2726C0A3F263E-C1257ADA00529A10?OpenDocument	S. 318	Verfassungsauslegung; präventive Normenkontrolle; Schonung des Rechts

Datum	Aktenzeichen	Fundstelle	Seite	Gegenstand
11.06.2007	676/D/2004 AB Beschluss	http://public.mkab.hu/dev/donte-sek.nsf/0/2F6758B6B62DE1F-7C1257ADA0052891 8?OpenDocument	S. 171	Verfassungsbeschwerde, Rechtssicherheit
14.07.2005	30/2005 (VII. 14.) AB Urteil	http://public.mkab.hu/dev/donte-sek.nsf/0/6B8BC162206212A-1C1257ADA005290F8?OpenDocument	S. 304	Passiver Verstoß gegen einen völkerrechtlichen Vertrag, gesetzgeberische Unterlassung
14.11.2005	42/2005 (XI.14.) AB Urteil	http://public.mkab.hu/dev/donte-sek.nsf/0/B336B4DC80014245C1257A-DA0052666F?OpenDocument	S. 120-121	Gegenstand der abstrakten Normenkontrolle; Entscheidungen zur Wahrung der Rechtseinheit
15.12.2006	72/2006 (XII.15.) AB Urteil	http://public.mkab.hu/dev/donte-sek.nsf/0/DB5EA354BF8B9C5E-C1257ADA0052753D?OpenDocument	S. 302	Verstoß gegen einen völkerrechtlichen Vertrag, Gemeinschaftsrecht
13.07.2011	61/2011 (VII. 13.) AB Urteil	http://public.mkab.hu/dev/don-te-sek.nsf/0/396A20885611E-675C1257ADA0052B3E3?OpenDocument	S. 124	Einschränkung der Zuständigkeit des Verfassungsgerichts, Gewaltenteilung
Bundesverfassungsgericht der Bundesrepublik Deutschland				
20.03.1952	BVerfG, 20.03.1952 - 1 BvR 267/51	BVerfGE 1, 1, 167	S. 300	Kommunalverfassungsbeschwerde, Subsidiarität
16.01.1957	BVerfG, 16.01.1957 - 1 BvR 253/56, BVerfGE 6, 32 (Elfes-Urteil)	BVerfGE 6, 32	S. 203	Individualverfassungsbeschwerde, Selbstbetroffenheit, Allgemeine Handlungsfreiheit
31.07.1972	BVerfG, 31.07.1972, II - Grundlagenvertrag	BVerfGE 36, 1 (14/15)	S. 13	"judicial self-restraint"
23.06.1987	BVerfG 23.6.1987 - 2 BvR 826/83	BVerfGE 76,107	S. 299	Kommunalverfassungsbeschwerde, Rechtswegerschöpfung
12.10.1993	BVerfG 12.10.1993 – 2 BvR 2134/92 (Maastricht-Urteil)	BVerfGE 89, 155	S. 200	Individualverfassungsbeschwerde, Angriffsgegenstand

Datum	Entscheidung	Fundstelle / URL	Seite	Beschreibung
19.07.2000	BVerfG, 19.07.2000 - 1 BvR 539/96	BVerfG 102, 197	S. 203	Individualbeschwerde, Beschwerdebefugnis, Subsidiarität der Verfassungsbeschwerde
28.03.2006	BVerfG 28.03.2006 - 1 BvR 1054/01	BVerfG 102, 197	S. 205	Individualverfassungsbeschwerde, unmittelbare Betroffenheit
Bundesverfassungsgerichtshof von Österreich				
11.10.2001	G 12/00	http://www.vfgh.gv.at/cms/vfgh-site/entscheid.html?periode=old	S. 22	Aufhebung der Vorschriften der Verfassung
Verfassungsrat der Französischen Republik				
17.07.1971	Entscheidung Nr. 71-44 DC vom 16. 07. 1971	http://www.conseil-constitutionnel.fr/conseil-constitutionnel/francais/les-decisions/acces-par-date/decisions-depuis-1959/1971/71-44-dc/decision-n-71-44-dc-du-16-juillet-1971.7217.html	S. 28	Teile der französischen Verfassung
3. 12. 2009	Entscheidung Nr. 2009-595 DV	http://www.conseil-constitutionnel.fr/conseil-constitutionnel/root/bank_mm/allemand/de2009_595dc.pdf	S. 148	Verfassungsänderungsgesetz über die Durchführung von Art. 61-1 der Verfassung
Verfassungsgericht von Spanien				
30.09. 1980	ATC 25/80, FJ 4	http://hj.tribunalconstitucional.es/HJ/Resolucion/Api/xml/6970	S. 218	Amparo-Verfahren, Prüfungsgegenstand, Gesetz
18.12.1981	STC 41/1981, FJ 1	http://hj.tribunalconstitucional.es/docs/BOE/BOE-T-1982-4749.pdf	S. 217	Amparo-Verfahren, Prüfungsgegenstand, ordentlich gerichtliche Entscheidung
20.06.1988	STC 118/1988, FJ 3	http://hj.tribunalconstitucional-al.es/en/Resolucion/Show/1059	S. 218	Amparo-Verfahren, Prüfungsgegenstand, Beschluss ohne Gesetzesrang, Innenwirkung
Verfassungsgerichtshof der Republik Polen				
18.05.2004	Signatur SK 38/03	http://trybunal.gov.pl/filead-min/content/omowienia/SK_38_03_GB.pdf	S. 233	"unechte" Verfassungsbeschwerde

		Italienischer Verfassungsgerichtshof		Gegenstand der Kompetenzkon-flikte
06.07.1989	SENT. 406/89	http://www.cortecostituziona-le.it/actionRicercaMassima.do	S. 273	
		Supreme Court of the United States		richterliches Prüfungsrecht
1803	5 U.S. (1 Cranch) 137, 177-178 (1803)	https://supreme.justi-a.com/cases/federal/us/5/137/case.html	S. 14	

Anhang 1

Verfassungsrichterwahl in Ungarn nach 1990	Verfassungsrichterwahl in Ungarn nach 2012
11 Richter (Art. 4 Abs. 1 altes UngVerfGG)	**15 Richter** (Art. 24 Abs. 8 S. 1 UGG)
9 Jahre Amtszeit, Wiederwahl ist möglich (Art. 8 Abs. 3 altes UngVerfGG)	**12 Jahre** Amtszeit, Verlängerung der Amtszeit ist möglich (Art. 6 Abs. 3 neues UngVerfGG)
Zusammensetzung des Nominierungsausschusses: ein Mitglied je Partei (Art. 32/A Abs. 4 S. 2 UngVerf i. V. m. Art. 6 altes UngVerfGG)	Zusammensetzung des Nominierungsausschusses richtet sich nach der Zusammensetzung des Parlaments (Art. 7 Abs. 1 neues UngVerfGG)
Anhörung der Kandidaten durch einen parlamentarischen Ausschuss für Verfassung, Kodifikation und Justizwesen (Art. 7 altes UngVerfGG)	Anhörung der Kandidaten durch den parlamentarischen Verfassungsausschuss (Art. 7 Abs. 2 neues UngVerfGG)
Richterwahl durch das Parlament mit Zwei-Drittel-Mehrheit der Abgeordneten (Art. 32/A Abs. 4 S. 4 UngVerf)	Richterwahl durch das Parlament mit Zweidrittelmehrheit der Abgeordneten (Art. 24 Abs. 8 S. 1 UGG)
Voraussetzung der Wählbarkeit (Art. 5 Abs. 1 und 2 altes UngVerfGG): - ungarische Staatsangehörigkeit - keine Vorstrafen - juristischer Abschluss - Vollendung des 45. Lebensjahres - er/sie soll entweder „hervorragender Theoretiker/in" sein oder über eine 20-jährige Berufspraxis verfügen	**Voraussetzung der Wählbarkeit** (Art. 6 Abs. 1 neues UngVerfGG): - ungarische Staatsangehörigkeit - keine Vorstrafen - juristischer Abschluss - er/sie soll entweder „hervorragender Theoretiker/in" sein oder über eine 20-jährigeBerufspraxis verfügen - Vollendung des 45. Lebensjahres und Nichtvollendung des 70. Lebensjahres
Ende der Amtszeit (Art. 15 Abs. 1 altes UngVerfGG) - Vollendung der 9-jährigenAmtsperiode - Tod des Richters - Entlassung - Inkompatibilität - Vollendung des 70. Lebensjahres - Enthebung - Ausschluss	**Ende der Amtszeit** (Art. 15 Abs. 1 und 2 neues UngVerfGG) - Vollendung der 9-jährigenAmtsperiode - Tod des Richters - Entlassung - Inkompatibilität - Enthebung - Ausschluss - keine Wählbarkeit bei Parlamentswahlen
Wahl des Präsidenten des Verfassungsgerichts (Art. 4 Abs. 2 altes UngVerfGG): - auf 3 Jahre gewählt und wiederwählbar - durch die anderen elf Verfassungsrichtern selbst, geheim und mit einfacher Mehrheit gewählt	**Wahl des Präsidenten des Verfassungsgerichts** (Art. 1 Abs. 4 lit. e) UGG i.V.m. Art. 18 Abs. 1 lit. a) neues UngVerfGG) - bis Ende der Richteramtszeit kann er/sie Präsident werden - durch das Parlament gewählt

Anhang 2

Das gespaltene Modell („split model")
aa) Multichannel-Nominierung der Verfassungsrichter

Österreich	Spanien	Lettland	Litauen
Präsident, Vizepräsident, 12 Richter und 6 Ersatzmitglieder (Art. 147 Abs. 1 B-VG)	**12 Richter** (Art. 159 Abs. 2 CE)	**7 Richter** (Art. 3 LettVfGG)	**9 Richter** (Art. 103 Abs. 1 S. 1 LitVerf)
Nominierung: - Bundesregierung (Präsident, Vizepräsident, 6 Richter und 3 Ersatzmitglieder) - Nationalrat (3 Richter und 2 Ersatzmitglieder) - Bundesrat (3 Richter und 1 Ersatzmitglieder) (Art. 147 Abs. 2 B-VG)	**Nominierung:** - Kongress und Senat (4-4 Kandidaten) - Regierung und „Allgemeiner Rat der Justiz" (2-2 Kandidaten) (Art. 159 Abs. 1-3 CE)	**Nominierung:** - Abgeordnete des Parlaments (3 Kandidaten) - Regierung und Oberster Gerichtshof (2-2 Kandidaten) (Art. 4 Abs. 1 LettVfGG)	**Nominierung:** - Präsident der Republik (3 Kandidaten) - Präsident des Parlaments (3 Kandidaten) - Präsident des Obersten Gerichtshofes (3 Kandidaten) (Art. 103 Abs. 1 S. 3 LitVerf)
Ernennung des Richters: durch den Bundesminister (Art. 147 Abs. 2 B-VG)	**Ernennung des Richters:** durch den spanischen König (Art. 159 Abs. 1 CE)	**Wahl des Richters:** durch das *Parlament* (Art. 4 Abs. 1 LettVfGG)	**Wahl des Richters:** durch das *Parlament* (Art. 103 Abs. 1 S. 3 LitVerf)
Amtszeit: bis Vollendung des 70. Lebensjahres (Art. 147 Abs. 6 B-VG und Art. 10 VfGG)	**Amtszeit:** 9 Jahre (Art. 159 Abs. 3 CE) verlängerbar (Art. 17 Abs. 2 LOTC)	**Amtszeit:** 10 Jahre, nicht verlängerbar (Art. 7 Abs. 1 und 2 LettVfGG)	**Amtszeit:** 9 Jahre, nicht verlängerbar (Art. 103 Abs. 1 S. 2 LitVerf)
Ernennung des Präsidenten: Bundesminister ernennt auf Vorschlag der *Bundesregierung* (Art. 147 Abs. 2 B-VG)	**Ernennung des Präsidenten:** Der spanische König ernennt auf Vorschlag des Plenums (Art. 160 CE)	**Wahl des Präsidenten:** durch die anderen 7 Richter (Art. 12 des LettVfGG)	**Wahl des Präsidenten:** durch das Parlament auf Vorschlag des Präsidenten der Republik (Art. 103 Abs. 2 LitVerf)
Besonderheit: politische und bundesstaatliche Ausgewogenheit	**Besonderheit:** *Erneuerung* alle drei Jahre	**Besonderheit:** *Regelungen* befinden sich nicht in der LettVf, sondern *im LettVfGG*	**Besonderheit:** *Erneuerung* alle drei Jahre

Anhang 3

Das gespaltene Modell („split model")
bb) Multi-Channel-Ernennung der Verfassungsrichter

Italien	Frankreich	Rumänien	Bulgarien
15 Richter (Art. 135 Abs. 1 ItalVerf)	ernannte Mitglieder und Mitglieder kraft früheren Amtes; **9 ernannte Mitglieder des Verfassungsrates** (Art. 56 FraVerf)	**9 Richter** (Art. 142 Abs. 1 RumVerf)	**12 Richter** (Art. 147 Abs. 1 BulgVerf)
Ernennung des Richters: - *rechtsprechende Gewalt* (5 Richter) - *Parlament* (5 Richter) - *Staatspräsident* (5 Richter) (Art. 135 Abs. 1 ItalVerf)	**Ernennung der Mitglieder:** - *Präsident der Republik* (3 Richter) - *Präsident der Nationalversammlung* (3 Richter) - *Präsident des Senats* (3 Richter) (Art. 56 Abs. 1 S. 2 und S. 3 FraVerf)	**Ernennung des Richters:** - *Abgeordnetenkammer* (3 Richter) - *Senat* (3 Richter) - *Präsident der Republik* (3 Richter) (Art. 140 Abs. 2 RumVerf)	**Ernennung des Richters:** - *Nationalversammlung* (4 Richter) - *Präsident der Republik* (4 Richter) - *Allgemeine Sammlung von Richtern des Obersten Kassationsgerichts und des Obersten Verwaltungsgerichts* (4 Richter) (Art. 147 Abs. 1 BulgVerf)
Amtszeit: 9 Jahre; nicht verlängerbar (Art. 135 Abs. 3 und 4 ItalVerf)	**Amtszeit:** 9 Jahre; keine Wiederwahl (Art. 56 Abs. 1 S. 1 HS. 2 FraVerf)	**Amtszeit:** 9 Jahre; nicht verlängerbar oder erneuerbar (Art. 142 Abs. 1 RumVerf)	**Amtszeit:** 9 Jahre; keine Wiederwahl (Art. 147 Abs. 2 S. 1 und S. 2 Bulg-Verf)
Wahl des Präsidenten: - durch ein *Richterkollegium* - auf 3 Jahre (Art. 135 Abs. 5 ItalVerf)	**Ernennung des Präsidenten:** - durch den Präsidenten der Republik aus der Mitte der Mitglieder des Verfassungsrats (Art. 56 Abs. 3 FraVerf)	**Wahl des Präsidenten:** - durch die Verfassungsrichter selbst - auf 3 Jahre (Art. 142 Abs. 3 RumVerf)	**Wahl des Präsidenten:** - durch die Verfassungsrichter selbst - auf 3 Jahre (Art. 147 Abs. 4 BulgVerf)

Anhang 4

	Das kollaborative Modell der Verfassungsrichterwahl („collaborative model")			
	aa) Kooperation des Präsidenten der Republik und des Parlaments			bb) Nominierung durch die rechtsprechende Gewalt und Ernennung durch die vollziehende Gewalt
	Tschechische Republik	Albanien	Slowenien	Luxemburg
	15 Richter (Art. 84 Abs. 1 TschVerf)	**9 Richter** (Art. 125 Abs. 1 AlbVerf)	**9 Richter** (Art. 80 Abs. 1 SloVerf)	**9 Richter** - Präsident des Obersten Gerichtshofs - Präsident des Verwaltungsgerichts - 2 Ratsmitglieder des Kassationsgerichts - 5 auf gemeinsamen Vorschlag des Obersten Gerichts und des Verwaltungsgerichts durch den Großherzog ernannte Mitglieder (Art. 95b Abs. 3 LuxVerf i. V. m. Art. 3 Abs. 1 LuxVerfGG)
	Wahl des Richters: - durch den Präsidenten der Republik bestimmt und mit Einvernehmen des Senats gewählt (Art. 84 Abs. 2 i. V. m. Art. 62 lit. e) TschVerf)	**Wahl des Richters:** - durch den Präsidenten der Republik vorgeschlagen und mit Bestätigung des Parlaments gewählt (Art. 125 Abs. 1 AlbVerf)	**Wahl des Richters:** - auf Vorschlag des Präsidenten der Republik und durch Staatsversammlung mit absoluter Mehrheit gewählt (Art. 163 Art. 1 SloVerf)	**Ernennung des Richters:** keine Wahl, sondern eine automatische Mitgliedschaft (Art. 95b Abs. 3 LuxVerf i. V. m. Art. 3 Abs. 1 LuxVerfGG)
	Amtszeit: 10 Jahre (Art. 84 Abs. 1 TschVerf)	**Amtszeit:** 9 Jahre, keine Wiederwahl, Verlängerung der Amtszeit ist möglich (Art. 125 Abs. 2 AlbVerf)	**Amtszeit:** 9 Jahre, keine Wiederwahl, aber eine Verlängerung der Amtszeit ist möglich (Art. 165 Abs. 1 SloVerf)	**Amtszeit:** auf Lebenszeit berufen (Art. 91 Abs. 1 S. 1 LuxVerf)
	Ernennung des Präsidenten: - durch den Präsidenten der Republik (Art. 62 lit. e) TschVerf)	**Wahl des Präsidenten:** - durch den Präsidenten der Republik bestimmt und mit Einvernehmen des Parlaments auf 3 Jahre gewählt (Art. 125 Abs. 4 AlbVerf)	**Wahl des Präsidenten:** - durch die anderen Richter selbst und geheim, mit absoluter Mehrheit, auf 3 Jahre gewählt (Art. 163 Abs. 3 SloVerf i. V. m. Art. 7 Abs. 1 SloVerfGG)	**Verfassungsgerichtspräsident:** - automatisch der Präsident des Kammergerichts (Art. 3 Abs. 5 S. 1 LuxVerfGG)
	Besonderheit: Einvernehmen des Senats	**Besonderheit:** Bestätigung durch das Parlament	**Besonderheit:** Staatsrat nimmt an der Wahl der Verfassungsrichter nicht teil.	**Besonderheit:** Ernennung durch den Großherzog von Luxemburg

Anhang 5

Das parlamentarische Modell der Verfassungsrichterwahl („parliamentary model")					
aa) Das reine parlamentarische Modell					bb) Nominierung durch das Verfassungsgericht selbst und Wahl durch das Parlament
Ungarn nach 1990	**Ungarn nach 2010**	**Deutschland**	**Polen**	**Kroatien**	**Portugal**
11 Richter (Art. 4 Abs. 1 altes Ung-VerfGG)	**15 Richter** (Art. 24 Abs. 8 S. 1 UGG)	**16 Richter in 2 Senaten** (Art. 94 Abs. 1 S. 2 GG i. V. m. §§ 2 Abs. 1 und 2 BVerfGG)	**15 Richter** (Art. 194 Abs. 1 S. 1 Pol-Verf)	**13 Richter** (Art. 6 Abs. 1 KroVerfGG)	**13 Richter** (Art. 222 Abs. 1 und Abs. 2 PortVerf)
Wahl der Richter: (1) *Nominierung* durch einen parlamentarischen Ausschuss (Art. 32/A Abs. 4 S. 2 UngVerf) (2) *Wahl* mit Zwei-Drittel-Mehrheit des Parlaments (Art. 32/A Abs. 4 S. 4 UngVerf)	**Wahl der Richter:** (1) *Nominierung* durch einen parlamentarischen Ausschuss (Art. 7 Abs. 1 neues Ung-VerfGG) (2) *Wahl* mit Zwei-Drittel-Mehrheit des Parlaments (Art. 24 Abs. 8 S. 1 UGG)	**Wahl der Richter:** (1) *Nominierung* basiert auf der politischen Machtverteilung (2) *Wahl* sowohl durch den Bundestag – durch einen Wahlausschluss – als auch durch den Bundesrat – direkt (§ 5 Abs. 1 BVerfGG)	**Wahl der Richter:** (1) *Nominierung* durch mindestens 50 Abgeordneter oder durch das Präsidium der *Sejm* (Art. 5 Abs. 4 S. 1 PolVerfGG) (2) *Wahl* mit der absoluten Mehrheit der *Sejm* (Art. 5 Abs. 4 S. 2 Pol-VerfGG)	**Wahl der Richter:** (1) *Appell* oder *Selbstnominierung* (Art. 6 Abs. 1 KroVerfGG) (2) *Nominierung* durch einen parlamentarischen Ausschuss (Art. 6 Abs. 1 KroVerfGG) (3) *Wahl* durch das Parlament mit einfacher Mehrheit (Art. 6 Abs. 7 KroVerfGG)	**Wahl der Richter:** - 10 Richter durch die Nationalversammlung und 3 Richter durch das Verfassungsgericht selbst *kooptiert* (Art. 222 Abs. 1 PortVerf)
Amtszeit: - auf 9 Jahre - *Wiederwahl* ist möglich (Art. 8 Abs. 3 altes Ung-VerfGG)	**Amtszeit:** - 12 Jahre - *Verlängerung* war möglich (Art. 15 Abs. 3 neues UngVerfGG – außer Kraft gesetzt)	**Amtszeit:** - 12 Jahre - keine Wiederwahl (§ 4 Abs. 1 und 2 BVerfGG)	**Amtszeit:** - 9 Jahre - keine Wiederwahl (Art. 194 Abs. 1 S. 1 und 3 PolVerf)	**Amtszeit:** - 8 Jahre - Verlängerung ist möglich (Art. 125 Abs. 1 S. 2 KroVerf)	**Amtszeit:** - 9 Jahre - keine Wiederwahl (Art. 222 Abs. 3 PortVerf)
Wahl des Präsidenten: - auf 3 Jahre - durch die *11 Verfassungsrichter selbst*, geheim und mit einfacher Mehrheit gewählt (Art. 4 Abs. 2 altes Ung-VerfGG)	**Wahl des Präsidenten:** - bis zum Ende seiner eigenen Amtszeit (Art. 18 Abs. 1 lit. a) neues UngVer-fGG) - durch das Parlament mit Zwei-Drittel-Mehrheit gewählt (Art. 4 Abs. 4 lit. e) UGG)	**Wahl des Präsidenten:** - Wahl des Präsidenten des BVerfG *im Wechsel* durch den Bundestag und durch den Bundesrat (§ 9 Abs. 1 BVerfGG) - *Amtsdauer* endet mit dem Ende der Richtertätigkeit (Wortlaut der Vorschrift)	**Ernennung des Präsidenten:** - durch den Präsidenten der Republik (Art. 194 Abs. 2 PolVerf)	**Ernennung des Präsidenten:** - durch die anderen Richter selbst - auf 4 Jahre (Art. 122 Abs. 2 KroVerf)	**Ernennung des Präsidenten:** - durch die anderen Richter selbst (Art. 222 Abs. 4 PortVerf)

Anhang 6

Land	Zahl der Richter	Amtszeit	Untere Alters-grenze	Höchste Alters-grenze
Albanien	9	9 Jahre	keine	keine
Bulgarien	12	9 Jahre	keine	keine
Deutschland	16	12 Jahre	40. Lebensjahr	68. Lebensjahr
Frankreich	9	9 Jahre	keine	keine
Italien	15	9 Jahre	keine	keine
Kroatien	13	9 Jahre	keine	keine
Lettland	7	10 Jahre	40. Lebensjahr	70. Lebensjahr
Litauen	9	9 Jahre	keine	keine
Österreich	14 + 6	Bis Vollendung des 70. Lebensjahres	keine	70. Lebensjahr
Polen	15	9 Jahre	keine	keine
Portugal	10 + 3	9 Jahre	keine	keine
Rumänien	9	9 Jahre	keine	keine
Slowenien	9	9 Jahre	keine	keine
Spanien	12	9 Jahre	keine	keine
Tschechische Republik	15	10 Jahre	keine	keine
Ungarn nach 1990	11	9 Jahre	45. Lebensjahr	keine
Ungarn nach 2010	15	12 Jahre	45. Lebensjahr	70. Lebensjahr

Anhang 7
Präventive Normenkontrolle

Ungarn 1990	Ungarn 2010	Frankreich	Spanien	Portugal	Polen	Rumänien
Gegenstand: (1) Gesetzentwurf (Art. 33 altes UngVerfGG, nur bis 1998) (2) verabschiedete, aber noch nicht verkündete Gesetze (Art. 34 altes UngVerfGG) (3) Geschäftsordnung des Parlaments (Art. 35 altes UngVerfGG) (4) völkerrechtliche Verträge (Art. 36 altes UngVerfGG)	**Gegenstand:** (1) verabschiedete, aber noch nicht verkündete Gesetze (Art. 23 UGG und Art. 6 Abs. 2 Abs. 4 UGG) (2) völkerrechtliche Verträge (Art. 23 Abs. 3 neues Ung-VerfGG)	**Gegenstand:** (1) verabschiedete, aber noch nicht verkündete Gesetze (2) parlamentarische Geschäftsordnung der beiden Kammern (3) völkerrechtliche Verträge (Art. 54 und 61 Abs. 1 FraVerf)	**Gegenstand:** (1) völkerrechtliche Verträge (Art. 95 Abs. 2 CE)	**Gegenstand:** (1) verabschiedete, aber noch nicht verkündete Gesetze (2) völkerrechtliche Konventionen (Art. 278 Abs. 1 und 2 PortVerf i. V. m. Art. 57 VGG ff.)	**Gegenstand:** (1) verabschiedete, aber noch nicht verkündete Gesetze (Art. 122 Abs. 2 Pol-Verf) (2) völkerrechtliche Verträge (Art. 188 Abs. 2 PolVerf i. V. m. Art. 70 Abs. 1 S. 2 PolVerfGG)	**Gegenstand:** (1) verabschiedete, aber noch nicht verkündete Gesetze (Art. 146 lit. a) 1 HS. RumVerf i. V. m. Art. 15–18 VerfGHG) (2) ex officio-Prüfung der Änderung der Verfassung und des Verfassungsänderungsgesetzes (Art. 146 lit. a) 2. HS. RumVerf i. V. m. Art. 19–23 VerfGHG) (3) völkerrechtliche Verträge oder internationale Abkommen (Art. 146 lit. b) RumVerf i. V. m. Art. 24–26 VerfGHG)
Antragsteller bei Anfechtung der Geschäftsordnung des Parlaments: - Parlament (Art. 34 altes UngVerfGG) Antragsteller bei Abfechtung eines Gesetzes: - Präsident der Republik (Art. 35 altes UngVerfGG) Antragsteller bei Verstoß gegen einen völkerrechtlichen Vertrag: - Präsident der Republik, Parlament und Regierung (Art. 36 altes UngVerfGG)	Antragsteller bei Anfechtung eines Gesetzes: - Initiator des Gesetzes (Art. 6 Abs. 2 UGG) - Regierung (Art. 6 Abs. 2 UGG) - Präsident des Parlaments (Art. 6 Abs. 2 UGG) - Präsident der Republik (Art. 6 Abs. 4 UGG) Antragsteller bei einem Verstoß gegen einen völkerrechtlichen Vertrag: - Präsident der Republik und Regierung (Art. 23 Abs. 4 neues Ung-VerfGG)	**Antragsteller:** - Präsident der Republik, Premierminister, Präsident des Senats, Präsident der Nationalversammlung oder 60 Abgeordnete (Art. 61 Abs. 2 FraVerf)	Antragsteller - Regierung oder eine der beiden Kammern des Parlaments (Art. 95 Abs. 2 CE)	**Antragsteller:** - Präsident der Republik und Minister der Republik (Art. 278 Abs. 1 und 2 PortVerf) - Ministerpräsident oder ein Fünftel der Abgeordneten (Art. 278 Abs. 4 PortVerf)	**Antragsteller:** - Präsident der Republik (Art. 122 PolVerf i. V. m. Art. 2 Abs. 2 PolVerfGG)	Antragsteller beim Gesetz: - Präsident der Republik - Präsident der Gesetzgebungskammer - Regierung - Hohes Gericht für Kassation und Justiz - 50 Abgeordnete - 25 Senatoren (Art. 146 lit. a) RumVerf i. V. m. Art. 17 VerfGHG) Antragsteller bei der Verfassung oder verfassungsändernden Gesetzen - ex-officio-Prüfung (Art. 146 lit. a) RumVerf i. V. m. Art. 17 VerfGHG) Antragsteller beim völkerrechtlichen Vertrag: - Parlament - einer der Präsidenten der Gesetzgebungskammern - 50 Abgeordnete/25 Senatoren (Art. 146 lit. a) RumVerf i. V. m. Art. 17 VerfGHG)

	Frist	Entscheidungswirkung	Praxis
	- allgemeine Regelungen	(1) Nicht-Verkündigung des angefochtenen Gesetzes (Art. 35 Abs. 2 altes UngVerfGG) (2) Beseitigung der Verfassungswidrigkeit der betreffenden Vorschrift der Geschäftsordnung (Art. 34 Abs. 2 altes UngVerfGG) (3) Nicht-Ratifizierung des völkerrechtlichen Vertrages (Art. 36 Abs. 2 altes UngVerfGG)	0,03 % im Jahr 2004 (4 Anträge von insgesamt 1232); 0,02 % im Jahr 2003 (2 Anträge von insgesamt 960)
	- Entscheidung ist innerhalb von 30 Tagen zu treffen (Art. 6 Abs. 1 UGG i. V. m. Art. 23 Abs. 6 neues UngVerfGG)	(1) Nicht-Verkündung des angefochtenen Gesetzes (Art. 40 Abs. 1 neues UngVerfGG) (2) Nicht-Ratifizierung des betreffenden völkerrechtlichen Vertrages (Art. 40 Abs. 3 neues UngVerfGG)	1-2 Anträge jährlich zwischen 2011 und 2015
	- Entscheidung ist innerhalb von 30 Tagen oder 8 Tagen zu treffen (Art. 61 Abs. 3 FraVerf)	(1)-(2) Nicht-Verkündung des angefochtenen Gesetzes oder Verkündung des betreffenden Gesetzes ohne den verfassungswidrigen Teil (Art. 22 und 23 Abs. 1 VerfRatG) (3) Nicht-Anwendung der verfassungswidrigen Vorschrift der Geschäftsordnung (Art. 23 Abs. 2 VerfRatG) (4) Ratifikation des betreffenden völkerrechtlichen Vertrages nur nach Verfassungsänderung (Art. 54 FraVerf)	25-26% der gesamten Verfahren im Jahr 2014 und im Jahr 2015
	- allgemeine Regelungen	(1) Verfassungsänderung bei Verfassungswidrigkeit eines völkerrechtlichen Vertrages (Art. 79 LOTC i. V. m. Art. 95 Abs. 1 LOTC)	Ein Antrag im Jahr 1992
	- Antrag ist innerhalb von 5 Tagen einzureichen (Art. 278 Abs. 3 PortVerf) - Entscheidung innerhalb von 25 Tagen zu treffen (Art. 278 Abs. 8 PortVerf)	(1)-(2) Quasi-Verhinderung des Inkrafttretens der verfassungswidrigen Norm (Art. 279 Abs. 1 PortVerf i. V. m. Art. 61 VGG)	2 Anträge im Jahr 2015
	- Entscheidung über das Haushaltsgesetz ist innerhalb von 2 Monate zu treffen (Art. 224 Abs. 2 PolVerf)	(1) Zurücksendung des angefochtenen Gesetzes an das Parlament oder Verkündung des Gesetzes ohne den verfassungswidrigen Teil (Art. 122 Abs. 4 der Pol-Verf) (2) Erklärung der Nichtvereinbarkeit des völkerrechtlichen Vertrages mit der Verfassung (Art. 72 Pol-VerfGG)	Kein Antrag im Jahr 2014 (2 Antrag im Jahr 2013)
	- Antrag ist im Fall von verabschiedeten, aber noch nicht verkündeten Gesetze innerhalb von 20 Tagen einzureichen	(1) Zurückweisung des betreffenden Gesetzes an das Parlament zwecks Bewältigung der Verfassungswidrigkeit (Art. 18 Abs. 3 VerfGHG) (2) Der Gesetzentwurf muss mit der Vorschriften der Verfassung in Einklang gebracht werden. (Art. 23 Abs. 2 VerfGHG) (3) Nicht-Ratifikation des für verfassungswidrig erklärten völkerrechtlichen Vertrages (Art. 26 Abs. 3 S. 2 VerfGHG)	0,1 % im Jahr 2014 (4 Anträge von insgesamt 585 Anträgen)

Anhang 8
Nachträgliche abstrakte Normenkontrolle

Ungarn 1990 Popularklage	Ungarn 2010 nachträgliche abstrakte Normenkontrolle	Deutschland (1) nachträgliche abstrakte Normenkontrolle (2) Kompetenzkontrollverfahren	Spanien „recurso de inconstitucionalidad abstracto"	Portugal „fiscalização sucessiva"
Gegenstand: *alle Rechtsnormen und Verwaltungsvorschriften* (Art. 32/A UngVerf i. V. m. Art. 1 lit. b) und Art. 37-43 altes UngCG) (1) Gesetze (2) Zustimmungsgesetze zu völkerrechtlichen Verträgen (3) Verordnungen und Satzungen der örtlichen Selbstverwaltung (4) Entscheidungen zur Wahrung der Rechtseinheit durch die Obersten Gerichtshofes (5) *ausnahmsweise:* Verfassungsänderungsgesetze (Inkrafttreten mit pro futuro-Wirkung) (6) *ausgeschlossen:* Verfassung selbst	**Gegenstand:** *alle Rechtsnormen* (Art. 24 Abs. 2 lit. e) UGG) (1) *Gesetze mit Einschränkung in Bezug auf Haushalts- und Finanzangelegenheiten* (Art. 37 Abs. 4 UGG) (2) das neue Grundgesetz und die verfassungsändernden Gesetze ausschließlich in Bezug auf ihre formelle Verfassungsmäßigkeit (Art. 24 Abs. 5 lit. b) UGG)	**(1) Gegenstand:** *Rechtsnormen aller Art des Landesrechts und Bundesrechts* (Art. 93 Abs. 1 Nr. 2 GG; § 76 Abs. 1 BVerfGG) (1) verfassungsändernde Bundesgesetze – Ewigkeitsklausel im Sinne Art. 79 Abs. 3 GG (2) landesverfassungsrechtliche Vorschriften (3) einfache Bundes- und Landesgesetze (4) Rechtsverordnungen und Satzungen des Bundes und Länder, kommunale Rechtssetzung (5) Parlamentsbeschlüsse, wenn der Landtag einem Ländervertrag nicht per Gesetz, sondern im Wege einfachen Beschlusses zustimmt (6) Zustimmungsgesetze (Art. 59 Abs. 2 GG und Art. 32 Abs. 3 GG) (7) allgemeine Regeln des Völkerrechts, vorausgesetzt, dass gemäß Art. 25 GG ein Rechtsanwendungsbefehl zur Verfügung steht (8) innerstaatliches Gewohnheitsrecht **(2) Gegenstand des Kompetenzkontrollverfahrens:** (Art. 93 Abs. 1 Nr. 2a GG; §§ 13 Nr. 6a, 76 Abs. 2 BVerfGG) - formelles Bundesgesetz, auch Steuergesetze	**Gegenstand:** (Art. 27 Abs. 2 LOTC) (1) Autonomiestatue und sonstige Organgesetze (2) sonstige Gesetze und normative Bestimmungen und Akte des Staates mit Gesetzeskraft einschließlich Gesetzesverordnungen („decretos leyes") und legislativer Verordnungen („decretos legislativos") (3) internationale Verträge (4) Geschäftsordnungen der Kammern und des Parlaments auf zentraler staatlicher Ebene und auf der Ebene der Autonomen Gemeinschaften (5) Gesetze, Handlungen und normativen Bestimmungen mit Gesetzeskraft der Autonomen Gemeinschaften, unbeschadet der Regelung des Art. 82 Abs. 6 CE	**Gegenstand:** (1) *jegliche Normen der portugiesischen Rechtsordnung* (Art. 280 Abs. 1 und 281 Abs. 1 PortVerf) (2) in das innerstaatliche Recht übernommene *völkerrechtliche Normen* oder von internationalen Organisationen erlassene Bestimmungen (Art. 277 Abs. 2 PortVerf) (3) *Besonderheit:* vorkonstitutionelles Recht

Antragsteller: - *jedermann* (actio popularis) (Art. 32/A Abs. 3 UngVerf. V. m. Art. 21 Abs. 2 UngVerfGG)	**Antragsteller:** - Regierung - Ein Viertel der Abgeordneten - Präsident der Kurie - Generalstaatsanwalt - *Ombudsmann* (Art. 24 Abs. 2 lit. e) UGG)	**(1) Antragsteller des nachträglichen abstrakten Normenkontrollverfahrens:** - Bundesregierung (Kabinettsbeschluss) - Landesregierung (Kabinettsbeschluss) - ein Viertel der Mitglieder des Bundestages **(2) Antragsteller des Kompetenzkontrollverfahrens:** - Bundesrat - Landesregierung - Landesparlament	**Antragsteller:** - Ministerpräsident - Premierminister - Volksanwalt - 50 Abgeordnete oder 25 Senatoren - Exekutivorgane der autonomen Gemeinschaften (Art. 162 Abs. 1 lit. a) CE und Art. 32 LOTC)	**Antragsteller:** - Präsident der Republik - Präsident der Versammlung der Republik - Ministerpräsident - *Ombudsmann für das Rechtswesen* - Generalstaatsanwalt der Republik - Minister der Republik - gesetzgebende Regionalversammlungen - Präsidenten der Regionalregierungen - ein Zehntel der Abgeordneten der jeweiligen gesetzgebenden Regionalversammlung (Art. 281 Abs. 2 PortVerf)
Frist: - keine Fristsetzung	**Frist:** - Antragstellung innerhalb von 30 Tagen nach dem Inkrafttreten des neun Grundgesetzes bzw. der verfassungsändernden Gesetze	**Frist:** - keine Fristsetzung	**Frist:** - der Antrag ist innerhalb von 3 Monaten nach der Verkündung des Gesetzes einzureichen (Art. 31, 33 LOTC) - Entscheidung innerhalb von 10 Tagen, auf 30 Tage zu verlängerbar (Art. 34 Abs. 2 LOTC)	**Frist:** - keine Fristsetzung (Art. 62 Abs. 1 VGG)
Entscheidungswirkung: - *Aufhebung* der verfassungswidrigen Vorschrift (Art. 40 Abs. 1 S. 1 altes UngVerfGG)	**Entscheidungswirkung:** - *Aufhebung* der verfassungswidrigen Vorschrift (Art. 24 Abs. 3 lit. a) UGG i. V. m. Art. 41 Abs. 1 neues UngVerfGG)	**Entscheidungswirkung:** - Nichtigkeitserklärung (§ 78 S. 1 BVerfGG) - Unvereinbarkeitserklärung (§§ 79 Abs. 1, 31 Abs. 2 und 3 BVerfGG) - Anwendungssperre der betroffenen Norm	**Entscheidungswirkung:** - Nichtigkeit der verfassungswidrigen Norm mit *ex-tunc*-Wirkung (Art. 40 Abs. 1 LOTC) - *Allgemeinverbindlichkeit* der Entscheidung (Art. 86 Abs. 2 und Art. 93 Abs. 1 LOTC)	**Entscheidungswirkung:** (1) Feststellung der *Verfassungswidrigkeit oder der Rechtswidrigkeit* der angefochtenen Norm (Art. 281 Abs. 3 PortVerf) (2) *Allgemeinverbindlichkeit* der Entscheidung (Art. 282 Abs. 1 PortVerf i. V. m. Art. 66 VGG)
Praxis: 35 % im Jahr 2004;	**Praxis: 5% im Jahr 2015**	**Praxis: 0,01 % im Jahr 2015**	**Praxis: 0,007% im Jahr 2015**	**Praxis: 0,007% im Jahr 2015**

Anhang 9
Konkrete Normenkontrolle

Ungarn 1990	Ungarn 2010	Deutschland	Frankreich	Spanien	Portugal	Griechenland	Italien
(1) Richtervorlage (Art. 38 altes Ung-VerfGG) (2) Gesetzlichkeitsaufsicht der Staatsanwaltschaft (Art. 39 altes Ung-VerfGG)	Richtervorlage (Art. 25 neues Ung-VerfGG i. V. m. Art. 24 Abs. 2 lit. b) UGG)	konkrete Normenkontrolle (Art. 100 Abs. 1 GG i. V. m. § 13 Nr. 11,§ 80 BVerfGG)	vorrangige Frage zur Verfassungsmäßigkeit (Art. 61-1 FraVerf)	„cuestión de constitucionalidad" (Art. 163 CE i. V. m. Art. 35 ff. LOTC)	„fiscalização concreta"	konkrete Normenkontrolle (Art. 100 GrVerf)	inzidente Normenkontrolle (Art. 134 ItalVerf)
Gegenstand: (1) Rechtsvorschrift und sonstiges Instrument der staatlichen Lenkung (Art. 38 Abs. 1 altes UngVerfGG) (2) Rechtsvorschrift und sonstiges Instrument der staatlichen Lenkung (Art. 38 Abs. 1 altes UngVerfGG)	**Gegenstand:** (1) Vorschriften der Gesetze (3) Entscheidungen zur Wahrung der Rechtssicherheit durch die Kurie (2) ein normativer Beschluss oder eine normative Weisung (Art. 1 Abs. 1 lit. b) des Gesetzes Nr. 130/2010 über die Rechtssetzung)	**Gegenstand:** „formelle, nachkonstitutionelle, schon in Kraft getretene" Gesetze (§ 80 Abs. 1 BVerfGG i. V. m. Art. 100 Abs. 1 GG) (1) formelle Bundes- und Landesgesetze (2) verfassungsändernde Gesetze (3) gesetzesvertretende Verordnungen (4) verordnungsvertretende Gesetze (5) im Gesetzgebungsnotstand und im Verteidigungsfall erlassene Gesetze	**Gegenstand:** „gesetzliche Bestimmungen" (Art. 61-1 Abs. 1 FraVerf) (1) vom Parlament erlassene Gesetze (2) verfassungsändernde Gesetze (3) vom Parlament bestätigte gesetzesvertretende Verordnungen (4) Bestimmungen eines Landesgesetzes sowie bestimmte Arten von Rechtsakten der beratenden Versammlung von Neukaledonien	**Gegenstand:** (1) Autonomiestatute und Organgesetze (2) übrige Gesetze, normative Bestimmungen und Akte mit Gesetzeskraft, legislative Verordnungen und Gesetzesverordnungen (3) internationale Verträge, Zustimmungsgesetze (4) Geschäftsordnungen der Kammern und der Cortes (5) Gesetze, Akte und normative Bestimmungen mit Gesetzeskraft der Autonomen Gemeinschaften (Art. 163 CE i. V. m. Art. 35 LOTC)	**Gegenstand:** (1) „jegliche Norm der Rechtsordnung" (Art. 280 Abs. 1 und Art. 281 Abs. 1 PortVerf) (2) völkerrechtliche Normen und von internationalen Organisationen erlassene Normen (Art. 277 Abs. 2 PortVerf) (3) vorkonstitutionelles Recht (Art. 282. Abs. 2 PortVerf)	**Gegenstand:** „formelle Gesetze" (1) gesetzgeberische Akte des Präsidenten, sofern das Parlament sie bestätigt hat (Art. 44 Abs. 1 GrVerf) (2) Gesetzgebungsmaßnahmen des Präsidenten (Art. 48 Abs. 2 GrVerf)	**Prüfungs-Gegenstand:** „Gesetze und Akte mit Gesetzeskraft" (1) vorkonstitutionelle Gesetze (2) jeweilige Rechtsquelle mit Gesetzesrang, wie gesetzeskräftige Rechtsverordnungen und Notgesetzverordnungen (3) verfassungsändernde oder verfassungsergänzende Gesetze (4) Zustimmungsgesetze zu den völkerrechtlichen Verträgen (5) erfolgreich gesetzesaufhebende Volksentscheide (6) Verfassung nur in formeller Hinsicht (Art. 134 ItalVerf)

Vorlageberechtigung: (1) Richter und „derjenige" (Art. 38 Abs. 1 altes UngVerfGG) (2) Staatsanwaltschaft (Art. 39 altes UngVerfGG)	Vorlageberechtigung: - Richter (Art. 25 neues UngVerfGG i. V. m. Art. 24 Abs. 2 lit. b) UGG)	Vorlageberechtigung: - alle deutschen Spruchstellen jeder Instanz wie Bundesgerichte, Amtsgerichte, Berufs- und Ehrengerichte von Körperschaften des öffentlichen Rechts, (§ 80 Abs. 1 BVerfGG)	Vorlageberechtigung: - Gerichte (Art. 61-1 Fra-Verf) - der Staatsrat und das Kassationsgericht (Art. 61-1 FraVerf)	Vorlageberechtigung: - Richter a quo und Gerichte (Art. 163 CE und Art. 35 Abs. 1 LOTC)	Vorlageberechtigung: - von Amts wegen Aufgabe des Prozessgerichts (Art. 204 PortVerf) - gegen die Entscheidungen der ordentlichen Gerichtsbarkeit kann eine befugte Person und muss die Staatsanwaltschaft in zwei Fällen eine Beschwerde vor dem VerfGH erheben (Art. 280 Abs. 3 und Abs. 5 PortVerf)	Vorlageberechtigung: - Staatsrat, Areopage und Rechnungshof (Art. 100 Abs. 1 lit. e) GrVerf) Antragsberechtigung: - der Justizminister - die Staatsanwaltschaft am Areopag - der Generalkommissar beim Rechnungshof - der Generalkommissar beim Verwaltungsgerichtshof - jedermann, der ein rechtliches Interesse hat (Vgl. Art. 48 Abs. 1 OSG-Gesetz)	Vorlageberechtigung: - Richter - von Amts wegen - durch die Parteien (auch Staatsanwalt) (Art. 23 Abs. 1 des Gesetzes Nr. 87/1953)
Voraussetzung: (1) „Wahrnehmung" der Verfassungsmäßigkeit („bedenklich") (2) im Ausgangsverfahren zugrunde liegende Norm (3) Aussetzung des Ausgangsverfahrens	Voraussetzung: (1) „Wahrnehmung" der Verfassungsmäßigkeit (2) im Ausgangsverfahren zugrunde liegende Norm (3) Aussetzung des Ausgangsverfahrens	Voraussetzung: (1) richterliche feste Überzeugung der Verfassungswidrigkeit (2) Entscheidungserheblichkeit der angegriffenen Vorschriften (3) Aussetzung des Ausgangsverfahrens	Voraussetzung: (1) Die angegriffene Norm muss in dem Ausgangsverfahren anwendbar sein (2) Die Norm darf noch nicht als verfassungswidrig erklärt worden sein (3) Die gestellte Frage soll ernsthaft sein	Voraussetzung: (1) Abhängigkeit der konkreten Entscheidung von der Gültigkeit der Norm (Entscheidungserheblichkeit) (2) Die angegriffene Norm könnte verfassungswidrig sein (Art. 163 CE)	Voraussetzung: Verfassungsmäßigkeit und Rechtswidrigkeit überprüft durch ordentliche Gerichte (Art. 280 Abs. 6 PortVerf)	Voraussetzung: (1) gegen formelle Gesetze (2) Anrufung des OSG bei materieller Verfassungsmäßigkeit (3) einer der drei obersten Gerichtshöfe ist anderer Ansicht hinsichtlich einer früheren Entscheidung des OSG	Voraussetzung: (1) im Ausgangsverfahren ist die angegriffene Vorschrift „relevant" (2) vor dem ist das Verfahren abhängig

Entscheidungswirkung:	Entscheidungswirkung:	Entscheidungswirkung:	Entscheidungswirkung:	Entscheidungswirkung:	Entscheidungswirkung:	Entscheidungswirkung:	Wirkung der Entscheidung:
- Aufhebung der verfassungswidrigen Vorschrift (Art. 40 Abs. 1 S. 1 altes UngVerfGG) **Praxis:** keine Statistik verfügbar	(1) Erklärung der Verfassungswidrigkeit und Aufhebung der verfassungswidrigen Vorschrift (Art. 41 Abs. 1 neues UngVerfGG) (2) Verbot der Anwendung der verfassungswidrigen Vorschrift **Praxis:** 15% im Jahr 2015	- Verfassungswidrigkeit und Rechtswidrigkeit - Nichtigkeit der angegriffenen Norm oder Unvereinbarkeit mit der Verfassung (§ 79 i. V. m. § 82 Abs. 1 BVerfGG) - Bindungswirkung nach § 31 Abs. 1 BVerfGG und Gesetzeskraft nach § 31 Abs. 2 BVerfGG **Praxis:** 1,6% im Jahr 2015	- Aufhebung der verfassungswidrigen Vorschrift (Art. 62 Abs. 2 S. 1 Fra-Verf) - erga-omnes Wirkung (Art. 62 Abs. 3 Fra-Verf) **Praxis:** 424 Antrag seit 2008	- Erklärung der Verfassungswidrigkeit und Aufhebung der angefochtenen Norm (Art. 39 Abs. 1 LOTC) **Praxis:** 0,017% im Jahr 2015	- Nicht-Anwendung der verfassungswidrigen Norm bei der Ex-officio-Prüfung (Art. 280 Abs. 2 lit. a) PortVerf) - die Rechtskraftwirkung der Entscheidung hat der Beschwerde gemäß Art. 280 Abs. 5 PortVerf inter partes Wirkung **Praxis:** 80% im Jahr 2015	- Erklärung der Verfassungswidrigkeit und Nicht-Anwendbarkeit der angefochtenen Norm (Art. 100 Abs. 1 lit. b) GrVerf) **Praxis:** keine Statistik verfügbar	- Unwirksamkeit der verfassungswidrigen Norm (Art. 136 ItalVerf) - Nichtanwendung der verfassungswidrigen Norm (Art. 30 des Gesetzes Nr. 87/1953) **Praxis:** 52% im Jahr 2015

Anhang 10
Verfassungsbeschwerde

Deutschland	Spanien	Polen	Ungarn 1990	Ungarn 2010
Individuelle Verfassungsbeschwerde (Art. 90 Abs. 1 Nr. 4a GG i. V. m.§ 13 BVerfGG)	**Amparo-Verfahren** (Art. 53 Abs. 2 CE i. V. m. Art. 41 ff. LOTC) Recursos de amparo	**„unechte" Verfassungsbeschwerde** (Art. 79 Abs. 1 PolVerf) skargi konstytucyjne	**„unechte" Verfassungsbeschwerde** (Art. 48 altes UngVerfGG)	(1) **„unechte" Verfassungsbeschwerde** (Art. 24 Abs. 2 lit. c) UGG i. V. m. Art. 26 Abs. 1 neues UngVerfGG) (2) **„unmittelbare" Verfassungsbeschwerde** (Art. 24 Abs. 2 lit. UGG o) i. V. m. Art. 26 Abs. 2 und 3 neues UngVerfGG) (3) **„echte" Verfassungsbeschwerde"** (Art. 24 Abs. 2 lit. d) UGG i. V. m. Art. 27 ff. neues VerfGG)
Beschwerdeführer: - jedermann (Art. 93 Abs. 1 Nr. 4a GG i. V. m. § 90 Abs. 1 BVerfGG): *Grundrechtsträger*	**Beschwerdeführer:** (Art. 162 Abs. 1 lit. b) CE) - *inländische, ausländische natürliche und juristische Personen - inländische juristische Personen des öffentlichen Rechts* - *Volksanwaltschaft* - *Staatsanwaltschaft*	**Beschwerdeführer:** - *jedermann* (Art. 79 Abs. 1 PolVerf)	**Beschwerdeführer:** - jedermann (Art. 48 Abs. 1 altes UngVerfGG)	**Beschwerdeführer:** (1) **„unechte" Verfassungsbeschwerde** (Art. 26 Abs. 1 neues UngVerfGG) - *natürliche Personen* - *juristische Personen* (2) **„unmittelbare" Verfassungsbeschwerde** - *natürliche Personen* - *juristische Personen* - Staatsanwaltschaft (Art. 26 Abs. 3 neues UngVerfGG) (3) **„echte" Verfassungsbeschwerde** (Art. 27 ff. neues UngVerfGG) - *natürliche Personen* - *juristische Personen*
Beschwerdebefugnis: *persönliche, gegenwärtige und unmittelbare Betroffenheit des Beschwerdeführers* (Art. 93 Abs. 1 Nr. 4a GG und § 90 Abs. 1 BVerfGG)	**Beschwerdebefugnis:** - *keine Selbstbetroffenheit* - *keine unmittelbare Betroffenheit* - *gegenwärtige Betroffenheit*	**Beschwerdebefugnis:** keine Selbstbetroffenheit, sondern *Glaubhaftmachung*	**Beschwerdebefugnis:** die angefochtene Vorschrift muss in dem vorliegenden Fall *zur Anwendung kommen* (Art. 48 Abs. 1 altes UngVerfGG)	**Beschwerdebefugnis:** - *persönliche, gegenwärtige und unmittelbare Betroffenheit des Beschwerdeführers* (Art. 26 Abs. 1 lit. a) und Art. 27 lit. a) neues UngVerfGG; „unechte" und „unmittelbare" Verfassungsbeschwerde) - Gerichtsbeschluss („echte" Verfassungsbeschwerde)

Prüfungsgegenstand:	Prüfungsgegenstand:	Prüfungsgegenstand:	Prüfungsgegenstand:	Prüfungsgegenstand:
- Akte der Rechtssetzung (verfassungsrechtliche Vorschriften, verfassungsändernde Gesetze, förmliche Bundes- und Landesgesetze, Zustimmungsgesetze zu völkerrechtlichen Verträgen, Notstandsgesetzgebung, Unterlassen des Gesetzgebers) - Akte der Exekutive (Unterlassen des Bundes und Landes, Verwaltungshandeln - Akte der richterlichen Gewalt (Entscheidungen der Bundes- und Landesgerichte aller Gerichtsbarkeiten)	- Maßnahmen der Legislative (Gesetze nur indirekt) - Maßnahmen der Exekutive - Maßnahmen der Judikative - Handlungen Privater	- Rechtsnormen der Legislative (Art. 188 Pkt. 1–3 PolVerf) 1) die Vereinbarkeit der Gesetze und den völkerrechtlichen Verträgen mit der Verfassung, 2) die Vereinbarkeit der Gesetze mit den ratifizierten völkerrechtlichen Verträgen, deren Ratifizierung eine vorherige Zustimmung durch Gesetz voraussetzt, 3) die Vereinbarkeit der Rechtsvorschriften, die von zentralen Staatsorganen erlassen werden, mit der Verfassung, den ratifizierten völkerrechtlichen Verträgen und den Gesetzen, 4) Rechtsnormen niedrigeren Rang (ausdrücklich nicht verboten) 5) Unionsrecht primäre Unionsrecht: ja sekundäre Unionsrecht: nein	- gültige Rechtsnormen und sonstige Instrumente der staatlichen Leitung - nicht: materielle Prüfung der Vorschriften der Verfassung selbst und verfassungsändernde Gesetze 38/1996 (IX.25.) AB Urteil - aber: formelle Prüfung der verfassungsändernden Gesetze AB Urteil 30/1998 (VI.25) - nicht: völkerrechtliche Verträge, GO des Parlaments	- Rechtsnormen der Legislative („unechte" und „unmittelbare" Verfassungsbeschwerde nach Art. 26 Abs. 1, 2 und 3 neues UngVerfGG) - Maßnahmen der Judikative („echte" Verfassungsbeschwerde nach Art. 27 neues UngVerfGG) - nicht: Rechtsstaatsprinzip
Prüfungsmaßstab: 1. Akte der Legislative und der Akte der Exekutive (GG in formeller und materieller Hinsicht) 2. Akte der Legislative (jeweilige spezifische Grundrechte)	**Prüfungsmaßstab:** die in Art. 14 bis 29 und in Art. 30 Abs. 2 CE verbürgten Grundrechten und Grundfreiheiten	**Prüfungsmaßstab:** verfassungsrechtliche Vorschriften mit subjektivem Charakter, keine Staatsprinzipien (Ausnahme: Rechtsstaatsprinzip)	**Prüfungsmaßstab:** Verfassung in formeller und materieller Hinsicht, keine Staatsprinzipien	**Prüfungsmaßstab:** die in dem neuen Grundgesetz verankerten Rechte und Freiheiten, keine Staatsprinzipien
Rechtswegerschöpfung und Subsidiarität (Art. 94 Abs. 2 GG i. V. m. § 90 Abs. 2 S. 1 BVerfGG)	**Rechtswegerschöpfung und Subsidiarität** je nach Prüfungsgegenstand unterschiedlich • Maßnahme der Legislative (unmittelbar) • Maßnahme der Exekutive (Art. 43 Abs. 1 LOTC) • Maßnahme der Judikative (Art. 44 Abs. 1 LOTC)	**Rechtswegerschöpfung und Subsidiarität** (Art. 64 PolVerfGG)	**Rechtswegerschöpfung und Subsidiarität** Besonderheit: Revisionsverfahren (Art. 48 Abs. 1 altes UngVerfGG)	**Rechtswegerschöpfung und Subsidiarität** Besonderheit: Revisionsverfahren (Art. 26 Abs. 1 lit. b), Art. 26 Abs. 2 lit. b) und Art. 27 lit. b) neues UngVerfGG)

Allgemeine Regeln: - **Frist** ist je nach Angriffsgegenstand unterschiedlich • *legislative Akte*: 1 Jahr nach dem Inkrafttreten der Vorschrift • *judikative Akte*: 1 Monat nach Zustellung der endgültigen Form der Entscheidung • *exekutive Akte*: 1 Monat - **kein Anwaltszwang**	**Allgemeine Regeln:** - **Frist** ist je nach Angriffsgegenstand unterschiedlich • *legislative Akte*: 3 Monate nach Inkrafttreten der Akten (Art. 42 LOTC) • *judikative Akte*: 20 Tage nach Zustellung der endgültigen Entscheidung (Art. 43 Abs. 2 LOTC) • *exekutive Akte*: 30 Tage nach Zustellung der endgültigen Entscheidung (Art.44 Abs. 2 LOTC) - **Anwaltszwang** (Art. 81 LOTC)	**Allgemeine Regeln:** - **Frist:** 3 Monate nach Zustellung der endgültigen Entscheidung (Art. 64 PolVerfGG) - **Anwaltszwang** (Art. 48 Abs. 1 PolVerfGG)	**Allgemeine Regeln:** - **Frist:** 60 Tage nach Zustellung der endgültigen Entscheidung (Art. 48 Abs. 2 altes UngVerfGG) - ausnahmsweise: Revisionsverfahren - **kein Anwaltszwang**	**Allgemeine Regeln:** - **Frist zur Einlegung** ist je nach Angriffsgegenstand unterschiedlich • *„unmittelbare" Verfassungsbeschwerde:* 180 Tage nach Inkrafttreten der angefochtenen Norm (Art. 30 Abs. 1 neues UngVerfGG) • *„echte" und „unechte" Verfassungsbeschwerde* : 60 Tage nach Zustellung der endgültigen Entscheidung (Art. 30 Abs. 1 neues UngVerfGG) - **kein Anwaltszwang**
Entscheidungswirkung: - *Nichtigkeit* der Entscheidung der ordentlichen Gerichtsbarkeit und *Zurückweisung* an das zuständige Gericht bei Urteilsverfassungsbeschwerde (§ 95 Abs. 2 BVerfGG) - *Nichtigkeit* der verfassungswidrigen Vorschrift bei *Rechtssatzverfassungsbeschwerde* (§ 95 Abs. 3 S. 1 BVerfGG) - *Feststellung* der *Verfassungswidrigkeit bei Unterlassung* des Hoheitsträgers (§ 95 Abs. 1 S. 1 BVerfGG)	**Entscheidungswirkung:** - *Nichtigkeit* der Entscheidung der ordentlichen Gerichtsbarkeit (Art. 55 Abs. 1 lit. a) LOTC) - *Anerkennung* der betreffenden Grundrechte oder Freiheiten mit verfassungsrechtlichem Inhalt (Art. 55 Abs. 1 lit. b) LOTC) - *Wiederherstellung* der Rechte oder Freiheiten mithilfe einer Anordnung zugunsten des Beschwerdeführer (Art. 55 Abs. 1 lit. c) LOTC)	**Entscheidungswirkung:** - *Aufhebung* von rechtskräftigen Entscheidungen, die auf für verfassungswidrig erklärten Normativakten beruhen und *Wiederaufnahme* des Verfahrens (Art. 190 Abs. 4 PolVerf)	**Entscheidungswirkung:** - *Nichtigkeit* und *Aufhebung* der verfassungswidrigen Vorschrift mit *erga-omnes-*und *ex-nunc-*Wirkung (Art. 40 S 1 und Art. 42 Abs. 1 altes Ung-VerfGG) - Ausnahmsweise: Nichtanwendung der angefochtenen Vorschrift mit ex-tunc-Wirkung gemäß Art. 43 Abs. 4 altes UngVerfGG	**Entscheidungswirkung:** - *Entscheidung* innerhalb einer „angemessenen" Zeit (Art. 30 Abs. 5 neues UngVerfGG) - *Aufhebung* der verfassungswidrigen Vorschrift bei der „unechten" und unmittelbaren" Verfassungsbeschwerde (Art. 24 Abs. 3 lit. a) UGG) - *Nichtanwendbarkeit* der verfassungswidrigen Vorschrift (Art. 45 Abs. 2 neues UngVerfGG) - *Aufhebung* der Entscheidung der ordentlichen Gerichtsbarkeit bei der „echten" Verfassungsbeschwerde (Art. 24 Abs. 3 lit. b) UGG) - *erga omnes-*Wirkung (Art. 39 Abs. 1 neues UngVerfGG)
Praxis: 95 % im Jahr 2015	**Praxis:** 98 % im Jahr 2015	**Praxis:** 24 % im Jahr 2015	**Praxis:** 2 % im Jahr 2004; 0,5 % im Jahr 2003	**Praxis:** „echte" Beschwerde ca. 47 % im Jahr 2015 „unechte" Beschwerde ca. 14 % im Jahr 2015 „unmittelbare" Beschwerde 16 % im Jahr 2015

Anhang 11
Präsidentenanklage

Ungarn nach 1990	Ungarn nach 2010	Deutschland	Griechenland	Italien	Rumänien
Mischcharakter der Präsidentenanklage (Art. 31 Abs. 4 und Art. 31/A UngVerf)	*Staatsrechtlicher Charakter der Präsidentenanklage* (Art. 13 UGG i. V. m. Art. 35 Abs. 1, Abs. 2 S. 1 und Abs. 3 neues UngVerfGG)	*Staatsrechtlicher Charakter der Anklage gegen den Bundespräsidenten* (Art. 61, 93 Abs. 1 Nr. 5 GG i. V. m. § 13 Nr. 4 BVerfGG)	*Strafklage gegen den Staatspräsidenten* (Art. 46 Abs. 1 S. 1 GrVerf)	*Mischcharakter der Präsidentenanklage* (Art. 90, 134 Abs. 3 ItalVerf)	*Beratendes Gutachten im Zusammenhang mit Vorschlägen zur Amtsenthebung des Staatspräsidenten* (Art. 95 VerfG i. V. m. Art. 42 und 43 VerfGHG)
Antragsteller: (1) ein Fünftel der Abgeordneten (um das Verfahren zu beantragen) (2) Zweidrittelmehrheit der Abgeordneten (Zustimmung zum Verfahren) (Art. 31/A Abs. 2, 3 und 4 UngVerf)	**Antragsteller:** (1) ein Fünftel der Abgeordneten (um das Verfahren zu beantragen) (2) Zwei-Drittel-Mehrheit der Abgeordneten (Zustimmung zum Verfahren) (Art. 13 Abs. 2 und Abs. 3 des UGG)	**Antragsteller:** (1) Bundestag (2) Bundesrat • Anklageerhebung durch 1/4 der Abgeordneten • Zwei-Drittel-Mehrheit der Abgeordneten (Zustimmung zum Verfahren) (Art. 61 Abs. 1 S. 1 GG)	**Antragsteller:** (1) ein Drittel der Abgeordneten für die Einleitung des Verfahrens (2) zwei Drittel der Abgeordneten (Zustimmung zum Verfahren) (Art. 46 Abs. 2 GrVerf)	**Antragsteller:** (1) absolute Mehrheit des Parlaments (Zustimmung zum Verfahren) (Art. 90 Abs. 2 ItalVerf)	**Antragsteller:** - ein Drittel der Abgeordneten oder der Senatoren (Art. 95 Abs. 1 VerfGHG)
Voraussetzungen: (1) im Laufe der Amtszeit (2) im Zusammenhang mit seiner Amtsaufgabe (3) absichtliche Verübung einer Tat oder Handlung, die vom Strafrecht verfolgt ist (Art. 32 Abs. 1 S. 1 UngVerf)	**Voraussetzungen:** (1) vorsätzliche Verletzung des GG oder eines anderen Gesetzes (3) im Zusammenhang mit seinem Amt (2) Verübung einer absichtlichen Straftat (Art. 13 Abs. 5 neues UngVerfGG)	**Voraussetzungen:** (1) absichtliche Verletzung des Grundgesetzes oder eines anderen Bundesgesetzes laut Art. 61 Abs. 1 S. 1 GG (2) in Rahmen der amtlichen Funktion des Bundespräsidenten (3) die Handlung muss schuldhaft begangen sein	**Voraussetzungen:** (1) Hochverrat oder eine vorsätzliche Verletzung der Verfassung (2) im Laufe seiner Amtsausübung (Art. 46 Abs. 1 S. 1 GrVerf)	**Voraussetzungen:** (1) Hochverrat (2) Angriff auf die Verfassung (3) im Zusammenhang mit der Amtsausübung (Art. 90 Abs. 1 ItalVerf)	**Voraussetzungen:** (1) Grundlage der Verhandlung des Vorschlages (2) vorgelegte Beweismittel (Art. 43 Abs. 1 VerfGHG)
Entscheidung: mit Zwei-Drittel-Mehrheit der anwesenden Richter (Art. 25 Abs. 3 altes UngVerfGG i. V. m. Art. 86 GO VerfG i. V. m. alte GO VerfG Ungarns)	**Entscheidung:** mit Zwei-Drittel-Mehrheit der anwesenden Richter (Art. 35 Abs. 5 neues UngVerfGG)	**Entscheidung:** mit Zwei-Drittel-Mehrheit der Mitglieder des Senats (§ 15 Abs. 4 S. 1 BVerfGG)	**Entscheidung:** Zuständig ist ein Sondergericht als höchstes Gericht, welches aus sechs Mitgliedern des Staatsrates und sieben Mitgliedern des Areopags – dem Obersten Gerichtshof für Straf- und Zivilgerichte – besteht (Art. 49 Abs. 3 und Art. 86 GrVerf)	*Entscheidung:* besondere Sitzung aus den 15 Richtern und 16 Staatsbürgern (Art. 135 Abs. 6 ItalVerf)	*Entscheidung:* Beratendes Gutachten (Art. 43 VerfGHG)

Ergebnis: (1) Feststellung der Verantwortung des Präsidenten (Art. 32 Abs. 3 UngVerf) (2) *mögliche Amtsenthebung ("kann") (Art. 32 Abs. 3 (UngVerf)* (3) *Möglichkeit der Anwendung einer Strafe oder einer Maßnahme ("kann") (Art. 32 Abs. 3 UngVerf)*	**Ergebnis:** (1) Feststellung der Verantwortung des Präsidenten (2) *mögliche Amtsenthebung ("kann")* *(Art. 13 Abs. 6 UGG)*	**Ergebnis:** *mögliche Amtsentziehung ("kann")* *(§ 56 Abs. 2 S. 1 BVerfGG)*	**Ergebnis:** *Verurteilung durch das zuständige Strafgericht*	**Ergebnis:** (1) *ipso-iure-Suspendierung vom Amt (Art. 12 Abs. 4 L.)* (2) *strafrechtliche, verfassungsrechtliche, verwaltungsrechtliche Sanktionen (Art. 15 S. 2 L.)*	**Ergebnis:** *vorläufige Amtsenthebung des Präsidenten (Art. 42 Abs. 1 VerfGHG)*
Praxis: *bis dato* kein Antrag	**Praxis:** *bis dato* kein Antrag	**Praxis:** *bis dato* kein Antrag	**Praxis:** keine Statistik verfügbar	**Praxis:** keine Statistik verfügbar	**Praxis:** 1 Antrag (im Jahr 1994)

Anhang 12
Kontrolle der Volksabstimmung

Ungarn nach 1990	Ungarn nach 2010	Frankreich	Griechenland	Rumänien
Zuständigkeiten im Zusammenhang mit einem Referendum und Gesetzesinitiativen der Staatsbürger auf Landesebene (Art. 130 Abs. 1 Art. 130 altes WahlG)	**Kontrolle des Referendums auf Landesebene** (Art. 24 Abs. 2 lit. g) i.V.m. Art. 33 neues UngVerfGG)	**Klage zur Anfechtung von Volksentscheiden** (Art. 60 FraVerf)	**Anfechtung der Volksabstimmung** (Art. 100 Abs. 1 lit. b) GrVerf)	**Prüfung der Verfassungsmäßigkeit der Volksabstimmung** (Art. 144 lit. g)-h) RumVerf i. V. m. Art. 46-49 VerfGHG)
Aufgabe des Verfassungsgerichts: *(1) Beglaubigung der Unterschriftensammlungen und Überprüfung einer konkreten Abstimmungsfrage* (Art. 130 Abs. 1 Art. 130 altes WahlG) *(2) Bestätigung oder Aufhebung des Beschlusses des Parlaments und Zurückweisung an das Parlament in einem neuen Verfahren* (Art. 130 Abs. 2 und 3 altes WahlG)	**Aufgabe des Verfassungsgerichts:** *- Kontrolle der Gesetzmäßigkeit und der Verfassungsmäßigkeit des Beschlusses des Parlaments entweder bezüglich der Ablehnung oder der Bestätigung der Volksabstimmung* (Art. 33 Abs. 1 S. 1 neues UngVerfGG)	**Aufgabe des Verfassungsrates:** *- Kontrolle des Ablaufs des Referendums* (Art. 60 FraVerf)	**Aufgabe des Obersten Sondergerichtshofes:** *- Kontrolle der Gültigkeit und des Ergebnisses der durchgeführten Volksabstimmung* (Art. 100 Abs. 1 lit. b) GrVerf)	**Aufgabe des Verfassungsgerichtshofes:** *(1) Überwachung der Rechtmäßigkeit des Verfahrens der Organisation, Durchführung eines Referendums und Bestätigung des Ergebnisses* (Art. 144 lit. g) RumVerf i. V. m. Art. 46-47 VerfGHG) *(2) Überprüfung der Rechts- und Verfassungsmäßigkeit der Initiative* *- Kontrolle der Erfüllung der Bedingungen der Veröffentlichung sowie der Rechtmäßigkeit der Bestätigung der Unterschriftenlisten durch den Bürgermeister oder dessen Bevollmächtigen* *- Überprüfung des Vorliegens der erforderlichen Anzahl sowie der territorialen Verteilung der Unterschriften* (Art. 144 Lit. h) RumVerf i. V. m. Art. 48 lit. a)–lit. c) VerfGHG)

	Antragsberechtigte (Art. 33 Abs. 1 S. 1 neues UngVerfGG)	Antragsberechtigte: (1) In der beratenden Funktion: durch die Regierung angerufen (Art. 46 VerfRatG) (2) In der gerichtlichen Funktion: jeder Wähler kann eine Beschwerde erheben (Art. 1 der VO über das Verfahren vor dem Verfassungsrat bei Beschwerden bezüglich der Durchführung des Referendums)	Antragsberechtigte: - *Wahlberechtigte*, die in dem betreffenden Wahlkreis im Wählerverzeichnis eingetragen sind (Art. 35 Nr. 2 des Gesetzes Nr. 345/1976)	Antragsberechtigte: (1) *Zentrale Wahlbehörde von Amts wegen* (2) *Präsident der Kammern* oder (Art. 146 lit. h) RumVerf i. V. m. Art. 48-49 VerfGHG
Antragsberechtigte: - *jedermann* (Art. 77 Abs. 2 altes WahlG)				
Frist: (1) innerhalb von *15 Tagen* nach Entscheidung des Landeswahlausschusses muss Einspruch vor dem Verfassungsgericht eingelegt werden (Art. 130 Abs. 1 altes WahlG) (2) innerhalb von *8 Tagen* nach Verkündung des Beschlusses des Parlaments muss Einspruch vor dem Verfassungsgericht eingelegt werden (Art. 130 Abs. 2 altes WahlG)	**Frist:** innerhalb von *15 Tagen* nach der Verkündung des parlamentarischen Beschlusses ist das Verfahren zu initiieren (Art. 33 Abs. 1 S. 2 neues UngVerfGG)	**Frist:** - *48 Stunden* (Art. 2 der VO über das Verfahren vor dem Verfassungsrat bei Beschwerden bezüglich der Durchführung des Referendums)	**Frist:** innerhalb von *10 Tagen* nach der Verkündung des Ergebnisses der Volksabstimmung (Art. 35 Nr. 5 des Gesetzes 345/1976)	**Frist:** Zentrale Wahlbehörde muss innerhalb von *24 Stunden* die Ergebnisse der Wahlen automatisch an den VerfGH weiterleiten (Art. 44 des Referendumsgesetzes Nr. 3/2000) Entscheidung: innerhalb von 30 Tagen nach dem Eingang des Antrages des Präsidenten der Gesetzgebungskammern (Art. 11 b lit. d) VerfGHG)
Entscheidung: - *Bestätigung des Beschlusses des Parlaments oder des Landeswahlausschusses* - *Aufhebung des parlamentarischen Beschlusses und Anordnung eines neuen Verfahrens* (Art. 130 Abs. 3 S. 2 altes Wahl)	**Entscheidung:** - *Bestätigung des parlamentarischen Beschlusses* oder - *Aufhebung des parlamentarischen Beschlusses und Anordnung eines neuen Verfahrens* (Art. 41 Abs. 4 neues UngVerfGG)	**Entscheidung:** - Bestätigung des Ergebnisses des Referendums oder Erklärung des Wahlergebnisses als ungültig (Art. 50 Abs. 2 VerfRatG)	**Entscheidung:** - *Anordnung der Wiederholung* der Abstimmung im betreffenden Wahlkreis (Art. 37 Nr. 1 des Gesetzes 345/1976) - Fehler bei der Stimmenzählung, *Veränderung des Wahlergebnisses* (Art. 37 Nr. 2 des Gesetzes 345/1976)	**Entscheidung:** - *Verletzung des Ablaufs der Wahlen oder Anerkennung des Wahlergebnisses* (Art. 47 Abs. 2 VerfGHG)
Praxis: keine Daten stehen zur Verfügung	**Praxis:** 2 Anträge im Jahr 2014 (gesamte Verfahrenszahl: 558)	**Praxis:** keine Statistik verfügbar	**Praxis:** keine Statistik verfügbar	**Praxis:** 1 Antrag im Jahr 2014 (gesamte Verfahrenszahl: 585)

Anhang 13
Organstreit

Ungarn nach 1990	Ungarn nach 2010	Deutschland	Rumänien	Italien
horizontale und vertikale Organstreit (Art. 50 altes Ung-VerfGG) (1) Zuständigkeitskollision zwischen Staatsorganen (h) (2) Zuständigkeitskollision zwischen Selbstverwaltungen (h) (3) Zuständigkeitskollision zwischen staatlichen Organen und Selbstverwaltungen (v)	**horizontale und vertikale Organstreit** (Art. 36 neues UngVerfGG) (1) Zuständigkeitskollision zwischen Staatsorganen (h) (2) Zuständigkeitskollision zwischen Selbstverwaltungskörperschaften (h) (3) Zuständigkeitskollision zwischen staatlichen Organen und Selbstverwaltungen (v)	**Bundesorganstreitverfahren** (Art. 93 Abs. 1 Nr. 1 GG, § 13 Nr. 5 BVerfGG)	**Verfahren zur Lösung juristischer Konflikte mit verfassungsrechtlichem Charakter zwischen Staatsbehörden** (Art. 146 lit. e) RumVerf i. V. m. Art. 34–36 VerfGHG)	**allseitiger Organstreit** (Art. 134 S. 2 ItalVerf i. V. m. Art. 37–39 des Gesetzes Nr. 87/1953)
Antragsteller: (Art. 50 Abs. 1 HS. 3 altes Ung-VerfGG) (1) Staatsorgane (Verwaltungsorgane, Regierung, Parlament, Präsident der Republik usw.) (2) Selbstverwaltungskörperschaften (3) nicht: Gerichte der ordentlichen Gerichtsbarkeit	**Antragsteller:** (Art. 36 Abs. 1 neues UngVerfGG) (1) Staatsorgane (2) Selbstverwaltungskörperschaften (3) nicht: Gerichte der ordentlichen Gerichtsbarkeit	**Antragsteller:** (§ 63 BVerfGG) (1) Oberste Bundesorgane bzw. Verfassungsorgane (Bundespräsident, Bundestag, Bundesrat, Bundesregierung, Gemeinsamer Ausschuss, Bundesversammlung, Bundeskanzler, Bundesminister,) (2) nicht: BVerfG, Staatsvolk (3) **andere Beteiligte** („Teile" der obersten Bundesorgane: Ausschüsse, Gruppe von Abgeordneten, andere Beteiligte: politische Parteien	**Antragsteller:** (Art. 34 Abs. 1 VerfGHG) (1) Präsident von Rumänien (2) Präsident der Gesetzgebungskammern (3) Premierminister (4) Präsident des Obersten Rates der Magistratur **Antragsgegner** („öffentliche Behörden" laut 3. Kapitel der RumVerf) (1) Parlament, Präsident von Rumänien, Regierung, öffentliche und rechtsprechende Gewalt, deren einzelne Organe, Gemeinden (2) nicht: Parteien, Fraktionen oder juristische Personen des öffentlichen Rechts	**Antragsteller:** (Art. 37 Abs. 1 des Gesetzes Nr. 87/1953) (1) gesetzgebende, vollziehende und rechtsprechende Gewalt (2) Präsident der Republik (3) Verfassungsgerichtshof (4) nicht: Bürger, Staatsanwalt, einzelne Minister, Regionen, einzelne Abgeordnete
Verfahrensgegenstand: (Art. 50 Abs. 2 altes UngVerfGG) (1) positive Kollision der Zuständigkeit mehrerer Organe (2) negative Kollision der Zuständigkeit mehrerer Organe	**Verfahrensgegenstand:** (Art. 36 Abs. 2 neues UngVerfGG) (1) positive Kollision der Zuständigkeit mehrerer Organe (2) negative Kollision der Zuständigkeit mehrerer Organe	**Verfahrensgegenstand:** konkret „*rechtserhebliche*" Maßnahme oder Unterlassung des Antragsgegners (§ 67 S. 1 BVerfGG)	**Verfahrensgegenstand:** juristischer Konflikt mit verfassungsrechtlichem Charakter, der durch einen Akt, durch eine konkrete Tat oder durch eine Untätigkeit der öffentlichen Behörden verursacht wurde (CC-Urteil 53/2005 und CC-Urteil 435/2006)	**Verfahrensgegenstand:** positive oder negative Zuständigkeitskollision zwischen den Staatsgewalten (Art. 37 Abs. 1 und Art. 39 Abs. 1 des Gesetzes Nr. 87/1953)

Entscheidungswirkung: (Art. 50 Abs. 2 altes UngVerfGG) - *Auflösung des Zuständigkeits-konflikts* - *inter partes*-Wirkung	**Entscheidungswirkung:** (Art. 36 Abs. 2 neues Ung-VerfGG) - *Auflösung des Zuständigkeits-konflikts* - *inter partes*-Wirkung	**Entscheidungswirkung:** - *Feststellung der Verfassungs-widrigkeit der Maßnahme oder der Unterlassung* (Art. 67 S. 1 BVerfGG) - *allgemeine Verbindlichkeit der Entscheidung* (Art. 31 Abs. 1 BVerfGG)	**Entscheidungswirkung:** - Auflösung des Rechtsstreits zwischen den öffentlichen Behörden (Art. 36 VerfGHG)	**Entscheidungswirkung:** - Erklärung der *Nichtigkeit* der Akte des nicht zuständigen Organs und dadurch *Auflösung der Kompetenzstreitigkeit* zwischen den Staatsgewalten (Art. 39 des Gesetzes Nr. 87/1953)
Praxis: 0,004 % im Jahr 2004 (5 Anträge von insgesamt 1232)	**Praxis:** ein Antrag im Jahr 2012	**Praxis:** 0,09% im Jahr 2014 (219 Anträge von insgesamt 220.353)	**Praxis:** 2 Anträge von insgesamt 585 im Jahr 2015	**Praxis:** 2,55 % im Jahr 2014

Anhang 14

Verfahren in Zusammenhang mit örtlichen Selbstverwaltungskörperschaften

	Ungarn nach 1990			Ungarn nach 2010		Deutschland	Spanien
Verfahren / Rechtsgrundlage	**Stellungnahme im Zusammenhang mit dem Vorschlag zur Auflösung des örtlichen Vertretungsorgans** (Art. 19 Abs. 3 lit. l) UngVerf	**Schutz örtlicher Selbstverwaltungskörperschaften** (Art. 43 Abs. 2 S. 2 UngVerf i. V. m. Art. 3 altes ÖSVwKG[1573])	**Kommunalaufsicht** (Art. 99 Abs. 2 lit. a) neues ÖSVwKG[1574])	**Stellungnahme im Zusammenhang mit dem Vorschlag zur Auflösung eines örtlichen Vertretungsorgans** (Art. 35 Abs. 5 UGG, Art. 34 neues UngVerfGG i. V. m. Art. 132 Abs. 1 lit. f) des neues ÖSVwKG)	**Kommunalaufsicht** (Art. 132 Abs. 1 lit. c) und Art. 136 Art. 1 neues ÖSVwKG)	**Kommunalverfassungsbeschwerde** (Art. 93 Abs. 1 Nr. 4b GG i. V. m.§§ 13 Nr. 8a, 90 Abs. 2-3, 91-95 BVerfGG)	**Kommunalverfassungsbeschwerde** (Art. 161 Abs. 1 lit. d) CE i. V. m. Art. 75 ff. LOTC) Los conflictos en defensa de la autonomia local
Antragsteller	**Antragsteller:** (1) Vorschlag des Leiters der Verwaltungsbehörde an den zuständigen Minister (2) Anregung durch die Regierung	**Antragsteller:** Kommune (Art. 43 Abs. 2 S. 2 UngVerf)	**Antragsteller:** Anregung der gesetzmäßigen Kontrolle durch den Leiter der Verwaltungsbehörde	**Antragsteller:** (1) Vorschlag des Leiters der Verwaltungsbehörde an den zuständigen Minister (2) Anregung durch die Regierung	**Antragsteller:** (1) Vorschlag des Leiters der Verwaltungsaufsichtsbehörde an den zuständigen Minister (2) Anregung durch die Regierung	**Antragsteller:** *Gemeinden und Gemeindeverbände*	**Antragsteller:** *Provinzen und Gemeinden* (Art. 75 ter Abs. 1 LOTC)
Voraussetzung	**Voraussetzung:** - *verfassungswidrige Tätigkeit des örtlichen Vertretungsorgans*		**Voraussetzung:** - Versäumen der Beseitigung der Rechtsverletzung der örtlichen Verordnung - *Gesetzeswidrigkeit der örtlichen Verordnung* (Art. 44a Abs. 2 UngVerf)	**Voraussetzung:** - *verfassungswidrige Tätigkeit des örtlichen Vertretungsorgans*	**Voraussetzung:** - *Verfassungswidrigkeit der örtlichen Verordnung* (Art. 132 Abs. 1 lit. c) neues ÖSVwKG)	**Voraussetzung:** - *Verletzung des in Art. 28 Abs. 2 GG verankerten Rechts auf Selbstverwaltung* - **Gegenstand:** nur Gesetze (Subsidiarität)	**Voraussetzung:** - *Verletzung der in der Verfassung garantierten Autonomie durch Gesetz* (Art. 75 bis Abs. 1 1 LOTC)

1573 Gesetz Nr. 65/1990 über die örtlichen Selbstverwaltungen in Ungarn (neues ÖSVwKG).
1574 Gesetz Nr. 189/2011 über die örtlichen Selbstverwaltungen in Ungarn (altes ÖSVwKG).

Entscheidungswirkung:	Entscheidungswirkung:	Entscheidungswirkung:	Entscheidungswirkung:	Entscheidungswirkung:	Entscheidungswirkung:	Entscheidungswirkung:
- *Stellungnahme des Verfassungsgerichts* - *Auflösung eines verfassungswidrig tätigen örtlichen Vertretungsorgans durch das Parlament*	- *Feststellung der Verletzung der im Art. 44a UngVerf garantierten Selbstverwaltungsrechte*	- *Aufhebung der gesetzwidrigen örtlichen Verordnung durch das Verfassungsgericht*	- *Stellungnahme des Verfassungsgerichts* (Art. 34 neues VerfGG) - *Auflösung des verfassungswidrig tätigenden örtlichen Vertretungsorgans durch das Parlament* (Art. 35 Abs. 5 UGG)	- *Feststellung der Verfassungswidrigkeit einer örtlichen Verordnung* (Art. 132 Abs. 1 lit. c) neues ÖSVwKG)	- *Verletzung der im Art. 28 Abs. 2 GG verankerten Rechte auf Selbstverwaltung* - *Nichtigkeit der betreffenden Norm*	- *keine Festlegung der Verfassungswidrigkeit und keine Aufhebung des angefochtenen Gesetzes* - *Feststellung der Verletzung oder Nichtverletzung der Autonomie der Provinzen oder Gemeinde* (Art. 75 quince Abs. 5 LOTC)
Praxis: keine Statistik verfügbar	**Praxis:** keine Statistik verfügbar	**Praxis:** 0.02 % im Jahr 2004 (36 Anträge von insgesamt 1232)	**Praxis:** ein Antrag im Jahr 2013	**Praxis:** kein Antrag zwischen 2011-2015	**Praxis:** 74 Anträge von insgesamt 220.353 im Jahr 2015	**Praxis:** 2 Anträge von insgesamt 7878

Anhang 15

Der Verstoß gegen einen völkerrechtlichen Vertrag

Verstoß gegen einen völkerrechtlichen Vertrag in Ungarn nach 1990 (Art. 44–47 altes UngVerfGG)	Verstoß gegen einen völkerrechtlichen Vertrag in Ungarn nach 2010 (Art. 24 Abs. 2 lit. f) i. V. m. Art. 32 neues UngVerfGG)
Antragsberechtigung (Art. 21 Abs. 3 altes UngVerfGG) Parlament ständige Ausschüsse Präsident der Republik Regierung oder deren Mitgliedern Präsident des Staatlichen Rechnungshofes Präsident des Obersten Gerichtshofes Generalstaatsanwalt von Amts wegen	**Antragsberechtigung** (Art. 32 neues UngVerfGG) Regierung ein Viertel der Abgeordneten des Parlaments Präsident der Kurie Generalstaatsanwalt **Ombudsmann** Richter der ordentlichen Gerichtsbarkeit von Amts wegen
Gegenstand: allgemeine Regelungen (Gesetze und sonstige Instrumente der staatlichen Lenkung)	**Gegenstand:** allgemeine Regelungen (Einschränkung in Bezug auf das Haushaltsgesetz und die Gesetze über die Finanzangelegenheiten infolge der 8. Verfassungsänderung vom 8. November 2010)
Prüfungsmaßstab: UngVerf und Völkerrecht	**Prüfungsmaßstab:** UGG und Völkerrecht
Entscheidungswirkung: (1) Nichtigkeit und Aufhebung der Norm (Form der abstrakten NK) (Art. 45 altes UngVerfGG) – aktiver Verstoß (2) *Beseitigung* des Verstoßes gegen den völkerrechtlichen Vertrag (Art. 46 altes UngVerfGG) – aktiver Verstoß (3) *Feststellung der Unterlassung* des zurechtgestutzten Organs (Art. 47 altes UngVerfGG) – passiver Verstoß	**Entscheidungswirkung:** (1) Nichtigkeit und Aufhebung der Norm (Art. 24 Abs. 3 lit. c) UGG i. V. m. Art. 42 Abs. 1 neues UngVerfGG) – aktiver Verstoß (2) *Beseitigung* des Verstoßes gegen den völkerrechtlichen Vertrag (Art. 24 Abs. 3 lit. c) UGG i. V. m. Art. 42 Abs. 2 neues UngVerfGG) – aktiver Verstoß
Praxis: kein Antrag im Jahr 2004 (1232), 3 Anträge im Jahr 2003 (960)	**Praxis:** 1 Antrag im Jahr 2015

Anhang 16 Abstrakte Verfassungsauslegung

Abstrakte Verfassungsauslegung in Ungarn nach 1990 (Art. 32/a Abs. 1 UngVerf i. V. m. Art. 51 altes UngVerfGG)	Abstrakte Verfassungsauslegung in Ungarn nach 210 (nach Art. 24 Abs. 2 lit. g) UGG i. V. m. Art. 38 neues UngVerfGG)
Antragsteller: (Art. 51 i. V. m. Art. 21 Abs. 6 altes UngVerfGG) Parlament und ständige Ausschüsse Präsident der Republik Regierung oder deren Mitglieder Präsident des Staatlichen Rechnungshofs Präsident des Obersten Gerichtshof Generalstaatsanwalt Ombudsmann (Art. 22 lit. e) des Gesetzes LIX/1993)	**Antragsteller:** (Art. 38 Abs. 1 neues UngVerfGG) Parlament und ständige Ausschüsse Präsident der Republik Regierung Ombudsmann
Gegenstand: Vorschriften der Verfassung (Art. 51 altes UngVerfGG)	**Gegenstand:** Vorschriften des neuen Grundgesetzes (Art. 38 Abs. 1 neues UngVerfGG)
Zulässigkeit des Antrages: (1) Antragsteller (2) konkrete verfassungsrechtliche Frage (3) Unmittelbarkeit	**Zulässigkeit des Antrages:** (1) Antragsteller (2) konkrete verfassungsrechtliche Frage (3) Unmittelbarkeit
Entscheidungen: (1) Bekanntmachung der abstrakten Auslegung der Verfassung im Gesetzblatt (Art. 51 Abs. 2 altes UngVerfGG) (2) Allgemeinverbindlichkeit der Entscheidung (Art. 27 Abs. 2 altes Ung-VerfGG)	**Entscheidungen:** (1) Bekanntmachung der abstrakten Auslegung der Verfassung im Gesetzblatt (Art. 44 Abs. 1 neues UngVerfGG) (2) Allgemeinverbindlichkeit der Entscheidung (Art. 39 Abs. 1 neues UngVerfGG)
Abgrenzung: (1) von der konkreten Verfassungsauslegung (2) von dem „beratenden *Gutachten*" oder der „*advisory opinion*" oder dem „*bloßen Rat*" (3) von der präventiven Normenkontrolle	
Praxis: kein Antrag im Jahr 2004; 3 Anträge im Jahr 2003 (gesamte Verfahrenszahl: 960)	**Praxis:** 2 Antrag im Jahr 2012; kein Antrag im Jahr 2013; 1 Antrag im Jahr 2014; 3 Antrag im Jahr 2015

Anhang 17

Zuständigkeiten in Bezug auf eine Religionsgemeinschaft

Ungarn		Deutschland
Überprüfung eines parlamentarischen Beschlusses bezüglich der Anerkennung einer Religionsgemeinschaft (Art. 33/A neues UngVerfGG)	**Stellungnahme über eine verfassungswidrige Tätigkeit einer Religionsgemeinschaft sowie einer bereits anerkannten Kirche** (Art. 34/A des neuen UngVerfGG)	**Erwerb des Status einer Körperschaft des öffentlichen Rechts** (Art. 135 Abs. 5 WRV)
	Begriff der Religionsgemeinschaft: darunter sind sowohl die *Kirchen* als auch die religiöse Tätigkeiten erledigenden Gemeinschaften zu verstehen (Art. 6 Abs. 1 S. 1 des Gesetzes Nr. 206/2011 über die Gewissens- und Religionsfreiheit sowie über den Rechtsstatus der Kirchen, der Konfessionen und der Religionsgemeinschaften) (ReligG)	**Begriff der Religionsgemeinschaft:** ein die Angehörigen eines und desselben Glaubensbekenntnisses – oder mehrerer verwandter Glaubensbekenntnisse (…) – für ein Gebiet (…) zusammenfassender *Verband* der durch das gemeinsame Bekenntnis gestellten Aufgaben[1575]
	Trennungsprinzip: *„Der Staat und die Religionsgemeinschaften wirken in Ungarn voneinander getrennt"* (Art. 7 Abs. 3 S. 1 UGG)	**Trennungsprinzip:** *„Es besteht keine Staatskirche"* (Art. 137 Abs. 1 WRV)
	Verleihung des Körperschaftsstatus: durch das *Parlament*	**Verleihung des Körperschaftsstatus:** durch eine *Genehmigungsbehörde*
	Entscheidung: *parlamentarischer Beschluss*	**Entscheidung:** • *Rechtsverordnung* (Hamburg) • *Beschluss der Landesregierung* (Baden-Württemberg, Berlin, Hessen, Niedersachse, Rheinland-Pfalz, Saarland) • *Entscheidung des Kultusministerium* (Bayern)
	Voraussetzungen der Verleihung des Körperschaftsstatus: Dass eine Religionsgemeinschaft **a)** zuerst eine kirchliche Tätigkeit ausübt, **b)** über ein Religionsbekenntnis verfügt, **c)** entweder mindestens seit 100 Jahren funktioniert oder mindestens seit 20 Jahren in einer organisierten Form als eine Religionsgemeinschaft in Ungarn tätig ist und ihre Mitgliedszahl mehr als 1 % der gesamten ungarischen Bevölkerung ausmacht, **d)** eine verabschiedete Satzung erhält, **e)** ihr nach außen vertretendes Organ bestimmt oder gewählt ist, **f)** sie über eine Erklärung verfügt, dass die Religionsgemeinschaft keine in dem Gesetz angeführte Tätigkeit ausübt sowie ihre Tätigkeit nicht gegen das neue Grundgesetz und gegen Gesetze oder Rechte und Freiheiten anderer Gemeinschaften verstößt **g)** sie nicht gegen den Schutz des Lebens und der Gesundheit sowie der Menschenwürde tätig ist, **h)** kein Risiko für die nationale Sicherheit bedeutet und schließlich **i)** die Absicht der Zusammenarbeit für das gemeinsame Ziel zeigt und deren lange Nachhaltigkeit entweder die Satzung oder die Tätigkeit dieser Religionsgemeinschaft beweist (Art. 14 ReligG)	**Voraussetzungen der Verleihung des Körperschaftsstatus:** **1. Geschriebene Voraussetzungen** (Art. 137 Abs. 5 S. 2 WRV) • Gewähr der Dauer • Verfassung • Mitgliederzahl **2. Ungeschriebene Voraussetzungen** • Rechtstreue, Verfassungstreue

1575   *Anschütz*, Die Verfassung des deutschen Reiches, Art. 137, S. 633.

Kooperationsrechte: • staatliche Subvention (Art. 7 Abs. 1 des Gesetzes Nr. 124/1997 über die finanziellen Voraussetzungen der religiösen und gemeinnützigen Tätigkeit der Kirchen) • 1 % der Einkommensteuer (Art. 4 des Gesetzes Nr. 124/1997 über die finanziellen Voraussetzungen der religiösen und gemeinnützigen Tätigkeit der Kirchen) • Steuerbefreiungen in Bezug auf die Mehrwertsteuer und auf die Einkommensteuer (Art. 85 Abs. 1 lit. k) des Gesetzes Nr. 127/2007 über die Mehrwertsteuer und 1 Beiblatt des Gesetz Nr. 117/1995 über die Einkommensteuer) • personliche Gebührenfreiheit (Art. 5 Abs. 1 lit. e) des Gesetzes Nr. 93/1990 über die Gebühren) • Religionsunterricht (Art. 21 ReligG) • eigene Datenverwaltung (Art. 25 ReligG) • Eigentümer des Friedhofes (Art. 4 Abs. 1 des Gesetzes Nr. 43/1999 über die Friedhöfe und die Bestattung) • Dienst als Gefängnispfarrer oder Krankenhauspfarrer (Art. 24 ReligG) **Verlust und Entzug des Körperschaftsstatus:** • infolge der Stellungnahme des Verfassungsgerichts mit dem Vorschlag zur Auflösung der verfassungswidrig tätigenden anerkannten Kirchen • durch das Parlament • keine Pflicht, sondern nur eine Möglichkeit	**Kooperationsrechte:** • Dienstherrnfähigkeit • Organisationsgewalt • Widmungsrecht • Parochialrecht • Privilegienbündel • Steuererhebung (Art. 137 Abs. 6 WRV) **Verlust und Entzug des Körperschaftsstatus:** • freiwillig (auf Antrag) • unfreiwillig (Entfallen der Voraussetzungen oder Rechtswidrigkeit der Verleihung des Körperschaftsstatus)

Aus unserem Verlagsprogramm:

Naser Balić
**Das geschlechtsspezifische Diskriminierungsverbot
in Bosnien und Herzegowina**
*Menschen- und verfassungsrechtliche Grundlagen,
Bereichsdogmatik, verfassungsprozessualer Schutz*
Hamburg 2020 / 276 Seiten / ISBN 978-3-339-11864-6

Laura Angélica Casola
Legal Culture on Human Trafficking in Mercosur
Between the Local and the Global. An Analysis from 2000 to 2016
Hamburg 2019 / 192 Seiten / ISBN 978-3-8300-9948-2

Mariya Tosev
Das Bauleitplanungsrecht in Bulgarien
Problemlagen und Konflikte im Lichte unionsrechtlicher Anforderungen
Hamburg 2019 / 280 Seiten / ISBN 978-3-339-10692-6

Yun Zhang
**Passivlegitimation bei kartellrechtlichen Schadensersatzklagen
nach dem chinesischen Recht**
Gleichzeitig ein Vergleich mit dem deutschen Recht
Hamburg 2018 / 270 Seiten / ISBN 978-3-339-10096-2

Alexander Martin Saba
**The Place of Independent Judiciary in Promoting and Protecting
Democratic Governance in East Africa**
Hamburg 2018 / 286 Seiten / ISBN 978-3-339-10032-0

Bodo Wawrzyniak
Das neue chinesische Verwaltungszwangsgesetz
*Ein modernes Instrument zur Durchsetzung von Verwaltungspflichten
im deutschen und taiwanesischen Vergleich*
Hamburg 2017 / 398 Seiten / ISBN 978-3-8300-9485-2

Jiaru Liu
Strafurteilsgründe in China und Deutschland
*Zugleich ein Beitrag zu rechtskulturellen Hindernissen
des chinesisch-deutschen Strafrechtstransfers*
Hamburg 2017 / 256 Seiten / ISBN 978-3-8300-9471-5

Arndt Künnecke
**Der Schutz von Minderheiten in Ungarn
nach dem Nationalitätengesetz von 2011**
Hamburg 2017 / 176 Seiten / ISBN 978-3-8300-9450-0

Victoria Yiwumi Faison
**Protecting Victims Within Legal Responses to Trafficking in Women
for Sexual Exploitation in the European Union**
Hamburg 2017 / 280 Seiten / ISBN 978-3-8300-9431-9

VERLAG DR. KOVAČ
FACHVERLAG FÜR WISSENSCHAFTLICHE LITERATUR

Postfach 57 01 42 · 22770 Hamburg · www.verlagdrkovac.de · info@verlagdrkovac.de